部首의 名稱

1 획
- 一　한일
- 丨　뚫을곤
- 丶　점
- 丿　삐침
- 乙(乚)　새을
- 亅　갈구리궐

2 획
- 二　두이
- 亠　돼지해머리
- 人(亻)　사람인변
- 儿　어진사람인발
- 入　들입
- 八　여덟팔
- 冂　멀경몸
- 冖　민갓머리
- 冫　이수변
- 几　안석궤
- 凵　위튼입구몸
- 刀(刂)　칼도
- 力　힘력
- 勹　쌀포몸
- 匕　비수비
- 匚　튼입구몸
- 匸　감출헤몸
- 十　열십
- 卜　점복
- 卩(㔾)　병부절
- 厂　민음호

厶　마늘모
又　또우

3 획
- 口　입구
- 囗　큰입구몸
- 土　흙토
- 士　선비사
- 夂　뒤져올치
- 夊　천천히걸을쇠
- 夕　저녁석
- 大　큰대
- 女　계집녀
- 子　아들자
- 宀　갓머리
- 寸　마디촌
- 小　작을소
- 尢(尣)　절름발이왕
- 尸　주검시엄
- 屮　왼손좌
- 山　뫼산
- 巛(川)　개미허리
- 工　장인공
- 己　몸기
- 巾　수건건
- 干　방패간
- 幺　작을요
- 广　엄호밑
- 廴　민책받침
- 廾　스물입발
- 弋　주살익

- 弓　활궁
- 彐(彑)　튼가로왈
- 彡　터럭삼
- 彳　두인변
- 忄(心)　심방변
- 扌(手)　재방변
- 氵(水)　삼수변
- 犭(犬)　개사슴록변
- 阝(邑)　우부방
- 阝(阜)　좌부방

4 획
- 心(忄)　마음심
- 戈　창과
- 戶　지게호
- 手(扌)　손수
- 支　지탱할지
- 攴(攵)　등글월문
- 文　글월문
- 斗　말두
- 斤　날근
- 方　모방
- 无(旡)　이미기방
- 日　날일
- 曰　가로왈
- 月　달월
- 木　나무목
- 欠　하품흠
- 止　그칠지
- 歹(歺)　죽을사변
- 殳　갖은등글월문
- 毋　말무
- 比　견줄비
- 毛　터럭모
- 氏　각시씨

- 气　기운기밑
- 水(氵)　물수
- 火(灬)　불화
- 爪(爫)　손톱조머리
- 父　아비부
- 爻　점괘효
- 爿　장수장변
- 片　조각편
- 牙　어금니아
- 牛　소우
- 犬(犭)　개견
- 王(玉)　구슬옥
- 耂(老)　늙을로엄
- 月(肉)　육달월변
- 艹(艸)　초두
- 辶(辵)　책받침

5 획
- 玄　검을현
- 玉(王)　구슬옥
- 瓜　외과
- 瓦　기와와
- 甘　달감
- 生　날생
- 用　쓸용
- 田　밭전
- 疋　필필
- 疒　병질엄
- 癶　필발머리
- 白　흰백
- 皮　가죽피
- 皿　그릇명
- 目(罒)　눈목
- 矛　창모
- 矢　화살시

石	돌석	衣(衤)	옷의	**9 획**		黑	검을흑
示(礻)	보일시변	襾	덮을아			黹	바느질치
內	짐승발자국유	**7 획**		面	낯면	**13 획**	
禾	벼화			革	가죽혁		
穴	구멍혈	見	볼견	韋	다룬가죽위	黽	맹꽁이맹
立	설립	角	뿔각	韭	부추구	鼎	솥정
6 획		言	말씀언	音	소리음	鼓	북고
		谷	골곡	頁	머리혈	鼠	쥐서
竹	대죽	豆	콩두	風	바람풍	**14 획**	
米	쌀미	豕	돼지시	飛	날비		
糸	실사	豸	발없는벌레치	食(飠)	밥식	鼻	코비
缶	장군부	貝	조개패	首	머리수	齊	가지런할제
网(罒)	그물망	赤	붉을적	香	향기향	**15 획**	
羊(⺷)	양양	走	달아날주	**10 획**			
羽	깃우	足	발족			齒	이치
老(耂)	늙을로	身	몸신	馬	말마	**16 획**	
而	말이을이	車	수레거	骨	뼈골		
耒	가래뢰	辛	매울신	高	높을고	龍	용룡
耳	귀이	辰	별진	髟	터럭발밑	龜	거북귀(구)
聿	붓율	辵(辶)	책받침	鬥	싸움투	**17 획**	
肉(月)	고기육	邑(阝)	고을읍	鬯	술창		
臣	신하신	酉	닭유	鬲	솥력	龠	피리약
自	스스로자	釆	분별할채	鬼	귀신귀		
至	이를지	里	마을리	**11 획**			
臼	절구구	**8 획**					
舌	혀설			魚	고기어		
舛(牟)	어그러질천	金	쇠금	鳥	새조		
舟	배주	長(镸)	긴장	鹵	소금밭로		
艮	괘이름간	門	문문	鹿	사슴록		
色	빛색	阜(阝)	언덕부	麥	보리맥		
艸(艹)	초두	隶	미칠이	麻	삼마		
虍	범호밑	隹	새추	**12 획**			
虫	벌레훼	雨	비우				
血	피혈	靑	푸를청	黃	누를황		
行	다닐행	非	아닐비	黍	기장서		

新紀元

前 韓國語文教育研究會長 文學博士 南廣祐 監修

韓國語文教育研究會
研究委員 朴商旭 著

教學社

머 리 말

　국어 사전의 총어휘의 약 3분의 2는 한자에서 유래된 것임을 감안할 때 한자의 학습은 필요 불가결한 일이다. 그런데 한자를 재래식으로 공부한다는 것은 많은 시간과 노력을 강요당하는 일이다. 그리하여 필자는 다음 사항에 유의하여 한자 학습의 신기원을 개척하도록 노력하였다.

1. 한자의 자원(字源)을 이해하기 쉽게 풀이하였으며, 자원 설명이 까다로운 것은 암기에 도움이 되는 간명한 설명으로 대체(對替)하였다.

2. 한자 하나 하나의 음(音)의 연관성을 해설하였다.

3. 나선형 교육 과정의 이론을 응용하여 쉬운 것부터 어려운 것을 차례로 학습하도록 순서를 연구하여 배열하였다.

4. 기억술의 이론을 적용하여 학습 능률을 향상시키도록 노력하였다.

5. 전주(轉注)과정, 가차(假借)에 대해서도 칸이 허용하는 범위에서 최대한 설명하였다.

6. 한자(漢字) 하나 하나의 사용 범위를 파악할 수 있도록 단어의 선정과 배열을 연구하였다.

7. 여러 번 반복하여 익히면 2000자 이외의 한자에 대해서도 구조 분석에 대한 응용력과 안목이 생길 수 있게 기술하였다.

8. 주먹 구구식으로 공부하는 것에 비하여 학습 시간이 3분의 1로 단축되도록 백방으로 노력하였다.

　꾸준히 반복하여 학습함으로써 여러분의 한자 실력이 향상되길 바라며, 감수를 맡아서 지도하여 주신 한국 어문 교육 연구회장 南廣祐 박사님과 출판을 맡아주신 교학사의 楊澈愚 사장님과 직원 여러분께 감사의 말씀을 드립니다.

　　　　　　　　　　　　　　　　　　　　　　1992년　월　일

　　　　　　　　　　　　　　　　　　　　　　　　朴商旭 적음

監修의 말

이 책의 내용에 대해서는 저자(著者)의 머리말에서 자세히 밝혔으므로 더 보탤 것이 없다. 다만 평소에 국어 공부에 대해 생각해 오던 바를 적어 이 책을 가지고 공부하는 이들에게 참고로 제공하려 한다.

1. 한자(漢字) 공부의 중요성(重要性)

국어 교육(國語敎育)은 모든 과목에서 습득해야 할 지식 흡수의 기본 과목으로도 그렇고, 독서의 폭을 넓히는 데 있어서 해독력을 기르는 면으로도 가장 역점이 주어져야 할 과목으로 중요한 것이다.

그런데 우리말의 70%가 한자어(漢字語)라는 사전 통계(辭典統計)가 있다. 그러므로 한자 공부가 바로 국어 공부의 핵이요, 국어를 매체로 하는 모든 교육의 효과를 높이는데 중핵적(中核的)인 구실을 하는 것이 틀림없다.

중학교용 기초 한자 900字만으로도 72,229 單語가 이루어진다는 통계가 있는데 조어력(造語力)이 강한 한자로는 大(823), 不(633), 無(584), 自(427)를 비롯하여 250 단어 이상인 것으로 高(265), 公(317), 國(416), 金(365), 內(375), 同(270), 文(306), 白(359), 水(393)·山·三·上·五·外·入·一·長·正·中·地·天·風·下·海 등이 있고 100 단어 이상인 것으로 255字가 있다. 물론 이들 사전(辭典)에 실린 말이 현재 모두 쓰이고 있다는 것은 아니다. 그러나 옛날에 쓰였거나 지금 쓰이는 말들이다. 그 중 10~20% 만이 현재 쓰인다고 하더라도 그 수는 큰 것이다. 이런 사실은 바로 한자(漢字) 공부를 열심히 해야 된다는 이론적 근거가 되는 것이다.

이웃 일본이 세계 제일의 독서국이요, 세계 제일의 공업국임을 자랑하게 된 까닭이 소학교(小學校)부터 중고교(中高校)에 걸쳐 모든 교과서에 한자를 섞어 한자(漢字)·가나 혼용으로 독서력(讀書力)을 기르기 때문이다. 그들은 소학교(小學校)에서 1,006字, 중학교(中學校)에서 1,945字〔별도로 인명용(人名用) 한자(漢字) 284字 있음〕의 상용 한자(常用漢字)를 배우고 있는 것이다.

우리의 경우, 영어 공부도 중요하지만 그에 앞서 국어 공부를 더 열심히 해야 되고 그러려면 한자 공부를 철저히 하여야 할 것이다.

2. 자학 자습(自學自習)하는 태도가 필요하다.

국어 공부에서는 스스로 사전(辭典) 찾고 자전(字典) 찾는 습관을 길러 생활화하도록 해야 하고 이 책은 자습할 수 있도록 엮어진 훌륭한 책이므로 스스로 익혀 한자·한자어 학습의 효과를 올리도록 활용해 주기를 바란다.

3. 삼다 생활(三多生活)에 노력할 것

　많이 읽고 많이 짓고 많이 생각하는 다독(多讀), 다작(多作), 다상량(多商量)의 삼다 생활(三多生活)을 하기 바란다.

　신문을 읽고 일기(배운 한자를 섞어)를 쓰는 습관을 가지는 일도 삼다 생활(三多生活)의 하나가 되는 것이다.

4. 체계적(體系的)・종합적(綜合的)으로 한자(漢字)・한자어(漢字語) 공부에 힘쓰도록 노력한다.

　한자를 부수별(部首別) [雨：雲雪電雷霧霜露 ……], 음부별(音符別) [공：工功攻恐空貢 ……], 부문별(部門別) [手足耳目口鼻顔面頭首眼舌齒 ……], 한자음별(漢字音別) [가：家歌加價可假架佳街 ……], 장단별(長短別) [전：긴소리 — 戰展電錢轉, 짧은 소리 — 前全田傳專]로 갈라 모아서 공부하도록 힘쓴다.

　뜻이 반대거나 비슷한 것끼리 어울려 이루어진 말도 만들어 본다.(高低, 長短, 晝夜, 明暗 …… 意思, 通路, 永遠, 心情 ……)

5. 본적・현주소・학교 이름・본관・부모 이름이나 가족 이름, 학교 선생님이나 친구 이름, 애국가・교훈・급훈・시사적인 표어 등 생활 환경이나 주변 사항에서 한자 공부 자료를 얻어 공부하도록 노력한다.

6. 하루에 한 자씩 한자를 내걸고 그 한자가 들어가는 말을 꼬리달기식으로 써 본다. 例：生 — 生活, 活動, 動物, 物理, 理科, 科學, 學校, 校長, 長官, …… 이 경우 한자를 모를 때에는 사전을 이용해도 좋다.

　꾸준한 노력이 필요하다. 한자 공부 열심히 하여 유용한 책을 많이 읽고 지덕(知德)을 쌓아 능력을 키워 이 민족이나 국가를 위해 쓸모있는 인물이 되기를 빈다.

1992年　月　日

韓國語文敎育硏究會長　　南　廣　祐　씀

漢字 學習에 對한 意見

漢字教育振興會長　李　在　田

　한자를 사용하면 독서 능률의 향상을 기할 수 있다. 한자는 표의 문자로 시각력이 우수하여 활자화된 것을 봄과 동시에 의미 파악이 된다. 특히 이론서인 철학, 법학 그리고 과학과 같은 전문 서적의 경우 독서 능력이 매우 높아진다.

최신 한자교본 41면에서
에코노미아. 1989. 2. 20.

前 서울大 大學院長　李　崇　寧

　漢字敎育에 力點을 두지 않는 限 國學과 東洋學은 衰退하기 마련이다. 漢字教育이라고 해야 국민 학교에서 600字, 고등학교까지 2,000字 정도면 무난하다고 본다. 入學試驗을 위하여 英語 單語 5,000을 준비하는 고교생이 漢字 2,000字는 국민 학교 시절에서부터, 그것도 '一, 二, 三……'에서 '山, 水, 人, 仁, 牛……'로 시작한다면 어려울 것도 없다.

「亞細亞」3輯 1969. 3.

한국 국어교육 연구회장
韓國放送通信大學長　　李　應　百

　같은 또래의 中國과 日本의 어린이들이 初等過程에서 漢字를 배우고 있는데 우리만이 안 배움으로써 얻는 利益은 무엇인가. 單語의 分明한 뜻을 모르고, 自動的으로 된 語彙擴張의 길을 막아 文章의 內容을 理解하지 못하고, 語彙가 빈약함으로써 讀書力이 低調하고 따라서 思考力, 判斷力, 鑑賞力, 批判力이 빈약할 뿐 아니라 作文力이 붙게 하지 못하고 致命的인 損失만 가져왔다.

「한글과 漢字」 p. 215

前 서울大 師範大學長　鄭　元　植

　나는 서슴지 않고 가정에서 천자문을 가르치라고 권하고 싶다. 그것은 어린이의 왕성한 학습 의욕으로 보아 별로 부담이 되지 않는다.

「머리를 써서 살아라」샘터社刊 p. 67. 1984

前 韓國語文敎育硏究會長 李 熙 昇

한글 전용의 불편에서 오는 時間과 努力의 浪費에 比해서 어려서 基礎漢字를 學習하는 努力이란 수월하다. 이 수월한 努力을 하기만 하면 文章讀解의 能力은 高性能을 발휘하게 된다. 따라서 이것이 國民活動과 새 文化創造에 있어서 效率的임은 自明하다.

「語文硏究」卷頭言, 1974.9.

韓國漢文敎育硏究會長 鄭 愚 相

國民學校 現場에서는 每日 아침 自習時間에 漢字를 가르치고 있음을 銘心해야 한다, 왜 正規敎科도 아닌 漢字를 굳이 가르쳐야 하는가? …… 그동안 國民學校 敎育에서 漢字敎育을 받은 學生과 받지 않은 學生들의 學力 차이가 高學年에 올라 갈수록 현격한 차이가 났기 때문이다.

「語文會報」 1990.8.20

國語學會長
東國大 敎授 崔 世 和

漢字文化圈에서 中國의 로마字論, 日本의 가나 專用論, 그리고 北韓의 한글 專用政策이 모두 失敗함과 그들의 現在 漢字敎育 實態를 감안할 때, 漢字混用의 當爲性은 確認되었다고 하겠습니다.

「語文會報」 1990.8.20

한국 국어교육 학회장 陳 泰 夏

大學을 卒業하고도 履歷書 한장을 제대로 쓰지 못하고, 日刊新聞 記事도 제대로 읽지 못하는 것이 오늘의 우리 나라 대학 교육의 현실이다. 敎材 자체를 읽지 못하는 실정이니 內容의 把握을 제대로 할 수 없음은 不問可知이다. 知識의 최고 학부인 대학이 이러하니 初·中·高校 졸업생들의 수준은 두 말할 필요도 없다.

「語文會報」 1990.8.20

차 례

머리말 ··· 1
감수의 말 ··· 2
한자 학습에 대한 의견 ························· 4

1800 교육 한자 ····································· 7
천간(天干)과 지지(地支) ················· 307
교육 한자 외 상용 한자 ················· 311

《부록》
한자가 만들어진 과정(六書) ············· 346
한자의 기원 ······································ 348
한자의 필순 ······································ 349
한자의 부수(部首)・자전 이용법 ······ 350
인명용 한자(人名用 漢字) (2,962) ···· 351
자음(子音) 색인(索引) ······················ 367

一二三四五六　7

一 0 0 中	一	한 일, 첫째 일 하나　첫째
		one

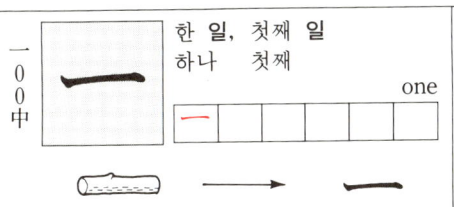

막대기 하나(一)를 가로로 놓은 모양이다. (지사)

一等[일등] 첫째 등급.
一擧[일거] 한 번 일을 일으킴.
一家[일가] 성과 본이 같은 겨레 붙이. 한 집안.
一同[일동] 어느 모임·단체에 든 사람의 「모두.

口 2 5 中	四	넉 사, 네 번 사 넷　네번
		four

가로로만 가는 것이 지루하니 이번에는 세로로 놓아 본다.

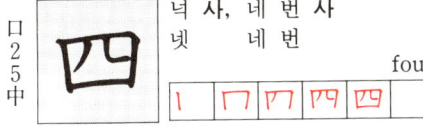

막대기 넷(四)을 세로로 놓고 모양을 보기 좋게 변형하였다. (지사)

四方[사방] 네 방위. 즉 동·서·남·북.
四角[사각] 네 개의 각. 네모.

二 0 2 中	二	두 이, 다음 이 둘　다음
		two

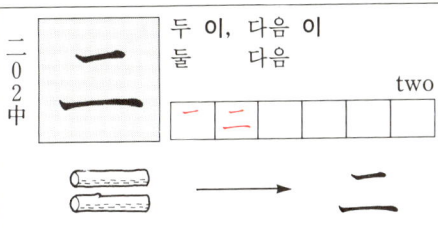

막대기 두(二) 개를 가로로 놓은 모양이다. (지사)

二人[이인] 두 사람.
二番[이번] 일번의 다음.
二次[이차] 차례의 두 번째.
二分[이분] 둘로 나눔.

二 2 4 中	五	다섯 오 다섯, 다섯 번
		five

가로로 3획, 세로로 2획을 그어 다섯(五)을 나타냈다. (지사)

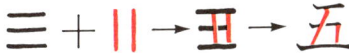

五感[오감] 시(視)·청(聽)·후(嗅)·미(味)·촉(觸)의 다섯 가지 감각.
五福[오복] 다섯 가지 복.
五指[오지] 다섯 손가락.
五穀[오곡] 쌀·보리·콩·조·기장.

一 2 3 中	三	석 삼, 거듭 삼 셋　거듭
		three

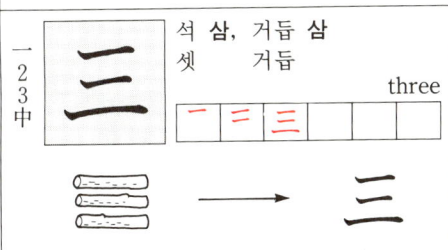

막대기 셋(三)을 가로로 놓은 모양이다. (지사)

三角[삼각] 세 모. 삼각형.
三間草家[삼간초가] 규모가 썩 작은 초가 「집.
三重[삼중] 세 번 거듭되는 일.
三光[삼광] 해와 달과 별.

八 2 4 中	六	여섯 륙 여섯
		six

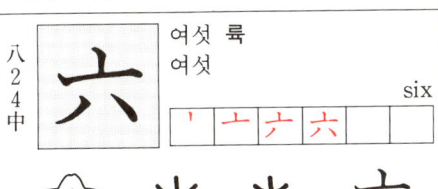

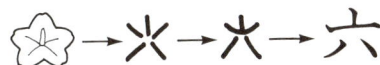

무궁화의 꽃잎 5개와 꽃술 1개를 이어서 여섯(六)을 나타냈다. (지사)

六旬[육순] 육십 일. 예순 살.
六法[육법] 대표적인 여섯 가지의 법률.
六甲[육갑] 육십갑자(六十甲子). 남의 언행을 얕잡아 일컫는 말.

七

일곱 **칠**
일곱

seven

| 一 | 七 | | | | |

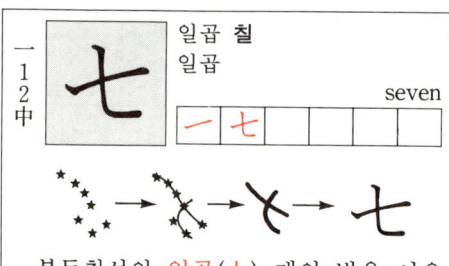

북두칠성의 일곱(七) 개의 별을 이은 모양을 본떴다. (지사)

七旬[칠순] 일흔 날. 나이 일흔 살.
七夕[칠석] 음력 7월 초이렛날의 밤.
七寶[칠보] 일곱 가지 보배. 곧, 금·은·파리·마노·거거·산호·유리 등.

九

아홉 **구**
아홉

nine

| ノ | 九 | | | | |

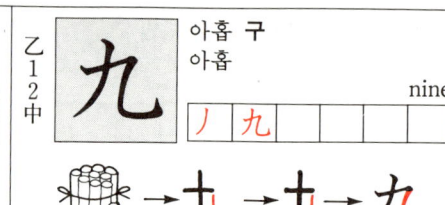

열(十)에서 하나(l)를 빼면(一) 아홉(九)이 된다. (지사)

九死一生[구사일생] 죽을 고비를 여러 차례 겪고 겨우 살아남.
九牛一毛[구우일모] 썩 많은 가운데서 아주 적은 수를 이르는 말.

八

여덟 **팔**
여덟

eight

| ノ | 八 | | | | |

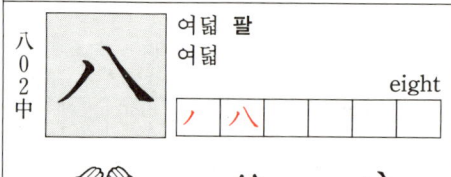

엄지 손가락 둘을 구부린 여덟(八) 개의 손가락의 모양을 본떴다. (지사)

八字[팔자] 사람의 한평생의 운수.
八道[팔도] 조선조 시대의 행정 구역. 곧 경기·충청·경상·전라·강원·황해·평안·함경의 각 도.

百

일백 **백**
일백

hundred

| 一 | 丆 | 丆 | 百 | 百 | 百 |

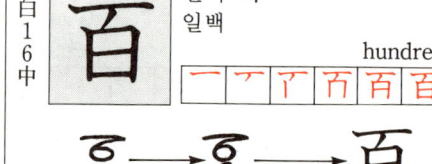

一〇〇을 아래로 흘려 쓰고 〇을 口로 써서 백(百)을 나타냈다. (형성)

白→百 ←百

百年[백년] 오랜 세월.
百拜[백배] 여러 번 굽실거리며 하는 절.
百官[백관] 모든 벼슬아치.
百事[백사] 온갖 일. 만사(萬事).

十

열 **십**
열

ten

| 一 | 十 | | | | |

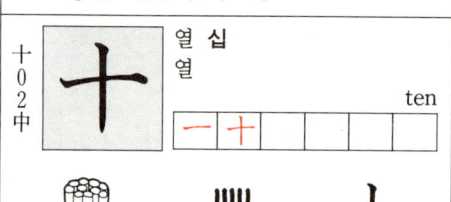

장작 등의 물건 열(十) 개를 새끼줄로 묶은 모양을 본떴다. 十에는 더한다는 뜻도 있다. (지사)

十中八九[십중팔구] 열 가운데 여덟 아홉. 곧 거의 틀림없음. 십상팔구(十常八九).
十分[십분] 넉넉하게. 아무 부족 없이.

千

일천 **천**
일천

thousand

| ノ | 二 | 千 | | | |

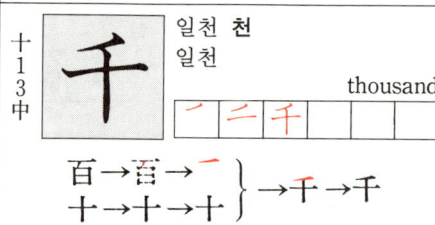

"대한민국"을 줄이면?…"한국"이다. 한자도 이와 같이 획수를 줄인다.
백(百→一)이 열(十) 개 있으면 천(千)이 된다. (형성)

千金[천금] 엽전 천 량. 많은 돈.
千軍萬馬[천군만마] 썩 많은 병마.

人 02 中	人	사람 **인** 사람 man ノ 人

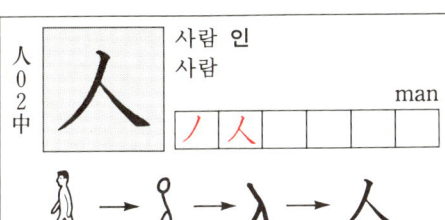

걷고 있는 사람(人)의 옆 모양을 본떴다. (상형)

人間[인간] 사람. 인류.
人格[인격] 사람의 품격.
人工[인공] 사람이 자연에 가공하는 일.
人力[인력] 사람의 힘.

一 2 3 中	上	위 **상**, 오를 **상** 위 오르다 above 丨 卜 上

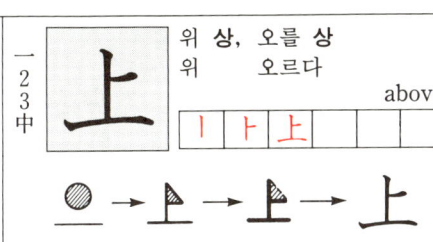

위(上)로 가는 방향을 나타내었다. (지사)

上衣[상의] 저고리. 상체에 입는 옷.
上下[상하] 위와 아래. 높고 낮음.
上京[상경] 서울로 올라감.
上官[상관] 윗 자리의 관리.

山 03 中	山	메 **산** 메, 산 mountain 丨 山 山

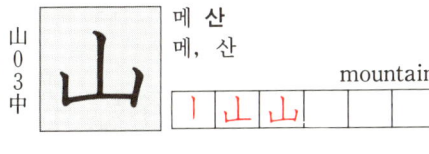

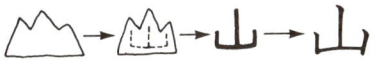

산(山)의 모양을 본떴다. (상형)

山川[산천] 산과 내. 자연.
山間[산간] 산과 산 사이. 산골.
山蔘[산삼] 깊은 산에 저절로 나는 인삼.
山所[산소] 무덤이 있는 곳.
山林[산림] 산에 있는 숲.

丨 3 4 中	中	가운데 **중**, 안 **중** 가운데 안쪽 middle 丨 冂 口 中

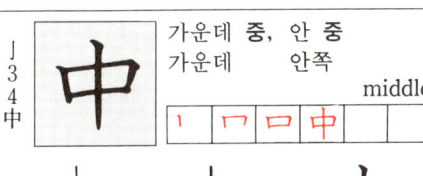

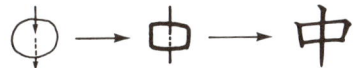

화살이 과녁의 한 가운데(中)를 뚫고 지나는 모양을 나타냈다. (지사)

中心[중심] 한 가운데가 되는 곳.
中間[중간] 두 사물의 사이.
命中[명중] 목적물에 정통으로 맞춤.
中央[중앙] 사방의 중심이 되는 곳.

巛 03 中	川	내 **천** 내 stream 丿 川 川

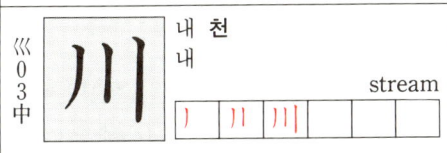

물이 흐르는 내(川)의 모양을 본떴다. (상형)

河川[하천] 시내. 강.
川邊[천변] 냇가.
川谷[천곡] 내와 골짜기.
川魚[천어] 냇물고기.

一 2 3 中	下	아래 **하**, 내릴 **하** 아래 내리다 below 一 丅 下

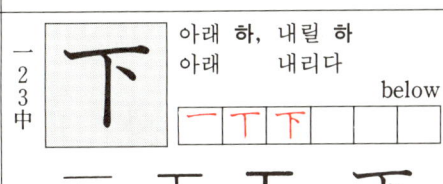

아래(下)로 가는 방향을 나타내었다. (지사)

下午[하오] 오후.
下山[하산] 산에서 내려옴.
下級[하급] 등급이 낮음.
下學[하학] 학교에서 그 날의 과정을 마침.

日 04 中	日	날 일, 해 일 날　해 day, sun
		｜ 冂 日 日

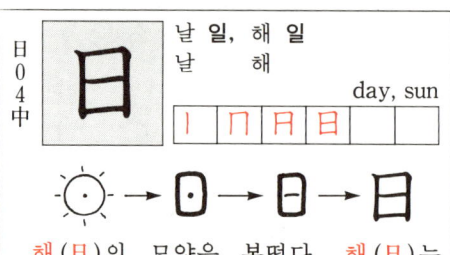

해(日)의 모양을 본떴다. 해(日)는 날(日)마다 뜬다는 데서 날(日)의 뜻도 있다. (상형)

日光[일광] 햇빛.
日氣[일기] 날씨.
日課[일과] 날마다 규칙적으로 하는 일.

水 04 中	水	물 수 물 water
		｜ 丁 才 水

흐르는 물(水)의 모양을 본떴다. (상형)

※ 川 : 내 천 : 河川(하천), 川魚(천어).

水道[수도] 물이 흐르는 통로. 물길. 뱃길.
水力[수력] 물의 힘.
水泳[수영] 헤엄

月 04 中	月	달 월, 세월 월 달　세월 moon, month
		｜ 冂 月 月

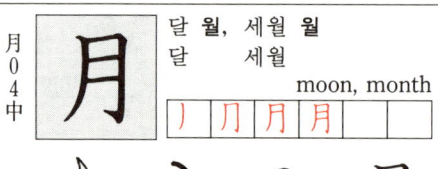

달(月)의 모양을 본떴다. 달은 한 달을 주기로 그 모양이 변한다. (상형), (전주)

月給[월급] 다달이 받는 정해진 봉급.
明月[명월] 밝은 달.
月刊[월간] 매월 발행하는 일. 또 그 간행물.

木 04 中	木	나무 목 나무 tree
		一 十 才 木

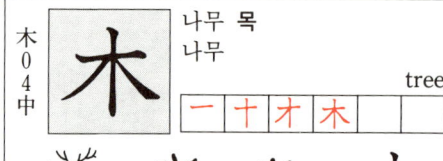

뿌리가 있는 나무(木)의 모양을 본떴다. (상형)

木工[목공] 나무로 물건을 만드는 기능공.
木刻[목각] 나무판에 서화를 새김.
木馬[목마] 나무로 만든 말.
木石[목석] 나무와 돌.

火 04 中	火	불 화 불, 매우 fire
		｜ ､ 丷 火

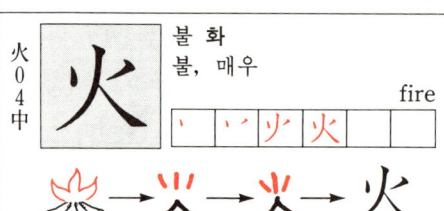

불(火)의 모양을 본떴다. (상형)

火光[화광] 불빛.
火力[화력] 불의 힘.
火災[화재] 불이 나는 재앙.
火急[화급] 매우 급함.
火氣[화기] 가슴이 답답하여지는 기운.
放火[방화] 일부러 불을 지름.

土 03 中	土	흙 토, 땅 토 흙　땅 earth, soil
		一 十 土

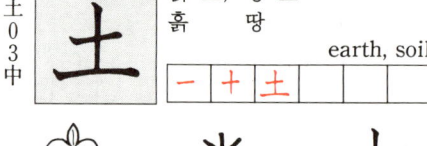

흙(土)에서 싹이 올라오는 모양을 본떴다. (상형)

土工[토공] 도공, 옹기공, 토지의 공사.
土木[토목] 흙과 나무. 토목 공사.
土沙[토사] 흙과 모래.
土地[토지] 땅, 흙, 논밭, 집터, 터, 영토.

大 (大03中) 큰 대, 클 대
크다, 넓다, 많다
big, great

一 ナ 大

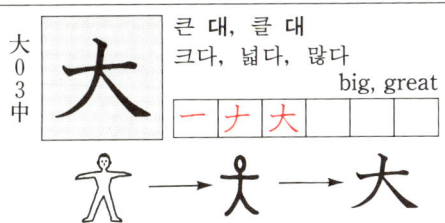

사람이 팔·다리를 크게(大) 펼치고 서 있는 모양을 본떴다. (상형)

大家[대가] 큰 집. 학문·기술에 뛰어난 사람.
大吉[대길] 썩 좋음. 예 입춘~
大成[대성] 크게 이룸.
大小[대소] 사물의 큼과 작음.

回 (口36中) 돌 회, 돌아올 회
돌다 돌아오다
turn

丨 冂 冂 囗 回 回

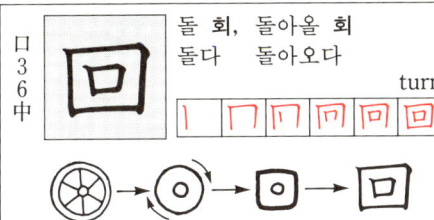

돌아가는(回) 바퀴의 모양을 본떴다. (상형)

※ 한자에서는 ○을 口으로 쓴다.

回轉[회전] 빙빙 돌아서 구름.
回甲[회갑] 환갑. 61세의 일컬음.
回答[회답] 물음에 대답함.

立 (立05中) 설 립, 세울 립
서다 세우다
stand

丶 亠 亣 立

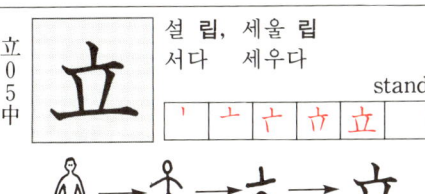

사람이 서(立) 있는 모양을 본떴다. (상형)

立志[입지] 뜻을 세움.
立身[입신] 사회에서 지위를 얻어 출세함.
立國[입국] 나라를 세움. (=建國)
立法[입법] 법을 제정함. 또 그 행위.

出 (凵35中) 날 출, 나갈 출
낳다 나가다
come out, go out

丨 屮 中 出 出

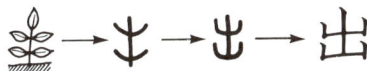

풀이 흙에서 겹쳐서 나오는(出) 모양을 본떴다. (상형)

出口[출구] 나가는 어귀.
出衆[출중] 많은 사람 속에 뛰어남.
出馬[출마] 선거 등에 입후보함.
出生[출생] 세상에 태어남.

子 (子03中) 아들 자, 첫째 지지 자
아들, 자녀, 그대, 씨
son

フ 了 子

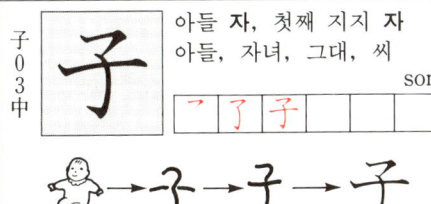

갓난 아기(子)의 모양을 본떴다. (상형)

子女[자녀] 아들과 딸.
子孫[자손] 아들과 손자. 후손.
子時[자시] 하루를 12시로 나눈 첫째 시.
　　　곧, 밤 11시~오전 1시 사이.

入 (入02中) 들 입, 들일 입
들어가다 들이다
enter

ノ 入

굴의 입구(入)의 모양을 본떴다. (상형)

入學[입학] 학교에 들어가 학생이 됨.
入場[입장] 장내로 들어감.
入港[입항] 배가 항구에 들어옴.
入會[입회] 모임에 들어가 회원이 됨.

口

口 03 中

입 **구**, 어귀 **구**
입   어귀
mouth

| ㅣ | ㅁ | 口 | | |

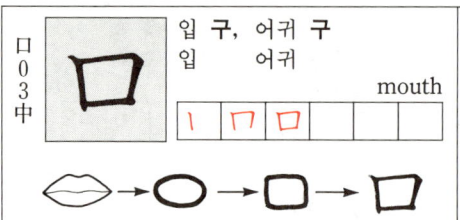

입(口)의 모양을 본떴다. (상형)
※ 어귀 : 드나드는 목의 첫머리.

口味[구미] 입맛.
口傳[구전] 입(말)으로 전함.
口令[구령] 단체 행동의 동작을 일제히 하
　　　　　도록 부르는 호령.

手

手 04 中

손 **수**
손, 손수하다
hand

| ㇒ | 二 | 三 | 手 | | |

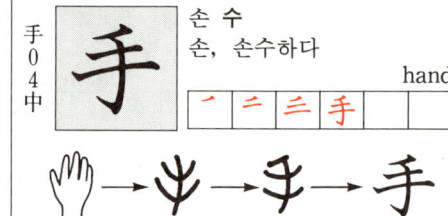

손(手)의 모양을 본떴다. (상형)

手工[수공] 손으로 하는 공예.
手法[수법] 작품을 만드는 솜씨.
手中[수중] 손안. 손아귀.
手下[수하] 손아래. 자기에게 딸린 병졸.
手交[수교] 擧手[거수] 騎手[기수]

目

目 05 中

눈 **목**
눈, 눈동자, 눈짓, 조목
eye

| ㅣ | ㄇ | 月 | 月 | 目 |

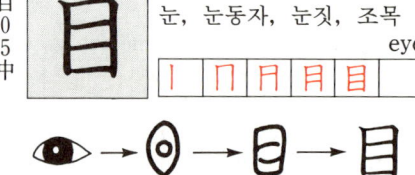

눈(目)의 모양을 본떴다. (상형)
※ 四 : 넉 사 : 四方(사방), 四角(사각)

目前[목전] 눈 앞. 당장.
目的[목적] 일을 이루려 하는 목표.
目次[목차] 항목·제목의 차례.
品目[품목] 물품의 명목(名目).

足

足 07 中

발 **족**
발, 족하다
foot

| ㅣ | ㅁ | 口 | 口 | 足 | 足 |

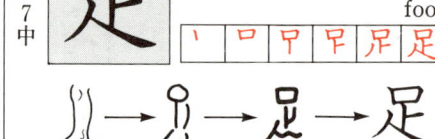

발(足)의 옆 모양을 본떴다. (상형)

手足[수족] 손과 발.
長足[장족] 긴 다리. 빠르게 나아가는 걸
　　　　　음. 진보가 현저히 빠름.
足跡[족적] 발자국. 옛 자취.
滿足[만족] 마음이 흡족함.

耳

耳 06 中

귀 **이**
귀, 뿐, 따름, 어조사
ear

| 一 | ㄒ | 丆 | F | E | 耳 |

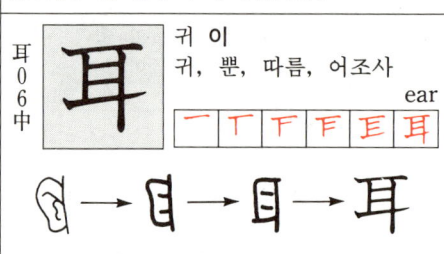

귀(耳)의 모양을 본떴다. (상형)

耳目[이목] 귀와 눈. 남들의 주의.
耳門[이문] 귓문.
耳目口鼻[이목구비] 귀, 눈, 입, 코. 인물.
馬耳東風[마이동풍] 남의 말을 귀담아 듣
　　　　　지 않음.

工

工 03 中

만들 **공**, 장인 **공**
만들다   장인
make, artisan

| 一 | T | 工 | | |

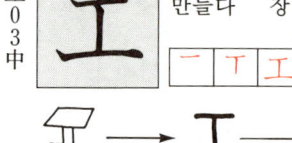

나무로 무엇을 만드는(工) 모양을 본
떴다. (지사)

工作[공작] 토목·건축·제조 등의 일.
名工[명공] 이름난 장색(匠色).
石工[석공] 석수(石手).
工程[공정] 일하는 정도.

刀 02 中	刀	칼 도 칼 knife

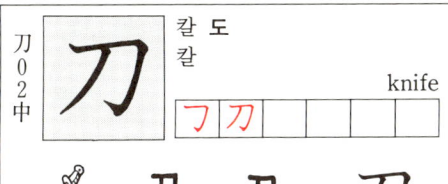

칼(刀)의 모양을 본떴다. (상형)

刀劍[도검] 칼.
刀刃[도인] 칼날.
果刀[과도] 과일을 깎는 칼.
刀工[도공] 칼을 만드는 장인.
短刀[단도] 짧은 칼.

井 二 2 4 中	井	우물 정, 우물 난간 정 우물 우물 난간 well

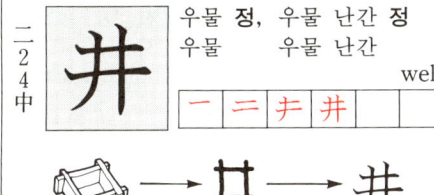

안전 사고를 예방하기 위하여 우물(井) 둘레에 두른 난간의 모양을 본떴다. (상형)

井水[정수] 우물의 물.
井間紙[정간지] 모눈 종이.
市井[시정] 시가(市街).

弓 03 中	弓	활 궁 활 bow

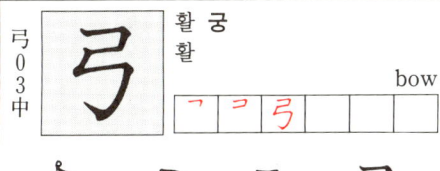

활(弓)의 모양을 본떴다. (상형)

弓矢[궁시] 활과 화살.
弓刀[궁도] 활과 칼.
弓術[궁술] 활을 쏘는 기술.
弓馬[궁마] 활과 말. 궁술과 마술.
弓手[궁수] 활을 쏘는 사람.

田 05 中	田	밭 전 밭, 논 field

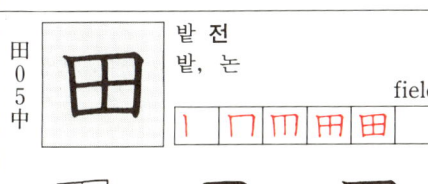

두렁이 있는 밭(田)의 모양을 본떴다. (상형)

田家[전가] 농부의 집.
田地[전지] 경작하는 땅. 논·밭.
田畓[전답] 밭과 논. 전지(田地).
田園[전원] 논밭과 동산. 시골. 교외.

力 02 中	力	힘 력, 힘쓸 력 힘 힘쓰다 strength, force

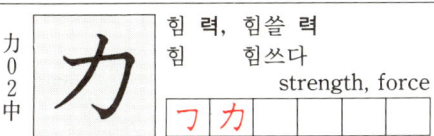

팔에 힘(力)을 준 모양을 본떴다. (상형)

力道[역도] 역기를 들어 올리는 운동.
自力[자력] 제 힘.
力量[역량] 어떤 일을 해 낼 수 있는 힘.
國力[국력] 나라의 힘.

米 06 中	米	쌀 미, 미터 미 쌀 미터 rice

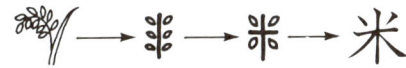

벼이삭의 모양으로 껍질을 벗기면 쌀(米)이 나온다. 음을 빌어서 미터(m)의 뜻으로도 쓴다. (상형), (가차)

上米[상미] 좋은 쌀.   「쌀.
玄米[현미] 벼의 껍질만 벗기고 쓿지 않은
米年[미년] 88세.

士

선비 **사**, 무사 **사**
선비　　무사
scholar, warrior

一 十 士

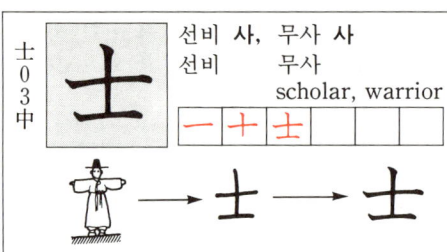

땅 위에 서 있는 선비·무사(士)의 모양을 본떴다. (상형)

名士[명사] 이름난 선비.
力士[역사] 뛰어나게 힘이 센 사람.
士氣[사기] 싸움에 대한 병사의 기세.
士官[사관] 병사를 지휘하는 무관. 장교.

氷

얼음 **빙**, 얼 **빙**
얼음　　얼다
ice

丨 冫 冫 氺 氷

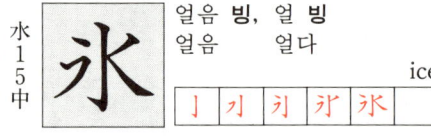：물 수

물(水)이 얼어서 굳어진(丶) 것이 얼음(氷)이다. (회의)

氷山[빙산] 바다에 산처럼 떠있는 얼음덩이.
氷菓[빙과] 얼음 과자. 아이스크림 등.
氷海[빙해] 얼어붙은 바다.

心

마음 **심**
마음, 가슴, 중심, 근본
mind

丶 心 心 心

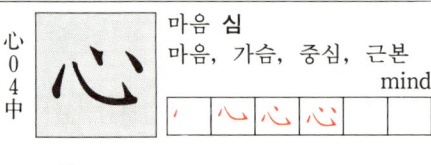

심장의 모양을 본떴다. 옛날에는 심장과 머리에 마음(心)이 있다고 생각하였다. (상형)

心身[심신] 마음과 몸.
心理[심리] 마음의 움직임.
心性[심성] 본디부터 타고난 마음씨.

雨

비 **우**, 비올 **우**
비　　비가 오다
rain

一 一 一 一 一 雨 雨

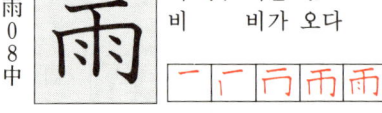

비(雨)가 내리는 모양을 본떴다. (상형)

雨水[우수] 양력 2월 28일경의 절기.
雨天[우천] 비가 오는 날.
雨期[우기] 1년 중에 가장 비가 많이 내리는 시기. (=雨季)

正

바를 **정**
바르다, 바로잡다
right

一 丁 下 正 正

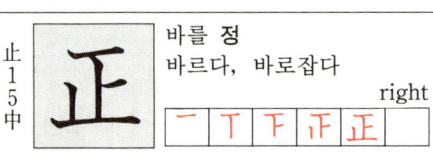

한 직선(一) 위에 발(止)을 멈춰 바르게(正) 선다. (회의)

正門[정문] 정면에 있는 문.
正直[정직] 마음이 바르고 곧음.
正常[정상] 바르고 떳떳함.

夕

저녁 **석**
저녁
evening

丿 ク 夕

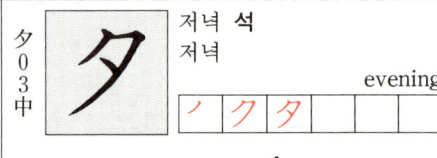

저녁(夕)이 되어 달이 희미하게 나타나는 모양을 본떴다. (상형)

夕陽[석양] 저녁 나절의 해.
朝夕[조석] 아침과 저녁.
夕飯[석반] 저녁 밥.
夕刊[석간] 저녁에 발행하는 신문.

石 05 中 — 돌 **석**, 섬 **석** / 돌 섬 — stone

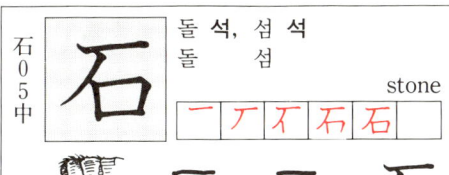

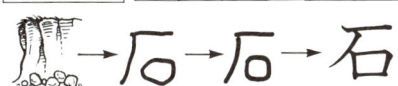

벼랑(厂) 밑에 흩어져 있는 돌(口)의 모양으로 돌(石)을 나타냈다. (상형)

石田[석전] 돌이 많은 밭.
石工[석공] 돌을 다루는 사람.
石山[석산] 돌로 이루어진 산.
石刻[석각] 돌에 새김.

丘 145 高 — 언덕 **구**, 클 **구** / 언덕 크다 — hill

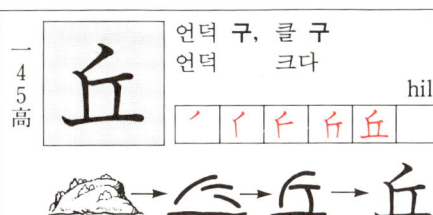

언덕(丘)의 모양을 본떴다. (상형)

丘山[구산] 언덕과 산.
丘首[구수] 근본을 잊지 않음.
丘陵[구릉] 언덕. 나직한 산.
丘墓[구묘] 무덤.
丘民[구민] 시골에 사는 백성.

之 ノ34 中 — 갈 **지**, 이 **지** / 가다 이 — go

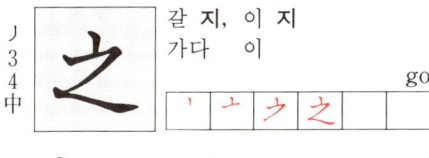

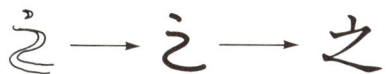

구불구불한 길의 모양으로 누구의(之) 심부름으로 이것(之)을 가지고 그들(之)이 길을 간다(之)의 뜻.

之東之西[지동지서] 동으로 가고, 서로 감. 곧, 이리저리 갈팡질팡함.
愛之重之[애지중지] 사랑하고 중히 여김.

林 木48 中 — 수풀 **림** / 수풀, 숲 — forest

나무 목(木) 두 개로 숲(林)을 나타냈다. (회의)

山林[산림] 산과 숲. 산에 있는 숲.
林業[임업] 산림을 경영하는 사업.
竹林[죽림] 대나무 숲.
林野[임야] 나무가 무성한 들.

行 行06 中 — 다닐 **행**, 행할 **행**, 항렬 **항** / 다니다 행하다 항렬 — walk, do

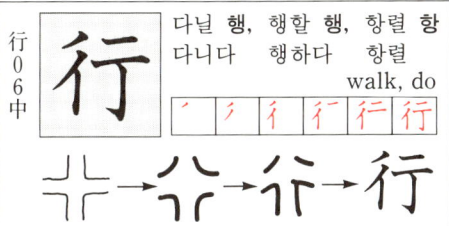

네 거리의 모양으로 행길을 다니다(行)의 뜻임. 네 거리에서 장사도 하고 싸움도 하며 자동차도 굴러다닌다는 데서 행하다(行)의 뜻도 있다. (상형)

行進[행진] 앞으로 걸어 나아감.
行方[행방] 간 곳. 방향.

休 イ46 中 — 쉴 **휴** / 쉬다 — rest

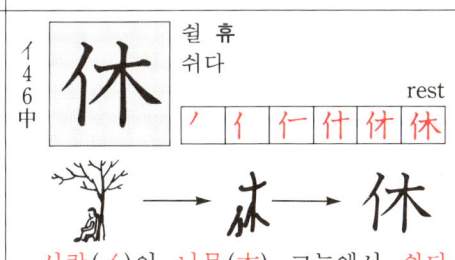

사람(イ)이 나무(木) 그늘에서 쉰다(休). (회의)

休養[휴양] 심신을 쉬며 몸을 보양함.
休校[휴교] 학교가 수업을 중지하고 쉼.
休日[휴일] 쉬는 날.
休息[휴식] 잠깐 쉼.

互

어긋매낄 호, 서로 호
어긋매끼다 서로
mutually, each other

一 丁 互 互

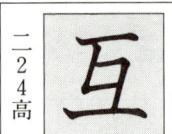 → 互 → 互

고리와 고리가 서로·어긋매끼는(互) 모양을 본떴다. (상형)
※ 어긋매끼다 : 치우치지 않도록 어긋나게 맞추다.

相互[상호] 서로.
交互[교호] 서로 어긋매낌.

白

흰 빛 백, 흰 백
흰 빛, 희다, 밝다, 사뢰다
white

' ′ 丶 白 白

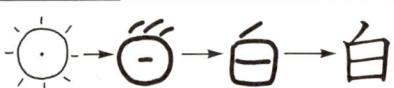

1. 해(日)의 빛(丶)이 투명하고 흰 빛(白)으로 밝다는 뜻임. (회의)
2. 마음 속을 밝힌다는 데서 사뢰다·말하다(白)의 뜻도 있음.

白日[백일] 쨍쨍하게 비치는 해. 대낮.
明白[명백] 아주 분명함.

合

합할 합, 홉 합
합하다 홉
join, unite

ノ 八 스 仌 合 合

 → 合 → 合 → 合

밥그릇의 뚜껑과 그릇의 모양으로 서로 합하다(合)의 뜻임. (회의)

合心[합심] 마음을 한데 합함.
合法[합법] 법령 또는 법식에 맞음.
合力[합력] 흩어진 힘을 한데 모음.
合同[합동] 둘 이상을 하나로 함.

豆

콩 두, 제기 이름 두
콩 제기 이름
bean

一 厂 丆 戸 豆 豆

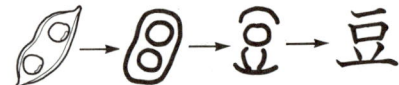

콩(豆)의 모양을 본떴다. (상형)

豆類[두류] 콩·팥·녹두의 총칭.
大豆[대두] 콩.
豆芽[두아] 콩나물.
豆油[두유] 콩기름.
豆乳[두유] 진하게 만든 콩국.

且

또 차, 그 위에 차
또   그 위에
moreover

丨 冂 冃 月 且

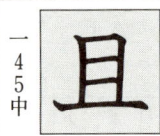 → 且 → 且

자루나 박스를 쌓고 또(且) 쌓는다는 뜻임. (상형)

重且大[중차대] 무겁고도 큼.
富且貴[부차귀] 부하고 또 귀함.
且置勿論[차치물론] 내버려 두고 논의의 대상으로 삼지 않음.

天

하늘 천, 임금 천
하늘   임금
heaven, sky

一 二 于 天

하늘 :
사람 : 大 → 天 → 天

사람의 머리 위에 하늘(天)이 있다는 뜻임. (지사)

天國[천국] 하늘 위의 나라.
天然[천연] 자연 그대로인 상태.
天文[천문] 천체의 온갖 형상.
天井[천정] 방. 마루 등의 위 되는 곳.

才03中	才	재주 재, 바탕 재 재주 바탕 talent 一 十 才

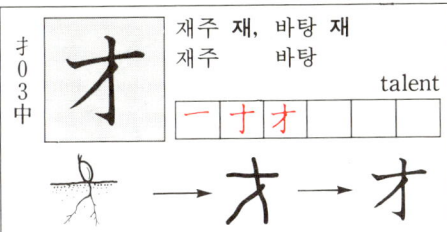

초목의 새 싹의 모양으로 새 싹은 자라서 꽃이 피고 열매를 맺는 재주(才)가 있다는 뜻임. (상형)

才士[재사] 재주 있는 남자.
才女[재녀] 재주가 있는 여자.
才幹[재간] 재주와 간능(幹能).

門08中	門	문 문, 지체 문 문, 지체, 집안 door, gate 丨 冂 冂 閂 門 門

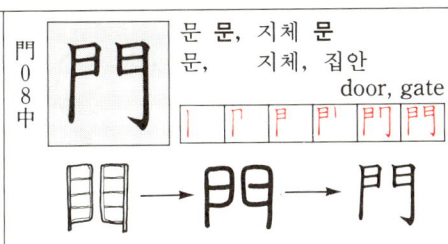

나무로 짠 대문(門)의 모양을 본떴다. (상형)

門前[문전] 대문 앞.
大門[대문] 큰 문. 집의 정문(正門).
門戶[문호] 집으로 출입하는 문.
門中[문중] 동성 동본의 가까운 집안.

自06中	自	스스로 자, 부터 자 몸, 자기, 스스로, 부터 self ′ 丨 丨 自 自 自

코의 모양으로 중국 사람은 자기를 말할 때 손가락으로 코를 가리키며 나라고 한다. 모든 일은 나(自)로 부터(自) 스스로(自) 행해진다. (상형), (전주)

自力[자력] 자기(自己)의 힘. 제 힘.
自古[자고] 예로부터.

戶04中	戶	집 호, 지게 호 집 지게문 house ′ 丶 戶 戶

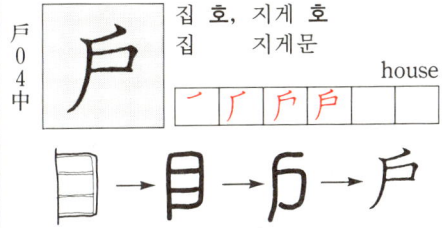

지게문(戶)의 모양으로 지게문이 있으면 집(戶)도 있다. (상형)

※ 지게문 : 마루에서 방으로 드나드는 외짝문.

戶口[호구] 호수(戶數)와 식구수.
戶主[호주] 한 집안의 주장이 되는 사람.

己03中	己	몸 기, 여섯째 천간 기 몸, 자기자신, 여섯째 천간 self フ コ 己

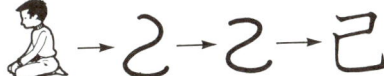

무릎을 꿇고 있는 사람의 몸(己)의 모양을 본떴다. (상형)

知己[지기] 자기를 알아주는 친구.
自己[자기] 저. 제 몸. 자신.
克己[극기] 자기의 사욕을 이지(理智)로써 눌러 이김. 자제(自制)함.

刀24中	分	나눌 분, 분명할 분 나누다 분명하다 divide ′ 八 今 分

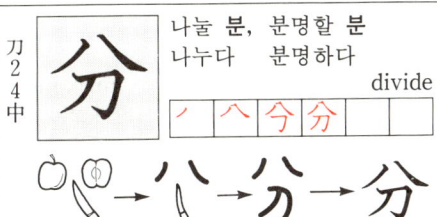

칼(刀)로 과일(八)을 나누는(分) 모양을 본떴다. (회의)

分離[분리] 나누어 떨어지게 함.
分類[분류] 종류를 따라 나눔.
分配[분배] 몫몫이 고르게 나눠 줌.
分明[분명] 흐리지 않고 또렷함.

毛 털 모
털, 수염, 머리카락
hair

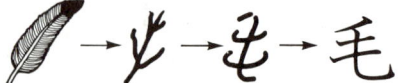

짐승의 꼬리 털(毛) 또는 새의 깃털 의 모양을 본떴다. (상형)

※ 手 : 손 수 : 手中(수중), 手下(수하)
毛皮[모피] 털이 많은 가죽.
毛骨[모골] 털과 뼈.

女 계집 녀
계집, 여자, 딸, 처녀
woman, female

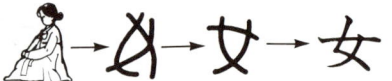

여자(女)가 단정히 앉아 있는 모양을 본떴다. (상형)

女王[여왕] 여자 임금.
女息[여식] 딸. 딸자식.
女工[여공] 여자 직공.
女性[여성] 여자. 여자의 성질.

曲 굽을 곡, 가락 곡
굽다   곡조
bent

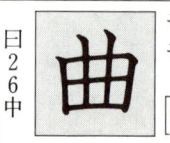

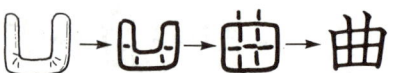

가래떡, 순대, 파이프 등을 구부린 (曲) 모양을 본떴다. (상형)

曲水[곡수] 굽이굽이 휘어 흐르는 물.
曲直[곡직] 사리의 옳고 그름.
曲線[곡선] 부드럽게 굽은 줄.
名曲[명곡] 유명한 악곡.

父 아비 부
아비, 아버지
father

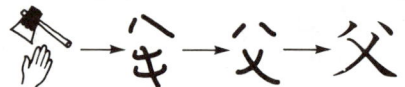

손(乂)에 도끼( ), 농기구 등을 들고 일을 한다는 데서 아버지(父)를 나타냈다. (지사)

父女[부녀] 아버지와 딸.
父親[부친] 아버지.
父系[부계] 아버지 쪽의 혈연 계통.

男 사내 남, 아들 남
사내   아들
man, male

1. 밭(田)을 가는 데는 힘(力)이 센 사내(男)가 필요하다.
2. 열(十) 식구(口)를 먹여 살릴 수 있는 힘(力)이 있는 사람이 사내(男)이다. (회의)

男兒[남아] 남자. 사내 아이.
得男[득남] 아들을 얻음.
男系[남계] 남자 쪽의 혈통.
男妹[남매] 오빠와 누이.

母 어미 모
어미, 어머니
mother

계집 녀 : 女 → 母
유방(젖) : ⠁⠁ → ⠁ } → 母

여자가 어머니가 되면 아기에게 젖을 먹인다는 데서 여자(母)에 젖( )의 표시를 덧붙여서 어머니(母)를 나타냈다. (지사)

父母[부모] 아버지와 어머니.
母校[모교] 자기가 졸업한 학교.

方 04 中	모 **방**, 방위 **방** 모, 모지다, 방위, 방향 square 丶 亠 方 方

배를 묶어 놓은 모양으로 뱃머리가 가리키는 방위·방향(方)에서 모(方)의 뜻도 나왔다. (상형)

四方[사방] 네 방위. 곧, 동·서·남·북.
方向[방향] 향하는 쪽. 방위(方位).
方法[방법] 목적을 달성하기 위한 수단.

浴 710 中	미역감을 **욕** 미역감다, 목욕하다 bathe 氵 氵 氵 氵 浴 浴

물 수 (水): 川 → 川 → 氵 → 氵
골 곡 (谷): 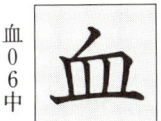 → 谷 → 谷 → 谷

골짜기(谷) 물(氵)에서 목욕을 한다(浴). (회의) 谷→곡욕←浴

日光浴[일광욕] 몸을 햇빛에 쬐어 건강을 증진시키는 일.

向 口36 中	향할 **향** 향하다, 북향한 창 face to, wards 丶 丿 冂 冋 向 向

 → 冋 → 向

창문의 모양으로 남쪽의 창과 북쪽의 창이 서로 마주 향하고(向) 있다는 뜻임. (회의)

向上[향상] 위를 향하여 나아감.
向學[향학] 학문에 마음을 향함.
向方[향방] 향하는 곳.

血 06 中	피 **혈** 피 blood 丶 丿 冂 冋 血 血

 → 皿 → 皿 : 그릇 명
丿 : 그릇에 쏟은 피

그릇(皿)에 담은(丿) 피(血)라는 뜻이다. (상형)

心血[심혈] 심장의 피. 있는 대로의 힘.
血肉[혈육] 피와 살. 자기 소생의 자녀.
出血[출혈] 혈액이 혈관 밖으로 나옴.

沐 氵47 高	머리감을 **목** 머리를 감다 wash 氵 氵 氵 沐 沐 沐

물 수 (水): 川 → 川 → 氵 → 氵
나무 목 (木):  → 木 → 木 → 木

나무(木) 그늘이 있는 냇가(氵)에 앉아서 머리를 감는다(沐). (회의)
木 → 목 ← 氵

沐浴[목욕] 머리를 감으며 더운 물에 몸을 씻는 일.

肉 06 中	살 **육**, 고기 **육** 살　고기 meat 丨 冂 內 內 肉 肉

근육(肉)의 모양을 본떴다. (상형)

骨肉[골육] 뼈와 살.
肉聲[육성] 사람의 입으로부터 직접 나오는 소리. 또는 그 노래.
肉眼[육안] 안경이나 현미경 따위 없이 직접 눈으로 보는 것.

口69中 	물건 **品**, 가지 **品** 물건, 가지, 품수 articles

물건(品)을 쌓아 놓은 모양을 본떴다. (회의)

物品[물품] 쓸 만한 값어치가 있는 물건.
品種[품종] 물건의 종류.
品名[품명] 물품의 이름.
上品[상품] 질이 좋은 물품. 나은 품위.

牛04中	소 우 소 ox, cow

소(牛)의 머리 모양을 본떴다. ‡는 손이나 크리스마스 썰매처럼 되어 글씨의 모양이 없다. (상형)

牛肉[우육] 쇠고기.
牛毛[우모] 쇠털. 많은 수의 비유.
牛乳[우유] 암소의 젖. 밀크.

亻57中 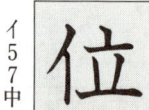	자리 **위**, 분 **위** 자리, 분, 사람 position

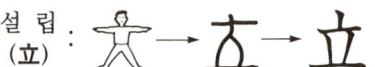

설 립:
(立)

사람(亻)이 서(立) 있는 곳. 즉, 자리(位)를 뜻한다. (회의)

上位[상위] 높은 위치. 높은 지위.
三位[삼위] 삼등(三等).
位置[위치] 자리, 지위, 처소, 곳, 장소.
位階[위계] 벼슬의 등급.

一34中	소 **축**, 둘째 지지 **축** 소 둘째 지지 cow

ㅋ: 손
丨: 소의 코뚜레

손(ㅋ)으로 소의 코뚜레(丨)를 잡은 것으로서 소(丑)를 나타냈다. (상형)

丑年[축년] 그 해의 지지(地支)가 축(丑)으로 된 해. 소해.
丑時[축시] 오전 1시부터 3시까지의 시각.

羊06中 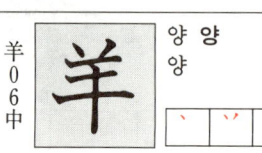	양 **양** 양 sheep

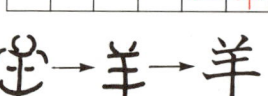

양(羊)의 머리 모양을 본떴다. (상형)

羊毛[양모] 양털.
白羊[백양] 흰 양.
羊腸[양장] 양의 창자.
山羊[산양] 염소.

犬04中 	개 **견** 개 dog

개(犬)의 옆 모양을 본떴다. (상형)

※ 大: 큰 대: 大人(대인), 大門(대문)

犬馬[견마] 개와 말.
猛犬[맹견] 몹시 사나운 개.
犬猿之間[견원지간] 개와 원숭이의 사이. 곧 서로 사이가 나쁜 관계를 이름.

魚 0 11 中	魚	고기 어 고기, 물고기 fish

ノ ク 各 各 备 魚

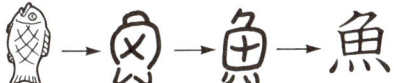

물고기(魚)의 모양을 본떴다. (상형)

大魚[대어] 큰 물고기.
魚卵[어란] 생선의 알.
魚鱗[어린] 물고기의 비늘.
魚網[어망] 물고기를 잡는 그물.
魚油[어유] 물고기에서 짜낸 기름.

耳 8 14 中	聞	들을 문, 알릴 문 듣다 알려지다 hear

「 門 門 門 門 聞 聞

귀(耳)의 문(門)으로 듣는다(聞).
(형성) 門 → 문 ← 聞

耳門[이문] 귓문.
見聞[견문] 듣고 보아 얻은 지식.
所聞[소문] 전하여 들리는 말.
風聞[풍문] 바람결에 들리는 소문.

卩 5 7 中	卵	알 란 알 egg

ノ 匚 匚 卯 卯 卵

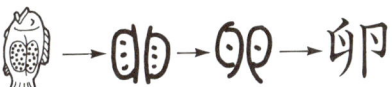

물고기의 두 개의 알(卵) 주머니의
모양을 본떴다. (상형)

卵白[난백] 알의 흰자위.
産卵[산란] 알을 낳음.
鷄卵[계란] 달걀.
卵黃[난황] 계란의 노른자위.

門 4 12 中	間	사이 간 사이, 틈, 간, 방 leak, space

丨 冂 尸 尸 門 間

문 문 : 門
날 일 : 日 : 날, 해, 햇빛

문(門)틈으로 해(日)빛이 새어 들어
오니 사이(間)가 터 있다. (회의)

間間[간간] 간간이. 드문드문. 듬성듬성.
間隔[간격] 물건 사이의 거리. 뜬 사이.
間數[간수] 간의 수. 건물의 넓이.
林間[임간] 수풀 사이, 숲 속.

口 8 11 中	問	물을 문 묻다, 찾다 ask

丨 冂 尸 尸 門 問 問

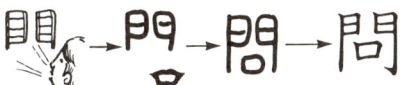

문(門) 앞에서 입(口)으로 안에 계십
니까 하고 묻는다(問). (형성)
門 → 문 ← 問

問答[문답] 물음과 대답.
問議[문의] 물어 보고 의논함.
問題[문제] 해답을 필요로 하는 물음.

門 4 12 中	閑	한가할 한 한가하다 leisure

丨 冂 尸 尸 門 閑 閑

문 문 : 門
나무 목 : 木 } → 閑

문(門) 안(앞)의 나무(木)가 한가히
(閑) 서 있다. (회의)

閑暇[한가] 별로 할 일이 없어 틈이 있음.
閑居[한거] 일없이 집에 한가히 있음.
閑寂[한적] 한가하고 고요함.
農閑[농한] 농사일이 바쁘지 않음.

門 4 12 中	開	열 **개**, 펼 **개** 열다, 펴다, 피다 open 一ㄷㄸㅁ門門開

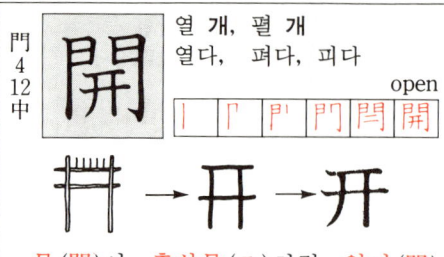

문(門)이 홍살문(卄)처럼 열려(開) 있다. (회의)

開業[개업] 사업을 시작함.
開放[개방] 열어 터놓음.
公開[공개] 여러 사람에게 개방함.
開花[개화] 꽃이 핌.

玉 05 中	玉	구슬 **옥**, 사랑할 **옥** 구슬, 옥, 사랑하다 jade, gem 一ㄒ干王玉

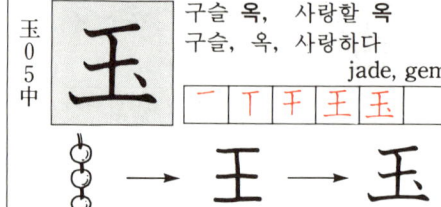

1. 구슬(玉) 세 개(三)를 끈으로 꿴(丨) 모양으로 "王"과 구별하기 위해서 "丶"을 덧붙였다. (상형)
2. 돌(丶)중의 임금(王)이 옥(玉)이다.

白玉[백옥] 흰 빛깔의 옥. 흰 구슬.
玉稿[옥고] 남의 원고의 높임말.

門 3 11 中	閉	닫을 **폐** 닫다, 그만두다, 막다 shut 一ㄷㄸㅁ門門閉閉

대문의 빗장:

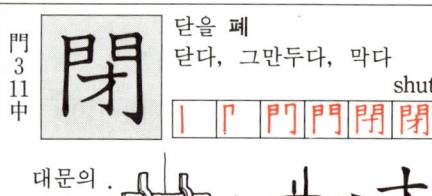

문(門)에 빗장(才)을 질러 닫는다 (閉). (회의)

閉門[폐문] 문을 닫음.
閉店[폐점] 상점·가게를 닫음.
閉鎖[폐쇄] 문을 닫고 자물쇠를 채움.
閉幕[폐막] 연극을 마치고 막을 내림.

車 07 中	車	수레 **거**, 수레 **차** 수레 수레 cart, wagon 一ㄒㄓ戸百亘車

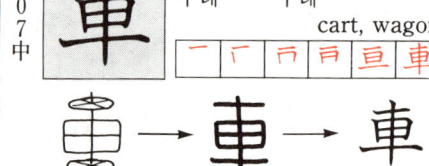

수레(車)의 모양을 본떴다. (상형)

車馬[거마] 수레와 말. 탈것의 총칭.
車庫[차고] 차를 넣어 두는 곳집.
車道[차도] 차가 다니게 마련한 길.
車便[차편] 차가 왕래하는 편.
車窓[차창] 車輛[차량] 自轉車[자전거]

王 04 中	王	임금 **왕** 임금·왕 king 一ㄒ干王

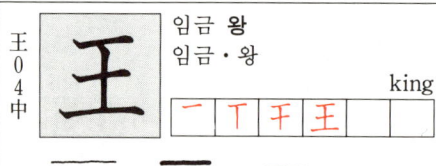

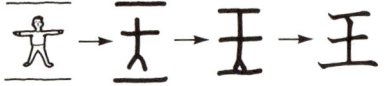

하늘과 땅(二) 사이에서 가장 큰(大→十) 권력을 가지고 나라를 다스리는 사람이 임금(王)이다. (회의)

王家[왕가] 왕의 집안.
王考[왕고] 돌아간 할아버지.
王命[왕명] 임금의 명령.

舟 06 高	舟	배 **주** 배 boat, ship ノㄅ力舟舟舟

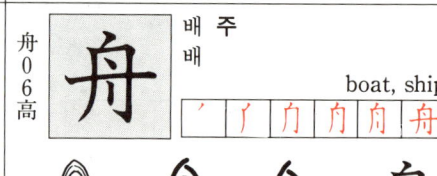

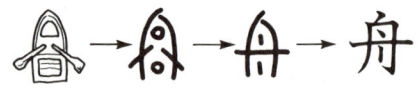

작은 배(舟)의 모양을 본떴다. (상형)

舟行[주행] 배를 타고 감.
舟艇[주정] 소형의 배.
舟遊[주유] 뱃놀이.
一葉片舟[일엽편주] 조그만 조각배.

田 05 中 	 갑옷 **갑**, 첫째 **갑** 갑옷, 첫째, 첫째 천간 armour

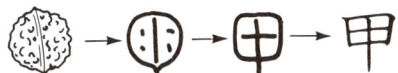

호도·복숭아 등의 씨앗의 모양으로 껍질이 단단하다는 데서 갑옷(甲)의 뜻이 생겼다. (상형)

甲冑[갑주] 갑옷과 투구.
甲富[갑부] 첫째 가는 부자.
回甲[회갑] 환갑. 61세 되는 해.

十 2 4 高	升 되 **승**, 오를 **승** 되 오르다(昇과 통용) measure

곡식을 일정한 분량으로 되서 그릇에 담을 때 되(升)가 오르고 내리는 모양을 나타냈다. (회의)

一升[일승] 한 되. 열 홉. 1.8ℓ의 용량.
升降[승강] 오르고 내림. 승강(昇降).
升進[승진] 직위가 오름. 승진(昇進).

乙 01 中	 새 **을**, 둘째 천간 **을** 새 둘째 천간 bird

새의 모양을 본뜬 글자. 일설에는 초목의 새싹이 나오는 모양을 본떴다고도 함. (상형)

甲男乙女[갑남을녀] 갑이란 남자와 을이란 여자의 뜻으로 평범한 사람.
乙種[을종] 둘째 종류. 갑종(甲種) 다음.

凵 2 4 中	 흉할 **흉**, 흉년들 **흉** 흉하다 흉년들다 evil, bad

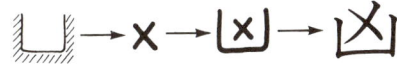

함정(凵)에 빠지면(乂) 죽게 되므로 흉하다(凶)의 뜻임. (회의)

凶夢[흉몽] 불길(不吉)한 꿈.
凶惡[흉악] 성질이 거칠고 사나움.
凶計[흉계] 흉악한 꾀.
凶年[흉년] 농작물이 잘 되지 않은 해.

斗 04 中	 말 **두**, 별이름 **두** 말 별이름 measure

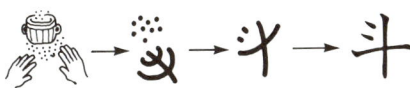

손(구)으로 곡식(ㆍ)을 말(斗)에 담아서 된다. (상형)

一斗[일두] 한 말. 10승. 18ℓ의 용량.
斗量[두량] 말로 곡식을 됨.
斗星[두성] 북두칠성(北斗七星).
斗酒[두주] 말술.

亠 1 3 中	 잃을 **망**, 달아날 **망** 잃다 도망가다 lose, ruin, die

도망(亡)가서 숨은 사람의 모양으로 달아나다, 없어지다, 잃다, 죽다, 망하다의 뜻임. (회의)

逃亡[도망] 피해 달아남. 쫓겨 달아남.
亡國[망국] 망하여 없어진 나라.
興亡[흥망] 흥기와 멸망, 흥함과 망함.

谷

골 곡
골짜기

valley

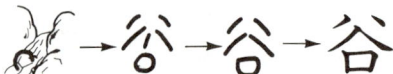

바위(口)가 있고 물이 흐르는(八) 골짜기(谷)의 모양을 본떴다. (회의)

山谷[산곡] 산골짜기.
谷泉[곡천] 골짜기에서 흐르는 샘.
溪谷[계곡] 물이 흐르는 골짜기.
幽谷[유곡] 깊은 산골.

由

말미암을 유, 까닭 유
말미암다 까닭

cause

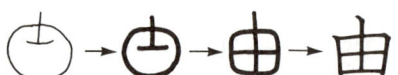

나무 가지에 달린 열매의 모양으로, 열매가 나무 가지로 말미암아(由) 달린다는 뜻이다. (상형)

由來[유래] 사물이 연유하여 온 바. 내력.
自由[자유] 마음대로인 상태.
理由[이유] 까닭. 사유.

穴

굴 혈, 구멍 혈
굴,   구멍, 움

hole, cave

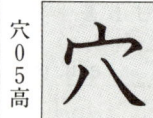

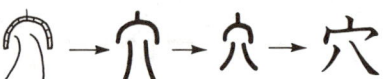

굴(穴)·터널의 입구의 모양을 본떴다. (회의)

穴居[혈거] 굴 속에서 사는 일.
穴見[혈견] 좁은 의견.
穴處[혈처] 혈거(穴居).
洞穴[동혈] 깊고 넓은 굴의 구멍.

曰

가로되 왈
가라사대

speak

입(口)과 혀(一)로 말한다(曰)는 뜻임. (회의)

曰可曰否[왈가왈부] 옳다거니 그르다거니 말함.
曰字[왈자] 왈패(曰牌). 언행이 단정하지 못하고 수선스러운 사람.

禾

벼 화
벼, 곡물의 총칭

rice-plant

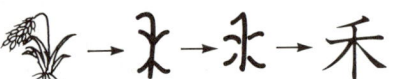

이삭이 늘어진 벼(禾)의 모양을 본떴다. (상형)

禾穀[화곡] 벼. 곡류.
禾黍[화서] 벼와 기장.
禾苗[화묘] 볏모.
禾穗[화수] 벼 이삭.

云

이를 운, 움직일 운
이르다 움직이다

say

입 :
입김 :

사람이 말할(云) 때의 입(二)과 입김(厶)의 모양을 본떴다. (상형)

云云[운운] 글이나 말을 인용, 또는 생략할 때 이러이러함의 뜻으로 씀.
云謂[운위] 일러 말하다.

口 36 高 **吐**	토할 **토** 토하다, 입밖에 내다 vomit ㅣ 口 ロ 마 吐 吐

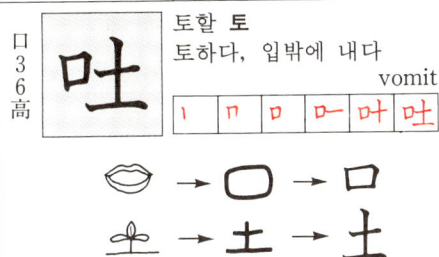

입(口)을 땅(土)으로 향해서 **토한다** (吐). (형성)　　　土 → 토 ← 吐

吐瀉[토사] 위로 토하고 아래로 설사함.
吐露[토로] 속마음을 드러내 말함.

片 04 中 **片**	조각 **편**, 꽃잎 **편** 조각　　꽃잎 fragment ノ ノ' 尸 片

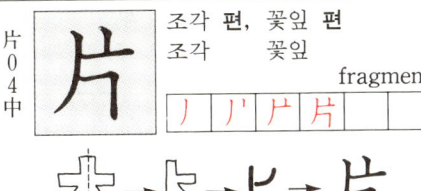

나무(木)의 오른쪽 반의 모양으로 **조각**(片)의 뜻이다. (상형)

破片[파편] 깨어진 조각.
片鱗[편린] 한 조각의 비늘. 곧 사물의 극히 작은 부분.
花片[화편] 꽃의 떨어진 조각.

甘 05 中 **甘**	달 감 달다, 맛나다 sweet 一 十 廾 甘 甘

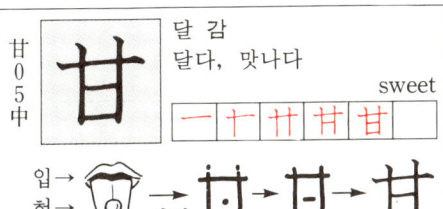

혀(甘) 위에 사탕(一)을 올려 놓으면 **달다**(甘). (회의)

甘味[감미] 단맛. 맛이 닮.
甘呑苦吐[감탄고토] 달면 삼키고 쓰면 뱉음. 곧, 비위에 맞으면 좋아서 덤비고 맞지 않으면 돌아섬.

工 25 中 **左**	왼 **좌**, 증거 **좌** 왼편, 증거, 급진파 left 一 ナ 左 左 左

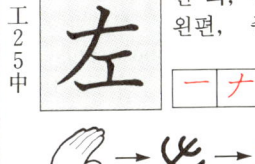

공작물(工)이나 자를 붙드는 손(ナ)은 왼(左)손이다. (회의)

左側[좌측] 왼쪽. 예) ~通行(통행).
左之右之[좌지우지] 마음대로 처리함.

木 37 高 **束**	묶을 **속**, 단속할 **속** 묶다　　단속하다 bind, tie 一 ㄒ 戸 百 束 束

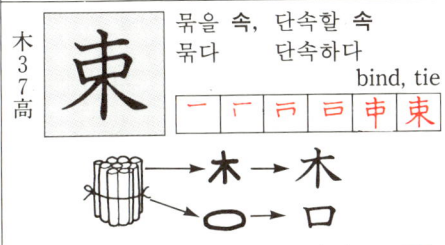

나무(木)한 것을 동아줄(口)로 **묶는다**(束). (회의)

束手[속수] 손을 묶음.
束縛[속박] 손발을 묶어 자유를 구속함.
約束[약속] 장래의 일에 관해 상대방과 서로 언약하여 정함.

口 25 中 **右**	오른 **우**, 숭상할 **우** 오른쪽　숭상하다 right ノ ナ 才 右 右

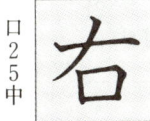

입(口)으로 음식을 먹을 때 숟가락을 잡는 손(ナ)은 언제나 오른(右)손이다. (회의)

右手[우수] 오른손.
右往左往[우왕좌왕] 바른쪽으로 갔다 왼쪽으로 갔다 하여 종잡지 못함.

宀36中 **宇**	집 우, 지붕 우 집, 지붕, 하늘, 나라 house ｀ ⼍ ⼧ ⼧ 宇 宇

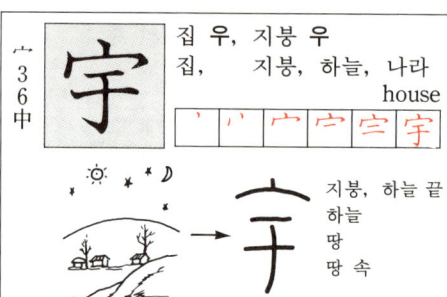

宀이 집, 于가 음을 나타냄. (형성)

宇宙[우주] 천지 사방과 고금(古今). 질서 있는 통일체로서의 세계.
堂宇[당우] 큰집과 작은 집.

宀58中 **宙**	집 주, 동량 주 집, 동량, 천지의 사이 house, universe ｀ ⼧ 宀 宙 宙 宙

 → 宙 → 宙

한 가족이 사는 집(宙)에서 뜻을 넓혀 모든 우주(宙)의 공간을 의미한다. (형성)

碧宙[벽주] 푸른 하늘.
往古來今謂之宙[왕고래금위지주] 세월이 가고 오는 것을 일컬어 주(宙)라 한다.

言07中 **言**	말씀 언, 말할 언 말, 언어, 말하다 words ｀ ⼀ 宀 言 言 言

마음 심 :
(心)
입 구 : 👄 → 🔾 → 口 → 口
(口)

마음(心→言)에 있는 바를 입(口)으로 말한다(言). (회의)

言動[언동] 언어와 행동.
言行一致[언행일치] 하는 말과 같이 행동이 같「음」.

音09中 **音**	소리 음, 소식 음 소리 소식 sound ｀ ⼀ ⽴ 产 音 音

설립 : 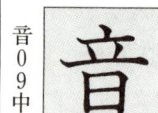 → 古 → 立 → 立
(立)
날일 : ☀ → ⊙ → ⽇ → 日
(日)

해(日)가 뜨면(立) 사람들이 일어나서 소리(音)를 낸다. (회의)

音律[음률] 음악의 곡조·가락.
音聲[음성] 목소리·말소리.

斤04高 **斤**	도끼 근, 근 근 도끼 근 ax(e) ｀ ⼚ ⼳ 斤

 → 什 → 斤 → 斤

도끼(丁)로 나무(厂)를 찍는 모양을 본떠서 도끼(斤)를 나타냈다. (상형)
도끼의 무게에서 무게의 단위인 근(斤)의 뜻으로도 쓰인다. (가차)

斤量[근량] 저울로 단 무게.
斤重[근중] 저울로 단 무게. 무게가 많음.

斤15高 **斥**	물리칠 척, 엿볼 척 물리치다 엿보다 expel, reject ｀ ⼚ ⼳ 斤 斥

도끼 근 : 斤
도끼로 찍은 자국 :  斥

도끼(斤)로 찍어(丶) 적을 물리친다(斥). 도끼로 찍듯이 구멍을 내서 엿본다(斥). (회의), (전주)

排斥[배척] 물리쳐 내뜨림.
斥逐[척축] 물리쳐 쫓음.
斥候[척후] 적정·지형 등을 정찰·탐색함.

析

木 4 8 高

가를 **석**, 쪼갤 **석**
가르다   쪼개다

devide, split

一 十 才 才' 杉 析

나무 목: 🌱 → 朩 → 木 → 木
(木)

도끼 근: 🪓 → 斤 → 斤 → 斤
(斤)

나무(木)를 도끼(斤)로 가르고·쪼갠다(析). (회의)

分析[분석] 어떤 사물을 분해하여 가름.
析出[석출] 어떤 물질을 분리해 냄.

良

艮 1 7 中

어질 **량**,   남편 **량**
어질다, 좋다, 남편

good

' ㄱ ㅋ 自 自 良

🍲 → 皀 → 皀 → 良

먹을 수 있는 밥이 있으니 좋다(良)는 데서 어질다의 뜻이 나왔다. 남편은 좋은 사람이란 데서 남편(良)의 뜻도 생겼다. (회의), (전주)

良友[양우] 좋은 친구.
良民[양민] 선량한 백성. 일반 백성.

折

扌 4 7 高

꺾을 **절**
꺾다

break off

一 十 扌 扌' 折 折

손 수: ✋ → 手 → 手
(手)

손(扌)에 도끼(斤)를 들어 나무를 찍는다는 데서 꺾다(折)의 뜻. (회의)

折半[절반] 하나를 둘로 똑같이 가름. 또 그 반.
骨折[골절] 뼈가 부러짐. 절골(折骨).
屈折[굴절] 휘어서 꺾임.

交

亠 4 6 中

사귈 **교**, 엇걸릴 **교**
사귀다   엇걸리다

associate

' 一 亠 六 亣 交

🧍 → 亣 → 交 → 交

사람이 두 다리를 엇걸리게(交) 꼬고 있는 모양으로 두 다리가 서로 사귄다(交)는 뜻임. (상형)

交友[교우] 벗을 사귐.
交通[교통] 왕래. 오가는 일.
交換[교환] 이것과 저것과 서로 바꿈.

食

食 0 9 中

먹을 **식**, 밥 **사**
먹다,   먹이, 밥

eat

人 人 今 今 食 食

뚜껑
밥   🥣 → 皀 → 食
숟가락 젓가락

그릇, 밥, 숟가락, 젓가락을 합하여 밥·먹다(食)의 뜻을 나타냈다. (회의)

食口[식구] 한 집에서 같이 사는 사람.
食用[식용] 먹을 것에 씀.
肉食[육식] 동물의 고기를 먹음.

校

木 6 10 中

학교 **교**, 장교 **교**
학교, 조사하다, 부대

school

十 十 木 朽 朽 校

交 → 校 ← 校

나무(木)를 엇걸리게·사귀어(交) 학교(校)를 짓는다. (형성)

校則[교칙] 학교의 규칙.
校正[교정] 글자의 잘못된 것을 대조하여 바로잡음.
將校[장교] 소위 이상의 무관.

舌 06 高	舌	혀 설 혀, 말 tongue

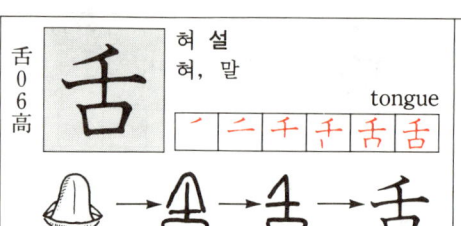

1. 혀(舌)의 모양을 본떴다. (상형)
2. 입(口) 속에 천(千)가지 맛을 알아내는 혀(舌)가 있다. (회의)

口舌[구설] 시비하는 말.
舌戰[설전] 말다툼.
舌禍[설화] 말로 인해 입는 화.

角 07 中	角	뿔 각, 모 각 뿔, 모, 귀 horn

짐승의 뿔(角)의 모양을 본떴다. (상형)

鹿角[녹각] 사슴의 뿔.
角材[각재] 네모지게 켜낸 재목(材木).
三角[삼각] 세 각이 있는 꼴.
角度[각도] 각의 크기.

爪 04 高	爪	손톱 조 손톱 nail

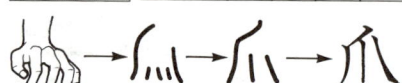

손톱(爪)으로 긁는 모양을 본떴다.
손가락, 손의 뜻으로도 쓰인다. (지사)

爪角[조각] 손톱과 뿔.
爪甲[조갑] 손톱이나 발톱.
爪牙[조아] 손톱과 어금니.
爪痕[조흔] 손톱 자리. 할퀸 흔적.

羽 06 高	羽	깃 우, 날개 우 깃, 날개, 새 feather

깃(羽)의 모양을 본떴다. (상형)

羽扇[우선] 새의 깃으로 만든 부채.
羽毛[우모] 깃과 털.
羽衣[우의] 새의 깃으로 만든 옷.
羽翼[우익] ①새의 날개. ②도와서 받듦. 또는 그 사람.

止 04 中	止	그칠 지 그치다, 멈추다 stop

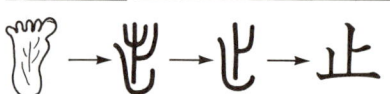

길을 가다가 발바닥이 걸음을 멈추니 걸음이 그친다(止). (상형)

止水[지수] 흐르지 않고 괴어 있는 물.
止血[지혈] 출혈(出血)을 멈춤.
禁止[금지] 말려서 못하게 함.
停止[정지] 하던 일을 중도에 그침.

生 05 中	生	날 생, 살 생 나다, 낳다, 살다 born, live

싹:
흙 토: 土

흙(土)에서 풀의 싹(㞢)이 나오는 모양으로 낳다·살다(生)의 뜻. (상형)

生物[생물] 산 것. 동물·식물의 총체.
生命[생명] 목숨.
生氣[생기] 싱싱하고 활발한 기운.
學生[학생] 학교에서 공부하는 사람.

反	돌이킬 **반**
又 2 4 中	돌이키다, 거스르다
	oppose, rebel

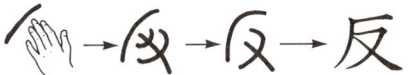

손으로 어떤 물건을 떠밀고 있는 모양으로 **돌이키다·거스르다**(反)의 뜻임. (회의)

反對[반대] 사물이 아주 상반됨. 남의 말이나 의견을 찬성 않고 뒤집어 거스름.
反抗[반항] 순종하지 않고 저항함.

災	재앙 **재**
火 3 7 高	재앙
	calamity

내 천 : 川→巛 } → 災
불 화 : 火

내(巛)가 범람하던가 불(火)이 나면 재앙(災)이 생긴다. (회의)

災殃[재앙] 천변 지이로 말미암은 불행한 사고. 홍수·화재·가뭄·지진·해일 따위.
災害[재해] 재앙으로 인해 받은 피해.
火災[화재] 불이 나는 재앙.

友	벗 **우**, 벗할 **우**
又 2 4 中	벗, 친구, 벗하다
	friend

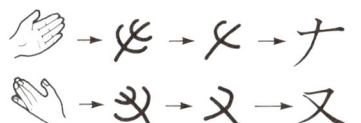

손(ナ)과 손(又)을 마주잡고 있으니 벗(友)이다. (회의)

交友[교우] 벗을 사귐.
友情[우정] 벗 사이의 정. 우의(友誼).

丸	알 **환**, 둥글게 할 **환**
丶 2 3 高	알, 탄알, 둥글게 만듦
	pill, ball

아홉 구 : 九 } → 丸
덩어리 : 丶

반죽한 물건·약재를 아홉(九)번 굴려서 덩어리(丶)가 둥근 알(丸)을 만든다. (회의)

丸藥[환약] 둥글게 만든 약. 예우황청심환
彈丸[탄환] 탄알. 총탄·포탄의 총칭.
砲丸[포환] 대포의 탄알.

炎	탈 **염**, 더울 **염**, 불꽃 **염**
火 4 8 中	타다, 태우다, 덥다, 불꽃
	burn, flame

불 둘(火 火)을 써서 **타다·덥다·불꽃**(炎)의 뜻을 나타냈다. (회의)

火炎[화염] 불꽃.
炎威[염위] 매우 심한 여름의 더위.
炎天[염천] 여름의 몹시 더운 날씨.
炎涼[염량] 더위와 서늘함.

尖	뾰죽할 **첨**, 끝 **첨**
小 3 6 高	뾰죽하다 끝
	sharp

작은 부분… 小 } → 尖
큰 부분… 大

창날이나 칼날은 몸체(大) 부분에서 점점 가늘어져서(小) 끝이 뾰죽하다(尖). (회의)

尖端[첨단] 뾰족한 끝. 시대 사조·유행 등의 맨 앞장.
尖銳[첨예] 날카롭고 뾰족함. 첨리(尖利).

好

女 36 中

좋을 **호**, 아름다울 **호**
좋다   아름답다

good, like

어머니(女)가 아들(子)을 안고 좋아
한다(好). (회의)

好人[호인] 성질이 좋은 사람.
好機[호기] 좋은 기회.
好食[호식] 좋은 음식. 좋은 음식을 먹음.
好評[호평] 좋은 평판(評判).

本

木 15 中

근본 **본**, 책 **본**
근원   책

root, book

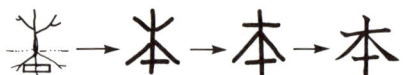

나무(木)의 근본(本)은 뿌리에 있다
하여 뿌리에 (一) 표시를 하였다. 지식
의 근본은 책에 있다는 데서 책(本)이
란 뜻도 생겼다. (지사), (전주)

根本[근본] 초목의 뿌리. 기초. 근원.
本意[본의] 본래의 마음. 진정한 마음.

文

文 04 中

글월 **문**, 문채 **문**
글월, 글자, 무늬

sentence

문(文)신을 새긴 사람의 모양을 본뜸.
글월·글자·무늬(文)의 뜻. (상형)

文身[문신] 피부에 바늘로 찔러서 먹물을
들임. 또 그 글씨·그림·무늬.
文具[문구] 문방제구(文房諸具).
文盲[문맹] 무식하여 글에 어두움.

末

木 15 中

끝 **말**, 가루 **말**
끝   가루

end

나무(木) 끝에 (一)를 표하여 끝(末)
을 나타냄. 쌀을 계속 찧으면 끝에 가
서는 가루(末)가 된다. (지사), (전주)

末日[말일] (그 달의) 마지막 날.
年末[연말] 세말(歲末). 세모.
粉末[분말] 가루.

元

儿 24 中

으뜸 **원**, 근원 **원**, 머리 **원**
으뜸   근본   머리

first, head

사람의 몸에서 머리가 으뜸(元)이란
뜻임. 모든 생각의 근원이 머리에 있다
는 데서 근원·근본(元)의 뜻도 있음.
(상형), (전주)

元氣[원기] 활동의 근본이 되는 기력.
元子[원자] 임금의 맏아들.

未

木 15 中

아닐 **미**, 여덟째 지지 **미**
아니다   여덟째 지지

not yet

나무(木)에 달린 과일(一)이 아직 안
(未)익었다는 뜻임. (지사)

未開[미개] 꽃 등이 아직 피지 못함. 민도
가 낮고 문명이 발달하지 못한 상태.
未定[미정] 아직 정하지 못함.
未安[미안] 마음이 편치 못하고 거북함.

 맏 **백**, 우두머리 **백**
맏, 맏형, 우두머리
eldest brother

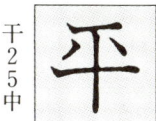 평평할 **평**, 화평할 **평**
평평하다 화평하다
flat, level

햇빛이 밝고 희게(白) 비친다.

여러 사람(亻) 중에서 머리가 흰(白) 사람이 맏형(伯)이다. (형성)

伯氏[백씨] 남의 맏형의 존대말.
伯父[백부] 큰 아버지. 아버지의 맏형.

쇠스랑으로 밭을 골라 평평하게(平) 한다. (상형)

平平[평평] 높낮이가 없이 널찍하고 판판함.
平民[평민] 벼슬이 없는 일반인. 서민(庶民).
平和[평화] 평온하고 화목함.

氏 씨 **씨**
씨
family name

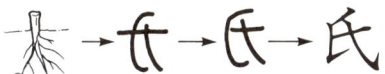

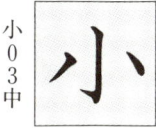 작을 **소**, 적을 **소**
작다, 적다, 젊다
small

나무 뿌리의 모양을 본떴으며, 같은 뿌리(조상)를 가지는 성씨(氏)를 뜻한다. (상형)

姓氏[성씨] 성(姓)의 경칭.
氏族[씨족] 원시 사회에서 공동의 조상을 가진 혈족 단체.

나눌 분 :
(分)

칼 도 :
(刀)

칼(刂)로 나누면(八) 크기가 작아(小)진다. (회의)

大小[대소] 크고 작음.
小兒[소아] 어린 아이.

 아니 **불**, 아닌가 **부**
아니다 아닌가
not

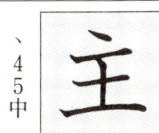 임금 **주**, 주인 **주**
임금, 주인, 주장하다
lord, master

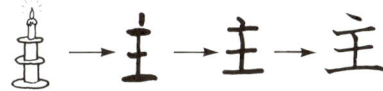

하늘로 새가 날아가서 아니(不) 온다는 뜻임. (상형)

※ 不은 다음 글자의 초성이「ㄷ・ㅈ」일 때는「부」로 읽는다.

不可[불가] 옳지 않음.
不正[부정] 바르지 못함.

촛대의 모양을 본떴으며, 방안을 밝게 비추는 촛대처럼 나라나 집을 밝게 다스리는 임금・주인(主)을 뜻한다.

君主[군주] 임금.
主力[주력] 주가 되는 힘. 주장되는 힘.

用

쓸 용, 쓰일 용
쓰다 쓰이다

use

｜ 丿 冂 月 月 用

시렁(선반) :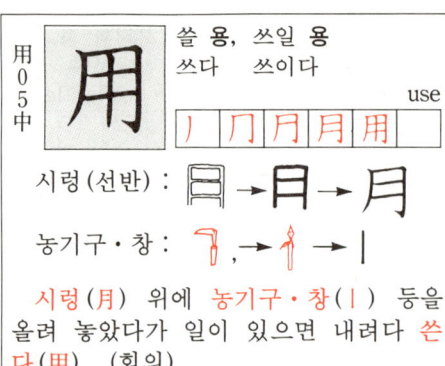

농기구·창 :

시렁(月) 위에 농기구·창(丨) 등을 올려 놓았다가 일이 있으면 내려다 쓴다(用). (회의)

用水[용수] 음료·관개·세탁 등에 쓰는 물.
日用品[일용품] 날마다 쓰는 물건.

册

책 책, 칙서 책
책   칙서

book

丿 冂 冂 冊 册

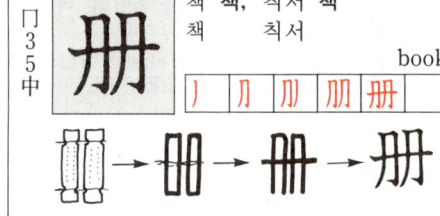

옛날에는 종이가 없어서 참대나 나무 등에 글씨를 써서 끈으로 책(册)을 매었는데, 그 때의 책의 모양을 본떴다. (상형)

册房[책방] 서점.
册子[책자] 책. 서책(書册).

材

재목 재
재목, 감, 재주

lumber

一 十 才 木 村 材

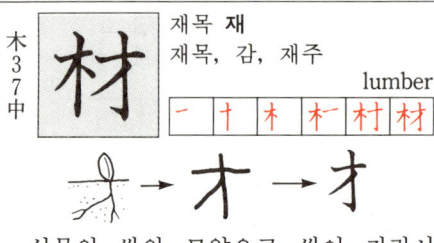

식물의 싹의 모양으로 싹이 자라서 꽃 피고 열매 맺는 재주가 있다는 뜻.
나무(木)가 가지는 재주(才)를 이용하여 재목(材)으로 만들어 쓴다.

材木[재목]   木材[목재]   石材[석재]
鐵材[철재]   材料[재료]   人材[인재]

寸

치 촌, 촌수 촌
치, 촌수, 근소, 약간

inch

一 寸 寸

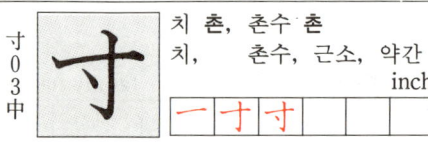

손(寸) 바닥에서 맥을 짚는 곳(丶)까지의 거리는 대개 한 치(寸) 전후이다. (회의)

一寸[일촌] 3.0303… cm.
寸心[촌심] 속으로 품은 작은 뜻.
寸陰[촌음] 얼마 못 되는 시간.

貝

조개 패, 재물 패
조개, 재물, 돈

shell

丨 冂 冂 目 貝 貝

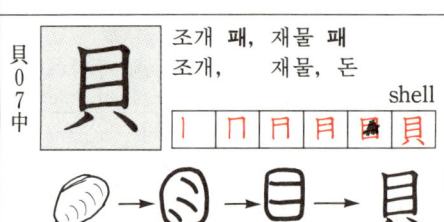

조개(貝)의 모양을 본떴다. 옛날에는 조개 껍질을 다듬어 화폐로 쓴 데서 돈·재물·재산의 뜻을 가진다. (상형)

貝類[패류] 조개의 종류.
貝貨[패화] 미개 시대의 인류가 사용한 조개 껍질로 만든 화폐.

在

있을 재, 곳 재
있다, 곳, 장소

exist

一 ナ 才 在 在 在

식물의 싹 : 才→(위 '材'란 참조)
흙 토 :   土

흙(土)위로 싹(才)이 나오고 있다(在). (형성)   才 → 㘍 ← 在, 材

在學[재학] 학교에 학적을 둠.
在家[재가] 집에 있음.
在留[재류] 딴 곳에 가 머물러 있음.
在庫品[재고품] 곳간에 있는 상품.

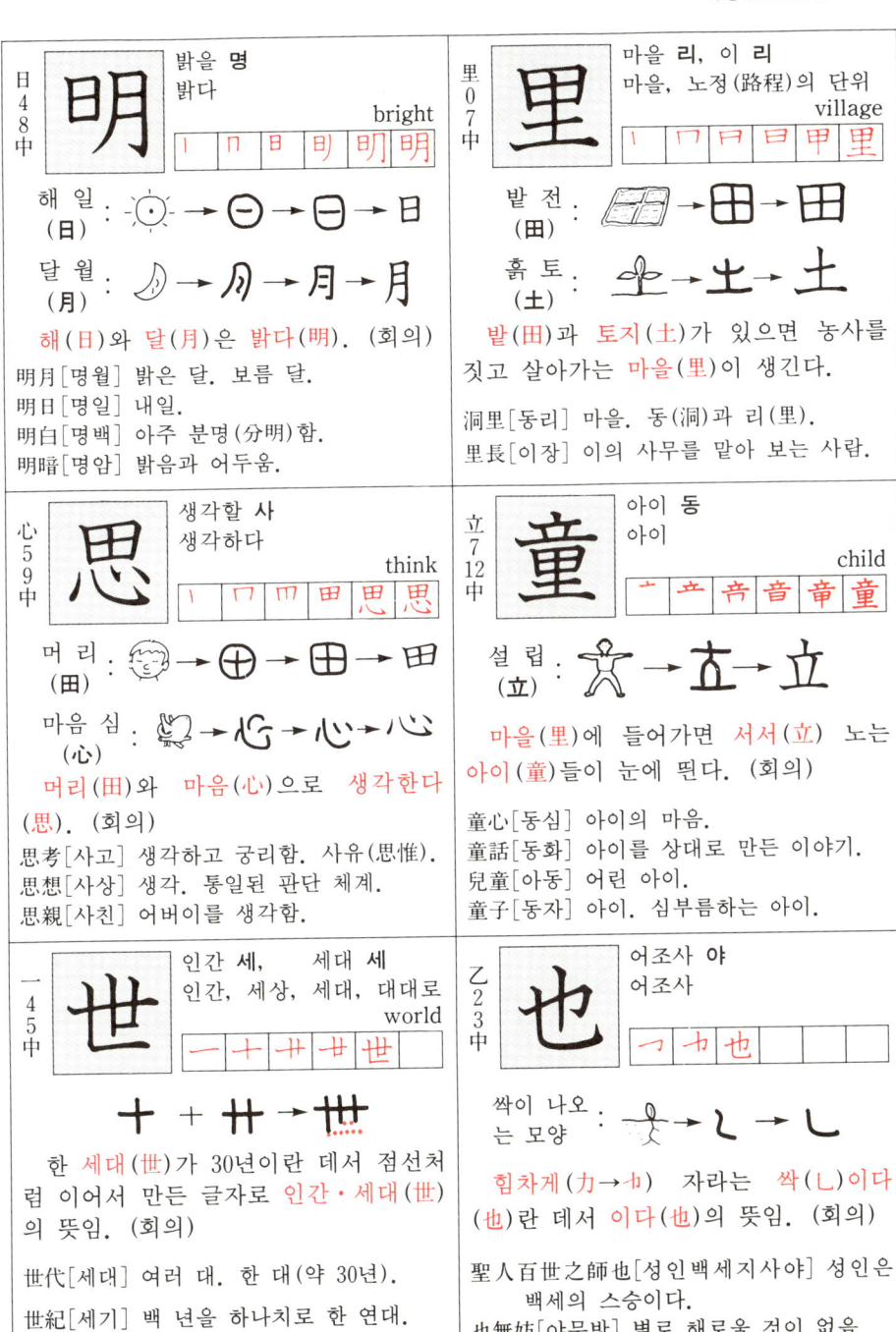

明思世里童也　33

仁 イ 2 4 中	어질 **인** 어질다 humanity ノ イ イ- 仁
사람 인: 人 → 亻 }→ 仁 두 이: 二 사람(亻)이 둘(二)이상 여럿이 같이 살 때에 지켜야 하는 도리가 인(仁)이다. (형성)　　人→(인)←仁 仁者[인자] 마음이 어진 사람. 仁善[인선] 어질고 착함. 仁慈[인자] 인후하고 자애스러움.	

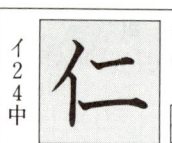

伏 イ 4 6 中	엎드릴 **복** 엎드리다, 숨다 lie flat ノ イ イ- 仁 仗 伏

개 견: (犬) → 尤 → 犬

사람(亻) 옆에 개(犬)가 엎드려(伏) 있다. (회의)

伏拜[복배] 엎드려 절함.
伏望[복망] 엎드려 바람.
伏身[복신] 몸을 숨김.
伏中[복중] 초복에서 말복(末伏)까지의 사「이.

仙 イ 3 5 中	신선 **선** 신선 hermit ノ イ 仏 仙 仙

사람 인: 亻 }→ 仙
메　산: 山

사람(亻)이 산(山)에서 도를 닦으면 신선(仙)이 된다. (회의)

神仙[신선] 선도(仙道)를 닦아 도에 통한 사람.
仙女[선녀] 선경(仙境)에 사는 여자 신선.
仙境[선경] 신선이 산다는 곳. 선계(仙界).

化 ヒ 2 4 中	화할 **화**, 변화 **화** 화하다　변화하다 change ノ イ イ- 化

바로 서 있던 사람(亻)이 거꾸로(ヒ) 되었으니 변화(化)가 있었다는 뜻임. (회의)

變化[변화] 사물의 형상·성질 등이 변하여 다르게 됨.
文化[문화]　開化[개화]　化石[화석]

作 イ 5 7 中	지을 **작**, 일할 **작** 짓다　　일하다 make, build ノ イ 亻 仁 仨 作

집 옥: 가옥

사람(亻)이 기둥을 세워서 집(乍) 등을 짓는다(作). (형성)

※ 昨: 어제 작: 昨夜(작야), 昨年(작년)

作文[작문] 글을 지음. 또 그 글.
作家[작가] 문예 작품을 짓는 사람.
作業[작업] 일터에서 기구를 갖고 일을 함.

久 ノ 2 3 中	오랠 **구** 오래다 long time ノ ク 久

떠나려는 사람(人→久→ク)의 다리를 꼭 잡고(乀) 놓지 않아 오래도록(久) 머물게 한다. (지사)

永久[영구] 길고 오램. (=長久)
久遠[구원] 아득히 멀고 오램.
悠久[유구] 연대가 아득히 오래됨.

公私同姓美善　35

八2 4 中

公

공변될 **공**, 공 **공**
공변되다　공공(公共)
public

ノ　八　公　公

나눌 분 : 分→八 : 떨쳐버리다.
사사 사 : 私→厶 : 사사로운 일

사사로운(厶) 일을 떨쳐버리니(八)
공변되다(公). (회의)

※ 공변되다 : 공평하고 정당하다.

公正[공정] 공평(公平)하고 정대(正大)함.
公共[공공] 일반사회. 공중(公衆).
公子[공자] 귀한 집안의 자제.
公告[공고] 세상에 널리 알림.

女5 8 中

姓

성 **성**, 겨레 **성**
성씨　겨레
family name

く　女　女'　女'　女'　姓

계집 녀 : 女 ⎫
날 생 : 生 ⎭ → 姓

여자(女)가 아기를 낳으면(生) 그 아기에게 성(姓)이 붙는다. (형성)

生 → 생 성 ← 姓

同姓[동성] 같은 성자(姓字).
姓名[성명] 성과 이름.
百姓[백성] 일반 국민의 예스러운 말.

禾2 7 中

私

사사 **사**, 사 **사**
사　　사
private

ノ　二　千　禾　禾'　私

→禾→禾 : 이삭이 있는 벼

팔 : →厶→厶

벼(禾)를 베서 팔(厶)에 껴안는 것은 사사로운(私) 일이다. (회의)

私有[사유] 개인의 소유(所有).
私學[사학] 개인의 학설. 사설 교육 기관.

羊3 9 中

美

아름다울 **미**, 맛날 **미**
아름답다　맛있다
beautiful

ハ　ヽ　ソ　ソ　ソ　羊　羊　美

양 양 : (羊) → 羊 → 羊

양(羊)이 크니(大) 맛도 있겠고(美)
보기에도 아름답다(美)의 뜻임. (회의)

美談[미담] 아름다운 행실의 이야기.
美貌[미모] 아름답고 고운 얼굴.
美食[미식] 좋은 음식을 먹음. 좋은 음식.
美風[미풍] 아름다운 풍속(風俗).

口3 6 中

同

한가지 **동**, 같이할 **동**
한가지, 같이하다, 같다
same, like

｜　冂　冂　同　同　同

→ 同 → 同

끌로 나무에 구멍을 파면 앞의 구멍과 뒤의 구멍의 크기가 같다(同)는 뜻임. (회의)

同一[동일] 서로 같음.
同行[동행] 길을 같이 감.
同年[동년] 같은 해. 같은 나이.

口9 12 中

善

착할 **선**, 잘할 **선**
착하다, 좋다, 잘하다
good

ヽ　ヽ　ソ　ソ　半　羊　羊　善

양 양 : 羊 → 羊
이십(20) : 廾 → 艹 : 여러 사람
입 구 : 口 : 입으로 먹다, 대접하다.

양(羊)을 잡아 굶주리고 있는 이십(艹)명에게 대접하니(口) 착하고·잘하는 (善) 일이다. (회의)

善惡[선악] 착함과 악함.
善行[선행] 착하고 어진 행실.

名 이름 명
口 3 6 中
name
ノクタタ名名

저녁 석 : 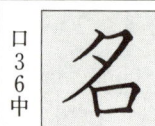 → 夕
(夕)
저녁이 되어서 달이 처음으로 나타나는 모양을 본떴다.

저녁(夕)에는 어두워 입(口)으로 이름(名)을 대야 안다. (회의)

名山大川[명산대천] 이름난 산과 큰 내.
名物[명물] 그 지방 특유의 이름난 산물.
名目[명목] 사물의 이름. 이유. 구실.

信 믿을 신, 소식 신
イ 7 9 中
믿음, 믿다, 소식, 도장
believe, news
ノイ亻信信信

말씀 언 : 言 : 마음(心→小→㣺)에 있는 바를 입(口)으로 말씀한다(言).

1. 사람(亻)의 말(言)에는 믿음(信)이 있어야 한다.
2. 사람(亻)이 말(言)로 소식(信)을 전한다. (회의)

亻言 → 信
인 심 → 신

信念[신념] 굳게 믿는 마음.
信用[신용] 書信[서신] 通信[통신]

字 글자 자, 자 자
子 3 6 中
글자 자
letter
丶丶宀宀字字

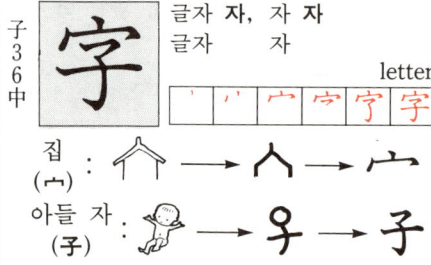

집(宀)에 아이(子)가 태어나면 글자(字)를 가르쳐라. (형성) 子→자←字

字解[자해] 글자 풀이. 문자의 해석.
字句[자구] 문자와 어구(語句).

矢 화살 시
矢 0 5 高
화살
arrow
ノ 𠂉 二 午 矢

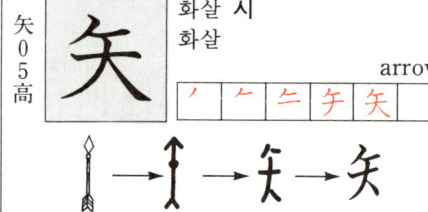

화살(矢)의 모양을 본떴다. '欠'로 쓰면 글씨 모양이 없기 때문에 '矢'로 쓴다. (상형)

弓矢[궁시] 활과 화살.
流矢[유시] 빗나간 화살. 누가 쏘았는지 모르는 화살.

花 꽃 화, 창기 화
艹 4 8 中
꽃 창기, 기생
flower
一 艹 艹 艹 𦭼 花

풀 초 :  → 艸 → 艹
(艹)
변화 화 :  → 化 → 化
(化)

풀(艹)이 자라서 변화한(化) 것이 꽃(花)이다. (형성) 化 → 화 ← 花

花草[화초] 꽃이 피는 풀과 나무.
花盆[화분] 꽃을 심어 가꾸는 그릇.

戈 창 과
戈 0 4 高
창, 무기, 전쟁
spear
一 弋 戈 戈

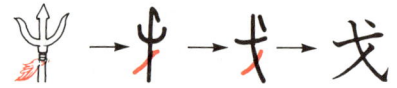

창(戈)의 모양을 본떴다. (상형)

戈甲[과갑] 창과 갑옷.
戈劍[과검] 창과 칼.
戈鋒[과봉] 창 끝. 뾰족한 창 날.
干戈[간과] 방패와 창. 병장기(兵杖器)의 총칭. 전쟁.

木 48 中 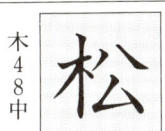	소나무 **송** 소나무, 솔 pine tree

나무 목: 木 }→ 松
공변될 공: 公

나무(木) 중의 귀공자(貴公子)가 소나무(松)이다. (형성) 公→공송←松

貴公子[귀공자] 귀한 집안에서 태어난 남자. 몸가짐·기품이 의젓한 남자.
松竹[송죽] 소나무와 대나무.
松林[송림] 소나무 숲.

干 36 中 年	해 **년**, 나이 **년** 해 나이 year

사람 인: 人 → 亻
벼를 베는 모양 → 牛 }→ 年

사람(亻)이 벼를 베는 일(牛)은 1년에 1회씩 있는 일이란 데서 해(年)를 뜻한다. (회의)

年年[연년] 해마다. 매년(每年).
年少[연소] 나이가 어림.

竹 06 中 	대 **죽**, 피리 **죽** 대 피리 bamboo

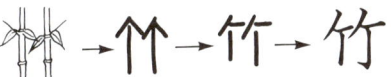

대나무(竹)와 대나무 잎의 모양을 본떴다. (상형)

竹杖[죽장] 대지팡이.
竹馬[죽마] 대말.
竹簡[죽간] 종이가 없던 옛날에 글씨를 쓰던 대조각.

氵 36 中 江	물 이름 **강** 물 이름, 강 river

만들 공: (工) → 工 → 工 → 工

물(氵)이 오랜 세월 흐르면서 만든 (工) 것이 강(江)이란 뜻임. (형성)
工 → 공강 ← 江

江山[강산] 강과 산.
江風[강풍] 강 바람.
江邊[강변] 강가.

母 37 中 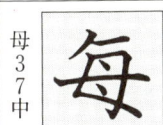	매양 **매**, 마다 **매** 매양, 늘, 항상, 마다 always, each

사람 인: 人 → 亻 }→ 每
어미 모: 母

사람(亻)은 어머니(母)를 매양(每) 좋아한다. (회의)
亻 母 → 每
사람인 모 → 매

每日[매일] 날마다.
每事[매사] 일마다.
每回[매회] 번번이. 매차(每次).
每朔[매삭] 달마다. 다달이.

水 59 中 	샘 **천**, 돈 **천**, 저승 **천** 샘 돈 저승 spring

흰빛 백: (白) → 白 → 白

햇빛이 밝고 희다(白).

맑고 흰(白) 물(水)이 샘(泉)에서 나온다. (회의)

泉水[천수] 샘물.
溫泉[온천] 땅 속에서 솟는 뜨거운 샘물.
黃泉[황천] 저승.

知 알 지, 알릴 지
矢 38 中
알다 알리다
know

화살 시: (矢)

묻는 말에 대한 답이 입(口)에서 화살(矢)처럼 나오니 잘 안다(知)는 뜻임. (회의) 矢 → 시 지 ← 知

知能[지능] 두뇌의 작용.
知覺[지각] 알아서 깨달음.
無知[무지] 아는 것이 없음. 어리석음.

靑 푸를 청
靑 08 中
푸르다
blue
동 青

열 십: 十
두 이: 二 → 主
달 월: 月 → 月
→ 靑 또는 青

십(十) 이(二)월 달(月)의 하늘이 푸르다(靑=青). (회의)

靑年[청년] 청춘 시절의 젊은이.
靑山[청산] 푸른 산.
靑天[청천] 푸른 하늘.

志 뜻 지, 뜻할 지, 적을 지
心 37 中
뜻 뜻하다 적다(=誌)
will, aim

선비 사: 士
마음 심: 心 → 志

선비(士)의 마음(心) 속에는 깊은 뜻(志)이 있다. (회의)

志向[지향] 뜻이 향하는 방향(方向).
意志[의지] 뜻. 결심하여 실행하는 능력.
志士[지사] 고매한 뜻을 품은 사람.
志學[지학] 志望[지망] 志願[지원]

早 새벽 조, 이를 조, 일찍 조
日 26 中
새벽 이르다 일찍
daybreak, early

해(日)가 뜰(十) 무렵이니 이른·새벽(早)이란 데서 일찍(早)이란 뜻도 생겼다. (회의)

早朝[조조] 이른 아침.
早春[조춘] 이른 봄.
早急[조급] 매우 급함.

丹 붉을 단, 주사 단
丶 34 中
붉다 주사
red

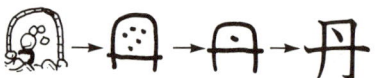

굴을 파고 들어가 단사(丹砂)를 캐내는 것을 나타냈다. (회의)

丹砂[단사] 빨간 빛의 6방정계의 광석.
丹心[단심] 정성스러운 마음.
丹靑[단청] 목조 건물에 채색으로 무늬를 그림. 붉은 빛과 푸른 빛.

旦 아침 단, 밝을 단
日 15 高
아침 밝다
morning

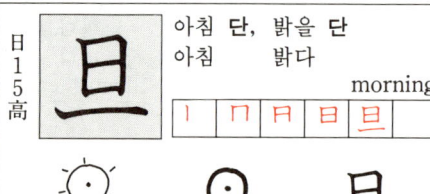

해(日)가 지평선(一) 위에 나타났으니 아침(旦)이다. (회의)

元旦[원단] 설날 아침. 원조(元朝).
旦明[단명] 새벽. 해뜰녘.
旦夕[단석] 아침과 저녁.
旦暮[단모] 아침 저녁. 조석(朝夕).

金 08 中	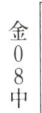	쇠 금, 성 김 쇠　　성의 하나 gold

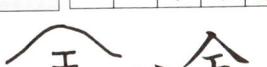

산(人) 속에 번쩍번쩍하는 임금(王)
돌(丷)인 금(金)이 있다. (회의)

黃金[황금] 금(金). 금전. 돈.
金箔[금박] 금가루를 아교에 푼 것.
金石[금석] 금속과 암석.
金言[금언] 교훈이 될 만한 귀중한 말.

烏 6 10 中　　까마귀 오, 검을 오
　　　　　　까마귀　　검다
　　　　　　　　　　　　crow

새 조 : 鳥 → 烏 : 까마귀 오

까마귀(烏)는 몸이 검기 때문에 눈을 구별하기 어려워서 눈의 표시(-)가 없다. (상형)

嗚呼[오호] 슬퍼서 탄식하는 소리.
烏合[오합] 까마귀가 모이는 것처럼 무질서하게 모임.
烏有[오유] 사물이 아무 것도 없이 됨.

木 3 7 高　　오얏 리, 오얏나무 리
　　　　　　오얏　　오얏나무
　　　　　　　　　　　　plum

나무 목 : 木
아들 자 : 子 : 아들·열매·씨

나무(木)의 열매(子)란 뜻인데 특히 오얏나무(李)의 열매를 가리킨다. (회의)

桃李[도리] 복숭아와 오얏.
李花[이화] 오얏꽃.
李成桂[이성계] 李舜臣[이순신]

月 2 6 中　　있을 유, 가질 유
　　　　　　있다　　가지다
　　　　　　　　　　exist, possess

손(ナ) :
고기 육 (月) :

손(ナ)에 고기(月)를 가지고 있다(有). (회의)

有力[유력] 힘이 있음. 세력이 있음.
有名[유명] 세상에 이름이 알려져 있음.

鳥 0 11 中　　새 조
　　　　　　새
　　　　　　　　　　　　bird

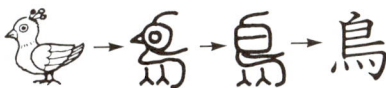

새(鳥)의 모양을 본떴다. (상형)

白鳥[백조] 오리과 백조속의 물새.
鳥瞰[조감] 높은 곳에서 내려다 봄.
鳥獸[조수] 새와 짐승.
海鳥[해조] 바다에서 물고기·조개 등을 잡아 먹고 사는 새.

灬 8 12 中　　없을 무
　　　　　　없다, 공허하다
　　　　　　　　　　　　nothing

원두막 (無) :

원두막(無)에 불(火→灬)이 나면 타 없어진다(無). (회의)

無力[무력] 힘·세력이 없음.
無味[무미] 맛이 없음.
無言[무언] 말이 없음.
無窮[무궁] 끝 없이 영원히 계속됨.

多

夕 3 6 中

많을 **다**
많다

many

ノ ク タ タ 多 多

달이 희미하게 나타나는 저녁(夕).

저녁 석(夕)을 두 번 겹쳐 써서 여러 날 저녁이란 데서 많다(多)의 뜻을 나타냈다. (회의)

多能[다능] 여러 가지로 능함.
多少[다소] 많음과 적음. 얼마쯤.
多忙[다망] 매우 바쁨.

集

隹 4 12 中

모일 **집**
모이다, 모으다

gather

亻 广 什 隹 隼 集

꼬리짧은 새 추(隹)

꼬리짧은새(隹)들이 나무(木)에 모여든다(集). (회의)

集中[집중] 한 곳으로 쏠려 모임. 또는 모이게 함.
集會[집회] 모임. 회합(會合).

少

小 1 4 中

적을 소, 젊을 소
적다,   젊다, 어리다

few, young

丨 丿 小 少

작을 소 : 小 : 칼(刂→丿)로 나누면 (分→八) 작아진다(小).

나눌 분 : 分 → 刀 → 丿

작게(小) 나누면(丿) 그 양이 적어진다(少). 나이가 적다는 데서 젊다(少)의 뜻도 있다. (회의)

少年[소년] 아주 어리지 않고 또 완전히 성숙하지도 않은 사내아이.
老少[노소] 늙은이와 젊은이.

省

目 4 9 中

살필 **성**, 덜 **생**
살피다, 덜다, 관아의 이름

watch, reduce

丿 小 少 少 省 省

적을 소 : 少 : 작게(小) 나누면(分→丿) 분량도 적어진다.(少)

눈 목 : 目 : 눈

적은(少) 분량까지 눈(目)으로 자세히 살핀다(省). (회의)

反省[반성] 허물을 스스로 돌이켜 살핌.
省察[성찰] 반성하여 살핌.
省略[생략] 덜어서 줄임.

召

口 2 5 高

부를 소
부르다

call

フ 刀 刀 召 召

칼 도 : (刀)

입 구 : (口)

윗사람이 칼(刀)의 위엄을 지니고 입(口)으로 부른다(召). (형성)

刀 → 도 소 ← 召

召集[소집] 불러서 모음.
召命[소명] 신하를 부르는 왕의 명령.

看

目 4 9 中

볼 간, 지킬 간
보다 지켜보다

watch

三 手 手 看 看 看

손 수 : 手 → 龵 : 손

햇빛에 눈이 부실 때 손(龵)을 눈(目) 위에 올리고 멀리까지 살펴본다(看)는 뜻임. (회의)

看護[간호] 환자나 어린이 등을 보살펴 돌봄.
看破[간파] 보아서 속을 알아차림. 「봄.
看板[간판] 상호 또는 직업 등을 써서 내거는 표지(標識).

村 (木 37 中)

마을 **촌**
마을
village

一 十 木 𣎳 村 村

치 촌, 촌수 촌 : 寸 : 길이의 단위
※ 1寸=3.03cm

법의 운영은 자로 재듯이 정확해야
한다는 데서 법도의 뜻을 갖는다.

나무(木)가 있는 곳에 집을 짓고 법
도(寸)에 맞게 살아가는 마을(村)이란
뜻임. (형성)

山村[산촌] 산 속에 있는 마을.
村家[촌가] 시골 마을에 있는 집.

板 (木 48 高)

널조각 **판**, 판목 **판**
널조각, 판자, 판목
board

十 木 杠 朽 板 板

돌이킬 반 : 反 : 돌이키다, 거스르다,
뒤집다

나무(木)를 깎거나 켜서 이리저리 뒤
집을(反) 수 있도록 만든 널조각(板)을
뜻한다. (형성) 反→㉣㉥←板

黑板[흑판] 칠판.
板書[판서] 칠판에 글씨를 씀.
板子[판자] 나무로 만든 널조각.
板刻[판각] 그림·글씨를 나무 조각에 새김.

相 (目 49 中)

서로 **상**, 모습 **상**, 재상 **상**
서로   용모   정승
mutual, aspect

一 十 木 相 机 相

나무 목 : 木 }→相
눈 목 : 目

자연의 모습(相) 중에서 나무(木)가 제
일 먼저 눈(目)에 띈다. 나는 네 모습을,
너는 내 모습을 서로(相) 본다. 정승(相)
은 국민이 서로 존경한다. (회의), (전주)

相互[상호] 피차가 서로.
相反[상반] 서로 어긋남.
眞相[진상] 사물의 참된 모습.

新 (斤 9 13 中)

새 **신**, 새로 **신**
새 것, 새롭다, 새로
new

亠 亲 𣐺 新 新 新

도끼 근 : (斤) → 斤 → 斤

서(立)있는 나무(木)를 도끼(斤)로
베어서 새(新) 집을 짓는다. (회의)

新春[신춘] 새봄, 새해.
新官[신관] 새로 임명된 관리
新綠[신록] 새잎의 푸른 빛.
新聞[신문] 새로운 소식.

柱 (木 5 9 高)

기둥 **주**
기둥
pillar

十 木 杧 杧 柱 柱

주인 주 : 主 : 주인, 임금, 주로

집을 버티게 하는 주된(主) 역할을
하는 나무(木)이니 기둥(柱)이다.
(형성)   主→㉧←柱

柱石[주석] 기둥과 주추.
石柱[석주] 돌 기둥.
柱礎[주초] 주추. 기둥 밑에 괴는 돌맹이
따위.

根 (木 6 10 中)

뿌리 **근**
뿌리, 근본
root

杧 杧 杞 柜 根 根

그칠 간 : (艮) → 昆 → 艮

빈 밥그릇의 모양으로 밥 먹는 일이
그쳤다는 뜻임.

나무(木)의 그치는(艮) 부분이니 뿌
리(根)이다. (형성)   艮→㉧㉥←根

根本[근본] 초목의 뿌리. 사물이 발생하는
근원(根源).

土 4 7 中 坐 앉을 **좌** 앉다 sit 丿 ㇊ ㇊㇊ ㅆ 坐 坐	里 2 9 中 重 무거울 중 무겁다 heavy 一 二 亓 盲 重 重
사람 인 : 人 : 人 흙 토 : 土 두 사람(人人)이 흙(土) 위에 마주 앉는다(坐). (회의) 坐席[좌석] 앉는 자리. 좌석(座席). 坐視[좌시] 참견하지 않고 보기만 함. 坐高[좌고] 앉은 키. 坐定[좌정] 자리를 정하여 앉음.	일천 천 : 百→✲→千→千 (千) 百이 十개 있으면 千이 된다. 마을 리 : 里 : 논·밭(田)·토지(土)가 있으면 마을이 생긴다. 천(千) 리(里)를 걸으면 발이 무겁다(重). (회의) 重大[중대] 매우 중요(重要)함. 重複[중복] 거듭함. 겹침.
走 0 7 中 走 달릴 주 달리다, 달아나다 run 十 土 キ 走 走 走	雨 4 12 中 雲 구름 운, 하늘 운 구름 하늘 cloud 一 亠 雨 雨 雩 雲
큰 대 : 大→亣→土 발 족 : 足 → 止 발(止)을 빠르고 크게(大→土) 움직여 달린다(走). (회의) 力走[역주] 힘껏 달림. 走馬[주마] 말을 달림. 닫는 말. 競走[경주] 일정한 거리를 달음질하여 빠름을 다투는 육상경기의 하나.	이를 운 :  → 弖 → 云 (云) 입과 입김의 모양으로 이르다의 뜻. 비(雨)가 온다고 이를(云) 때는 구름(雲)이 모여든다. (회의), (형성) 白雲[백운] 흰 구름. 雲天[운천] 구름이 떠 있는 하늘. 雲集[운집] 구름처럼 많이 모임.
工 2 5 中 巨 클 거, 많을 거 크다 많다 huge, enormous 一 厂 匚 巨 巨	雨 3 11 中 雪 눈 설, 씻을 설 눈 씻다 snow 一 亠 雨 雪 雪 雪
 → 巨 손잡이가 달린 큰 (巨) 자의 모양을 본떴다. (상형) 巨物[거물] 학문이나 세력 같은 것이 크게 뛰어난 인물. 巨富[거부] 큰 부자. 많은 재산. 巨人[거인] 몸이 유난히 큰 사람. 巨大[거대] 엄청나게 큼. 巨石[거석] 큰 돌.	마당 쓰는 비 : 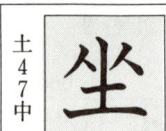 → ㅋ → 彐 (彐) 비(雨)처럼 하늘에서 내리는 것으로서 비(彐)로 쓸 수 있는 것이니 눈(雪)이다. (회의) 白雪[백설] 흰 눈. 雪花[설화] 눈송이. 나뭇 가지에 붙은 눈발. 雪辱[설욕] 부끄러움을 씻음. 雪山[설산] 눈이 쌓인 산.

卜 | 점 복 — divine

卜 02 高
점, 점치다, 점장이
｜ 卜

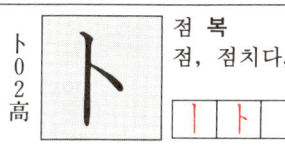

옛날에 점(卜)을 칠 때는 거북 등을 태워서 나타나는 무늬를 보았다고 하는데 그 때 나타나는 무늬의 일부를 본떴다. (상형)

卜居[복거] 살 만한 곳을 가려서 정함.
卜債[복채] 점을 쳐 준 값으로 주는 돈.

外 | 바깥 외 — outside

夕 2 5 中
밖, 거죽, 겉
ノ ク 夕 タト 外

저녁 석 (夕):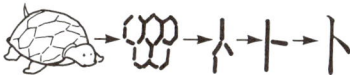

달이 희미하게 나타나는 저녁의 뜻. 저녁(夕)에 거북의 등을 태워서 점(卜)을 치면 터진 무늬가 밖(外)으로 나타난다. (회의)

外交[외교] 외국과의 교제. 타인과의 교제.
外家[외가] 어머니의 친정.
外出[외출] 밖에 나감. 나들이 함.

占 | 점칠 점, 차지할 점 — divine

卜 3 5 高
점치다   차지하다
｜ 卜 占 占 占

점(卜)을 치고 난 뒤 점괘의 길흉을 입(口)으로 말한다는 데서 점치다(占)의 뜻. 점쳐서 나온 땅 등을 차지한다는 데서 차지하다(占)의 뜻도 생겼다. (회의)

占術[점술] 점을 치는 술법.
占領[점령] 일정한 땅을 차지하여 제 것으로 함.
占有[점유] 자기의 소유로 함.

昔 | 옛 석 — old days

日 4 8 中
옛날, 접때, 기왕
一 十 廾 昔 昔 昔

 : 포개어 쌓는 것을 나타냈다.

날(日)이 포개어 쌓인(廾) 지난 날이란 데서 옛(昔)을 뜻한다. (회의)

昔人[석인] 옛날 사람. 고인(古人).
昔日[석일] 옛날. 지난날.
昔年[석년] 예전. 여러 해 전.
今昔[금석] 지금과 옛적.

內 | 안 내, 몰래 내 — inside (동 内)

入 2 4 中
안   몰래
｜ 冂 內 內

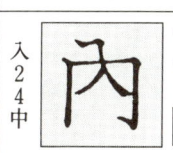

울타리(冂) 속으로 사람(人)이 들어가니(入) 뜰 안(內=内)이 나온다. (회의) 　　內=内

內心[내심] 속마음.
內外[내외] 안팎. 부부. 국내와 국외.
內患[내환] 국내의 근심. 아내의 병.

古 | 예 고, 옛 고 — old

口 2 5 中
예전, 옛적, 선조, 오래 됨
一 十 古 古 古

열 십 : 十 : 십대(十代)
입 구 : 口 : 입

십(十)대에 걸쳐서 입(口)으로 전해 내려오는 이야기이니 옛(古) 일이다. (회의)

口 →  ← 古

古木[고목] 오래 된 나무.
古物[고물] 옛 물건. 헐거나 낡은 물건.
古宮[고궁] 옛 궁전.

口 5 8 中

목숨 명, 분부 명
목숨   명령
life, order

합할 합
(合) : → 合 → 亼

무릎을 꿇은
모양 : → 㔾 → 卩

모여서(亼) 무릎을 꿇고(卩) 분부(命)를 받아라. 사람의 목숨(命)은 하늘의 명령이다. (회의)

命令[명령] 웃사람이 시키는 분부.
生命[생명] 목숨. 사물을 유지하는 기한.

人 3 5 中

하여금 령, 명령할 령
시키다   명령하다
order

무릎을 꿇은
모양 : → 㔾 → 卩

부하들을 모아(合→亼) 무릎을 꿇리고(卩) 명령한다(令). (회의)

令愛[영애] 남의 딸의 높임말.
口令[구령] 단체 행동의 동작을 일제히 하도록 부르는 호령.
令狀[영장] 법원·관청이 발부하는 명령서.

水 1 5 中

길 영, 멀 영
길다 멀다
long

川 → 氷 → 永 → 永

시냇물이 길게(永) 흐르는 모양을 본떴다. (상형)

永生[영생] 장수. 영원히 생존(生存)함.
永世[영세] 영원(永遠)한 세대(世代). 또는 세월.
永久[영구] 길고 오램.

日 4 8 中

창성할 창
창성하다
prosper

날 일 : 日 → 旦
날 일 : 日 → 日 } → 昌

해(旦)와 해(日)를 합해서 밤낮이 없이 창성함(昌)을 나타냈다. (회의)

昌盛[창성] 성하여 잘 되어 감.
昌世[창세] 잘 다스려 번영하는 세상.
昌平[창평] 나라가 창성하고 세상이 태평(泰平)함.

高 0 10 中

높을 고
높다
high

높은(高) 성문의 모양을 본떴다. (상형)

高低[고저] 높고 낮음. 높낮이.
高山[고산] 높은 산.
高架[고가] 높이 건너 지름.
高音[고음] 높은 소리.

广 7 10 高

자리 좌, 좌 좌
자리 좌
seat

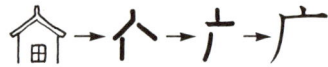

앉을 좌 : 坐 : 두 사람(人人)이 흙(土) 위에 앉는다(坐).
집(广)안에 앉을(坐) 수 있게 마련한 자리(座)를 뜻한다. (형성)

座席·坐席[좌석] 앉는 자리.
座談[좌담] 자리잡고 앉아서 하는 이야기.

木 4 8 中   동녘 **동** 동녘, 동방 east	匕 3 5 中 北 북녘 **북**, 저버릴 **배** 북쪽, 저버리다, 달아나다 north

나무(木) 사이로 해(日)가 뜨니 동녘(東)이다. (회의)

東山[동산] 동쪽에 있는 산.
東國[동국] 동쪽에 있는 나라.
東宮[동궁] ① 황태자. 왕세자(王世子). 태자궁. ② 왕세자의 궁

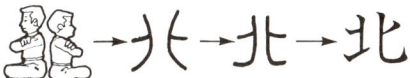

두 사람이 서로 등을 진 모양을 본떴다. 왕궁이나 교실 등은 대개 북녘(北)을 등지고 짓는다. 적을 등지고 달아난다는 데서 저버리다의 뜻도 있다. (회의)

北上[북상] 북으로 올라감.
敗北[패배] 싸움에 짐.

西 0 6 中  서녘 **서** 서녘, 서쪽, 서양 west	至 0 6 中 至 이를 **지**, 지극할 **지** 이르다, 오다, 지극하다 reach

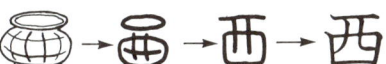

바구니의 모양을 본떴다. 바구니에 물을 넣으면 물이 빠져나가듯이 해가 빠져나가는 쪽이 서녘(西)이다.

西海[서해] 서쪽에 있는 바다.
西洋[서양] 유럽과 아메리카 주의 여러 나라. ⑪ 동양(東洋).

새(㠯)가 날아와서 땅(土)에 이르는(至) 모양을 나타냈다. (회의)

至善[지선] 선에 이름. 지극히 착함.
至誠[지성] 지극한 정성.
至大[지대] 더없이 큼.
冬至[동지] 해가 제일 짧은 절기.

十 7 9 中 南 남녘 **남** 남녘, 남쪽, 남방 south	ム 3 5 中 去 갈 **거**, 버릴 **거** 가다 버리다 leave

다 행 행 : **幸** : 토지(土)와 양(羊→羋)·가축이 많으면 다행하다(幸).
방향 : ↓↓→||

다행한(幸) 방향(||)이 남녘(南)이다. 왕궁, 학교 등은 남향으로 짓는다. (회의)

江南[강남] 강의 남쪽.
南海[남해] 남쪽에 있는 바다.
南向[남향] 남쪽으로 향함.

이를 지 : 至 ✕ 厺 → 去 : 갈 거

이를 지(至)에서 厺와 土를 바꾸어 써서 떠나가는(去) 것을 나타내었다. (회의)

去年[거년] 지난 해.
去來[거래] 물건을 사고 파는 일.
過去[과거] 지나간 때.
除去[제거] 덜어 없앰.

忠

충성할 **충**, 정성 **충**
충성하다 정성
loyalty

마음(心) 한가운데는(中) 충성(忠)심
이 있다.   中 → 충충 ← 忠

忠誠[충성] 진정에서 우러나는 정성.
忠實[충실] 성실하고 참됨.
忠告[충고] 충심으로 남의 허물을 경계함.
忠君[충군] 임금께 충성을 다함.

面

낯 **면**, 겉 **면**
낯·얼굴 겉
face

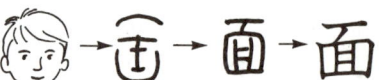

얼굴·낯(面)의 모양을 본떴다. (상형)

面目[면목] ① 얼굴의 생김새. ② 남을 대
하는 낯. ③ 체면.
面上[면상] 얼굴의 위. 얼굴의 바닥.
面積[면적] 한정된 바닥의 넓이.
平面[평면] 海面[해면] 面長[면장]

臣

신하 **신**
신하, 백성
subject

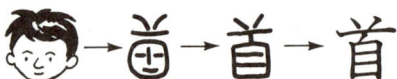

임금 앞에 고개를 숙이고 있는 신하
(臣)의 눈의 모양을 본떴다. 그리하여
눈의 뜻도 있다. (상형)

臣下[신하] 임금을 섬기어 벼슬하는 사람.
忠臣[충신] 충성을 다하는 신하(臣下).
君臣[군신] 임금과 신하.

非

아닐 **비**, 나무랄 **비**
아니다, 그르다, 나무라다
not

새의 날개의 모양으로 왼쪽 날개와
오른쪽 날개는 서로 다르다는 데서 아
니다(非)의 뜻임. (상형)

非一非再[비일비재] 하나 둘이 아님.
非行[비행] 그릇된 행위. 나쁜 짓.
非難[비난] 남의 잘못이나 흠을 책잡음.

首

머리 **수**, 우두머리 **수**
머리 우두머리
head

사람의 머리(首) 모양을 본떴다.
(상형)

首尾[수미] 사물의 머리와 꼬리. 처음과 끝.
首席[수석] 맨 윗자리.
元首[원수] 국민의 수장(首長). 군주. 대
통령.

囚

가둘 **수**, 죄수 **수**
가두다, 간히다, 죄수
imprison

울타리·감옥 : 囗 → 囗
사람 인 : 人

울타리(囗) 속에 갇혀 있는 사람(人)
이니 죄수(囚)이다. (회의)

囚人[수인] 옥(獄)에 갇힌 사람.
罪囚[죄수] 옥에 갇힌 죄인(罪人).
囚役[수역] 죄수에게 시키는 일.
囚禁[수금] 죄인을 가두어 둠.
脫獄囚[탈옥수] 囚徒[수도] 囚車[수거]

衣

衣 06 中

옷 의
옷, 의복, 옷을 입다
clothes, dress

| 丶 | 亠 | ナ | 亣 | 衣 | 衣 |

→亽→𧘇→衣

옷衣(衣)의 모양을 본떴다. (상형)

衣食[의식] ①옷과 밥. ②입는 일과 먹는 일. 곧, 생활.
白衣[백의] 흰 옷.
衣服[의복] 옷.
衣冠[의관] 옷과 갓. 옷차림.

依

亻 6 8 中

의지할 의, 좇을 의
의지하다, 좇다, 따르다
depend on

| 亻 | 亻 | 亻 | 伩 | 依 | 依 |

사람 인 : 亻
옷 의 : 衣 } → 依

사람(人)은 옷(衣)에 의지하여(依) 활동한다. (형성)   衣 → 의 ← 依

依支[의지] 남에게 의뢰함.
依存[의존] 의지하고 있음.
依舊[의구] 옛 모양과 다름 없음.
依然[의연] 전과 다름 없는 모양.

他

亻 3 5 中

남 타, 다를 타
남   다르다
other

| ノ | 亻 | 亻 | 仳 | 他 |

어조사 야 : 也 : 이것은 힘차게(㐄) 자라나는 싹(乙→乚)이다(也)에서 이다의 뜻임.
자기가 아니고 다른 사람(亻)이다(也)라는 데에서 남・다르다(他)의 뜻임. (회의)

他人[타인] 다른 사람. 남.
他力[타력] 다른 힘. 남의 힘.
出他[출타] 집에 있지 않고 다른 곳에 나감.

地

土 3 6 中

땅 지, 지위 지
땅,   지위, 신분, 본바탕
earth

| 一 | 十 | 土 | 圵 | 圳 | 地 |

흙 토 : 土
어조사 야 : 也 : '이다', '있으니'의 뜻.
흙(土)이 넓게 퍼져 있으니(也) 땅(地)이다. (회의)

地位[지위] 신분에 따른 처지나 계급.
地主[지주] 토지(土地)의 소유자.
地下[지하] 지면(地面)의 아래.
地圖[지도] 지구의 상태를 그린 그림.

池

氵 3 6 高

못 지
못
pond

| 丶 | 冫 | 氵 | 汀 | 沖 | 池 |

삼수변 : 氵
어조사 야 : 也 } → 池

물(氵)이 많이 고여 있으니(也) 못(池)이다. (회의)   地 → 지 ← 池

蓮池[연지] 연꽃이 있는 못.
池塘[지당] 못・연못.
池面[지면] 못의 표면(表面).
貯水池[저수지] 물을 모아 둔 못.

湖

氵 9 12 中

호수 호
호수
lake

| 氵 | 沽 | 沽 | 洁 | 湖 | 湖 |

물(氵)이 옛(古)부터 머물러 있는 곳에 달(月) 그림자가 비치니 호수(湖)이다. (형성)   古 → 고 호 ← 湖, 胡

湖水[호수] 사면이 육지로 쌓이고 물이 괸 곳. 못・늪보다 넓고 깊은 것.
湖畔[호반] 호수의 가.

共

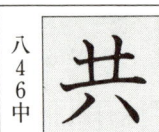

함께 **공**
함께, 한 가지로
together

| 一 | 十 | 卄 | 뀨 | 共 | 共 |

이십(卄)명이 두 손(六)으로 함께(共) 일한다. (회의)

共同[공동] 여럿이 같이 함.
共鳴[공명] 남의 의견·주장에 찬성함.
共有[공유] 공동으로 소유(所有)함.
共用[공용] 공동으로 사용함.

及

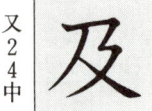

미칠 **급**, 및 **급**
미치다 및
reach

| ノ | 乃 | 及 | | |

사람 인 : 人 → 入 → 刀 → 𠂆
손 : 𠂇 → 又 → 又

앞서 가는 사람(𠂆)을 쫓아가서 손(又)으로 잡는다는 데서 미치다(及)의 뜻임. (회의)

言及[언급] 하는 말이 그 곳까지 미침
及第[급제] 시험에 합격됨.
及其也[급기야] 필경에는.

丈

어른 **장**, 장 **장**
어른, 길이의 단위(10자)
elder

| 一 | ナ | 丈 | | | |

지팡이 : 一 ———— 一
𠂇 → 又 → 又 → 乂

지팡이(一)를 손(乂)에 든 노인이란 데서 어른(丈)을 뜻한다. (회의)

丈夫[장부] 장성한 남자.
春府丈[춘부장] 남의 아버지에 대한 존칭.
丈人[장인] 아내의 친정 아버지.

赤

붉은 빛 **적**
붉은 빛, 진심, 비다
red

| 一 | 十 | 土 | 𠂇 | 赤 | 赤 |

클 대 : 大 → 𠂇 → 土
불 화 : 火 → 小 → 小 } → 赤

큰(土) 불(小)이 붉게(赤) 탄다는 뜻임. (회의)

赤血[적혈] 붉은 피.
赤手[적수] 맨손. 빈손. ⑩ ~空拳(공권)
赤十字[적십자] 흰 바탕에 붉은 색으로 십자형을 그린 휘장.

史

역사 **사**, 사기 **사**
역사　　사기
history

| ノ | 口 | 口 | 史 | 史 | |

가운데 중 : 中 → 史 : 중정(中正), 공정.
손 : 위 참조

편견을 버리고 중정(史)을 기해서 손(乂)으로 기록한 것이 역사(史)라는 뜻임. (회의)

史籍[사적] 역사책. =史記(사기)
史官[사관] 역사를 편수하는 관리(官吏).
史話[사화] 역사에 관한 이야기.

黑

검을 **흑**, 검은 빛 **흑**
검다, 흑색, 어둡다
black

| 口 | 四 | 四 | 甲 | 里 | 黑 |

口 : 굴뚝, 丶丶 : 연기
土 : 흙
火 : 火 → 小 → 小

불(小)을 때면 흙(土) 위에 세운 굴뚝(口)에서 연기(丶)가 검게(黑) 나온다는 뜻임. (회의)

黑白[흑백] 검은 빛과 흰 빛. 잘잘못.
黑夜[흑야] 칠야(漆夜). 아주 캄캄한 밤.
黑心[흑심] 음흉하고 부정한 마음.

春 봄 춘
봄, 새해
spring

日 5 9 中

三 = 耒 耒 春 春

석 삼 : 三
사람 인 : 人 } → 春
날 일 : 日

세(三) 사람(人)이 해(日) 나는 날 소풍가는 봄(春)이 왔다. (회의)

春江[춘강] 봄철의 강물.
春光[춘광] 봄철의 풍광(風光).
春雨[춘우] 봄에 오는 비.

冬 겨울 동
겨울
氷=冰
winter

冫 3 5 中

ノ ク 久 冬 冬

천천히 걷다 : 👣 → 夂 → 夂 → 夂

1년 중 천천히 걸어서(夂) 제일 늦게 오는 것으로서 얼음(氷→丨→冫)이 어는 계절이 겨울(冬)이다. (회의)

冬期[동기] 겨울의 시기. 동계(冬季).
越冬[월동] 겨울을 넘김. 겨울을 남.
冬服[동복] 겨울옷.

夏 여름 하
여름, 크다
summer

夂 7 10 中

一 丆 百 百 頁 夏 夏

머리 혈 (頁) : 👤 → 頁 → 頁 → 百

천천히 걷다 (夂) : 👣 → 夂 → 夂 → 夂

천천히 걸어도(夂) 머리(頁→百)에 땀이 나는 여름(夏)이다. (회의)

初夏[초하] 초여름.
夏至[하지] 일년 중 낮이 가장 긴 날.

朱 붉을 주
붉다, 연지
red

木 2 6 中

丿 一 二 牛 牛 朱

소 우 : 牛
나눌 분 : 分→八 } → 朱

소(牛)를 칼로 나누면(八) 붉은(朱) 피가 나온다. (회의)

朱色[주색] 누렁이 조금 섞인 붉은 빛깔.
朱門[주문] 붉은 칠을 한 문.
朱墨[주묵] 붉은 빛깔의 먹.
朱書[주서] 주묵(朱墨) 또는 주색(朱色)으로 글씨를 씀. 또 그 글씨.

秋 가을 추
가을, 때 추
가을 중요한 때
autumn

禾 4 9 中

一 二 千 禾 秋 秋

벼 화 (禾) : 🌾 → 禾 → 禾 → 禾

벼(禾)를 거두어 들이고 날씨가 선선해서 방에 불(火)을 넣게 되는 계절이 가을(秋)이다. (회의)

秋草[추초] 가을철의 풀・화초.
秋夕[추석] 한가위. 음력 8월 15일.
秋景[추경] 가을의 경치(景致).

黃 누를 황
누르다, 누른 빛
⑨ 黄
yellow

黃 0 12 中

卄 艹 芒 芒 苗 黃

함께 공 : 共 → 共 / 八
밭 전 : 田 } → 黃

밭(田)은 한 가지로(共) 누렇다(黃). 중국의 황하(黃河) 유역의 땅은 특히 누렇다. (회의)

黃土[황토] 누르고 거무스름한 흙.
黃色人種[황색인종] 살갗이 누르고 머리털이 검은 인종.

玄

검을 현, 오묘할 현
검다　오묘하다
black

`丶 亠 玄 玄 玄`

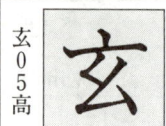
바늘 …　…실끝
　　　　…실

바늘(一)에 실(幺)을 꿸 때 실끝(丶)이 가물가물하여 잘 안 보인다는 데서 가물가물하다·어둡다·검다(玄)의 뜻임. (회의)

玄黃[현황] 검은 빛과 누런 빛. ⑩ 天地~
玄關[현관] 주택의 정면에 낸 문간.

光

빛 광, 빛날 광
빛　　빛나다
light, beam

`丨 ⺌ ⺌ 光 光 光`

불 화 : 火 → 灬 → ⺌
어진사람 인 : 人 → 儿

사람(儿)이 불(⺌)을 들고 있으니 빛(光)이 난다. (회의)

月光[월광] 달빛.
光明[광명] 밝고 환함.
光線[광선] 빛. 빛의 줄기. 빛의 진로.

畓

논 답
논
rice field

`丬 水 杏 沓 畓 畓`

물 수 : 水 ＼
밭 전 : 田 ／ → 畓

밭(田) 위에 물(水)이 있으니 논(畓)이다. (회의)

沃畓[옥답] 지질이 아주 좋은 논.
田畓[전답] 밭과 논.
畓主[답주] 논 임자.
畓農[답농] 논 농사(農事).

安

편안할 안
편안하다
peaceful

`丶 冖 宀 宂 安 安`

집, 갓머리
(宀) : ⌂ → 宀 → 宀

여자(女)가 집(宀)에서 살림을 잘 하면 집안이 편안하다(安). (회의)

安眠[안면] 편안하게 잘 잠.
安寧[안녕] 안전하고 태평함.
安全[안전] 평안(平安)하여 위험이 없음.
安否[안부] 편안함과 편안하지 않음.

畜

기를 축
기르다, 가축, 쌓다
cattle

`亠 玄 畜 畜 畜 畜`

검을 현 : 玄 : 검다
밭 전 : 田 : 밭, 가축을 키우는 밭이나 바닥의 흙

가축(畜)을 기르면 바닥의 흙(田)이 검게(玄) 된다는 데서 기르다·가축(畜)의 뜻임. (회의)

家畜[가축] 집에서 기르는 짐승.
畜生[축생] 사람에게 길러서 사는 온갖 짐승.

市

저자 시, 도시 시
저자, 장, 도시
market, city

`丶 亠 广 市 市`

갈 지
(之) : 之 → 之 → 之 → ㇇

길의 모양으로 가다의 뜻임.

천(巾)을 사러 가는(㇇) 곳이니 저자(市)이다. 저자에는 사람이 많이 모인다는 데서 도시의 뜻도 생겼다. (회의)

市場[시장] 상품을 매매하는 장소.
市街[시가] 도시의 큰 길거리.

亻 35 中 **代**	대신할 **대**, 대 **대** 대신하다, 대대로, 시대 substitute ノ 亻 仁 代 代

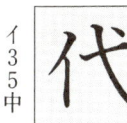 → 누 → 弋 : 표지판
말뚝

사람(亻)이 안내할 일을 **표지판(弋)**이 **대신한다(代)**. 아버지의 직업을 아들이 대신하여 **대(代)**를 잇는다. (회의), (전주)

代金[대금] 물건의 값.
代理[대리] 남을 대신하여 일을 처리함.

口 47 中 **告**	고할 **고**, 뵙고 청할 **곡** 아뢰다 뵙고 청하다 inform, tell ノ 누 牛 牛 告 告

소 우 : 🐂 → 누 → 牛
(牛)

제단에 **소(牛)**를 잡아 놓고, 축문을 **입(口)**으로 읽어 신명께 제사를 **고한다(告)**. (회의)

上告[상고] 웃사람에게 고함.
告訃[고부] 사람의 죽음을 알림.
告白[고백] 숨김없이 사실대로 말함.
告知[고지] 알림. 통지(通知)함.

身 07 中 **身**	몸 **신** 몸 body ' 亻 丬 自 身 身

🚶 → 身 → 身 → 身

사람이 걸어가는 옆 **몸(身)**의 모양을 본떴다. (상형)

心身[심신] 마음과 몸.
身上[신상] 몸. 한 몸의 형편.
身分[신분] 개인의 사회적 지위.
身命[신명] 몸과 목숨.

戈 37 中 **我**	나 **아** 나, 나의 I 一 千 手 手 我 我

손 수 :  → 누 → 手 → 手
(手)
창 과 : 🔱 → 누 → 戈 → 戈
(戈)

손(手)에 **창·도구(戈)**를 들고 나라를 지키는 **나(我)**. (회의)

我田引水[아전인수] 자기의 논에 물을 댄다. 곧, 제게만 이롭게 함.
自我[자아] 나. 자기.

田 05 中 **申**	아뢸 **신**, 이야기할 **신**, 납 **신** 아뢰다 이야기하다 원숭이 tell 丨 口 日 日 申

입 구 : 口 ⎫
열 십 : 十 ⎭ → 申

입(口)을 **열(十)**번 움직여 **아뢴다(申)**는 뜻임. (회의) 자기 생각을 펼쳐 말한다는 데서 **펼치다(申)**의 뜻도 있음. (전주)

申告[신고] 관청·상사 따위에 보고함.
申請[신청] 신고하여 청구함.
申報[신보] 고하여 알림. 통지.

八 57 中 **兵**	군사 **병** 군사, 군인, 무기, 싸움 soldiers ノ 亻 斤 斤 兵 兵

도끼 : 🪓 → 斤 → 斤 → 斤
두 손 : 👐 → 丱 → 大 → 兵

두 손(六)에 **도끼(斤)**를 들고 전투를 하는 **군사(兵)**란 뜻임. (회의)

兵力[병력] 군대의 힘. 전투력.
兵役[병역] 병적에 편입되어 군무에 봉사하는 일.

矛 창 모
창
spear, spike

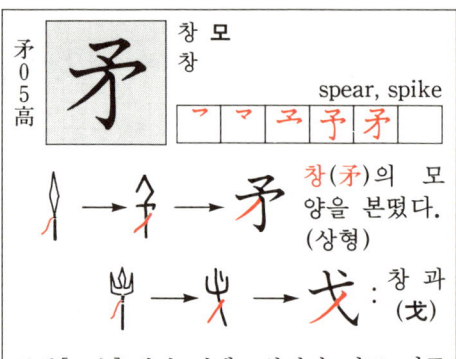

矛盾[모순] 창과 방패. 앞뒤가 서로 어긋나 맞지 않음.
矛之利[모지리] 창의 날카로움.

刃 칼날 인
칼날, 베다
blade of a knife

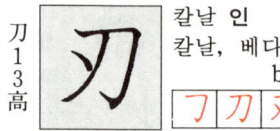

칼날의 표시:
칼(刀)에 칼날의 표시로 점(丶)을 더하여 칼날(刃)을 나타냈다. (지사)

刃傷[인상] 칼날 등에 상함. 또 그 상처.
刃創[인창] 칼날에 다친 흉.
白刃[백인] 시퍼런 칼날. 백병(白兵).

盾 방패 순
방패
shield

도끼 근:斤→斥
머리 수:首, 눈 목:目

창이나 도끼(斤→斥)의 공격으로부터 머리·눈(目)을 보호하는 방패(盾)를 뜻한다. (회의)
首 斤 → 盾
수 근 → 순

矛盾[모순] 말의 앞뒤가 맞지 않는 일.
盾之堅[순지견] 방패의 견고(堅固)함.
甲盾[갑순] 갑옷과 방패.

半 반 반, 가운데 반
반　가운데
half, semi

나눌 분:分→ 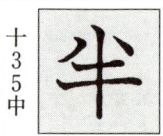 →八
소 우:牛→ 牛

소(牛)는 커서 나누어(八) 반(半)이 되어도 먹을 것이 충분하다. (회의)
分 → 분 반 ← 牛

半半[반반] 똑 같이 가른 반과 반. 반씩.
夜半[야반] 한밤중.
半分[반분] 절반으로 나눔. 절반의 분량.
半月[반월] 반달. 한달의 반.

干 방패 간, 천간 간
방패, 막다, 천간(天干)
shield

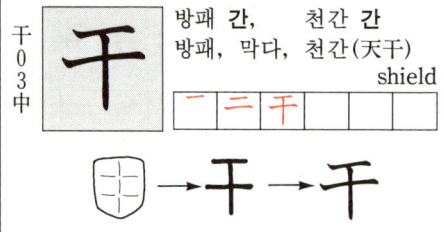

손잡이가 달린 방패(干)의 모양을 본떴다. (상형)

干戈[간과] 병장기(兵仗器)의 총칭. 전쟁.
干城[간성] 나라를 방위하는 군인.
干滿[간만] 썰물과 밀물.
干涉[간섭] 남의 일에 참견(參見)함.

比 견줄 비, 무리 비
견주다　무리
compare

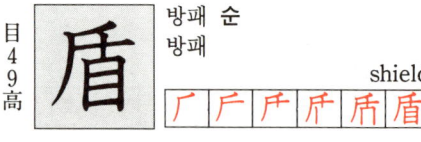

두 사람을 나란히 세워 놓고 키를 견준다(比). 두 사람이란 데서 무리(比)의 뜻도 있다. (회의)

比較[비교] 둘을 서로 견주어 봄.
比等[비등] 비교해 보건대 서로 비슷함.
比肩[비견] 어깨를 나란히 함.

宮

宀 7 10 高

집 궁, 대궐 궁
집 대궐
house, palace

宀宁宁宁宮宮

대궐(宮)에는 지붕(宀)이 여럿 있고
건물과 건물(呂) 사이에는 통로(丿)가
있다. (회의)

宮殿[궁전] 대궐. 궁궐(宮闕).
宮中[궁중] 대궐(大闕) 안.

官

宀 5 8 中

벼슬 관, 기관(器官) 관
벼슬, 관가, 감각 기능
official

宀宁宁宁官官

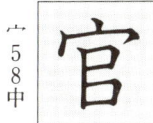

…건물
…상부 관청, 상관
…연결……명령 복종
…하부 관청, 하관

관청(官)에는 건물(宀)이 있고 상하
의 계급(𠂤)이 연결되어 있다. (회의)

官廳[관청] 관원(官員)이 사무를 처리하는 곳.
官印[관인] 관청 또는 관직의 도장.
官員[관원] 관리(官吏). 벼슬아치.

兄

儿 3 5 中

형 형
형, 친우간의 경칭
elder brother

丨口口尸兄

입 구 : 口
사람 인 : 人 → 儿 } → 兄

입(口)으로 동생을 지도하는 사람
(儿)이니 형(兄)이다. (회의)

父母兄弟[부모형제] 아버지, 어머니, 형, 아우.
兄嫂[형수] 형의 아내.
家兄[가형] 남에게 자기 형을 일컫는 말.

弟

弓 4 7 中

아우 제, 순할 제
아우, 순하다, 공경하다
younger brother

丷丫肖肖弟弟

양날 창, 가죽을 감다, ✓쪽이 아래

양날 창(丫)의 자루에 가죽을 감아
내려갈(弓) 때 (✓→✓) 쪽이 아래인
것에서 아우(弟)를 나타냈다. (지사)

兄弟[형제] 형과 아우.
弟氏[제씨] 남의 아우에 대한 경칭.
弟子[제자] 스승의 가르침을 받는 자.

加

力 3 5 中

더할 가
더하다, 늘다
add

フカカ加加

물건 품 : 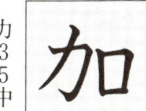 → 品 → 口
(品)

힘(力)들여 물건(口)을 계속 만드니
갯수가 늘어난다(加)는 데서 더하다
(加)의 뜻임. (회의)

加工[가공] 인공(人工)을 더함.
增加[증가] 더 늘어 많아짐.
加擔[가담] 같은 편이 되어 힘을 더해 줌.

速

辶 7 11 中

빠를 속, 빨리 속
빠르다 빠르기
fast, quick

一口申束速速

묶을 속 : 束 : 나무(木)를 새끼 등으
로 사각형(口)의 모양으로 묶어(束) 놓
겠다고 약속(約束)을 했다.

책받침, 길 : 辶 → 辶 : 길, 걷다

약속(束) 시간을 지키기 위하여 길
(辶)을 빠르게(速) 걷는다. (형성)

速決[속결] 속히 처결(處決)함.
早速[조속] 이르고도 빠름.

清

맑을 청, 깨끗할 청
맑다, 깨끗하다, 시원하다
clear

氵8
11
中

| 氵 | 氵 | 汁 | 冸 | 清 | 清 |

물 수, 삼수변: 水→冫→氵→氵
푸를 청: 靑 또는 青: 십이월 달의
하늘이 푸르다(靑=青)
계곡의 물(氵)이 푸르고(靑=青) 맑
다(清). (형성)
　　　　　　靑 → 청 ← 清

清泉[청천] 맑은 샘.
清掃[청소] 깨끗이 소제(掃除)함.
清凉[청량] 맑고 서늘함.

洞

골 동, 꿰뚫을 통
동네, 깊은 구멍, 관통하다
village

氵6
9
中

| 氵 | 氵 | 汀 | 冋 | 洞 | 洞 |

같은(同) 우물이나 시냇물(氵)을 사
용하는 동네(洞)란 뜻임. (형성)
　　　　　　同 → 동 ← 洞

洞里[동리] 마을. 동네.
洞窟[동굴] 깊고 넓은 굴. 동혈(洞穴).
洞察[통찰] 온통 밝혀서 살핌.

州

고을 주, 마을 주
고을　　　마을
district of a province

巛3
6
高

| 丶 | 丿 | 小 | 州 | 州 | 州 |

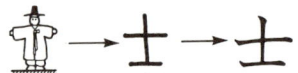

내(川) 안에 있는 작은 섬(灬)을 나
타냈는데, 나아가서 강이나 바다에 연
해 있는 고을(州)을 뜻하게 되었다.
(상형)

州郡[주군] 주(州)와 군(郡). 지방.
州里[주리] 마을.

如

같을 여
같다, 미치다, 여하
like, same

女3
6
中

| 乀 | 夊 | 女 | 如 | 如 | 如 |

계집 녀: 女
입 구: 口: 입에서 나오는 말

어린 여자(女) 아이의 말(口)은 그의
부모의 말과 같고(如), 부인(女)의 말
(口)은 그의 남편의 말과 같다(如).
(형성)
　　　　　　女 → 녀여 ← 如

如前[여전] 전과 같음.
如意[여의] 뜻과 같음. 뜻대로 됨.
如何[여하] 어찌할꼬. 어떠한가.

吉

길할 길, 착할 길
길하다, 상서롭다, 착하다
lucky

口3
6
中

| 一 | 十 | 士 | 吉 | 吉 | 吉 |

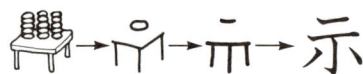

선비(士)의 입(口)에서는 길한(吉)
말이 나온다. (회의)

吉日[길일] 좋은 날. 길한 날.
吉凶[길흉] 좋은 일과 언짢은 일.
大吉[대길] 썩 좋음. ⓔ 立春(입춘)~
吉兆[길조] 좋은 일이 있을 조짐.

示

보일 시
보이다, 보게 하다, 알리다
exhibit

示0
5
中

| 一 | 二 | 亅 | 亓 | 示 |

제단의 모양을 본떴으며, 제상에 차
려 놓은 음식이 잘 보인다(示)는 뜻임.
(상형)

告示[고시] 글로 써서 게시함.
表示[표시] 겉으로 드러내 보임.
明示[명시] 밝게 보임.

紅

糸 39 中

붉을 **홍**
붉은 빛, 연지

red

｜ 乡 乡 糸 糽 紅

실 **사**
(糸) : 타래실의 모양으로 실을 뜻함.

실(糸)을 가공해서(工) 붉게(紅) 염색한다. (형성)   工 → 꿍 홍 ← 紅

紅玉[홍옥] 붉은 빛깔의 보옥(寶玉).
紅葉[홍엽] 붉은 잎. 단풍든 나뭇잎.
紅桃[홍도] 붉은 복숭아.

取

又 6 8 中

취할 **취**
취하다, 잡다, 빼앗다

take

一 丁 F 耳 取 取

귀 이 : 🖐 → 🖐 → 耳
손 : 🖐 → 🖐 → 又 → 又

옛날 전쟁에서는 적을 죽이면 귀(耳)를 손(又)으로 베어 보관한 데서 취하다(取)의 뜻임. (회의)

取得[취득] 손에 넣음.
取擇[취택] 가려서 뽑음. 선택함.

絲

糸 6 12 中

실 **사**
실, 명주실

thread

｜ 乡 乡 糸 絲 絲

타래실(絲)의 모양을 본떴다. 糸를 두 번 쓴 것은 실에는 종류가 많다는 뜻임. (회의)

生絲[생사] 삶아서 익히지 않은 명주실.
絲雨[사우] 실같이 가늘게 내리는 비. 보슬비. 가랑비.
毛絲[모사] 털실.

何

亻 1 7 中

무엇 **하**, 어찌 **하**
무엇, 어찌, 무슨

what

丿 亻 亻 亻 何 何 何

짐을 지고 있는(可) 사람(亻)의 옆 모습으로 지고 있는 물건이 무엇(何)인가의 뜻임. (형성)   可 → 갸 햐 ← 何

何事[하사] 무슨 일. 어떠한 일.
何人[하인] 어떠한 사람.
何必[하필] 무슨 필요가 있어서.

切

刀 2 4 高

벨 **절**, 온통 **체**
베다, 온통, 간절히

cut, all

一 七 切 切

일곱 칠 : 七
칼 도 : 刀

일곱(七) 번 칼(刀)질하여 벤다(切). (형성) 모두 벤다는 데서 온통(切)의 뜻도 생겼다. (전주)   七 → 칠 졀 ← 切

切感[절감] 절실히 느낌. 통감(痛感).
一切[일절] 아주 (부인·금지를 나타냄).
一切[일체] 모든 것. 온갖 사물.

來

人 6 8 中

올 **래**, 미래 **래**
오다, 미래

come

一 十 ナ 까 來 來

 → 來 → 來

나무(木)밑으로 두 사람(人人)이 온다(來). (회의)

來往[내왕] 오고 감. 왕래(往來).
來客[내객] 찾아온 손님.
來侵[내침] 침범해 옴.
來校[내교] 딴 데서 학교에 옴.

白 49 中	皇	임금 **황**, 클 **황** 임금, 크다, 훌륭하다 emperor 丿 冂 白 白 阜 皇	氏 15 中	民	백성 **민** 백성, 평민 people フ コ ア 巨 民

흰 백 : 白 : 흰 면류관
임금 왕 : 王

계집 녀 : 女 → ㅁ → ㅁ → ㅁ
뿌리 : 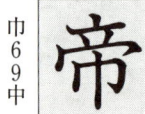 → 氏 → 氏 → 氏

흰(白) 면류관을 쓴 임금(王)이란 데서 임금·황제(皇)의 뜻임. (형성)
王 → 왕 황 ← 皇

여자(ㅁ)를 뿌리(氏)로 하여 많은 백성(民)이 태어난다. (회의)

皇帝[황제] 제국(帝國)의 군주(君主)의 존칭.
皇城[황성] 황제국의 도성(都城).
皇考[황고] 죽은 아버지의 높임말.
皇太子[황태자] 황위(皇位)를 이을 황자.

民族[민족] 겨레.
民家[민가] 일반 국민의 집. 민호(民戶).
民生[민생] 백성의 생활. 백성의 생계.

巾 69 中	帝	임금 **제**, 하느님 **제** 임금, 하느님 emperor 亠 产 产 产 帝 帝	見 07 中	見	볼 **견**, 당할 **견**, 나타날 **현** 보다 당하다 나타나다 see 丨 冂 月 目 貝 見

수건 건 :  → 巾 → 巾 천·피륙
(巾) 왕관

눈 목 : 👁 → ⊖ → 目 → 目
(目)

왕관(巾)을 머리(亠)에 쓰고 우뚝 서(立) 있는 임금(帝)이란 뜻임. (형성)

어진 사람(人→儿)이 눈(目)으로 본다(見). (회의)

帝王[제왕] 황제와 국왕(國王)의 총칭.
帝國[제국] 황제가 통치하는 나라.
上帝[상제] 하늘을 맡아 다스리는 신.
帝位[제위] 제왕의 자리.

一見[일견] 한 번 봄. 언뜻 봄.
見聞[견문] 보고 들음.
見辱[견욕] 욕을 당함.
謁見[알현] 지체 높은 사람을 찾아 뵘.

ㅁ 47 中	君	임금 **군**, 님 **군** 임금, 제후, 아버지, 군자 king 一 フ ㅋ 尹 君 君	日 59 中	星	별 **성** 별, 세월 star 日 戸 曰 旦 早 星 星

 → ㅋ : 손
 丿 : 권력

날 생 : 🌱 → 生 → 生
(生)

손(ㅋ)에 권력(丿)을 쥐고 입(ㅁ)으로 명령하여 나라를 다스리는 임금(君)이란 뜻임. (회의) ㅁ → 구 군 ← 君

해(日→日)에서 태어난(生) 것이 별(星)이다. 生 → 생 생 ← 星

君師父[군사부] 임금·스승·아버지
郞君[낭군] 젊은 아내가 남편을 사랑스럽게 일컫는 말

星光[성광] 별의 빛.
明星[명성] 밝은 별.
星宿[성수] 모든 별자리의 별들.
星辰[성신] 巨星[거성] 星霜[성상]

吸 味 否 今 吟 含

吸 (口/47/高)
마실 **흡**, 숨들이쉴 **흡**
마시다 숨을 들이쉬다
suck, breathe

| 一 | 口 | 口' | 叨 | 吸 | 吸 |

미칠 급 : **及** : 앞서가는 사람(人)을 쫓아가서 손(又)으로 붙잡는다는 데서 **미치다(及)**의 뜻.

입(口)이 물에 **미쳐야(及)** 물을 마실 **(吸)** 수 있다. (형성) 及 →  ← 吸

吸煙[흡연] 담배를 피움.
吸收[흡수] 빨아들임.
呼吸[호흡] 숨을 내쉼과 들이마심.

今 (人/24/中)
이제 **금**
이제, 지금, 곧
now

| ノ | 人 | 人' | 今 |

합할 합 : **合** → ㅅ : 합하다, 모이다
흐르는 시간 : ᄋ → ᄀ → ㄱ : 시간

과거부터 흐르는 **시간(ㄱ)**이 **모여(ㅅ)** **지금(今)**에 이른다. (회의)

今日[금일] 오늘.   今年[금년] 올해.
今昔之感[금석지감] 지금과 옛과 비교해 그 차이가 심함을 보고 느끼는 감정.

味 (口/58/中)
맛 **미**, 맛볼 **미**
맛   맛보다
taste

| 口 | 口一 | 口二 | 吽 | 咊 | 味 |

아닐 미 : **未** : 나무(木)의 과일(一)이 아직 **아니(未)** 익었다는 뜻임.

음식이 **입(口)** 속에 있고 식도로는 **아니(未)** 넘어 갔으니 **맛(味)**을 본다는 뜻임. (형성)   未 → 미 ← 味

味覺[미각] 맛을 느껴 아는 감각(感覺).
甘味[감미] 단맛. 맛이 닮.
眞味[진미] 참맛. 참된 뜻.
意味[의미] 사물의 뜻.

吟 (口/47/中)
읊을 **음**, 끙끙 앓을 **음**
읊다   끙끙거리다
recite, groan

| 一 | 口 | 口' | 口人 | 叭 | 吟 |

입 구 : **口**
이제 금 : **今** } → 吟

입(口)으로 **지금(今)** 시를 **읊는다 (吟)**. (형성)   口 今 → 吟
                         입 금 → 음

吟誦[음송] 시가를 읊어 감상함.
吟詠[음영] 시부(詩賦)를 읊음.
吟味[음미] 시가를 읊어 그 맛을 봄.
呻吟[신음] 병·고통으로 앓는 소리를 냄.

否 (口/47/中)
아닐 **부**, 악할 **비**
아니다   악하다
deny, no

| 一 | 丆 | 不 | 不' | 否 | 否 |

아닐 부 : 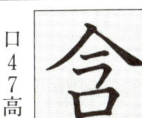 → 不 → 不 : 하늘로 새가 날아가서 돌아오지 **않는다(不)**.

입(口)으로 **아니라고(不)** 부정(否定)한다는 데서 **아니다(否)**의 의사 표시임. (형성)   不 → 부 ← 否

否定[부정] 그렇지 않다고 단정(斷定)함.
否決[부결] 의안의 불성립을 의결함.
可否[가부] 옳고 그름의 여부(與否).

含 (口/47/高)
머금을 **함**, 품을 **함**
머금다   품다
include, contain

| ノ | 人 | 人' | 今 | 今' | 含 |

이제 금 : **今** : 지나온(ᄋ → ㄱ) 일이 모여서(合→ㅅ) **이제·지금(今)**이 된다.

지금(今) 입(口) 속에 무엇이 있다 하여 **머금다(含)**의 뜻이 됨. (회의)
                 今 → 금 함 ← 含

包含[포함] 속에 싸이어 있음.
含蓄[함축] 속에 지니어 드러나지 아니함.
含怨[함원] 원한을 머금음.
含量[함량] 함유량. 들어있는 분량.

吾

口 4 7 中

나 오, 우리 오
나   우리

I, we

一 ㄱ 五 五 吾 吾

다섯 오 : 五 : 다섯, 여럿.
입 구 : 口 : 식구(食口), 인구(人口).

다섯(五) 식구(口)인 우리(吾) 가족이란 데서 우리와 나(吾)의 뜻을 갖는다. (형성) 五→오←吾

吾國[오국] 우리 나라. 아국(我國).
吾等[오등] 우리들.
吾人[오인] 나. 우리. 인류.

叫

口 2 5 高

부르짖을 규, 울 규
부르짖다   울다

shout, cry

丨 冂 口 叫 叫

입 구 : 口
얽힐 구 : 丩 : 세로(丨) 가로(一) 세로(丨)로 얽힌다.

입(口)을 세로 가로 세로(丩)로 크게 움직여 부르짖는다(叫). 또 울다(叫)의 뜻임. (회의)

絶叫[절규] 힘을 다해 부르짖음.
叫聲[규성] 외치는 소리.
叫喚[규환] 큰 소리로 부르짖음.

唱

口 8 11 中

부를 창, 노래 창
부르다   노래

sing

口 ロ ロ 叩 唱 唱

창성할 창 : 昌 : 해(日)와 해(日)가 있으니 밤낮 없이 창성하다(昌), 힘차다의 뜻.

입(口)을 크게 벌려 힘차게(昌) 노래한다(唱). (형성)   昌→창←唱

名唱[명창] 유명하게 잘 부르는 노래.
唱導[창도] 부르짖어 사람을 인도함.
唱劇[창극] 광대 노래의 연극(演劇).

器

口 13 16 高

그릇 기
그릇, 기구, 량

vessel

吅 罒 哭 哭 器 器

입 구 4개 : 吅吅 : 네 식구(食口)
개 견 : 犬

네 식구(吅吅)가 실컷 먹을 수 있는 개(犬) 고기를 담을 그릇(器)이란 뜻임. (회의)

食器[식기] 음식을 담는 그릇.
器具[기구] 세간·그릇·연장 등의 총칭.
石器[석기] 樂器[악기] 器量[기량]

司

口 2 5 高

맡을 사, 벼슬 사
맡다, 벼슬, 관직

manage

丁 刁 司 司 司

사람 인 : 人→入→ㄱ→ㅋ
입 구 : 口 : 입에서 나오는 말

사람(ㅋ)이 입(口)을 움직여 일을 맡는다(司). 또 일을 맡아 보는 벼슬(司)의 뜻도 있음. (회의), (전주)

司令[사령] 군대 또는 함대를 통솔·지휘함.
司會[사회] 회의 등의 진행을 맡아 봄.
司祭[사제] 司法[사법] 上司[상사]

哲

口 7 10 高

밝을 철
밝다, 슬기가 있다

wise, sagacious

扌 扌 扩 折 折 哲

꺾을 절 : 折 : 손(扌)에 도끼(斤)를 들어 나무를 찍는다는 데서 꺾다(折)의 뜻임.

사리의 옳고 그름을 나무를 꺾듯이(折) 입(口)으로 분명히 말한다는 데서 사리에 밝다(哲)는 뜻임. (형성)
折→절철←哲

哲理[철리] 철학상의 이치.
明哲[명철] 세태와 사리에 환하게 밝음.

困 곤할 곤
곤하다, 괴롭다
difficult

ㅣ 冂 冂 冃 困 困

에울 위 : 囗 → 口 : 좁은 울타리
나무 목 : 木

좁은 울타리(囗) 속에 나무(木)가 갇혀서 자라지 못하여 곤하다(困)는 뜻임. (회의)

困難[곤란] 처치하기 어려움. 생활이 궁핍「함.
困窮[곤궁] 가난하고 구차함.
疲困[피곤] 몸이 지쳐 고달픔.

果 실과 과, 과연 과
실과, 과단성, 과연
fruit

ㅣ 冂 日 旦 甼 果

나무에 달린 실과(果)의 모양을 본떴다. (상형)

果實[과실] 과수에 생기는 열매. 실과.
果敢[과감] 과단성(果斷性)이 있고 용감(勇敢)함.
結果[결과] 效果[효과] 果然[과연]

包 쌀 포, 용납할 포
싸다, 용납하다, 꾸러미
pack, wrap

ノ ケ 勺 勹 包

물건(口)을 포장지(勹)로 싼다(包). (상형)

包裝[포장] 물건을 싸서 꾸림.
包含[포함] 속에 싸이어 있음.
包容[포용] 휩싸서 들임. 도량이 넓어서 남을 이해하여 감싸줌.

竝 나란히설 병
나란히 서다, 아우르다
stand in a row

ㅗ 立 立 並 並 竝

두 사람이 나란히 선(竝) 모양을 본떴다. (회의)

竝立[병립] 나란히 섬.
竝用[병용] 아울러 같이 씀.
竝行[병행] 나란히 같이 감.
竝進[병진] 함께 나란히 나아감.

供 이바지할 공, 받들 공
이바지하다, 주다, 받들다
offer

イ 仁 什 供 供

함께 공 : 共 : 20(廿)명이 두 손(六)을 써서 함께(共) 일한다.

사람(イ)이 두 손을 함께(共) 써서 물건을 준다는 데서 이바지하다, 받들어 모시다(供)의 뜻임. (형성)

共 → 공 ← 供

提供[제공] 바치어 이바지함.
供給[공급] 수요에 응하여 물품을 제공함.
供養[공양] 웃어른에게 음식을 대접함.

匹 짝 필, 필 필, 홀 필
짝 필 홀·하나
pair, mate

一 丆 兀 匹

포목상에서 피륙을 짝지어(匹) 쌓아 놓은 모양을 본떴다. (회의)

配匹[배필] 부부의 짝. 배우(配偶). ㉠天生~「함.
匹敵[필적] 능력·세력 등이 서로 엇비슷
匹夫[필부] 신분이 낮은 사내.

現

玉 7 11 中

나타날 **현**, 지금 **현**
나타나다 지금·현재
appear

一丁王丑丑現

구슬 옥 : 玉 → 王 : 돌(丶)중의 임금 (王)이 구슬(玉)이다.

구슬(王)을 갈고 닦으면 아름다운 빛을 볼(見) 수 있게 새로운 모양으로 나타난다(現). (형성) 見 → ㉠㉴ ← 現

出現[출현] 나타남. 나타나서 보임.
現在[현재] 지금. 이제. 현장에 있음.
現狀[현상] 현재의 상태. 지금의 형편.
現實[현실] 현재 사실로서 있는 상태.

妨

女 4 7 高

방해할 **방**, 거리낄 **방**
방해하다 장애가 됨
disturb, obstruct

乚 乙 女 女 妨 妨

모 방 (方) : 배 두 척을 동아줄로 묶어놓은 모양으로 뱃머리가 가리키는 방위를 뜻함. 여기서는 모서리의 뜻.

여자(女)가 한쪽 모서리(方)에서 떠들어서 공부에 방해(妨)가 된다는 뜻임. (형성) 方 → ㉵ ← 妨

妨害[방해] 妨止[방지] 無妨[무방]

全

入 4 6 中

온통 **전**, 온전할 **전**
온통, 전부, 온전하다
entire, perfect

丿 入 人 全 全 全

들 입 : 入 : 들어가다, 넣다.
구슬 옥 : 玉 → 王

구슬(王)에 끈을 꿰넣어(入) 온전한(全) 목걸이를 만든다. 온전하다는 데서 빠짐없이 모두이다의 뜻도 갖는다. (회의)

全力[전력] 모든 힘.
全能[전능] 모든 일을 해낼 수 있는 능력.
完全[완전] 부족함이 없음.

凡

几 1 3 中

범상할 **범**, 무릇 **범**
대강, 보통, 무릇, 대저
generally, common

丿 几 凡

二 + 八 → 凡 → 凡
둘 여덟   열, 대강, 보통, 모두

"하나에서 열까지"란 말이 있듯이 둘(二)과 여덟(八)을 합해서 대강·보통·모두(凡)의 뜻을 나타냈다. (회의)

凡常[범상] 대수롭지 않고 평범(平凡)함.
凡事[범사] 모든 일. 평범한 일.
凡節[범절] 모든 절차(節次). 모든 일.

妙

女 4 7 中

묘할 **묘**, 젊을 **묘**
묘하다, 젊다, 예쁘다
exquisite

乚 乙 女 妙 妙 妙

계집 녀 : 女
적을 소 : 少 : 작게(小) 나누면(分 → 丿) 양도 적어진다(少). 여기서는 나이가 적다·젊다의 뜻.

여자(女)는 젊을수록(少) 묘하고·예쁘다(妙). (회의)

妙味[묘미] 미묘한 취미. 묘한 맛.
妙技[묘기] 교묘(巧妙)한 기술과 재주.

卒

十 6 8 中

군사 **졸**, 갑자기 **졸**, 마칠 **졸**
군사, 무리, 갑자기, 죽다
soldier, finish

一 亠 六 亣 卒 卒

옷 의 : 衣 → 衤 → 亠

똑같은 옷(亠)을 입은 열(十)명의 군사(卒). 군사는 전쟁에서 갑자기 죽는 일도 있다는 데서 갑자기·죽다·마치다의 뜻도 생겼다. (회의), (전주)

卒兵[졸병] 병졸(兵卒). 병사(兵士).
卒倒[졸도] 갑자기 정신을 잃고 넘어짐.
卒業[졸업] 규정된 과정을 마침.

其 그 기
八 6 8 中
그, 그것
that, the, it

一 十 卄 甘 其 其

→ 甚 → 其

'其'는 처음에 키를 의미하다가 뒤에 키는 '箕'로 고쳐 쓰게 되고, '其'는 그·그것(其)을 뜻하게 됨. (상형)
※ 箕: 키 기, 삼태기 기, 쓰레받기 기

其外[기외] 그 밖.
其他[기타] 그 밖. 그것 외(外)에 또 다른 「것.

培 북돋을 배, 가꿀 배
土 8 11 高
북돋우다 가꾸다
nourish

十 土 圵 圲 垃 培

곱 배 : 倍 : 사람(亻)이 물품(品→口)을 세워서(立) 쌓아 나가니 그 수량이 곱으로(倍) 늘어난다.

흙(土)에서 몇 십 곱(音)의 수확을 거두기 위하여 북돋고·가꾼다(培). (형성)
倍 → 배 ← 培

培養[배양] 식물을 북돋아 기름.
栽培[재배] 식물을 심어서 가꿈.

期 때 기, 바랄 기
月 8 12 中
때, 시기, 기간, 바라다
period

一 卄 其 其 期 期

그 기 : 其 ⎫
달 월 : 月 ⎭ → 期

달(月)이 한 바퀴 돌아 다시 그(其) 자리에 올 때까지의 기간·시기(期)를 뜻한다. (형성)   其 → 기 ← 期

期間[기간] 일정한 시기(時期)의 사이.
期待[기대] 예기하여 바람.
學期[학기] 期日[기일] 農繁期[농번기]

移 옮길 이, 옮을 이
禾 6 11 中
옮기다 옮다
remove

一 二 千 禾 移 移

벼 화 : 禾 → 禾

많을 다 : 多 : 저녁 석(夕) 둘을 써서 여러 날 저녁이란 데서 많다(多)의 뜻을 나타냈다.

많은(多) 양의 벼(禾)를 옮긴다(移). (회의)

移動[이동] 옮겨 움직임.
移徙[이사] 집을 다른 곳으로 옮김.
移住[이주] 집을 옮겨 삶.

堤 둑 제
土 9 12 高
둑, 제방
dike, bank

土 坦 坦 垾 垾 堤

옳을 시, 이 시 : 是 : 해(日)의 운행이 정확하고 바르다(正→疋)는 데서 옳다(是)의 뜻.

흙(土)과 돌을 옳게(是) 쌓아서 둑(堤)을 만든다. (회의)

堤防[제방] 수해(水害) 예방을 위해 토석(土石)으로 쌓은 둑.
防波堤[방파제] 파도를 막기 위해 쌓은 둑.

幸 다행 행, 거둥 행
干 5 8 中
다행, 행복, 거둥
happiness, fortunate

十 土 吉 丰 圥 幸

흙 토 : 土
양 양 : 羊 → 𦍌 : 양·가축을 뜻한다

토지(土)와 양(羊)·가축이 많으면 다행하다(幸). (회의)
※ 옛날에는 농경사회였음을 생각한다.

幸福[행복] 복된 좋은 운수. 심신이 만족감을 느끼는 상태.
幸運[행운] 多幸[다행] 天幸[천행]

洪

넓을 **홍**, 클 **홍**
넓다   크다
flood, broad

| 氵 | 氵 | 洪 | 洪 | 洪 | 洪 |

삼수 변, 물 수 : 氵
함께 공 : 共 : 같이, 한가지로

장마가 져서 물(氵)이 사방 팔방으로 한가지(共)로 넓게 펼쳐져 있다는 데서 넓다·크다(洪)의 뜻임. (형성)

共 → 공 홍 ← 洪

洪水[홍수] 큰물. 넘쳐 흐를 정도로 많은 사물의 비유.
洪業[홍업] 나라를 세우는 큰 사업.

洲

섬 **주**, 물 **주**
섬   물·대륙
island, continent

| 氵 | 氵 | 氵 | 沙 | 洲 | 洲 |

고을 주 : ﹅﹅﹅ → 에에 → 州
(州)

냇물 속에 있는 작은 섬의 모양에서 강·바다에 연해 있는 고을(州)을 뜻함.

강이나 바다(氵) 속에 있는 고을(州)이니 섬·대륙(洲)이다. (회의), (형성)

州 → 주 ← 洲

洲島[주도] 섬
三角洲[삼각주] 강 어귀에 이룬 사주(砂洲).

浪

물결 **랑**, 방랑할 **랑**
물결, 유랑하다, 함부로
wave, wander

| 氵 | 氵 | 沪 | 泊 | 浪 | 浪 |

어질 량 : 🍲 → 皀 → 良
(良)

먹을 수 있는 밥이 있으니 좋다는 뜻.

물(氵)이 보기 좋게(良) 물결(浪)을 이룬다. 풍랑에 배가 이리저리 함부로 밀린다는 데서 함부로·유랑하다의 뜻도 생겼다. (형성), (전주)

風浪[풍랑] 바람과 물결.
放浪[방랑]   流浪[유랑]   浪漫[낭만]

保

보호할 **보**, 보전할 **보**
보호하다   보전하다
keep, protect

| 亻 | 亻 | 仴 | 仴 | 俘 | 保 |

아기를 요로 : 👶 → 웅 → 呆
두른 모양

사람(亻)이 아기(子)를 요(八)로 둘러서 보호한다(保). (회의)

保全[보전] 보호하여 안전(安全)하게 함.
保護[보호] 돌보아 잘 지킴.
保證[보증] 어떤 사물이 틀림 없다는 것을 책임짐.

益

더할 **익**, 이로울 **익**
더하다   이롭다
increase, profitable

| 八 | 公 | 穴 | 谷 | 益 | 益 |

그릇 명 : 🍲 → 皿 → 皿
(皿)

그릇(皿)에 물(水→氺)을 더한다(益)는 뜻. 재산이 더해지면 이롭다는 데서 이롭다(益)의 뜻도 생김. (회의), (전주)

增益[증익] 더하여 늘게 함.
損益[손익] 손해(損害)와 이익(利益).
有益[유익]   實益[실익]   益鳥[익조]

値

값 **치**, 만날 **치**
값, 수의 크기, 만나다
value, meet

| 亻 | 亻 | 仁 | 佔 | 値 | 値 |

곧을 직, 바를 직 : 直 : 열(十) 사람의 눈(目)으로 살펴보면 굽은 구석(ㄴ)까지도 곧고·바르게·살필 수(直) 있다.

사람(亻)이 물건을 곧고·바르게·살펴 보았을(直) 때의 값(値)의 뜻임. (형성)

直 → 직 치 ← 値

價値[가치] 값. 값어치.
數値[수치] 계산해 얻은 값.

租

禾 5 10 高

구실 **조**, 쌓을 **조**, 빌 조
조세, 쌓다, 빌다, 세들다
tax

| 二 | 千 | 禾 | 和 | 租 | 租 |

또 차
(且) : 물건을 쌓다.

벼(禾)를 거두어 쌓아놓은(且) 것의 일부를 조세(租)로 바친다. (회의)

※ 구실 : ① 관가의 직무 ② 조세

租稅[조세] 세금(稅金).
租借[조차] 세금을 내고, 빌려서 어느 기간 통치하는 일.

季

子 5 8 中

끝 **계**, 철 **계**
끝, 막내아우, 계절
youngest brother

| 二 | 千 | 禾 | 季 | 季 | 季 |

아들 자 : 子 : 아들, 열매, 씨.

벼(禾)에 열매(子)가 달리는 것은 벼농사가 끝(季)날 무렵이다. 벼이삭이 패는 것은 가을철이란 데서 계절의 뜻도 생겼다. (회의)

季氏[계씨] 남의 사내 아우에 대한 경칭.
季節[계절] 철.
春季[춘계] 夏季[하계] 秋季[추계]

秩

禾 5 10 高

차례 **질**, 녹 **질**
차례, 순서, 녹, 벼슬
order

| 千 | 禾 | 利 | 秒 | 秩 | 秩 |

잃을 실 : 失 : 손(手→龷)에 든 물건을 떨어뜨려(\) 잃는다(失). 여기서는 실수(失手)의 뜻.

벼(禾)를 실수(失) 없이 차례차례(秩) 쌓는다. (형성) 失→실질←秩

秩序[질서] 사물의 조리. 또는 그 순서.
秩米[질미] 벼슬아치에게 녹봉으로 주는 쌀. =祿米[녹미].

某

木 5 9 高

아무 **모**
아무
some one

| 一 | 十 | 廿 | 뀨 | 草 | 某 |

달 감 : (甘) : 혀 위에 사탕을 올려 놓은 모양

단(甘) 열매를 맺는 나무(木)를 아무개(某)가 가지고 있다. (회의)
木 → 목모 ← 某

某氏[모씨] 아무개. 아무 양반.
某年某月[모년모월] 어떤 해 어떤 달.

稿

禾 10 15 高

볏짚 **고**, 원고 **고**
볏짚, 원고, 초·초안
manuscript

| 千 | 禾 | 秆 | 稍 | 稿 | 稿 |

높을 고 : (高) 높은 성문의 모양을 본떴다.

볏단(禾)을 높이(高) 쌓아 올린다는 데서 볏짚(稿)이란 뜻. 원고(稿)를 계속 쓰면 볏단처럼 높이 쌓여진다. (형성), (전주)

原稿[원고] 인쇄하기 위해 애벌로 쓴 글.
稿草·藁草[고초] 볏짚.

種

禾 9 14 中

씨 **종**, 종류 **종**
씨 종류
seed

| 禾 | 秆 | 秆 | 稻 | 種 | 種 |

1. 모판에 볍씨를 뿌릴 때는 물독에 벼를 담근 후 물 위에 뜨는 쭉정이는 버리고 벼(禾) 중에서 무거운(重) 것만 골라 씨(種)로 쓴다는 뜻임. (형성)

2. 농사(禾) 짓는 데에 가장 중요한(重) 것이 씨(種)이다. (형성)
禾 重 → 種
화 중 → 종

種子[종자] 씨.
播種[파종] 논밭에 씨앗을 뿌려 심음.
種目[종목] 종류(種類)의 명목(名目).

視

見 5 12 中

볼 **시**, 견줄 **시** ⑭視
보다 견주다
look at

| 二 | 于 | 齐 | 祁 | 祖 | 視 |

보일 시 : 🏛 → 兪 → 示 → 示
(示)

제단 위의 제물이 잘 보인다는 뜻.
제단(示) 위에 음식 차리는 것을 보며(見) 놓는 위치 등을 자세히 살펴본다(視). (형성)

視力[시력] 눈으로 물건을 볼 수 있는 힘.
視察[시찰] 돌아다니며 실지 사정을 살핌.
視聽[시청] 보고 듣기.

技

扌 4 7 中

재주 **기**, 재능 **기**
재주 재능
skill

| 一 | 十 | 扌 | 扩 | 扩 | 技 |

가지 지, 버틸 지 : 支 : 손(又)에서 열(十) 가지 재주가 가지(支)쳐 나온다. 손(又)으로 열(十) 가지 일을 버티고(支) 해 낸다.

손(扌)에서 가지쳐(支) 나온 것이 재주·재능(技)이다. (회의)

支 → ㉥ ㉠ ← 技

技術[기술] 이론을 실제로 응용하는 재주.
技能[기능] 기술상의 재능(才能).

親

見 9 16 中

어버이 **친**, 친할 **친**
부모, 친하다, 겨레, 몸소
parents, intimate

| 立 | 辛 | 亲 | 剎 | 親 | 親 |

설 립 : 立, 볼 견 : 見

나무(木) 그늘에 서서(立) 자식이 학교에서 돌아오는 것을 기다려 지켜 보는(見) 어버이(親). 어버이는 자식과 친하다는 데서 친하다(親)의 뜻도 있음. (회의), (전주)

兩親[양친] 아버지와 어머니.
親戚[친척] 친족과 외척.
親善[친선] 친하여 사이가 좋음.

捉

扌 7 10 高

잡을 **착**
잡다, 쥐다, 붙잡다
seize

| 扌 | 扩 | 护 | 捉 | 捉 | 捉 |

발 족 : 🦶 → 足 → 足 : 발의 옆 모양
(足)

달아나는 도둑의 발(足)을 손(扌)으로 잡는다(捉). (회의)

捕捉[포착] 꼭 붙잡음. 요점·요령을 얻음.
捉來[착래] 붙잡아 옴.
捉去[착거] 붙잡아 감.
捉送[착송] 잡아서 보냄.

拾

扌 6 9 中

주을 **습**, 열 **십**
줍다 十의 갖은자
pick up, ten

| 一 | 十 | 扌 | 扒 | 拾 | 拾 |

손 수 : 手 → 扌
합할 합 : 合

손(扌)과 물건이 합해진다(合). 곧, 줍는다(拾). 십과 음이 비슷하여 「十」의 갖은자로 쓰인다. (회의), (가차)

拾得[습득] 주워서 얻음.
收拾[수습] 흩어진 물건을 주워 거둠.
拾원[십원] 10원.

拒

扌 5 8 高

막을 **거**, 겨룰 **거**
막다, 겨루다, 어기다
defend

| 扌 | 扌 | 扩 | 折 | 拒 | 拒 |

클 거 : 臣 → 臣 → 巨
(巨)

손잡이가 있는 큰 자의 모양을 본뜸.

손(扌)을 크게(巨) 움직여 적과 겨루고·막는다(拒). (형성) 巨 → ㉥ ← 拒

拒否[거부] 승낙하지 않고 물리침.
拒逆[거역] 명령을 거스름.

奉

받들 **봉**, 바칠 **봉**
받들다   바치다
serve, offer

大 5/8 中

一 = 三 = 丰 = 夫 = 去 = 奉

셋 삼 : 三
사람 인 : 人
손 수 : 手→扌→龶

세(三) 사람(人)이 손(龶)으로 받든다(奉). (회의)

奉養[봉양] 부모·조부모를 받들어 모심.
奉仕[봉사] 남의 뜻을 받들어 섬김.
奉命[봉명] 윗사람의 명령을 받듦.

社

땅귀신 **사**, 단체 **사**
땅귀신, 단체, 세상
god of the soil

示 3/8 高

二 = 亍 = 示 = 示 - = 社 = 社

보일 시 : 示 : 제단, 제사
토지(土)신에 제사(示)를 지낸다는 데서 땅귀신(社)을 뜻하고, 제사를 지내려고 사람들이 모인다는 데서 단체·사회의 뜻도 생겼다. (회의), (전주)

社稷[사직] 토신(土神)과 곡신(穀神). 한 왕조의 기초. 태사(太社)와 태직(太稷).
會社[회사] 公社[공사] 結社[결사]

揮

휘두를 **휘**, 뿌릴 **휘**
휘두르다   뿌리다
flourish

扌 9/12 高

一 = 扌 = 扩 = 拐 = 捏 = 揮

군사 군 : 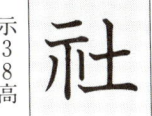 → 軍 → 軍

병차(車) 둘레(冖)에 모인 군사(軍).
군사(軍)가 손(扌)으로 칼을 휘두른다(揮). (회의)

發揮[발휘] 떨치어 나타냄.
揮毫[휘호] 붓을 휘두름.
指揮[지휘] 지시해 일을 하도록 시킴.

成

이룰 **성**, 이루어질 **성**
이루다   이루어지다
accomplish

戈 3/7 中

厂 = 厂 = 厈 = 成 = 成 = 成

사람 인 : 人→𠂉→𠃌
창 과 : 戈 : 창, 도구, 공구, 붓 등

사람(𠃌)이 창(戈)·도구를 써서 어떤 일을 이룬다(成). (회의)

成立[성립] 사물이 이루어짐.
成事[성사] 일을 이룸.
成果[성과] 이루어진 결과(結果).
生成[생성] 速成[속성] 成長[성장]

埋

묻을 **매**, 감출 **매**
묻다   감추다
bury

土 7/10 高

土 = 圠 = 坦 = 坦 = 埋 = 埋

흙 토 : 土
마을 리 : 里 : 논·밭(田)과 토지(土)가 있으면 마을(里)이 생긴다.

마을(里) 뒷산에 흙(土)을 파고 묻는다(埋). (회의)

埋沒[매몰] 파묻음.
埋葬[매장] 죽은 사람을 땅에 묻음.
埋立[매립] 땅을 메워 올림. 묻어 쌓음.
埋藏[매장] 묻어서 감춤.

戒

경계할 **계**, 재계할 **계**
경계하다   재계하다
warn

戈 3/7 高

一 = 二 = 开 = 戎 = 戒 = 戒

두 손 : 𠂇𠂇 → 廾 → 廾

두 손(廾)에 창(戈)을 들고 경계한다(戒). (회의)

※ 戎 : 오랑캐 융, 전쟁 융 賊 : 도둑 적

警戒[경계] 잘못이 없도록 미리 조심함.
戒告[계고] 경계하여 고함.
訓戒[훈계] 타일러서 경계함.
懲戒[징계] 허물을 뉘우치도록 경계함.

金 6 14 高 **銘**	새길 **명**, 기록할 **명** 새기다 기록하다 carve, engrave ᄼ 牟 金 釤 釤 銘

쇠 금 : 金 :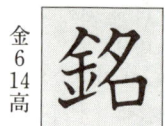
산(人) 속에 번쩍번쩍하는 임금(王)
돌(ヽ)인 쇠붙이(金)가 있다.

쇠붙이(金)에 이름(名)을 새겨・기록
한다(銘). (회의), (형성) 名 → 명 ← 銘

銘心[명심] 마음 속에 새기어 둠.
銘刻[명각] 금석(金石)에 문자를 새김.
銘心不忘[명심불망]   座右銘[좌우명]

亠 6 8 中 **京**	서울 **경**, 언덕 **경** 서울 언덕 capital 亠 亠 宁 亨 亨 京

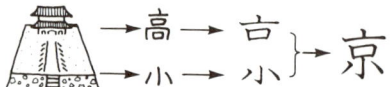

근정전의 높은(亠) 건물과 돌축대
(小)의 모양을 본떠서 왕궁이 있는 서
울(京)을 나타냈다. (회의)

京鄕[경향] 서울과 시골.
上京[상경] 시골에서 서울로 올라감.

金 2 10 中 **針**	바늘 **침** 바늘, 바느질하다 needle ᄼ 牟 余 金 金 針

열 십 : 十 :  실을 바
늘에 꿴
모양이다.

쇠(金) 막대를 열(十) 개로 쪼개서
가는 바늘(針)을 만든다. (형성)
十 → 십침 ← 針

針線[침선] 바늘과 실. 곧, 바느질.
秒針[초침] 시계의 초를 가리키는 바늘.
磁針[자침] 자석(磁石)의 바늘.

亠 7 9 高 **亭**	정자 **정**, 주막집 **정** 정자 주막집, 역말 pavilion 亠 亠 宁 宁 亭 亭

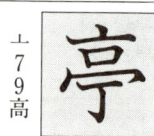

장정 정 : 丁 : 정자의 기둥 모양

높게(亭) 기둥(丁)을 세워서 지은 정
자(亭)를 뜻함. (형성)   丁 → 정 ← 亭

亭子[정자] 경치 좋은 곳에 놀기 위하여
지은 집. 정각(亭閣).

金 6 14 高 **銅**	구리 **동** 구리 copper ᄼ 牟 余 金 釣 銅

같을 동 :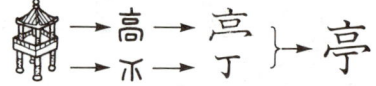
(同)

끌이나 공구로 구멍을 파면 앞구멍과
뒷구멍의 크기가 같다.

빛깔이 금(金)과 같이(同) 광이 나는
쇠붙이란 데서 구리(銅)를 뜻한다. (형성)

銅像[동상] 구리로 만든 사람 등의 형상.
銅錢[동전] 구리로 만든 돈. 동화(銅貨).

亠 6 8 高 **享**	누릴 **향**, 드릴 **향**, 제사 **향** 누리다 드리다 제사 enjoy 亠 亠 宁 亨 亨 享

높을 고 : 高 → 高 → 享
아들 자 : 子

자식(子)이 제물을 높이(亠) 쌓아서
제사를 드린다(享). 제사를 드리니 신
의 복을 받아 행복을 누린다(享). (회
의), (전주)

享有[향유] 누려서 가짐.
享樂[향락] 즐거움을 누림.

又 또 우
또, 거듭하여, 다시
and

| フ | 又 | | | |

오른손의 모양으로, 오른손은 늘 사용하여 또(又) 쓰고 다시 쓴다는 뜻임. (상형)

十又五年[십우오년] 열하고 또 오년. 15년.
又況[우황] 또 하물며.
又重之[우중지] 더욱이.

失 잃을 실, 허물 실
잃다, 허물, 실수
lose

| ′ | ˊ | 一 | 牛 | 失 |

손(𠂎)에 쥐었던 물건이 떨어지는 (乀) 모양으로 잃다·허물(失)의 뜻이다. (회의)

失職[실직] 직업을 잃음.
失手[실수] 잘못해 그르침. 또 그 짓.
失敗[실패] 일을 잘못하여 그르침.

支 버틸 지, 가지 지
버티다 가지
support

| 一 | 十 | 步 | 支 | |

열 십:十:열, 여러 가지 일
또 우:又:손

손(又)으로 열(十)가지 일을 버티어(支) 해낸다는 뜻임. 손으로 이것 저것을 한다는 데서 가지(支)의 뜻도 생겼다. (회의)

支柱[지주] 무엇을 버티는 기둥.
支持[지지] 지탱함. 버팀.
支流[지류] 원줄기에 갈려 흐르는 줄기.

打 칠 타, 다스 타
치다 타(12개)
strike, hit

| 一 | 十 | 扌 | 扌 | 打 |

장정 정:(丁)

고무래, 도끼, 망치, 못 등의 모양.
손(扌)에 망치(丁)를 들어 친다(打). (회의)

打開[타개] 헤쳐 열다.
打字[타자] 타자기로 종이에 글자를 찍음.
打擊[타격] 때리어 침. 쇼크. 손해.

布 베 포, 펼 포
베, 무명, 펴다, 베풀다
cloth

| ノ | ナ | 𠂇 | 右 | 布 |

수건 건:(巾)
손:오른손

손(𠂇)으로 천(巾)을 짠다는 데서 베·포목(布)을, 베를 펼친다는 데서 펴다의 뜻도 생겼다. (형성), (전주)

布木[포목] 베와 무명. 예)~商(상)
布敎[포교] 종교(宗敎)를 널리 폄.

拍 칠 박, 박자 박
(손뼉을)치다 박자
clap

| 扌 | 扌′ | 扌′ | 拍 | 拍 | 拍 |

흰빛 백:(白)
햇빛이 희고(白) 밝게(白) 비친다.
밝은(白) 마음을 갖고 손(扌)으로 손뼉치고·장단 맞춘다(拍). (형성)
白→뻭박←拍

拍手[박수] 손뼉을 침. 예)~喝采(갈채)
拍子[박자] 곡조의 진행하는 시간을 헤아리는 단위. 박(拍).

太 — 클 태, 심할 태
大 14 中
크다, 심하다, 처음
big

一 ナ 大 太

큰 대: 大
큰 대: 大 } → 奀 → 太 → 太

큰 대(大) 두 개를 써서 아주 크다(太)의 뜻을 나타냈다. (회의)

大 → 대 테 ← 太

太初[태초] 천지가 개벽한 처음.
太平[태평] 세상이 무사하고 해마다 풍년이 들며 평안(平安)함.

初 — 처음 초
刀 5 7 中
처음, 시초
beginning

ㆍ ㅅ ㅊ ㅊ 初 初

옷 의: 衣→ㅊ
칼 도: 刀: 칼. 여기서는 가위.

옷감(ㅊ)을 가위(刀)로 베어 재단하는 것이 옷을 만드는 처음(初) 일이다. (회의)

刀 → 도 초 ← 初

「도.

初春[초춘] 이른 봄.
初步[초보] 보행의 첫걸음. 가장 낮은 정
初心者[초심자] 初段[초단] 初期[초기]

先 — 먼저 선, 앞설 선
儿 4 6 中
먼저 앞서다
first

ノ ⺧ 片 生 步 先

사람 인: 人→⺧
위 상: 上→⺊ } →先
걷다: ⻌ → 儿

여러 사람(儿)이 걸어갈(儿) 때 그 중 위(⺊) 사람(⺧)이 앞서(先) 나간다. (회의)

先行[선행] 앞서 감. 딴 일에 앞서 행함.
先進[선진] 앞서 나아감. 예 ~國(국)

求 — 구할 구
水 2 7 中
구하다, 바라다, 빌다
look for

一 十 寸 寸 氺 求

한 일: 一: 첫째
물 수: 水: 氺
컵:  → ∪ →

노동이나 운동을 하면 첫째로(一) 물(氺)과 컵(ヽ)을 구한다(求). (상형)

求得[구득] 구하여 얻음.
求人[구인] 쓸 사람을 구함.
要求[요구] 강력히 청(請)하여 구함.

姉 — 누이 자
女 5 8 中
손위 누이
(본) 姉
elder sister

ㄥ 女 女 姅 姊 姉

저자 시: 市: 천(巾)을 사러가는(之→ㅗ) 곳이니 저자(市)이다.

장바구니를 들고 저자(市)로 장보러 가는 여자(女)이니 손위누이(姉)이다. (회의)

姉妹[자매] 손위 누이와 손아래 누이.
姉兄[자형] 손위 누이의 남편.
姉夫[자부] 손위 누이의 남편.

妹 — 누이 매
女 5 8 中
누이, 손아래 누이
younger sister

女 女 妅 姅 姝 妹

아니 미: 未: 나무(木)의 열매(一)가 아직 아니(未) 익었다의 뜻.

아직(未) 철이 나지 않은 여자(女)라는 데서 손아래 누이(妹)를 나타냈다. (형성)

未 →  ← 妹, 媒

妹夫[매부] 누이의 남편.
妹氏[매씨] 남의 누이의 높임말.
妹弟[매제] 손아래 누이의 남편.

住 살 주
머물러 살다
dwell
イ 亻 仁 仹 住 住

주인 주: 🕯 → 主 → 主
(主)

촛대가 방을 밝혀 주듯이 나라나 집을 밝게 다스리는 임금·주인의 뜻.

사람(亻)이 집의 주인(主)이 되어 머물러 산다(住). (형성) 主→㊚←住

住民[주민] 그 땅에 사는 백성.
住所[주소] 살고 있는 곳.

佐 도울 좌, 도움 좌
돕다   도움
assist
イ 亻 仁 仹 佐 佐

왼 좌: 左: 공작물(工)을 붙드는 손(ナ)은 왼(左)손이다.

사람(亻)의 왼(左)손의 역할을 하여 돕는다(佐). (형성)

※ 佑: 도울 우: 天佑(천우), 保佑(보우)

保佐[보좌] 보호(保護)하여 도움.
補佐[보좌] 상관을 도와 일을 처리함.
佐飯[좌반] 생선을 소금에 절여 말린 반찬.

俗 풍속 속, 속될 속
풍속   속되다
custom
ノ イ 亻 伀 俗 俗

골 곡:  → 谷 → 谷
(谷)

계곡의 모양을 본뜸. 골짜기의 뜻.

사람(亻)이 사는 골짜기(谷)마다 나름대로의 풍속(俗)이 있다. (형성)
谷→㊎ ㊛←俗

俗談[속담] 옛부터 내려오는 민간의 격언.
俗世[속세] 속인(俗人)의 세상(世上).
俗語[속어] 風俗[풍속] 民俗[민속]

付 줄 부, 부탁 부
주다   부탁
give
ノ イ 亻 付 付

손: ㄓ→ㄅ
물건: ▱→丶 → 寸(손에 든 물건)

사람(亻)이 손(寸)으로 물건(丶)을 들어서 준다(付). (회의)

交付[교부] 내어 줌.
付送[부송] 물건을 부쳐서 보냄.
付託[부탁] 일을 당부해 맡김.
付與[부여] 주는 일. (=附與)

介 낄 개, 소개할 개
끼다, 돕다, 소개하다
intervene
ノ 八 介 介

사람 인: 人
양쪽 사이: 丨丨→丨丨→介

사람(人)이 양쪽(丨丨) 사이에 끼어든다(介). (회의)

介入[개입] 사이에 끼어 듦.
介意[개의] 마음에 두고 생각함.
媒介[매개] ① 중간에서 관계를 맺어 주는 일.
            ② 전파하는 일
介在[개재]   仲介[중개]   紹介[소개]

促 재촉할 촉
재촉하다
urge, press
亻 仴 伲 伲 促 促

발 족: 🦶 → 足 → 足
(足)

사람의 발의 옆 모양을 본떴다.

걷는 사람(亻)한테 발(足)걸음을 빨리 하라고 재촉한다(促). (형성)
足→㊏ ㊐←促

促成[촉성] 재촉하여 빨리 성취시킴.
促進[촉진] 재촉하여 빨리 나아가게 함.

仲

亻 1 4 6 高

가운데 **중**, 버금 **중**
가운데, 중개하다
second

| ノ | 亻 | 亻 | 仁 | 仨 | 仲 |

가운데 중: ⊕ → 中 → 中
(中)

사람(亻)이 어떤 일의 중간(中)에 서서 중개한다(仲)는 뜻. 크지 않고 중간(中)이란 데서 버금(仲)의 뜻도 있다. (형성)

仲媒[중매] 혼인이 되게 하는 일.
仲介[중개] 두 당사자 사이에 서서 일을 주선하는 일.

件

亻 1 4 6 高

물건 **건**, 일 **건**
물건, 사건, 구별하다
item

| ノ | 亻 | 亻 | 仁 | 仁 | 件 |

소 우 : 牛

농경 사회에서는 사람(亻)이 소(牛)를 물건(件) 중에서 가장 소중히 여긴다. 또, 물건으로 말미암아 일·사건이 생긴다는 데서 일·사건(件)의 뜻도 있음. (회의), (전주)

事件[사건] 일거리. 뜻밖에 일어난 일.
物件[물건] 案件[안건] 用件[용건]

任

亻 1 4 6 高

맡길 **임**, 임소 **임**
맡기다, 임소, 일, 임무
charge

| ノ | 亻 | 亻 | 仁 | 任 | 任 |

아홉째 천간
임(壬) : 👤 → 𡈼 → 壬

사람이 짐을 안고, 지고 있는 모양

사람(亻)이 앞뒤로 짐(壬)을 맡는다(任). (형성)   壬 → 𡈼 ← 任

任務[임무] 맡은 사무(事務).
任期[임기] 임무를 맡아 보는 일정한 기한.
任命[임명] 所任[소임] 任意[임의]

佳

亻 1 6 8 中

아름다울 **가**, 좋을 **가**
아름답다   좋다
beautiful, good

| 亻 | 一 | 亻 | 仕 | 仹 | 佳 | 佳 |

서옥 규 : 圭 : 위는 둥글고 아래는 모가 나고 긴 서옥. 흙(土)을 파고 또 흙(土)을 파서 서옥(圭)을 캔다.

서옥(圭)처럼 아름다운 사람(亻)이라는 데서 아름답다·좋다(佳)의 뜻임. (회의)

佳人[가인] 미인(美人). 당대의 재사(才士).
佳景[가경] 아름다운 경치(景致).
佳作[가작] 당선 다음 가는 작품.

仕

亻 1 3 5 中

벼슬 **사**, 섬길 **사**
벼슬   섬기다
officer, serve

| ノ | 亻 | 亻 | 仁 | 仕 |

선비 사 : 👤 → 士 → 士
(士)

사람(亻)이 공부를 하여 선비(士)가 되어야 벼슬(仕)을 하고 임금을 섬긴다(仕). (형성)

仕官[사관] 관리(官吏)가 되어 종사함.
奉仕[봉사] 남의 뜻을 받들어 섬김. 남을 위해 노력함.

伐

亻 1 4 6 中

칠 **벌**, 벨 **벌**
치다   베다
subjugate, fell

| ノ | 亻 | 亻 | 代 | 伐 | 伐 |

창 과 : 🗡 → 戈 → 戈
(戈)

사람(亻)이 창(戈)을 들고 찌른다는 데서 치다·베다(伐)의 뜻임. (회의)

征伐[정벌] 죄 있는 무리를 군대로써 침.
伐木[벌목] 나무를 벰.
伐採[벌채] 나무를 베어냄.
伐草[벌초] 산소의 잡초를 벰.

注

氵 5 8 中

물댈 **주**, 흐를 **주**
물을 끌어 대다, 흐르다
pour, irrigate

| 氵 | 氵 | 氵 | 汁 | 汪 | 注 |

삼수 변 : 氵
주인 주 : 主 : 주로 하는 일

물(氵)이 주(主)로 하는 일은 물대는 (注) 일이다. (형성)   主 → ㊗ ← 注

注釋[주석] 서적 본문의 해설.
注入[주입] 쏟아서 넣음. 속에 부어 들임.
注意[주의] 마음에 새겨 두어 조심함.
注目[주목] 注視[주시] 注油所[주유소]

酒

酉 3 10 中

술 **주**
술
wine

| 氵 | 沂 | 沂 | 洒 | 洒 | 酒 |

술 병 (酉) :  → 酉 : 술병의 모양

물·알코올(氵)이 술병(酉)에 들어 있다는 데서 술(酒)의 뜻임.

酒家[주가] 술집. 주점(酒店). 주객(酒客).
酒案[주안] 술상. 주안상(酒案床).
酒量[주량] 술을 마시는 분량.
酒癖[주벽] 술을 좋아하는 버릇.

油

氵 5 8 中

기름 **유**
기름
oil

| 氵 | 氵 | 沪 | 油 | 油 | 油 |

말미암을 유 (由) : ○ → 田 → 由

열매의 모양으로 나뭇가지에 말미암아(由) 열매가 달린다는 뜻.

참깨·콩·잣 등의 열매(由)에서 짠 액체(氵)이니 기름(油)이다. (형성)

油紙[유지] 기름 먹인 종이.
食用油[식용유] 原油[원유] 石油[석유]

法

氵 5 8 中

법 **법**, 본받을 **법**
법 본받다
law

| 氵 | 氵 | 汁 | 注 | 法 | 法 |

이를 지 (至) : 至 ✕ 去 → 去 : 갈 거 (去)

이르다(至)의 반대이니 가다(去).

물(氵)은 높은 데서 낮은 데로 흘러 가는(去) 법(法)이다. (회의)

法律[법률] 국가가 제정한 법의 규율(規).
法規[법규] 법률의 규정·규칙·규범.「律」
方法[방법] 兵法[병법] 手法[수법]

洋

氵 6 9 中

큰 바다 **양**, 넓을 **양**
큰 바다, 넓다, 서양
ocean

| 氵 | 氵 | 氵 | 泮 | 泮 | 洋 |

양 양 : 羊

많은 양(羊)떼가 움직이고 있는 것처럼 출렁이는 물(氵)이란 데서 큰바다(洋)를 뜻한다. (형성)   羊 → ㊗ ← 洋

洋洋[양양] 바다가 한없이 넓은 모양.
遠洋[원양] 뭍에서 멀리 떨어진 바다.
洋裝[양장] 서양식의 복장 또는 장식.
太平洋[태평양] 北洋[북양] 西洋[서양]

海

氵 7 10 中

바다 **해**
바다
sea

| 氵 | 汁 | 沟 | 洅 | 海 | 海 |

매양 매 : 每 : 사람(人)은 어머니(母)를 매양(每) 좋아한다. (매양, 늘, 항상, ~마다)

강물(氵)은 매양(每) 바다(海)로 통한다. (형성)   每 → ㊔㊊ ← 海

海洋[해양] 바다.
海岸[해안] 바닷가의 언덕. 바닷가.
海水[해수] 海面[해면] 大海[대해]
黃海[황해] 海邊[해변] 海外[해외]

丙 밝을 병, 남녘 병
밝다 남녘
south

一 丅 丙 丙 丙

아궁이에 불을 때는 모양으로 **불·밝다·남녘(丙)**을 뜻한다. 불을 때서 밥을 해 먹는 것이 생활의 기본이란 뜻이 포함되어 있다. (상형), (전주)

丙寅[병인] 육십갑자(六十甲子)의 셋째.
丙種[병종] 등급으로 셋째 가는 종류.

劣 못날 렬, 용렬할 렬
능력 등이 남보다 못하다
inferior

丿 丨 小 少 尘 劣

적을 소: **少**: 작게(小) 나누니(分→丿) 양도 **적어진다(少)**.

힘(力)이 적다(少)는 데서 못나다(劣)의 뜻임. (회의)

庸劣[용렬] 범용(凡庸)하고 열등(劣等)함.
劣等[열등] 낮은 등급(等級).
優劣[우열] 우수(優秀)함과 열등함.
劣勢[열세] 졸렬(拙劣) 劣等感[열등감]

丁 고무래 정, 장정 정
고무래 장정
strong young man

一 丁

고무래 : 도끼

망치, 삽, 못 등의 모양으로 밥을 해 먹고 나서 **고무래**로 재를 쳐내고, **도구**를 준비해서 **장정**이 일을 한다는 뜻임. (상형), (전주)

兵丁[병정] 병역에 복무하는 장정.
壯丁[장정] 혈기 왕성한 남자.

兔 토끼 토, 달 토 ⑧免, 兎
토끼 달
rabbit

⺈ ⺈ 召 夗 免 兔

토끼(兔, 兎, 兎)의 모양을 본떴다. (상형)

兔脣[토순] 언청이, 찢어진 윗입술.
兔烏[토오] 달과 해. (=烏兔)
玉兔[옥토] 옥토끼.
兔月[토월] 달의 별칭.

幼 어릴 유
어리다
very young

⺄ ⺄ 幺 幻 幼

힘력: (力)

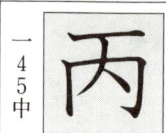

팔과 주먹의 모양으로 **힘**을 뜻함.

가는 실(糸→幺)처럼 힘(力)이 약하다는 데서 어리다(幼)의 뜻임. (회의)

幼兒[유아] 어린 아이.
幼年[유년] 어린 연령. 어린 아이.

免 벗어날 면, 면제할 면
벗어나다 면하다 ⑧免
avoid

⺈ ⺈ 召 夗 免

토끼(兔, 免)가 덫에 걸렸다가 꼬리(丶)만 잘리고 죽음을 면하다(免, 免)의 뜻임. (지사)

免除[면제] 책임이나 의무를 면함.
免許[면허] 일반인에 금하는 특수 행위를 특정인에 허락하는 행정 처분.

朴

木 26 高

순박할 **박**, 나무껍질 **박**
순박하다 나무껍질
unsophisticated

一 十 才 木 朴 朴

점 복 (卜) :  → 卝 → 卜 : 나무 껍질의 모양

나무(木)의 껍질(卜)이 자연 그대로 꾸밈이 없다는 데서 순박하다(朴)의 뜻임. (형성)   卜 → 목박 ← 朴

淳朴·醇朴[순박] 순량하고 소박(素朴)함.
素朴[소박] 꾸밈이 없이 생긴 그대로임.
朴茂[박무] 순박하고 뛰어남.

茶

艹 6 10 高

차 **다**(차)
차, 차나무
tea

丶 ㄧ ㅡ 艾 苯 茶

풀 초 : 艹
사람 인 : 人   → 茶
나무 목 : 木

사람(人)이 풀(艹)이나 나무(木)의 열매·잎을 달여서 차(茶)로 마신다. (회의)

茶菓[다과] 차와 과자(菓子).
茶房[다방] 차를 파는 집. 찻집. 동 다실(茶室)

梅

木 7 11 高

매화 **매**
매화나무
plums

才 杧 枚 栂 梅 梅

매양 매 : 每 : 사람(亠)은 어머니(母)를 매양(每) 좋아한다.

나무(木) 중에서 매양(每) 아름다운 꽃이 피는 것이 매화(梅)이다. (형성)

梅花[매화] 매화나무의 꽃.
梅信[매신] 매화꽃이 피기 시작하였다는 소식.
梅蘭菊竹[매란국죽] 매화·난초·국화·대. 곧, 사군자(四君子).

杯

木 4 8 中

잔 **배**, 대접 **배** 동 盃, 桮
잔   국을 담는 대접
cup

一 十 才 木 杓 杯 杯

아니 불(부) (不) :  → 丌 → 不
새가 날아가서 아니(不) 돌아온다.

나무(木)가 아니고(不) 나무로 만든 잔(杯)이다. (형성)   不 → 부배 ← 杯

金杯[금배] 금잔.
杯酒[배주] 술잔에 따른 술. 잔술.
祝杯[축배]   一杯[일배]   乾杯[건배]

桐

木 6 10 高

오동나무 **동**, 거문고 **동**
오동나무   거문고
paulownia

才 机 桐 桐 桐 桐

나무 목 : 木 : 나무
같을 동 : 同 : 한결같다

나무(木) 결이 한결같이(同) 고운 나무가 오동나무(桐)이다. 오동나무로 거문고·장농 등을 만든다. (형성)
同 → 동 ← 桐

梧桐[오동] 오동나무.
桐油[동유] 유동(油桐)의 씨에서 짜낸 건성(乾性)의 기름.

床

广 4 7 高

평상 **상**, 마루 **상** 동 牀
평상,   마루, 지반
wooden bed

丶 广 广 庁 床 床

 → 广 → 广

집(广)에서 쓰는 나무(木)로 만든 평상·책상·밥상·마루 바닥(床) 등을 뜻한다. (회의)

平床[평상] 나무로 만든 침상의 하나.
册床[책상]   寢床[침상]   病床[병상]
溫床[온상]   河床[하상]   鑛床[광상]

森

木 8 12 高

나무빽빽할 **삼**, 늘어설 **삼**
나무가 빽빽하다

forest

一 十 才 木 森 森

나무 목 : 木, 수풀 림 : 林
나무빽빽할 삼 : 森

나무를 세 개(森) 쓰고 나무가 빽빽함·늘어섬(森)을 나타냈다. (회의)

三 → ㉠ ← 森

森林[삼림] 나무가 많이 우거진 수풀.
森嚴[삼엄] 무서우리 만큼 엄숙함.
森羅萬象[삼라만상] 우주 사이에 벌여 있는 수많은 현상.

架

木 5 9 高

시렁 **가**, 건너지를 **가**
시렁   건너지르다

prop

加 加 加 架 架 架

더할 가 : 加 : 힘(力)들여 물품(品→口)을 생산하니 갯수가 점차 더하여진다(加).

물건을 더(加) 많이 얹기 위하여 나무(木)를 건너질러 만든 시렁(架)을 뜻한다. (형성)

書架[서가] 책을 얹어 두는 시렁.
架設[가설] 건너질러 설치(設置)함. 「공」
高架道路[고가도로] 架橋[가교] 架空[가

枯

木 5 9 高

마를 **고**
마르다

wither

一 十 木 木 枯 枯

예 고 : 古 : 십(十) 대에 걸쳐 입(口)으로 전해 내려오는 이야기니 옛(古)일이다. 오래다의 뜻.

나무(木)가 오래(古)되니 말라죽는다·마른다(枯)는 뜻임. (형성)

古 → ㉠ ← 枯

枯葉[고엽] 마른 잎.
枯木[고목] 말라 죽은 나무.
枯渴[고갈] 물이 말라 없어짐. ㉣ 자원의~

泣

氵 5 8 中

울 **읍**, 울음 **읍**
울다 울음

weep

氵 氵 氵 氵 泣 泣

설 립 :
(立)

눈물(氵)이 눈 밑으로 서서(立) 흐르며 운다(泣). (회의) 立 → ㉠ ㉡ ← 泣

泣訴[읍소] 눈물로써 간절히 호소함.
泣請[읍청] 울면서 청함.
悲泣[비읍] 슬피 욺.
哭泣[곡읍] 소리를 내어 섧게 욺.

沙

氵 4 7 高

모래 **사**, 물가 **사**   ㉢ 砂
모래   물가

sand

氵 氵 氵 沙 沙 沙

적을 소 : 少 : 작게(小) 나누면(分→丿) 양도 적어(少)진다.

물이 많으면 물 속에 잠겨 있다가 물(氵)이 적어지면(少) 드러나는 모래(沙)의 뜻임. (회의)

※ 砂 : 모래 사 : 砂金(사금), 土砂(토사)

沙工[사공] 뱃사공.
沙器·砂器[사기] 사기 그릇.
白沙場[백사장] 沙汰[사태] 沙丘[사구]

泳

氵 5 8 高

헤엄 **영**, 무자맥질할 **영**
헤엄, 물속을 잠행(潛行)

swim

氵 氵 氵 汀 泳 泳

길 영 :
(永)

시냇물(水)이 길게 길게(永) 흐른다는 뜻.   永 → ㉠ ← 泳

물(氵) 속에서 긴(永) 시간 헤엄친다·잠행한다(泳)는 뜻임. (형성)

水泳[수영] 헤엄. ㉣ ~場(장).
競泳[경영] 수영경기(水泳競技).

辛 매울 신, 괴로울 신
맵다, 괴롭다, 여덟째 천간
bitter

`丶 亠 立 立 立 辛`

큰 일을 이룩한 사람치고 고생을 안 한 사람이 있는가 생각하여 본다.

열(十)가지 사업의 계획을 세워(立) 추진해 나가는 데는 매운·괴로움(辛)이 있다는 뜻. 매운 노고(勞苦) 끝에 영화(榮)(111)란 뜻이 숨어 있음. (회의)

辛苦[신고] 수고롭게 애씀. 또 그 고생.
辛辣[신랄] 맛이 매우 쓰고 매움.
香辛料[향신료] 辛酉[신유] 辛酸[신산]

妥 온당할 타
온당하다, 타당하다
reasonable

`丶 丶 丷 爫 妥 妥`

손톱 조 (爫) : ✋ → 🤚 → 爫 : 손톱 손

남자가 성년이 되어 부모·친척 등의 축복 속에 손(爫)으로 아내인 여자(女)를 맞이하는 일은 온당하다(妥)는 뜻임. (회의)

穩當[온당] 사리에 어그러지지 않음.
妥當[타당] 형편이나 이치에 마땅함.

妾 첩 첩, 시비 첩
소실   시비
concubine

`丶 亠 立 产 妾 妾`

매울 신 : 辛 : 십자가(十)에 매달아 세운다(立)는 데서 죄인(辛)의 뜻.

옛날에 죄(产)를 지은 사람의 딸(女)을 몸종·시비(妾)로 삼았던 것이 원뜻인데 나아가서 첩(妾)의 뜻으로도 쓰이게 되었다. (회의)

侍婢[시비] 곁에서 시중 드는 계집종.
妾室[첩실] 남의 첩이 되는 여자. 작은 집

姑 시어미 고, 고모 고
시어머니, 고모, 잠시
mother of one's husband

`女 女⸺ 女十 女十 姑 姑`

예 고 : 古 : 오랜 세월, 여기서는 늙 었다는 뜻.

여자(女)가 늙으면(古) 시어머니(姑)가 된다. (형성)   古 → 姑 ← 姑

姑婦[고부] 시어머니와 며느리.
姑母[고모] 아버지의 여자 형제.
姑息[고식] 구차하게 우선 당장 탈없이 편안함만을 취함.

姦 간사할 간, 간음할 간
간사하다   간음하다
cunning, sly

`ㄣ 女 女 姦 姦 姦`

남존여비의 옛날 이야기로 계집 녀(女) 셋을 써서 간사함(姦)을 나타냈다. (회의)

姦邪·奸邪[간사] 성품이 간교하고 행실이 바르지 못함.
姦計[간계] 간사한 꾀.
姦雄·奸雄[간웅] 간사한 영웅.

妄 허망할 망, 거짓 망
허망하다, 망령되다, 거짓
absurd

`丶 亠 亡 spring 妄 妄`

잃을 망 (亡) : 🧍 → 𠃋 → 𠆢 → 亡

도망가서 숨은 사람의 모습으로 사람을 잃다(亡)의 뜻.

도리와 예법을 잃은(亡) 여자(女)라 는 데서 허망하다·망령되다(妄)의 뜻 임. (형성)

虛妄[허망] 거짓이 많고 망령됨.   「태.
妄靈[망령] 말과 행동이 정상을 벗어난 상

始 (女 5 8 中)
처음 시, 비롯할 시
처음   비롯하다
begin(ning)

| 女 | 女¹ | 女² | 始 | 始 | 始 |

계집 녀 : 女 : 여자, 어머니.
젖, 젖꼭지 : ㄥ → ㄥ → ㅿ

여자·어머니(女)의 젖(ㅿ)을 입(口)에 무는 일이 인생의 처음(始) 일이다. (회의)

始作[시작] 처음으로 함.
始祖[시조] 한 겨레의 맨 처음되는 조상.
始初[시초]   原始[원시]   始終[시종]

姻 (女 6 9 高)
혼인 인, 시집갈 인
혼인하다, 시집가다, 인척
marriage

| 女 | 女¹ | 女П | 妒 | 姻 | 姻 |

인할 인 : 因 : 어떤 일(口)에 크게(大) 인연(因)이 있다.

여자(女)와 인연(因)이 있어서 혼인한다(姻). (형성)   因 → 囙 ← 姻

婚姻[혼인] 남녀가 부부가 되는 일.
姻戚[인척] 외가와 처가의 혈족(血族).
姻兄[인형] 처남·매부 간에 서로 높여서 부르는 편지말.

娘 (女 7 10 高)
계집 낭,   어미 낭
소녀, 처녀, 어머니
girl

| 女 | 女¹ | 女¹ | 娘 | 娘 | 娘 |

어질 량 }
좋을 량 } 良

여자(女)의 가장 보기 좋은(良) 시절은 소녀·처녀(娘) 시절이다. (형성)
良 → 良 良 ← 娘

娘子[낭자] 처녀. 소녀(少女). 아가씨.
娘子軍[낭자군] 여자로 편성된 군대.
娘家[낭가] 외갓집.
娘娘[낭낭] 어머니.

委 (女 5 8 高)
맡길 위
맡기다
entrust

| 二 | 千 | 禾 | 禾 | 委 | 委 |

벼 화 : (禾) : 丫 → 朩 → 禾

벼(禾)를、여자(女)에게 맡겨서(委) 밥을 짓게 한다. (회의)

委任[위임] 어떤 일을 지워 맡김. 또는 그 맡은 책임.
委託[위탁] 맡기어 부탁함. 의뢰함.
委員[위원] 특정 사항의 처리를 맡은 사람.

妃 (女 3 6 高)
왕비 비
왕비
queen

| ㄑ | 乚 | 女 | 女¹ | 妃¹ | 妃 |

몸 기 :
(己) : 𠂉 → 己 → 己 : 자기의 뜻임

자기(己)의 여자(女)이니 아내를 의미하였었는데, 임금의 아내인 왕비(妃)의 뜻으로 쓰이게 되었다. (회의)

王妃[왕비] 임금의 아내.
大妃[대비] 임금의 어머니.

要 (襾 3 9 中)
중요할 요, 구할 요, 요할 요
중요하다 요구하다
important

| 一 | 一 | 襾 | 襾 | 要 | 要 |

바구니 : (襾) : 🧺 → 襾 → 襾 → 襾

장을 보러 가는 여자(女)에게는 바구니(襾)가 필요하다(要). 요새는 쇼핑백을 쓰나 옛날에는 장바구니를 가지고 다녔었다. (회의)

必要[필요] 꼭 소용이 됨.
要求[요구] 강력히 청(請)하여 구함.
重要[중요]   主要[주요]   要領[요령]

和 화목할 화, 온화할 화
口 화목하다 온화하다
58 peace, harmony
中 一 二 千 禾 和 和

벼 화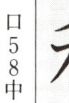
(禾):

이삭이 달린 벼(禾)의 모양을 본뜸.

벼(禾)·쌀·음식을 입(口)으로 함께
먹는다는 데서 화목하다(和)의 뜻임.

和睦[화목] 뜻이 맞고 정다움.   「색.
和氣[화기] 화창(和暢)한 일기. 온화한 기
和解[화해] 불화를 품.

科 조목 과, 품등 과, 과거 과
禾 조목   등급   과거
49 class, classify
中 一 二 千 禾 禾 科 科

말 두
(斗):

곡식(:)을 손(十)으로 말(斗)질하는
모양을 본뜸.

벼(禾)를 말(斗)로 분류한다는 데서
조목(科)의 뜻. (회의) 禾→㉠㉡←科

條目[조목] 낱낱이 들어 벌인 일의 가닥.
科目[과목] 學科[학과] 科學[과학]

利 날카로울 리, 이로울 리
刂 날카롭다, 이롭다, 이익
57 sharp, profit
中 一 二 千 禾 利 利

벼 화 : 禾
칼 도 : 刀→刀→刂 : 칼·낫

벼(禾)를 베는 칼·낫(刂)은 날카로
운(利) 것이 사용하는 데 매우 편리하
다(利). (회의), (전주)

銳利[예리] 연장 따위가 날카로와 잘 듦.
便利[편리] 편하고 쉬움.
利器[이기] ① 날카로운 연모 ② 편리한
     기구(器具).

奴 종 노, 놈 노
女 종   놈
25 servant, slave
高 ㄑ 女 女 奴 奴

손:

손(又)으로 힘써 일하는 여자(女) 종
(奴)에서 그 후 남자 종(奴)의 뜻으로
바뀌었다. 여자 종은 婢(계집종 비)라
한다. (회의)

奴隷[노예] 종.
奴婢[노비] 남자 종과 여자 종.
賣國奴[매국노] 나라를 팔아먹은 놈.

香 향기 향, 향 향
香 향기   향
09 fragrance, perfume
中 一 千 禾 香 香 香

벼 화 : 禾 : 벼, 쌀. 여기서는 쌀로
빚은 술을 의미한다.
가로되 왈 : 曰 : 입과 혀를 뜻한다.

쌀(禾)로 빚은 술이 입과 혀(曰)에
맛이 있으며 향기(香)도   禾 曰 → 香
좋다. (회의)   화 왈 → 향

香氣[향기] 향냄새.
香火[향화] 향불. 제사.
香味[향미] 음식의 향기로운 맛.

姿 맵시 자, 모양낼 자
女 맵시, 자태를 꾸밈
69 figure
高 丶 冫 次 次 姿 姿

버금 차, 차례 차 : 次 : p.85의 '次'란
참조

미스 코리아 선발대회에서 차례로
(次) 나타나는 여자(女)의 맵시(姿)란
뜻임. (형성)   次→㉠㉡←姿

姿態[자태] 모습과 태도(態度).
姿色[자색] 여자의 용모와 안색.
姿勢[자세] 몸을 가지는 모양과 태도.
姿質[자질] 타고난 성품과 소질.

夫

大 14 中

지아비 **부**, 사내 **부**
지아비, 남편, 사내
husband, man

一 二 ナ 夫

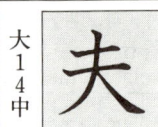 → 夫 → 夫

갓을 쓴 사내의 모양으로 **지아비·사내(夫)**를 뜻한다. (상형)

夫婦[부부] 남편과 아내. 부처(夫妻).
夫君[부군] 남편의 높임말.
夫人[부인] 남의 아내의 높임말.
大丈夫[대장부]　農夫[농부]　匹夫[필부]

哀

口 69 中

서러울 **애**, 슬퍼할 **애**
서럽다, 슬프다, 슬퍼하다
sad, sorry

一 亠 ナ 亠 产 亭 哀

옷 의 (衣) : 👕 → 亠 → 衣 → 衣

옷(衣) 깃으로 눈물을 닦으며 입(口)으로 소리내어 울면서 슬퍼한다는 데서 **서럽다·슬퍼하다(哀)**의 뜻임. (형성)

衣 → 의 애 ← 哀

悲哀[비애] 슬픔과 설움.
哀樂[애락] 슬픔과 즐거움.

系

糸 17 高

이을 **계**, 계통 **계**, 맬 **계**
잇는다, 혈통, 잡아맴
connect

一 ノ 乎 곷 至 系

실의 끝 : 一
실 　　 사 : 糸 } → 系

실(糸)의 **끝(一)**을 꼭 **잡아맨다(系)**는 데서 **잇다·계통·혈통**을 뜻함. (회의)

系譜[계보] 집안의 혈통·계통을 적은 책.
系統[계통] 차례를 따라 잇대어 통일됨.
系列[계열] 같은 계통에 따른 배열.
父系[부계]　家系[가계]　直系[직계]

句

口 25 中

구절 **구**(귀), 맡을 **구**
시문 중의 한 토막, 맡다
phrase

ノ 勹 勺 句 句

쌀 포 (包) : 包 → 包 → 包 → 勹

물건을 싸는 모양. **묶다**의 뜻.
입(口)에서 나오는 말로서 한 묶음으로 **묶여질(勹)** 수 있는 **구절(句)**을 뜻한다. (회의)

口 → 구 ← 句

句節[구절·귀절] 한 토막의 말이나 글.
句讀點[구두점]　一言半句[일언반구]

舍

舌 28 中

집 **사**
집
house

人 个 全 全 舍 舍

합할 합 : 合 : p.16의 '合'란 참조
열 십 : 十
입 구 : 口 : 식구(食口), 인구(人口).

열(十) 식구(口)가 **모여(合→亼)** 사는 **집(舍)**이란 뜻임.
　　　　　　　合 十 → 舍
　　　　　　　합 십 → 사

舍宅[사택] 사람이 사는 집.
舍廊[사랑] 바깥 주인이 거처하는 곳.
宿舍[숙사] 사람들이 숙박(宿泊)하는 집.

旬

日 26 高

열흘 **순**, 열번 **순**
열흘　 열번
ten days

ノ 勹 勺 甸 旬 旬

쌀 포 : 包 → 勹
날 일 : 日 } → 旬

열흘(十日→日)씩 **묶는다(勹)**는 데서 **열흘·열(旬)**의 뜻임. (회의)

旬年[순년] 10년.
旬刊[순간] 열흘마다 한 번씩 간행(刊行)함. 또 그 간행물.
上旬[상순]　初旬[초순]　中旬[중순]

訪

言 4 11 中

찾을 **방**, 물을 **방**
찾다　　묻다
visit

`ㆍ 二 言 計 訪 訪`

말씀 언 : **言** : 이야기하다
모 방 : **方** : 상대방(相對方)

업무상 이야기(言)를 하기 위하여 상대방(方)을 찾아간다(訪). (형성)

方 →  ← 訪

訪問[방문] 남을 찾아 봄.
來訪[내방] 남이 찾아와 봄.
訪客[방객] 찾아온 손님.
往訪[왕방]　尋訪[심방]　探訪[탐방]

計

言 2 9 中

셀 **계**, 꾀할 **계**
세다, 셈하다, 꾀하다, 꾀
calculate

`ㆍ 二 言 計 計`

말씀 언 : **言**
열 십 : **十** } → 計

375　　876
269 × 49
+832

입 속으로 열(十)번 말하며(言) 셈한다(計). (회의)

計算[계산] 셈을 헤아림.
計劃[계획] 계교(計較)하여 일의 얽히를 잡음.
設計[설계] 계획을 세움.

記

言 3 10 中

적을 **기**, 표 **기**
적다, 표기, 기억하다
record

`ㆍ 二 言 訂 訂 記`

몸 기 : **己** : 몸, 자기(自己), 나.

말씀(言)하는 바를 내(己)가 적는다(記). (형성)　　　己 → ㉠ ← 記

記念[기념] 기억하여 잊지 아니함.
記錄[기록] 적음. 또 그 서류.
記憶[기억] 한 번 자각했던 사건을 마음
　　　속에 간직하여 잊지 아니함.
日記[일기]　暗記[암기]　記事[기사]

訓

言 3 10 中

가르칠 **훈**, 새길 **훈**
가르치다　　새김
instruct

`ㆍ 二 言 訂 訓 訓`

내 천 : **川** : 냇물, 냇물이 위에서 아래로 흐른다.

냇(川)물이 위에서 아래로 흐르듯이 윗사람이 아랫사람을 말씀(言)으로 가르친다(訓)는 뜻임. (회의)

訓話[훈화] 교훈하는 말.
訓戒[훈계] 타일러서 경계(警戒)함.
訓鍊[훈련]　家訓[가훈]　教訓[교훈]

話

言 6 13 中

이야기 **화**, 이야기할 **화**
이야기　　이야기하다
talk

`ㆍ 二 言 計 訂 話`

혀 설 :
(舌)

입(口) 속의 혀(千)의 모양으로 혀(舌)를 뜻한다.

혀(舌)를 움직여 말한다(言)는 데서 이야기(話)란 뜻임. (회의)

話術[화술] 말재주.
話題[화제] 얘기의 제목. 이야깃거리.

討

言 3 10 高

칠 **토**, 다스릴 **토**
치다　　다스리다
debate, conquest

`ㆍ 二 言 訂 討 討`

치 촌 : **寸** : 자의 첫수를 뜻함. 법의 운영은 자로 재듯이 정확하여야 한다는 데서 법도(法度)의 뜻을 갖는다.

법도(寸)에 맞는 말(言)로써 상대의 잘못을 친다·다스린다(討). (회의)

聲討[성토] 여럿이 모여 어떤 잘못을 토론하여 규탄함. ㉮ ~大會(대회)
討伐[토벌]　討論[토론]　討議[토의]

午

낮 오, 일곱째 지지 오
낮   일곱째 지지
noon

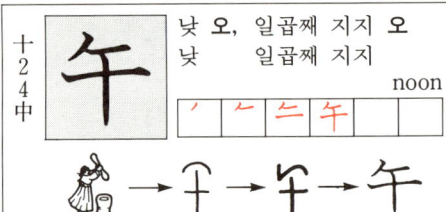

절구공이의 모양을 본떴다. 절구공이가 올라갔다 내려갔다 하듯이 해가 떴다가 지기까지의 낮(午)을 뜻한다. (상형)

端午[단오]
正午[정오] 낮 12시.
午睡[오수] 낮잠.
午前[오전] 午後[오후] 下午[하오]

而

말이을 이, 어조사 이
말을 잇다 어조사
and, but

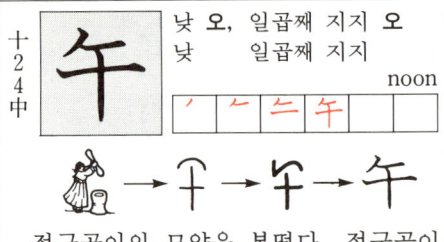

말이 수염 사이로 흘러나와 말을 잇는다는 데서 그리고, 그리하여, 그러나(而)의 뜻으로 쓰인다. (상형)

學而時習之[학이시습지] 배우고 그리하여 때때로 배운 바를 익힌다.

再

두 번 재, 거듭 재, 다시 재
두 번   거듭   다시
again

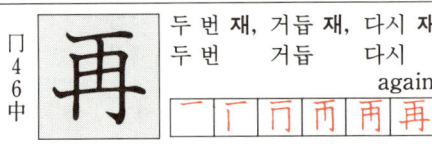

그릇 :
바구니 :
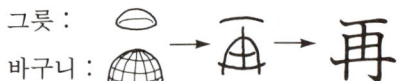

바구니(再) 위에 그릇(一)이 거듭 놓여 있다는 데서 두 번, 거듭, 다시(再)의 뜻임. (지사)

再建[재건] 무너진 것을 다시 일으켜 세움.
再拜[재배] 두 번 절함. 또 그 절.

瓜

오이 과
오이, 참외, 호박, 수박
cucumber

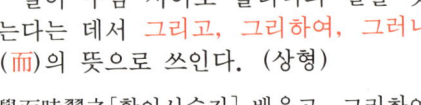

오이(瓜)가 덩굴에 달린 모양을 본떴다. (상형)

瓜田[과전] 오이 밭.
南瓜[남과] 호박.
西瓜[서과] 수박.
眞瓜[진과] 참외.

瓦

기와 와, 질그릇 와
기와   질그릇
tile

옛날의 '암기와'와 '숫기와'

암기와와 숫기와(瓦)의 모양을 본떴다. (상형)

瓦家[와가] 기와 집. 와옥(瓦屋).
瓦器[와기] 토기(土器).
瓦解[와해] 깨어져 산산히 흩어짐.

牙

어금니 아, 대장기 아
어금니   대장기
back tooth, molar

어금니(牙)의 모양을 본떴다. 대장기의 깃대 위를 상아로 장식한 데서 대장기란 뜻도 생겼다. (상형), (전주)

齒牙[치아] 이.
象牙[상아] 상아.
牙旗[아기] 대장군(大將軍)의 기(旗).

冷 찰 랭, 쓸쓸할 랭
차다 쓸쓸하다
chill, cold

얼음 빙: 氷 또는 冰→冫
명령 령: 令: 모여서(亼→人) 무릎을
꿇고(㔾→卩) 명령(令)을 들어라.

얼음(冫)이나 명령(令)은 차다(冷).
(형성) 令 → 령 랭 ← 冷

冷凍[냉동] 冷却[냉각] 寒冷[한랭]
冷房[냉방] 찬 방. 냉실(冷室)
冷氣[냉기] 찬 기운. 찬 공기(空氣).

往 갈 왕, 옛 왕
가다 옛, 과거, 이따금
go

다닐 행: 行 → 彳: 길
주인 주: 主: 주로

길(彳)에서 주(主)로 하는 일은 가는
(往) 일이다. 이미 갔다(往)는 데서 과
거, 옛(往)의 뜻도 있다. (회의), (전
주)   行 → 행 왕 ← 往

往來[왕래] 가고 옴.
往年[왕년] 지나간 해. 옛날.
往往[왕왕] 이따금, 때때로, 가끔.

凍 얼 동, 얼음 동
얼다 얼음
freeze

동녘 동: 東: 나무(木) 사이로 해
(日)가 뜨니 동녘(東)이다. 여기서는
음을 나타낸다.

동녘(東)에 해가 떠오르지 않으니 얼
음(冫)이 언다(凍). (형성)
         東 → 동 ← 凍

凍傷[동상] 추위에 피부가 얼어서 상함.
凍死[동사] 얼어 죽음.
凍明太[동명태] 얼린 명태. 동태(凍太).

各 각각 각
각각, 제각기
each

ノ 夂 夂 各 各

발을 끌면서
천천히 걷다.

천천히 걸으면서(夂) 돌(石→口) 계
단을 각각(各) 밟는다의 뜻임. (회의)

各位[각위] 여러분.
各各[각각] 제 각기. 따로 따로.
各自[각자] 각각의 자신(自身).
各人各色[각인각색] 각 사람이 모두 다름.

征 칠 정, 갈 정
치다 가다
subjugate

다닐 행: 다니다
(行)   행하다

적을 바로(正) 잡기 위한 행동(彳)이
란 데서 치다(征)의 뜻. 바르게(正) 다
닌다(彳)는 데서 올바르게 가다(征)의
뜻도 있다. (형성)   正 → 정 ← 征

征伐[정벌] 죄 있는 무리를 무력으로 침.
征途[정도] 정벌하러 가는 길.

客 손 객, 나그네 객
손님, 나그네, 사람, 인사
guest

갓머리: 집의 뜻으
(宀) 로 쓰임

집(宀)에 각각(各) 찾아 오는 손님
(客)이란 뜻. (형성)   各 → 각 객 ← 客

客氣[객기] 객쩍게 부리는 혈기.
客地[객지] 나그네살이하는 고장.
客車[객차] 손이 타는 수레. 여객차(旅客車).
顧客[고객] 門客[문객] 政客[정객]

忘 잊을 망
잊다, 건망증
forget

心 3 7 中

잊을 망 (亡) :  → 亡

사람이 도망가서 숨은 모양으로 달아나다, 없어지다, 망하다의 뜻
마음(心) 속에 간직했던 기억이 망했으니(亡) 잊는다(忘). (형성)
忘却[망각] 잊어버림.
忘恩[망은] 은혜를 잊음. 은혜를 모름.

忙 바쁠 망
바쁘다
busy

忄 3 6 中

마음 심: 心→ 小 → 忄
잃을 망: 亡: 망할 망
마음(忄) 속에 간직한 기억을 잃어버릴(亡) 정도로 바쁘다(忙)는 뜻임. (형성)
亡→ 망 ← 忙
忙中閑[망중한] 바쁜 가운데의 한가함.
多忙[다망] 매우 바쁨.
奔忙[분망] 매우 부산하여 바쁨.

忍 참을 인, 잔인할 인
참다, 견디다, 잔인하다
bear, cruel

心 3 7 中

칼 도: 刀
칼날 인: 刃: 칼날의 표시로 「丶」을 더하였다.
칼날(刃)과 같이 굳센 마음(心)으로 참는다(忍). 칼날(刃)로 사람을 베는 마음(心)이란 데서 잔인하다(忍)의 뜻임. (형성), (전주)
忍耐[인내] 참고 견딤.
殘忍[잔인] 인정이 없고 모짊.

念 생각 념, 욀 념
생각, 암송하다
think

心 4 8 中

이제 금: 今: 과거에서부터 내려오는 (ㅎ→ㄱ)시간이 모여서(合→스) 지금(今)이 된다.
지금(今) 마음(心) 속으로 생각한다(念). (회의)   今→ 금 념 ← 念
念頭[염두] 마음 속. 예 ~에 두다.
念慮[염려] 마음을 놓지 못함. 걱정함.
信念[신념] 餘念[여념] 執念[집념]

性 성품 성, 성질 성, 성별 성
성품, 성질, 마음, 성별
nature

忄 5 8 中

마음 심: 忄
날 생: 生 } → 性
태어날(生) 때부터 갖는 마음(忄)이니 성품(性)이다. 마음(忄) 속에서 스스로 우러나는(生) 것이 성품(性)이다. (회의), (형성)
生 →  ← 性
性品[성품] 性質[성질] 心性[심성]
性格[성격] 本性[본성] 女性[여성]

想 생각할 상, 생각 상
생각하다 생각
imagine

心 9 13 中

모습 상, 서로 상: 相: 자연의 모습(相)에서는 나무(木)가 제일 먼저 눈(目)에 들어온다는 뜻.
마음(心) 속으로 어떤 모습(相)을 그리며 생각한다(想). (형성)
想像[상상] 미루어 마음 속에 형상을 그림.
想念[상념] 마음에 떠오르는 생각.
感想[감상] 冥想[명상] 思想[사상]

可河充兒式必 83

可 (口 25 中) 옳을 가, 가히 가
옳다, 가히, 좋다
right

一 丁 可 可 可

고무래 정, 장정 정 : 丁 : 고무래, 도끼, 망치, 못 등의 모양. 이들 도구를 써서 일하는 장정(丁)의 뜻도 있음.

장정(丁)이 입(口)으로 박력있게 옳다(可)고 한다. (회의)

可否[가부] 옳고 그름의 여부(與否).
可決[가결] 의안을 옳다고 결정(決定)함.
可能[가능] 不可[불가] 許可[허가]

兒 (儿 68 中) 아이 아
아이, 젊은이
㈜児
child

F F1 F1 F1 F1 兒

아이의 머리 :
아이의 다리 :

아이(兒)의 머리(臼)와 다리(儿)의 모양을 합친 글자이다. (상형)

兒童[아동] 아이, 어린이.
男兒[남아] 女兒[여아] 幼兒[유아]
健兒[건아] 寵兒[총아] 幸運兒[행운아]

河 (氵 58 中) 물 하, 강 하
물, 강, 큰 내
river

氵 氵 氵 汀 沪 沪 河

삼수 변, 물 수 : 氵
옳을 가, 좋을 가 : 可 } → 河

물(氵)의 흐름이 보기에 좋다(可)는 데서 강(河)이란 뜻이다. (형성)

可 → 가 하 ← 河, 何

河流[하류] 강(江)의 흐름.
河床[하상] 하천의 바닥.
河川[하천] 氷河[빙하] 銀河水[은하수]

式 (弋 36 中) 법 식, 꼴 식
법, 규칙, 형식, 의식, 식
mode, form

一 二 〒 式 式 式

표지판 (弋) :  표지판 · 말뚝

표지판(弋)을 만드는(工) 데는 일정한 법식(式)에 따라야 한다. (형성)

弋 → 의 식 ← 式

樣式[양식] 일정한 형식. 모양. 꼴.
格式[격식] 격에 어울리는 법식.
形式[형식] 略式[약식] 結婚式[결혼식]

充 (儿 46 中) 가득할 충, 채울 충
가득하다, 채우다
(be) full, filled

亠 亠 去 充 充

갈 거 : 去 → 厽 → 厶 : 세월이 간다
어진 사람 인 : 人 → 儿 : 사람

세월이 흘러 가면서(厶) 사람(儿)의 체력·인격·학식 등이 점차 충실하여진다(充)는 데서 가득차다(充)의 뜻임.

充實[충실] 몸이 굳세고 튼튼함. 내용 등이 알참.
充滿[충만] 가득하게 참.
充當[충당] 充血[충혈] 充塡[충전]

必 (心 15 中) 반드시 필
반드시, 꼭
necessarily

丶 丿 义 必 必

표지판
푯말 : ↑ → 十 → 乂 → 义

경계를 나눌(分=八) 때는 표지판·말뚝(弋)을 반드시(必) 박아야 한다. (회의), (형성)

八 → 의 필 ← 必

必要[필요] 꼭 소용(所用)이 됨.
必然[필연] 반드시 그리 됨.
必勝[필승] 必須[필수] 期必[기필]

因 인할 인, 인연 인
口 3 6 中
인하다, 인연, 까닭
be due to

| 1 | 冂 | 冃 | 开 | 因 | 因 |

어떤 일 : 口
큰 대 : 大 } → 因

어떤 일(口)에 크게(大) 인연(因)이 있다. (회의)

因緣[인연] 서로의 연분. 연줄. 유래.
因果[인과] 원인(原因)과 결과(結果).
因襲[인습] 이전부터 전하여 오는 몸에 젖은 풍습(風習).
病因[병인] 敗因[패인] 基因[기인]

固 굳을 고, 굳이 고
口 5 8 中
굳다 굳이
hard, solid

| 冂 | 冂 | 同 | 固 | 固 | 固 |

어떤 일 : 口
예 고, 묵을 고 : 古 } → 固

어떤 일(口)이건 오래(古) 되면 자리가 잡혀서 굳어진다(固). (형성)

古 → 고 ← 固

固定[고정] 일정한 곳에 꼭 박혀서 움직이지 않음.
固體[고체] 固守[고수] 確固[확고]
固執[고집] 固有[고유] 痼疾病[고질병]

區 지경 구, 구구할 구 (약)区
口 9 11 高
구역 구구하다
district

| 一 | 匚 | 戸 | 品 | 品 | 區 |

지경, 지역, 구역 : 口→匸→匚
물품 품 : 品 : 건물, 인구(人口→口).

일정한 구역(匚) 안에 있는 건물·인구(品)를 본떠서 구역(區)을 나타냈다. (회의)

口 → 구 ← 區

區域[구역] 갈라 놓은 지역(地域).
區分[구분] 따로따로 갈라 나눔.
選擧區[선거구] 學區[학구] 地區[지구]

亞 버금 아, 무리 아
二 6 8 高
버금, 무리, 아세아
second

| 一 | 亞 | 亞 | 亞 | 亞 | 亞 |

두 꼽추가 마주 선 모양 :  → 亞

꼽추는 건강한 사람보다 못하다는 데서 버금(亞)이란 뜻. (상형)

亞流[아류] 무리. 둘째. 어떤 학설이나 주위의 뒤를 따르는 사람.
亞熱帶[아열대] 열대와 온대의 중간 지대.
亞細亞[아세아] 亞美利加[아미리가]

灰 재 회
火 2 6 高
재, 회색의 것
ashes

| 一 | 厂 | ナ | 疒 | 灰 | 灰 |

낭떠러지 : 厂
불 화 : 火 } → 灰

낭떠러지(厂) 밑에서 불(火)을 때면 나중에 재(灰)만 남는다. (회의)

火 → 회 ← 灰

灰滅[회멸] 타서 없어짐.
灰壁[회벽] 석회(石灰)를 바른 벽.
灰白色[회백색] 灰色分子[회색분자]

厄 재앙 액
厂 2 4 高
재앙, 재액
calamity

| 一 | 厂 | 厄 | 厄 | | |

병부 절 (巴) : → 已 → 巴 : 몸을 굽힌 모양

벼랑(厂) 밑에서 몸을 구부리고(巴) 있으면 돌이 굴러 떨어지는 재앙(厄)을 당하기 쉽다. (형성)

災殃[재앙] 천변지이(天變地異)로 말미암은 불행한 사고.
災厄[재액] 厄運[액운] 厄難[액난]

次

欠 2 6 中

버금 **차**, 차례 **차**
버금, 둘째, 다음, 차례
the second, in order

| 一 | 二 | ソ | ブ | 沪 | 次 |

하품 흠 :  → 欠 → 欠 입을 크게 벌린 모양
(欠)

피곤해서 하품(欠)을 하며 첫째가 되기를 포기하고 둘째(二)가 된다는 데서 버금(次)의 뜻을, 첫째·둘째에서 차례(次)의 뜻도 생겼다. (회의), (전주)

次例[차례] 順次[순차] 一次元[일차원]
次男[차남] 次女[차녀] 次期[차기]

亨

亠 5 7 高

형통할 **형**
형통하다, 뜻대로 잘되다
go well

| 一 | 亠 | 亡 | 占 | 亨 | 亨 |

높을 고 : 高 → 占
마칠 료 :　　了 } → 亨

음식을 높이(占) 쌓아 올려서 제사를 드렸더니, 일을 뜻대로 잘 마치게(了) 되었다는 데서 형통하다(亨)의 뜻임. (회의)

亨通[형통] 옷갖 일이 뜻대로 됨. ㉠ 萬事 (만사) ~
吉亨[길형] 길하게 형통함.

吹

口 4 7 中

불 **취**
불다, 관악기
blow

| 口 | 口 | 口' | 口" | 吹 | 吹 |

입(口)을 크게 벌리고(欠) 입김을 불어(吹) 낸다. (회의)

吹奏[취주] 피리·나발 등을 입으로 불어서 연주함.
鼓吹[고취] 북을 치고 피리를 붐. 용기와 기운을 북돋아 일으킴.

寺

寸 3 6 中

절 **사**, 관청 **시**
절,   관청, 관아
temple

| 一 | 十 | 土 | 圥 | 寺 | 寺 |

발 :

치 촌 : 寸 : p. 32 '寸'란 참조

손(寸)과 발(土)을 법도에 맞게 움직여 일하는 관청(寺). 불교가 처음 들어왔을 때 관청에서 강론한 것이 유래가 되어 절(寺)의 뜻이 생김. (회의)

寺塔[사탑] 절의 탑.
寺院[사원] 寺刹[사찰] 山寺[산사]

了

亅 1 2 高

마칠 **료**, 깨달을 **료**
마치다, 끝나다, 깨닫다
finish

| 一 | 了 |

사람이 무릎을 꿇은 모양 : 👤 → 巳 → マ → 了

사람(マ→了)이 도구(亅)를 써서 일을 마치다(了). (지사)

終了[종료] 일을 끝마침.
了解[요해] 깨달아 알아 냄.
了役[요역] 일을 마침.
修了[수료] 完了[완료] 未了[미료]

時

日 6 10 中

때 **시**,   시 **시**
때, 세월, 철, 시
time

| 日 | 日¯ | 旷 | 旷 | 時 | 時 |

날 일 : 日
관청 시, 절 사 : 寺 } → 時

옛날에는 날(日)마다 관청·절(寺)에서 종을 쳐서 때(時)를 알려 주었다. (형성)

　　　　　　　　　　寺 → 시 ← 時

時刻[시각] 시간의 한 점. 짧은 시간.
時速[시속] 한 시간에 닫는 속도.
時日[시일] 時間[시간] 時代[시대]

企

人 4 6 高

도모할 **기**, 발돋움할 **기**
도모하다, 발돋움하다
plan, attempt

ノ 亻 仁 企 企 企

그칠 지: 🦶 → ⍦ → 止 → 止
(止)

발의 모양으로 걸음을 **멈추다**의 뜻.

사람(人)이 연구소 등에 오래 **머물면
서**(止) 일을 도모한다(企). (회의)

止 → ㉧㉠ ← 企

企劃[기획] 일을 계획함.
企圖[기도] 일을 꾸며 내려고 꾀함.

兆

儿 4 6 中

점 **조**, 조 **조**
점, 조짐, 억의 만갑절
symptoms, signs

ノ ノ 丿 兆 兆 兆

거북등을 태워서 점(兆)을 칠 때 나타나는 무늬 모양으로 점괘에 어떤 **조짐·징조**(兆)가 있다는 뜻임. 무늬 모양이 수없이 많다는 데서 **억의 만배**의 뜻으로도 쓰인다. (상형), (전주)

兆朕[조짐] 미리 드러나 뵈는 빌미.
徵兆[징조] 미리 보이는 조짐.

步

止 3 7 中

걸음 **보**, 걸을 **보**
걸음 걷다
walk

⼞ ⼞ 止 半 步 步

왼발: 🦶 → ⍦ → ⍦ → 止
오른발: 🦶 → ⍦ → ⍦ → 少

왼발(止) **오른발**(少)로 **걷는다**(步).
(회의)

步道[보도] 사람이 걸어 다니는 길. 인도.
徒步[도보] 타지 않고 걸어감.
步兵[보병] 初步[초보] 進步[진보]

負

貝 2 9 高

질 **부**, 패할 **부**, 빚질 **부**
등에지다, 지다, 빚
bear

ノ ⺈ 彳 名 負 負

사람 인: 人 → 𠂉 → ⺈
조개 패: 貝: 조개, 돈, 재물.

사람(𠂉)이 재물(貝)을 등에 진다(負). 싸움에 지다. 빚을 지다(負)의 뜻도 있다. (회의)

負擔[부담] 일을 맡아 의무나 책임을 짐.
負傷[부상] 몸에 상처를 입음.
負債[부채] 남에게 빚을 짐. 또 그 진 빚.
抱負[포부] 自負心[자부심] 勝負[승부]

功

力 3 5 中

공 **공**, 보람 **공**
공적, 보람
achievement

一 T 工 功 功

힘 력(力): 💪 → ⼒ → 力 → 力   힘을 준 팔의 모양

생산적(工)인 일에 **힘을 써서**(力) **공**(功)을 세운다. (형성) 工 → ㉧ ← 功

功勞[공로] 일에 애쓴 공적(功績).
成功[성공] 목적을 이룸.
功過[공과] 공로와 죄과(罪過).
功名[공명] 공적과 명예.

員

口 7 10 高

관원 **원**, 인원 **원**
관원   인원
official

⼞ ⼞ ⼞ 吕 員 員

입 구: 口
조개 패: 貝 → 조개, 돈, 재물.

입(口)으로 돈(貝)을 세는 **은행원·관원**(員)을 뜻한다. (회의)

官員[관원] 敎員[교원] 代議員[대의원]
人員[인원] 定員[정원] 委員長[위원장]
社員[사원] 任員[임원] 銀行員[은행원]
職員[직원] 缺員[결원] 超滿員[초만원]

汗泊汝治涉染 87

汗
氵 3 6 高
땀 한, 땀날 한
땀   땀이 나다
sweat
丶 冫 氵 汙 汙 汗

방패 간
(干) : 🛡 → 干 → 干

더위를 이겨내는 방패(干) 역할을 하는 물(氵)이니 땀(汗)이다. (형성)
干 → 간 한 ← 汗

取汗[취한] 병을 다스리려고 몸의 땀을 내어 그 기운을 발산시킴.
冷汗[냉한] 血汗[혈한] 汗蒸[한증]

治
氵 5 8 中
다스릴 치, 병 고칠 치
다스리다 병을 고치다
rule, reign
冫 氵 氵 治 治 治 治

기를 이
(台) : 👄 → 台 → 台 : 젖을 입에 물려 기름

홍수, 가뭄의 피해를 막고 수리(氵) 시설 등을 하여 백성을 먹여 기르는(台) 것이 다스리는(治) 일의 기본이다. (회의)

治國[치국] 나라를 다스림.
治療[치료] 병을 다스려 낫게 함.

泊
氵 5 8 高
배댈 박, 머무를 박
배를 대다 묵다
anchoring
冫 氵 氵 泊 泊 泊

흰빛 백 : 白 : 날이 밝다

물(氵)가에 배를 대고 날이 밝을(白) 때까지 묵는다(泊). (형성)
白 → 백 박 ← 泊, 拍

※ 拍 : 손뼉칠 박 : 拍手(박수)

停泊[정박] 배가 닻을 내리고 머무름.
宿泊[숙박] 여관에 들어 잠을 자고 머무름.
二泊三日[이박삼일] 外泊[외박]

涉
氵 7 10 高
건널 섭, 겪을 섭, 관계할 섭
건너다 겪다 관계하다
go across, cross
氵 氵 涉 涉 涉 涉

삼수변 : 氵 : 냇물, 강(江), 물(河).
걸음 보 : 步 : 왼발(止) 오른발(少)로 걷는다(步) (p. 86 '步'란 참조)

물(氵)의 깊이를 재며 걸어서(步) 시내를 건넌다(涉). (회의)

涉水[섭수] 물을 건넘.
涉獵[섭렵] 여러 가지 책을 널리 읽음.
交涉[교섭] 干涉[간섭] 涉外[섭외]

汝
氵 3 6 中
너 여, 물이름 여
너, 자네, 물이름
you
丶 冫 氵 汝 汝 汝

계집 녀 : 女 : 여자, 딸, 누이

시냇물(氵)에서 빨래하는 여자(女)에게 '너(汝) 여기 있구나' 할 때의 너(汝)란 뜻. (형성)
女 → 녀 여 ← 汝

汝等[여등] 너희들.
汝輩[여배] 너희들. 너희 무리.
汝水[여수] 중국 하남성(河南省)에 있는 강 이름.

染
木 5 9 高
물들일 염, 옮을 염
물들이다 옮다
dye
氵 氿 氿 染 染 染

나무 목 : 木 : 나무, 나무의 꽃·열매·진액 등.
삼수변 : 氵 : 염료가 되는 물감물

나무(木)에서 뽑아낸 물감물(氵)에 아홉 번(九) 천을 담그어 물들인다(染). (회의)

染色[염색] 물을 들임.
染料[염료] 염색에 쓰이는 재료. 물감.
捺染[날염] 傳染[전염] 感染[감염]

以

人 3 5 中

써 이, 부터 이, 까닭 이
써
…로부터 까닭
with, by, because

사람(人)이 호리·쟁기(丶)를 손(丶)에 쥠으로써(以) 밭을 간다. 쟁기를 손에 쥐는 것이 밭갈이의 시작·원인이란 데서 부터·까닭(以)의 뜻도 나왔음. (회의), (전주)

以心傳心[이심전심] 以上[이상] 以前[이전]

亦

亠 4 6 中

또한 역, 모두 역
또한, 역시, 모두
also

사람(大)의 왼쪽에 겨드랑이(丿)가 있고 오른쪽에도 겨드랑이(丶)가 또한(亦) 있다. (상형)

亦是[역시] 또한. 전에나 다름없이.
亦如是[역여시] 이것도 또한.
亦然[역연] 이 또한 그러함.

但

亻 5 7 中

다만 단
다만, 단지
only, merely

사람(亻)이 보통 때는 정장을 하고 있으나 아침(旦)에 일어날 때는 다만(但) 팬티 바람이다. (형성)

아침 단：旦 → 但 ← 但

但只[단지] 다만, 겨우. ㉮ ~두 명이다.
非但[비단] 「다만」의 뜻. 부정의 경우에 씀.

印

卩 4 6 中

인 인, 찍을 인
인, 도장, 찍다
seal, stamp

어질 인：仁：두(二) 사람(亻) 이상이 살 때 지켜야 할 바가 인(仁)이다.

신표(卩)：  ：도장을 손에 쥔 모양

어진(仁) 사람임을 나타내는 신표(卩)이니 도장(印)이다. (회의)

捺印[날인] 도장을 찍음.
印章[인장] 印鑑[인감] 印朱[인주]

個

亻 8 10 中

낱 개
낱낱, 하나
㉟ 个
piece

굳을 고：固：어떤 사물(囗)이든지 오래 되면(古) 자리가 잡혀서 굳어진다(固).

사람(亻)이나 굳은(固) 물건은 낱개(個)로 센다. (형성)   亻 固 → 個
사람인 고 → 개

別個[별개] 서로 다른 것.
個性[개성] 개인이 타고난 특유의 성격.
個體[개체] 따로 떨어진 낱낱의 물체.

係

亻 7 9 高

맬 계, 계 계
매다 계
tie, join

실 사：糸
이을 계, 혈통 계：系   系…실끝
                          …실

사람(亻)이 실(糸) 끝(一)을 서로 맨다(係). (형성)   系 → ㉟ ← 係

關係[관계] 둘 이상이 서로 걸림.
係累[계루] 이어서 얽어맴. 결박(結縛)함. 또는 얽매임.
係員[계원] 한 계에서 일보는 이.

恩 은혜 은
은혜
favour, benefits

| 冂 | 冈 | 因 | 因 | 因 | 恩 |

인할 인, 말미암을 인 : **因** : 어떤 일 (囗)에 크게(大) 말미암다(因)

큰 도움으로 말미암아(因) 감사하는 마음(心)이 생긴다는 데서 은혜(恩)의 뜻임. (형성)   因→←恩

恩功[은공] 은혜와 공로.
恩惠[은혜] 사랑으로 끼치는 신세.
報恩[보은] 은혜에 보답함.
恩人[은인] 恩寵[은총] 恩典[은전]

息 숨 식, 쉴 식
숨, 호흡, 쉬다, 자식
breathe, rest

| 冂 | 白 | 白 | 自 | 息 | 息 |

스스로 자 : **自**
마 음 심 : **心** } → 息

스스로(自) 편한 마음(心)으로 숨쉬고·쉬다(息). (회의)   心→십식←息

棲息[서식] 동물이 깃들여 삶.
安息[안식] 평안(平安)히 쉼.
歎息[탄식] 한숨을 쉬며 한탄함.
窒息[질식] 休息[휴식] 子息[자식]

惡 모질 악, 미워할 오
모질다, 악하다, 미워하다
bad, hate

| 匸 | 卍 | 卍 | 亞 | 亞 | 惡 |

버금 아  두 꼽추 (亞) 가 마주

선 모양으로 보기에 추하다의 뜻.
마음(心)이 추하니(亞) 모질다(惡)의 뜻. 사람은 모진 것을 미워한다는 데서 미워하다(惡)의 뜻. (형성), (전주)

惡德[악덕] 못된 마음씨. 나쁜 짓.
憎惡[증오] 몹시 미워함.

悲 슬퍼할 비, 슬플 비
슬퍼하다 슬픔
grieve, sadness

| 丿 | 彡 | 킈 | 非 | 悲 | 悲 |

아닐 비
(非)

새의 왼쪽 날개와 오른쪽 날개는 서로 다르다는 데서 아니다(非)의 뜻.
마음(心)이 보통이 아니고(非) 슬프다(悲). (형성)   非→비←悲

喜悲[희비] 기쁨과 슬픔.
悲哀[비애] 슬픔과 설움.

怠 게으를 태, 업신여길 태
게으르다 업신여기다
lazy, idle

| 丶 | 厶 | 台 | 台 | 怠 | 怠 |

기를 이  젖을 입 (台) 에 물려 기른다

젖(厶)을 입(口)에 물고 있는 아기의 마음(心)이니 느리고·게으르다(怠). (형성)

怠慢[태만] 게으르고 느림. 태홀(怠忽).
懈怠[해태] 게으름.
勤怠[근태] 怠業[태업] 倦怠[권태]

恕 용서할 서, 어질 서
용서하다 어질다
pardon, forgive

| 女 | 如 | 如 | 恕 | 恕 | 恕 |

같을 여 : **如** : 여자(女)의 입(口)에서 나오는 말은 그의 부모나 남편의 말과 같다(如).

상대편을 이해하고, 상대편과 같은(如) 마음(心)이 되어 용서한다(恕). (회의)

容恕[용서] 관용을 베풀어 벌하지 않음.
恕諒[서량] 용서하고 양해(諒解)함.
忠恕[충서] 충실하고 인정이 많음.

刂 3 5 高

刊

새길 **간**, 깎을 **간**, 책펴낼 **간**
새기다 깎다 출판하다
inscribe, publish

一	二	干	刊	刊	

방패 간 (干) :

방패(干)에 칼(刂)로 이름을 새긴다(刊). 활자를 새겨서 책을 펴낸다(刊). (형성), (전주) 干 → ㉮ ← 刊

刊行[간행] 인쇄하여 출판함. 출판.
新刊[신간] 새로 발행한 책.
日刊[일간] 週刊[주간] 創刊[창간]

刂 7 9 中

前

앞 **전**, 앞설 **전**
앞 앞서다
front

丷	䒑	䒑	前	前	前

동아줄 부두 배

붙들어맨(䒑) 배(舟→月)의 동아줄을 풀으니(分→刀→刂) 배가 앞으로(前) 나간다. (형성) 舟 → ㉾ ㉶ ← 前

前途[전도] 앞으로 나아갈 길.
前進[전진] 앞으로 나감.
前後[전후] 面前[면전] 食前[식전]

刂 4 6 中

刑

형벌 **형**, 본받을 **형**
형벌 본받다
punishment

一	二	于	开	刑	刑

형 틀 :

형틀(开)과 칼(刂)을 합하여 형벌(刑)을 나타냈다. (회의)
형상 형 : 形 → ㉻ ← 刑

刑具[형구] 형벌(刑罰)·고문(拷問) 등에 쓰는 기구(器具).
刑場[형장] 사형을 집행하는 장소.
刑法[형법] 天刑[천형] 罰金刑[벌금형]

刂 7 9 中

則

법칙 **칙**, 곧 **즉**
법칙 곧
rule, law

丨	冂	目	貝	則	則

조개 패 (貝) :

: 재물 돈

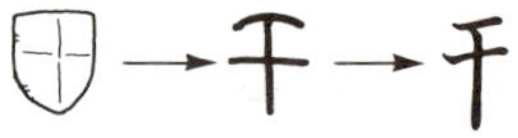

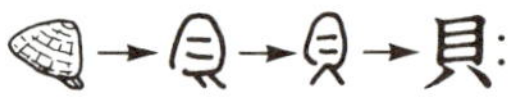

재물(貝)을 공정하게 분배(分→刀→刂)하려면 일정한 법칙·규칙(則)에 따라야 한다. 卽과 같이 곧(則)의 뜻으로도 쓰인다. (회의)

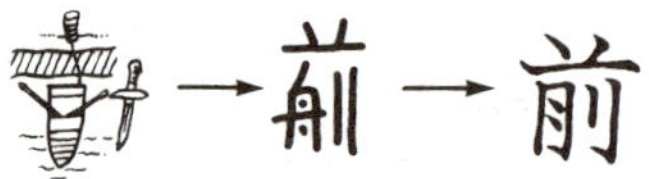

法則[법칙] 꼭 지켜야만 하는 규범.
規則[규칙] 다 같이 지키기로 작정한 법칙.
原則[원칙] 通則[통칙] 常則[상칙]

刂 5 7 中

判

가를 **판**, 판단 **판**
가르다 판단하다
divide, judge

丷	㒳	㒳	半	判	判

반 반 : 半 : 소(牛)는 커서 나누어(分→丷) 반(半)이 되어도 양이 많다.

절반씩(半) 칼(刂)로 가르듯이(判) 중립적인 입장에서 판단한다(判). (회의), (형성) 半 → ㉥ ㉺ ← 判

判別[판별] 가름. 판단하여 구별(區別)함.
判斷[판단] 사물의 진위·선악 등을 정함.
判定[판정] 審判[심판] 裁判[재판]

刂 4 6 中

列

줄지을 **렬**, 반열 **렬**
줄짓다, 반열, 석차
make a line

一	𠂆	歹	歹	列	列

뼈 :
고기 :
뼈 :

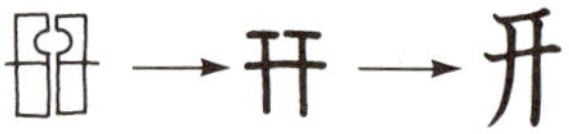

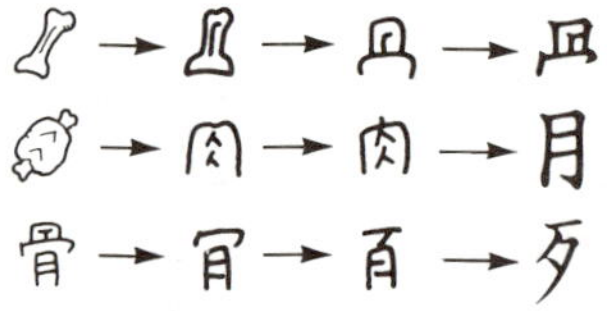

뼈(歹)를 칼(刂)로 발라내어 늘어놓는다는 데서 줄짓다(列)의 뜻. (회의)

前列[전열] 앞 줄.
列擧[열거] 하나씩 들어 말함.

兩 別 易 蟲 倍 存

兩 — 두 량, 냥 냥 / 양 両
入 6 8 中
둘, 짝, 무게의 단위(37.5g)
two, pair

一 丆 币 币 兩 兩

 → 兩 → 兩

우산(币) 속에 둘이 들어간다(入入)는 데서 둘(兩)이란 뜻임. (회의)

兩脚[양각] 두 다리.
兩立[양립] 둘이 함께 섬.
兩極[양극] 남극과 북극. 음극과 양극.
兩親[양친] 兩分[양분] 兩論[양론]

蟲 — 벌레 충 / 양 虫
虫 12 18 中
벌레
worms

口 中 虫 虫 蟲 蟲

뱀의 모양으로 뱀을 벌레의 대표라 생각했다. 벌레(蟲)는 종류가 많으므로 虫을 셋 합쳐 놓았다. (상형), (회의)

蟲齒[충치] 벌레 먹은 이.
害蟲[해충] 사람에게 해를 끼치는 벌레.
寄生蟲[기생충] 昆蟲[곤충] 幼蟲[유충]

別 — 다를 별, 나눌 별
刂 5 7 中
다르다, 나누다, 구별
other, divide

口 口 另 另 別 別

물건 품: 品 → 口
사람 인: 人 → 力 } → 別
나눌 분: 分 → 刀 → 刂

물품(口)이나 사람(力)을 나눈다(分→刀→刂)는 데서 나누고·구별한다(別)의 뜻임. (회의)

別冊[별책] 따로 된 책.
別名[별명] 別室[별실] 別莊[별장]
區別[구별] 性別[성별] 特別市[특별시]

倍 — 곱 배, 더할 배
亻 8 10 高
갑절 더하다
two times

倍 倍 倍 倍 倍 倍

사람 인: 亻
설 립: 立 } → 倍
물건 품: 品 → 口

사람(亻)이 물건(口)을 세워서(立) 계속 쌓으니 그 수효가 몇 갑절(倍)이나 많아진다. (회의)

倍加[배가] 갑절을 더함.
倍數[배수] 갑절이 되는 수.
倍增[배증] 數倍[수배] 百倍[백배]

易 — 바꿀 역, 주역 역, 쉬울 이
日 4 8 中
바꾸다 점치다 쉽다
change, easy

口 日 日 尸 号 易

카멜레온의 모양을 본뜬 글자로, 카멜레온의 빛깔이 햇빛에 의하여 쉽게 바뀐다(易)는 뜻임. (상형)

容易[용이] 安易[안이] 平易[평이]
貿易[무역] 交易[교역] 變易[변역]
周易[주역] 易書[역서] 易理學[역리학]

存 — 있을 존, 보존할 존
子 3 6 中
있다 보존하다
exist

一 ナ 才 存 存 存

재주 재: (才) → 才 → 才

식물의 싹의 모양으로 싹은 꽃피고 열매맺는 재주(才)가 있다는 뜻. 재주(才→才) 있는 아이(子)가 있다(存)는 뜻임. (회의)

存在[존재] 있음. 현실에 있음.
存續[존속] 존재하여 계속함.

攻 칠 공, 닦을 공
치다, 닦다, 연구하다
attack

一 丁 工 卫 攻 攻

만들 공, 장인 공 : 工
채찍, 낫, 도구, 무기 : ㄱ } → 攻
손 : 又

장인이 만든(工) 무기(ㄱ)를 손(又)에 들어 상대방을 친다(攻). (형성)

工 → 功 ← 功, 攻

攻擊[공격] 적을 침. 시비를 가려 논란함.
侵攻[침공] 침범(侵犯)하여 공격함.
專攻[전공] 전문적으로 공구(攻究)함.

具 갖출 구, 그릇 구
갖추다 그릇
complete

丨 冂 冃 且 貝 具 具

조개 패 : 貝 → 貝 → 目 } → 具
두 손 : → →

두 손(六)에 돈(貝)을 쥐고 있으니 무엇이든 갖출 수 있다(具). (회의)

具備[구비] 여러 가지 물건을 모두 갖춤.
　예) ~書類(서류)
具色[구색] 具現[구현] 具體的[구체적]
家具[가구] 器具[기구] 文房具[문방구]

改 고칠 개, 고쳐질 개
고치다, 바로잡다, 고쳐지다
correct, reform

フ コ 己 改 改 改

몸 기 (己) : → 己 → 己 : 몸 자기
두 손 : 又 → ㄱ : 채찍

스스로 손(又)에 채찍(ㄱ)을 들어 자기(己) 잘못을 바로잡아·고친다(改). (형성)

己 → ㉮ ㉯ ← 改

改悛[개전] 잘못을 뉘우쳐 개심(改心)함.
改革[개혁] 새롭게 뜯어 고침.
改善[개선] 改正[개정] 改造[개조]

弄 희롱할 롱, 놀 롱
희롱하다 놀다
play with

一 丁 王 王 弄 弄

구슬 옥 : 玉 → 王 : 구슬·공
두 손 : → → 廾 : 두 손

어린 아이가 구슬(王)을 두 손(廾)에 들고 재미있게 논다는 데서 희롱하다·놀다(弄)의 뜻임. (회의)

弄談[농담] 실없이 하는 웃음의 말.
戲弄[희롱] 말·행동으로 실없이 남을 놀리는 짓.

收 거둘 수, 잡을 수 ㉮ 収
거두다 체포하다
harvest, gather

丨 丩 丩 収 收 收

→ → : 이삭이 달린 곡식

벼, 보리, 조, 옥수수 등의 이삭이 달린 곡식의 모양.

손에 낫(又)을 들어 이삭이 달린 곡식(丩)을 베어 거둔다(收). (회의)

收穫[수확] 농작물을 거둬들임.
收入金[수입금] 收集[수집] 收容[수용]
高收益[고수익] 秋收[추수] 買收[매수]

典 법 전, 책 전, 벼슬 전
법 경전 벼슬
law

丨 冂 冊 曲 典 典

→ 典 → 典

책(冊)과 책상(丌)의 모양으로 책·법(典)의 뜻. 책을 읽고 법을 공부하여야 벼슬을 한다는 데서 벼슬(典)의 뜻도 있음. (회의), (전주)

法典[법전] 經國大典[경국대전] 刑典[형전]
樂典[악전] 百科事典[백과사전] 典籍[전적]

抄 베낄 초, 노략질할 초
베끼다 노략질하다
copy

| 扌 | 扌 | 扒 | 扒 | 抄 | 抄 |

손 수: 手 → 扌 → 扌
적을 소: 少 } → 抄

손(扌)으로 원본의 일부인 적은(少) 부분을 베낀다(抄). 손(扌)으로 재산의 일부인 적은(少) 부분을 노략질한다(抄). (형성), (전주)

抄本[초본] 추려 베낀 문서. ㉠ 戶籍(호적)~
抄錄[초록] 소용되는 것만을 뽑아서 적음.

受 받을 수
받다
receive

| 一 | 爫 | 爫 | 严 | 受 | 受 |

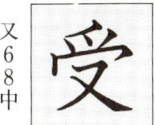 →  → 受

손(爫)으로 건네주는 물건(一)을 손(又)으로 받는다(受). (형성)

又 → ㉮, ㉯ ← 受

受納[수납] 받아들임.
受賞[수상] 상을 받음.
受信[수신] 통신(通信)을 받음.
受驗[수험] 受檢[수검] 受益者[수익자]

扶 도울 부, 붙들 부
돕다 붙들다
aid, help

| 扌 | 扌 | 扌 | 扌 | 扶 | 扶 |

사내 부 (夫):  → 夫 → 夫 : 사내 장부 지아비

장부(夫)가 손(扌)으로 어떤 일을 돕는다(扶). (형성)   夫 → ㉮ ← 扶

扶助[부조] 남을 붙들어 도와줌.
扶養[부양] 생활을 돌봄. ㉠ ~家族(가족)
扶腋[부액] 몸이 불편한 사람의 겨드랑이를 붙들어 걸음을 도와 줌.

叔 아재비 숙, 셋째 동포 숙
아재비, 숙부, 형제 중 셋째
uncle

| 上 | 扌 | 扌 | 赤 | 叔 | 叔 |

손: 又
위 상: 上 } → 赤 } → 叔
작을 소: 小

손(又) 위(上)의 작은(小) 아버지이니 아재비(叔)이다. (회의)

叔父[숙부] 아버지의 동생.
叔姪[숙질] 아저씨와 조카.
外叔母[외숙모] 堂叔[당숙] 叔行[숙항]

拓 넓힐 척, 박을 탁
넓히다 박아내다
expand

| 扌 | 扌 | 扩 | 扩 | 拓 | 拓 |

황량한 땅에서 손(扌)으로 돌(石)을 가려내어 밭을 넓힌다(拓). 손(扌)으로 돌(石)에 새긴 글씨를 박아낸다(拓). (형성)   石 → ㉮㉯ ← 拓

開拓[개척] 황무지를 일구어 논·밭을 만듬.
拓植·拓殖[척식] 척지(拓地: 토지를 개척함)와 식민(植民).
拓本[탁본] 금석에 새긴 그림이나 글씨를 종이를 대고 박아냄.

皮 가죽 피, 껍질 피
가죽 껍질
skin

| ノ | 厂 | 广 | 戊 | 皮 |

 → 皮 → 皮

손(又)으로 가죽(广)을 벗긴다는 데서 가죽(皮)을 뜻한다. 무두질하지 않은 가죽을 뜻한다. (회의)

皮革[피혁] 날가죽과 무두질한 가죽의 총칭.
皮相[피상] 겉 모양.
皮膚[피부] 鐵面皮[철면피] 虎皮[호피]

苦

쓸 **고**, 괴로울 **고**
쓰다 괴롭다
bitter

풀 초: ⺿
예 고, 묵을 고: **古**: 오래 됨

풀(⺿)이 오래 묵으면(古) 건초나 퇴비가 되어 맛이 쓰다(苦). (형성)

古 → 㞐 ← 苦

苦楚[고초] 어려움과 괴로움.
苦生[고생] 어렵고 외로운 생활. 괴롭게 수고함.
苦樂[고락] 苦痛[고통] 病苦[병고]

央

가운데 **앙**, 다할 **앙**
가운데, 다하다, 넓다
centre

크게(大) 팔 다리를 펼친 사람의 가운데(央)를 나타냈다. (회의)

中央[중앙] 사방의 중심이 되는 곳.
央央[앙앙] ① 넓은 모양. ② 선명한 모양. ③ 소리가 화(和)한 모양.

芳

향내날 **방**, 꽃다울 **방**
향내나다 꽃답다
smell, sweet

꽃 화: 花 → ⺿: 풀(⺿)이 자라서 된(化) 것이 꽃(花)이다.
모 방: 方: 사방(四方), 팔방(八方).

꽃(⺿)의 향기가 사방(方)으로 퍼진다 하여 향내나다·꽃답다(芳)의 뜻임. (형성)

芳草[방초] 향기가 좋은 화초(花草).
芳年[방년] 꽃다운 젊은 여자의 나이.
芳香[방향] 春芳[춘방] 芳名錄[방명록]

映

비칠 **영**
비추다, 비치다
shine

날 일: **日**: 해, 날, 햇빛.
가운데 앙: **央**

햇빛(日)이 한가운데서(央) 밝게 비친다(映). (형성)

央 →  ← 映

映寫[영사] 영화나 환등을 상영(上映)함.
映彩[영채] 환하게 빛나는 채색.
反映[반영] 반사(反射)하여 비침.
映畵[영화] 映像美[영상미] 映射[영사]

莫

없을 **막**, 저물 **모**
없다 저물다
do not exist

풀 초: ⺿: 풀, 초목.
날 일: 日 → 日
큰 대: 大

초목(⺿) 밑으로 큰(大) 해(日)가 져서 밝음이 없다(莫). (회의)

莫論[막론] 의논할 것 조차 없음.
莫逆[막역] 허물 없이 아주 친함.
莫大[막대] 莫上莫下[막상막하] 索莫[삭막] 「막」

英

꽃부리 **영**, 빼어날 **영**
꽃부리, 꽃, 빼어나다
flower, excel

꽃 화: 花 → ⺿

화초(⺿)의 한가운데(央)에 꽃부리(英)가 있다. 꽃(⺿)밭의 한가운데(央)의 아름다운 꽃이란 데서 빼어나다(英)의 뜻도 생겼다. (형성)

英明[영명] 영민(英敏)하고 총명(聰明)함.
英雄[영웅] 재주와 용맹으로 대업을 이룬 사람.
英特[영특] 英才[영재] 石英[석영]

直

目 3 8 中

곧을 **직**, 값 **치**
곧다, 바르다, 번, 당직, 값
straight

| 一 | 十 | 古 | 古 | 直 | 直 |

열 십 : 十 → 十 ⎫
눈 목 : 目 ⎬ → 直
굽다 : 乚 → 乚 ⎭

열(十) 사람의 눈(目)으로 살펴 보면 굽은 구석(乚)까지도 곧고·바르게(直) 살필 수(直)가 있다의 뜻임. (회의)

正直[정직] 거짓없이 마음이 바르고 곧음.
直視[직시] 똑바로 내 쏘아 봄.
直席[직석] 直角[직각] 直線[직선]

低

亻 5 7 中

낮을 **저**, 숙일 **저**
낮다   숙이다
low

| 亻 | 亻 | 仃 | 作 | 低 | 低 |

씨 씨 (氏) : 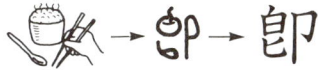 → 𠂆 → 氏 나무 뿌리의 뜻

사람(亻)이 나무 뿌리(氏)가 있는 땅바닥(一)에 낮게 엎드린다는 데서 낮다(低)의 뜻임. (형성)

※ 底 : 밑 저 : 底邊(저변), 徹底(철저)
  抵 : 맞닥뜨릴 저 : 抵抗(저항)

高低[고저] 높낮이.
低空[저공] 땅 위에서 가까운 하늘.

盲

目 3 8 高

소경 **맹**, 어두울 **맹**
소경   어둡다
blind

| ` | 亠 | 亡 | 盲 | 盲 | 盲 |

망할 망
(亡) : → 凷 → 亾 → 亡

사람이 도망가서 숨은 모양으로 달아나다·없어지다·죽다·망하다(亡)의 뜻.
눈(目)이 망했으니(亡) 소경(盲)이다. (형성)
亡 → 맹 ← 盲

盲啞[맹아] 소경과 벙어리. 예 ~學校
盲從[맹종] 덮어놓고 따름.
盲目的[맹목적] 文盲[문맹] 色盲[색맹]

卽

卩 7 9 中

곧 **즉**, 가까이할 **즉** (즉)即
곧, 즉시, 바로
instant

| 白 | 白 | 白 | 皀 | 卽 | 卽 |

→ 卽 → 卽

밥(皀)을 보면 수저를 들어(卩) 곧 (卽 또는 即) 먹는다. (형성)

卩 → 절(즉) ← 卽

卽時[즉시] 곧, 바로, 그 때, 즉각(卽刻).
卽決[즉결] 즉석(卽席)의 결정(決定).
卽效[즉효] 卽興的[즉흥적] 卽死[즉사]

夜

夕 5 8 中

밤 **야**
밤
night

| 亠 | 广 | 疒 | 疒 | 夜 | 夜 |

1. 저녁(夕)이 오면(來→乁) 또(亦→广→亠) 밤(夜)이 된다. (형성)
2. 집(亠)에서 사람(亻)이 저녁(夕)에 쉬노라면(乁) 밤(夜)이 된다. (형성)

亦 → 역야 ← 夜

夜間[야간] 밤 사이. 밤 동안.
夜學[야학] 밤에 글을 배움.
夜市場[야시장] 晝夜[주야] 深夜[심야]

的

白 3 8 中

과녁 **적**, 목표 **적**
과녁   목표
target

| 亻 | 白 | 白 | 白 | 的 | 的 |

→ → 勺 → 勺

흰(白) 바탕의 과녁(勺)의 모양으로 과녁·목표(的)를 뜻한다. (형성)

勺 → 작(적) ← 的

的中[적중] 과녁에 들어맞음. 명중(命中).
的實[적실] 틀림없이 확실(確實)함.
目的[목적] 標的[표적] 私的[사적]

柏

木 5 9 高

측백나무 **백**, 잣나무 **백**
측백, 노송, 잣나무
cypress, cedar

木 朩 朩 杧 柏 柏

나무 목 : 木
흰 백 : 白 } → 柏

나무(木)결이 희고(白) 고운 측백나무(柏). 나무(木)에 흰(白) 열매가 달리는 잣나무(柏) 등을 뜻한다. (형성)

白 → 뻭 ← 柏

側柏[측백] 편백과의 상록 교목. 측백 나무.
柏子[백자] 잣.
冬柏[동백]　松柏[송백]　扁柏[편백]

栗

木 6 10 高

밤나무 **률**, 밤 **률**
밤나무　밤
chestnut

覀 西 覀 亜 栗 栗

바구니 : 🧺 → 覀 → 西 : 밤송이

바구니(覀) 같은 밤송이가 달리는 나무(木)이니 밤나무(栗)이다. (회의)

栗谷[율곡] 밤나무골. 이 이(李珥)의 호.
栗園[율원] 밤나무 동산.
黃栗[황률] 황밤.

余

人 5 7 中

나 **여**, 나머지 **여**
나, 나머지(餘와 같음)
I, remainder

人 𠆢 今 余 余 余

합할 합 : 合 → 𠆢
나무 목 : 木 } → 余

재목(木)을 모아서(𠆢) 집을 짓고 난 나머지(余)란 뜻임. 나(余)란 뜻은 음(音)을 빌린 데서 나온 말이다. (형성), (가차)

余等[여등] 우리들.
余輩[여배] 우리네.
余年[여년] 내 나이.

近

辶 4 8 中

가까울 **근**
가깝다
near to

厂 斤 斤 䜣 䜣 近

도끼 근, 무게 근 : 斤 : 여기서는 무게, 무게를 다는 저울추의 뜻.
책받침, 길 : 辶 : 옮겨 가다

물건을 달 때 저울추(斤)를 옮겨가는(辶) 거리가 짧다는 데서 가깝다(近)의 뜻임. (형성)

近年[근년] 가까운 해.
近郊[근교] 도시 변두리의 마을이나 산야.
近視[근시]　近代化[근대화]　附近[부근]

迷

辶 6 10 高

헤맬 **미**, 미혹할 **미**
헤매다　미혹하다
wander about

丷 爫 米 米 迷 迷

쌀 미 : 米 : 길이 사방팔방으로 난 것을 뜻한다.
길의 모양 : 辶

길(辶)이 사방팔방(米)으로 나서 갈 곳을 몰라 헤맨다(迷). (형성)

米 → 미 ← 迷

迷路[미로] 갈래가 져 섞갈리기 쉬운 길.
迷惑[미혹] 마음이 흐려서 무엇에 홀림.
迷兒[미아]　迷信[미신]　迷宮[미궁]

返

辶 4 8 高

돌아올 **반**, 돌려보낼 **반**
돌아오다　돌려보내다
return

厂 厂 反 反 返 返

돌이킬 반 (反) : ✋ → ⇘ → 反 → 反

손으로 밀어내 돌이키게 하는 모양.
가던 길(辶)을 돌이켜(反) 되돌아온다(返). (회의), (형성)　反 → 반 ← 返

返送[반송] 환송(還送). 돌려보냄.
返信[반신] 회답하는 통신.
返納[반납]　返還[반환]　返杯[반배]

定 정할 정
정하다, 바로잡다, 평정하다
set, fix, decide

宀 58 中

집(宀)의 위치·방향·구조·외관 등을 바르게(正→疋) 정한다(定)의 뜻임. (형성)
正 → 정 ← 定
決定[결정] 결단(決斷)하여 정함.
假定[가정] 임시로 정함.
定婚[정혼] 혼인(婚姻)을 정함.
定價[정가] 定義[정의] 肯定[긍정]

常 항상 상, 범상 상
항상, 보통, 범상
always, usually

巾 8 11 中

높일 상 : 尙 → 㸃 : 위
수건 건 : 巾 : 수건, 천, 옷감.

사람이 옷감(巾)을 높이(㸃) 평가하고 소중히 생각하는 것은 항상(常) 있는 일이다. 사람은 옷(巾)을 몸 위(㸃)에 항상(常) 입고 다닌다. (형성)
恒常[항상] 언제나 늘.
正常[정상] 平常時[평상시] 凡常[범상]

是 이 시, 옳을 시
이것, 이곳, 옳다, 바로잡다
this, right

日 59 中

날 일 : 日 → 日
바를 정 : 正 → 疋 → 疋

우주에서 해(日)의 운행이 가장 바르고(疋) 옳다(是). 옳은 것은 '이것이냐 저것이냐'에서 이것(是)의 뜻도 생겼다. (회의)
是非[시비] 옳음과 그름. 잘잘못.
是時[시시] 이 때. 「비」
是認[시인] 是正[시정] 是是非非[시시비비]

當 마땅할 당, 당할 당 ⑨当
마땅하다 당하다
proper

田 8 13 中

높일 상 : 尙 → 㸃 : 높이
밭 전 : 田 : 밭, 토지

밭(田)을 소중히 여기고 높이(㸃) 평가하는 것은 마땅한(當) 일이다. (형성)
尙 →  ← 當
至當[지당] 이치에 꼭 맞음.
不當[부당] 當時[당시] 該當者[해당자]
當初[당초] 當面[당면] 擔當者[담당자]
典當[전당] 適當[적당] 當局者[당국자]

尙 높일 상, 숭상할 상
높이다 오히려
respect, raise

小 58 中

창문에서 연기나 김이 하늘로 올라가는 모양에서 높이다(尙)의 뜻을 나타냈다. (형성)
向 → 향상 ← 尙
崇尙[숭상] 높여 소중히 여김.
尙存[상존] 아직도 존재함. 「금」
高尙[고상] 時機尙早[시기상조] 尙今[상

堂 집 당, 당당할 당
집 당당하다
hall

土 8 11 中

높일 상 : 尙 → 㸃 → → 堂
흙 토 : 土

흙(土)을 높이(㸃) 돋우고 매우 튼튼하게 지은 집(堂)이란 뜻임. (형성)
當 → 당 ← 堂
堂堂[당당] ① 매우 의젓하고 떳떳함. ② 형세가 웅대함.
明堂[명당] 殿堂[전당] 廟堂[묘당]
書堂[서당] 學堂[학당] 講堂[강당]

宜

宀 5 8 高

마땅할 의, 옳을 의
마땅하다 옳다
suitable

갓머리(宀): 🏠 → ∧ → 宀 : 집
또 차(且): 🍱 → 旦 → 且 : 쌓다

집(宀)에서 음식을 많이 쌓아(且) 놓고 제사를 지내는 일은 마땅하고·옳은(宜) 일이다. (회의)

宜當[의당] 마땅히, 으레.
時宜[시의] 그 때의 사정에 맞음.

宅

宀 3 6 中

집 택
집, 살다, 자리잡다
house

갓머리, 집 : 宀
맡길 임 : 任→壬→モ→毛 : 맡길 탁

몸을 의지하고 맡기는(毛) 집(宀)이란 데서 집(宅)을 뜻한다. (형성)
※ 托 : 받칠 탁, 맡길 탁, 밀 탁 : 依托(의탁)

住宅[주택] 사람이 사는 집.
宅地[택지] 집 터. ⑩~造成(조성)
邸宅[저택] 왕후의 집. 구조가 큰 집.
家宅[가택] 自宅[자택] 舍宅[사택]

宗

宀 5 8 中

마루 종, 가묘 종
마루, 밑둥, 근본, 가묘
shrine

보일 시 : 示 : 제단, 제사, 제삿상.

제사(示)를 지내는 집(宀)이니 가묘·사당(宗)이다. 같은 조상신에게 제사(示)를 지내는 일가(宀)이니 근본이 같다. (회의)

宗家[종가] 만파(派)의 집안. 큰집
宗氏[종씨] 동성 동본의 겨레에 대한 호칭.
宗親[종친] 宗主國[종주국] 宗敎[종교]

家

宀 7 10 中

집 가, 전문가 가
집 전문가
house

합할 합 : 合 → ᅀ → 一 : 모이다
세 사람 : 丿, 〃, 乀 → 豕

세 사람(豕)이 모여서(一) 사는 집(宀)이란 데서 집(家)을 뜻한다. (회의)
※ 嫁 : 시집갈 가, 稼 : 심을 가

家屋[가옥] 家門[가문] 家內[가내]
家族[가족] 家風[가풍] 家勢[가세]
家譜[가보] 家訓[가훈] 農家[농가]

室

宀 6 9 中

집 실, 아내 실
집, 방, 아내
house, room

이를 지(至) : 🕊 → 𡈼 → 至

새가 날아와 땅에 이르는 모양.
집(宀)에 이르면(至) 방(室)이 있고, 안방에는 아내(室)가 있다. (형성)

室長[실장] 방의 우두머리.
正室[정실] 본처(本妻). 몸채
敎室[교실] 居室[거실] 事務室[사무실]

完

宀 4 7 中

완전할 완, 끝날 완
완전하다 끝나다
perfect, complete

으뜸 원(元) : 🕴 → 兀 → 兀 → 元

사람의 몸 중에서 머리가 으뜸이란 뜻임.
사람의 머리(元) 위를 덮는 집(宀)을 완전하게(完) 짓는다의 뜻임. (형성)
元 → 𠑽 𠑽 ← 完

完全[완전] 부족함이 없음. 결점이 없음.
完快[완쾌] 병이 완전히 나음.

空

穴 3 8 中

빌 공, 하늘 공
비다 하늘
empty, sky

| 宀 | 宀 | 宀 | 空 | 空 | 空 |

구멍 혈 (穴): 穴 → 穴 → 穴 : 구멍 굴
만들 공 (工): 工 → 工 → 工 : 공작물 공사

굴(穴)을 뚫는 공사(工)를 끝내니 빈·하늘(空)이 보인다. (형성)
　　　　　　　　　工 → 공 ← 空
空手[공수] 빈 손.
空間[공간]　空想[공상]　空砲[공포]

究

穴 2 7 中

궁구할 구, 다할 구
궁구하다, 연구하다, 다하다
research

| ` | 宀 | 宀 | 宂 | 究 | 究 |

구멍 혈, 굴 혈: 穴 → 宀
아홉 구: 九

굴(穴)을 아홉번(九) 파듯이 힘을 들여서 궁구한다(究)는 뜻임. (형성)
　　　　　　　　　九 → 구 ← 究
窮究[궁구] 속속들이 깊이 연구(硏究)함.
究明[구명] 사리를 궁구하여 밝힘.
究竟[구경] 사리(事理)의 마지막.
探究[탐구]　論究[논구]　講究[강구]

突

穴 4 9 高

부딪칠 돌, 갑작스러울 돌
부딪치다　갑자기
be bumped against

| 宀 | 宀 | 空 | 穷 | 突 | 突 |

개 견 (犬):  → 犬 → 犬

개(犬)가 구멍(穴)에서 갑자기(突) 튀어나와 부딪친다(突). (회의)
突發[돌발] 일이 뜻밖에 일어남. 별안간 발생함.
突出[돌출]　煙突[연돌]　突變[돌변]
衝突[충돌]　唐突[당돌]　猪突[저돌]

草

艹 6 10 中

풀 초, 초할 초
풀　초잡다
grass

| 一 | 十 | 十 | 苗 | 苩 | 草 |

풀 초: 艹 : 풀
일찍 조: 早 : 일찍, 이른, 이른 봄.

이른(早) 봄부터 풀(艹)이 돋아난다는 데서 널리 풀(草)을 뜻함. (형성)
　　　　　　　　早 → 조 초 ← 草
草木[초목] 풀과 나무
草創[초창] 일의 시작. 사업의 시초.
草家[초가]　草食[초식]　草野[초야]
草露[초로]　草案[초안]　起草[기초]

苗

艹 5 9 高

모 묘, 백성 묘
모, 모종, 백성
seedling

| 一 | 十 | 十 | 井 | 苗 | 苗 |

풀 초: 艹
밭 전: 田 }→ 苗

밭(田)에 일부러 심어 싹을 나게 한 풀(艹)이니 모·모종(苗)이다. (회의)
苗木[묘목] 모종하기 위해 모를 부어서 자라는 어린 나무.
苗板[묘판] 못자리, 모판.
苗圃[묘포]　苗床[묘상]　藥苗[약묘]

若

艹 5 9 中

같을 약, 젊을 약, 반야 야
같다　젊다　반야
like, young

| 一 | 十 | 十 | 艹 | 若 | 若 |

오른쪽 우: 右: 오른쪽, 오른손.

오른(右)손으로 뽑아내는 풀(艹)의 모양이 비슷하다는 데서 같다(若)의 뜻을, 풀이 모두 성성하다는 데서 젊다(若)의 뜻을 갖는다. (회의), (전주)
若此[약차] 이와 같음. 여차(如此).
若何[약하] 어떠함. 여하(如何).
若冠[약관]　萬若[만약]　般若[반야]

誌

言 7 14 高

적을 **지**, 기록할 **지**
적다 기록하다
record

| 言 | 言 | 計 | 誌 | 誌 | 誌 |

말씀 언 : **言** : 마음(心→小→㣺)에 있는 바를 입(口)으로 말한다(言).

뜻 지 : **志** : 선비(士)의 마음(心) 속에는 큰 뜻(志)이 있다.

말씀(言)이나 뜻(志)을 적는다(誌). (형성)

誌面[지면] 잡지 따위의 기사(記事).
週刊誌[주간지] 誌齡[지령] 雜誌[잡지]

評

言 5 12 高

평론할 **평**, 품평 **평**
평론하다 품평
criticize

| 言 | 言 | 訂 | 訂 | 訐 | 評 |

평평할 평 : (平) : ↧→苹→平

쇠스랑으로 밭을 평평하게(平) 고른다. 여기서는 공평(公平)의 뜻.

치우침이 없는 공평한(平) 말(言)로 평론한다(評). (형성)   平→평←評

評判[평판] 評價[평가] 批評[비평]
評論[평론] 定評[정평] 品評[품평]

許

言 4 11 中

허락할 **허**, 쯤 **허**
허락하다 쯤
allow

| 一 | 言 | 言 | 計 | 許 | 許 |

낮 오 : (午) : 🧍→牛→午→午

절구 공이가 올라갔다 내려갔다 하나 '일정한 범위' 안에 있다는 뜻.

상대의 말(言)을 잘 듣고 일정한 범위(午) 안에서 허락한다(許). (형성)

許容[허용] 허락(許諾)하고 용납(容納)함.
許多[허다] 特許[특허] 十里許[십리허]

詠

言 5 12 高

읊을 **영**, 시가 **영**
읊다 시가
recite, sing

| 言 | 言 | 訂 | 詞 | 詠 | 詠 |

길 영 : (永) : ˎˎˎ→氺→永

시냇물이 길게 흐르는 모양을 본뜸.

시조창을 들어 보면 말(言)을 길게(永) 늘여 읊는(詠) 것을 알 수 있다. (형성)   永→영←詠

詠嘆[영탄] 심원한 정회를 노래 부름.
詠吟[영음] 시나 노래를 읊조림.
詠歌[영가] 시가(詩歌)를 읊음.

訟

言 4 11 高

송사할 **송**, 송사 **송**
송사하다 송사
sue, suit

| 言 | 言 | 言 | 訟 | 訟 | 訟 |

공변될 공 : **公** : 관공서(官公署)

옳고 그름을 관공서(公)에 말(言)로써 호소하여 그것을 바로잡는다는 데서 송사(訟)를 뜻한다. (형성)

公→공송←訟, 松

訟事[송사] 재판을 거는 일. 소송(訴訟).
訟理[송리] 송사의 속 까닭·이유(理由).
訟辯[송변] 송사의 변론을 함.
訴訟關係[소송관계] 訴訟記錄[소송기록]

詳

言 6 13 高

자세할 **상**, 상세할 **상**
자세하다 상세하다
minute, detailed

| 言 | 訁 | 訝 | 訝 | 詳 | 詳 |

착할 선 : **善**→**羊** : 착하고 아름답다 여기서는 바르고 잘하다의 뜻.

바르고 잘하는(羊) 말(言)로 자세히(詳) 설명한다는 뜻임. (형성)

※ 祥 : 상서로울 상   羊→양상←詳

詳記[상기] 자세히 기록함.
詳細[상세] 속속들이 자세(子細·仔細)함.
詳說[상설] 상세히 설명(說明)함.

昇

오를 **승**, 올릴 **승**
오르다 올라가다
rise, ascend

日 48 高

오를 승:  → 昇
(昇)

해(日→日)가 돌아(廾) 오른다(昇).
(형성)

昇天[승천] 하늘에 오름. 등천(登天).
昇降[승강] 오르고 내림. 예 ~機(기)
昇給[승급] 봉급(俸給)이 오름.
上昇[상승]　昇進[승진]　昇華[승화]

昨

어제 **작**, 예 **작**
어제, 옛날, 과거
yesterday

日 59 中

날 일: 日: 하루 해
지을 작: 作 → 乍: 짓다. 여기서는 지나다.

하루 해(日)가 지나갔으니(乍) 어제
(昨)이다. (형성)　　　　作 → 작 ← 昨

昨今[작금] 어제와 오늘. 요즘.
昨非[작비] 지금까지의 잘못.
昨冬[작동] 지난 해 겨울.
昨日[작일]　昨夜[작야]　昨年[작년]

晴

갤 **청**
개다, 맑다
clear, fine

동 晴

日 812 中

푸를 청: 青=靑: 十二月 달의 하늘이 푸르다는 데서 푸르다의 뜻.

해(日)가 나고 하늘이 푸르니(靑) 날씨가 개다·맑다(晴)의 뜻임. (형성)

※ 淸: 맑을 청,　請: 청할 청
　　　　　　　　　靑 → 청 ← 晴

晴天[청천] 맑게 갠 하늘.
晴明[청명] 하늘이 개어 맑음.
靑天霹靂[청천벽력]　晴雨計[청우계]

盟

맹세 **맹**
맹세
oath

皿 813 高

밝을 명: 明: 해와 달
그릇 명: 皿: 그릇의 술, 피

옛날에 맹세를 할 때는 말의 피 등을
그릇(皿)에 담아 해(日)와 달(月)을 두
고 마시며 맹세(盟)를 　　日 皿 → 盟
하였다. (형성)　　　　날일 명 → 맹

盟誓[맹서] 맹세. 신불 앞에서 약속함.
盟邦[맹방] 동맹(同盟)을 맺은 나라.

昏

날저물 **혼**, 어두울 **혼**
날이 저물다, 어둡다
close, dark

日 48 高

씨 씨: 氏:
(氏)
나무의 뿌리를 본떴다.

나무 뿌리(氏) 밑으로 해(日)가 져서
날이 저물어·어둡다(昏). (회의)

※ 婚: 혼인할 혼: 結婚(결혼)

昏睡[혼수] 의식이 없어짐.
黃昏[황혼] 해가 지고 어둑어둑할 때.
昏迷[혼미] 마음이 어두워 흐리멍덩함.

朗

밝을 **랑**
밝다, 환하고 밝음
bright

月 711 高

어질 량: 良: 어질다

달(月) 빛이 어질고(良) 좋다는 데서
환하고 밝다(朗)는 뜻임. (형성)

※ 浪: 물결 랑: 風浪(풍랑), 放浪(방랑)
　　　　　　　　　良 → 랑랑 ← 朗

朗讀[낭독] 소리내어 읽음.
明朗[명랑] 밝고 쾌활(快活)함.
朗朗[낭랑] 매우 밝음. 소리가 명랑한 모양.
朗誦[낭송]　朗詠[낭영]　淸朗[청랑]

尺 자 척, 길이 척
자, 길이, 긴 정도
ruler

부수: 尸
14획 中

몸 시: 尸
: 팔

몸(尸)의 일부인 손목에서 팔꿈치(乀)까지의 길이가 한 자(尺)이다. (지사)

尺度[척도] 자로 잰 길이. 계량의 표준.
尺土[척토] 썩 좁은 논밭. 촌토(寸土).

局 관청 국, 판 국
관청, 방, 부분
bureau, board

부수: 尸
47획 高

자 척: 尺 → 尺 → 月
입 구: 口: 말, 언어, 문서

자(月)로 재듯이 정확한 말(口)·언어·문서로 법도에 따라 일을 하는 관청(局)의 일부란 데서 부분·판·방(局)의 뜻도 있음. (회의)

口 月 → 局
구 척 → 국

內務局[내무국] 局限[국한] 局量[국량]
郵遞局[우체국] 時局[시국] 當局[당국]

尾 꼬리 미, 끝 미
꼬리, 끝, 뒤
tail

부수: 尸
47획 中

털 모 (毛): → → → 毛
깃털의 모양을 본떴다.

몸(尸) 특히 엉덩이에 난 털(毛)이니 꼬리(尾)이다. (회의)

毛 尸 → 尾
모 시 → 미

龍頭蛇尾[용두사미] 용의 머리와 뱀의 꼬리
大尾[대미] 맨 끝.
徹頭徹尾[철두철미] 尾行[미행] 末尾[말미]

居 살 거, 있을 거
살다 있다
dwell

부수: 尸
58획 中

몸 시: 尸
오랠 고: 古 } → 居

오래(古) 전부터 몸(尸)을 의지하여 살고(居) 있다는 데서 거주란 뜻이다. (형성)

古 → 고 거 ← 居

居住[거주] 자리를 잡고 머물러 삶. 또 그곳.
居處[거처] 거주하는 곳. 거소(居所).
起居[기거] 同居[동거] 別居[별거]

屋 집 옥
집, 주거, 지붕
house

부수: 尸
69획 中

이를 지: → 土 → 至
(至)

새가 날아와 땅에 이르는 모양.

몸(尸)이 이르는(至) 곳이니 집(屋)이다. (회의)

草屋[초옥] 초가(草家) 집.
洋屋[양옥] 서양식으로 지은 집.
家屋[가옥] 屋外[옥외] 屋上[옥상]

屈 굽을 굴
굽다, 굽히다
bend, stoop

부수: 尸
58획 高

날 출: → 出 → 出
(出)

식물이 나오는 모양을 본떴다.

굴 속으로 몸(尸)이 빠져 나갈(出) 때 몸을 굽힌다(屈)는 뜻임. (형성)

出 → 출 굴 ← 屈

屈曲[굴곡] 상하 좌우로 꺾이고 굽음.
屈服[굴복] 힘이 못미쳐 복종(服從)함.
屈折[굴절] 不屈[불굴] 卑屈[비굴]

損

扌 10 13 高

덜 **손**, 잃을 **손**
덜다, 잃다, 손해를 보다
lose, loss

| 扌 | 扩 | 捐 | 捐 | 損 | 損 |

손 수 : 扌
입 구 : 口 } → 員 → 損
조개 패 : 貝

손(扌)과 입(口)을 잘못 놀리면 재산(貝)에 손해(損)가 온다. 扌 員 → 損
(형성)　　　　　　　　　　　손수 원 → 손

損益[손익] 손해(損害)와 이익(利益).
損失[손실] 덜리어 잃어짐. 축나 없어짐.

授

扌 8 11 中

줄 **수**
주다
give

| 扌 | 扌 | 扩 | 护 | 护 | 授 |

받을 수 : ✋ → 受 → 受 → 受
(受)

손(爫)으로 주는 물건(一)을 손(又)으로 받는다(受).
손(扌)으로 받을(受) 수 있게 준다(授). (형성)　　受 → 수 ← 授

授賞[수상] 상을 줌.
授業[수업] 학문・기술 등을 가르쳐 줌.

投

扌 4 7 中

던질 **투**
던지다, 보내다, 의탁하다
throw

| 一 | 十 | 扌 | 扒 | 投 | 投 |

🗡 → 介 → 几 → 几 : 창과 칼

손(又)에 들고 있던 창(几)을 손(扌)으로 던진다(投). (회의)
手, 扌 → 수 투 ← 投

投石[투석] 돌을 던짐.
投身[투신]　投影[투영]　投資[투자]
投機[투기]　投手[투수]　投降[투항]

指

扌 6 9 中

손가락 **지**, 가리킬 **지**
손가락, 발가락, 가리키다
finger, point

| 扌 | 扌 | 扎 | 指 | 指 | 指 |

맛 지 : 〰 → 닙 → 旨
(旨)

숟가락(匕)으로 음식(一)을 입(口)에 넣어 맛(旨)을 본다.
음식을 집어서 맛(旨)을 보는 손(扌)의 일부인 손가락(指)의 뜻. 손가락으로 사물을 가리킨다(指)는 뜻도 있다. (형성)

指名[지명]　指揮[지휘]　指導[지도]
指示[지시] 가리켜 보임. 일러서 시킴.

探

扌 8 11 中

더듬을 **탐**, 찾을 **탐**
더듬다, 찾다
grope, search

| 扌 | 扩 | 扩 | 护 | 挥 | 探 |

아궁이 : 冂 → 冗 → 冗

옛날에는 불을 얻기가 어려워 불씨를 아궁이나 화로속에 보관하였었다. 손(扌)에 부지깽이를 들고 아궁이(冗) 속의 불씨가 있는 나무(木)를 더듬어・찾는다(探). (회의)

探求[탐구] 더듬어 구함. 탐색(探索).
探險[탐험] 위험을 무릅쓰고 현지를 탐방함.

拜

手 5 9 中

절 **배**
절
bow

| 三 | 手 | 手 | 手 | 拝 | 拜 |

손 수 : 手 → 扌 : 왼손
아래 하 : 下 → 丁 : 아래
손 수 : 手 → 手 : 오른손

왼손(手) 아래(丁)에 오른손(手)을 모아 절한다(拜). (회의)

拜禮[배례] 절 하는 예(禮).
拜伏[배복] 절하여 엎드림.
崇拜[숭배] 높이어 우러러 공경함.
拜謁[배알]　拜受[배수]　拜金[배금]

意

心 9 13 中

뜻 의
뜻·마음·생각
intention

亠 音 音 音 意 意

소리 음 : 音 : 해(日)가 뜨면(立) 사람들이 일어나 소리(音)를 낸다.
마음 심 : 心 : 심장의 모양

마음(心) 속에서 우러나는 소리(音)가 뜻(意)이다. (회의)

意味[의미] 말이나 글의 뜻.
意思[의사] 마음먹은 생각.
意圖[의도] 뜻하는 바 계획.
意志[의지] 意識[의식] 意向[의향]

恭

心 6 10 高

공경할 공, 받들 공
공경하다 받들다
respect

共 共 共 恭 恭 恭

함께 공, 한가지 공 : 共
마음 심 : 心 → 㣺 → 小

상대편의 뜻에 마음(小)을 함께(共)하여 공경하고 뜻을 받든다(恭). (형성), (전주)
共 → 공 ← 恭

恭遜[공손] 공경하고 겸손(謙遜)함.
恭敬[공경] 공손히 섬김.
過恭[과공] 지나치도록 공손함.
恭待[공대] 恭順[공순] 恭祝[공축]

章

立 6 11 中

글 장, 문채 장
글, 문장, 무늬, 나타내다
chapter

亠 音 音 音 章 章

음(音)절이 십(十)개 모이면 한 장(章)이 된다. 교과서에서 한 장(章)을 배우면 내용을 잘 알게 된다는 데서 나타내다·밝히다(章)의 뜻도 있다. (회의), (전주)

章句[장구] 글의 장과 구. 문장(文章)의 단락.
勳章[훈장] 憲章[헌장] 第一章[제일장]
肩章[견장] 記章[기장] 圖章[도장]

快

忄 4 7 中

쾌할 쾌, 빠를 쾌
상쾌하다 빠르다
refreshing

丶 忄 忄 忄 快 快

활 궁 : 弓 → 尸 → 𠃌
화살시 : 矢 → 夬 → 夬

활로 화살(夬)을 쏘아 과녁에 맞췄을 때 마음(忄)이 상쾌하다(快)는 뜻임. 화살이 빠르다는 데서 빠르다(快)의 뜻도 생겼음. (형성), (전주)

爽快[상쾌] 기분이 썩 시원하고 유쾌함.
愉快[유쾌] 快活[쾌활] 快樂[쾌락]

暗

日 9 13 中

어두울 암, 욀 암
어둡다, 몰래, 외다
dark

日 日 日 䀂 暗 暗

그믐 밤에 시골 길을 걸으면 조용한 것을 알 수 있다. 해(日)가 지고 소리(音)도 없이 어둡다(暗)는 뜻임. (형성)
日 音 → 暗
날일 음 → 암

暗誦[암송] 책을 보지 않고 욈.
暗室[암실] 광선이 들어가지 않는 방.
明暗[명암] 暗示[암시] 暗口號[암구호]
暗殺者[암살자] 暗鬪[암투] 暗記[암기]
暗算王[암산왕] 暗礁[암초] 暗黑[암흑]

怨

心 5 9 中

원망할 원, 원한 원
원망하다 원한
resent

夕 夕 夗 夗 怨 怨

병부절 : (巴) → 己 → 巴 누워 있는 사람의 몸

저녁(夕)에 누워있을(巴) 때에도 언짢게 생각하는 마음(心)이니 원망하다(怨)의 뜻임. (형성)
※ 苑 : 동산 원 : 文苑(문원), 藝苑(예원)

怨望[원망] 분하게 여겨 미워함.
怨恨[원한] 원통(冤痛)하고 한(恨)되는 생

政放敗故效救

政 (정사 정)
女 4 8 中

정사, 정치, 다스리다
political

下 正 正 正 政 政

바를 정 : 正 : 한 직선(一)에 발(止)
을 모아 바르게(正) 선다.
채찍, 권력 : 攵 : 여기서는 권력

손(攵)에 권력(攵)을 쥐고 바르게
(正) 정사(政)를 편다. (형성)

正 → 정 ← 政

政事[정사] 정치 상의 일. 정치 상의 업무.
政治[정치] 國政[국정] 軍政[군정]
政府[정부] 財政[재정] 政權[정권]

故 (예 고, 고로 고, 연고 고)
女 5 9 中

옛일·일, 그러므로, 까닭
old(en), reason

十 古 古 古 故 故

예 고 : 古 : 옛, 오래됨
칠 복 : 攵 : 손을 써서 조사한다.

옛(古) 일을 손을 써서(攵) 그 연
고·까닭을 일부러 조사한다는 데서 옛
일·연고·까닭·일부러(故)의 뜻임. (형
성), (전주)   古 → 고 ← 故

緣故[연고] 사유(事由). 혈통 등으로 맺어
진 관계.
故鄕[고향] 故國[고국] 事故[사고]

放 (놓아줄 방, 내칠 방)
女 4 8 中

놓아주다   내치다
set free

亠 方 方 方 放 放

모 방 : 方
손에 채찍을 쥔다 : 攵

손(攵)에 채찍(攵)을 들어 사방(方)
으로 흩어지게 놓아 준다(放). (형성)

方 → 방 ← 放

放牧[방목] 소·말 등을 놓아서 기름.
放置[방치] 그대로 놓아 둠.
解放[해방] 釋放[석방] 放送[방송]
開放[개방] 追放[추방] 放課後[방과후]

效 (본받을 효, 보람 효) 〈속〉効
女 6 10 中

본받다   보람
imitate

亠 亠 亠 交 效 效

칠 복 : 攵 : 채찍을 들어 권장하다

어질고 학식있는 사람과 사귀도록
(交) 권장하여(攵) 본받게(效) 한. 본
받아서 좋은 결과가 나타났다는 데서
보람(效)의 뜻도 생겼다. (형성), (전주)

交 → 교 효 ← 效

倣效[방효] 모떠서 본받음.
效力[효력] 有效[유효] 逆效果[역효과]
失效[실효] 藥效[약효] 卽效藥[즉효약]

敗 (패할 패, 무너질 패)
女 7 11 中

패하다   무너지다
get defeated

目 貝 貝 貶 敗 敗

조개 패 : 貝 : 조개, 돈, 재물
칠 복 : 攵 : 손에 무기를 들어 침

손에 연장(攵)을 들어 재물(貝)을 부
순다(敗). 적과 싸워서 부서지다에서 패
하다(敗)의 뜻도 생겼다. (형성), (전주)

貝 → 패 ← 敗

敗北[패배] 싸움에 짐. 져서 도망감.
敗亡[패망] 勝敗[승패] 失敗[실패]
慘敗[참패] 腐敗[부패] 敗戰國[패전국]

救 (구원할 구, 도울 구)
女 7 11 中

구원하다   돕다·막다
relieve

求 求 求 求 救 救

구할 구 : 求 : 노동, 운동, 등산 후 첫
째로(一) 물(氺)과 컵(丶)을 구한다(求)
칠 복 : 攵 : 손을 쓴다

도움을 구하는(求) 사람을 손을 써서
(攵) 구원한다(救). (형성)

求 → 구 ← 救

救援[구원] 도와 건져 줌. 〈예〉~兵(병)
救急[구급] 救助[구조] 救命艇[구명정]
救國[구국] 救濟[구제] 救護品[구호품]

請

言 8 / 15 / 中

청할 **청**, 청 **청** ⓢ 請
청하다   청탁하다
　　　　　　　ask, request

| 言 | 計 | 請 | 請 | 請 |

푸를 청 : 靑 → 靑 : 청년(靑年)
청년(靑)이 웃어른께 부탁의 말씀
(言)을 드린다는 데서 청하다(請)의 뜻
임. (형성)　　　　　　靑 → 청 ← 請

請牒[청첩] 경사스러운 일이 있을 때 남을
　청함. 청첩장의 준말.
請願[청원] 청하고 원함.
請求書[청구서] 請婚[청혼] 申請[신청]
招請狀[초청장] 要請[요청] 請託[청탁]

誰

言 8 / 15 / 中

누구 **수**, 접때 **수**
누구   옛·이전(以前)
　　　　　　　who

| 言 | 訓 | 許 | 許 | 誰 | 誰 |

꼬리짧은 새 :
추(隹)　　　→ 隹 → 隹

꼬리 짧은 새(隹)의 지저귀는 말(言)
을 누가(誰) 알아 듣겠는가? (형성)
　　　　　　　　　隹 → 수 ← 誰

誰某[수모] 아무개.
誰何[수하] 누구. 누구냐 하고 그 성명을
　물어 밝히는 말.
誰昔[수석] 옛날.

談

言 8 / 15 / 中

이야기 **담**, 농할 **담**
이야기   농담을 하다
　　　　　　　talk

| 言 | 言 | 訐 | 談 | 談 |

탈 염, 불꽃 염 : 炎 : 불(火)이 활활
타서 불꽃이 인다. 밝다의 뜻임.

불이 활활 타듯(炎) 밝은 마음으로
말씀(言) 한다는 데서 이야기(談)란 뜻
임. (형성)　　　　　炎 → 담 ← 談

※ 淡 : 맑을 담

談話[담화] 이야기. 예 ~文(문)
相談[상담] 會談場[회담장] 私談[사담]

急

心 5 / 9 / 中

급할 **급**, 서두를 **급**
급하다   서두르다
　　　　　　　urgent

| ク | ク | 亀 | 兔 | 急 | 急 |

사람 인 : 人 → 人 → 𠂉
손 : 𠃍 → 又 → ⼹

도망가는 사람(𠂉)을 쫓아가 손(⼹)
으로 잡으려는 마음(心)이니 급하다
(急)의 뜻임. (형성)　　及 → 급 ← 急

急行列車[급행열차] 特急[특급] 急送[급송]
急進[급진] 急速度[급속도] 急流[급류]
急變[급변] 緊急[긴급] 救急車[구급차]

誠

言 7 / 14 / 中

정성 **성**, 참 **성**
정성   참
　　　　　　　true heart

| 言 | 訂 | 訪 | 誠 | 誠 | 誠 |

이룰 성 : 成 : 사람(丁)이 창(戈)·도
구를 써서 어떤 일을 이룬다(成).

말한(言)대로 이룩하기(成) 위하여
정성(誠)을 다한다. (형성)
　　　　　　　成 → 성 ← 誠

精誠[정성] 참되고 성실(誠實)한 마음.
誠金[성금] 정성으로 내는 돈.
誠實[성실] 거짓이 없고 참됨.
誠意[성의] 忠誠心[충성심] 孝誠[효성]

怒

心 5 / 9 / 中

성낼 **노**, 세찰 **노**
성내다   세차다
　　　　　　　grow angry

| 乆 | 女 | 奴 | 奴 | 怒 | 怒 |

종 노, 놈 노 : 奴 : 손(又)을 움직여
일하는 여자(女) 종(奴)에서 뜻이 변하
여 종, 남자종을 이르게 되었다.

종(奴)은 일은 많고 사람 대접은 제
대로 못받아 마음(心)이 늘 성내어(怒)
있다. (형성)　　　　奴 → 노 ← 怒

怒濤[노도] 성난 파도(波濤).
怒氣[노기] 성난 기색. 성이 난 얼굴빛.
憤怒[분노] 분하여 몹시 성냄.

景

日 8 12 中

빛 **경**, 볕 **경**, 경치 **경**
햇빛　볕　풍경
　　　　　light, scene

| 旦 | 쿠 | 뮴 | 景 | 景 | 景 |

날 일 : 日 → 日
서울 경, 언덕 경 : 京 } → 景

해(日)가 언덕·서울(京) 위에서 비친다는 데서 햇빛(景)을, 햇빛에 의하여 경치(景)가 나타난다는 데서 경치(景)의 뜻도 있다. (형성)

景致[경치] 산수(山水) 등 자연계의 아름다운 현상. 경관(景觀), 경광(景光).
背景[배경]　雪景[설경]　佳景[가경]

勉

力 7 9 中

힘쓸 **면**, 권면할 **면**
힘쓰다　권면하다
　　　　　encourage

| ⺈ | 宀 | 名 | 免 | 免 | 勉 |

면할 면 : 免 } → 勉
힘 력 : 力

낙방을 면하기(免) 위해서 힘(力) 들여 공부한다는 데서 힘쓰다(勉)의 뜻임. (형성)　免 → ㉠ ← 勉

勉學[면학] 학문에 힘씀.
勤勉[근면] 부지런하게 힘씀.
勸勉[권면] 알아 듣도록 타일러 힘쓰게 함.
勉勵[면려] 스스로 힘씀. 남을 힘쓰게 함.

影

彡 12 15 高

그림자 **영**, 모습 **영**
그림자　모습
　　　　　shadow

| 旦 | 뮴 | 景 | 景 | 影 | 影 |

언덕 경 : 京 : 서울. 약간(小) 높은 (高→亠) 언덕(京)의 뜻도 있음.

햇빛(景)에 물체의 형상이 붓(彡)으로 그린 것처럼 그림자(影)로 들어난다. 물그림자에 모습(影)이 비친다. (형성), (전주)　景 → ㉠ㅇㅕㅇ ← 影

影幀[영정] 화상을 그린 족자.
撮影[촬영] 형상을 사진이나 영화로 찍음.
陰影[음영]　投影[투영]　影響[영향]

逸

辶 8 12 高

뛰어날 **일**, 편안할 **일**
뛰어나다　편안하다
　　　　　run

| ⺈ | 宀 | 免 | 兔 | 逸 | 逸 |

토끼 토 : 🐇 → 兔 → 兔
(兔)

토끼(兔)가 길(辶)을 따라 뛰어나고 빠르게 달아나·숨으니·편안하다(逸). (회의), (전주)

逸品[일품] 아주 뛰어난 물건.
逸話[일화] 세상에 알려지지 않은 이야기.
安逸[안일] 편안하고 한가로움.
逸走[일주]　逸德[일덕]　秀逸[수일]

晩

日 7 11 中

저물 **만**, 늦을 **만**
저물다　늦다
　　　　　evening

| 𠆢 | 日 | 日ʼ | 晚 | 晚 | 晩 |

면할 면 : 免 = 免 : 토끼(兔)가 덫에 걸렸다가 꼬리(丶)만 잘리고 죽음을 면하였다(免).

해(日)가 서산으로 져서 햇빛을 면하였으니(免) 날이 저물다(晩)의 뜻임. (형성)　免 → ㉠㉡ ← 晩

晩鐘[만종] 저녁에 치는 종소리.
晩餐[만찬] 저녁 식사. ㉑ ~會(회).
晩照[만조]　晩成[만성]　晩年[만년]

柳

木 5 9 中

버드나무 **류**
버드나무·버들
　　　　　willow

| 木 | 木 | 朾 | 朾 | 柳 | 柳 |

토끼 토 : 兔 → 兔 → 卯 → 卯 : 토끼 묘
(兔)　　　　　　　　　　(卯)

나무(木)잎이 토끼(卯) 털처럼 부드러운 나무가 버드나무(柳)이다. (형성)

柳綠花紅[유록화홍] 버들은 푸르고 꽃은 분홍빛임.
柳葉[유엽] 버드나무 잎. 버들잎.

植

木 8 12 中

심을 **식**
심다

plant

| 杆 | 柿 | 枯 | 楅 | 植 | 植 |

곧을 직 : **直** : 열(十) 사람의 눈(目)으로 살펴보면 굽어 있는(乚) 것도 곧게(直) 펼 수 있다.

나무(木)는 곧게(直) 심어야(植) 산다. (형성)

直 → 직 식 ← 植

植木[식목] 나무를 심음. 또 그 나무.
植物[식물] 생물 중 동물(動物)을 제외한 것.
植民地[식민지] 식민한 사람들에 의하여 개척된 국외의 영역.

梨

木 7 11 高

배나무 **리**, 배 **리**
배나무   배

pear tree

| 禾 | 利 | 利 | 利 | 梨 | 梨 |

날카로울 리, 이로울 리 : **利** : 벼(禾)를 베는 낫(刂)은 날카로워야(利) 베는 데 이롭다.(利)

고기를 먹은 후, 또는 갈증에 약이 되는 이로운(利) 열매가 달리는 나무(木)이니 배나무(梨)이다. (형성)

利 → 리 ← 梨

梨園[이원] 배나무를 심은 동산.
梨花[이화] 배꽃.

枝

木 4 8 中

가지 **지**
가지

branch

| 十 | 木 | 杧 | 朼 | 枝 | 枝 |

버틸 지 : **支** : 손(又)으로 열(十) 가지 일을 버틴다(支). 손에서 여러 가지 재주가 갈려져(支) 나간다.

나무(木) 줄기가 버티고(支) 있는 것이 가지(枝)이다. 나무(木) 줄기에서 갈려져(支) 나간 것이 가지(枝)이다. (형성)

枝根[지근] 원뿌리에서 갈려 나간 뿌리.
枝葉[지엽] 가지와 잎. 중요하지 않은 부분.

株

木 6 10 高

뿌리 **주**, 그루 **주**, 주식 **주**
나무뿌리 그루   주식

root

| 木 | 朼 | 朾 | 杵 | 株 | 株 |

붉을 주 : **朱** : 붉다

나무(木)의 밑바탕을 이루는 붉은(朱) 뿌리(株). 나무의 갯수를 세는 수사(數詞)로서의 그루의 뜻임. 자본의 바탕·뿌리가 되는 주식의 뜻도 있음. (형성), (전주)

株主[주주] 주식의 인수인이나 소유인.
梅三株[매삼주] 매화나무 세 그루.
株式[주식] 주식 회사의 자본 구성 단위.

査

木 5 9 高

사실할 **사**, 사돈 **사**
조사하다 사돈

investigate

| 一 | 十 | 木 | 杳 | 杳 | 査 |

나무 목 : 木 → 木
또 차 : 且

} → 査

나무(木)를 쌓고 또(且) 쌓아서 방책·바리케이트를 만들고 통행인을 조사한다(査). (형성)   且 → 차 사 ← 査

査實[사실] 사실을 조사함.
調査[조사] 사물의 내용을 자세히 살펴봄.
搜査[수사] 잡기 위하여 찾아서 조사함.
檢査[검사] 審査[심사] 探査[탐사]

樹

木 12 16 中

나무 **수**, 심을 **수**, 세울 **수**
나무·초목, 심다, 세우다

tree, plant

| 杧 | 梙 | 桔 | 椙 | 樹 | 樹 |

나무 목 : 木,   길할 길 : 吉
구덩이 : 凵,   손과 도구 : 寸

손(寸)으로 길하게(吉) 구덩이(凵)를 파고 나무(木)를 심는다(樹). 또 심은 나무(樹)란 뜻도 있다. (형성)

樹木[수목] 살아있는 나무.
樹齡[수령] 나무의 나이.
樹立[수립] 공(功)이나 사업을 세움.
果樹[과수] 常綠樹[상록수] 樹脂[수지]

疾

병 **질**, 앓을 **질**, 빠를 **질**
병　　앓다　　빠르다
disease

疒 5 / 10 高

| 疒 | 疒 | 疒 | 疒 | 疒 | 疾 |

병질 밑 (疒) :  : 병들어 눕다.

화살(矢)에 맞아서 병(疒)에 걸린다는 데서 병(疾)이란 뜻임. 화살처럼 빠르다(疾)의 뜻도 있다. (형성), (전주)
矢 → (시)(질) ← 疾

疾病[질병] 신체의 온갖 기능의 장애.
疾風[질풍] 몹시 빠르게 부는 바람.
眼疾[안질]　疾走[질주]　疾視[질시]

筆

붓 **필**
붓
writting brush

竹 6 / 12 中

| ⺮ | ⺮ | 竺 | 笁 | 笔 | 筆 |

대 죽 (竹) : 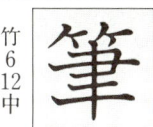 : 붓대로 쓰는 대

손과 붓 (聿) : 붓을 쥔 손의 모양

붓대(竹)와 붓을 쥔 손(聿)의 모양을 합해서 붓(筆)을 나타냈다. (형성)

筆跡[필적] 글씨의 형적. 글씨 솜씨.
筆者[필자] 글 또는 글씨를 쓴 사람.

病

병들 **병**, 앓을 **병**, 근심 **병**
병　　앓다　　근심
sick, ill

疒 5 / 10 中

| 疒 | 疒 | 疒 | 病 | 病 | 病 |

불 병 (丙) : 灱 → 丙 → 丙

아궁이에 불을 넣은 모양을 본떴다.

아궁이의 불(丙)처럼 열이 나는 병(疒)이란 데서 병들다(病)의 뜻임. (형성)
丙 → (병) ← 病

病床[병상] 병자의 침상.
病苦[병고] 병으로 인한 고통.

答

대답할 **답**, 갚을 **답**
대답하다　　갚다
answer, reply

竹 6 / 12 中

| ⺮ | ⺮ | ⺮ | 夳 | 笒 | 答 |

대 죽 (竹) : 대쪽을 엮어서 죽간을 만들어 글씨를 썼다.

대쪽(竹)에 써 온 편지 내용에 합(合)당하게 답(答)을 써 보낸다. (회의)
* 105년에 채륜(蔡倫)이 제지법(製紙法)을 발명. 그 이전에는 죽간(竹簡)·목간(木簡)에 글씨를 썼음.

答狀[답장] 회답하는 편지.
答禮[답례]　報答[보답]　正答[정답]

症

증세 **증**
증세, 병의 성질
symptoms

疒 5 / 10 高

| 疒 | 疒 | 疒 | 疒 | 疜 | 症 |

병질 밑 : 疒
바를 정 : 正 } → 症

어떤 병(疒)인가를 바르게(正) 알아낼 수 있는 병증세(症)란 뜻임. (형성)
正 → (정)(증) ← 症

痛症[통증] 몹시 아픈 증세.
症勢[증세] 병으로 앓는 여러 가지 모양.
⑤ 증상(症狀), 병상(病狀), 증후(症候).
渴症[갈증]　狂症[광증]　炎症[염증]

笛

피리 **적**
피리
flute

竹 5 / 11 高

| ⺮ | ⺮ | 竺 | 笛 | 笛 | 笛 |

대 죽 : 竹 → 竹
까닭 유 : 由 : 말미암다

대(竹)통에 뚫은 구멍에 말미암아(由) 소리를 내는 피리(笛)의 뜻임.
竹 → (죽)(적) ← 笛

笛聲[적성] 피리를 부는 소리.　「리.
牧笛[목적] 목자(牧者)나 목동이 부는 피
玉笛[옥적] 옥으로 만든 저(피리).
汽笛[기적]　草笛[초적]　胡笛[호적]

守

지킬 **수**, 벼슬 이름 **수**
지키다 벼슬 이름
watch, keep

宀 3 6 中

집 면: 宀 → 宀 → 宀 : 갓머리 집
(宀)
치 촌: 寸: 첫수. 법의 운영은 자로 재듯이 정확하여야 한다는 데서 **법도**(**法度**)의 뜻.

법도(寸)에 따라 집(宀)을 지킨다(守). (회의)

守舊[수구] 구습(舊習)을 지킴.
守衛室[수위실] 守門將[수문장] 守備[수비]

毒

독 **독**, 해칠 **독**
독   해치다
poison

毋 4 8 高

꿸 관: → → 毋 : 돈꿰미 뚫다
(貫)

창이나 화살이 생물(生→主)을 뚫듯이(毋) 생명에 해를 끼치는 독(毒)을 뜻한다. (회의)

毒藥[독약] 독이 있는 약.
毒蛇[독사] 독액(毒液)을 내보내는 뱀.
毒素[독소] 毒殺[독살] 害毒[해독]

宣

펼 **선**, 베풀 **선**, 조치 **선**
펴다   베풀다   조치
announce

宀 6 9 高

베풀 선 : 하늘 一
(亘)   해 日 } → 亘
땅 一

하늘과 땅 사이에 햇빛이 퍼진다.
모든 집(宀)과 천지(二) 사이에 햇빛(日)이 퍼지듯이 널리 펴(宣) 알린다. (형성)

宣布[선포] 세상에 널리 알림.
宣言[선언] 널리 펴서 말함.

素

흴 **소**, 바탕 **소**
희다   바탕
white

糸 4 10 中

날 생: 生 → 主 } → 素
실 사: 絲 → 糸

누에 고치에서 나오는(主) 실(糸)은 희고(素) 비단을 짜는 바탕(素)이 된다. (회의), (전주)

素材[소재] 기초가 되는 재료.
素服[소복] 흰 옷.
素質[소질] 타고난 성질. 본바탕.
儉素[검소] 平素[평소] 元素[원소]

宴

잔치 **연**, 편안할 **연**
잔치   편안하다
feast

宀 7 10 高

편안할 안: 安 → 安
입과 음식: ⊙ → ▢ → 日 } → 宴

편안히(安) 앉아서 음식을 먹으며(日) 잔치(宴)를 즐긴다. (형성)
安 → ㉮㉯ ← 宴

宴會[연회] 잔치.
宴席[연석] 잔치하는 자리.
送別宴[송별연] 披露宴[피로연] 壽宴[수연]

細

가늘 **세**, 세밀할 **세**, 작을 **세**
가늘다   세밀하다   작다
thin, fine

糸 5 11 中

누에의 머리: 🐛 → ⊗ → 田

누에의 머리(田)에서 나오는 실(糸)은 가늘다(細). (형성)

細筆[세필] 잘게 씀. 가는 붓.
細密[세밀] 정세(精細)하고 치밀(緻密)함.
細心[세심] 꼼꼼하게 주의하는 마음.
零細民[영세민] 細菌[세균] 仔細[자세]

玉 7 11 中	理	다스릴 **리**, 도리 **리** 다스리다　도리·이치 rule, reign

王 珇 珇 珄 珄 理 理

임금 왕 (王)： 𓀀 → 玉 → 王

마을 리：里：밭(田)과 토지(土)가 있으면 마을(里)이 생긴다.

임금(王)의 명령을 받아 마을(里)을 다스린다(理). (형성)

管理[관리]　處理[처리]　理髮[이발]
道理[도리]　理論[이론]　眞理[진리]

木 10 14 中	榮	영화 **영**　　　㊣ 栄 영화, 번영하다 glory, splendor

火 火 炏 炏 炏 榮

수고할 로：勞 → 炏
나무 목：　　　木 } → 榮

수고하여(炏) 가꾼 나무(木)에서 꽃이 피고 열매가 맺는 것을 영화(榮)에 비유하였다. (형성)

榮轉[영전] 높은 지위에 오름.
榮華[영화] 몸이 귀하게 되고 이름이 빛남.
榮光[영광] 빛나는 영예(榮譽).
榮達[영달]　榮養[영양]　繁榮[번영]

气 6 10 中	氣	기운 **기**, 기후 **기**, 숨 **기** ㊣ 气 기운　기후　숨 vigo(u)r, energy

气 气 气 気 氣 氣

 → 气 → 气 → 氣

밥(米)을 지을 때 솥에서 나는 김(气)의 모양으로 기운·수증기(氣)의 뜻. 수증기는 구름과 비가 된다 하여 기후(氣)의 뜻도 생겼다. (형성), (전주)

氣化[기화] 액체(液體)가 기체(氣體)로 변함.
氣象[기상] 날씨·일기의 변화 현상.

火 13 17 高	營	경영할 **영**　　　㊣ 営 경영하다, 진영 manage

火 火 炏 炏 營 營

수고할 로：勞：집(冖)에 쌍불(火火)을 켜고서 밤 늦게까지 힘들여(力) 수고한다(勞).

집 궁, 대궐 궁：宮 → 呂：집

집(呂)에서 수고하여(炏) 어떤일을 경영한다(營). (회의)　榮 → ㊣ ← 營

經營[경영] 규모를 정하고 기초를 세워 일을 하여 나감.
營業[영업]　營利[영리]　運營[운영]

力 10 12 中	勞	수고할 **로**　　　㊣ 労 수고하다, 괴로와하다, 일 suffer, troubles

火 火 炏 炏 炏 勞

불 화, 2개：火火
집 ：冖 → 冖
힘 력：力

火力 → 勞
화력 → 로

집(冖)에 불 둘(火火)을 밝히고 밤 늦게까지 힘들여(力) 수고하며·일한다(勞). (회의)

勞動[노동] 마음과 몸을 써서 일을 함.
勞心[노심] 마음으로 애를 씀.

虫 10 16 高	螢	개똥벌레 **형**, 반딧불 **형** 개똥벌레　　반딧불 firefly

火 火 炏 營 螢 螢

쌍불(火火)을 두르고(冖) 있는 벌레(虫)이니 개똥벌레(螢)이다. 배 끝에서 반짝이는 불빛을 반딧불(螢)이라 한다. (형성)　榮, 營 → ㊣ ㊣ ← 螢

螢光[형광] 반딧불.　㊣ ~燈(등)
螢雪之功[형설지공] 차윤(車胤)과 손강(孫康)의 고사로서 부지런하고 꾸준하게 학문을 닦음을 가리키는 말.
螢光物質[형광물질]　螢光塗料[형광도료]

結

糸 6 12 中

맺을 **결**, 매듭 **결**
맺다   매듭
tie, knot

| 幺 | 糹 | 糸 | 紆 | 結 | 結 |

실 사 : 絲 → 糸
길할 길 : 吉 → 結

실(糸)을 보기 좋고 길하게(吉) 얽어 매어 매듭(結)을 맺는다(結). (형성)
吉 → 길 결 ← 結

結婚[결혼] 혼인(婚姻)의 관계를 맺는 일.
結合[결합] 둘 이상이 맺어서 하나가 됨.
結縛[결박] 두 손을 묶음.
結果[결과] 結局[결국] 結團[결단]

絹

糸 7 13 高

비단 **견**, 명주 **견**
비단   명주
silk

| 幺 | 糹 | 糸 | 糽 | 絹 | 絹 |

입 구 : 口 : 누에의 주둥이
육달월 : 月 : 누에의 몸

누에의 몸(月)의 일부인 주둥이(口)에서 나온 실(糸)로 짠 명주(絹)를 뜻한다. (형성)

絹絲[견사] 누에고치에서 뽑은 명주실. 비단실.
絹織物[견직물] 명주실로 짠 피륙.
生絹[생견] 생사(生絲)로써 짠 깁.

納

糸 4 10 高

들일 **납**, 바칠 **납** ㉠納
들이다   바치다
receive, offer

| 幺 | 糹 | 糸 | 紉 | 納 | 納 |

안 내 : 内 → 内

울타리(冂)를 향해 들어가니(入) 안(内)이다.

실(糸)·옷감·천을 집 안(内)으로 들인다(納). (형성)
内 → 납 ← 納

納入[납입] 세금이나 공과금 등을 바침.
納品[납품] 納期[납기] 返納[반납]

終

糸 5 11 中

끝 **종**, 끝날 **종**
마지막   마치다
end

| 糸 | 糹 | 糹 | 絞 | 終 | 終 |

실 사 : 糸 : 실로 옷감을 짜는 일
겨울 동 : 冬 : 겨울

봄·여름·가을에 걸쳐 실(糸)로 옷감을 짜는 일이 겨울(冬)에는 끝난다(終). (형성)
糸 冬 → 終
사 동 → 종

終結[종결] 끝을 냄. 일을 끝맺음.
終了[종료] 일을 끝마침.
最終[최종] 終日[종일] 始終[시종]

組

糸 5 11 高

짤 **조**,   끈 **조**
짜다, 구성하다, 끈
organize

| 幺 | 糹 | 糸 | 糽 | 組 | 組 |

또 차 : 且 → 且 → 且
(且)

가마니를 쌓고 또(且) 쌓는다.

실(糸)을 가로 세로로 얽고 또(且) 얽어서 천을 짠다(組). (형성)
祖 → 조 ← 組, 租

組織[조직] 짜서 이룸. 얽어서 만듦.
組合[조합] 꾸미어 합침.
勞組[노조] 二人組[이인조] 組立[조립]

線

糸 9 15 中

줄 **선**, 실 **선**
줄   실
line, thread

| 糽 | 納 | 絈 | 紳 | 線 | 線 |

샘 천 : 泉 : 맑고 흰(白) 물(水)이 샘(泉)에서 나온다.

실(糸)이 샘(泉)물처럼 이어져 있으니 줄(線)이다. (형성)
糸 泉 → 線
사 천 → 선

線路[선로] 기차·전차 등이 다니는 길.
視線[시선] 눈이 가는 길.
直線[직선] 曲線[곡선] 路線[노선]
脫線[탈선] 戰線[전선] 電線[전선]

貴

貝 5 12 中

귀할 귀, 값 비쌀 귀
귀하다 　 값이 비싸다
　　　　　high-placed

| 中 | 虫 | 串 | 肯 | 骨 | 貴 |

바구니 속에 돈이 들어가는 모양

바구니 속에(虫) 돈(貝)이 계속 들어 간다는 데서 값이 비싸다·값이 높다· 지위가 높다·귀하다(貴)의 뜻임.

貴物[귀물] 귀중(貴重)한 물건.
貴賤[귀천] 　 高貴[고귀] 　 貴公子[귀공자]
富貴[부귀] 　 貴下[귀하] 　 貴金屬[귀금속]

責

貝 4 11 中

책임 책, 꾸짖을 책
책임　　꾸짖다
　　　　　responsibility

| 一 | 十 | 主 | 青 | 责 | 責 |

임금 주, 주인 주 : 主 →　青
조개 패 : 　　　　　　 貝 } → 責

주인(主)이 돈(貝)을 주고 일을 책임 (責)지운다. 책임을 못다한 것을 꾸짖 다(責). (형성)　　　 貝→패⬚⬚←責

責任[책임] 도맡아 해야 할 임무(任務).
責望[책망] 허물을 들어 꾸짖음.
職責[직책] 직분상의 책임.
重責[중책] 　 責務[책무] 　 問責[문책]

貧

貝 4 11 中

가난할 빈, 모자랄 빈
가난하다　　모자라다
　　　　　poor

| 今 | 分 | 谷 | 贫 | 贫 | 貧 |

나눌 분 : 分 : 나누다, 흩어지다
조개 패 : 貝 : 돈, 재산

돈·재산(貝)이 흩어져(分) 나가니 가 난해진다(貧). (형성)　 分貝→貧
　　　　　　　　　　　　분 패→빈

貧農[빈농] 구차한 농민.
貧困[빈곤] 가난해서 살림이 궁색함.
貧富[빈부] 　 貧賤[빈천] 　 貧寒[빈한]
貧民[빈민] 　 淸貧[청빈] 　 貧弱[빈약]

賀

貝 5 12 中

하례할 하
하례하다·축하하다
　　　　　congratulate

| 加 | 加 | 智 | 賀 | 賀 | 賀 |

더할 가 : 加 : 힘들여(力) 물품(品→ 口)을 생산하니 갯수가 더해진다(加).

돈(貝)이나 물품을 더하여(加) 주면 서 하례한다(賀)의 뜻임. (형성)
　　　　　　　　　　加→㉮㉠←賀

賀禮[하례] 축하(祝賀)하는 예식(禮式).
賀客[하객] 축하하는 손님.
賀正[하정] 새해를 축하함.
慶賀[경하] 　 謹賀[근하] 　 年賀[연하]

貨

貝 4 11 中

재화 화
재화·재물
　　　　　goods

| 亻 | 化 | 化 | 貨 | 貨 | 貨 |

변화 화 :
(化)

변화가 있었다는 뜻, 바꾸다의 뜻

돈(貝)으로 바꿀(化) 수 있는 것이 재 화(貨)이다. (형성)　 化→㉻←貨

財貨[재화] 재물(財物). 돈이나 그 밖의 온갖 값 나가는 물건.
貨物[화물] 　 雜貨商[잡화상] 　 貨幣[화폐]

貯

貝 5 12 中

쌓을 저, 저장할 저
쌓다　　저장하다
　　　　　save

| 目 | 貝 | 貝' | 貯 | 貯 | 貯 |

고무래 정 :
(丁)

재물(貝)을 고무래(丁)로 긁어 모아 집(宀)에 쌓는다(貯). (형성)
　　　　　　　　　　　丁→㉠㉠←貯

貯金[저금] 금융기관에 돈을 맡겨 저축함.
貯水[저수] 관개용 등으로 물을 모아 둠.
貯蓄[저축] 　 貯炭[저탄] 　 貯藏[저장]

祖 (示 5/10 中)

할아비 조, 선조 조
할아버지 조상
grandfather

彳 礻 礻 祀 祖 祖

제단(示)과 비석(且)을 합하여 할아버지·조상(祖)을 나타냈다. (형성)

組 → 조 ← 祖, 租

祖國[조국] 조상적부터 살아 온 나라.
祖上[조상] 돌아간 어버이 위로 대대의 어른.
先祖[선조] 高祖[고조] 元祖[원조]

察 (宀 11/14 中)

살필 찰, 상고할 찰
살피다 상고하다
observe

宀 宀 宊 察 察 察

갓머리 (宀) : 屋 → 宀 → 宀 : 집

집(宀)에서 제사(祭)를 지내기 위하여 제사상의 음식의 배치 등을 살핀다(察)는 뜻임. (회의)

觀察[관찰] 사물을 주의하여 살펴 봄.
洞察[통찰] 온통 밝혀서 살핌.
考察[고찰] 視察[시찰] 診察[진찰]

神 (示 5/10 中)

귀신 신, 영묘할 신
귀신·혼 영묘하다
god

礻 礻 礻 祀 祖 神

이야기할 신 : 申 : 입(口)을 열 번(十) 움직여 이야기한다(申). 아뢰다.

제단(示)을 차려 놓고 축원을 아뢰어(申) 귀신(神)에게 기도한다. (형성)

申 → 신 ← 神

神殿[신전] 신령(神靈)을 모신 전각(殿閣).
神聖[신성] 존엄하여 더럽힐 수 없음.
天神[천신] 鬼神[귀신] 神仙[신선]
神妙[신묘] 精神[정신] 神通力[신통력]

祈 (示 4/9 高)

빌 기
빌다
pray

礻 礻 礻 祈 祈 祈

도끼 근 (斤) : 🪓 → 斤 → 斤

제단(示) 앞에서 두 손을 도끼날(斤)처럼 모으고 빈다(祈)는 뜻임. (형성)

示 斤 → 祈
시 근 → 기

祈願[기원] 바라는 일이 이루어지기를 빎.
祈禱[기도] 신명(神明)에게 빎.
祈求[기구] 간절히 빎.

祭 (示 6/11 中)

제사 제, 제사지낼 제
제사, 제사지내다
sacrifices

夕 癸 癸 癸 祭 祭

보일 시 (示) : 🏛 → 帀 → 示 : 제단 제사상

제단(示) 위에 손(又→ᄉ)으로 고기(月→夕)를 올려 놓고 제사를 지낸다(祭). (회의)

祭壇[제단] 제사(祭祀)를 지내는 단.
祭禮[제례] 祭器[제기] 時祭[시제]
祭政一致[제정일치] 天神祭[천신제]

祕 (示 5/10 高)

숨길 비, 신비할 비
숨기다 신비하다
secret

秘

礻 礻 礻 祕 祕 祕

귀신 신 : 神 = 示
반드시 필 : 必 : 토지를 나눌 때는(分→八) 표지판·말뚝(キ→十→弋)을 반드시(必) 박는다.

귀신(示)은 반드시(必) 숨어 있다(祕). (형성)

祕訣[비결] 숨겨 두고 혼자만 쓰는 좋은 방법.
祕錄[비록] 비밀(祕密)의 기록(記錄).

福富副幅祝祥

示 9 14 中

福

복 복, 제육 복   ㉯福
복·행복, 제육(祭肉)
fortune

示 ネ 礻 福 福 福

술병(畐): 🏺 → ⊕ → 畐 : 술독·술

제단(示) 위에 술(畐)을 부어 놓고 '복(福)을 내려주십사' 하고 두 손 모아 빈다. (형성)

福利[복리] 행복(幸福)과 이익(利益).
福祿[복록] 복과 녹(祿).
幸福[행복]   多福[다복]   祝福[축복]

巾 9 12 高

幅

폭 폭
폭, 나비, 너비
width

巾 巾 帄 帽 幅 幅

수건 건: 巾: 천, 피륙
복 복: 福 → 畐: 제단(示)에 술(畐)을 가득 부어 놓고 복(福)을 빈다.
천(巾)이 복스러우려면 (畐) 폭(幅)이 일정해야 한다. (형성) 福→복폭 ← 幅

全幅[전폭]   振幅[진폭]   小幅[소폭]
幅廣[폭광] 한 폭의 너비.
大幅[대폭] 나비가 큰 폭. 썩 많이.
滿幅[만폭] 정한 너비에 꽉 참. 온 폭.

宀 9 12 中

富

부자 부, 넉넉할 부
부자   넉넉하다
rich, wealth

宀 宫 宫 富 富 富

갓머리: 宀: 집
복 복: 福 → 畐: 복
어느 집(宀)이나 복(畐)을 받으면 부자(富)가 된다. (형성)

富貴[부귀] 재산이 많고 지위가 높음.
甲富[갑부] 첫째 가는 부자.
富豪[부호] 큰 부자. 거부(巨富).
豐富[풍부]   富强[부강]   富裕[부유]

示 5 10 中

祝

빌 축, 하례할 축
빌다, 하례하다, 축하하다
pray, celebrate

示 ネ 礻 祀 祝 祝

귀신 신: 神 → 示: 귀신, 신명(神明)
입 구: 口
어진 사람 인: 儿
어진 사람(儿)이 입(口)을 열어 신명(示)께 소원을 빈다(祝). (회의)

祝文[축문] 제사 때 신명(神明)께 읽어 고하는 글.
祝願[축원] 자기의 뜻을 성취시켜 주기를 비는 일.

刂 9 11 高

副

버금 부, 도울 부, 맞을 부
다음, 둘째, 돕다
second in order

一 畐 畐 畐 副 副

부자 부: 富 → 畐: 농경 사회에서는 한 입(口)으로 말해서 밭(田)이 얼마나 많으냐에 따라서 어느 집(宀)의 부(富)가 정해진다.
부(畐)를 칼(刂)로 쪼개니 큰 부자가 못 되고 버금(副) 가는 부자가 된다. (형성)

副將[부장] 주장을 보좌하는 버금 장수.
副業[부업]   副食[부식]   副作用[부작용]

示 6 11 高

祥

상서로울 상, 조짐 상
상서롭다   조짐
auspicious

示 礻 礻 祥 祥 祥

양 양: 羊: 양, 염소
제단(示)에 양(羊)을 제물로 하여 제사를 지내며 복을 비니 상서로운·조짐(祥)이 보인다. (형성), (전주)
※ 詳: 자세할 상: 詳細(상세)

嘉祥[가상] 경사로운 상서(祥瑞).
祥瑞[상서] 복되고 길한 일이 일어날 징조(徵兆).
吉祥[길상]   小祥[소상]   大祥[대상]

項

項 목덜미 항, 항 항
목덜미 항목
nape, item

工 厂 㣒 項 項 項

목덜미의 모양, 만들 공

머리(頁)의 방향을 이리저리 돌리게 하는(工) 목덜미(項)를 뜻한다. (형성)

頁 工 → 項
혈 만들공 → 항

項領[항령] 큰 목. 목덜미.
項目[항목] 조목(條目).
事項[사항] 條項[조항] 同類項[동류항]

頂

頂 꼭대기 정, 정수리 정
꼭대기 정수리
the top, summit

丁 㣒 頂 頂 頂 頂

고무래 정 (丁) : 丅 → 丅 → 丁 : 여기서는 못의 뜻

못(丁)의 머리(頁)이니 꼭대기(頂)이다. (형성)

丁 → 정 ← 頂

頂上[정상] 꼭대기
頂門[정문] 정수리. 숫구멍
頂點[정점] 맨 꼭대기의 점. 각을 이루는 두 직선이 만나는 점.
絕頂[절정] 山頂[산정] 尖頂[첨정]

順

順 순할 순, 차례 순
순하다, 차례, 좇다
follow

川 川' 川丁 順 順 順

머리 혈 (頁) : 🙂 → 頁 → 頁

냇물(川)이 흐르듯이 머리(頁) 속의 생각이 순하게 차례(順)로 잘 떠오른다. (형성)

川 → 천순 ← 順

順從[순종] 순순(順順)히 복종(服從)함.
順序[순서] 정해 놓은 차례.
順理[순리] 順調[순조] 歸順[귀순]

領

領 거느릴 령, 다스릴 령, 목 령
거느리다 다스리다 목
lead

⺈ ⺈ 令 令 領 領

명령 령 : 令 : 모여서(合→亼) 꿇어앉고(㔾→⺆→⺈) 명령(令)을 받아라.

명령(令)을 내리는 머리(頁)란 데서 우두머리·거느리다·다스리다(領)의 뜻임. (형성), (전주)

令 → 령 ← 領

領收[영수] 받아들임.
大統領[대통령] 頭領[두령] 首領[수령]
占領地[점령지] 領土[영토] 中領[중령]

須

須 모름지기 수, 쓸 수, 수염 수
마땅히 쓰다 수염
necessary

汀 汀 沥 須 須 須

터럭 삼 : 彡 : 머리카락, 수염
머리 혈 : 頁

머리(頁)에는 머리털(彡)이 모름지기(須) 많이 있어야 한다. (회의)

彡 → 삼수 ← 須

須臾[수유] 잠시.
必須[필수] 꼭 필요함. 예) ~科目(과목).
須要[수요] 꼭 소용(所要)이 됨.
須知[수지] 모름지기 알아야 함.

嶺

嶺 재 령, 산봉우리 령
산정의 고개, 산봉우리
peak

山 屮 岑 岺 嶺 嶺

메 산 : 山
거느릴 령 : 領 : 머리(頁)가 되어 명령한다(令)는 데서 거느리다, 우두머리(領)의 뜻

산(山)의 우두머리(領)가 되는 산봉우리(嶺)를 뜻한다. (형성)

令, 領 → 령 ← 嶺

山嶺[산령] 산봉(山峯). 산봉우리.
雪嶺[설령] 重嶺[중령] 嶺南[영남]

顏

얼굴 **안**
얼굴
face

선비 언：彦 : 머리를 곱게 빗고(彡) 의 관을 정제하고 (衣→亠) 글(文)을 배우는 선비(彦).

머리(頁)가 아름다운 선비(彦)란 데서 나아가 얼굴(顏)의 뜻을 나타냈다. (형성)

彦 → 엔 안 ← 顏

顏面[안면] 얼굴이나 익힐 만한 친분.
顏色[안색] 얼굴에 나타나는 기색.

頌

기릴 **송**, 칭송할 **송**
기리다   칭송하다
praise

공변될 공 : 公 : 벼슬, 어른, 아버님

공덕이 큰 어른(公)의 머리(頁) 모양의 초상화나 동상을 만들고 그 공덕을 기린다(頌). (형성)

※ 松 : 소나무 송, 訟 : 송사할 송

公 → 꽁 송 ← 頌

頌德[송덕] 공덕(功德)을 칭송(稱頌)함.
頌祝[송축] 경사를 기리고 축하함.
讚頌[찬송] 찬성하여 기림. 예 ~歌(가)

頭

머리 **두**
머리 · 우두머리 · 꼭대기
head

오를 등 : 登 → 豆 : 오르다, 위

몸 위(豆)에 머리(頁)가 있다는 데서 머리(頭)의 뜻. (형성)   豆 → 두 ← 頭

頭痛[두통] 머리가 아픈 병.
頭腦[두뇌] 뇌. 사물을 판단하는 슬기.
頭目[두목] 여러 사람 중 우두머리.
頭角[두각]   年頭[연두]   先頭[선두]

題

제목 **제**, 표제 **제**, 이마 **제**
제목   표제   이마
topic, subject

옳을 시, 이 시 : 是 ⎫
머리 혈 :   頁 ⎭ → 題

이것(是)이 머리(頁)란 데서 책의 제목(題)을 뜻한다. (형성)   是 頁 → 題
                                        시 머리 → 제

題目[제목] 겉장에 쓴 책의 이름.
主題[주제] 주장이 되는 제목.
題字[제자] 서적의 머리 등에 쓴 글자.
問題[문제]   宿題[숙제]   命題[명제]

額

이마 **액**, 머릿수 **액**
이마,   머릿수, 편액
fore head

손 객, 나그네 객 : 客 : 집(宀)에 각각(各) 찾아오는 손님(客). 손님은 찾아왔다가 다시 지나간다.

머리(頁)에 띠를 두를 때 지나가는(客) 곳이니 이마(額)이다. (형성)

客 → 객 액 ← 額

額子[액자] 그림 따위를 넣어 걸기 위한 틀.
額面[액면] 표면에 내세운 사물의 가치.
總額[총액]   額數[액수]   金額[금액]

類

무리 **류**, 종류 **류**
무리   종류
kind, group

쌀 미 : 米 : 쌀 : 식물의 대표
개 견 : 犬 : 개 : 동물의 대표

쌀(米)이나 개(犬)의 머리(頁)통은 그 모양이 비슷하여 같은 무리, 종류(類)를 이룬다. (형성)

分類[분류] 종류(種類)를 따라서 분리함.
類似[유사] 서로 비슷함.
類例[유례] 같거나 비슷한 사례.
類人猿[유인원]   人類[인류]   鳥類[조류]

貝 5 12 中	買	살 매 사다 buy

바구니:  : 바구니
쇼핑백

재물·물건(貝)을 바구니(罒)에 넣는다는 데서 사다(買)의 뜻임. (회의)

貝 → 罒 매 ← 買

買賣[매매] 사는 일과 파는 일.
買受[매수] 물건을 사서 넘겨 받음.
買收[매수] 남을 자기편으로 삼음.
買入[매입]　買食[매식]　買占[매점]

貝 8 15 中	賣	팔 매 ㊀売 팔다 sell

날 출 : 出 → 士
살 매 : 買　} → 賣

사들인(買) 물건이 나간다(士)는 데서 팔다(賣)의 뜻을 나타냈다. (회의)

買 → 매 ← 賣

賣店[매점] 물건을 파는 작은 가게.
賣盡[매진] 남김없이 다 팔림.
賣渡[매도] 팔아 넘김.
販賣[판매]　專賣[전매]　競賣[경매]

糸 15 21 中	續	이을 속, 계속 속 ㊀続 잇다　계속 뒤따르다 continue

실 사 : 糸 : 실이나 실로 짠 옷감, 피륙, 직물(織物), 의류(衣類)

장날의 의류상이나 백화점에 가면 실·의류(糸)를 파는(賣) 일이 계속 이어지는(續) 것을 볼 수 있다. (형성)

繼續[계속] 끊이지 않고 늘 잇대어 나아감.
續編[속편] 잇달아서 편집한 책.
續續[속속] 자꾸 계속하여.
連續[연속]　續刊[속간]　續出[속출]

言 15 22 中	讀	읽을 독, 구두 두 ㊀読 읽다　구두(句讀) read

말씀(言)이 끊이지 않고 이어지도록 (續 → 賣) 읽는다(續)는 뜻임. (형성)

續 → 속독 ← 讀

讀者[독자] 신문이나 책을 읽는 사람.
讀解[독해] 글을 읽어 이해함.
讀本[독본] 글을 읽어 익히기 위한 책.
讀經[독경] 경문(經文)을 소리 내어 읽음.
多讀[다독] 책을 많이 읽음.
讀書[독서]　讀解力[독해력]　精讀[정독]

貝 6 13 高	賃	품삯 임, 품살 임 품삯, 삯을 주고 부리다 wages, rent

맡을 임 : (任)  壬

사람(亻)이 앞뒤로 짐을 안고 진(壬) 모양으로 맡다(任)의 뜻임.

일을 맡긴(任) 댓가로 돈(貝)을 준다는 데서 품삯(賃)의 뜻임. (형성)

任 → 임 ← 賃

賃金[임금] 일에 대한 보수(報酬).
賃貸[임대] 삯을 받고 빌려 줌.

貝 5 12 高	貸	빌려줄 대 빌려주다 lend

대신 대 : 代 : 사람(亻)이 할 일을 표지판(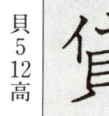)이 대신(代) 안내한다.

재물(貝)을 사용케 한 대신(代) 돈(貝)을 받으니 빌려주다(貸)의 뜻임. (형성)

代 → 대 ← 貸

貸付[대부]　貸出[대출]　貸與[대여]
貸借[대차] 꾸어줌과 꾸어 옴.

資

貝 6 13 高

재물 **자**, 바탕 **자**
재물·밑천   바탕
property

ㄱ 冫 次 咨 咨 資

차례 차 : **次** : 피곤하여 하품(欠)을 하면서 첫째로 못 나가고 둘째(二→冫)로 나간다는 데서 버금(次)의 뜻. 첫째·둘째…에서 차례(次)의 뜻도 생겼다.

돈(貝)을 차례(次)로 모아 재물(資)을 늘려 사업의 밑천(資)으로 삼는다. (형성), (전주)   次→차자←資

資本[자본] 영업의 기본이 되는 돈. 밑천.
資質[자질] 타고난 성품과 바탕.

質

貝 8 15 中

바탕 **질**, 볼모 **질**
바탕, 품질, 볼모 잡히다
quality

斤 所 所 所 質 質 質

도끼 斤 2개 : **斤斤** : 도끼 두 자루
도끼 두 자루(斤斤)의 값이 돈(貝)으로 따져 얼마나 되는 품질(質)이냐의 뜻. 도끼 두 자루(斤斤)를 맡기고 돈(貝)을 빌려 쓴다는 데서 볼모(質)의 뜻도 있다. (회의), (전주)

質問[질문] 모르는 점을 물어서 밝힘.
品質[품질] 물품의 성질. 물품의 본바탕.
性質[성질]   素質[소질]   體質[체질]

財

貝 3 10 中

재물 **재**
재물·재산·물품·금전
property

冂 目 貝 貝 財 財

재주 재 : (才)

초목의 싹의 모양으로 싹이 자라서 꽃이 피고 열매 맺는 재주(才)가 있다는 뜻.

돈(貝)이 갖는 재주(才)를 이용하여 재물(財)을 사고 또는 재산을 늘린다. (형성)

財物[재물] 돈이나 온갖 값나가는 물건.
財政[재정]   文化財[문화재]   蓄財[축재]

貪

貝 4 11 高

탐낼 **탐**, 탐 **탐**
탐내다   탐
covet

ノ 八 今 今 貪 貪

이제 금 : **今** : 과거로부터 흘러 오는 (ㅋ→ㄱ) 시간이 모여서(合→亼) 지금(今)이 된다.

사람의 도리를 저버리고 지금(今) 눈앞에 있는 재물(貝)을 탐낸다(貪)는 뜻임. (형성)   今→금탐←貪

貪慾[탐욕] 지나치게 탐하는 욕심.
貪官[탐관] 탐욕에 찬 관리(官吏).
食貪[식탐] 음식을 욕심껏 탐내는 일.

賞

貝 8 15 中

상줄 **상**, 칭찬할 **상**
상주다   칭찬하다
prize, reward

尚 尚 常 常 賞 賞

숭상할 상 : **尚→尚→尚** } → 賞
조개 패 : **貝**

공이 있는 사람을 높이(尚) 평가하여 돈이나 재물(貝)로 상을 주고(賞), 칭찬한다(賞). (형성)   尚=尚→상←賞

受賞[수상] 상을 받음.
嘉賞[가상] 칭찬하여 기림.
賞金[상금]   賞品[상품]   賞杯[상배]
賞罰[상벌]   懸賞[현상]   褒賞[포상]

償

亻 15 17 高

갚을 **상**, 배상 **상**
갚다   배상·대가
compensate

亻 償 償 償 償 償

높일 상 : **尚** 또는 **常** : 높다
조개 패 : **貝** : 돈, 재산

다른 사람(亻)의 재산(貝)상의 손해를 높은(尚) 값으로 갚아 준다(償). (형성)   尚, 賞→상←償

補償[보상] 남의 손해를 메꾸어 갚아 줌.
賠償[배상] 남에게 입힌 손해를 갚아 줌.
償還[상환] 돈이나 물품으로 대신하여 갚아 줌. 물어줌.

悔

小7 10高

뉘우칠 **회**
뉘우치다
repent, regret

忄 忙 忙 悔 悔 悔

마음 심 : 心 → 忄

매양 매 : 每 : 사람(𠂉)은 어머니(母)를 **매양**(每) 좋아한다.

지나간 잘못을 마음(忄)속으로 **매양**(每) 뉘우친다(悔). (형성)

每 → 매회 ← 悔, 晦, 誨

後悔[후회] 이전의 잘못을 깨우치고 뉘우침.
悔改[회개] 잘못을 뉘우치고 고침.
悔恨[회한] 뉘우치고 한탄(恨歎)함.

恨

忄6 9中

한할 **한**, 뉘우칠 **한**
원한을 품다 뉘우치다
resent, regret

忄 忙 忙 怛 怛 恨 恨

그칠 간 (艮) : 식사를 다 마친 모양을 본뜬 글자.

일이 뜻대로 안 되고 **그쳤을**(艮) 때의 마음(忄)으로 **한탄·원한**(恨)을 뜻한다. (형성) 艮 → 간한 ← 恨

恨歎[한탄] 원망을 하거나 뉘우침이 있을 때에 한숨짓는 탄식(歎息).
怨恨[원한]   餘恨[여한]   悔恨[회한]

恒

忄6 9中

항상 **항**, 항구 **항**
항상   항구
본恆
constant

忄 忙 忙 怛 怛 恒

베풀 선 亘 : 하늘과 땅(二) 사이에 햇빛(日)이 **베풀어진다**(亘).

하늘과 땅 사이에 **해**(亘)가 매일 뜨듯이 마음(忄)이 한결같다는 데서 **항상**(恒)이란 뜻임. (형성)

恒常[항상] 언제나. 늘.
恒久[항구] 변하지 아니하고 오래 감.
恒心[항심] 일정 불변한 마음.
恒性[항성] 언제나 변하지 아니하는 성질.

悟

忄7 10中

깨달을 **오**, 깨달음 **오**
깨닫다   깨달음
awake

忄 忙 怊 怊 悟 悟

나 오, 우리 오 : 吾 : 다섯(五) 식구(口)인 **우리·나**(吾)

내(吾)가 마음(忄)속에서 **깨닫는다**(悟). (형성)

※ 梧 : 오동나무 오   吾 → 오 ← 悟

悟性[오성] 사물을 잘 깨닫는 성질·능력. 사물을 잘 이해하는 힘.
悟道[오도] 불도(佛道)의 묘리(妙理)를 깨침.
覺悟[각오]   大悟[대오]   悔悟[회오]

患

心7 11中

근심 **환**, 병 **환**
근심   병
distress, worry

口 吕 串 串 患 患

꼬챙이 관 (串) : 곶감에 꼬챙이를 꽂은 모양

꼬챙이(串)로 **심장**(心)을 쑤신다는 데서 **근심·병**(患)이란 뜻임. (형성)

串 → 관환 ← 患

患難[환난] 근심과 재난(災難). 예~相救(상구)
患者[환자] 병자(病者). 예 入院(입원)~

恥

心6 10高

부끄럼 **치**, 부끄러워할 **치**
부끄럼   부끄러워하다
shame, disgrace

一 丆 F 耳 耳 恥

귀 이 : 耳
마음 심 : 心 } → 恥

귀(耳)가 붉어지는 마음(心)이란 데서 **부끄럼**(恥)의 뜻임. (형성)

耳 心 ── 恥
이 심 → 시 → 치

羞恥[수치] 부끄럼. 예 ~心(심)
恥辱[치욕] 수치와 모욕(侮辱).
厚顏無恥[후안무치]   國恥日[국치일]
廉恥[염치] 깨끗하여 부끄러움을 앎.

茲

玄 5 10 高

이에 **자**, 검을 **자** ㈜兹
이에, 이, 검다, 흐리다
hereupon

어릴 유 : 幼 → 幺, 검을 현 : 玄
어린(幺) 풀(艹)이 이(茲→兹) 곳에서 자라고 있다는 데서 이·이에(茲)의 뜻이 나왔다. 검을 현(玄)을 나란히 짝지어 검다·흐리다(茲)의 뜻을 나타냈음. (회의), (가차)

茲에[자에] 여기에. 이에.
若茲[약자] 이와 같음. 이러함.
今茲[금자] 금년. 이제.

崩

山 8 11 高

무너질 **붕**, 죽을 **붕**
무너지다
collapse

벗 붕, 무리 붕 : 朋 : 몸(月)과 몸(月)이란 데서 벗, 무리(朋)의 뜻
산(山)이 무리(朋)가 져서 무너진다(崩). (형성)   朋 →  ← 崩

崩壞[붕괴] 허물어져 무너짐. 방사성 원자의 분해(分解).
雪崩[설붕] 눈이 한목 무너지는 일.
崩御[붕어] 천자(天子)·황제가 세상을 떠남. =승하(昇遐).

慈

心 10 14 中

사랑할 **자**, 사랑 **자**
사랑하다 사랑
love

검을 현 2개 : 玆 → 兹 : 검고 검다
화초를 가꿔서 푸르면서도 검고 검은(玆)기가 나도록 키우는 마음(心)이란 데서 사랑하다(慈)의 뜻임. (형성)

慈堂[자당] 남의 어머니(높임말).
慈悲[자비] 사랑하고 가엾게 여김. ㉠ ~心(심)
慈善[자선] 선의(善意)를 베품.
慈愛[자애] 仁慈[인자] 慈母[자모]

肝

月 3 7 高

간 **간**, 요긴할 **간**
간   요긴하다
liver

육달 월 : 月 ┐
방패 간 : 干 ┘ → 肝

몸(月)에 들어오는 독을 분해하고 막는 방패(干) 역할을 하는 간(肝)은 매우 요긴한(肝) 장기(臟器)이다. (형성), (전주)   干 → ㉮ ← 肝

肝臟[간장] 담즙의 분비, 양분의 저장, 요소의 생성, 해독 작용 등을 하는 장기.
肝膽[간담] 간과 쓸개.

朋

月 4 8 中

벗 **붕**, 무리 **붕** ㈜朋
벗, 떼, 무리
friend

육달 월 : (月)
고기·육체·몸을 뜻한다.

몸(月)과 몸(月)이 나란히 있다는 데서 벗·무리(朋)를 나타냈다. (회의)

朋友[붕우] 벗. ㉠ ~有信(유신)
朋黨[붕당] 뜻을 같이 한 사람끼리 모인 단체.

肩

月 4 8 高

어깨 **견**
어깨
shoulder

집 호 : 戶 : 사람이 집에 머문다 하여 머물다의 뜻도 있다.
몸(月)의 일부로서 물건을 메서(겨서) 머물게(戶) 할 수 있는 곳이니 어깨(肩)이다. (회의)

肩章[견장] 어깨에 붙여 직책·계급을 밝히는 표장(標章).
比肩[비견] 어깨를 나란히 견줌. 우열을 가릴 수 없음.

肖

月 3 7 高

닮을 초
닮다, 비슷하다
similar
㈜ 肖

| ノ | 丷 | 小 | 斺 | 肖 | 肖 |

작을 소 : 小
육달월 : 月 : 고기, 육체, 몸

자식은 어버이의 몸(月)을 작게(小) 닮았다는 데서 닮다(肖)의 뜻임. (형성)
小 → 소 초 ← 肖

肖像[초상] 모습과 같도록 그림으로 그리거나 조각으로 새긴 것.
不肖[불초] 부조(父祖)의 덕망이나 유업을 대받지 못함. 또 그 사람. 자기의 겸칭.

育

月 4 8 中

기를 육, 자랄 육
기르다 자라다
bring up

| 亠 | 亠 | 云 | 育 | 育 | 育 |

갈 거 : 去 → 厷 → 厶 : 여기서는 세월이 흘러간다의 뜻.
육달월 : 月 : 몸

세월이 흘러 가면서(厶) 몸(月)이 무럭무럭 자란다(育). (형성)
肉→月→육←育

育兒[육아] 어린 아이를 기름. ㈜ ~院(원)
生育[생육] 養育費[양육비] 發育[발육]
敎育[교육] 體育館[체육관] 育成[육성]

消

氵 7 10 中

사라질 소, 쓸 소
사라지다 써 없어지다
disappear

닮을 초 : 肖 : 닮다, 작다, 줄다

물(氵)을 마시고 써서 양이 점점 줄어든다(肖)는 데서 사라지다・써 없어지다(消)의 뜻임. (형성)
氵 肖 → 消
수 초 → 소

消費[소비] 써서 없앰. ㉾ 생산(生産).
消火[소화] 붙은 불을 끔.
消日[소일] 세월을 보냄.
消化[소화] 抹消[말소] 消息[소식]

骨

骨 0 10 中

뼈 골
뼈, 몸, 인품
bone

| 冂 | 冂 | 骨 | 骨 | 骨 | 骨 |

뼈 :

몸(月)의 일부인 뼈(冎)란 데서 뼈(骨)를 뜻한다. (회의)

骨子[골자] 요긴한 부분.
骨肉[골육] 뼈와 살.
骨折[골절] 뼈가 부러짐.
骨格[골격] 氣骨[기골] 骨董品[골동품]

削

刂 7 9 高

깎을 삭
깎다
cut, shave

작을 소 : 小 : 조금씩
육달월 : 月 : 고기, 육체, 몸
칼 도 : 刂 : 칼

몸(月)을 조금씩(小) 칼(刂)로 깎는다(削). (형성)
小 月 刂 → 削
소 육 칼 → 삭

削髮[삭발] 머리털을 깎음.
削除[삭제] 깎아 없앰. 지워 버림.
削減[삭감] 添削[첨삭] 削奪[삭탈]

胃

月 5 9 高

밥통 위, 별이름 위
밥통 별이름
stomach

| 冂 | 田 | 田 | 胃 | 胃 | 胃 |

밭 전 : 田 : 밭에서 곡식과 채소 등 음식물을 생산한다. 목장에서는 가축도 사육한다.

음식물(田)이 들어가는 몸(月)의 일부인 밥통(胃)을 뜻한다. (회의)

胃腸[위장] 위와 장. 곧 소화기관의 총칭.
胃痛[위통] 위의 아픔. 또 그 증세.
健胃[건위] 위를 튼튼하게 함.
胃病[위병] 胃壁[위벽] 胃酸[위산]

容寶宿縮害割

容

얼굴 **용**, 담을 **용**
얼굴, 모습, 담다
face

`丶宀宀宍宏容容`

갓머리: 宀, 골 곡: 谷
집(宀)이 골짜기(谷)처럼 넓어서 많은 물건을 담을(容) 수 있다. 사람은 얼굴을 통하여 보고 듣고 생각하여 많은 것을 머리에 담는다 하여 얼굴(容)의 뜻도 생겼다. (형성), (전주)

容量[용량] 용기 안에 들어갈 수 있는 양.
許容[허용] 形容[형용] 容貌[용모]
容器[용기] 容積[용적] 內容[내용]

縮

줄 **축**, 오그라들 **축**
줄다 오그라들다
decrease

`糸 紵 紵 縡 縮 縮`

잘 숙: 宿: 집(宀)에서 사람(亻)이 백(百)명이나 잔다(宿).
실(糸)을 물에 담그었다 꺼내서 잠재우면(宿) 부피가 줄고·오그라든다(縮). (형성)
宿 → 㝛 㝛 ← 縮

縮小[축소] 줄여서 작아짐. 또 작게 함.
縮圖[축도] 원형보다 작게 그린 그림.
伸縮[신축] 늘어남과 줄어듦.
減縮[감축] 收縮[수축] 萎縮[위축]

寶

보배 **보**, 옥새 **보** 약 宝
보물, 옥새, 임금, 부처
treasure

`宀 宇 㝎 寍 寶 寶`

장군 부:  : 항아리 도자기
(缶)

집(宀)·구슬(玉)·도자기(缶)·재물(貝)을 합해서 보배(寶)를 나타냈다. 임금·부처에 관한 사물의 관칭(冠稱)으로도 쓰인다. (형성), (전주)

寶鑑[보감] 모범이 될 만한 사물. 예) 明心~
寶齡[보령] 임금의 나이.
寶劍[보검] 寶石[보석] 寶座[보좌]

害

해칠 **해**, 해 **해**
해치다 해
injure, damage

`宀 宀 宇 宝 害 害`

갓머리, 집 면: 宀: 집
손 수: 手 → 扌: 손, 도박, 빚보증
입 구: 口: 입, 구설, 음주, 험담
손(扌)이나 입(口)을 잘못 놀리면 집(宀)에 해(害)가 돌아온다. (형성)

害惡[해악] 해가 되는 나쁜 일.
災害[재해] 재앙으로 인한 해.
害蟲[해충] 害毒[해독] 妨害[방해]
利害[이해] 殺害[살해] 被害者[피해자]

宿

묵을 **숙**, 지킬 **숙**
묵다 지키다
lodge

`宀 宀 宀 㝛 㝛 宿`

집 면, 갓머리: 宀
사람 인: 亻 } → 宿
일백 백: 百

1. 집(宀)에서 사람(亻)이 백(百)명이나 묵는다(宿).
2. 백(百) 사람(亻)이 집(宀)을 지킨다(宿). (형성)

宿食[숙식] 寄宿舍[기숙사] 宿命[숙명]
宿泊[숙박] 宿題[숙제] 宿直[숙직]

割

가를 **할**, 벨 **할**, 나눌 **할**
가르다 베다 나누다
cut, devide

`宀 宀 宇 宝 害 割`

칼(刂)로 베어 해친다(害)는 데서 가르다·베다·나누다(割)의 뜻임. (형성)
害刂 → 割
해 칼 → 할

分割[분할] 나누어 쪼갬. 예) ~償還(상환)
割當[할당] 몫을 갈라 분배함. 또는 그 분량.
割愛[할애] 아까운 것을 선뜻 내줌.
割據[할거] 토지를 분할하여 웅거함.
割賦[할부] 割腹[할복] 割去[할거]

密

宀 8 11 中

빽빽할 밀, 비밀 밀
빽빽하다, 은밀하다
close, secret

`丶` `宀` `宀` `灾` `宓` `密`

집 면, 갓머리 : 宀
반드시 필 : 必

작전을 세우는 집(宀)이나 군인이 주둔하는 산(山)에는 반드시(必) 비밀(密)이 있다. 비밀은 틈이 없어서 빽빽하다(密). (형성)

宀 必 → 密
면 필 → 밀

隱密[은밀] 숨어서 형적이 나타나지 않음.
密談[밀담]   密告[밀고]   精密[정밀]

蝶

虫 9 15 高

나비 접
나비
butterfly

`虫` `虬` `蛘` `蝉` `蝶` `蝶`

벌레 충 : 虫
세상 세 : 世
나무 목 : 木 : 나무, 화초(花草)

초목(木)·화초를 세상(世)으로 삼는 벌레(虫)이니 나비(蝶)이다. (형성)

胡蝶[호접] 나비
蝶泳[접영] 수영법의 하나. 버터플라이
探花蜂蝶[탐화봉접] 꽃을 찾는 벌과 나비.

蜜

虫 8 14 高

꿀 밀
꿀
honey

`宀` `宀` `宓` `宓` `寣` `蜜`

빽빽할 밀 : 密 : 비밀, 은밀
벌 봉 : 蜂 : 서로 만나서(逢→夆) 사는 벌레(虫)이니 벌(蜂)이다.

깊은 산 은밀한(宓) 곳에 벌(虫)이 저장해 놓은 것이 꿀(蜜)이다. (형성)

密 → 밀 ← 蜜

蜜蜂[밀봉] 꿀벌.
蜂蜜[봉밀] 벌의 꿀.
蜜月[밀월] 결혼 초의 달콤한 동안.

動

力 9 11 中

움직일 동
움직이다
move, remove

`言` `盲` `重` `重` `動` `動`

무거울 중 : 重
힘 력 : 力 } → 動

무거운(重) 것을 힘들여(力) 움직인다(動). (형성)

重 → 중 동 ← 動

振動[진동] 물체가 일정한 길을 왕복하여서 정지하지 않는 운동.
動力[동력] 물체를 움직이게 하는 힘.
動物[동물]   活動[활동]   運動[운동]
動機[동기]   動亂[동란]   自動[자동]

葉

艹 9 13 中

잎 엽, 세대 엽
초목의 잎, 세대, 대
leaf

`艹` `艹` `艹` `葉` `葉` `葉`

인간 세 : 世 : 세상 : 한 세대가 30년(卅 → 世 → 世)이란 데서 나온 글자.

나무(木)를 세상(世)으로 삼는 풀(艹)이니 나뭇잎(葉)이다. (형성) 나뭇잎이 해마다 새로 돋아난다는데서 세대·시대(葉)의 뜻도 있음. (전주)

枝葉[지엽] 가지와 잎. 중요하지 않은 부분.
葉綠素[엽록소]   葉茶[엽차]   葉書[엽서]

衝

行 9 15 高

부딪칠 충, 찌를 충
부딪치다 찌르다
conflict, rush

`彳` `彳` `徢` `衝` `衝` `衝`

무거울 중 : (重)

행길(彳亍)에서 무거운(重) 트럭끼리 부딪친다(衝). (형성)

重 → 중 충 ← 衝

衝突[충돌] 서로 대질러서 부딪침. 서로 의견이 맞지 않아 다툼.
衝擊[충격] 서로 맞부딪쳐서 몹시 침.
衝動[충동]   折衝[절충]   要衝[요충]

菜 나물 채, 찬 채
艹 8 12 中
나물, 푸성귀, 반찬
vegetable

| 艹 | 犮 | 荻 | 苹 | 莱 | 菜 |

풀 초 : 艹 : 풀
손톱 조 : 爫 : 손톱, 손
나무 목 : 木 : 나무

손(爫)으로 풀(艹)이나 나무(木)에서 나물(菜)을 뜯는다. (형성)

菜蔬[채소] 온갖 푸성귀.
菜食[채식] 푸성귀로 만든 반찬만을 먹음.
菜園[채원] 규모가 큰 남새밭.
野菜[야채] 生菜[생채] 蔬菜[소채]

採 캘 채, 가릴 채
扌 8 11 中
캐다 가리다
pick, collect

| 扌 | 扩 | 抒 | 挧 | 採 | 採 |

손(扌)과 손(爫)으로 삽이나 괭이를 써서 나무(木)를 캔다(採). 캔 것을 가려내어 쓴다(採)는 뜻도 있음.
(형성), (전주)

採鑛[채광] 광석을 채취(採取)함.
採集[채집] 채취하여 모음. ㉠곤충~
採光[채광] 採掘[채굴] 採點[채점]
採擇[채택] 採用[채용] 公採[공채]
採金[채금] 採根[채근] 伐採[벌채]

彩 채색 채, 무늬 채
彡 8 11 高
채색하다, 무늬, 문채
color, paint

| 爫 | 丞 | 쥐 | 采 | 采 | 彩 |

터럭 삼 : 彡 : 터럭으로 만든 붓

손(爫)에 붓(彡)을 들어 나무(木)에 채색한다(彩).
절이나 왕궁 등에 단청(丹靑)하는 것을 뜻한다. (형성)

彩色[채색] 고운 빛깔, 또는 고운 빛깔을 칠함.
文彩[문채] 문장의 광채(光彩). 무늬.
色彩[색채] 水彩畫[수채화] 彩雲[채운]

浮 뜰 부, 띄울 부
氵 7 10 中
뜨다 띄우다
float

| 氵 | 氵 | 汚 | 浮 | 浮 | 浮 |

손톱 조 : 爫 : 손
아들 자 : 子 : 열매, 종자(種子)

물(氵) 속에 종자(子)를 손(爫)으로 담그면 쭉정이는 뜬다(浮). [참고] 쭉정이는 버리고 물에 가라앉는 것을 종자로 쓴다. (회의), (형성)

浮標[부표] 물 위에 띄워 두는 표적.
浮木[부목] 浮動[부동] 浮雲[부운]

乳 젖 유, 젖먹일 유
乙 7 8 高
젖 젖먹이다
milk

| ノ | ノ | ☐ | 学 | 孚 | 乳 |

 → ⺜ → 爫 : 손톱, 손
→ 子 → 子 : 아기
→ ㄴ → 乚 : 젖의 모양

아기(子)가 손(爫)으로 젖(乚)을 만지며 젖(乳)을 먹는다. (회의)

乳臭[유취] 젖에서 나는 냄새. 젖내.
母乳[모유] 牛乳[우유] 豆乳[두유]

孔 구멍 공, 성 공
子 1 4 高
구멍 성씨의 하나
hole

| ㄱ | 了 | 孑 | 孔 |

→ 子 → 子 : 아기
→ ㄴ → 乚 : 젖의 모양

아기(子)가 젖(乚)을 물고 젖의 구멍(孔)에서 나오는 젖을 빨아 먹는다는 뜻임. (회의)

眼孔[안공] 눈구멍.
孔子[공자] 유가(儒家)의 교조(敎祖).

然

그럴 **연**, 그러나 **연**
그러하다 그러나
but, yes

8획 / 12획 / 中

육달월: 月 → 夕 : 고기
개 견: 犬 : 개

개(犬) 고기(夕)를 불(灬)에 그슬려 먹는 일은 당연한(然) 일이란 데서 그러하다(然)의 뜻임. (회의)

然而[연이] 그러나.
當然[당연] 이치로 보아 마땅히 그럴 것임.
天然[천연] 自然[자연] 隱然中[은연중]
果然[과연] 必然[필연] 公公然[공공연]

飲

마실 **음**, 마시게할 **음**
마시다 마시게 하다
drink

4획 / 13획 / 中

하품 흠 (欠): 입을 크게 벌린 모양을 본떴다.

입을 크게 벌리고(欠) 먹는다(食)는 데서 마시다(飮)의 뜻을 나타냈음. (회의)

欠 → 음 ← 飮

飮福[음복] 제사 후 술이나 제물을 먹음.
飮料[음료] 물·술 등 마시는 것의 총칭.

燃

불탈 **연**
불에 타다, 불사르다
burn

火 / 12획 / 16획 / 高

불(灬)이 되는 것이 당연하다(然)는 데서 불에 탄다(燃)는 뜻임. (형성)

然 → 연 ← 燃

燃燒[연소] 불붙어 탐.
燃料[연료] 불을 때는 재료(材料). 나무, 석유 따위 땔감.
再燃[재연] 꺼졌던 불이 다시 탐.
可燃性[가연성] 불에 잘 타는 성질.
不燃性[불연성] 불에 타지 않는 성질.

飯

밥 **반**, 먹을 **반** 동飯
밥 먹다
meal, food

食 / 4획 / 13획 / 中

돌이킬 반: 反: 뒤집을 반: 숟가락이 갔다가 돌아오고 갔다가 돌아온다는 데서 반복(反復)을 뜻한다.

반복하여(反) 먹는다(食)는 데서 밥(飯)을 뜻한다. (형성)

飯器[반기] 밥을 담는 그릇.
飯店[반점] 식당(食堂)의 중국식 칭호.
飯饌[반찬] 밥에 갖추어 먹는 온갖 음식.
飯酒[반주] 朝飯[조반] 白飯[백반]

養

기를 **양**, 다스릴 **양**
기르다, 다스리다, 봉양하다
bring up, foster

食 / 6획 / 15획 / 中

양 양: 羊 → 羊
밥 식: 食 } → 養

양(羊)은 풀을 먹여(食) 기른다(養).
(형성)   羊 → 양 ← 養

養育[양육] 길러서 자라게 함.
養豚[양돈] 돼지를 기름.
養蜂[양봉] 飼養[사양] 培養[배양]
營養[영양] 扶養[부양] 奉養[봉양]
養老[양로] 療養[요양] 養父母[양부모]

飾

꾸밀 **식**, 꾸밈 **식** 양飾
꾸미다 꾸밈
decorate

食 / 5획 / 14획 / 高

밥 식: 食→食→皀: 음식
사람 인: 人→亻: 사람
수건 건: 巾: 천, 옷감, 옷

음식(食)이나 사람(亻)의 얼굴이나 옷(巾)의 모양을 보기 좋게 꾸민다(飾)의 뜻임. (형성)   食 → 식 ← 飾

裝飾[장식] 치장하여 꾸밈. 또 그 꾸밈새.
服飾[복식] 복색(服色)의 꾸밈.
修飾[수식] 外飾[외식] 飾言[식언]

鐵 쇠 철, 철물 철 ㉭鉄
金 13 21 中

iron

금속의 한 가지, 철물

鈇 鈇 鉾 鐵 鐵 鐵

쇠 금 : 金 : 쇠,　　창 과 : 戈
길할 길 : 吉 : 길다·좋다
임금 왕 : 王 : 임금·으뜸

창(戈)을 만드는데 으뜸(王)으로 좋
은(吉) 쇠(金)가 철(鐵)이다. (형성)

鐵器[철기] 쇠로 만든 그릇.
鐵鑛[철광]　　鋼鐵[강철]　鐵甲船[철갑선]
鐵骨[철골]　　鐵道[철도]　鐵橋[철교]

銀 은 은, 은빛 은
金 6 14 中

silver

은　　은빛

金 鈩 鈩 鈩 鈩 銀 銀

쇠 금 :  산(八) 속의 임
(金) :　　　　　 : 금(王) 돌(丷)이
금(金)이다.

금(金)이 그치고(艮) 은(銀)이 나온
다. (형성)　　　　　金 艮 → 銀
　　　　　　　　 금　간 → 은

銀鑛[은광] 은을 캐내는 광산(鑛山).
銀器[은기] 은으로 만든 그릇.
銀盤[은반] 은으로 된 쟁반. 얼음판의 미칭.

鐘 종 종, 쇠북 종 ㉭鍾
金 12 20 中

bell

종, 쇠북, 인경

金 鈩 鉾 鐘 鐘 鐘

아이 동 : 童 : 마을(里)에서 서서(立)
노는 아이(童)의 뜻

아이(童)의 울음 소리처럼 울리는 쇠
(金)로 만든 종(鐘)이란 뜻임. (형성)
　　　　　　童 → 童 ← 鍾

鐘閣[종각] 큰 종을 달아 두는 누각(樓閣).
鐘鼓[종고] 종과 북.
晩鐘[만종] 절·교회에서 치는 저녁 종.
掛鐘[괘종]　警鐘[경종]　打鐘[타종]

霜 서리 상, 엄할 상
雨 9 17 中

frost

서리,　엄하다, 세월

一 干 示 示 霜 霜

서로 상, 모습 상 : 相

수증기가 비(雨)처럼 내려 언 모습
(相)이 서리(霜)로 나타난다. (형성)
　　　　　　　　相 →  ← 霜

霜雪[상설] 서리와 눈.
星霜[성상] 일년 동안의 세월. ㉣십개~
秋霜[추상] 가을의 찬 서리. 서슬이 퍼런
　　　 위엄이나 엄한 형벌의 비유.
風霜[풍상]　雪上加霜[설상가상]

雷 우뢰 뢰, 천둥 뢰
雨 5 13 高

thunder

우뢰,　천둥, 뇌동하다

干 示 示 示 雷 雷

비(雨)가 올 때 논·밭(田)에서 우
뢰·천둥(雷) 소리가 크게 들린다. (형
성)　　　　　　儡 → 雷 ← 雷

※ 儡 : 허수아비 뢰 : 밭(畾)에 있는 인
(亻)형이니 허수아비(儡)다. : 傀儡

雷雨[뇌우] 우뢰와 더불어 오는 비.
雷聲霹靂[뇌성벽력] 천둥 소리와 벼락.
落雷[낙뢰] 벼락이 떨어짐.
避雷針[피뢰침]　地雷[지뢰]　魚雷[어뢰]

電 번개 전, 전기 전
雨 5 13 中

lightning

번개　　전기

一 干 示 示 雷 電

비(雨)가 올 때 빛을 내는 번개
(電)와 번개 속에 들어 있는 전기(電)
를 뜻한다. (회의)

電氣[전기]　電光[전광]　電流[전류]
發電所[발전소]　電話[전화]　感電[감전]
送電塔[송전탑]　電信[전신]　電子[전자]

此

止 2 6 中

이 **차**, 이에 **차**
이   이에

this

ㅣ ㅏ ㅕ 止 比 此

그칠 지, 머무를 지 : 止
견줄 비, 나란히할 비 : 比→匕 } → 此

둘이 나란히(𠤎→比→比→匕)
멈춰(止) 있을 때, 한 쪽 사람이 그 옆 사람을 가리켜 **이**(此) 사람이라고 한다는 뜻임. (회의)

此際[차제] 이 때. 이 기회.
此日彼日[차일피일] 이날 저날.

紫

糸 5 11 高

자주빛 **자**
자주빛, 보라빛

purple

此 毕 毕 毕 紫 紫

색(色)에는 실(糸)이나 옷감과 관계되는 글자가 많다.

예 綠 : 초록 록, 紅 : 붉을 홍

이(此) **실**(糸)과 옷감의 색은 **자주빛**(紫)이다. (형성)   此→차자←紫

紫石英[자석영] 자수정(紫水晶).
紫煙[자연] 자주빛 연기. 담배 연기.
紫雲[자운] 자줏빛 구름. 상서로운 구름.
紫衣[자의] 자주빛 옷.

牧

牛 4 8 高

목장 **목**, 칠 목, 기를 목
목장, 치다, 기르다

breed

ㅓ ㅓ 牜 牜 牧 牧

소 우 : (牛) → 牛 → 牛 → 牛

손에 채찍(攵)을 들어 **소**(牛)를 몬다는 데서 동물을 **치다**(牧)의 뜻임. 나아가 **기르다·다스리다**(牧)의 뜻도 갖는다. (형성)

牧場[목장]   牧畜[목축]   牧童[목동]
牧歌[목가]   放牧[방목]   牧師[목사]

勿

勹 2 4 中

말 물, 없을 물
말다, 없다, 기(旗)의 이름

don't

ㅣ ㅕ 勹 勿

기(旗)의 모양으로 금지의 신호기가 올라갔다는 데서 **하지 말라**(勿)라는 뜻이 나왔다. (상형)

勿論[물론] 말할 것도 없음.
勿驚[물경] 놀라지 말라는 뜻.
勿忘[물망] 잊지 말라.

物

牛 4 8 中

만물 **물**, 일 물
만물, 물건, 일

thing

ㅓ ㅓ 牜 牡 牧 物

말 물 : 勿 : 기(旗)에는 형형색색의 여러 가지가 있다의 뜻.

동물의 대표는 **소**(牛)이고, 만물에는 **형형색색의 여러 가지**(勿)가 있다는 데서 **만물·물건**(物)의 뜻임. 勿은 음을 나타냄. (형성)

物望[물망] 사람들이 우러러보는 명망.
物件[물건]   物品[물품]   生物[생물]
植物[식물]   物資[물자]   貨物[화물]

忽

心 4 8 高

홀연 **홀**, 소홀히할 **홀**
홀연, 문득, 소홀히 하다

suddenly

ㅣ ㅕ 勹 勿 忽 忽

말 물 : 勿 : 말라, 없다의 뜻

마음(心)에 **없던**(勿) 일이 **홀연**(忽) 생각난다. **마음**(心)에 **없으니**(勿) 소홀하여진다(忽). (형성), (전주)

勿→물홀←忽

忽然[홀연] 뜻밖에 얼씬 나타나거나 사라지는 모양. 문득. 갑작스레.
疎忽[소홀] 탐탁하지 않고 범연(泛然)함.
輕忽[경홀] 경박하고 소홀함.

勤 부지런할 근, 힘쓸 근

力 11 13 中

부지런하다 힘쓰다
diligent

艹 苦 茾 堇 勤勹 勤

누루 황 : 黃 → 堇 ┐
흙 토 : 土   ┘ → 堇 : 진흙
                    황토

황토(堇) 밭에서 힘(力)들여 부지런히(勤) 일한다. (형성) 堇 → 㔾 ← 勤

勤勞[근로] 심신을 수고하여 일에 힘씀.
勤務[근무] 직무에 종사함. 일을 봄.
勤勉[근면]   勤儉[근검]   通勤[통근]
皆勤[개근]   夜勤[야근]   特勤[특근]

協 도울 협, 화할 협

十 6 8 中

돕다   화합(和合)하다.
help

十 忄 忏 协 協 協

열 십 : 十 : 묶다, 덧셈
힘 력 3개 : 劦 : 힘을 모으다

힘 셋(劦)을 한데 묶어서(十) 돕는다(協). 서로 도우니 화합(協)하여진다. (회의)

妥協[타협] 서로 좋도록 협의함.
協助[협조] 힘을 모아 서로 도움.
協調[협조] 힘을 합해서 서로 조화(調和)함.
協奏[협주] 協議[협의] 協定[협정]

謹 삼갈 근

言 11 18 高

삼가다
cautious

言 評 誹 謹 謹 謹

누런 진흙(堇)을 갖고 도자기를 만드는 정성으로 말씀한다(言)는 데서 삼가다(謹)의 뜻임. (형성)

※ 槿 : 무궁화 나무 근 : 槿花, 槿域
   饉 : 흉년들 근 : 饑饉

謹啓[근계] 삼가 아뢴다의 뜻으로 편지의 서두에 쓰는 말.
謹愼[근신] 언행을 삼가고 조심함.
謹賀新年[근하신년]   謹嚴[근엄]

脅 으를 협

月 6 10 高

으르다, 위협하다
scare

一 ナ 力 劦 脅 脅

힘 셋 : 劦
육달월 : 月 : 몸

세 개의 힘(劦)으로써 상대편 몸(月)에 으름장(脅)을 놓는다. (형성)
                    劦 → 脅 ← 脅

威脅[위협] 위력(威力)으로써 으르고 협박함. ㉠~射擊(사격).
脅迫[협박] 으르고 다잡음. 사람을 공포에 빠지도록 해악을 끼칠 뜻을 통고함.

僅 겨우 근, 적을 근

亻 11 13 高

겨우, 근근히, 적다(僅少)
barely, scarcely

亻 仁 伂 佯 僅 僅

누루 황 : 黃 → 堇 ┐
흙 토 : 土   ┘ → 堇 : 진흙
                    황토

사람(亻)이 얼마 되지 않은 황토(堇) 밭에서 농사지으며 겨우(僅) 살아가고 있다. (형성)

僅僅[근근] 겨우.
僅僅得生[근근득생] 간신히 살아감.
僅少[근소] 아주 적어서 얼마 되지 않음.

只 다만 지, 말그칠 지

口 2 5 中

다만, 단지
only

丨 冂 口 尸 只

입 구 : 口 : 입에서 나오는 말
나눌 분 : 分 → 八 : 말이 흩어짐

입(口)에서 나오는 말이 흩어졌다가(八) 다시 시작할 때의 다만·단지(只)의 뜻임. (회의)

現今[현금] 지금, 이제, 오늘날, 눈 앞.
但只[단지] 다만, 겨우.
只今[지금] 이제, 시방(時方). ㉠~껏 여태까지.

專

寸 8 / 11 / 高

오로지 **전**, 제멋대로할 **전**
오로지, 제멋대로 하다
alone

|臣|車|叀|叀|専|專|

··· 물레(車)
··· 손잡이(丶)
··· 손과 솜꼬치(寸)

손(寸)으로 물레(車)를 돌리는 것을 나타냈으며 물레는 한쪽으로만 돈다는 데서 오로지(專)란 뜻임. (형성)

專門[전문] 한 가지 일을 오로지 함.
專橫[전횡] 권세를 오로지하여 제멋대로 함.

團

口 11 / 14 / 高

모일 **단**, 둥글 **단**
모이다 둥글다
gather

|同|同|同|團|團|團|

에울 위 : 口 : 울타리, 덩어리
오로지 전 : 專 : 손(寸)으로 물레(車)를 돌리듯 한쪽으로만 돈다는 데서 오로지(專)의 뜻.

오로지(專) 같은 목적으로 둥글게(○ → 口) 모이다(團). (형성)

團欒[단란] 매우 원만함. 친밀한 한곳에서 즐김.
團結[단결] 團合[단합] 團體[단체]

傳

亻 11 / 13 / 中

전할 **전**, 전기 **전** ㉮ 伝
전하다 전기
pass

|仁|伝|伸|値|傳|傳|

사람 인 : 亻
오로지 전 : 專 } → 傳

물레(專)가 한쪽으로만 돌듯이 이쪽 사람(亻)의 말을 저쪽 사람에게 전한다 (傳)는 뜻임. (형성) 專 → ㉠ ← 傳

傳記[전기] 개인의 사적을 적은 기록.
傳達[전달] 전하여 이르게 함.
傳道[전도] 宣傳[선전] 傳染病[전염병]
傳受[전수] 遺傳[유전] 自敍傳[자서전]

惠

心 8 / 12 / 中

은혜 **혜**, 슬기로울 **혜**
은혜 슬기롭다
benefits

|一|亡|車|車|惠|惠|

물레(車)가 한쪽 방향으로만 돌듯이 일방적인 사랑을 받는 데 대하여 고마운 마음(心)을 갖는다는 데서 은혜(惠)란 뜻임. (회의)

恩惠[은혜] 사랑으로 끼치는 신세.
惠澤[혜택] 은혜와 덕택(德澤).

轉

車 11 / 18 / 高

구를 **전**, 옮길 **전** ㉮ 転
구르다 옮기다
roll

|車|軒|軒|轉|轉|轉|

수레(車)가 하는 일은 오로지(專) 구르는(轉) 일이다. 굴러서 자리를 옮긴다(轉). (형성), (전주)

回轉[회전] 빙빙 돌아서 구름.
轉勤[전근] 근무(勤務)하는 곳을 옮김.
運轉者[운전자] 逆轉[역전] 轉學[전학]

焉

灬 7 / 11 / 高

어조사 **언**, 어찌 **언**
어조사 어찌
how

|丁|匹|正|正|焉|焉|

바를 정 : 正
새 조 : 鳥 → 焉 } → 焉

새(焉)가 나무 가지에 바르게(正) 내려 앉는다는 데서 말이 끝날 때에 쓰는 어조사(焉)임. 또, 어찌(焉)의 뜻임.

終焉[종언] 마지막. 최후.
於焉間[어언간] 알지 못하는 동안에 어느덧.
焉敢生心[언감생심] 감히 그런 마음을 먹을 수도 없음.

停

亻 9 11 中

머무를 **정**, 멈출 **정**
머무르다 멈추다
stay

亻 亠 仃 位 倅 停 停

정자 정:(亭): 🏛 → 亭 → 亭

기둥(丁)을 세우고 높게(亠) 지은 정자(亭)의 뜻.
사람(亻)들이 정자(亭)에서 머문다(停). (형성) 丁, 亭 → ㉝ ← 停

停留[정류] 멎어 섬. 머무름. ㉔ ~所(소)
停止[정지]   停泊[정박]   停電[정전]

論

言 8 15 中

논의할 **론**, 말할 **론**
논의하다 말하다
discuss

言 訁 訟 詥 論 論

책(冊)에 있는 이론을 종합한(亼) 후 자기의 의견을 말씀한다(言)는 데서 논의하다(論)의 뜻임. (형성)

論議[논의] 논란(論難)하여 토의(討議)함.
論文[논문] 논술하는 글월. ㉔ 學位(학위)~
論駁[논박] 남의 잘못을 공격하여 말함.
論說[논설]   論語[논어]   論證[논증]

倫

亻 8 10 中

인륜 **륜**
인륜
morals

亻 仏 伶 佮 佮 倫

사람 인: 亻
합할 합: 合 → 亼 → 倫
책 책: 冊 → 冊

책(冊)에 있는 이론을 정리하고 합해서(亼) 사람(亻)이 지켜야 할 인륜(倫)을 밝힌다. (형성)

人倫[인륜] 사람으로서의 떳떳한 도리.
倫理[윤리] 도덕 규범이 되는 원리(原理).
三綱五倫[삼강오륜]   不倫[불륜]

吏

口 3 6 高

벼슬아치 **리**, 아전 **리**
벼슬아치   아전
officer

一 ㄧ ㄷ 戸 吏 吏

한 일: 一 : 한결같은 마음
가운데 중: 中 → 史 : 중정(中正)
손   : 又 → 乂 : 손

한결같이(一) 중정(中) 한 입장에서 손(乂)으로 일하는 벼슬아치(吏)란 뜻임. (형성)

官吏[관리] 관직에 있는 사람.
吏道[이도] 관리로서 지켜야 할 도리.
淸白吏[청백리]   執達吏[집달리]

輪

車 8 15 高

바퀴 **륜**, 수레 **륜**, 둘레 **륜**
바퀴   수레   둘레
wheel

亘 車 軟 軡 軡 輪

생각할 륜, 뭉치 륜: 侖 : 책(冊→冊)을 모은(合→亼) 책뭉치(侖). 여기서는 뭉치다의 뜻.

수레(車)에 여러 살대가 뭉쳐서(侖) 바퀴(輪)가 된다. (형성)

輪轉[윤전] 빙빙 돎. 회전함. ㉔ ~機(기)
車輪[차륜] 수레바퀴.
輪廓[윤곽] 주위의 선. 테두리.

使

亻 6 8 中

부릴 **사**, 하여금 **사**
부리다   하여금
work

亻 亻 仁 佢 使 使

상관인 웃어른(亻)이 아전(吏)으로 하여금(使) 어떤 일을 하도록 부린다(使). (형성), (전주)   史 → ㉺ ← 使

※ 史: 역사 사, 사기 사

使用[사용] 물건을 쓰거나 사람을 부림.
使命[사명] 사자(使者)로서 받은 바 명령 (命令).
使嗾[사주] 남을 부추겨 나쁜 일을 시킴.
使臣[사신]   大使[대사]   驅使[구사]

例

亻 168 中

본보기 례, 법식 례
본보기 법식
example

| 亻 | 仁 | 仍 | 仍 | 例 | 例 |

뼈 골 : 骨→冎→咼→歹
칼 도 : 刂 } →列 : 줄을 세움

뼈(歹)를 칼(刂)로 발라내어 줄(列) 세운다.
사람(亻)이 어떤 일이나 물건을 줄세워(列) 본보기·법식(例)으로 삼는다. (형성)

列 → 렐/례 ← 例

類例[유례] 같거나 비슷한 예.
例示[예시]   先例[선례]   事例[사례]

喜

口 9 12 中

기쁠 희, 좋아할 희
기쁘다 좋아하다
pleasure

| 十 | 土 | 吉 | 吉 | 直 | 喜 |

두 손 : 屮屮 → 屮屮 → 丵

길하다고(吉) 두 손(屮)으로 북(壴)을 치고 입(口)으로 노래하며 기뻐한다(喜). (회의)

喜悲[희비] 기쁨과 슬픔.
喜悅[희열] 희락(喜樂). 기쁨과 즐거움.
喜劇[희극] 사람을 웃기는 연극. ⓔ비극

烈

灬 6 10 中

세찰 렬, 빛날 렬, 매울 렬
세차다 빛나다 맵다
powerful

| 一 | 丆 | 歹 | 列 | 烈 | 烈 |

줄 렬 : 列 : 뼈(骨→冎→歹)를 칼(刂)로 발라내어 줄(列) 세운다.

불(灬)이 줄지어(列) 일어나니 불길이 세차고·빛나며·연기가 맵다(烈). (형성), (전주)

烈女[열녀] 정조를 굳게 지키는 여자.
烈火[열화] 맹렬(猛烈)히 타는 불.
烈士[열사] 절개가 굳은 사람.
熱烈·烈烈[열렬]   壯烈[장렬]   先烈[선열]

鼓

鼓 0 13 高

북 고, 칠 고
북 북을 치다
drum

| 士 | 吉 | 喜 | 壴 | 鼓 | 鼓 |

길할 길 : 吉
두 손 : 위 '喜'란 참조
나무 목 : 木 → 十 : 나무 북채

손(又)에 북채(十)를 들어 길하다고(吉) 두 손(屮)으로 북(鼓)을 친다. (회의)

鼓手[고수] 북을 치는 사람.
鼓動[고동] 격동시킴. 심장이 뜀.
大鼓[대고]   鼓笛[고적]   鼓舞[고무]

裂

衣 6 12 高

찢을 렬
찢는다
break

| 歹 | 列 | 列 | 列 | 裂 | 裂 |

줄 렬 : 列 : 뼈(骨→冎→歹)를 칼(刂)로 발라내어 줄(列)을 세운다.
옷 의 : 衣 : 옷

옷(衣)을 줄줄이(列) 찢는다(裂). (형성)

列 → 렬 ← 烈, 裂

分裂[분열] 찢어져 갈라짐.
裂開[열개] 찢어 벌림.
決裂[결렬] 의견이 맞지 않아 헤어짐.
破裂[파열]   龜裂[균열]   滅裂[멸렬]

臺

至 8 14 高

돈대 대, 마을 대 ⓙ台
돈대, 중앙 관서, 기초, 수
eminence

| 吉 | 亯 | 高 | 高 | 臺 | 臺 |

길할 길 : 吉
높을 고 : 高 → 髙 } → 亯
이를 지 : 至

길하고 높은(亯) 곳에 사람들이 이른다(至)는 데서 돈대·중앙 관서(臺) 등을 뜻한다. (회의)

臺本[대본] 연극·영화의 각본(脚本).
燈臺[등대]   舞臺[무대]   寢臺[침대]

餘

食 7 16 中

남을 여, 나머지 여 ㉙ 余
남다   나머지
remain

| 仒 | 仺 | 飠 | 飡 | 飿 | 餘 |

밥 식 : 食
나머지 여 : 餘 → 余 : 나무(木)를 모아(合→㇒) 집을 짓고 난 토막, 자투리 등의 나머지(余).
밥(食)을 먹다가 남긴다(余)는 데서 남다, 나머지(餘)의 뜻임. (형성)

余 → ㉙ ← 餘

剩餘[잉여] 다 쓰고 난 나머지. ㉑ ~농산물
餘裕[여유] 넉넉하고 남음이 있음.

除

阝 7 10 中

덜 제, 버릴 제, 나눌 제
덜다   버리다   나누다
throw away

| 阝 | 阝⺈ | 阾 | 除 | 除 | 除 |

언덕 부 : 阝
합할 합 : 合 → ㇒ ⎫
나무 목 :   木   ⎬→ 除

언덕(阝) 위에 떨어진 나뭇(木)잎을 모아(㇒) 쓸어 버린다(除). (형성)

除去[제거] 덜어 버림. 덜어 없앰.
除名[제명] 명부에서 성명을 빼어 버림.
除蟲[제충]   掃除[소제]   除算[제산]

徐

彳 7 10 高

천천할 서, 천천히 서
천천하다, 천천히, 느리게
slow

| 彳 | 彳⼃ | 彳㇒ | 徉 | 徐 | 徐 |

다닐 행 : 行 → 彳 ⎫
나머지 여 : 余   ⎬→ 徐

시간이 남아도니(余) 자연 걸음(彳)이 느려진다는 데서 천천히(徐)의 뜻이다. (형성)

徐行[서행] 천천히 감.
徐徐[서서] 거동이 찬찬한 모양.
徐羅伐[서라벌] 신라(新羅)의 옛 이름.

斜

斗 7 11 高

기울 사, 비낄 사
기울다   비끼다
leaning

| ㇒ | 㐄 | 余 | 余 | 斜 | 斜 |

남을 여 : 余 ⎫
말 두 : 斗   ⎬→ 斜

말(斗) 속에 남아 있는(余) 곡식을 쏟고자 말을 기울인다(斜). (형성)

斜陽[사양] 서쪽으로 기울어진 해.
傾斜[경사] 비스듬히 기울어짐. 또 그 정도.
斜面[사면] 경사진 면(面). 비스듬한 표면.
斜塔[사탑] 비스듬히 기운 탑(塔).

途

辶 7 11 高

길 도
길
road

| ㇒ | 合 | 余 | 余 | 途 | 途 |

남을 여 : 余 : 남아 있다
길 도 : 道 → 辶 : 걸어다니다

갈 길(辶)이 남아있는(余) 길(途)의 뜻임. (형성)

道 → ㉖ ← 途

途中[도중] 계속되는 일이 끝나기 전.
途上[도상] 길 위, 중도, 도중.
壯途[장도] 사명을 띠고 떠나는 길.
前途洋洋[전도양양] 中途[중도]

敍

攴 7 11 高

펼 서, 베풀 서, 차례 서
펴다   베풀다   차례
spread

| 㐄 | 余 | 余 | 敍 | 敍 | 敍 |

위 상 : 上 → 卜
손   : 又

㉙ 叙

곳간에 남아있는(余) 곡식을 멍석 위(卜)에 손(又)으로 펼쳐(敍) 말린다, 편다는 데서 베풀다 또 베푸는 차례의 뜻도 생겼다. (형성)

敍事[서사] 사실을 있는 그대로 적는 일.
敍述[서술] 차례를 좇아 말함.

道 길 도, 도 도
길, 행정상의 구획
road

머리 수(首): 머리(首)를 바른 방향으로 향하여 길(辶)을 간다는 데서 길(道)을 뜻한다. 나아가 정신적인 길인 학문, 기술 등의 뜻도 있다. (회의), (전주)

途 → 도 ← 道, 導

道路[도로] 正道[정도] 道理[도리]
道德[도덕] 道具[도구] 胎拳道[태권도]

導 이끌 도, 인도할 도
이끌다, 인도하다
guide

마디 촌, 치 촌: 寸: 길이의 단위. 법의 운영은 자로 재듯이 정확하여야 한다는 데서 법도(法度)의 뜻이 있다.

나아갈 길(道)을 법도(寸)에 맞게 인도한다(導). (형성)

引導[인도] 가르쳐 이끎. 길을 안내함.
導入[도입] 끌어들임. 예 外資(외자)~
指導[지도] 教導[교도] 導火線[도화선]

德 덕 덕, 복 덕
덕, 도덕, 행복
virtue

다닐 행, 행할 행: 彳 → 行 → 行

바르고 곧은(直→㥁) 마음(心)씨로 행동하는(彳) 것이 덕(德)이다. (회의)

德談[덕담] 잘 되기를 비는 말.
德育[덕육] 도덕(道德)면의 교육(教育).
德化[덕화] 덕행으로써 교화시킴.
恩德[은덕] 德澤[덕택] 福德[복덕]

聽 들을 청
듣다
listen

귀 이: 耳, 맡을 임: 任→壬
마음 심: 心, 곧을 직: 直→㥁

귀(耳)가 맡아서(壬) 곧은(㥁) 마음(心)으로 듣는다(聽). (형성)

傾聽[경청] 귀담아 들음. 주의하여 들음. 열심히 들음.
聽聞[청문] 설교·연설 따위를 들음.
聽從[청종] 이르는 대로 잘 들어 좇음.
聽取[청취] 聽許[청허] 聽診器[청진기]

廳 관청 청, 대청 청
관청, 마을, 대청
government office

들을 청: 聽: 귀(耳)가 맡아서(壬) 곧은(㥁) 마음(心)으로 듣는다(聽).

백성의 의견을 들어(聽)주며 일을 처리하는 집(广)이니 관청(廳)이다. (형성)

聽 → 청 ← 廳

廳舍[청사] 관청의 사옥(舍屋). 관아의 집
大廳[대청] 대청 마루. 집채의 가운데 있는 마루.
市廳[시청] 道廳[도청] 鐵道廳[철도청]

矣 어조사 의
어조사

화살 촉: 厶: 화살촉이 꽂히는 곳
화살 시: 矢

화살(矢)이 날아가 꽂히는 곳(厶)이란 데서 말이 그칠(矣) 때 등에 쓰이는 어조사이다. (형성)

萬事休矣[만사휴의] 온갖 일이 어찌할 도리가 없어짐.

修

亻 8 10 中

닦을 **수**, 다스릴 **수**, 꾸밀 **수**
닦다　다스리다　꾸미다

cultivate

亻　亻'　亻'　攸　攸　修

손에 물바가지(攵)를 들어 사람(亻)에게 물을 부어(丨) 씻기고 머리털(彡)을 빗어 몸을 닦고 꾸민다(修). (형성)

修身[수신] 선을 북돋아 심신을 닦는 일.
修了式[수료식]　修交[수교]　修理[수리]
修養[수양]　修學旅行[수학여행]

原

厂 8 10 中

근원 **원**, 들 **원**
근원　들

origin

一　厂　厂　盾　原　原

벼랑(厂) 밑에 맑고 흰(白) 물(水→小)이 나오는 샘의 근원(原)이 있다. 사람이 농사를 짓고 살아가는 데 근원이 되는 들(原)이란 뜻도 있다. (회의)

原料[원료] 제조·가공의 재료(材料).
原因[원인]　原理[원리]　草原[초원]

條

木 7 11 高

곁가지 **조**, 조목 **조**
곁가지　조목

branch

亻　亻'　亻'　攸　條　條

손(又)에 바가지(冖)를 들어 사람(亻)에게 물을 끼얹는다(丨).

사람에게 물을 죽죽 끼얹듯이(攸) 나무(木)에서 죽죽 뻗어난 곁가지(條)를 뜻한다. (형성)

條目[조목] 여러 가닥으로 나눈 항목.
條例[조례]　條件[조건]　箇條[개조]

源

氵 10 13 高

수원 **원**, 근원 **원**
수원(水源), 근원

source of stream

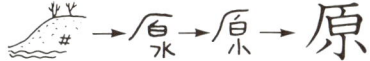

근원 원: 原: 벼랑(厂) 밑에 맑고 흰(白) 물(水→小)이 나오는 샘의 근원(原)이 있다.

물(氵)의 근원(原)이란 데서 수원(水源)·근원(源)을 뜻한다. (형성)

源泉[원천] 물이 흘러나오는 근원. 사물의 근원. ⑧ 수원(水源) ⑩ ~課稅(과세)
起源[기원]　資源[자원]　源流[원류]

悠

心 7 11 高

멀 **유**, 한가할 **유**
멀다　한가하다

remote

亻　亻'　亻'　攸　悠　悠

닦을 수: 修→攸: 닦다, 수도(修道)하다의 뜻.

수도(攸)하는 사람의 마음(心)이 침착하고 서두르지 않는다는 데서 멀다·한가하다(悠)의 뜻임. (형성)

悠悠自適[유유자적] 속세를 떠나 아무 속박 없이 자기 멋대로 마음 편히 삶.
悠久[유구]　悠長[유장]　悠遠[유원]

願

頁 10 19 中

바랄 **원**, 원할 **원**
바라다　원하다

want

盾　原　原　原　願　願

머리(頁)는 생각의 근원(原)으로서, 그 생각하는 것들이 잘 되기를 바라고·원한다(願)는 뜻임. (형성)

原 → ㊂ ← 源, 願

訴願[소원] 호소하여 청원함.
所願[소원] 원함. 원하는 바. 바라는 일.
請願[청원] 청하고 원함.
願望[원망]　祈願[기원]　願書[원서]
宿願[숙원]　念願[염원]　志願[지원]

希

巾 4 7 中

바랄 희, 드물 희
바라다 드물다
hope

| 丿 | 㐅 | 产 | 产 | 禾 | 希 |

천의 무늬 : ××× → 㐅 → 产

무늬(㐅)가 있는 비단 천(巾)은 누구나 가지고 싶어한다는 데서 바라다(希)의 뜻임. (회의)

希望[희망] 어떤 일을 얻고자 바람.
希求[희구] 바라고 요구함.
希有[희유] 드물게 있음. 稀有.

稀

禾 7 12 高

드물 희, 묽을 희
드물다 묽다
rare

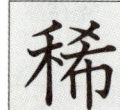

| 禾 | 禾丿 | 禾㐅 | 秎 | 稀 | 稀 |

벼 화 : 禾 : 벼
바랄 희 : 希 : 바라다

벼(禾)농사가 바라는(希) 만큼 풍년이 드는 일은 드물다(稀)는 뜻임. (형성)

희 → 希 ← 稀

稀代[희대] 세상에 드묾. (＝稀世)
稀少[희소] 드물어서 적음.
稀薄[희박] 기체·액체가 짙지 않고 묽거나 엷음.

摘

扌 11 14 高

딸 적, 들추어낼 적
잡아 떼다 들추어 내다
pick

| 扌 | 扩 | 护 | 护 | 摘 | 摘 |

실과 꼭지 적 : ⌬ → 啇 → 啇
(啇)

꼭지가 있는 실과의 모양을 본떴다.

손(扌)으로 실과 꼭지(啇)를 딴다(摘)는 뜻. 실과 꼭지를 따서 보이듯이 들추어낸다는 뜻도 있음. (형성)

摘記[적기] 요점만 뽑아 기록함.
摘要[적요] 요점을 따서 적음. 또 그 기록.

適

辶 11 15 中

알맞을 적, 즐거울 적
알맞다 마음에 들다
suitable

| 宀 | 产 | 啇 | 啇 | 適 | 適 |

실과 꼭지 적 : ⌬ → 啇 → 啇
(啇)

밭에 가서(辶) 실과 꼭지(啇)를 딸 때는 알맞게(適) 익은 것으로 골라서 딴다. (형성)

適當[적당] 알맞음. 정도에 맞음.
適應[적응] 걸맞아 서로 어울림.
適時[적시]　適性[적성]　適格[적격]

滴

氵 11 14 高

물방울 적, 물방울떨어질 적
물방울, 물방울이 떨어지다
drop

| 氵 | 氵 | 汧 | 渧 | 滴 | 滴 |

실과 꼭지 적 : ⌬ → 啇 → 啇
(啇)

물(氵)이 실과 꼭지(啇)에 달린 열매처럼 물방울(滴)이 된다. (형성)

雨滴[우적] 빗방울.
餘滴[여적] 그림을 그리고 남은 먹물.
硯滴[연적] 벼룻물을 담는 그릇.

敵

攵 11 15 中

원수 적, 대적할 적
원수 대적하다·상대
enemy

| 宀 | 产 | 啇 | 啇 | 啇攵 | 敵 |

실과 꼭지 적 : ⌬ → 啇 → 啇
(啇)

손에 낫(攵)을 들고 실과 꼭지(啇)를 따듯이 원수(敵)를 무찌른다. (형성)

匹敵[필적] 능력·세력 등이 서로 엇비슷함.
敵國[적국] 적대(敵對) 관계에 있는 나라.
敵機[적기] 적국의 항공기.
敵地[적지]　敵軍[적군]　無敵[무적]

木 11 15 中	樂	풍류 **악**, 즐길 **락**, 좋아할 **요** 풍류　　즐거움　좋아하다 music

白 白 細 細 樂 樂

나무(木) 틀에 가는 실(幺)이나 북
(白)을 매달아서 악기를 만들어 풍악을
즐기며 좋아한다(樂). (상형), (전주)

樂曲[악곡] 음악의 곡조.
苦樂[고락] 괴로움과 즐거움.
樂山樂水[요산요수] 산수(山水)를 좋아함.

山 8 11 中	崇	높을 **숭**, 높일 **숭** 높다　　높이다 respect

山 屮 屵 峃 峇 崇

가묘 종, 마루 종 : 宗 : 제사(示)를
지내는 집(宀)이란 데서 가묘·사당·
종묘·근본·일가(宗)의 뜻.

가묘·종묘(宗)를 산(山)처럼 높인다
(崇). (형성)

家廟[가묘] 한 집안의 사당(祠堂).
崇尙[숭상] 높여 소중히 여김.
崇拜[숭배] 우러러 공경함.
崇佛[숭불]　崇高[숭고]　崇仰[숭앙]

ㅛㅛ 15 19 中	藥	약 **약**, 약초 **약**　㋐薬 약　　약초 medicine

풀 초 : 艹 : 풀, 초목(草木)
풍류 악, 즐길 락, 좋아할 요 : 樂 :
여기서는 즐거이의 뜻

초목(艹)에서 가려낸 것을 즐거이
(樂) 약(藥)으로 쓴다. (형성)

樂 → 약 약 ← 藥

藥草[약초] 약재(藥材)로 쓰는 풀.
藥物[약물] 약제(藥劑)가 되는 물질.
藥局[약국]　藥菓[약과]　毒藥[독약]

火 5 9 高	炭	숯 **탄**, 석탄 **탄** 숯　　석탄 charcoal

山 屮 屵 岸 岸 炭

산(山)의 벼랑(厂) 밑에서 장작을 불
태워(火) 숯(炭)을 굽는다. (형성)

岸 → 안 탄 ← 炭

木炭[목탄] 숯.
炭鑛[탄광] 석탄(石炭)을 파내는 광산.
無煙炭[무연탄]　炭素[탄소]　炭化[탄화]

山 5 8 高	岳	큰 산 **악** 큰 산 mountain

ノ 一 ㅜ 丘 丘 岳

언덕 구 :
(丘)

언덕(丘) 위의 산(山)이라 쓰고 크고
높은 산(岳)을 나타냈다. (회의)

山嶽·山岳[산악] 지구 표면이 현저히 융
　기(隆起)한 부분.
岳頭[악두] 산꼭대기. 정상.
岳父[악부] 장인(丈人). 아내의 아버지.

水 5 9 中	泰	클 **태**, 너그러울 **태** 크다　 너그럽다 great

三 夫 夫 夫 泰 泰

불 화 : 火
두 이 : 二
물 수 : 水 → 氺

불(火)이나 물(水)의 힘은 둘(二) 다
크다(泰). (형성)　　大 → 대 태 ← 泰

泰平[태평] 몸이나 집안이 평안함.
泰然[태연] 기색이 아무렇지도 않은 모양.
國泰民安[국태민안]　泰山北斗[태산북두]

邑

고을 **읍**
고을

town

` ` 丨 口 吕 吕 吕 邑

땅이름 파 (巴):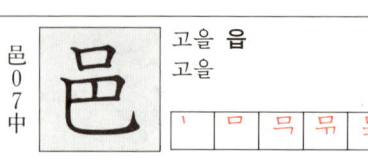

인구(口)가 모여 사는 지역(巴)이란 데서 고을(邑)을 뜻한다. (회의)

邑民[읍민] 읍에 사는 사람.
邑誌[읍지] 고을의 연혁·지리·풍속 등을 기록한 책.
都邑[도읍] 古邑[고읍] 邑長[읍장]

群

무리 **군**, 떼 **군**
무리, 떼, 모이다

group

尹 君 君' 君" 君" 群

임금 군: 君: 손(⺕)에 권력(丿)을 쥐고 입(口)으로 명령하는 임금(君).

임금(君)은 많은 신하를 거느리고, 양(羊)은 무리를 이루어 산다는 데서 무리·떼(群)의 뜻임. (형성)

群衆[군중] 한 곳에 모여 있는 무리.
群像[군상] 많은 사람들. 또 그 그림.
拔群[발군] 여럿 중에서 뛰어남.
群島[군도] 群雄[군웅] 群臣[군신]

色

빛 **색**, 색 **색**
빛 색

colo(u)r

丿 ⺈ ⺈ 多 色 色

고을 읍 (邑):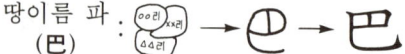

고을(巴)에 사는 사람(人→⺈)들의 얼굴 빛(色)이란 데서 빛·색(色)을 뜻한다. (회의)

顔色[안색] 얼굴에 나타나는 기색. 얼굴 빛.
色彩[색채] 빛깔
色盲[색맹] 색을 구별하지 못하는 상태.

郎

사내 **랑**
사내

husband

⺕ 户 艮 良 郞 郎

어질 량: 良: 어질다, 좋다
고을 읍: 邑→巴→阝

고을(阝)에서 어진(良) 일을 하는 사람이란 데서 사내·남편(郎)이란 뜻임. (형성)

良 →  ← 郎

壻郎[서랑] 남의 사위(높임말).
郎君[낭군] 젊은 아내가 자기 남편을 사랑스럽게 이르는 말.
郎騎馬[낭기마] 혼인 때 신랑이 탄 말.

郡

고을 **군**
고을

country

⺕ ⺕ 尹 君 君阝 郡

우부방 (邦):

임금(君)의 명을 받아 다스리는 지역(阝)이란 데서 고을(郡)을 뜻한다. (형성)

郡界[군계] 군과 군의 경계(境界).
郡守[군수] 한 고을의 우두머리.
郡縣[군현] 군읍(郡邑).

廊

곁채 **랑**, 행랑 **랑**
곁채 행랑

room for men

广 庐 庐 庐 廊 廊

사내(郎)들만 기거하는 집(广)이니 곁채·행랑(廊)이다. (형성)

※ 朗 : 밝을 랑, 狼 : 이리 랑
  浪 : 물결 랑, 娘 : 계집 낭

舍廊[사랑] 바깥 주인이 거처하며 손님을 접대하는 곳.
畫廊[화랑] 그림을 전시해 놓은 방.
行廊[행랑] 대문의 양쪽에 있는 방.
廊下[낭하] 행랑, 골마루.

耶

耳 39 高

아버지 **야**, 그런가 **야**
아버지　　그런가
father

| 一 | 厂 | FE | 耳 | 耳阝 | 耶 |

사내 랑 : 郞 → 阝 : 사내

사내(阝)가 늙어서 귀(耳)가 어두워진다는 데서 아버지(耶)의 뜻. 귀로 듣고도 잘 알아듣지 못하고 그런가(耶)? 한다는 데서 어조사로도 쓰임. (회의)

※ 爺 : 아버지 야 : 老爺, 好好爺

耶孃[야양] 아버지와 어머니.
非耶是耶[비야시야] 그른가 옳은가?

邦

阝 47 高

나라 **방**
나라
nation

| 一 | 二 | 三 | 丰 | 邦 | 邦 |

털 모 : 毛→丰 : 털 무성할 봉

여기서는 초목 · 곡식 · 채소 등이 무성하다의 뜻.

풀이 무성하고(丰) 농사가 잘 되는 고을(阝)이라 쓰고 나라(邦)의 뜻을 나타냈다. (형성)

友邦[우방] 서로 친교(親交)가 있는 나라.
邦貨[방화] 우리 나라의 화폐(貨幣).
盟邦[맹방]　萬邦[만방]　隣邦[인방]

邪

阝 47 高

간사할 **사**, 그런가 **야**
간사하다　　그런가
cunning, sly

| 一 | 二 | 牙 | 牙 | 牙阝 | 邪 |

어금니 아 : 牙 : 대장기의 깃대 위를 상아로 장식한 데서 대장기의 뜻도 있다.

고을(阝)에 적의 대장기(牙)가 꽂히자 간사한 무리들이 적군에 아첨한다는 데서 간사하다(邪)의 뜻임. (형성)

牙 → (아)(사) ← 邪

奸邪[간사] 간교하고 행실이 바르지 못함.
邪計[사계] 바르지 못한 계책(計策).

鄕

阝 10 13 中

시골 **향**, 고향 **향**　⑭鄕
시골　　고향
country

| 乡 | 纟 | 幺 | 纟 | 乡阝 | 鄕 |

사람 인(3명) : 亻亻 → 纟 : 많은 사람
밥 식 : 食→良→皀 : 식량, 농사

많은 사람들(纟)이 식량(皀) 농사를 짓고 사는 고을(阝)이란 데서 시골 · 고향(鄕)이란 뜻임. (형성)

良 → (량)(향) ← 鄕, 響

鄕校[향교] 시골에 있는 옛날 학교.
鄕愁[향수] 고향을 그리워하는 마음.
故鄕[고향]　他鄕[타향]　鄕里[향리]

那

阝 47 高

어찌 **나**, 많을 **나**, 클 **나**
어찌　　많다　　크다
how

| 丁 | 彐 | 羽 | 月 | 月阝 | 那 |

쓸 용 : 用 → 月

쓸모(月)가 많은 고을(阝)이란 데서 많다 · 크다 · 나라이름(那)의 뜻. 고을(阝) 땅을 쓸 수 없게(月) 되었으니 어찌하나(那)의 뜻도 있음. (형성)

那邊[나변] 어느 곳. 어디.
那事[나사] 어찌된 일. 무슨 일.
刹那[찰나] 지극히 짧은 시간.

響

音 13 22 高

울릴 **향**, 울림 **향**
울리다　　울림 · 교향악단
sound

| 乡 | 鄕 | 鄕 | 響 | 響 | 響 |

시골 향 : 鄕 : 사람들(亻亻 → 纟)이 식량(食→皀) 농사를 짓는 고을(阝)이니 시골, 마을(鄕)이다.

고요한 시골(鄕)에서는 소리(音)가 잘 울려(響) 퍼진다. (형성)

影響[영향] 한 가지 사물로 인해 다른 사물에 미치는 결과.
音響[음향] 소리의 울림.

部

ㅂ 8 11 中

部

마을 **부**, 거느릴 **부**
마을, 부분, 거느리다
lead

| 亠 | 立 | 咅 | 咅阝 | 部 |

가를 부 : **咅** : 높이 세워(立) 싼 물품(品→口)을 **가르고 · 나눈다**(咅).

국토를 여러 고을(阝)로 갈라(咅) 나누어 거느린다는 데서 **마을 · 거느리다**(部)의 뜻임. (형성)

※ 剖 : 가를 부

部隊[부대] 일부의 군대. 한 단위의 군대.
部署[부서] 근무상에 나누어진 부분.
部落[부락] 部族[부족] 教育部[교육부]

限

ㅂ 6 9 中

한정 **한**, 지경 **한**
한정   지경
limit

| 阝フ | 阝コ | 阝コ | 阝コ | 阝目 | 限 |

그칠 간 (艮) → 目ヒ → 艮 : 먹는 일을 그치다

언덕(阝)으로 그치어(艮) 한정(限)된다. (형성)

艮 → ㉮ ㉠ ← 限, 恨

限定[한정] 제한(制限)하여 정(定)함.
限界[한계] 사물의 정해 놓은 범위.
限度[한도] 한정된 정도.
期限[기한] 無限[무한] 限量[한량]

防

ㅂ 4 7 中

防

막을 **방**, 둑 **방**
막다,   둑, 제방
protect

| 一 | 了 | 阝 | 阝亠 | 防 | 防 |

언덕 부 : ⟨그림⟩→阝→阝 : 성벽 방책

언덕(阝) 위에 진을 치고 상대방(方) 적을 **막는다**(防). (형성) 方 → ㉤ ← 防

防備[방비] 적을 막아 지킴. 또 그 설비.
防寒[방한] 추위를 막음.
防止[방지] 막아서 그치게 함.
防波堤[방파제] 防蟲網[방충망] 堤防[제방]

附

ㅂ 5 8 高

附

붙을 **부**, 붙일 **부**
붙다,   붙이다, 더하다
stick

| 阝 | 阝亠 | 阝付 | 阝付 | 附 | 附 |

줄 부, 부탁 부, 붙을 부 : **付** : 붙다

높은 산에 나지막한 언덕(阝)이 붙어(付) 있는 모양에서 **붙다**(附)의 뜻임. (형성)

附設[부설] 덧붙여 설치함.
附着[부착] 들러붙어 떨어지지 않음.
附屬[부속] 주되는 일에 딸려서 붙음.
附近[부근] 附加[부가] 附錄[부록]

陣

ㅂ 7 10 高

陣

진칠 **진**, 진지 **진**
진을 베풀다 진지
encamp

| 阝 | 阝亠 | 阝目 | 阵 | 陣 |

언덕 부 : 阝 : 언덕

수레 거, 수레 차 : **車** : 병차(兵車), 대포, 탱크

언덕(阝)을 의지하고 병차(車)를 중심으로 진(陣)을 친다. (회의)

※ 陳 : 베풀 진 : 陳列, 陳情書

陣中[진중] 진의 가운데.
陣營[진영] 군사가 둔치는 가옥(假屋).

阿

ㅂ 5 8 高

阿

언덕 **아**, 아첨할 **아**
언덕   아첨하다
hill

| 阝 | 阝亠 | 阝口 | 阿 | 阿 | 阿 |

옳을 가 : **可** : 옳다, 좋다의 뜻

보기에 좋은(可) 언덕(阝)이란 데서 언덕(阿)의 뜻임. (형성)

※ 可 : 옳을 가, 阿 : 언덕 아, 何 : 무엇 하
  歌 : 노래 가, 苛 : 독할 가, 婀 : 아리따울 아

阿丘[아구] 한 쪽이 높은 언덕.
阿附[아부] 남의 비위를 맞추고 알랑거림.
阿修羅[아수라] 阿斯達[아사달]

陰 그늘 음, 음기 음
그늘   음기
shade

阝 8 11 中

이제 금 : 今 : 지금
구름 운 : 雲 → 云 : 구름

언덕(阝) 위에 지금(今) 구름(云)이 있어서 그늘(陰)져 있다. 云 수 → 陰
(형성)   운 금 → 음

陰散[음산] 날씨가 흐리고 으스스함.
陰陽[음양] 음과 양.
陰影[음영] 그림자. 그늘.
陰地[음지] 陰刻[음각] 陰曆[음력]

陳 늘어놓을 진, 베풀 진
늘어놓다, 베풀다, 벌이다
exhibit

阝 8 11 高

언덕(阝) 동쪽(東)에 잔치상을 벌여 놓고(陳) 사람들에게 은혜를 베푼다(陳).
언덕(阝) 동쪽(東)에 고추를 늘어 놓 았다(陳). (형성)   陣 → 진 ← 陳

陳列[진열] 물건을 남에게 보이기 위해 죽 벌이어 놓음.
陳設[진설] 음식을 상에 차리어 놓음.
陳述[진술] 陳情[진정] 陳腐[진부]

障 막을 장, 보루 장
가로막다 보루
obstruct

阝 11 14 高

글 장 : 章 : 음절(音)이 열(十) 개 모이면 한 장(章)이 된다. 교과서의 편(編), 장(章), 절(節), 항(項), 목(目)의 장(章)이다.

교과서에서 장(章)과 장이 구별되듯이 언덕(阝)으로 가로막다(障)의 뜻임. (형성)

障碍・障礙[장애] 막아서 거치적거림.
障壁[장벽] 故障[고장] 保障[보장]

院 집 원, 절 원
집   절
house

阝 7 10 高

완전할 완 : 完 : 사람의 머리(元) 위를 덮는 집(宀)을 완전하게(完) 짓는다의 뜻.

언덕(阝) 위에 완전한(完) 규모를 갖춘 병원·법원·연구원(院) 등이 있다. (회의)   元 → 원 ← 院

院長[원장] 병원·학원 등의 우두머리.
病院[병원] 法院[법원] 研究院[연구원]
寺院[사원] 學院[학원] 監査院[감사원]

際 사이 제, 때 제, 사귈 제
사이   때   사귀다
inter

阝 11 14 高

제사 제 : 祭

언덕(阝)과 평지가 이어지는 곳에서 제사(祭)를 지냈다 하여 사이·가·사 귀다(際)의 뜻임. (형성)

國際[국제] 나라와 나라와의 교제. 또 그 관계.
交際[교제] 서로 사귐.
實際[실제] 此際[차제] 無際[무제]

陵 언덕 릉, 무덤 릉
언덕   무덤
hill

阝 8 11 高

나눌 분 : 分 → 八 : 널리 퍼져 있다
천천히 걸을 쇠 : 夊

언덕(阝)의 흙(土)이 넓게 펼쳐져 (八) 있어서 천천히 걸어(夊) 올라갈 수 있는 언덕(陵)이란 뜻임. (형성)
夌 → 릉 ← 陵

丘陵[구릉] 언덕.
王陵[왕릉] 임금의 무덤.
陵墓[능묘] 능과 묘. 능(陵).

陸 물 륙, 언덕 륙
물 언덕
land

阝 8 11 中

陸 : 阝 阝 阝 陸 陸 陸

언덕(阝)이 있고 흙(土)과 흙(土)이 널리 나뉘어(八) 퍼져 있으니 뭍(陸)이다. (형성)

陸地[육지] 뭍, 대지(大地).
陸運[육운] 육로(陸路)에 의한 운반(運搬).
大陸[대륙] 陸軍[육군] 陸橋[육교]

陶 질그릇 도, 즐길 도
질그릇 즐기다
clayware

阝 8 11 高

陶 : 阝 阝 阾 陶 陶 陶

쌀 포: 包→勹: 가마
장군 부: 缶: 항아리, 독

언덕(阝) 위의 가마(勹)에서 독(缶)을 구어 질그릇(陶)을 만든다. (형성)

陶冶[도야] 심신을 닦아 기름.
陶器[도기] 陶工[도공] 陶瓷器[도자기]

睦 화목할 목
화목하다
friendly

目 8 13 高

睦 : 目 目 肚 睦 睦 睦

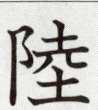

흙과 흙 사이에 씨앗을 나누어 뿌린다 (坴)

씨앗을 흙 속에 뿌리고(坴) 화초나 곡식이 자라는 것을 내려다 보는 눈(目)매가 화목하다(睦). (형성)

目 → 목 ← 睦

親睦[친목] 서로 친해 화목함.
和睦[화목] 뜻이 맞고 정다움.

隆 높을 륭, 성할 륭
높다 성하다
eminent

阝 9 12 高

隆 : 阝 阝 阾 阼 降 隆

平→一: 평평하다, 평탄하다.
날 생: 生: 솟아나다

언덕(阝)길을 천천히(夂) 평탄하게(一) 걷다 보면 높이 솟아난(生) 봉우리가 있다는 데서 높다·성하다(隆)의 뜻임. (형성)

隆起[융기] 높게 일어나 들뜸. 또 그 부분.
隆崇[융숭] 매우 존중함. 예 ~한 대접
興隆[흥륭] 隆興[융흥] 隆盛[융성]

陷 빠질 함, 함정 함 ⑨陷
빠지다 함정
fall into

阝 8 11 高

陷 : 阝 阝 阾 陷 陷 陷

언덕 부: ⌒→阝→阝
사람 인: 人→几→几
함정: ∪→臼→臼

언덕(阝)에 있는 함정(臼)에 사람(几)이 빠진다(陷). (형성)

陷穽[함정] 짐승을 잡고자 파놓은 구덩이.
陷落[함락] 땅이 꺼져 떨어짐.

隱 숨을 은, 가엾어할 은 ⑨隠
숨다 가엾어하다
hide

阝 14 17 高

隱 : 阝 阝 阾 隱 隱 隱

만들 공: 工: 공부(工夫), 만들다

언덕(阝) 밑에서 두 손(爫)으로 도자기를 만드는(工) 도공의 마음(心) 속에는 명품(名品)을 만들겠다는 의지가 숨어(隱) 있다. (형성)

隱遁[은둔] 세상 일을 피하여 숨음.
隱匿[은닉] 싸서 감춤. 비밀로 함.
惻隱[측은] 隱身[은신] 隱密[은밀]

學覺教啓徹書

學 learn
子 13 16 中 ⑨学

배울 **학**, 학문 **학**
배우다 학문

| ⼦ | 氵 | 浐 | 與 | 學 | 學 |

두 손: → ⺽ → ⺽
爻: 보고 들으며, 읽고 쓰다.
冖: 집, 학교

아이(子)가 집(冖)에서 두 손(⺽)의 보살핌 속에 보고 들으며 읽고 써서(爻) 배운다(學). (회의)

學校[학교]   入學[입학]   學期[학기]
學課[학과] 학교의 수학과정(修學課程).

啓 enlighten
口 8 11 高

열 **계**, 인도할 **계**, 여쭐 **계**
열다   인도하다   여쭈다

| 戶 | 戶 | 戶 | 戶 | 啟 | 啓 |

집 호: 戶
가르칠 교: 教 → 攵
입 구: 口: 사람

집집(戶)에 사는 사람(口)들을 가르쳐(攵) 슬기와 지능을 열어준다(啓). (형성)
　　　　　　　　　教 → ㉆㉅ ← 啓

啓蒙[계몽] 어린 아이나 무식한 이를 깨우쳐 줌. 계명(啓明).
啓發[계발] 슬기와 재능을 널리 열어 줌.

覺 convince
見 13 20 高 ⑨覚

깨달을 **각**
깨닫다, 깨우치다, 나타나다

| 氵 | 浐 | 與 | 與 | 覺 | 覺 |

배울 학: 學 → 𦥯
볼 견: 　　　 見 } → 覺

보고(見) 배워서(𦥯) 사물의 진리를 깨닫는다(覺). (형성)
　　　　　　　　見 𦥯 → 覺
　　　　　　　　견 학 → 각

覺悟[각오] 도리를 깨달음. 앞으로 닥쳐 올 일을 알아 차리고 마음을 정함.
覺醒[각성] 이전의 잘못을 깨달아 정신을 차림. 잠이 깸.

徹 pierce
彳 12 15 高

뚫을 **철**, 통할 **철**
뚫다   통하다

| 彳 | 彳 | 沛 | 徛 | 徹 | 徹 |

다닐 행, 행할 행: 行 → 彳
기를 육: 育: 기르다, 자라다. 여기서는 교육의 뜻.

손에 채찍(攵)을 든 교육(育) 행동(彳)은 학문의 이치와 내용을 꿰뚫도록(徹) 철저하여야 한다는 뜻임. (회의)

徹底[철저] 속 깊이 밑바닥까지 투철함.
透徹[투철] 사리가 밝고 확실함.
徹頭徹尾[철두철미]   徹夜[철야]

教 teach
攵 7 11 中 ⑨教

가르칠 **교**
가르치다

배울 학: 學 → 𡥉 → 孝
채찍, 매:
손:

열심히 배우도록(孝) 손(乂)에 채찍(ㄧ)을 들어 가르친다(教). (형성)
　　　　　　　孝 → ㉆ ㉇ ← 教

教育[교육] 가르쳐 기름.
教養[교양] 학식을 바탕으로 닦은 수양.

書 book
曰 6 10 中

글 **서**, 쓸 **서**
글   쓰다

| ⺅ | 丰 | 聿 | 晝 | 書 | 書 |

→ 書 → 書

(비교): 筆: 붓 필

손에 붓(聿)을 쥐어 종이(曰)에 글씨(一)를 쓴다(書). (형성)

書架[서가] 책을 얹어 두는 시렁.
書館[서관] 서점(書店).
圖書[도서]   書畵[서화]   楷書[해서]

晝 낮 주

日 7 / 11 中

낮

daytime

ㄱ ㄱ 聿 聿 書 晝

아침 단 (旦):  → 旦 : 해가 뜨는 아침

해가 뜨니(旦) 학교에 가서 글(書→聿)공부를 하는 낮(晝)이다. (회의)

晝食[주식] 낮에 먹는 밥. 점심.
晝間[주간] 낮 동안. ⑱야간(夜間).
晝耕夜讀[주경야독] 낮에는 일하고(밭갈고) 밤에 공부함.

劃 그을 획, 쪼갤 획 ⑳划

刂 12 / 14 高

긋다 쪼개다

draw

一 ㄱ 聿 書 畫 劃

붓 필 : 筆→聿 : 붓·문서
칼 도 : 刂(刀) → 分 : 나눌 분

붓(聿)으로 논·밭(田)의 경계(一)를 그어 나눈다(分→刂)는 데서 긋다·쪼개다(劃)의 뜻임.

劃期的[획기적] 새 시대를 긋는 상태.
劃一[획일] 한결같은 모양.
劃然[획연] 명확히 구획된 모양.
字畫·字劃[자획]   畫數·劃數[획수]

律 법률, 가락 률

彳 6 / 9 中

법, 법칙, 가락

law

彳 彳 彳 彳 律 律

다닐 행, 행할 행 : 行 → 彳 : 행하다
붓 필 : 筆 → 聿 : 붓, 문서

행할(彳) 바 도리를 붓(聿)으로 기록한 법률(律)이란 뜻임. (형성)

法律[법률] 국가가 제정한 법의 규율.
音律[음률] 소리·음악의 가락. 五音之律.
律動[율동] 규칙적인 운동. 음률의 곡조. 리듬에 맞춰 추는 춤.
戒律[계율] 因果律[인과율] 旋律[선율]

盡 다할 진, 다 진 ⑳尽

皿 9 / 14 中

다하다, 다, 모두

exhaust

聿 聿 聿 盡 盡 盡

붓 필 : 筆 → 聿 : 손에 쥔 붓의 모양
灬 : 글씨를 써 나가는 모양
그릇 명 : 皿 : 그릇, 여기서는 벼루

벼루(皿) 속의 먹물을 붓(聿)으로 찍어 글씨를 쓰니(灬) 먹물이 다(盡) 떨어진다. (형성)

盡力[진력] 있는 힘을 다함.
盡心[진심] 마음을 다함.
一網打盡[일망타진] 氣盡脈盡[기진맥진]

畫 그림 화, 가를 획 ⑳画

田 7 / 12 中

그림, 가르다, 꾀하다

picture

一 ㄱ 聿 書 畫 畫

밭 전 : 田 : 그림, 밭
경계선 : 一 : 도화지, 캔버스, 경계선

1. 붓(聿)으로 도화지(一)에 그림(田)을 그린다(畫).
2. 붓(聿)으로 밭(田)의 경계(一)를 가른다(畫). (회의)

畫家[화가] 畫具[화구] 東洋畫[동양화]
區畫·區劃[구획] 企畫·企劃[기획]

圖 그림 도, 꾀할 도 ⑳図

囗 11 / 14 中

그림, 지도, 꾀하다

picture

囗 囗 昌 啚 圖 圖

囗 : 화면의 울타리
口 : 인구(人口), 구역(區域) → 口
亠 : 연관과 경계·구획
回 : 돌아가는 모양, 생김새

圖畫[도화] 그림과 도안(圖案). 그림을 그림.
圖書[도서] 圖形[도형] 地圖[지도]
略圖[약도] 設計圖[설계도] 圖謀[도모]
意圖[의도] 企圖[기도] 圖表[도표]

助 도울 조, 도움 조
돕다 도움

力 5 7 中

help

또 차 (且) : 물건을 쌓고 또(且) 쌓다. 쌓는 일.

힘(力) 쓰고 또(且) 힘(力) 써서 돕는다(助)의 뜻임. (형성)

助力[조력] 힘을 써 도와 줌.
助手[조수] 일의 보조(補助)를 하는 사람.
救助[구조] 援助[원조] 相助[상조]

憩 쉴 게
쉬다

心 12 16 高

rest 동 憇

쉴 식: 息: 스스로(自) 편안한 마음(心)으로 쉰다(息).

혀(舌)로 음식을 먹으며 쉰다(息)는 데서 쉬다(憩)의 뜻임. (형성)

休憩[휴게] 일을 하거나 여행중 잠깐 쉬는 일. 휴식(休息).
憩息[게식] 잠깐 쉬어 숨을 돌림.
憩泊[게박] 머물러서 쉼.
小憩[소게] 잠깐 쉼.

努 힘쓸 노
힘쓰다

力 5 7 高

endeavor

종 노:奴: 여자(女)가 손(又)으로 일한다는 데서 종(奴)의 뜻. 후에 남종을 노(奴)라 하고 여종을 비(婢)라고도 하였음.

종(奴)을 부리듯이 인정사정없이 힘(力) 들여 노력한다(努). (형성)

努力[노력] 애를 쓰고 힘을 들임.

過 지날 과, 허물 과
지나다, 허물, 죄

⻌ 9 13 中

pass by

굴을 빠져 나간다

길(⻌)을 따라 굴(咼)을 지나간다(過). 화살이 과녁을 맞추지 못하고 지나가면 허물(過)이 된다. (형성), (전주)

通過[통과] 통하여 지나가거나 옴.
過失[과실] 잘못함. 허물.
過速[과속] 過食[과식] 過半[과반]

活 살 활, 살림 활
살다 살림

氵 9 6 中

live

혀 설: (舌):

물을 못 마시면 어떻게 되는가?… 혀(舌)를 통해서 물(氵)을 마셔야 산다(活). (형성)

舌 → 셜 활 ← 活

活用[활용] 살리어 잘 응용함.
生活[생활] 死活[사활] 活氣[활기]
活動[활동] 活字[활자] 活火山[활화산]

禍 재앙 화
재앙

示 9 14 高

calamity 약 禍

지날 과, 허물 과: 過 → 咼: 여기서는 허물의 뜻

허물(咼)을 저지른 사람에게 신(示)이 재앙(禍)을 내린다는 뜻. (형성)

過 → 과 화 ← 禍

災殃[재앙] 천변지이(天變地異)로 말미암은 불행한 사고.
禍根[화근] 재화(災禍)의 근원.
吉凶禍福[길흉화복] 禍從口生[화종구생]

城

土 7 10 中

재 **성**, 성쌓을 **성**
재, 성, 성을 쌓다
castle

| 圵 | 圹 | 圻 | 城 | 城 | 城 |

흙 토 : 土 : 여기서는 흙과 돌
이룰 성 : 成 : 사람(亻)이 창(戈)·도구를 써서 어떤 일을 이룬다(成).
흙(土)과 돌을 쌓아 이룬(成) 것이 성(城)이다. (형성)   成 → 城 ← 城

城砦[성채] 성과 진터. 요새.
城郭[성곽] 성. 성(城)은 내성(內城)이고 곽(郭)은 외성(外城)임.
山城[산성]   城地[성지]   都城[도성]

煙

火 9 13 中

연기 **연**, 담배 연
연기, 안개, 담배
smoke

| 丶 | 火 | 炉 | 炳 | 炳 | 煙 |

굴뚝 : 🏭 → 西 → 西

불(火)을 때면 흙(土) 위에 세운 굴뚝(覀)에서 연기(煙)가 나온다.

煙氣[연기] 물건이 탈 때에 나는 기체.
煙突[연돌] 굴뚝.
禁煙[금연] 담배를 못피게 함.
煤煙[매연]   煙草[연초]   喫煙[끽연]

盛

皿 7 12 中

성할 **성**
성하다, 번성하다
prosperous

| 厂 | 厅 | 成 | 成 | 盛 | 盛 |

그릇 명 (皿) : ✋ → 皿 : 음식을 담은 그릇
그릇(皿)마다 음식을 가득 채우는 일이 이루어졌으니(成) 성대한(盛) 잔치이다. (형성)   成 → 盛 ← 盛

盛況[성황] 성대한 상황.
盛德[성덕] 크고 훌륭한 덕.
盛衰[성쇠] 성함과 쇠함. ㉑ 興亡(흥망)~
盛業[성업]   全盛[전성]   隆盛[융성]

墨

土 12 15 中

먹 **묵**
먹, 글씨, 그림
㉺ 墨
ink

| 口 | 四 | 甲 | 里 | 黑 | 墨 |

불(灬)을 때면 흙(土) 위에 세운 굴뚝(口)에서 연기(丶)가 검게(黑) 나온다.
검은(黑) 진흙(土)을 굳혀 놓은 것처럼 생긴 것이 먹(墨)이다. (형성)

墨汁[묵즙] 먹물.
墨畫[묵화] 먹으로 그린 동양화(東洋畫).

禁

示 8 13 中

금할 **금**, 대궐 **금**, 감옥 **금**
금하다   대궐   감옥
forbid

| 十 | 木 | 林 | 埜 | 埜 | 禁 |

수풀 림 : 林
보일 시 : 示 : 제단
신을 모신 제단(示) 뒤의 숲(林)은 신성하다 하여 출입을 금하였다(禁). 대궐이나 감옥도 잡인의 출입을 금한 데서 대궐·감옥(禁)의 뜻도 생겼다. (형성), (전주)

禁止[금지] 말려서 못하게 함.
禁中[금중] 궁궐의 안. 궁중(宮中).
禁酒[금주]   禁忌[금기]   監禁[감금]

默

黑 4 16 高

잠잠할 **묵**, 입 다물 **묵** ㉺ 黙
잠잠하다   입 다물다
silent

| 口 | 甲 | 里 | 黑 | 默 | 默 |

검을 흑 : 黑 : 검다, 어둡다
개 견 : 犬
깜깜한(黑) 밤에 통행하는 사람이 없으니 개(犬)가 잠잠하다(默). (형성)

默讀[묵독] 소리를 내지 않고 읽음.
默殺[묵살] 알고도 모르는 체 내버려 둠.
默禱[묵도] 묵묵히 기도함.
默念[묵념]   默認[묵인]   沈默[침묵]

逢

辶 7 11 中

만날 **봉**, 맞을 **봉**
만나다 맞이하다
meet

| 夂 | 夆 | 夆 | 峯 | 逢 | 逢 |

천천히 걷다.
(夂)

길(辶)을 천천히 걸어 가다가(夂) 아는 사람을 만나서 악수한다(手→丰)는 데서 만나다(逢)의 뜻임. (형성)

相逢[상봉] 서로 만남.
逢着[봉착] 서로 닥뜨려 만남.
逢變[봉변] 뜻밖에 변을 당함.

蜂

虫 7 13 中

벌 **봉**, 칼끝 **봉**
벌   칼끝(鋒과 통용)
bee

| 虫 | 虬 | 虾 | 蛟 | 蜂 | 蜂 |

벌레 충: 虫: 벌레
만날 봉: 逢 → 夆: 만나다

서로 만나서(夆) 함께 사는 벌레(虫)이니 벌(蜂)이다. (형성)

峯, 棒, 逢 →  ← 蜂

養蜂[양봉] 꿀을 받을 목적으로 벌을 기르는 것. 또 그 벌.
蜂起[봉기] 벌떼처럼 일어남.
蜂蜜[봉밀] 蜂蝶[봉접] 女王蜂[여왕봉]

峯

山 7 10 高

산봉우리 **봉**, 메 **봉** 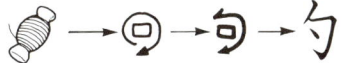峰
산봉우리   산
peak, summit

| 山 | 屵 | 峇 | 夆 | 峯 | 峯 |

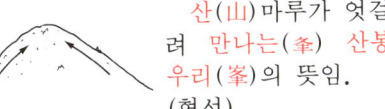

산(山)마루가 엇걸려 만나는(夆) 산봉우리(峯)의 뜻임. (형성)

※ 烽: 봉화 봉: 烽火(봉화), 烽臺(봉대)
縫: 꿰맬 봉: 裁縫(재봉), 縫合(봉합)

峯頭[봉두] 산봉우리의 맨 꼭대기.
峻峯[준봉] 높고 험한 산봉우리.
高峯[고봉] 奇峯[기봉] 靈峯[영봉]

約

糸 3 9 中

묶을 **약**, 간략할 **약**
묶다   간추리다
bind

| 幺 | 糹 | 糸 | 糽 | 約 | 約 |

실(糸)을 꾸러미(丶)에 감아(勹)묶는다(約). 묶으면 부피가 줄어든다(約).
(형성), (전주)

約束[약속] 모아서 묶음. 장래일에 관해 서로 언약하여 정함.
約婚[약혼] 要約[요약] 節約[절약]

給

糸 6 12 中

공급할 **급**, 줄 **급**
공급하다   주다
provide

| 幺 | 糹 | 糸 | 糽 | 給 | 給 |

합할 합:
(合)

포목상에서 천·직물(織物→糸)을 모아(合) 놓고 옷감을 공급한다(給)의 뜻임.
合 → 합 급 ← 給

給水[급수] 물을 공급(供給)함. 또 그 물.
給養[급양] 양식 등을 공급함.
給油[급유] 俸給[봉급] 月給[월급]

級

糸 4 10 高

등급 **급**, 층계 **급**
등급   층계
class

| 幺 | 糹 | 糸 | 糺 | 級 | 級 |

미칠 급: 及: 앞서가는 사람(ノ)을 쫓아가서 손(又)으로 붙잡는다는 데서 미치다(及)의 뜻임.

실(糸)의 품질이 어디까지 미치느냐(及) 하는 데서 등급(級)을 뜻한다. (형성)
及 → 급 ← 級

等級[등급] 위아래를 구별한 등수.
高級[고급] 높은 계급(階級)이나 등급.
進級[진급] 學級[학급] 級友[급우]

登 오를 등 climb

癶 7 / 12 中

癶 癶 癶 癶 登 登 登

제기: 🏺 → 豆 → 豆
두 손: 🖐 → 癶 → 癶

두 손(癶)으로 제기(豆)를 들어 제사상 위에 올려(登) 놓는다. (형성)

登山[등산] 산에 오름. 오르기.
登用[등용] 인재를 골라 씀.
登校[등교] 登錄[등록] 登記[등기]

笑 웃을 소, 웃음 소 laugh

竹 4 / 10 中

竹 竹 竹 竺 竺 笑

예쁠 요: 夭: 여자(→大)가 고개를 갸우뚱(丿)하고 아양을 떤다는 데서 예쁘다(夭)의 뜻.

애교를 부리며(夭) 웃는 웃음소리가 대나무(竹) 밭의 바람 소리와 비슷하다는 데서 웃다(笑)의 뜻. (형성)

夭 → 요 소 ← 笑

微笑[미소] 소리를 내지 않고 빙긋이 웃음.
嘲笑[조소] 비웃는 웃음.

燈 등불 등, 등 등 ⓐ 灯 등불, 등잔, 등 lamp

火 12 / 16 中

丶 火 灯 灯 烬 燈 燈

등(燈) 위에 불(火)을 올려(登) 놓는다는 데서 등불·등잔(燈)의 뜻이다. (형성)

登 → 등 ← 燈

燈盞[등잔] 등불을 켜는 그릇.
燈油[등유] 등불을 켜는 데 쓰는 기름.
燈臺[등대] 燈火[등화] 街路燈[가로등]

送 보낼 송, 전송 송 send

辶 6 / 10 中

八 丷 쏘 쏘 送 送

웃을 소: 笑 → 关 → 关 : 웃다의 뜻

길(辶)을 떠나는 사람을 웃으면서(关) 보낸다·환송한다(送)는 뜻. (형성)

笑 → 소 송 ← 送

餞送[전송] 전별(餞別)하여 보냄.
歡送[환송] 기쁘게 보냄. ⓐ ~會(회)
發送[발송] 물건·편지 따위를 부침.
送別[송별] 送信[송신] 送年[송년]

證 증명할 증, 증거 증 ⓐ 証 증명하다, 증거 prove

言 12 / 19 中

言 訂 訒 訋 證 證

오를 등: 登: 제기(豆)를 두 손(癶)으로 제단 위에 올려(登) 놓는다.
여러 사람이 잘 보이는 단 위에 올라가(登) 사실대로 말하여(言) 증명하다(證). (형성)

登 → 등 증 ← 證

證據[증거] 증명(證明)할 수 있는 근거.
證憑[증빙] 증거로 빙거할 만함.
檢證[검증] 검사하여 증명함.
證人[증인] 證書[증서] 證券[증권]

添 더할 첨 add to

氵 8 / 11 高

氵 汀 沃 添 添 添

예쁠 요: 夭: 머리를 갸우뚱하고 아양을 부리는 모양을 본떴다.
마음 심: 心 → 㣺

화초를 사랑하고 예뻐하는(夭) 마음(㣺)으로 물(氵)을 준다는 데서 더하다(添)의 뜻임. (형성)

添加[첨가] 덧붙임. 보탬.
添削[첨삭] 더하거나 깎거나 하여 고침.
添附[첨부] 添設[첨설] 別添[별첨]

基 터 기, 근본 기
土 8 / 11 中
터, 터전, 근본
base

艹 其 其 其 基 基

그 기 :  → 其 → 其 : 키 삼태기
(其)

키나 삼태기(其)로 흙(土)을 운반하여 집터(基)를 닦는다. (상형)

其 → ㉠ ← 基

基礎[기초] 사물의 밑바탕.
基盤[기반] 기초가 될 만한 지반.

退 물러날 퇴, 물리칠 퇴
辶 6 / 10 中
물러나다 물리치다
move backward

ㄱ ㅋ 艮 艮 艮 退

그칠 간 : 艮 }
길 : 辶 } → 退

가던 길(辶)이 그쳤으니(艮) 물러날 (退) 수밖에 없다. (회의)

退去[퇴거] 물러감. ㉠~命令(명령)
退勤[퇴근] 직장에서 시간을 마치고 물러 나옴.
後退[후퇴] 退却[퇴각] 退職[퇴직]

達 이를 달, 통할 달
辶 9 / 13 中
이르다 통하다
reach

土 产 奎 奎 幸 達

흙 토 : 土 : 장소, 곳, 땅
양 양 : 羊 : 양

길(辶)을 따라 양(羊)이 있는 땅·장소(土)에 이른다(達). (형성)

到達[도달] 목적한 데에 미침.
達成[달성] 목적한 바를 이룸.
配達[배달] 물건을 가져다가 돌려줌.
示達[시달] 發達[발달] 熟達[숙달]

罰 벌줄 벌, 벌 벌
四 9 / 14 高
벌주다, 형벌, 벌
punish

罒 罒 罒 罒 罰 罰

그물 망 :  → 罒 : 그물 법망
(罒)

법망(罒)에 걸린 사람을 말(言)로 심문하고 죄의 경중을 분별(分別→刂)하여 벌(罰)을 준다의 뜻임. 罒 刂 → 罰
법망 칼 → 벌

罰則[벌칙] 처벌(處罰)하는 규칙(規則).
罰責[벌책] 꾸짖어 벌함.
賞罰[상벌] 刑罰[형벌] 天罰[천벌]

追 따를 추, 쫓을 추
辶 6 / 10 中
따르다 쫓다
pursue

亻 亻 ㅏ 白 白 追

쌓일 퇴 : 畐 → 㠯 → 𠂤

'물건을 차곡차곡 쌓아 올리다'의 뜻.

물건을 차곡차곡 쌓듯이(𠂤) 앞 사람이 가는 길(辶)을 한발한발 따라간다·쫓아간다(追). (형성)

追擊[추격] 뒤쫓아 가며 침.
追求[추구] 어디까지나 뒤쫓아 구함.

罪 허물 죄, 죄 죄
四 8 / 13 中
허물 죄
sin

罒 罒 罒 罪 罪 罪

아닐 비 : 🕊 → 𦫆 → 非
(非)

새의 양쪽 날개가 서로 다르다는 데서 아니다(非)의 뜻.

법망(罒)에 걸리는 좋지 않은(非) 짓을 죄(罪)라고 한다. (회의)

罪目[죄목] 범죄 행위의 명목(名目).
罪人[죄인] 罪惡[죄악] 罪狀[죄상]

兼

八 8 10 高

아우를 겸
아우르다

㋱ 兼

both

公 兮 今 쓩 弇 兼

벼 화 : 禾
벼 화 : 禾 → 벼벼 → 朿
손 : ✋ → → 彐
} → 兼

손(彐)에 벼 두 포기(朿)를 아울러서 (兼) 쥔다. (회의)

兼職[겸직] 두 가지 직무(職務)를 겸함. 또 그 직무.
兼全[겸전] 여럿이 다 완전(完全)함.

聖

耳 7 13 中

성인 **성**, 성스러울 **성**
성인   성스럽다

holy

耳 耵 耴 聖 聖 聖

귀 이 : 耳
드릴 정 : 呈 : 입(口)이 맡아서(任→壬) 말씀을 드린다(呈).

귀(耳)를 하늘에 드려서(呈) 신의 말씀을 듣는 사람이 성인(聖)이다. (형성)

呈 → ㉣㉥ ← 聖

聖賢[성현] 성인(聖人)과 현인(賢人).
聖上[성상] 현 황제를 높여 이르는 말.
神聖[신성] 聖經[성경] 聖誕[성탄]

謙

言 10 17 高

겸손할 **겸**
겸손하다

㋱ 謙

modest

言 訁 訥 誏 諫 謙

겸할 겸 : 兼 : 벼와 벼(禾禾 → 朿)를 손(彐)에 아울러(兼) 갖는다.

말(言)에 아울러(兼) 행동까지 겸손하다(謙). (형성)

兼 → ㉣ ← 謙

謙辭[겸사] 겸손히 하는 말.
謙遜[겸손] 남 앞에서 제 몸을 낮춤.
謙讓[겸양] 겸손한 태도로 사양(辭讓)함.
謙虛[겸허] 겸손하여 교기(驕氣)가 없음.

最

日 8 12 中

가장 **최**
가장·제일

most

曰 早 冒 冒 最 最

날 일 : 日 → 曰
취할 취 : 取 : 손(又)으로 귀(耳)를 취한다(取).

암흑 속에서 살 수 있겠는가?… 햇(日)빛을 취하는(取) 일이 가장(最) 중요한 일이다. (회의)

取 → ㉣㉥ ← 最

最善[최선] 가장 좋음.
最高[최고] 가장 높음. 제일임.
最新[최신] 最大[최대] 最終[최종]

廉

广 10 13 高

청렴할 **렴**, 쌀 **렴**
청렴하다   값이 싸다

honest

广 广 庐 庐 廉 廉

벼슬하는 사람이 집(广)에서 농사 일을 겸할(兼) 정도로 검소하고 청렴하다(廉). 청렴하고 검소해서 비싼 물건을 사지 않는다는 데서 값이 싸다(廉)의 뜻도 나옴. (형성), (전주)

兼 → ㉣㉦ ← 廉

淸廉[청렴] 성품이 고결하고 탐욕이 없음.
廉價[염가] 싼 값.
廉恥[염치] 청렴하여 부끄러움을 아는 마음.

趣

走 8 15 高

재미 **취**, 향할 **취**, 풍치 **취**
취미   향하다   풍치

fun

走 走 赴 赳 趣 趣

大 → 大
足 → 龰
} → 走 : 발(龰)을 크게(土) 움직여 달린다(走).

물고기를 잡기(取) 위하여 공휴일마다 낚시터로 달려간다(走)는 데서 취미(趣)란 뜻임. (형성)

取 → ㉣ ← 趣

趣味[취미] 감흥을 느껴 마음이 당기는 것.
趣旨[취지] 근본이 되는 중요로운 뜻.
趣向[취향] 취미의 방향.
情趣[정취] 趣意[취의]

點 점 점
黑 5 17 高
점, 시간, 흠
㋿ 点
point

| 卜 | 甲 | 里 | 黑 | 點 | 點 |

점칠 점, 차지할 점: 占: 점(卜)친 바를 입(口)으로 말한다는 데서 점치다(占)의 뜻. 점친 물건을 차지한다는 데서 차지하다(占)의 뜻도 있다.

검게(黑) 차지한(占) 곳이니 점(點)이다. (형성)

點檢[점검] 낱낱이 검사함.
點燈[점등] 등에 불을 켬. ⇔ 消燈[소등]
點數[점수]   點呼[점호]   終點[종점]

赴 다다를 부, 알릴 부
走 2 9 高
다다르다   부고(訃告)하다
arrive, reach

| 十 | 土 | 走 | 走 | 赴 | 赴 |

점칠 점, 차지할 점: 占: 차지하다. 여기서는 맡다의 뜻

맡은(占→卜) 일을 수행하기 위하여 달려간다(走)는 데서 다다르다(赴)의 뜻임. (형성)   走→㋾㋾←赴

赴任[부임] 임명을 받아 임지(任地)로 감.
赴役[부역] 부역(賦役)을 치르러 나감.
赴援[부원] 구원(救援)하러 감.
赴告[부고] 사람의 죽음을 알리는 통부.

店 가게 점, 전방 점
广 5 8 中
가게   전방・상점
shop, store

| 广 | 广 | 庁 | 店 | 店 |

점칠 점, 차지할 점: 占: 점치다, 차지하다

넓은 자리를 차지하고(占) 사고 파는 집(广)이니 가게・전방(店)이다. (형성)
　　　　　　　　占 → ㉝ ← 店, 點

本店[본점] 영업의 본거지가 되는 점포.
廛房[전방] 가게의 방. 상점.
店房[점방]   店鋪[점포]   商店[상점]
書店[서점]   露店[노점]   百貨店[백화점]

起 일어설 기, 일어날 기
走 3 10 中
일어서다   일어나다
rise

| 土 | 圭 | 走 | 起 | 起 | 起 |

달릴 주: 走: 발(足→⺪)을 크고(大→土) 빠르게 움직여 달린다(走).

몸 기: 己

달리기(走) 위해서 몸(己)을 일으킨다(起)는 뜻임. (형성)   己 → ㉞ ← 起

起床[기상] 잠을 깨어 자리에서 일어남.
起因[기인] 일이 일어나는 원인(原因).
早起[조기]   起居[기거]   起伏[기복]

貞 곧을 정
貝 2 9 中
곧다, 마음이 바르다
straight

| 丶 | 卜 | 占 | 貞 | 貞 |

점 복: 卜: 거북의 등을 태워서 나오는 무늬를 보고 점을 친 데서 무늬의 일부를 본떴다.

돈(貝)을 내고 점(卜)을 치면 점괘가 바르고 곧게(貞) 나온다. (회의)
　　　　　　　　占 → ㉠㉡ ← 貞

貞潔[정결] 절개가 굳고 행실이 결백함.
貞淑[정숙] 여자의 행실이 곧고 마음씨가 맑음.

長 길 장, 우두머리 장
長 0 8 中
길다, 우수하다, 우두머리
long

| 一 | 厂 | 𠃊 | 镸 | 長 | 長 |

머리털이 길고(𠃊) 허리가 굽고(⺁) 손에 지팡이를 든(乀) 노인의 모습으로, 긴(長) 세월을 살았다는 뜻임. (상형)

長久[장구] 길고 오램.
長成[장성] 자라서 어른이 됨.
長男[장남]   校長[교장]   長官[장관]

老

老 06 中

늙을 로, 어른 로
늙다, 늙은이, 어른
old, aged

一 + 土 耂 耂 老

털 모 : 毛→耂→土 : 수염, 머리털
사람 인 : 人→丿 : 사람
될 화 : 化→匕 : …로 되다

사람(丿)은 머리털(土)이 희게 되면서(匕) 늙는다(老). (회의)

老軀[노구] 늙은 몸.
老少[노소] 늙은이와 젊은이.
老鍊[노련] 오랜 경험으로 아주 익숙함.
老朽[노후] 老親[노친] 元老[원로]

咸

口 6 9 高

다 함
다, 모두, 두루 미치다
all, everything

丿 厂 后 咸 咸 咸

창 과 : 戈 : 창, 도끼, 농기구, 도구
합할 합 : 合→㡸 : 합하다, 모으다

창(戈)이나 농기구를 모아(㡸) 힘을 다해서(咸) 싸우거나 일한다. (회의)

合→㈠㈠←咸

咸告[함고] 빼지 않고 모두 고함.
咸有一德[함유일덕] 임금과 신하가 다 순일(純一)의 덕이 있음.
咸集[함집] 모두 모임.

孝

子 4 7 中

효도 효, 효자 효
효도   효자
filial piety

十 土 耂 耂 孝 孝

늙을 로 : 老→耂
아들 자 : 子 } → 孝

자식(子)이 늙은(耂) 부모를 받들어 모신다는 데서 효도(孝)를 나타냈음. (회의)

孝子[효자] 孝悌[효제] 忠孝[충효]
孝道[효도] 부모를 잘 섬기는 도리(道理).
孝誠[효성] 마음을 다하여 부모를 섬기는 정성.

感

心 9 13 中

느낄 감, 감동할 감
느끼다   감동하다
feel

厂 后 咸 咸 咸 感

다 함 : 咸
마음 심 : 心 } → 感

마음(心)을 다하여(咸) 느끼고·감동한다(感). (형성)   咸→㈠㈠←感

※ 憾 : 섭섭할 감 : 遺憾(유감)

感動[감동] 깊이 느껴 마음이 움직임.
感激[감격] 매우 크게 느낌.
感謝[감사] 感銘[감명] 感想[감상]

孫

子 7 10 中

손자 손, 자손 손
손자   자손
grandson

孑 孑 孖 孫 孫 孫

아들 자 : 子
이을 계, 실 계, 혈통 계 : 系 : 실(糸) 끝(一)을 잇는다(系).

자식(子)의 대를 잇는(系) 사람이니 손자(孫)이다. (회의)

曾孫[증손] 손자의 아들. 예 ~女(녀)
孫子[손자] 孫女[손녀] 孫婦[손부]
外孫[외손] 王孫[왕손] 子孫[자손]

減

氵 9 12 中

덜 감, 감할 감
덜다, 줄다, 빼기
subtract

氵 汀 洏 減 減 減

다 함 : 咸 : 창(戈)을 모아(合→㡸) 있는 힘을 다하여(咸) 싸운다.
물(氵)을 다(咸) 쓸 예정이니 물이 점점 줄어든다는 데서 덜다·감하다(減)의 뜻임. (형성) 咸→㈠㈠←感, 減

減價[감가] 값을 감함.
削減[삭감] 깎아서 줄임. 예 예산을 ~하다.
減收[감수] 수입이나 수확이 적어짐.
加減[가감] 半減[반감] 減俸[감봉]

曾

거듭 증, 일찍 증 ㉱曾
거듭   일찍
again

日 8 12 中

솥(日) 위에 떡시루(曰)가 거듭(曾)
놓여 있다. 증조부는 조부보다 일찍
(曾) 태어나셨다. (형성)

曾祖父[증조부] 아버지의 할아버지. 「음.
未曾有[미증유] 지금까지 있어 본 일이 없음.

憎

미워할 증, 미움받을 증
미워하다   미움받다
hate

亻12 15 高

솥(日) 위에
떡시루(曰)가
거듭(曾) 놓
여 있다.

섭섭한 마음(忄)이 거듭되어(曾) 미
워한다(憎). (형성) 曾 → 증 음 ← 憎, 增

憎惡[증오] 몹시 미워함. ㉠ ~心(심)
愛憎[애증] 사랑과 미움.
憎斥[증척] 미워하여 배척(排斥)함.

僧

중 승
중
monk

亻12 14 高

증:曾:거듭, 일찍이의 뜻

일찍이(曾) 속세를 버리고 절로 간
사람(亻)이니 중(僧)이다. (형성)
曾 → 증 승 ← 僧

僧伽[승가] 중
僧侶[승려] 중
僧服[승복] 스님들의 옷.
道僧[도승] 도를 깨달은 중. 도통한 중.
僧舞[승무] 僧服[승복] 住持僧[주지승]

贈

줄 증, 선물 증
주다   선물
present

貝 12 19 高

조개 패:貝 }→ 贈
거듭 증:曾

말로만 감사하다고 하는 것이 아니고
재물(貝)까지 거듭해서(曾) 준다(贈).
(형성)

贈呈[증정] 남에게 물건을 줌.
寄贈[기증] 물품을 보내어 증정함.
贈答[증답] 贈與[증여] 追贈[추증]

增

늘 증, 더할 증
늘다   더하다
increase

土 12 15 中

흙(土)을 거듭(曾) 쌓으니 부피가 늘
어난다(增). (형성)

增加[증가] 더 늘어 많아짐. ㉲減少(감소)
增産[증산] 생산량(生産量)을 늘림.
增大[증대] 急增[급증] 增稅[증세]

層

층집 층, 층 층
층집   층
stor(e)y

尸 12 15 高

집 옥:屋→尸: 몸(尸)이 이르는
(至) 곳이니 집(屋)이다.

집(尸) 위에 집이 거듭(曾) 있다는
데서 층(層)을 나타낸다. (형성)
曾 → 증 층 ← 層

層臺[층대] 층층대.
層階[층계] 층층이 올라가게 만든 설비.
層層[층층] 여러 층.
高層[고층] 地層[지층] 知識階層[지식계층]

會

日 9 13 中

모일 **회**, 모을 **회** ㉭ 会
모이다 모으다
gather, crowd

人 合 合 合 合 會

합할 합 : 🏺 → 合 → 合
(合)
그릇과 뚜껑이 합하여진 모양임.

사람들이 거듭(曾) 합해져서(스) 모인다(會). (회의)

會合[회합] 모여 합함. 또 그 모임.
面會[면회] 集會[집회] 會談[회담]
會議[회의] 會社[회사] 機會[기회]

仰

亻 4 6 中

우러러볼 **앙**, 의뢰할 **앙**
우러러보다 의뢰하다
look up

丿 亻 亻 们 们 仰

👥 → 伫 → 仰

왼쪽의 두 사람(化)을 오른쪽의 사람이 무릎을 꿇고(巴→卩) 쳐다보는 모양으로, 우러러본다(仰)는 뜻임. (형성)

仰見[앙견] 우러러봄.
仰願[앙원] 우러러 원함.
仰請[앙청] 仰慕[앙모] 崇仰[숭앙]

迎

辶 4 8 中

맞이할 **영**
맞이하다
welcome, greet

匚 口 卬 卬 迎 迎

👤→ 伫 → 卬

사람을 존경하여 맞이하는 모양

길(辶)을 따라 오는 손님을 존경하는(卬) 마음으로 맞이한다(迎). (형성)

仰 → ㊤ ← 迎

迎接[영접] 손님을 맞아 응접(應接)함.
歡迎[환영] 즐거운 뜻을 표해 맞음.
迎合[영합] 남의 마음에 들도록 뜻을 맞춤.

建

廴 6 9 中

세울 **건**
세우다, 짓다
build, construct

フ ヨ 圭 津 建 建

붓 필 : 筆→聿 : 붓으로 설계하다
길게 걸을 인 : 廴 : 발을 길게 떼어 놓고 걷다. 차분히 절차를 밟다.

붓(聿)으로 설계한 후 차분히 절차를 밟아(廴) 집을 세운다(建). (회의)

建議[건의] 의견을 내어 말함.
建設[건설] 새로 만들어 세움.
建立[건립] 이룩하여 세움.
建物[건물] 建築[건축] 建國[건국]

康

广 8 11 高

편안할 **강**, 튼튼할 **강**
편안하다 튼튼하다
healthy

广 庐 庐 序 康 康

돌집 엄 : 广, 절구공이 : 丨
손 : ヨ, 쌀 : 米→氺

집(广)에서 손(ヨ)에 공이(丨)를 들어 쌀(氺)을 찧어 먹을 수 있으니 편안하고・튼튼하다(康). (형성)

健康[건강] 몸에 탈이 없이 튼튼함.
康寧[강녕] 건강하고 마음 편안함.
平康[평강] 康樂[강락] 小康[소강]

健

亻 9 11 高

굳셀 **건**, 튼튼할 **건**
굳세다 튼튼하다
healthy, strong

亻 亻 亻 信 律 健 健

세울 건 : 建 : 붓(筆→聿)으로 설계한 대로 차분히 절차를 밟아(廴) 집을 세운다(建).

사람(亻)이 무거운 기둥을 세울(建) 수 있으니 굳세다(健). (형성)

建 → ㊞ ← 健

健康[건강] 몸에 탈이 없이 튼튼함.
健勝[건승] 건강함. ㉠ ~을 빌다
健全[건전] 健兒[건아] 剛健[강건]

竟

立 6 11 高

마침내 **경**, 끝날 **경**
마침내 끝나다
at last

亠 立 产 音 音 竟

뜻 의 : 意 → 音 : 뜻
어진 사람 인 : 儿 : 사람

1. 어진 사람(儿)이 뜻(音)을 세워 노력하면 마침내(竟) 이룬다. (회의)
2. 사람(儿)이 부르던 노래(音)가 끝나다(竟). (회의)

畢竟[필경] 마침내
有志者竟成[유지자경성] 뜻이 있는 사람은 마침내 그 뜻을 이룬다.

境

土 11 14 高

경계 **경**, 지경 **경**
경계, 지경, 곳, 경우
boundary

土 圹 圻 境 境 境

마침내 경 : 竟 : 어진 사람(儿)이 뜻(意→音)을 세워 노력하면 마침내(竟) 뜻을 이룬다.
토지(土)가 있으면 마침내(竟) 경계(境)가 생긴다. (형성)

境界[경계] 사물이 어떤 표준 밑에 서로 맞닿는 자리
地境[지경] 環境[환경] 心境[심경]

鏡

金 11 19 高

거울 **경**, 비출 **경**, 안경 **경**
거울 비추다 안경
mirror

𠂉 𠂉 金 鋯 鎧 鏡

마침내 경, 끝날 경 : 竟 : 어진 사람(儿)이 뜻(意→音)을 세워 노력하면 마침내(竟) 꿈을 이룬다.
쇠(金)를 갈고 닦아 마침내(竟) 거울(鏡)을 만든다. (형성)   竟 → 鏡 ← 鏡

鏡臺[경대] 거울을 달아 세운 화장대.
銅鏡[동경] 石鏡[석경] 水鏡[수경]
鏡影[경영] 眼鏡[안경] 望遠鏡[망원경]

朝

月 8 12 中

아침 **조**, 조정 **조**
아침   조정·왕조
morning

十 古 古 卓 朝 朝

나무(木→十) 사이로 해(日)가 뜨고 (卓) 서쪽으로는 달(月)이 지니 아침(朝)이다. 아침에 어전 회의를 연 데서 조정(朝)의 뜻도 생겼다. (형성), (전주)

朝刊[조간] 일간(日刊) 신문의 아침 판.
朝夕[조석] 王朝[왕조] 朝野[조야]

潮

氵 12 15 高

조수 **조**, 밀물 **조**
조수   밀물
tides, tide water

氵 氵 淖 潮 潮 潮

아침 조 : 朝 : 동녘(東→卓→卓)에서는 해가 뜨고 서녘으로는 달(月)이 지니 아침(朝)이다.
바닷물(氵)이 달(月)의 인력에 의하여 아침(朝) 저녁으로 들어왔다 나갔다 하는 조수(潮)란 뜻임. (형성)

潮水[조수] 해면의 수준이 올라갔다 내려갔다 하는 현상을 이루는 바닷물.
潮流[조류] 滿潮[만조] 干潮[간조]

廟

广 12 15 高

사당 **묘**, 묘당 **묘**
사당   묘당
shrine

亠 广 广 庐 庫 廟

아침(朝)에 제사를 지내는 집(广)이니 사당(廟)이다. 아침(朝)에 모여 정무(政務)를 의논하는 집(广)이니 묘당(廟)이다. (형성)

宗廟[종묘] 역대 제왕의 위패를 모시는 제왕가의 사당집.
家廟[가묘] 한 집안의 사당(祠堂).
廟堂[묘당] 의정부(議政府)의 별칭. 종묘와 명당(明堂)·조정(朝廷)의 뜻.

辰

다섯째지지 **진**, 별 **진**, 날 **신**
다섯째 지지 별 날
star, dragon

一 厂 匚 乕 后 辰

하늘 천 : 天→干→厂
길 장 : 長 → 丿　→辰

하늘(厂)에서 긴(丿) 빛을 발하며 반짝이는 것이 별(辰)이다.

하늘을 향하여 올라가는 용(辰)이란 데서 띠로는 용에 배정하였다. 날(日)마다 별이 뜬다는 데서 날의 뜻도 있다. (형성)

日月星辰[일월성신] 해와 달과 별.
生辰[생신] 생일(生日).

晨

새벽 **신**, 별이름 **신**
새벽, 샐 녘, 별이름
daybreak, dawn

旦 尸 尽 层 晨 晨

날 일 : 日 → 日
별 진, 때 신, 날 신 : 辰 : 별

별(辰)과 해(日)가 교차하는 무렵이니 날이 새는 새벽(晨)이다. (형성)

辰 → 신 ← 晨

晨旦[신단] 아침, 신조(晨朝).
晨光[신광] 아침 햇빛.
晨明[신명] 샐 녘, 새벽. 여명(黎明).
晨鐘[신종] 새벽에 치는 종.

振

扌 7 10 高

흔들릴 **진**, 떨칠 **진**
흔들다 떨치다
shake

扌 扩 护 拆 振 振

별 진 : 辰 : 하늘(天→干→厂)에서 긴 (長→丿) 빛을 발하는 별(辰).

별(辰)이 항상 움직이듯 손(扌)을 흔들어·움직인다(振)는 뜻임. (형성)

振動[진동] 흔들려 움직임. 물체가 일정한 길을 왕복하여 정지하지 않는 운동.
振興[진흥] 떨쳐 일으킴. 성하게 함.
振作[진작] 정신을 가다듬어 일으킴. 또는 일어남. (=振起)

農

농사 **농**
농사
farming

曲 曲 芇 莀 農 農

굽을 곡
(曲) : 🪱 → 𠔿 → 曲

순대를 구부린 모양을 본뜸.

별(辰)을 보고 일어나서 별(辰)이 뜰 때까지 허리를 구부려(曲) 농사(農)를 짓는다. (형성)

農繁期[농번기] 농사에 바쁜 시기(時期).
農事[농사] 農業[농업] 農樂[농악]

濃

氵 13 16 高

짙을 **농**, 두터울 **농**
짙다, 두텁다, 이슬이 많다
thick

氵 汁 浐 浐 濃 濃

농사 농 : 農 : 별(辰)을 보고 일어나서 별(辰)이 뜰 때까지 허리를 구부려(曲) 농사(農)를 짓는다.

농부(農)가 새벽에 논물(氵)을 댈 때는 짙은(濃) 안개가 끼고 이슬이 많을(濃) 때이다. (형성)

濃霧[농무] 짙은 안개.
濃淡[농담] 짙음과 묽음.
濃度[농도] 濃厚[농후] 濃茶[농차]

辱

辰 3 10 高

욕 **욕**, 욕될 **욕**
욕 욕되다
shame

厂 匚 乕 辰 辱 辱

별 진, 날 신, 때 신 : 辰 : 별
농사 농 : 農 → 辰

별(辰)이 알려주는 농사(辰)철대로 부지런히 손(寸)을 써서 일하지 않아서 가을에 수확이 나오지 않는 것을 욕(辱)으로 생각하였다. (회의)

辱說[욕설] 남을 저주하는 말. 욕.
侮辱[모욕] 깔보고 욕되게 함.

者

놈 **자**, 것 **자**
놈, 사람, 것, 장소
man

耂 9 5 중

土 耂 耂 者 者 者

늙을 로 : 老 : 사람(人→丿)은 머리털(毛→土)이 희게 되면서(化→匕) 늙는다(老).
노인(耂)이 젊은 사람에게 말할(白) 때 이 놈, 저 사람, 이것을 한다는 데서 놈·사람·것(者)을 뜻한다. (회의)

使者[사자] 當事者[당사자] 王者[왕자]
學者[학자] 有力者[유력자] 前者[전자]
仁者[인자] 第三者[제삼자] 記者[기자]

緒

실마리 **서**, 찾을 **서**
실마리 찾는다
beginning

糸 9 15 고

糸 紅 紵 紵 緒 緒

실 사 : 糸 : 실
실(糸)을 가지고 바느질을 하려는 사람(者)은 실마리(緒)를 찾아야(緒) 바늘에 실을 꿸 수 있다. (형성), (전주)
暑, 署 → 서 ← 緒

緒論[서론] 본론에 들어가기 전에 첫머리에 서술하는 논설.
由緒[유서] 사물이 유래한 단서.
端緒[단서] 頭緒[두서] 情緒[정서]

暑

더울 **서**, 더위 **서**
덥다   더위
hot

日 9 13 중

日 旦 旱 昇 暑 暑

날 일 : 日 → 日 : 해
놈 자 : 者 : 사람, 것
사람(者)의 머리 위에 해(日)가 뜨겁게 비치니 덥다(暑). (형성)
暑 → 서 ← 署, 緒

酷暑[혹서] 몹시 심한 더위. 염서(炎暑).
暑天[서천] 여름 하늘.
殘暑[잔서] 얼마 남지 않은 늦더위.
暑熱[서열] 大暑[대서] 避暑[피서]

著

나타날 **저**, 지을 **저**
나타나다   글을 짓다
appear

艹 9 13 중

一 艹 莅 莅 著 著

풀 초 : 艹 : 풀, 초목(草木)
사람(者)이 초목(艹)처럼 성장하여 우뚝 나타난다(著). 글을 지어(著) 책이 나오는 것도 나타난다는 데서 글을 짓다(著)의 뜻도 있다. (형성)

※ 躇 : 머뭇거릴 저. 躊躇 : 망설임.

著名[저명] 이름이 세상에 두드러짐.
著述[저술] 글을 지어 책을 만듦.

署

관청 **서**,   서명할 **서**
관청, 부서, 서명하다
government office

罒 9 14 고

罒 署 罯 罯 署 署

그물 : ▦ → ▥ → 罒
그물(罒)의 코와 같이 서로 연관성을 가지도록 사람(者)을 배치하여 일하는 관청·부서(署)를 뜻한다. 관청의 문서에 서명한다는 뜻도 있다. (형성), (전주)

署長[서장] 관서(官署)의 우두머리.
署名[서명] 성명(姓名)을 기입(記入)함.
部署[부서] 稅務署[세무서] 署理[서리]

諸

모든 **제**, 여러 **제**
모든   여러
everyone

言 9 16 중

言 訂 評 評 諸 諸

1. 말(言)할 줄 아는 사람(者)은 모두(諸) 모여라.
2. 이 말(言)을 듣는 사람(者)은 모두(諸) 이것을 잘 지켜라. (형성)

諸國[제국] 여러 나라. 예 東南亞(동남아)~
諸說[제설] 여러 사람이 주장하는 말이나 학설.
諸君[제군] 諸將[제장] 諸賢[제현]

都 (도)

阝 9 / 12 中

도읍 도, 모두 도
도읍, 모두, 거느리다
capital

土 耂 耂 者 者 都 都

고을 읍 : 邑 → 𠕋 → ⻏ → 阝

사람들(者)이 많이 모여서 사는 고을(阝)이니 도읍·도회지(都)이다. (형성)

都心[도심] 도시의 중심.
都城[도성] 서울. 도읍(都邑).
都賣[도매] 물건을 도거리로 파는 일.
都市[도시] 都會地[도회지] 都合[도합]

誦 (송)

言 7 / 14 高

읽을 송, 욀 송
읽다, 읊다, 외다
recite

言 訁 訌 詛 誦 誦

通 : 좌하(左下)의 '通'란 참조

앞 뒤의 말(言)이 통하도록(甬) 읽는다·왼다(誦)는 뜻. (형성)

通 → 통 송 ← 誦

暗誦[암송] 머릿속에 외어두고 읽음.
誦經[송경] 경전(經典)·경문(經文) 등을 소리내어 읽음.
朗誦[낭송] 소리를 내어 글을 읽음.

通 (통)

辶 7 / 11 中

통할 통, 온통 통
통하다, 온통, 전체
pass, through

병부절 : (㔾) 사람(㔾)들이 쓸(用) 수 있도록 길(辶)을 내서 왕래가 통하도록(通) 한다는 뜻임. (형성)

通常[통상] 보통. 특별한 것이 없음.
通過[통과] 통하여 지나가거나 옴. 패스.
交通[교통] 流通[유통] 通譯[통역]

勇 (용)

力 7 / 9 中

날랠 용, 용감할 용
날래다 용감하다
brave

乛 甬 甬 甬 勇 勇

통할 통 : 通 → 甬 → 甬 : 통하다, 뚫다

어려운 일을 뚫고 나가는(甬) 힘(力)이란 데서 날래다·용감하다(勇)의 뜻임. (형성)

用 → 용 ← 勇

勇猛[용맹] 용감하고 사나움.
勇敢[용감] 용기가 있어 사물에 임하여 과감함.
勇氣[용기] 勇斷[용단] 智仁勇[지인용]

痛 (통)

疒 7 / 12 高

아플 통
아파하다, 아프다, 몹시
pain, ache

广 疒 疒 疴 痌 痛

통할 통 : 通 → 甬 : 통하다, 찔러 구멍을 내다의 뜻

몸을 송곳으로 찌르듯이(甬) 아픈 병(疒)이란 데서 아프다(痛)의 뜻. (형성)

※ 桶 : 통 통 ; 水桶, 貯水桶(저수통)

痛症[통증] 아픈 증세(症勢).
鎭痛[진통] 아픈 것을 진정시킴.
頭痛[두통] 苦痛[고통] 悲痛[비통]
痛歎[통탄] 痛烈[통렬] 痛快[통쾌]

庸 (용)

广 8 / 11 高

쓸 용, 범상할 용
쓰다 범상하다
use, ordinary

广 庐 庐 肩 肩 庸

돌집 엄 : 𠆢 → 𠆢 → 广 : 집
손 : ⺕,   붓·도구·공구 : ㅣ

집(广)에서 손(⺕)에 도구(ㅣ)를 들어 쓴다(用)는 데서 쓰다(庸)의 뜻임. (형성)

中庸[중용] 어느 쪽으로든지 치우침이 없이 중정(中正)함.
登庸[등용] 인재를 뽑아 씀. (=登用)

勢 기세 세, 권세 세

力 11 / 13 中

기세, 세력, 권세
force, vigo(u)r

坴: 흙(土)과 흙(土) 사이에 씨앗을 나누어(分→八) 뿌린다.
丸: 손(九)과 씨앗(丶)

손으로 씨앗(丸)을 흙 속에 나눠 뿌리면(坴) 씨앗이 힘차게(力) 자란다는 데서 기세(勢)의 뜻임. (형성)

權勢[권세] 권력(權力)과 세력(勢力).
勝勢[승세]　情勢[정세]　姿勢[자세]

番 차례 번, 번 번

田 7 / 12

차례 순번
order

손톱 조: 爫: 손톱, 손
벼 화: 禾 → 木
논 답: 畓 → 田

손(爫)으로 벼(木)를 논(田)에 차례차례(番) 심는다. (상형)

番號[번호] 차례를 나타내는 호수.
番地[번지] 번호를 매겨서 갈라 놓은 땅. 또는 그 번호.
地番[지번]　輪番[윤번]　順番[순번]

熱 열 열, 몸달 열

灬 11 / 15 中

열 몸달다
heat

기세 세: 勢 → 埶
불 화: 火 → 灬 → 灬 → 熱

불(灬)길이 기세 있게(埶) 일어나 열(熱)을 낸다. (회의)

熱火[열화] 뜨거운 불.
熱狂[열광] 미칠 만큼 열심(熱心)임.
電熱器[전열기]　熱心[열심]　熱烈[열렬]
向學熱[향학열]　熱誠[열성]　發熱[발열]

留 머물 류

田 5 / 10 中

머물다
stay

넷째지지 묘: 卯 → 𠂎: 달로는 음력 2월, 띠로는 토끼이다

토끼(𠂎)가 풀밭(田)에 머물러(留) 풀을 뜯어 먹는다. (형성)

留宿[유숙] 남의 집에 머물러 묵음.
留保[유보] 머물러 두고 보존함.
留學[유학] 외국에 머물러 공부함.
留任[유임]　留置[유치]　停留所[정류소]

藝 재주 예, 기술 예

艹 15 / 19 中

재주 기술
art, skill

기세 세: 勢 → 埶: 기세
이를 운: 云: 이르다, 일컫다

초목(艹)의 씨가 기세 있게(埶) 자라서 꽃피고 열매 맺는 것을 일컬어(云) 재주(藝)라고 생각하였다. (형성)

藝苑[예원] 예술(인)의 사회(=藝園).
園藝[원예] 채소·과수·정원수·화훼 등을 집약적으로 재배하는 일.
藝術[예술]　藝能[예능]　工藝[공예]

界 지경 계, 한계 계

田 4 / 9 中

지경 한계
boundary, limit

밭 전: 田
끼일 개: 介: 사람(人)이 양쪽(儿) 사이에 끼여(介) 든다.

밭(田)과 밭 사이에 끼이는(介) 것이 지경(界)이다. (형성)　介 → 𠆢 + 儿 ← 界

地境[지경] 땅의 경계. 형편. 경우.
限界[한계] 사물의 정해진 범위.
世界[세계]　視界[시계]　學界[학계]

商 헤아릴 상, 장사 상
口 8 / 11 中
헤아리다 장사
count

글 장, 밝힐 장 : 章→亠 : 음절(音)이 열(十)이면 한 장(章)이 된다. 한 장으로 그 내용이 밝혀진다(章).

입(口) 안(內→冏)에서 셈하여 밝히니(亠) 헤아린다(商)는 뜻임. 헤아릴 줄 알아야 장사(商)도 할 수 있다. (회의), (전주)

商量[상량] 헤아려 생각함.
商品[상품]   商標[상표]   商店[상점]

料 헤아릴 료, 거리 료
斗 6 / 10 中
헤아리다, 거리, 감
count, calculate

쌀 미(米) : 말 두(斗) :

쌀(米)을 말(斗)질하여 헤아린다(料). 또 헤아려서 쓰는 거리·감(料)의 뜻도 있다. (회의)

料理[요리] 음식을 조리함. 다루어 처리함.
料金[요금] 이익의 대가로 지불하는 돈.

量 용량 량, 헤아릴 량
里 5 / 12 中
용량, 분량, 헤아리다
quantity

말 :

무거울 중 : 重→重 : 천(千) 리(里)를 걸으면 발걸음이 무겁다(重). 여기서는 무게의 뜻.

부피(日)와 무게(重)를 잰다는 데서 분량·헤아리다(量)의 뜻임. (형성)

度量衡[도량형] 길이·양·무게.
器量[기량] 사람의 덕량(德量)과 재능.

精 찧을 정, 자세할 정 ㉮精
米 8 / 14 中
찧다 자세하다
polish, delicate

맑을 청 : 淸→靑 : 물(氵)이 푸르고(靑) 맑다(淸).

쌀(米)을 희고 맑게(靑) 찧는다(精). (형성)   靑, 淸 → ㉱㉲ ← 精

精力[정력]   精氣[정기]   精粹[정수]
精密[정밀] 빈틈없이 자세함.
精誠[정성] 거짓없는 참된 마음.
精米[정미] 벼를 찧어 입쌀을 만듦.

糧 양식 량, 급여 량 ㉮糧

米 12 / 18 高
양식 급여(給與)
food

쌀 미 : 米
헤아릴 량 : 量 : 위 '量'란 참조

쌀(米)을 헤아리고(量) 사들여 양식(糧)으로 한다. (형성)   量 → ㉲ ← 糧

糧食[양식] 식용인 곡식(穀食). ㉮마음의 ~
糧穀[양곡] 양식으로 쓰는 곡식.
糧米[양미] 양식으로 쓰이는 쌀.

情 뜻 정, 사정 정
忄 8 / 11 中
뜻 사정, 형편, 사랑
feeling, affection

마음 심 : 心 → 忄 → 忄
고요할 정 : 靜 → 靑 : 동정(動靜)의 뜻. (162)

마음(忄)의 동정(靜→靑)·움직임에서 나타나는 뜻·감정·사정·형편(情)의 뜻임. (형성)   靑 → ㉱㉲ ← 情, 精

感情[감정]   人情[인정]   愛情[애정]
情緖[정서]   情熱[정열]   事情[사정]
情勢[정세]   情況[정황]   情報[정보]

寒

宀 9 12 中

찰 한, 궁할 한
차다, 춥다, 궁하다
cold

| 宀 | 宀 | 宀 | 宔 | 寒 | 寒 |

물품을 많이 싼 모양:  → 茻

여기서는 옷을 두껍게 입는다는 뜻.

얼음(冫)이 얼어 사람(人→八)이 옷을 두껍게(茻) 입고 집(宀)에 있어도 춥다(寒)는 뜻임. (회의)

寒暑[한서] 추위와 더위.
寒害[한해] 추위로 말미암은 손해(損害).

塞

土 10 13 高

막을 색, 변방 새
막다   변방
stop up

| 宀 | 宀 | 宀 | 宔 | 寒 | 塞 |

찰 한: 寒: 위 참조

추위(寒)를 이겨내기 위하여 바람 구멍을 흙(土)으로 막는다(塞). 적을 막는 변방이나 요새(塞)의 뜻도 있다. (형성), (전주)

梗塞[경색] 사물이 잘 융통되지 않고 막힘. 특히 돈의 융통이 막힘.
壅塞[옹색] 생활이 군색함. 매우 비좁음.
要塞[요새] 국경 등에 있는 요해의 성채.

漢

氵 11 14 中

한나라 한,   사내 한
한나라, 한강, 사내
Han

| 氵 | 沪 | 汁 | 漢 | 漢 | 漢 |

누를 황: 黃 → 芫
흙 토: 土 }→ 茣

황토(茣)밭을 지나는 강(氵)이니 한강(漢)이다. 황하(黃河) 유역(土)에 사내(漢)들이 세운 한나라(漢)의 뜻도 있다. (형성), (전주)

漢文[한문] 한자만으로 쓴 문장.
漢江[한강] 태백산에서 황해로 흐르는 강.
漢詩[한시] 漢方醫[한방의] 巨漢[거한]

難

隹 11 19 中

어려울 난, 난리 난
어려움   난리
difficult

| 堇 | 茣 | 菓 | 蕚 | 蕑 | 難 |

누를 황: 黃 → 芫
흙 토: 土 }→ 茣 → 堇: 진흙

꼬리 짧은 새 추: 隹

새(隹)가 진흙(茣)을 다루기는 어렵다(難). (형성)

難關[난관] 통과하기 어려운 관문(關門).
難堪[난감] 견디어 내기 어려움.
難解[난해] 避難[피난] 非難[비난]

歎

欠 11 15 高

한숨쉴 탄, 칭찬할 탄
한숨쉬다   칭찬하다
sigh

| 苫 | 堇 | 茣 | 蕚 | 歎 | 歎 |

어려울 난: 難 → 茣: 새(隹)가 진흙(茣)을 다루기는 어렵다(難).

어려운(茣) 일을 당하여 입을 크게 벌리고(欠) 한숨쉬다(歎). 어려운(茣) 일을 해낸 데 대해 입을 크게 벌리고(欠) 칭찬한다(歎). (형성), (전주)

感歎[감탄] 감동하여 찬탄함.
歎息[탄식] 한숨을 쉬며 한탄함.
恨歎[한탄] 痛歎[통탄] 歎服[탄복]

嘆

口 11 14 高

한숨쉴 탄   ⓢ 歎
한숨쉬다
sigh

| 口 | 口⁺ | 咁 | 嘖 | 嘆 | 嘆 |

어려운(茣) 일을 당하여 입(口)으로 한숨쉬다(嘆). (형성)

難 → 난(탄) ← 歎, 嘆

感嘆[감탄] 마음에 감동하여 칭찬함.
嘆哭[탄곡] 탄식(歎息·嘆息)하여 욺.
嗟嘆[차탄] 한숨지어 탄식함.
慨嘆[개탄] 분하게 여겨 탄식함.
憤嘆[분탄] 恨嘆[한탄] 永嘆[영탄]

爭

爪 4 8 中

다툴 쟁
다투다, 싸우다
fight, struggle

손톱 조 : 爫 : 손
손 : ㅋ
칼 도 : 刀 → 刁 → 刂 : 칼, 무기

손(爫)과 손(ㅋ)에 칼, 무기(刂)을 들어 다툰다(爭). (형성)

爭奪[쟁탈] 다투어 빼앗음.
爭議[쟁의] 서로 자기의 의견을 주장하여 다툼.

婦

女 8 11 中

지어미 부, 며느리 부
지어미 며느리
wife

수건 건 : 巾   손 : ㅋ
민갓머리 : ㄇ,   계집 녀 : 女

수건(巾)을 머리(ㄇ)에 쓰고 손(ㅋ)으로 집안 일을 하는 여자(女)이니 지어미(婦)이다.

婦德[부덕] 여자가 닦아야 할 덕행.
婦人[부인] 남의 아내가 된 여자.
婦道[부도] 부녀(婦女)가 지켜야 할 도리.
主婦[주부] 子婦[자부] 寡婦[과부]

靜

靑 8 16 中

고요할 정, 조용할 정
고요하다 조용하다
quiet, still

푸를 청 : 靑=青 : 십이월 달의 하늘이 푸르다(靑).

다툼(爭)이 끝나고 하늘이 푸르니(靑) 고요하다(靜). 푸르름(靑)을 다투는(爭) 숲속이 조용하다(靜). (형성)

靑 爭 → 靜
청 쟁 → 정

靜肅[정숙] 고요하고 엄숙(嚴肅)함.
靜物[정물] 정지하여 움직이지 않는 물건.
靜寂[정적] 安靜[안정] 靜養[정양]

歸

止 14 18 中

돌아올 귀, 돌아갈 귀
돌아오다 돌아가다
return

집 호 : 戶 → 户 ,   발 족 : 止
아내 부 : 婦 → 帚 : 지어미, 아내

아내(帚)가 친정에 갔다가 시집(户)을 향해 발(止)걸음을 재촉하여 돌아온다(歸). (형성)

 帰

歸家[귀가] 집으로 돌아감.
歸省[귀성] 부모를 뵈러 고향에 돌아감.
歸鄕[귀향] 回歸[회귀] 歸順[귀순]

淨

氵 8 11 中

깨끗할 정, 깨끗이 할 정
깨끗하다 깨끗이 하다
clear

다툴 쟁 : 爭 : 손(爫)과 손(ㅋ)에 갈고리(刂)를 들고 다툰다(爭).

계곡의 물(氵)이 여울져 다투며(爭) 흐르니 맑고 깨끗하다(淨). (형성)

靜 → 정 ← 淨

淨水[정수] 깨끗한 물.
淨潔[정결] 깨끗함. 결백함.
淨化[정화] 깨끗하게 함. ㉮ ~槽(조)
淸淨[청정] 맑고 깨끗함.

掃

扌 8 11 高

쓸 소, 쓸어없앨 소
쓸다 쓸듯 없애다
sweep

비 : 빗자루 → 손 → 손

1. 수건(巾)을 머리(ㄇ)에 쓰고 비(ㅋ)를 손(扌)에 들어 쓴다(掃). (회의), (형성)
2. 지어미(帚)가 손(扌)에 비를 들어 집 안을 쓴다(掃). (회의), (형성)

掃除[소제] 떨고 쓸고 닦아 깨끗이 함.
淸掃[청소] 掃海艇[소해정] 掃蕩[소탕]

軍運輝連蓮進

軍 군사 **군**
車 29 中
군사
military

一 冂 冖 写 宣 軍

수레 거, 수레 차 : 車
민갓머리 : 冖 : 둘레

병차(車) 둘레(冖)에 진을 친 **군사**(軍). (회의)

軍機[군기] 군사상의 기밀.
軍旗[군기] 군의 단위 부대의 표장(標章)이 되는 기.
軍士[군사] 軍令[군령] 軍備[군비]
陸海空軍[육해공군] 軍資金[군자금]

連 이을 **련**, 연할 **련**
辶 7 11 中
잇다   연속하다
connect

亘 車 連 連 連

수레 거, 수레 차 : 車 ┐→連
길 : 辶 ┘

길(辶)에서 수레(車)가 잇달아(連) 달린다는 뜻임. (회의)

連峰[연봉] 서로 이어져 있는 봉우리.
連勝[연승] 잇달아 이김. ㉑ 連戰(연전)~
連絡・聯絡[연락] 서로 관련을 가짐.
連續[연속] 연달아 계속됨.
連坐[연좌] 連結[연결] 連鎖[연쇄]

運 운전할 **운**, 옮길 **운**
辶 9 13 中
운전하다, 옮기다, 운수
transport

一 宣 軍 軍 運 運

군사 군 : 軍 : 병차(車) 둘레(冖)에 진을 친 군사.

군사(軍)가 길(辶)에서 병차(車)를 운전하여(運) 짐을 옮긴다(運). (형성)

軍 → 군 운 ← 運

運轉[운전] 움직이어 돌림.
運輸[운수] 여객이나 화물을 나르는 일.
運營[운영] 일을 경영하여 나아감.
幸運[행운] 海運[해운] 運命[운명]

蓮 연꽃 **련**, 연밥 **련**
艹 11 15 高
연꽃   연밥
lotus

艹 苩 苩 直 蓮 蓮 蓮

꽃 화 : 花 → 艹 : 꽃
이을 련 : 連 : 길(辶)에서 수레(車)가 잇달아(連) 달린다.

줄기와 뿌리가 연이어져(連) 있는 꽃(艹)이니 연꽃(蓮)이다. (형성)

連 → 련 ← 蓮

蓮花[연화] 연꽃.
蓮池[연지] 연못. 연꽃을 심은 못.
蓮實[연실] 白蓮[백련] 木蓮[목련]

輝 빛날 **휘**, 빛 **휘**   ⓑ 煇
車 8 15 高
빛나다   빛
shine

光 炉 炉 焙 焙 輝

빛 광 : 光 → 光
휘두를 휘 : 揮 → 軍 : 휘두르다. 뿌리다. (65)

빛(光)을 휘두른다(軍)는 데서 빛나다(輝)의 뜻임. (형성) ⓑ 煇

光輝[광휘] 빛남. 찬란한 빛. 휘광(輝光).
輝煌燦爛[휘황찬란] 광채가 빛나서 눈이 부시게 번쩍이다.

進 나아갈 **진**, 오를 **진**
辶 8 12 中
나아가다   오르다
go forwards

亻 亻 亻 隹 隹 進

꼬리짧은새 추 : 隹 ┐→進
길 : 辶 ┘

꼬리 짧은 새(隹)가 길(辶)을 따라 날아 간다는 데서 나아가다・오르다(進) 의 뜻임. (회의), (형성)

進退[진퇴] 나아감과 물러섬. 거동.
先進[선진]   行進[행진]   推進[추진]
進行[진행]   進步[진보]   進軍[진군]
進擊[진격]   進級[진급]   進學[진학]

巡

돌아다닐 **순**, 순행할 **순**
돌아다니다 순행하다
patrol

〈 〈〈 〈〈〈 巡 巡

내 천 : 川 → 〈〈〈 ┐
길 : ⻌   ┘ → 巡

냇물(〈〈〈)이 흐르듯 길(⻌)을 따라 돌아다닌다(巡). (형성)

巡察[순찰] 순행(巡行)하여 사정을 살핌.
巡廻[순회] 각처로 돌아다님.
巡哨[순초] 돌아다니며 적정을 염탐함.
巡警[순경]   巡視[순시]   巡禮[순례]

遺

잃을 **유**, 남을 **유**
잃다   남다
lose

中 𠀐 貴 貴 遺 遺

귀할 귀 : 貴 : 바구니(⼞) 속으로 재물(貝)이 들어가니(↓ → │) 부하고 귀하다(貴).

귀한(貴) 물건을 길(⻌)에서 잃었다(遺). 잃어버린 물건이 그 곳에 계속 남아 있다(遺). (형성), (전주)

遺失[유실] 잃어버림. 예 ~物(물)
遺産[유산] 사후에 남긴 재산.
遺書[유서]   遺物[유물]   遺傳[유전]

造

지을 **조**
짓다, 만들다
make

牛 牛 告 告 造 造

고할 고 : 告 : 소(牛→⺧)를 잡아 제단에 올려 놓고 입(口)으로 축문을 읽어 하늘에 고한다(告).

주문하는 사람이 고하는(告) 대로 절차를 밟아(⻌) 물건을 짓는다·만든다(造). (회의), (형성)

造成[조성] 만들어서 이룸.
造作[조작] 지어서 만듦. 일부러 꾸밈.
造船[조선]   造化[조화]   石造[석조]

遣

보낼 **견**
보내다
send, dispatch

中 𠀐 貴 貴 遣 遣

귀할 귀 : 貴 → 𠀐
벼슬 관 : 官 → 㠯 ┘ → 㠯 : 귀관

귀(⼞)관(㠯)으로 하여금 먼 길(⻌)을 가서 근무하도록 보낼(遣) 예정이다. (형성) 官 → ㉮㉲ ← 遣

遣使[견사] 사신(使臣)이나 사절(使節)을 보냄.
派遣[파견] 용무를 띠워 사람을 보냄.
分遣[분견] 나눠서 보냄. 갈라서 보냄.

浩

넓을 **호**, 클 **호**
넓다   광대하다
vast

氵 氵 浩 浩 浩 浩

고할 고 : 告 : 소(牛)를 잡아 제단에 올려 놓고 입(口)으로 축문을 읽어 하늘에 고한다(告).

비가 많이 와서 물(氵)이 불어난다고 큰 소리로 널리 알린다(告)는 데서 넓다·크다(浩)의 뜻임. (형성)
告 → ㉠㉻ ← 浩

浩然之氣[호연지기] 하늘과 땅 사이에 가득 찬, 넓고도 큰 원기(元氣).

選

가릴 **선**
가리다, 선택하다
choose, select

㠯 㠯 巽 巽 巽 選

몸 기(2개) : 己己 → 巳巳
함께 공 : 共 : '함께'의 뜻
길   : ⻌ : 길, 방향, 장소

여러 사람(巳巳)이 함께(共) 소풍가는 길(⻌)·방향·장소를 가린다(選). (형성)

選擇[선택] 골라 가림.
四肢選多型[사지선다형]   選擧[선거]
選拔[선발]   選出[선출]   豫選[예선]

識

言 12 19 中

알 **식**, 적을 **지**
알다   적다
know

言 言 語 識 識 識

창 과 : 戈 : 창, 칼, 붓의 뜻

소리(音) 내서 말하는(言) 바를 창·칼(戈)로써 누구나 보면 알(識) 수 있게 새겨서 적는다(識). (형성), (전주)

識者[식자] 학식·상식이 있는 사람.
知識[지식] 사물을 아는 마음의 작용.
識別[식별] 알아서 구별(區別)함.
意識[의식] 체험하는 모든 정신 현상.
常識[상식] 識見[식견] 標識板[표지판]

變

言 16 23 中

변할 **변**, 재앙 **변**   ㉗変
변하다   재앙
change

言 結 縊 縊 變 變

실 사 : 絲 → 絲 絲 : 실
가르칠 교 : 敎 → 攵

실(絲)처럼 약한 아이를 말(言)로 타이르고 가르쳐서(攵) 옳은 방향으로 변하게(變) 한다. 느닷없이 변하였다 하여 재앙(變)이란 뜻도 있다. (형성)

變更[변경] 바꾸어서 고침. 변개(變改).
變動[변동] 變革[변혁] 事變[사변]

職

耳 12 18 高

구실 **직**, 직분 **직**
구실, 일, 직분, 맡다
business

耳 耴 聆 職 職 職

귀(耳)로 듣는 말소리(音)를 창(戈)이나 칼로 새기는 일·직업(職)을 맡는다는 데서 구실·맡다·일의 뜻. (형성)

識 → 식 직 ← 職, 織

職業[직업] 일상 종사하는 업무(業務).
職分[직분] 직무 상의 본분(本分).
職責[직책] 직분상의 책임.
職印[직인] 공무상으로 쓰이는 도장.
辭職[사직] 官職[관직] 就職[취직]

戀

心 19 23 高

그리워할 **련**, 그리움 **련**
그리워하다   그리움   ㉗恋
yearn

言 訁 縊 縊 縊 戀

변할 변 : 變 : 실(絲)처럼 연약한 아이를 말(言)로 타이르고 가르쳐(攵) 옳은 방향으로 변하게(變) 한다.

변하지(縊) 않는 마음(心)으로 그리워한다(戀). (형성) 變 → 변 련 ← 戀

戀愛[연애] 남녀간 그리워 사모하는 애정.
戀慕[연모] 사랑하여 그리워함.
戀人[연인] 戀情[연정] 悲戀[비련]

織

糸 12 18 高

짤 **직**, 표 **치**
짜다, 표, 휘장
weave

糸 糸 紵 織 織 織

창(戈)이 서로 부딪치는 듯한 소리(音)를 내면서 실(糸)로 천을 짠다(織). (형성)

※ 幟 : 기 치 : 旗幟(기치), 槍劍(창검)
   熾 : 성할 치 : 熾烈(치열)한 戰鬪(전투)

織造[직조] 틀로 피륙 등을 짜는 일.
紡織[방직] 기계로 피륙을 짜는 일.
手織[수직] 綿織[면직] 織女星[직녀성]

蠻

虫 19 25 高

오랑캐 **만**   ㉗蛮
오랑캐, 남방의 미개인
savage

言 結 縊 縛 蠻 蠻

변할 변 : 變 → 縊 : 변하다

모양이나 색이 잘 변하는(縊) 벌레(虫)가 사방에 득실거리는 남쪽의 오랑캐(蠻)를 뜻한다. (형성)

野蠻[야만] 지능이 미개하여 문화가 유치한 상태. 또는 그러한 종족.
蠻勇[만용] 주책없이 날뛰는 용맹(勇猛).
蠻族[만족] 야만스러운 겨레.
南蠻[남만] 蠻地[만지] 蠻風[만풍]

單

口 9 / 12 中

홑 단, 다만 단 / 홑, 다만, 단지
略) 单
single

口 吅 吅 單 單 單 單

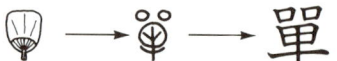

부채의 모양을 본떴다. 사람들이 각자 홀로(單) 부채질을 한다는 뜻이다. (형성)

單身[단신] 홀몸. 흩몸.
單獨[단독] 단 하나. 혼자.
單純[단순] 단일하여 흩짐. 간단함.
單調[단조] 簡單[간단] 單位[단위]

戰

戈 12 / 16 中

싸움 전 / 싸움, 겨루다, 경기
略) 战, 戰
battle, fight

口 吅 單 戰 戰 戰

홑 단 : 單 : 홑, 하나, 다만, 단지
창 과 : 戈 : 창

1. 각자 창(戈)을 하나씩(單) 들고 나가 싸운다(戰).
2. 다만(單) 창(戈)이 해결할 뿐이란 데서 싸우다(戰)의 뜻임. (형성)

戰鬪[전투] 전쟁의 목적을 위해 취하는 직접 수단.
戰爭[전쟁] 戰略[전략] 戰跡[전적]

彈

弓 12 / 15 高

튀길 탄, 탄알 탄 / 튀기다 탄알
略) 弹
flip, bullet

フ 弓 弓' 弓" 弭 彈

홑 단 (單) :  → 單 : 홑수, 하나씩의 뜻

활(弓)에서 화살이 하나(單)씩 튀어 나간다(彈)는 데서 탄알의 뜻도 생겼다. (형성), (전주) 單 → ㉠㉡ ← 彈

彈琴[탄금] 거문고·가야금 따위를 탐.
彈丸[탄환] 탄알. 총탄·포탄의 총칭.
彈壓[탄압] 彈性[탄성] 彈劾[탄핵]

構

木 10 / 14 高

얽을 구, 맺을 구 / 얽다, 맺다, 이루다
compose

村 构 枯 構 構 構

거듭 재 (再) : 🔲 → 冉 → 再

바구니(冉) 위에 그릇(一)이 거듭(再) 놓여 있다는 뜻.

나무(木)를 격지격지(冓) 그리고 거듭(再) 짜서 얽는다(構). (형성)

構造物[구조물] 構成[구성] 構想[구상]
構內食堂[구내식당] 構築[구축]

禪

示 12 / 17 高

좌선할 선, 선위할 선 / 좌선 선위하다
meditate

示 示' 禪 禪 禪 禪

보일 시 : 示 : 제단
홑 단 : 單 : 홀로   略) 禅

제단(示) 앞에 홀로(單) 앉아 좌선한다(禪). (형성)
示 單 → 禪
시 단 → 선

禪師[선사] 중. 선종(禪宗)의 고승(高僧).
禪位[선위] 왕위를 다음 임금에게 물려줌.
參禪[참선] 선도(禪道)에 들어가 선법을 참구(參究)함.

講

言 10 / 17 中

풀이할 강, 익힐 강 / 풀이하다 배우다
explain

言 訁 請 請 講 講

물건을 격지 격지 쌓은 모양 : 🔲 → 冊 → 冓

말씀(言)을 격지격지(冓) 거듭하여 (再) 내용을 풀이하고·익히게 한다 (講). (형성)

講論[강론] 학술·도의의 뜻을 강석(講釋)하고 토론(討論)함.
講習[강습] 학문과 기예를 배우고 익힘.
講堂[강당] 講演[강연] 講究[강구]

義儀議能態罷　167

義

羊 7 / 13 / 中

의로울 **의**, 옳을 **의**, 뜻 **의**
의롭다　옳다　뜻
rightful

羊 美 美 義 義 義

양 양 : 羊→羊,　착할 선 : 善→羊
아름다울 미 : 美→羊

착하고 아름다운(羊) 마음씨를 내(我)가 좋아하니 의롭고·올바르다(義). (회의)

義舉[의거]　義捐金[의연금]　意義[의의]
義理[의리] 사람으로서 지킬 바른 도리.
義務[의무] 맡은 직분. 법률로써 강제하는 작위(作爲) 또는 부작위.

能

月 6 / 10 / 中

능할 **능**
능하다, 작용, 효과
able, capable

厶 台 育 育 能 能

곰 → 能 → 能 → 能

곰(熊)의 모양으로 곰은 재주가 여러 가지라는 데서 능하다(能)의 뜻임. (회의)

※ 곰 웅 : 熊 ← 능할 능
　　　　　　　← 곰의 발자욱

能通[능통] 사물에 환히 통달함.
能力[능력] 잘 감당(堪當)할 힘.

儀

亻 13 / 15 / 高

거동 **의**, 법도 **의**　⑭ 仪
거동,　법도,　본보기
manners

亻 俨 俨 儀 儀 儀

의로울 의, 옳을 의 : 義 : 내(我)가 양(羊) 같은 의리(義)를 지녔다는 데서 옳다, 바르다의 뜻.

사람(亻)은 올바르게(義) 거동(儀)을 하여야 하며 법도(儀)에 합당하게 살아야 한다. (형성), (전주)

儀式[의식] 예식(禮式)을 갖추는 법.
儀容[의용] 몸을 가지는 태도.
禮儀[예의]　葬儀[장의]　儀仗[의장]

態

心 10 / 14 / 高

모양 **태**,　태도 **태**
모양, 맵시,　태도
appearance

育 育 能 能 態 態

마음(心) 먹기에 따라서 능하게(能) 나타나는 모양이나 태도(態)의 뜻임. (회의)

※ 熊 : 곰 웅 : 熊膽(웅담) : 곰의 쓸개

狀態[상태] 현재의 모양이나 형편.
姿態[자태] 모습과 태도.
態勢[태세] 상태(狀態)와 형세(形勢).
變態[변태] 변하여 달라진 상태.
態度[태도]　形態[형태]　世態[세태]

議

言 13 / 20 / 中

의논할 **의**, 논할 **의**
의논하다　논하다
consult

言 訞 訞 議 議 議

옳은(義) 결론을 얻기 위하여 말씀(言)으로 상담하고 의논한다(議). (형성)

※ 蟻 : 개미 의 : 蟻穴(의혈) : 개미굴

議題[의제] 회의에서 의논할 문제.
議論[의논] 서로 일을 상의(相議)함.
評議[평의] 서로 의견을 교환하여 의논함.
建議[건의] 의견을 내어서 말함.
議員[의원]　議案[의안]　議決[의결]

罷

罒 10 / 15 / 高

파할 **파**
파하다, 그만 두다
end, stop

罒 罒 罝 罝 罷 罷

그물 망 : 罒 : 그물, 법망(法網)
죄　죄 : 罪 → 罒 : 죄

아무리 재능(能)이 있는 사람이라도 법망(罒)에 걸리면 파면(罷)이 된다는 데서 파하다(罷)의 뜻임. (회의)

罷免[파면] 직무를 면제(免除)시킴.
罷業[파업] 노동자가 처우개선을 위해 단결하여 노동을 하지 않음.
罷場[파장] 시장(市場)이 파(罷)함.

巧

工 2 5 高

교묘할 교, 공교할 교
교묘하다 공교하다
skillful

一 丆 丅 工 巧

만들 공, 장인 공 : 工 : 만들다
교묘하다 : 丂 : 단순하지 않고 기술이 들어 있음을 나타낸다.

기술적으로(丂) 만든다(工)는 데서 교묘하다·공교롭다(巧)의 뜻. (형성)

巧言[교언] 技巧[기교] 精巧[정교]
巧妙[교묘] 썩 잘 되고 묘함.
工巧[공교] 교묘하다. 뜻밖에 맞거나 틀리다.
精巧[정교] 정밀하고 교묘함.

考

耂 2 6 中

상고할 고, 장수할 고
상고하다 장수하다
think

一 十 土 耂 耂 考

노인(老→耂)은 경험이 많아 교묘하리(巧→丂→丂)만큼 상고하고·생각하고·조사한다(考)는 뜻임. 늙어서(耂) 허리(一)가 구부러질(丂) 때까지 오래 살다 돌아가신 아버지(考)란 데서 장수하다·죽은 아비(考)의 뜻도 있음. (형성), (전주)

詳考[상고] 자세히 참고(參考)함.
考察[고찰] 상고하여 보살핌.
考案[고안] 考査[고사] 思考[사고]

死

歹 2 6 中

죽을 사
죽다
die

一 丆 歹 歹 死 死

뼈 골 : 骨→冎→歺→歹
될 화, 변화 화 : 化→匕 } →死

뼈(歹)로 변화한다(匕)는 데서 죽다(死)의 뜻임. (회의)

死亡[사망] 죽는 일.
死別[사별] 죽어서 서로 이별함.
橫死[횡사] 뜻밖의 재앙으로 죽음.
死刑[사형] 死守[사수] 客死[객사]

殘

歹 8 12 高

남을 잔, 해칠 잔 ㉱残
남다   해치다
remain

歹 歹 殘 殘 殘 殘

죽을 사 : 死→歹 : 죽다, 뼈
창 과 : 戈

창을 마주대고(戔) 서로 싸우고 해치니 주검(歹)만 남는다(殘). (형성)

※ 錢 : 돈 전, 淺 : 얕을 천, 賤 : 천할 천, 踐 : 밟을 천

殘存[잔존] 남아서 처져 있음.
殘惡[잔악] 잔인(殘忍)하고 악덕(惡德)함.

殆

歹 5 9 高

위태할 태, 거의 태
위태하다 거의
dangerous

歹 歹 歹 殆 殆 殆

처음 시 : 始→台 : 여자(女)의 젖(厶→厶)을 입(口)에 무는 일이 인생의 처음(始) 일이다. 시작의 뜻.

죽음(歹)이 시작(台)되는 듯 거의(殆) 죽을 지경이란 데서 위태하다(殆)의 뜻임. (형성), (전주)

殆無[태무] 거의 없음.
危殆[위태] 위험(危險)스러움.
殆半[태반] 거의 절반.

殃

歹 5 9 高

재앙 앙
재앙
calamity

歹 歹 歹 殃 殃 殃

가운데 앙 (央) : 𠆢→央→夬→央

죽음(歹)의 위험이 사람의 한가운데(央)에 나타난다는 데서 재앙(殃)의 뜻임. (형성)

央 → ㉱ ← 殃

災殃[재앙] 천변지이(天變地異)로 말미암은 불행한 사고.
殃禍[앙화] 죄의 앙갚음으로 받는 재앙.

巾 11 14 高	幕	장막 **막** 장막 tent

艹 苩 莒 莫 幕 幕

없을 막, 저물 모 : 莫 : 풀(艹) 아래로 큰(大) 해(日→日)가 져서 빛이 없다(莫). 햇빛을 가리다의 뜻.

햇빛을 가리는(莫) 천(巾)이니 장막·천막(幕)이다. (형성) 莫→막←幕

幕舍[막사] 임시로 허름하게 지은 집.
幕僚[막료] 감사(監司)·유수(留守)들을 따라다니던 관원의 하나.
帳幕[장막]　天幕[천막]　酒幕[주막]

日 11 15 中	暮	저물 **모**, 늦을 **모** 저물다, 늦다, 밤 sunset

一 艹 昔 茛 莫 暮

없을 막, 저물 모 : 莫 : 초목(艹) 밑으로 큰(大) 해(日→日)가 져서 빛이 없다(莫). 여기서는 해가 지다의 뜻.

해가 져서(莫) 날(日)이 저물다(暮). (형성)

暮景[모경] 저녁때의 경치(景致).
暮鐘[모종] 저녁때 치는 절이나 교회의 종소리. =만종(晚鐘).
暮色[모색]　日暮[일모]　歲暮[세모]

氵 11 14 高	漠	사막 **막**, 넓을 **막** 사막, 넓다, 아득하다 desert

氵 氵 氵 渲 渲 漠

없을 막 : 莫 : 없다

물(氵)이 없는(莫) 사막(漠). 사막은 넓고 아득하다(漠). (형성), (전주)
莫→막←漠

沙漠·砂漠[사막] 넓은 모래 벌판이 이루어지고 암석이 노출하여 있는 불모(不毛)의 지역.
漠然[막연] 아득한 모양. 똑똑하지 못하고 어렴풋함.

心 11 15 高	慕	사모할 **모** 사모하다, 우러러 받들다 yearn

艹 昔 茛 莫 莫 慕

없을 막, 저물 모 : 莫 : 여기서는 해가 지다의 뜻

해가 질(莫) 무렵이면 마음(心) 속으로 정든 사람이 생각난다는 데서 사모하다(慕)의 뜻임. (형성)

模, 暮, 募, 莫 →  ← 慕

思慕[사모] 정을 들여 애틋하게 그리워함.
慕華[모화] 중국의 문물·사상을 숭모함.
崇慕[숭모]　敬慕[경모]　戀慕[연모]

力 11 13 高	募	뽑을 **모**, 부를 **모** 뽑다, 부르다 enroll

艹 苩 莒 莫 募 募

저물 모 : 莫 : 저물다, 해가 지다
힘 력 : 力 : 힘들이다

해가 질(莫) 때까지 힘들여(力) 불러들이고·뽑는다(募). (형성)
莫→막←募

募集[모집] 조건에 맞는 사람이나 사물을 뽑아서 모음 例新入生～. 懸賞(현상)～
募金[모금] 기부금 따위를 모음.
應募[응모]　公募[공모]　急募[급모]

木 11 15 高	模	본뜰 **모**, 법 **모** 본뜨다, 법, 법식 pattern

十 木 木 栉 椙 模

없을 막, 저물 모 : 莫 : 해가 질(莫) 때까지 어떤 일을 꾀한다는 데서 꾀하다(莫)의 뜻도 있다.

일정한 물건을 빨리 많이 만들기를 꾀하여(莫) 나무(木)로 만든 본(模)을 뜻한다. (형성)

模型[모형] 같은 형상의 물건을 만들기 위한 틀. 母型. 실물을 줄여서 만든 본.
模範[모범]　模造[모조]　規模[규모]

極

木 9 / 13 中

용마루 **극**, 극처 극
용마루, 극처, 끝, 왕위
ridge of the roof

朴 朽 柯 柯 極 極

용마루 ─┐
바닥 ─┘ → 亟

나무(木)로 만든 용마루는 사람(𠆢)의 입(口)이나 손(又)이 닿지 않는 집의 끝(極) 자리에 있다. (형성)

極暑[극서] 몹시 심한 더위. (↔극한)
極端[극단] 맨 끄트머리.
極大[극대]   極惡[극악]   極貧[극빈]
南極[남극]   電極[전극]   登極[등극]

廣

广 12 / 15 中

넓을 **광**
넓다, 널리

㉔ 広

broad, wide

广 产 庐 庶 庿 廣

누를 황 : 黃 : 밭(田)은 한가지(共)로
누르다(黃)

집(广) 앞에 누른(黃) 밭과 토지가 넓게(廣) 펼쳐져 있다. (형성)

黃 → ㉔황 ㉔광 ← 廣

廣告[광고] 널리 알림.
廣義[광의] 넓게 보는 뜻. ㉔ 협의(狹義)
廣場[광장] 너른 마당. 너른 빈터.
廣狹[광협]   廣大[광대]   廣範圍[광범위]

墓

土 11 / 14 高

무덤 **묘**
무덤, 뫼

tomb, grave

艹 艹 苎 莫 莫 墓

없을 막 : 莫 ┐
흙 토 : 土 ┘ → 墓

흙(土) 속에 묻혀 햇빛이 없다(莫)는 데서 무덤(墓)을 뜻한다. (형성)

莫, 募 → ㉔모 ㉔묘 ← 墓

墳墓[분묘] 무덤.
墓碑[묘비] 무덤 앞에 세우는 비석. 묘석.
省墓[성묘] 조상의 산소를 살펴봄.
墓石[묘석]   墓地[묘지]   墓所[묘소]

鑛

金 15 / 23 高

쇳돌 **광**, 광물 광
쇳돌   광석

ore, mineral

釒 鉅 鋕 鏞 鑛 鑛

쇠 금 : 金 : 쇠붙이, 쇳돌
넓을 광 : 廣 : 집(广) 앞에 누른(黃) 토지가 넓게(廣) 펼쳐져 있다.

넓은(廣) 땅에 묻혀 있는 쇠붙이(金)이니 쇳돌·광석(鑛)이다. (형성)

廣 → ㉔광 ← 鑛

鑛物[광물] 천연 무기물로서 화학 성분이 일정한 물질(금·철·석탄 등).
鑛石[광석]   炭鑛[탄광]   採鑛[채광]

橫

木 12 / 16 高

가로 **횡**, 옆 횡
가로, 옆, 측면

horizontal

十 木 桿 栉 橫 橫

1. 대문의 빗장으로 쓰는 나무(木)가 누르다(黃)의 뜻. 빗장은 옆으로 낀다는 데서 가로(橫)의 뜻이 됨.
2. 나무(木)가 푸르지 못하고 누렇게(黃) 시든 것은 가로(橫)로 쓰러져 있기 때문이다. (형성)

黃 → ㉔황 ㉔횡 ← 橫

橫斷[횡단] 가로 절단함. 가로 지나감.
橫線[횡선] 가로 그은 줄. 가로금.
橫財[횡재]   橫領[횡령]   橫暴[횡포]

擴

扌 15 / 18 高

넓힐 **확**, 늘릴 확
넓히다   늘리다

㉔ 拡

widen, broaden

扌 扩 护 擠 擴 擴

손 수 : 扌 : 손
넓을 광 : 廣 : 넓다

손(扌)을 써서 넓게(廣) 늘리고 넓힌다(擴). (형성)

黃 → ㉔황 ㉔확 ← 擴

擴大[확대] 늘리어서 크게 함. ㉔ 축소(縮小)
擴張[확장] 범위 또는 세력을 늘리어서 넓게 함. ㉔ ~工事, 군비~
擴充[확충] 넓히어 충실(充實)하게 함.

唯

口 8 11 中

오직 유
오직, 다만
only

| 口 | 吖 | 吖' | 呼 | 㫿 | 唯 |

꼬리짧은 새 : 추(隹)

꼬리짧은 새(隹)의 주둥이(口)에서 나오는 울음소리가 오직(唯) 하나뿐이란 뜻임. (형성)

唯我獨尊[유아독존] 세상에서 자기만이 홀로 존귀(尊貴)함.
唯一無二[유일무이] 唯心論[유심론]

雖

隹 9 17 中

비록 수
비록
even if

| 吕 | 虽 | 虽刂 | 虽阝 | 虽隹 | 雖 |

입 구 : 口 : 벌레나 새의 주둥이
벌레 충 : 虫 : 벌레

벌레(虫)나 새(隹)가 주둥이(口)로 비록(雖) 논밭의 곡식을 먹으나 수확이 크게 주는 것은 아니다. (형성)

雖然[수연] 비록 그렇지만.
雖不中不遠矣[수부중불원의] 비록 적중(的中)하지는 못했어도 과히 틀리지는 않음. 적중에 가까움.

惟

忄 8 11 高

생각할 유, 오직 유
생각하다, 오직
think

| 丶 | 忄 | 忄' | 忄㠯 | 忄㠯 | 惟 |

마음 심 : 忄
꼬리 짧은 새 추 : 隹 } → 惟

새(隹)가 날아다니듯이 마음(忄)속으로 상상의 날개를 펴서 생각한다(惟). 생각 끝에 오직(惟) 하나의 답이 나왔다. (형성), (전주)

思惟[사유] 생각함. ㉠논리적~
惟一[유일] 오직 그것 하나뿐임.
惟獨[유독] 오직 홀로. 다만 홀로.

稚

禾 8 13 高

어릴 치, 어린애 치
어리다 어린애
very young

| 千 | 禾 | 禾' | 秄 | 秅 | 稚 |

벼 화 : 禾
새 추 : 隹 : 꼬리 짧은 새의 꼬리

벼(禾)가 꼬리 짧은 새(隹)의 꼬리처럼 짧아 덜 자랐다는 데서 어리다(稚)의 뜻. (형성)

隹 → 帚 治 ← 稚

稚拙[치졸] 유치하고 졸렬함.
幼稚[유치] 나이가 어림. 정도가 낮음.
稚氣[치기] 철없는 상태. 어린애 같은 짓.
稚兒[치아] 稚魚[치어] 稚心[치심]

維

糸 8 14 高

맬 유, 바 유,
매다, 굵은 줄
tie, fasten

| 糸 | 紓 | 紓' | 紀 | 維 | 維 |

실 사 : 糸
꼬리 짧은 새 추 : 隹 } → 維

실(糸)로 꼬리 짧은 새(隹)의 발목을 맨다는 데서 매다(維)의 뜻임. (형성)

唯, 惟 → 帚 ← 維

維持[유지] 지탱하여 감. 지니어 감.
纖維[섬유] 실 모양의 고분자(高分子) 물질. 올실.
維新[유신] 모든 것을 고쳐 새롭게 함.

雅

隹 4 12 高

우아할 아, 바를 아
우아하다 바르다
elegant

| 匚 | 于 | 牙 | 牙' | 牙隹 | 雅 |

어금니 아 (牙) : → 丹 → 牙 : 어금니 상아

상아(牙)나 꼬리 짧은 새(隹)의 깃털은 우아하다(雅). (형성)

優雅[우아] 고상하고 기품이 있음.
雅趣[아취] 고아한 정취. 또, 그런 취미.
雅量[아량] 깊고 너그러운 도량(度量).
雅樂[아악] 옛날 궁중에서 쓰던 음악.

芽

싹 **아**, 싹틀 **아**
싹   새싹이 나오다
sprout

艹 / 4 / 8 / 高

풀 초(艹) : 〰〰 → 〵〴 → 艹

풀(艹)이 어금니(牙)가 나오듯 돋아 난다는 데서 싹(芽)을 뜻함. (형성)

萌芽[맹아] 식물의 새로 트는 싹. 새싹.
發芽[발아] 씨앗에서 싹이 나옴.
芽椄[아접] 접목법의 한 가지.
芽生[아생] 발아(發芽).

奪

빼앗을 **탈**
빼앗다, 빼앗기다
capture

大 / 11 / 14 / 高

마디 촌(寸) : 손(寸)으로 물건(丶)을 잡는다(寸). 손에 넣다의 뜻.

큰(大) 새(隹)를 손(寸)에 넣는다(丶) 는 데서 빼앗다(奪)의 뜻임. (회의)

奪取[탈취] 빼앗아 가짐.
強奪[강탈] 강제로 빼앗음.
奪還[탈환] 도로 빼앗음. 탈회(奪回).
爭奪[쟁탈] 다투어 빼앗음.
掠奪[약탈] 폭력으로써 무리하게 뺏음.

推

밀 **추**, 옮길 **추**, 밀 **퇴**
밀다 옮기다 밀다
push

扌 / 8 / 11 / 中

손 수(扌) : 손으로 밀다
꼬리짧은 새 추(隹)

새(隹)가 앞으로 날아가듯이 손(扌) 을 써서 앞으로 민다·밀어옮긴다(推)의 뜻임. (형성)

隹 → 㫃 ← 推

推進[추진] 밀고 나아감.
推測[추측] 미루어 헤아림.
推窮[추궁] 推薦[추천] 推敲[퇴고]

奮

떨칠 **분**, 휘두를 **분**
떨치다 휘두르다
exert

大 / 13 / 16 / 高

밭 전(田) : 밭, 솥밭, 들

큰(大) 새(隹)가 밭(田)에서 날개를 치며 날아 오르는 모양으로 떨치다(奮) 의 뜻임. (회의)

奮激[분격] 급격하게 마음을 떨쳐 일으킴.
奮發[분발] 마음과 힘을 돋우어 일으킴.
奮起[분기] 분발해 일어남.
激奮[격분] 몹시 흥분함.
奮戰[분전] 奮鬪[분투] 興奮[흥분]

催

재촉할 **최**, 베풀 **최**
재촉하다 베풀다
urge

亻 / 11 / 13 / 高

높을 최(崔) : 꼬리 짧은 새(隹)가 산 (山)을 향해 높이(崔) 날아간다.

사람(亻)이 높은(崔) 지위에 앉아 어 떤 일을 빨리 하도록 재촉한다(催). 사 람(亻)이 높은(崔) 위치에서 행사를 베 푼다(催). (형성), (전주)

催促[최촉] 재촉. 독촉.
催告[최고] 재촉하는 뜻으로 내는 통지.
催眠[최면] 催淚彈[최루탄] 開催[개최]

奔

달아날 **분**, 달릴 **분** ㉩ 奔
달아나다   달리다
run away

大 / 6 / 9 / 高

큰 대 : 大
열 십 : 十
이십(20) : 卄

아무리 크고(大) 힘이 센 사람이라도 열(十) 명 스무(卄) 명이 덤벼들면 달 아난다(奔). (형성)

奔走[분주] 몹시 바쁨. ㉑ ~多事(다사)
奔放[분방] 힘차게 달림. 제멋대로임.

雙

隹 10 18 高

쌍 **쌍**, 견줄 **쌍**   역 双
쌍   견주다
pair, couple

손 : ✋ → ✋ → 又 → 又

새 두 마리(雔)를 손(又)에 가지고 있다는 데서 쌍·짝·견주다(雙)의 뜻임. (회의)

雙生兒[쌍생아] 쌍동이.
雙肩[쌍견] 양쪽 어깨. 두 어깨.
雙璧[쌍벽] 두 개의 구슬. 둘이 우열이 없이 다 아름다움.

雌

隹 5 13 高

암컷 **자**
암컷, 암놈
female

이 차: 此: 나란히 (此 → 匕) 멈추어 (止) 서 있을 때 곁의 사람이 옆 사람을 가리켜 이(此) 사람이라고 한다.

이(此) 새(隹)는 암컷(雌)이다. (형성)

※ 紫: 자줏빛 자: 紫外線(자외선)

雌雄[자웅] 암컷과 수컷. 우열(優劣).
雌雄異株[자웅이주] 암꽃과 수꽃이 서로 딴 나무에 있음. (은행·잣나무 등)

雄

隹 4 12 中

수컷 **웅**, 굳셀 **웅**
수컷, 굳세다, 뛰어나다
male

큰 대 : 大 → ナ
새의 부리 : ◁ → ㄥ

큰(ナ) 부리(ㄥ)가 있는 새(隹)란 데서 수컷(雄)을 나타냈다. (형성)

※ 宏 : 클 굉 : 宏壯(굉장)

雄姿[웅자] 웅장(雄壯)한 모습.
雄辯[웅변] 거침없이 잘하는 변설(辯舌).
雌雄[자웅]   雄飛[웅비]   英雄[영웅]

雜

隹 10 18 高

섞일 **잡**, 어수선할 **잡**   약 雑
섞이다   어수선하다
mix, mingle

옷 의 : 衣 → 亠 : 여러 가지 옷
모을 집 : 集 : 새(隹)가 나무(木) 가지에 모인다(集).

자투리 천·실을 모아서(集→椎) 만든 옷(亠)이란 데서 섞이다·어수선하다·천하다(雜)의 뜻임. (형성)

集 → 집 잡 ← 雜

雜談[잡담] 쓸데없이 지껄이는 말.
雜念[잡념]   雜草[잡초]   混雜[혼잡]

舊

臼 12 18 中

예 **구**, 오랠 **구**   속 旧
옛날   오래다
old, ancient

절구 구 (臼) : 🥣 → 🥣 → 臼

풀(艹)이나 검불을 새(隹)가 물어다가 절구(臼) 모양의 둥지를 엮은 것이 오래(舊) 되었다는 뜻. (형성)

※ 臼 : 절구 구 : 臼齒(구치) : 어금니

舊習[구습] 옛날의 풍속(風俗)과 습관.
舊態[구태] 옛 모양. 예 ~依然(의연).
舊時代[구시대] 親舊[친구] 復舊[복구]

懼

忄 18 21 高

두려워할 **구**
두려워하다, 걱정하다
be afraid of

눈 휘둥그럴 구 : 瞿 : 꼬리 짧은 새 (隹)가 눈을 크게 뜬다(䀠)는 데서 '눈이 휘둥그래져서 놀라다(瞿)'의 뜻.

꼬리 짧은 새(隹)가 외적의 침입을 당해 눈을 크게 뜨고(䀠) 마음(忄)속으로 두려워한다(懼)의 뜻임. (형성)

懼然[구연] 두려워하는 모양.
恐懼[공구] 몹시 두려움.
悚懼[송구] 마음이 두렵고 거북함.

羅

网 14 19 高

그물 **라**, 벌일 **라**, 비단 **라**
그물, 벌이다, 비단
net, silk

网 羅 羅 羅 羅 羅

맬 유: 維: 실(糸)로 새(隹)의 발목을 매어(維) 도망치지 못하게 한다.

1. 새(隹)를 잡는 실(糸)로 짠 그물(网)이라는 데서 그물(羅)의 뜻.
2. 그물(网)처럼 네모 반듯하고 새의 깃털처럼 우아하게 실(維)로 짠 비단(羅), 또는 비단을 펼친다(羅)의 뜻임.

綾羅[능라] 두꺼운 비단과 얇은 비단.
羅列[나열] 죽 벌여 놓음.

雁

隹 4 12 高

기러기 **안**
기러기
wild goose

동 鴈

厂 厂 疒 雁 雁 雁

기슭 엄: 厂: 벼랑
낭떠러지

산 기슭(厂)에서 사람 인(人→亻)자 모양으로 나는 새(隹)이니 기러기(雁)이다. (형성)

※ 鴻: 큰기러기 홍: 鴻雁(홍안), 鴻毛(홍모)

雁陣[안진] 떼지어 날아가는 기러기 행렬.
雁序[안서] 기러기가 날 때의 순서.

離

隹 11 19 高

떠날 **리**, 흩어질 **리**
떠나다 흩어지다
leave, depart

준 隹

离 离 离 離 離 離

날짐승 금: 禽 → 离

离 ┬ 凵⋯글(文) 상자(凵): 머리
    ├ 冂⋯새의 몸과 발
    └ 厶⋯새의 부리

날짐승(禽)인 꼬리 짧은 철새(隹)가 계절이 바뀌면 살던 둥지를 버리고 떠난다(離). (형성)

離別[이별] 서로 갈려 떨어짐. 헤어짐.
離脫[이탈] 離散[이산] 隔離[격리]

鴈

鳥 4 15 高

기러기 **안**
기러기
wild goose

동 雁

厂 厂 疒 疒 鴈 鴈

기슭 엄: 厂: 산기슭
낭떠러지

벼랑(厂) 밑에서 인(人→亻)자 모양으로 나는 새(鳥)이니 기러기(鴈)이다. (형성)

鴈書・雁書[안서] 먼 곳에 소식을 전하는 편지. 안신(鴈信・雁信).
鴈陣[안진] 날아가는 기러기 행렬(行列).

禽

内 8 13 高

날짐승 **금**, 사로잡을 **금**
날짐승   사로잡다
birds, capture

亼 仐 仐 舍 禽 禽

새의 집: 人
글(文) 상자(凵): 凷: 머리
몸과 발: 冂
새의 부리: 厶

새의 집(人), 머리(凷), 몸과 발(冂), 부리(厶)로 날짐승(禽)의 총칭을 나타냈다. (형성)

禽獸[금수] 날짐승과 길짐승의 총칭.
家禽[가금] 집에서 기르는 새・닭 따위.

携

扌 10 13 高

들 **휴**, 끌 **휴**, 가질 **휴**
들다, 이끌다, 가지다
have, take

扌 扌 扩 拌 携 携

이에 내: 乃: 사람(ㄱ)이 말을 멈췄다가 다시 시작할(ㄱ) 때의 이리하여, 이에의 뜻.

옛날의 매 사냥꾼을 생각해 본다.

이에(乃) 새매(隹)를 손(扌)에 들고・가지고(携) 다녔다. (형성)

携帶[휴대] 손에 들거나 몸에 지님.
提携[제휴] 서로 붙들어 도와줌. 예 기술~
携帶證[휴대증] 必携[필휴] 携持[휴지]

鶴 (crane)

鳥 10 21 高

두루미 **학**, 흴 **학**
두루미, 학, 희다

雀 崔 雚 雚 鶴 鶴

갓머리 : 학의 머리 위의
(宀)   붉은 깃털

머리 위에 붉은 깃털(宀)이 있는 꼬리 짧은(隹) 새(鳥)라 쓰고 두루미(鶴)를 나타냈다. (형성)

鶴舞[학무] 학춤.
鶴首苦待[학수고대] 몹시 기다림.
群鷄一鶴[군계일학] 鶴翼陣[학익진]

疫 (epidemic)

疒 4 9 高

전염병 **역**, 염병 **역**
전염병, 염병

广 疒 疒 疒 疒 疫

병들어 누울
녁 (疒)

병이 들어 누워 있는 모양을 본뜸.

손(又)에 창(几)을 들고 찌르듯이 병(疒)이 계속 번진다는 데서 전염병(疫)의 뜻임. (형성)   役 → 역 ← 疫

疫病[역병] 전염성(傳染性)의 열병(熱病).
防疫[방역] 전염병의 발생 침입을 막음.

確 (certain, sure)

石 10 15 高

확실할 **확**, 단단할 **확**
확실하다, 단단하다

石 石 矿 矿 矿 矿 確

돌 석 : 石
두루미 학 : 鶴 → 隺 : 두루미, 학

돌(石)처럼 단단하고 학(隺)처럼 지조가 굳다는 데서 확실하다(確)의 뜻임. (형성)   鶴 → 학/확 ← 確

確立[확립] 굳게 섬. 확실하게 세움.
確然[확연] 확실한 모양.
確固[확고] 확실하고 튼튼하여 굳음.
確認[확인] 正確[정확] 明確[명확]

誤 (mistake, error)

言 7 14 中

그르칠 **오**, 잘못 **오**
그르치다, 잘못

言 訂 訂 詚 誤 誤

큰소리할 오 : 吳 : 입(口)을 세로, 가로, 세로(ㅁ)로 크게(大) 움직여 큰소리친다(吳)

큰 소리(吳)로 호언장담하는 말(言)일수록 그릇되기(誤) 쉽다. (형성)

誤記[오기] 잘못 적음. 또 그 기록.
誤謬[오류] 그릇되어 이치에 어긋남.
誤認[오인] 잘못 인정함.
誤解[오해] 過誤[과오] 錯誤[착오]

役 (work)

彳 4 7 高

싸울 **역**, 일 **역**, 부릴 **역**
싸우다, 일, 부리다

亻 亻 彳 彳 役 役

창 : 🗡 → 𠘧 → 几 → 几 : 창, 도구, 공구, 붓

손(又)에 창·도구(几)를 들고 행동한다(行→彳)는 데서 싸우다·일하다(役)의 뜻임. (회의)

役事[역사] 토목, 건축 등의 공사(工事).
役員[역원] 임원(任員).
役割[역할] 兵役[병역] 戰役[전역]

娛 (enjoy, amuse)

女 7 10 高

즐거워할 **오**, 즐거움 **오**
즐거워하다, 즐거움

女 女 奵 妈 娛 娛

큰소리할 오 : 吳 : 입(口)을 세로·가로·세로(ㅁ)로 크게(大) 움직여 큰소리한다(吳).

여자(女)와 더불어 먹고 마시며 큰 소리로(吳) 노래하고 춤추며 즐거워한다(娛). (형성)

娛樂[오락] 쉬는 시간에 재미있게 놀아서 기분을 즐겁게 하는 일.
娛遊[오유] 오락과 유희. 즐기고 놂.

鍊

金 9 17 高

불릴 **련**, 이길 **련**
불리다, 반죽하다, 익히다
forge

金 釕 鈩 鈤 鍤 鍊

묶을 속: ⧻⧻ → 束 → 柬
가릴 간: ⊙ → ⊙ → ▢ → 柬

쇠(金) 중에서 좋은 성분을 가려서(柬) 강철을 만들기 위하여 불린다·단련한다(鍊). (형성)

鍛鍊[단련] 쇠붙이를 달구어 두드림.
鍊武[연무] 무예를 단련함.

號

虍 7 13 中

부르짖을 **호**, 영 **호** ⓐ号
부르짖다 영(令)
shout

口 号 號 號 號 號

号: 입(口)을 크게(大→丂) 가로(一) 세로(丿)로 움직인다(号).
범 호: 虎: 범, 호랑이
호랑이(虎)의 울음 소리처럼 입을 크게 가로 세로로(号) 움직여 부르짖는다(號). (회의)

號令[호령] 큰 소리로 꾸짖음.
國號[국호] 年號[연호] 商號[상호]
口號[구호] 信號[신호] 記號[기호]

練

糸 9 15 中

익힐 **련**, 누일 **련**
익히다 누이다
practise

糸 糸 絎 絎 練 練

가릴 간: ⊙ → ⊙ → ▢ → 柬

묶여 있는(束) 물품에서 점이 찍힌(丶) 것을 가려낸다(柬).
실(糸)을 삶아 불순물을 가려내서(柬) 좋은 실을 만드는 일을 반복한다는 데서 익히다(練)의 뜻임. (형성)

練習·鍊習[연습] 학문·기예 등을 익힘.
硏磨·練磨[연마] 訓練[훈련] 熟練[숙련]

處

虍 5 11 中

곳 **처**, 처리할 **처**
곳, 장소, 처리하다 ⓐ処
place

⺊ 广 庐 虍 虎 處

호랑이(虎)가 천천히 걷고(夂) 있는 곳(處). 호랑이(虎)가 뛰어다니지 못하고 천천히 걷도록(夂) 가둔다는 데서 머무르게 하다·처치하다·처리하다(處)의 뜻도 있음. (회의)

處所[처소] 居處[거처] 定處[정처]
安息處[안식처] 處女[처녀] 處置[처치]
處理[처리] 處罰[처벌] 對處[대처]

虎

虍 2 8 中

범 **호**
범·호랑이
tiger

⺊ 广 庐 虍 虎

범의 등… 虎
…범의 머리: 上→卢
…비수(匕)같은 이빨
…범의 다리

호랑이(虎)의 모양을 본뜬 글자임. (상형)

虎皮[호피] 호랑이 가죽.
虎穴[호혈] 범의 굴. 곧 위험한 장소.
虎口[호구] 위태한 경우 또는 지경.
龍虎相搏[용호상박] 虎視眈眈[호시탐탐]

虛

虍 6 12 中

빌 **허**, 헛될 **허** ⓐ虚
비다 헛되다
empty

⺊ 广 庐 虍 虛 虛

함정: 业 → 业 → 业

호랑이(虎→虍)를 잡으려고 함정(业)을 파 놓았으나 걸려든 것이 없다는 데서 비다·헛되다(虛)의 뜻임. (형성)
虎 → ⓗⓘ ← 虛

虛飾[허식] 실속은 없이 외관만 치레함.
虛榮心[허영심] 虛無[허무] 虛事[허사]

慮

心 11 15 高

생각할 려, 염려할 려
생각하다 걱정하다
consider, worry about

广 卢 庐 庐 虛 慮

범 호: 虎 → 虍
생각할 사: 思

산길을 가는 나그네가 호랑이(虍)를 만나면 어떻게 하나 생각하고(思) 염려한다(慮). (형성)

配慮[배려] 남을 위하여 마음을 씀.
念慮[염려] 마음을 놓지 못함. 걱정함.
考慮[고려] 생각하여 봄.
思慮[사려] 深慮[심려] 熟慮[숙려]

獻

犬 16 20 高

드릴 헌, 바칠 헌   약献
드리다 바치다
present, give

广 卢 唐 膚 膚 獻

一 … 뚜껑
口 … 솥
円 … 아궁이
丅 … 木→丅: 나무로 불을 때다.

호랑이(虍)나 개(犬)를 솥에 넣어 삶아서(鬲) 드린다·바친다(獻). (형성)

獻納[헌납] 금품(金品)을 바침.
獻身[헌신] 몸을 바쳐 있는 힘을 다함.
獻上[헌상] 獻呈[헌정] 貢獻[공헌]

爐

火 16 20 高

화로 로   약炉
화로
fire pot

火 炉 炉 炉 爐 爐

밥그릇 로: 盧: 호랑이(虍)처럼 힘차게 밭(田)에서 일하기 위해선 그릇(皿)의 밥을 먹어야 한다는 데서 밥그릇·큰그릇(盧)의 뜻임.

불(火)을 담는 큰 그릇(盧)이니 화로(爐)이다. (형성)

爐邊[노변] 화롯가. 난롯가.
香爐[향로] 향을 피우는 화로(火爐).
煖爐[난로] 風爐[풍로] 原子爐[원자로]

劇

刂 13 15 高

심할 극, 연극 극   약刨
심하다 연극
extreme, drama

广 卢 虏 虏 虜 劇

돼지 시: (豕):  → 豖 → 豕

범(虍)과 멧돼지(豕)의 싸움이나 칼(刂)싸움은 극심하다(劇). 또 이것들은 구경거리가 된다는 데서 연극(劇)의 뜻도 생겼다. (형성), (전주)

劇變[극변] 급격한 변화.
劇甚[극심] 극히 심함. 격심(激甚).
劇藥[극약] 劇場[극장] 演劇[연극]

戲

戈 13 17 高

놀 희, 연극 희   약戯
놀다, 희롱하다, 연극
play

卢 虛 虛 戱 戲 戲

콩 두: (豆):  → 豆 우승컵 모양의 그릇, 제기(祭器)

범(虎→虍)의 탈춤, 무당의 칼(戈)춤을 보며 그릇(豆)의 음식을 먹고 논다(戲)는 데서 연극의 뜻도 생겼다. (형성), (전주)

遊戲[유희] 즐겁게 놂.
戲曲[희곡] 연극(演劇)의 각본(脚本).

據

扌 13 16 高

의지할 거, 웅거할 거   약拠
의지하다 웅거하다
be based on

扌 扩 扩 护 捤 據

범 호: 虎 → 虍
돼지 시: 豕

산에서 호랑이(虎)나 멧돼지(豕)를 만나면 손(扌)에 든 무기에 의지하여(據) 위기를 면한다. (형성)

依據[의거] 의지하고 빙자함.
雄據[웅거] 땅을 차지하고 굳세게 지킴.
據點[거점] 활동의 근거가 되는 지점.
根據[근거] 證據[증거] 占據[점거]

隊

阝 9 / 12 高

떼 대, 군대 대
떼, 무리, 군대
group, crowd

| 阝 | 阝 | 阝 | 阝 | 隊 | 隊 |

언덕 부 : 阝
나눌 분 : 分 → 八
돼지 시 : 豕

언덕(阝) 위에 흩어져(八) 있는 멧돼지(豕)의 무리란 데서 떼·무리·군대(隊)의 뜻임. (형성)

隊伍[대오] 군대의 행렬.
隊商[대상] 떼지어 사막을 왕래하는 상인.
軍隊[군대]   除隊[제대]   樂隊[악대]

豚

豕 4 / 11 高

돼지 돈
돼지
pig

| 月 | 月 | 月 | 肟 | 豚 | 豚 |

육달월 : 月 : 고기, 몸. 여기서는 살
돼지 시 : 豕 : p.177 '劇'란 참조

살(月)이 통통하게 찐 돼지(豕)란 데서 돼지(豚)를 뜻한다. (회의)

豚舍[돈사] 돼지 우리.
豚肉[돈육] 돼지고기.
養豚[양돈] 돼지를 기름.
豚兒[돈아] 자기 아들의 겸칭(謙稱).

遂

辶 9 / 13 高

드디어 수, 이룰 수
드디어   이루다
accomplish

| 八 | 쏘 | 纟 | 豕 | 豕 | 遂 |

길 도 : 途 → 辶
돼지 시 : 豕

멧돼지(豕)가 도망가는 길(辶)을 찾아내서 드디어(遂) 잡는다는 데서 이룩하다(遂)의 뜻. (형성), (전주)

遂誠[수성] 정성을 다해 이룸.
遂行[수행] 계획한 대로 해 냄.
遂意[수의] 뜻을 이룸.
完遂[완수]   未遂[미수]   旣遂[기수]

豪

豕 7 / 14 高

뛰어날 호, 굳셀 호
뛰어나다   굳세다
distinguished

| 亠 | 亠 | 高 | 亨 | 豪 | 豪 |

높을 고 : 高 → 高
돼지 시 : 豕

등덜미가 높게(高) 솟은 멧돼지(豕)같이 강하다 하여 뛰어나다·굳세다(豪)를 뜻함. (형성)

豪傑[호걸] 기개, 풍모가 뛰어난 사람.
豪奢[호사] 호화(豪華)로운 사치(奢侈).
文豪[문호] 뛰어난 문학가. 문장가.
豪言[호언]   豪雨[호우]   富豪[부호]

逐

辶 7 / 11 高

쫓을 축, 다툴 축
쫓다, 쫓아내다, 다투다
pursue

| 一 | 丆 | 豕 | 豕 | 豕 | 逐 |

돼지 시 : 豕
길 도 : 途 → 辶

돼지(豕)가 달아나는 길(辶)을 쫓는다(逐). (형성)

逐出[축출] 쫓아 냄. 몰아 냄.
逐鹿[축록] 천하를 얻고자 다투는 일.
逐邪[축사] 사악한 기운을 쫓음.
驅逐艦[구축함]   逐條審議[축조심의]

毫

毛 7 / 11 高

붓 호, 잔털 호
붓,   잔털, 근소한 일
writing brush

| 亠 | 亠 | 高 | 亨 | 亳 | 毫 |

높을 고 : 高 → 高
털 모 : 毛 } → 毫

높은(高) 품질의 털(毛)로 만든 붓(毫)을 뜻한다. 잔털(毫)이란 뜻도 있다. (형성), (전주)

高 → 高 高 ← 豪, 毫

揮毫[휘호] 붓을 휘둘러 글씨를 쓰거나 그림을 그림.
豪毛[호모]   秋毫[추호]   毫末[호말]

眞

目 5 10 中

참 진
참, 옳은 일
truth

一 十 丷 ヶ 甴 眞 眞

비수 비 : ᄂ → 七 → ヒ
조개 패 : 貝 : 돈, 재산
가르다 : ㄴ : 자르다

비수(匕)로 재산(貝)의 일부를 갈라내서(ㄴ) 학비·연구비를 대어 참(眞)을 배우게 한다. (회의)

眞理[진리] 참. 참된 이치. 참된 도리.
眞相[진상] 眞髓[진수] 寫眞[사진]

肺

月 4 8 高

허파 폐, 마음 폐
허파   마음
lung

月 月' 月 肝 肺 肺

저자 시 : 市 : 천(巾)을 사러 가는(之→ㅗ) 곳이니 저자(市)이다. 저자(시장)에는 상품·사람이 들어가고 나온다.
몸(月)의 일부로서 공기가 들어가고 나오는(市) 곳이니 폐(肺)이다. (형성)

肺腑[폐부] 깊은 마음 속. 일의 요점.
肺臟[폐장] 허파·폐(肺).
肺炎[폐렴] 폐장의 염증(炎症).
心肺[심폐] 심장(心臟)과 폐장(肺臟).

愼

忄 10 13 高

삼갈 신, 삼가 신   ㉻愼
삼가다   삼가
take care

, 丬 忄 忄 愼 愼 愼

참 진 : 眞 : 비수(匕)로 재산(貝)의 일부를 갈라서(ㄴ) 학비, 연구비로 써서 참(眞)과 진리(眞)를 탐구한다.

참된(眞) 마음(忄) 가짐으로 언행을 삼간다(愼). (형성)
忄 眞 → 愼
심 진 → 신

愼重[신중] 매우 조심(操心)스러움.
謹愼[근신] 언행을 삼가고 조심함.
愼慮[신려] 신중하게 사려함.

後

彳 6 9 中

뒤 후, 뒤질 후
뒤, 나중, 장래, 뒤지다
back, lag

彳 彳 彳 彳 後 後

다닐 행 : 行 → 彳 : 걷다
어릴 유 : 幼 → 幺 : 가는 실(糸→幺)처럼 힘(力)이 약하다는 데서 어리다(幼)의 뜻.

길을 걷는(彳)데 어린(幺)아이는 걸음이 느려(夂) 뒤진다(後)는 뜻임. (회의)

後退[후퇴] 뒤로 물러남. ㉻ 전진(前進)
後來[후래] 뒤에 옴. ㉺ ~三杯(삼배)

勝

力 10 12 中

이길 승, 나을 승
이기다   낫다
win

月 月 月' 肝 胖 勝

육달월 : 月 : 몸
몸(月)에 불(火)같은 힘(力)이 둘(二) 있어서 이기다(勝)의 뜻. 이기다에서 낫다·뛰어나다·견디다(勝)의 뜻도 나왔음. (형성)

勝負[승부] 이김과 짐.
勝利[승리] 겨루어 이김.
勝勢[승세] 이길 기세(氣勢).
勝戰鼓[승전고] 勝算[승산] 連勝[연승]

試

言 6 13 中

시험할 시, 시험 시
시험하다   시험
test, examine

言 言 訐 訐 試 試

법 식 : 式 : 표지판(中→卡→弋)을 만드는(工) 데는 일정한 법식(式)에 따라야 한다.

일정한 법식(式)에 따라 언어(言)로 물어서 시험한다(試). (형성)
式 → ㉹ ㉾ ← 試

試驗[시험] 재능·실력 등을 증험하여 봄.
試圖[시도] 시험삼아 꾀하여 봄.
試食[시식] 試鍊[시련] 考試[고시]

秀

禾 / 2 / 7 / 中

빼어날 **수**
빼어나다, 뛰어나다
excellent

一 二 千 禾 秀 秀

벼 이삭 : ∀ → 乃 → 乃

모든 곡식의 이삭 중에서 벼(禾)의 이삭(乃)이 가장 빼어나다(秀)의 뜻임. (회의)

優秀[우수] 뛰어나고 빼어남.
秀麗[수려] 경치가 빼어나게 아름다움.
秀才[수재] 뛰어난 재주. 또 그 사람.
閨秀[규수] 처녀. 학예에 뛰어난 여자.

剛

刂 / 8 / 10 / 高

굳셀 **강**, 억셀 **강**
굳세다   억세다
strong, firm

冂 冂 冈 冈 岡 剛

산등성이 강 : ⛰ → 岡 → 岡
(岡)

산(山)이 좌우로 나눠지는(分→丷) 산(冂)등성이(岡)를 뜻함.

산등성이(岡)의 바위도 자를 만한 칼(刂)이니 굳세다(剛). (형성)

剛柔[강유] 굳셈과 부드러움.
剛健[강건] 剛毅[강의] 金剛石[금강석]

誘

言 / 7 / 14 / 高

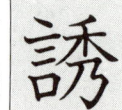

꾈 **유**, 달랠 **유**
꾀다   달래다
temp

言 言 訂 訝 誘 誘

빼어날 수 : 秀 : 모든 곡식의 이삭 중에서 벼(禾)의 이삭(乃)이 가장 빼어나다(秀).

말(言)을 빼어나게(秀) 하여 상대방을 꾀어낸다(誘). (형성)

誘惑[유혹] 꾀어서 정신을 어지럽게 함.
誘導[유도] 꾀어서 이끎.
誘拐[유괴] 사람을 속여 꾀어 내는 일.

綱

糸 / 8 / 14 / 高

벼리 **강**, 대강 **강**
벼리   대강
guide ropes

糸 糿 網 網 網 綱

산등성이 강 : 岡 : 위 '剛'란 참조

실(糸)로써 산등성이(岡) 같이 단단하게 꼬아놓은 것이 벼리(綱)이다. 벼리로 그물을 대충 조작한다는 데서 대강·다스리다(綱)의 뜻도 나왔음.

綱領[강령] 일의 으뜸이 되는 큰 줄기.
綱目[강목] 대강과 세목(細目).
大綱[대강]   綱要[강요]   紀綱[기강]

透

辶 / 7 / 11 / 高

환할 **투**
환하다, 투명하다
bright, transparent

二 千 禾 秀 秀 透

빼어날 수 : 秀 : 벼(禾) 이삭(✦→乃)이 모든 곡식의 이삭(乃) 중 가장 빼어나다(秀).

광선이 유리를 빼어나게(秀) 빠른 속도로 뚫고 가니(辶) 환하다(透). (형성)

秀 → ㉮㉯ ← 透

透明[투명] 환히 트여 속까지 보임.
透視[투시] 환히 꿰뚫어 봄.
透徹[투철] 사리가 밝고 확실함.

鋼

金 / 8 / 16 / 高

강철 **강**
강철
steel

金 釒 釖 鉀 銅 鋼

산등성이 강 : 岡 : 위 '剛'란 참조
여기서는 산등성이의 바위를 뜻함.

산등성이(岡)의 바위처럼 굳센 쇠(金)이니 강철(鋼)이다. (형성)

鋼鐵[강철] 0.035~1.70%의 탄소가 함유된 철.
鋼玉石[강옥석] 루비, 사파이어, 에머리.
鋼板[강판] 판자 모양의 강철.

敬 공경 경, 삼갈 경
공경하다 삼가다
respect

가르칠 교 : 敎 → 攵
구절 구 : 句 : 입(口)에서 나오는 말을 한 토막씩 묶은(包→勹) 구절(句).

손에 채찍을 들고 한 구절(句) 한 구절 글을 가르쳐 준(攵) 스승에게 두 손(艹)으로 술을 권하며 공경한다(敬). (회의)

敬老[경로] 노인(老人)을 공경함.
敬禮[경례] 敬愛[경애] 尊敬[존경]

驚 놀랄 경, 놀랠 경
놀라다 놀래다
be surprised

말(馬)을 공경한다니(敬) 참으로 놀라운(驚) 일이다.

말이 놀라서 앞발을 쳐들고 괴성을 지르는 동작이 놀라서 취하는 동작의 대표가 된다. 敬(경)은 음을 나타낸 것이다. (형성)   敬 → 경 ← 驚

驚異[경이] 놀라서 이상하게 여김.
驚愕[경악] 깜짝 놀람.
驚歎[경탄] 놀라 탄식함. 몹시 탄복함.

警 경계할 경, 깨달을 경
경계하다 깨닫다
warn

공경할 경 : 敬 : 공경하다, 존경하다
역사극을 보면, "쉬! 물렀거라! 영상대감 나가신다!" 하는 장면이 있다.
존경하는(敬) 분이 오신다고 말하며(言) 통행을 제한하고 경계(警)를 강화한다. (형성)

警戒[경계] 마음 놓지 않고 조심함.
警備[경비] 만일을 염려하여 미리 방비함.
警告[경고] 警察[경찰] 巡警[순경]

篤 도타울 독, 병 심할 독
도탑다 병이 위중하다
deep

대나무 죽 : 竹 → 竹 : 대나무
말 마 : 馬

죽마(竹馬) 고우(故友)라는 데서 우정이 도탑다(篤)의 뜻이 생김. (형성)

竹馬故友[죽마고우] 어릴 때부터 같이 놀며 자란 친구.
敦篤[돈독] 인정이 두터움. 돈후(敦厚).
篤志[독지] 篤實[독실] 危篤[위독]

馬 말 마
말
horse

 → 馬 → 馬 → 馬

말(馬)의 옆 모양을 본떴다. (상형)

馬具[마구] 말을 부리는 데 쓰는 기구.
馬脚[마각] 말의 다리. 거짓으로 꾸며서 숨기어 온 본성이나 진상.
馬力[마력] 말 한 필의 힘. 1초당 75kg·m의 일의 양이나 746w의 전력에 해당.
馬車[마차] 乘馬[승마] 競馬[경마]

騷 떠들 소, 소동 소
떠들다 소동
make a noise

벼룩 조 : 蚤 : 물리면 가려워서 손(又)으로 긁게(丶丶) 하는 벌레(虫)라는 데서 벼룩(蚤)을 뜻한다.

말(馬)이 벼룩(蚤)처럼 날뛰며 괴성을 지른다는 데서 떠들다·시끄럽다(騷)의 뜻임. (형성)

騷擾[소요] 떠들어서 수선스러움.
騷客[소객] 시인.
騷亂[소란] 騷擾罪[소요죄] 騷動[소동]

輕

車 7 14 中

가벼울 **경**
가볍다

㉿ 軽

light

베틀(巠)을 수레(車)에 실어서 운반하니 지고 가는 것보다 **가볍다(輕)**. (형성)

輕視[경시] 가볍게 봄. ㊩重視(중시)
輕率[경솔] 언행이 진중하지 않고 가벼움.
輕減[경감]　輕薄[경박]　輕微[경미]
輕蔑[경멸] 업신여김.

徑

彳 7 10 高

지름길 **경**, 지름 **경**
지름길, 지름, 곧다

shorter road

다닐 행 : 行 → 彳 : 네거리, 길
베틀의 날실(巠)처럼 곧게 난 길(彳)이란 데서 **지름길·지름·곧다(徑)**의 뜻임. (형성)

徑 → ㉿ ← 輕, 經

徑路[경로] 지름길, 소로(小路).
直徑[직경] 지름.
半徑[반경] 반지름.
捷徑[첩경] 지름길. 어떤 일에 이르기 쉬운 방편.

經

糸 7 13 中

날 **경**, 다스릴 **경**, 지날 **경**
날, 다스리다, 지나다, 책

warp

베틀의 날(巠)실(糸)이란 데서 **날(經)**을, 날실로 베를 짜서 실을 모은다는 데서 **다스리다**의 뜻을, 베를 짜며 세월을 보낸다는 데서 **지나다**의 뜻을 갖는다. (형성), (전주)　㉿ 経

經緯[경위] 직물의 날과 씨. 경도와 위도.
經國[경국] 나라를 다스림.
經過[경과] 때를 지남. 때의 지나감.
經書[경서]　經營[경영]　經驗[경험]

旣

无 7 11 中

이미 **기**, 다할 **기**
이미, 다하다, 마치다

㉿ 既

already

밥과 숟가락 :
입을 크게 벌린 모양 :

입을 크게 벌려(旡) 밥(皀)을 이미(旣) 다 먹었다. (형성)

旣成[기성] 이미 이루어짐. ㉠ ~服(복)
旣定[기정] 이미 정함. 미리 작정함.

槪

木 11 15 高

평미레 **개**, 대개 **개**, 절개 **개**
평미레　대개　절개

grain leveller

나무 목 : 木 ⎫
이미 기 : 旣 ⎭ → 槪

…평미레
…말

나무(木)로 이미(旣) 만든 평미레(槪). 평미레로 밀어서 곡식을 되면 양이 **대개(槪)** 고르다. (형성), (전주)

槪要[개요] 대강의 요점(要點).
大槪[대개] 그저 웬만한 정도로.
槪略[개략]　槪說[개설]　景槪[경개]

慨

忄 11 14 高

분개할 **개**, 슬퍼할 **개**
분개하다　슬퍼하다　㉿ 慨

indignant

이미 기 : 旣 : '이미 잘못된 일'의 뜻
이미(旣) 잘못된 일을 마음(忄)속으로 분개하고·슬퍼한다(慨). (형성)

旣 → ㉿ 개 ← 慨, 槪

慨世[개세] 나라의 형편을 염려함.
憤慨[분개] 격분(激憤)하여 개탄(慨歎)함.
感慨[감개] 마음속 깊이 사무치게 느낌.
慨歎[개탄]　慨然[개연]　慷慨[강개]

日 3획 7 中 	다시 **갱**, 고칠 **경** 다시, 고치다, 바꾸다 change, again

한 일 : 一, 　　날 일 : 日 → 曰
손의 모양 : 乂

하루하루(曰) 살아가면서 손(乂)으로 다시(更) 일하며, 불편한 것을 고쳐(更) 나간다. (회의), (전주)

更生[갱생] 다시 살아남. 갱소(更甦).
更新[갱신] 다시 새로와짐. 새롭게 함.
更新[경신] 옛것을 고쳐 새롭게 함.
變更[변경]　更迭[경질]　更紙[갱지]

貝 4획 11 高	꿸 **관**, 돈꿰미 **관** 꿰다, 돈꿰미, 본 bore, punch

 : 엽전 꿰미를 실로 뚫음

엽전(貝) 꾸러미를 실로 뚫어(毋) 꿴다(貫). (회의) 무게의 단위인 관은 1관=100양=1000돈=3.75kg 이다.

貫徹[관철] 어려움을 뚫고 목적을 이룸.
本貫[본관] 관향(貫鄕). 본(本).
貫通[관통]　貫通傷[관통상]　貫流[관류]

石 7획 12 高	단단할 **경** 단단하다 hard, solid

다시 갱, 고칠 경 : 更 → 위의 '更'란 참조

돌(石)은 세월이 지나도 고쳐지거나(更) 변하지 않고 계속 단단하다(硬)는 뜻임. (형성)

硬度[경도] 물체의 단단함과 무른 정도.
生硬[생경] 세상사에 어두워 완고함.
强硬[강경]　硬化[경화]　硬直[경직]

忄 11획 14 高	익숙할 **관**, 버릇 **관** 익숙하다　버릇 familiar

마음 심 : 忄 ↘
꿸　관 : 貫 ↗ → 慣

마음(忄)에 어떤 일의 요령이 꿰뚫어(貫) 져 있다는 데서 익숙하다(慣)의 뜻임. 익숙하다는 데서 버릇의 뜻도 생김. (형성), (전주)　貫 →  ← 慣

習慣[습관] 버릇. ㉠ ~性(성).
慣習[관습] 관례(慣例)의 풍습(風習).
慣用[관용] 늘 많이 씀.

亻 7획 9 中 	편할 **편**, 소식 **편**, 오줌 **변** 편하다　소식　오줌 convenient

사람(亻)은 불편한 것을 고쳐서(更) 편해(便)지려고 한다. 편하게 통한다는 데서 편·소식·대소변(便)의 뜻도 있다. (회의), (전주)

便利[편리] 편하고 쉬움. ㉠ 불편(不便).
便所[변소] 대소변을 보는 곳.
簡便[간편]　便益[편익]　大小便[대소변]
郵便[우편]　便紙[편지]　航空便[항공편]

宀 11획 14 中	열매 **실**, 속 **실**, 참될 **실** 열매,　속, 내용, 참 fruit

貫 : 엽전 꿰미, 　貝 : 돈(엽전), 재물

1. 열매(實)를 팔면 집(宀)에 돈꿰미(貫)가 생긴다.
2. 집(宀)에 돈꿰미(貫)가 가득찼다는 데서 속·내용이 알차다(實)의 뜻임. (회의), (전주)　㉭ 実

果實[과실] 과수(果樹)에 생기는 열매.
實際[실제] 실지(實地)의 경우나 형편.

皆

白 4 9 中

다 개, 두루 미칠 개
다, 모두, 두루 미치다
all

| 丶 | 𠂉 | 比 | 比 | 皆 | 皆 |

견줄 비 (比) : 𠑹 → 比 → 比
나란히 서서 키를 견주다. 두 사람이란 데서 무리의 뜻도 있다.
흰 백 : 白 : 고백(告白)하다. 말하다.

나란히(比) 서 있는 사람들의 말(白)이 모두·다(皆) 같다. (회의)

皆勤[개근] 하루도 빠짐없이 출석·출근함.
擧皆[거개] 거의 전부.

階

阝 9 12 高

섬돌 계, 차례 계
섬돌, 층계, 차례
stone steps

| 阝 | 阝 | 阝ヒ | 阝ヒ | 階 |

다 개 : 皆 : 나란히(比) 서 있는 사람들의 말(白)이 다(皆) 같다.
모두 다(皆) 같은 크기의 돌로 언덕(阝) 모양으로 쌓아 올린 섬돌(階)을 뜻한다. (형성)   皆 → 개계 ← 階

階層[계층] 차례와 층.
階段[계단] 층층대. 단계(段階).
階級[계급] 지위·관직 등의 등급(等級).
位階[위계] 벼슬의 품계(品階).

管

竹 8 14 高

대롱 관, 맡을 관
관, 대통, 맡다, 주관하다
pipe, manage

| 𥫗 | 𥫗 | 𥫗 | 管 | 管 | 管 |

벼슬 관 : 官 : 관청.
관청(官)의 명령이 위에서 아래로 통하듯 막힘이 없는 참대(𥫗)의 대통(管).
관청(官)에서 죽간(𥫗)·문서를 맡아서 일한다는 데서 맡다·관리하다(管)의 뜻도 있다. (형성), (전주)

管樂器[관악기] 입으로 불어서 소리를 내는 악기.
血管[혈관]   管理[관리]   所管[소관]

館

食 8 17 高

객사 관, 마을 관   ㉮館
객사, 학교, 관청, 큰 집
hotel, inn

| 𠆢 | 𠆢 | 𩙿 | 𩙿 | 館 | 館 |

밥 식 : 食 → 𩙿
벼슬 관 : 官
옛날 관원(官)들이 먹고(𩙿) 묵어 갈 수 있도록 지은 객사(館)를 뜻한다. (형성)
官 → 관 ← 館, 管

館驛[관역] 옛날의 역의 건물의 일컬음.
客館[객관] 객지(客地)의 숙소.
學館[학관]   公館[공관]   圖書館[도서관]
旅館[여관]   別館[별관]   美術館[미술관]

展

尸 7 10 中

펼 전, 늘일 전
펴다 늘어놓다
spread

| 尸 | 尸 | 屈 | 屏 | 屋 | 展 |

몸 시 : → →尸
스물(20) : 廾
길 장 : 長 → 衣   } →展

몸(尸)에 20 가지(廾) 옷을 입은 신하들이 임금의 행렬을 길게(衣) 펼친다(展)의 뜻임. (형성)

展覽[전람] 여럿을 벌이어 놓고 보임.
展示[전시]   展開[전개]   進展[진전]

慰

心 11 15 高

위로할 위, 위안 위
위로하다 위안하다
console

| 尸 | 尽 | 尉 | 尉 | 慰 |

벼슬 이름 위 : 尉 : 몸(尸)과 손(寸)을 법도(寸)에 맞게 움직여 지시(示) 명령하는 위관(尉官 ; 小尉, 大尉).
위관(尉官)이 부하의 마음(心)을 위로한다(慰)의 뜻임. 尉는 음부(音符)임.

慰勞[위로] 수고나 괴로움을 어루만짐.
慰問[위문] 위로하기 위해 방문함.
慰安[위안] 위로하여 마음을 편안하게 함.
慰靈[위령] 죽은 혼령을 위로함.

坤均眾拘狗苟

坤
土 5 8 中
땅 곤, 왕비 곤
땅   왕비
earth

土 耂 圹 坩 坤 坤

아뢸 신, 원숭이 신, 펼 신 : 申 : 입(口)을 열 번(十) 움직여서 아뢴다(申). 이야기를 길게 펼친다는 데서 펼치다(申)의 뜻도 있음.

흙(土)이 넓고 넓게 펼쳐져(申) 있으니 땅(坤)이다. (회의)   土   申 → 坤
                                         흙토 신 → 곤

坤殿[곤전] 왕비(王妃). 왕후(王后).
乾坤[건곤] 하늘과 땅. 천지(天地).

均
土 4 7 中
평평할 균, 고를 균
평평하게 하다 고르다
even

十 土 圴 圴 均 均

사람 인 : 人 → 勹 → 勹
얼음 빙 : 氷 → 冫 → 冫 → =

얼음(=)같이 굳은 흙덩어리(土)를 사람(勹)이 깨고 부수고 끌어당겨서 평평하게·고른다(均). (형성)

均衡[균형] 기울어지지 않고 고름.
均等[균등] 고르고 가지런해 차별이 없음.
均分[균분] 고르게 나눔.
平均[평균] 여럿을 고르게 함. 중간적인 값.

衆
血 6 12 中
무리 중, 많을 중
무리 (수가) 많다
group, crowd

宀 血 血 乑 衆 衆

피 혈 : 血 : 그릇(皿)에 담은 (、) 피(血). 혈연의 뜻임.

세 사람 : 乑 → 乑 : 많은 사람

혈연(血)이 같은 세 사람(乑)이란 데서 무리(衆)의 뜻임. (회의)

大衆[대중] 수가 많은 사람.
民衆[민중] 다수의 국민.
衆論[중론] 衆生[중생] 公衆[공중]

拘
扌 5 8 高
잡을 구, 거리낄 구
잡다   거리끼다
hold, take

扌 扌 拘 拘 拘 拘

구절 구 : 句 : 한 토막의 말이나 글 입(口)에서 나오는 말을 한 토막씩 묶은(包→勹) 것이 구절(句)이다. 여기서는 '사람을 묶다'의 뜻.

손(扌)으로 사람을 묶어(句) 잡아(拘) 가둔다. (형성)

拘留[구류] 붙잡아 머물러 둠.
拘束[구속] 체포하여 신체를 속박함.
拘禁[구금] 不拘[불구] 拘礙[구애]

狗

犭 5 8 高
개 구
개
dog

犭 犭 狗 狗 狗 狗

개사슴록변 : 犭 : 개, 짐승.
구절 구 : 句 : 음(音)을 나타냄.

구(句)는 음을 나타내고 개(犭)란 데서 개(狗)를 나타낸다. (형성)

※ 駒 : 망아지 구 : 역시 句는 음을 나타냄.

走狗[주구] 사냥할 때 부리는 개. 남의 앞잡이.
海狗[해구] 물개.

苟
艹 5 9 高
구차할 구, 진실로 구
구차하다 진실로
very poor

艹 艹 茍 茍 苟 苟

풀 초 : 艹 : 풀, 초식(草食).
구절 구 : 句 : 글, 글공부

글(句) 공부하느라 돈을 못 벌고 풀(艹)만 먹고 살아 생활은 구차하나(苟) 공부하는 열의만은 진실하다(苟). (형성), (전주)

苟且[구차] 군색하고 구구함. 가난함. 예 ~한 변명, ~하게 살다.
苟安[구안] 한때의 편안함을 꾀함.

歡

欠
18
22
中

기뻐할 환, 기쁨 환
기뻐하다 기쁨   약 歡
be pleased

| ⺿ | 吅 | 䒑 | 萑 | 歡 | 歡 |

풀 초 : ⺿ : 풀, 초목, 숲
입 구 2개 : 吅 : 먹고 노래하다
하품 흠 : 欠 : 입을 크게 벌리다

풀숲(⺿)에서 새(隹)가 입을 크게 벌리고(欠) 먹고(口) 노래하며(口) 기뻐한다(歡). (형성)

歡呼[환호] 기뻐서 부르짖음.
歡迎[환영] 즐거운 뜻을 표해 맞음.
歡喜[환희] 歡待[환대] 哀歡[애환]

權

木
18
22
中

권세 권, 저울 권
권세, 권력, 저울   약 權
power, authority

| 木 | 朴 | 桁 | 榷 | 榷 | 權 |

입 구 2개 : 吅 : 먹고 지저귀다
꼬리짧은 새(隹)도 나무(木)나 풀(⺿) 속에서는 먹고 지저귈(吅) 권세(權)가 있다. (형성)

生存權[생존권] 생존을 누릴 권리(權利).
權利[권리] 권세(權勢)와 이익(利益).
權謀[권모] 그때그때에 응한 모략. 권변(權變)의 모략.
人權[인권] 權威[권위] 利權[이권]

觀

見
18
25
中

볼 관, 생각 관
보다 생각   약 観
see

| ⺿ | 吅 | 䒑 | 萑 | 觀 | 觀 |

기뻐할 환 : 歡 → 萑
볼   견 : 見

기쁜(萑) 마음으로 본다(見)는 데서 본다(觀)는 뜻임.   歡 見 → 觀
(형성)   환 견 → 관

觀測[관측] 사물을 살펴 헤아림.
觀覽[관람] 연극·영화·경기 등을 구경함.
觀光[관광] 풍광·풍속을 유람함.
壯觀[장관] 客觀[객관] 人生觀[인생관]

決

氵
4
7
中

결정할 결, 터질 결
결정하다 터지다
decide

| 丶 | 冫 | 氵 | 沪 | 決 | 決 |

삼수변 : 氵
활 궁 : 弓 → 尹 → 크 } → 快(104)
화살시 : 矢 → 大 → 夬

물(氵)은 흉년과 풍년을, 활로 쏘는 화살(夬)은 동물의 생사를 결정한다(決)는 뜻임. (형성)

決定[결정] 결단(決斷)하여 정함.
決裂[결렬] 갈갈이 찢어짐.
決勝[결승] 判決[판결] 議決[의결]

勸

力
18
20
中

권할 권
권하다, 권면하다   약 勧
encourage

| 吅 | 䒑 | 萑 | 藋 | 藋丿 | 勸 |

기뻐할 환 : 歡 → 萑
힘   력 : 力

기쁜(萑) 마음으로 힘껏(力) 일하라고 권한다(勸). (형성)

勸告[권고] 하도록 권함.
勸勉[권면] 알아 듣도록 타일러 힘 쓰게 함.
勸善懲惡[권선징악] 착한 행실을 권장하고 악한 행실을 징계함.
勸獎[권장] 勸學[권학] 勸誘[권유]

缺

缶
4
10
高

이지러질 결, 빌 결   약 欠
이지러지다 비다
break off

| 𠂉 | 缶 | 缶 | 缶 | 缺 | 缺 |

장독 부 : 🏺 → 缶 → 缶 : 장독 질그릇
夬 : 활(弓 → 尹 → 夬)로 화살(矢 → 大 → 大)을 쏜다(夬).

활로 화살(夬)을 쏘아 장독(缶)을 이지러지게(缺) 하니 물이 새어 독이 빈다(缺)는 뜻임. (형성)

缺席[결석] 출석(出席)하지 않음.
缺禮[결례] 缺乏[결핍] 補缺[보결]

儉

亻 13 15 高

검소할 **검**, 적을 **검**
검소하다 적다   ㉿ 倹
thrifty, frugal

亻 伀 伀 伀 伀 儉

다 첨, 여러 첨: 僉 : 사람들(人人)과 물건들(口口)을 모은다(合→ㅅ)는 데서 '모두, 여럿, 다(僉)'의 뜻임.
사람(亻)은 누구나 다(僉) 검소(儉)하여야 한다. (형성) 僉→㉠㉢←儉

儉素[검소] 검박(儉朴)하고 질소(質素)함.
儉朴[검박] 검소하고 질박(質朴)함.
儉約[검약] 節儉[절검] 勤儉[근검]

危

卩 4 6 中

위태할 **위**, 위구할 **위**
위태하다 위구하다
dangerous

ㄏ ㅅ ㅅ 产 产 危

危 → 危 → 危

벼랑(厂) 위의 사람(ㅅ)은 실족할 위험이, 벼랑 밑의 사람(卩)에게는 낙석의 위험이 있다는 데서 위태하다(危)의 뜻임. (회의)

危殆[위태] 안전하지 못하고 위험스러움.
危險[위험] 위태함. 안전하지 못함.
危機[위기] 安危[안위] 危害[위해]

劍

刂 13 15 高

칼 **검**
칼
sword   ㉿ 剣

ㅅ 合 侴 侴 僉 劍

다 첨, 여러 첨: 僉 : 여러 사람
칼 도: 刀→刂: 칼 싸움
여러(僉) 사람이 모여 칼(刂) 싸움을 한다는 데서 칼(劍)을 뜻한다. (형성)

劍客[검객] 검술(劍術)에 능한 사람.
劍舞[검무] 칼춤.
劍術[검술] 칼 쓰는 재주.
短劍[단검] 刀劍[도검] 寶劍[보검]

擔

扌 13 16 高

멜 **담**, 맡을 **담**
메다 맡다
shoulder   ㉿ 担

扌 扩 扩 扩 扩 擔

위태할 위: 危→产 : 위태하다
어떤 사람(人→ㅅ)이 위태하다(产)는 말(言)을 듣고 손(扌)에 들것을 들고 가 메고(擔) 온다. (형성)

擔架[담가] 들것.
擔當[담당] 어떤 일을 넘겨 맡음.
擔保[담보] 채권의 안전을 보증하기 위해 채무자가 채권자에게 제공하는 물건.
加擔[가담] 擔任[담임] 負擔[부담]

檢

木 13 17 高

검사할 **검**, 봉할 **검**
검사하다 봉함
inspect   ㉿ 検

木 朳 朳 柃 检 檢

여러 첨, 모두 첨: 僉 : 여러 개
나무(木)를 여러 개(僉) 모아 놓고 바리케이트를 쌓은 다음 지나가는 사람을 하나하나 검사한다(檢). (형성)
儉→㉢←劍, 檢

檢査[검사] 사실을 조사하여 시비를 가림.
檢問[검문] 검사하고 물음.
檢閱[검열] 검사하여 열람함.
檢算[검산] 檢印[검인] 檢察[검찰]

險

阝 13 16 高

험할 **험**
험하다, 위태롭다
dangerous   ㉿ 険

阝 阝 阝ᐟ 阝ᐞ 險 險

언덕(阝) 위의 산이 모두・다(僉) 험하다(險). (형성) 僉→㉠㉢←險

險難[험난] 험하여 어려움.
險惡[험악] 길・기세・천후 등이 험난(險難)함.
探險[탐험] 위험을 무릅쓰고 미지(未知)의 세계를 찾아다니며 살핌.
險相[험상] 험악한 인상(人相).
保險[보험] 危險[위험] 冒險[모험]

驗

馬 13 23 高

시험 **험**, 증좌 **험** ㉑驗
시험, 증좌, 보람
examination

| 馬 | 馬 | 馬㇀ | 馬㑒 | 馬㑒 | 驗 |

검사할 검 : **檢→僉** : 검사하다

군사가 탈 말(馬)을 여러 사람이 검사하여(僉) 철저히 가려낸다는 데서 시험하다(驗)의 뜻임. (형성)

檢 → 검 험 ← 驗, 險

試驗[시험] 재능·실력 등을 증험(證驗)하여 봄.
效驗[효험] 일의 공. 효력. ㉑ 인삼의 ~
實驗[실험] 經驗[경험] 靈驗[영험]

倉

人 8 10 高

곳집 **창**, 옥사 **창**, 갑자기 **창**
곳집   옥사   갑자기
storehouse

| 亻 | 今 | 今 | 今 | 倉 | 倉 |

밥 식 : **食→今→今**
물품 품 : **品→口** →倉

식품(今口) 등을 저장하는 곳집(倉). 죄인을 가두는 옥사(倉). 창고에 느닷없이 도둑이 들었다는 데서 갑자기(倉)의 뜻도 있다. (회의), (전주)

倉庫[창고] 곳집.
倉卒[창졸] 급작스러움. ㉑ ~間(간)
穀倉[곡창]   義倉[의창]   營倉[영창]

創

刂 10 12 高

시작할 **창**, 다칠 **창**
시작하다, 다치다, 상처
create

| 亻 | 今 | 今 | 今 | 倉 | 創 |

칼 도 : **刀→刂** : 칼, 도끼, 망치 등

칼(刂)로 창고(倉) 짓는 일을 시작한다(創). 곳집을 짓다가 칼 등에 다친 상처(創)의 뜻도 있다. (형성), (전주)

※ 槍 : 창 창 : 槍劍(창검), 長槍(장창)

創立[창립] 처음으로 세움. ㉚ 창건(創建)
創意[창의] 새로운 착상(着想).
創傷[창상] 칼날 따위에 다친 상처.
創業[창업]   創設[창설]   創案[창안]

蒼

艹 10 14 高

푸를 **창**, 우거질 **창**
푸르다   우거지다
blue

| 艹 | 艹 | 苎 | 苍 | 蒼 | 蒼 |

곳집 창 : **倉** : 식(食→今→今) 품(品→口)을 보관하는 곳집(倉).

풀(艹)을 베어 곳집(倉)에 가득 쌓으니 색이 푸르다(蒼). (형성)

倉 → 창 ← 蒼, 滄

蒼空[창공] 푸른 하늘. 창천(蒼天).
蒼蒼[창창] 빛이 파람. 앞길이 멀어서 아득함.
蒼天[창천] 맑게 갠 새파란 하늘.

滄

氵 10 13 高

푸를 **창**, 큰 바다 **창**
푸르다   큰 바다
blue

| 冫 | 冫 | 冷 | 冷 | 冷 | 滄 |

삼수변 : **氵** : 바다(海 → 氵)
곳집 창 : **倉** : 곳집

곳집(倉)만한 큰 파도가 일어나는 바다(氵)이니 푸르고·큰 바다(滄)이다. (형성), (전주)

滄波[창파] 푸른 물결. 창랑(滄浪).
滄海[창해] 넓고 큰 바다. ㉑ ~一粟(일속)
滄茫[창망] 넓고 멀어서 아득함.

庫

广 7 10 高

곳집 **고**, 창고 **고**
곳집   창고
warehouse

| 广 | 广 | 庐 | 庐 | 庫 | 庫 |

돌집 엄 : **广**
수레 거(차) : **車** : 마차, 달구지 등

수레(車) 등을 넣어 두는 집(广)이니 창고(庫)이다. (회의)

車 → 거 고 ← 庫

倉庫[창고] 곳집.
寶庫[보고] 재보를 쌓아 두는 창고.
車庫[차고]   金庫[금고]   武器庫[무기고]
書庫[서고]   史庫[사고]   冷藏庫[냉장고]

旗

方 10 14 高

기 **기**, 표 **기**
기, 표, 대장기
flag

| 亠 | 方 | 方˧ | 方ㅐ | 旗 | 旗 |

모 방：方：네모, 그 기：其：그
깃발： → 人 → 乀
그(其) 곳에 서 있는 네모진(方) 깃발(乀)이란 데서 기(旗)의 뜻임. (형성) 其 → ㉑ ← 旗

旗手[기수] 기를 받드는 사람.
旗艦[기함] 사령관이 탑승한 군함(軍艦).
太極旗[태극기] 校旗[교기] 旗幟[기치]

旋

方 7 11 高

돌 **선**, 돌릴 **선**
돌다, 돌리다, 돌아오다
turn

| 方 | 方˧ | 方ㅏ | 方ㅓ | 旋 | 旋 |

方˧：네모진(方) 깃발(乀)
足 → 疋：발
깃발(方˧)을 선두로 하여 고적대가 발(疋)로 행진하면서 돈다(旋). (회의)

旋回[선회] 둘레를 빙빙 돎.
旋盤[선반] 쇠를 깎거나 구멍을 뚫는 기계의 하나.
凱旋[개선] 싸움에 이기고 돌아옴.
周旋[주선] 旋律[선률] 旋風[선풍]

族

方 7 11 中

겨레 **족**, 무리 **족**
겨레, 일가, 집안, 무리
race

| 亠 | 方 | 方˧ | 方ㅗ | 族 | 族 |

화살 시
(矢) ： → ↑ → 矢
네모진(方) 기(乀) 밑에 화살(矢)을 가지고 모여든 겨레·무리(族)란 뜻임. (회의)

族屬[족속] 같은 문종(門宗)의 겨레붙이.
族長[족장] 일족의 우두머리.
族譜[족보] 한 족속(族屬)의 계보(系譜).
民族[민족] 家族[가족] 親族[친족]

遊

辶 9 13 中

놀 **유**, 여행 **유**
놀다, 여행
play

| 方 | 方˧ | 方ㅏ | 方ㅓ | 游 | 遊 |

아들 자：子：아이
모 방：方：네모지다
깃발：乀：장난감

아이(子)가 네모진(方) 깃발(乀)을 들고 다니며(辶) 논다(遊). (형성)

遊戲[유희] 즐겁게 놂.
遊覽[유람] 놀면서 봄. 구경하고 다님.
外遊[외유] 외국에 여행함.
遊牧[유목] 遊星[유성] 遊說[유세]

旅

方 6 10 中

나그네 **려**, 군사 **려**
나그네 군사
traveler

| 方 | 方˧ | 方ㅏ | 方ㅓ | 旅 | 旅 |

사람 인(2명)：人人 → ⺈ㄟ → 从：여러 사람들의 뜻
네모진(方) 기(乀) 밑에 모여든 사람들(从)이란 데서 군사(旅)를, 군사는 이동한다는 데서 나그네(旅)를 뜻하게 되었다. (회의)

旅愁[여수] 나그네의 수심(愁心).
旅費[여비] 여행의 비용. 노자.
旅券[여권] 旅客[여객] 旅團[여단]

施

方 5 9 中

베풀 **시**
베풀다
hold, give

| 亠 | 方 | 方˧ | 方ㅏ | 旃 | 施 |

어조사 야：也：'이것은 힘차게(力) 자라나는 싹(乙 → ㄴ)이다(也)'란 데서 '이다·있다(也)'의 뜻.
네모진(方) 기(乀)가 펄럭이고 있는 (也) 곳에서 행사가 베풀어지고(施) 있다. (형성)

布施[보시·포시] 재물을 절이나 사람에게 베풂.
施賞[시상] 施設[시설] 施策[시책]

於 어조사 어
方 4 8 中

어조사 어
어조사
from, at, on

` ー 方 方 於 於

기 기: 旗→扩→か
두 발: 冫 } → 於

기(於) 밑에(서) 두 발(冫)로 굳건히 서서 누구보다 뭔가를 열심히 한다는 데서 …에, …에서, …보다(於) 등의 뜻을 나타낸다. (상형)

於是乎[어시호] 이에 있어서. 이제야.
於焉間[어언간] 어느덧. 어느 사이에.
甚至於[심지어] 심하면. 심하게는.

譽 명예 예, 기릴 예 약 誉
言 14 21 高

명예, 기리다, 칭찬하다
hono(u)r

下 臣 郎 與 與 譽

줄 여: 與
말씀 언: 言 } → 譽

여러 사람이 칭찬의 말(言)을 준다(與)는 데서 명예·기리다(譽)의 뜻임. (형성)

譽望[예망] 명예. 명예와 인망(人望).
名譽[명예] 세상에서 훌륭하다고 일컬어지는 이름.
榮譽[영예] 영광(榮光)스러운 명예.

與 줄 여, 더불어 여
臼 7 14 中

주다 더불어 약 与
give, together

下 臼 臼 與 與 與

두 손: 臼,   위 상: 上
향하다: ‖   두 손: 六

두 손(臼)과 두 손(六)으로 위(上)를 향하여(‖) 준다(與). (형성)
두 손과 두 손이란 데서 더불어의 뜻도 생겼다. (전주)

與奪[여탈] 주었다 빼앗았다 하는 일.
附與[부여] 주는 일. 예 권리를 ~하다.
給與[급여] 參與[참여] 關與[관여]

輿 가마 여, 수레 여, 여럿 여
車 10 17 高

가마, 수레, 사람이 여럿임
sedan chair

下 戶 車 車 車 輿

두 손(臼)과 두 손(六)으로 앞뒤에서 들고 다니는 수레(車)란 데서 가마·수레(輿)의 뜻임. 가마가 나갈 때 여러 사람이 동원된다는 데서 여러 사람이란 뜻도 있다. (형성) 與→여←輿

輿駕[여가] 임금이 타는 수레.
喪輿[상여] 시체를 나르는 제구(諸具).
輿望[여망] 여러 사람의 기대. 중망(衆望).
輿論[여론] 사회 대중의 공통된 의견.

擧 들 거, 모두 거
手 13 17 中

들다, 올리다, 모두
raise, lift

下 臼 郎 與 與 擧

줄 여, 더불어 여: 위 '與'란 참조

가마를 둘이나 넷이서 더불어(與) 손(手)으로 들어·올린다(擧). (형성)

擧手[거수] 손을 위로 들어 올림.
擧國[거국] 온 나라. 예 ~적인 행사.
擧行[거행] 일을 일으켜 행함.
擧動[거동] 擧事[거사] 檢擧[검거]

興 일 흥, 일으킬 흥
臼 9 16 中

일다 일으키다
rise, prosper

下 印 旬 舆 興 興

두 손(臼)과 두 손(六)으로 같은(同) 일에 협력하니 일어난다(興)는 뜻임. (회의)

興起[흥기] 떨쳐 일어남. 세력이 왕성해짐.
興味[흥미] 흥을 느끼는 재미.
興亡[흥망] 新興[신흥] 復興[부흥]

憂

心 11 15 中

근심 우, 병 우 ㉷ 憂
근심, 걱정, 병
anxiety

一 百 亘 息 夢 憂

머리 혈 : 頁 → 頁 : 머리
천천히 걸을 쇠 : 夂 : 발걸음이 무겁다의 뜻

머리(頁)와 마음(心)속에 걱정이 많아 발걸음이 무겁다는(夂) 데서 근심·걱정(憂)의 뜻임. (형성)

憂慮[우려] 근심과 걱정.
憂患[우환] 병으로 인한 걱정.
憂國[우국] 憂愁[우수] 杞憂[기우]

塊

土 10 13 高

흙덩이 괴, 덩어리 괴
흙덩이 덩어리
lump

土 圤 坩 坤 塊 塊

도깨비(鬼) 머리통처럼 못생긴 흙(土)덩이(塊)란 뜻임. (형성)

※ 傀 : 꼭두각시 괴 : 傀儡(괴뢰)

鬼 土 → 塊
귀 토 → 괴

金塊[금괴] 금덩어리.
塊炭[괴탄] 덩이진 석탄(石炭).
塊土[괴토] 흙덩이. 덩이로 된 흙.
塊狀[괴상] 덩어리로 된 모양.
塊石[괴석] 돌멩이. 돌덩어리.

優

亻 15 17 高

뛰어날 우, 도타울 우
뛰어나다 도탑다 ㉷ 優
excellent

亻 俨 俨 優 優 優

사람 인 : 亻 }
근심 우 : 憂 } → 優

시험에 낙방할 근심(憂)이 없는 사람(亻)이니 성적이 뛰어난(優) 사람이란 뜻임. (형성)

憂 → ㉧ ← 優

優秀[우수] 뛰어나고 빼어남.
優柔[우유] 마음이 부드러움. 사물에 임해 끊고 맺지 못함. ㉫ ~不斷(부단)
優等生[우등생] 優劣[우열] 優待[우대]

愧

忄 10 13 高

부끄러워할 괴
부끄러워하다
be ashamed of

忄 忄 忄 忄 愧 愧

도깨비 귀 : 鬼 : 귀신

부끄러운 마음(忄)이 들어 얼굴이 도깨비(鬼)처럼 붉어진다는 데서 부끄러워하다(愧)의 뜻임. (형성)

鬼 → ㉟ ㉢ ← 愧, 塊

羞愧[수괴] 부끄럽고 창피스러움.
愧汗[괴한] 부끄러워서 땀을 흘림.
愧心[괴심] 부끄러워하는 마음.
慙愧[참괴] 부끄럽게 여김.

鬼

鬼 0 10 高

귀신 귀, 도깨비 귀
귀신 도깨비
ghost, bogey

丿 冂 甶 甶 鬼 鬼

甶…귀신, 도깨비의 머리
儿…귀신, 도깨비의 다리
厶…귀신, 도깨비의 팔, 방망이

도깨비(鬼)의 모양을 본떠서 도깨비·귀신(鬼)의 뜻을 나타냈음. (회의)

鬼神[귀신] 죽은 사람의 넋. 특수한 재주가 있는 사람의 비유.
鬼才[귀재] 세상에 드문 뛰어난 재주.
惡鬼[악귀] 鬼火[귀화] 妖鬼[요귀]

魂

鬼 4 14 高

넋 혼, 마음 혼
넋 마음
soul, spirit

云 动 动 神 魂 魂

구름 운 : 雲 → 云 : 구름

구름(云)처럼 떠다니는 귀신(鬼)을 혼(魂)이라 한다. (형성)

※ 魂 : 넋 혼 : 정신의 넋.
魄 : 넋 백 : 육체의 넋.

商魂[상혼] 상인(商人)의 장사에 대한 정신이나 의욕.
魂靈[혼령] 죽은 사람의 넋.
忠魂[충혼] 招魂[초혼] 鎭魂[진혼]

國

나라 **국** ⑨国, 口
나라·국가
country, state

冂冋冋國國國

口 : 영토, 戈 : 창, 국방
口 : 국민, 一 : 단일주권

영토(口), 국방(戈), 국민(口), 주권(一)으로서 나라(國)의 뜻을 나타냈음. (회의)

國基[국기] 나라가 이루어진 본바탕.
國權[국권] 주권(主權)과 통치권(統治權).
國家[국가] 國土[국토] 國民[국민]
國産品[국산품] 國利民福[국리민복]

惑

미혹할 **혹**, 헤맬 **혹**
미혹하다 헤매다
confuse, delude

一丆式或或惑

혹시 혹 : 或 : 왼쪽 아래의 '或'란의 풀이 참조

혹시(或) 하고 괴이한 생각이 마음(心)을 미혹한다(惑). (형성)

迷惑[미혹] 마음이 흐려서 무엇에 홀림.
誘惑[유혹] 남을 꾀어 정신을 어지럽힘.
惑世[혹세] 세상을 현혹함.
疑惑[의혹] 當惑[당혹] 不惑[불혹]

域

구역 **역**, 나라 **역**
구역, 지경, 나라
area

圵圠圬域域域

흙 토 : 土 : 토지
나라 국 : 國 → 或 : 국가

국(或) 토(土)의 일부이니 구역(域)이다. 국(或) 토(土)라는 데서 나라(域)의 뜻도 생겼음. (형성), (전주)

或 → ㉠㉡ ← 域

區域[구역] 갈라 놓은 지역. ㉠安全(안전)~
領域[영역] 域外[역외] 異域[이역]

飛

날 **비**
날다, 빨리 가다, 높다
fly

飞飞飞飛飛飛

새의 나는(飛) 모양을 본떴다. (상형)

飛散[비산] 날아서 흩어짐.
飛報[비보] 썩 급한 통지.
飛翔[비상] 하늘을 날아다님.
飛鳥[비조] 飛虎[비호] 飛火[비화]
飛躍[비약] 飛行[비행] 飛行機[비행기]

或

혹 **혹**, 의심낼 **혹**
혹 의심내다
if, sometimes

一冂戸式或或

戈 : 창·국방, 口 : 국민
一 : 단일주권

주권(一)을 지키기 위하여 국민(口)이 창(戈)을 들고 혹시(或) 쳐들어올지 모르는 외침에 대비한다. (회의)

或是[혹시] 만일에. 어떤 경우에.
或曰[혹왈] 어떤이가 말하기를.
間或[간혹] 이따금. 간간이.
或者[혹자] 어떤 사람. ㉠~는 가로되.

弱

약할 **약**, 어릴 **약**
약하다 어리다
weak

フ弓弓引弱弱

새끼 새가 날개를 펼친 모양을 본떠서 약하다·어리다(弱)의 뜻을 나타냈다. (상형)

弱骨[약골] 몸이 약한 사람. 약질(弱質).
弱小[약소] 약하고 작음. ㉠~國家(국가)
貧弱[빈약] 衰弱[쇠약] 老弱[노약]

島

山 7 10 中 | 섬 도 / 섬 | 동 嶋
island

바다 한가운데 있는 산(山) 위에 새(鳥)가 날아든다는 데서 섬(島)을 뜻한다. (형성) 鳥→㊥㊦←島

島嶼[도서] 크고 작은 섬들.
島民[도민] 섬에서 사는 사람. 섬 사람.
半島[반도] 삼면이 바다로 둘러싸인 땅.
列島[열도] 無人島[무인도] 孤島[고도]

嗚

口 10 13 高 | 탄식할 오, 오호라 오 / 탄식하다 오호라
sigh, lament

까마귀 오: 烏, 새 조: 鳥…까마귀는 몸과 눈이 모두 검어서 눈(一)의 표시가 없다.
까마귀(烏)가 주둥이(口)로 '까악 까악'한다는 데서 탄식하다(嗚)의 뜻을 나타냈음. 烏는 음부(音符)임. (형성)

嗚咽[오열] 목메어 욺. 흐느껴 욺.
嗚呼[오호] 슬플 때나 탄식할 때 내는 소리. 예 ~라. ~哀哉(애재).

鴻

鳥 6 17 高 | 큰 기러기 홍, 클 홍 / 큰 기러기 크다
wild goose

물 강, 큰내 강: 江→氵

강(氵) 위를 나는 새(鳥)라 쓰고 큰 기러기(鴻)를 나타냈다. (형성)
강 조 → 홍 江 鳥 → 鴻

※ 雁=鴈: 기러기 안

鴻毛[홍모] 기러기 털. 극히 가벼운 사물.
鴻恩[홍은] 넓고 큰 은혜.
鴻雁[홍안] 큰 기러기와 작은 기러기.
鴻志[홍지] 큰 뜻. 대지(大志).

溪

氵 10 13 中 | 시내 계 / 시내
stream, brook

손톱 조:
실 사: 絲→幺
두 손: ㅆ→大 }→奚

손(爪)과 손(大)으로 실(幺)을 늘어뜨리듯이 물(氵)이 길게 흐르니 시내(溪)이다. (형성)

溪流[계류] 산골짜기를 흐르는 시냇물.
溪谷[계곡] 물이 흐르는 골짜기.

鳴

鳥 3 14 中 | 울 명, 울릴 명 / 울다 울리다
chirp, sing

새 조: (鳥)

새(鳥)가 주둥이(口)로 여러 가지 소리를 내어 운다(鳴). (회의)

鷄鳴[계명] 닭의 울음.
鳴鍾[명종] 종을 쳐서 울림.
鳴動[명동] 울리어 진동함.
鳴禽[명금] 共鳴[공명] 悲鳴[비명]

鷄

鳥 10 21 中 | 닭 계 / 닭 | 약 鶏
hen, cock

손톱 조: 爫: 손
실 사: 絲→幺: 실
두 손: ㅆ→大: 손 }→奚: 실을 두 손으로 잡아당기다.

실(幺)을 두 손(奚)으로 길게 잡아당기듯이(奚) 길게 우는 새(鳥)라는 데서 닭(鷄)을 뜻한다. (형성)

鷄聲[계성] 닭의 울음 소리.
鷄卵[계란] 群鷄一鶴[군계일학]

遠 멀 원, 먼데 원
멀다   먼 곳
辶 10 14 中
far

十 土 吉 幸 袁 遠

갓 :  → 土 → 土
옷 의 : 衣 → 𧘇 → 袁
노비와 물품 : 品 → 口

의관(袁)을 정제하고 노비와 물품(口)을 준비하여 길(辶)을 떠나 멀리(遠) 간다. (형성)

遠洋[원양] 뭍에서 멀리 떨어진 대해(大海).
遠近[원근] 疏遠[소원] 永遠[영원]

猶 망설일 유, 오히려 유
망설이다   오히려
犭 9 12 中
hesitate

犭 犭 犭 犹 猶 猶

개사슴록변 : 犭 : 개, 개고기
나눌 분 : 分 → 八 : 나누어 먹다
술 주 : 酒 → 酉 : 술

개(犭)고기와 술(酉)을 나눠(八) 먹을까 혼자 먹을까 망설인다(猶). 나눠 먹고도 오히려(猶) 남았다. (형성)

猶不足[유부족] 오히려 모자람.
猶豫[유예] 망설여 결정하지 않음. 시일을 늦춤.

園 동산 원, 구역 원
동산   구역
囗 10 13 中
garden

門 周 㐭 袁 園 園

동산의 울타리, 경계 : 囗
멀 원 : 遠 → 袁 : 멀다, 오래다

오래도록(袁) 돌아다닐 수 있는 울타리·경계(囗)가 있는 동산(園)의 뜻임. (형성)

園藝[원예] 채소 등을 심어 가꾸는 밭일.
園頭幕[원두막] 참외 등을 심은 밭을 지키기 위해 지은 높직한 막.
庭園[정원] 公園[공원] 植物園[식물원]

醉 취할 취
취하다
酉 8 15 高
get drunk

(얕) 酔

丆 西 酉 酉 酔 醉

군사 졸 : 卒 : 같은 제복(衣→卆)을 입은 열(十) 명의 군사(卒) → 군사는 전쟁에서 갑자기 죽기도 하므로 마치다·마침내의 뜻으로도 쓰임.

술(酉)을 마시면 마침내(卒) 취한다(醉). (형성)

醉中[취중] 술 취한 동안.
醉客[취객] 醉漢[취한] 醉興[취흥]
陶醉[도취] 心醉[심취] 痲醉[마취]

酉 닭 유, 열째 지지 유
닭   열째 지지
酉 0 7 中
cock

一 丆 丙 西 酉 酉

술 병 :  → 酉 : 술병의 모양

술 주 : 酒 : 물·알코올(氵)이 술병(酉)에 들어 있다는 데서 술(酒)의 뜻임.
술(酒→酉)은 닭이 둥우리에 들어가는 저녁에 마신다는 데서 닭(酉)의 뜻임. (상형), (전주)

酉年[유년] 태세(太歲)의 지지(地支)가 유(酉)로 된 해. 乙酉, 丁酉 따위.

醜 추할 추
추하다, 보기 흉하다
酉 10 17 高
dirty

丆 西 酉 酉 醜 醜

술 주 : 酒 → 酉
귀신 귀 : 鬼 : 도깨비 귀

술(酉)에 취하여 도깨비(鬼)처럼 날뛰는 꼴이 보기 추하다(醜)는 뜻임. (형성) 醉 → 酔 孕 ← 醜

醜惡[추악] 더럽고 좋지 않음.
醜雜[추잡] 언행이 더럽고 지저분함.
醜女[추녀] 얼굴이 못생긴 여자.
醜聞[추문] 醜態[추태] 醜行[추행]

配酋醫爵尊遵

配 (酉 3 10 高) 짝지을 배, 나눌 배
짝짓다 나누다
pair

西 酉 酉¹ 酉¹ 配

혼례상에 술(酒→酉)을 부어 놓고 자기(己)의 짝(配)을 맞이하는 혼례식을 올린다. 자기(己)가 술(酉)을 이 사람 저 사람에게 따라 준다는 데서 **나누다**(配)의 뜻도 있음. (형성), (전주)

妃 →  ← 配

配匹[배필] 부부의 짝. 배우(配偶).
配偶者[배우자] 부부의 한 쪽.
配付[배부] 配達[배달] 流配[유배]

爵 (爪 14 18 高) 벼슬 작, 잔 작
벼슬 술잔
peerage

그릇 명: 皿→㓁, 곧 즉: 卽→㔾

아무때나 명령만 내리면 하인들에 의해 즉시(㔾) 두손(⺕)으로 술상(㓁)이 차려져 먹을 수 있다는 데서 **벼슬**(爵) 이란 뜻임. (회의)

爵位[작위] 관작(官爵)과 위계(位階).
爵祿[작록] 관작과 봉록(俸祿).
公爵·侯爵[후작] 伯爵 子爵 男爵[남작]

酋 (酉 3 10 高) 따를 작, 참작할 작
술을 따르다 참작하다
pour, fill

一 丙 酉 酉 酋 酋

국자:  :점(丶)은 술임.

술(酒→酉)을 국자(勺)로 **따른다**(酋). (형성)

※ 勺: 구기 작: 구기, 잔

酋酒[작주] 술잔에 술을 따름.
酋量[작량] 짐작하여 헤아림.
添酋[첨작] 酬酋[수작] 參酋[참작]

尊 (寸 9 12 高) 높을 존, 술그릇 준
높다, 공경하다, 술그릇
respect

八 酋 酋 酋 尊 尊

나눌 분: 分→八
마디 촌: 寸: 손

존경하는 어른께 손(寸)에 술잔(酒→酉)을 들어 권하고 나누어(八) 마신다는 데서 **공경하다**(尊)의 뜻임. (회의)

酒 寸 → 尊
주 촌 → 존

尊敬[존경] 높여 공경(恭敬)함.
尊貴[존귀] 지위가 높고 귀함.
尊嚴[존엄] 尊重[존중] 尊屬[존속]

醫 (酉 11 18 中) 의원 의, 병고칠 의 약 医
의원 병을 고치다
doctor

医 医¹ 医² 医殳 医殳 醫

医: 몸(匚)에 박힌 화살(矢)을
殳: 손(又)에 칼(几)을 들어 빼내고
酉: 술(酒→酉)은 소독약으로 써서
醫: 병을 고치는 의원(醫員). (형성)

醫師[의사] 의술과 약으로 병을 고치는 일을 업으로 삼는 사람.
醫藥[의약] 의술(醫術)과 약품(藥品).
醫療[의료] 의술(醫術)로 병을 고침.
醫院[의원] 校醫[교의] 軍醫[군의]

遵 (辶 12 16 高) 따라갈 준, 좇을 준
따라가다 좇다
obey

八 酋 酋 酋 尊 遵

높을 존: 尊: 손(寸)에 술잔(酒→酉)을 들어 권하고 나누어(分→八) 마시며 **존경한다**(尊).

존경하는(尊) 사람의 가르침대로 길을 간다(辶)는 데서 **따라가다·좇다**(遵)의 뜻임. (형성)

尊 → 尊 준 ← 遵

遵守[준수] 규칙 등을 그대로 좇아서 지킴.
遵法[준법] 법령(法令)을 지킴.
遵行[준행] 관례·명령을 좇아서 행함.

橋

木 12 16 中

다리 교
다리
bridge

나무 목 : 木
높을 고 : 高→高
큰 대 : 大 : 크다

나무(木)로 높고(高) 크게(大) 다리(橋)를 놓는다. (형성)

橋梁[교량] 다리.
橋脚[교각] 다리를 받치는 기둥.
假橋[가교] 임시로 놓은 다리.
鐵橋[철교] 陸橋[육교] 人道橋[인도교]

較

車 6 13 高

견줄 교, 비교할 교
견주다   비교하다
compare

수레 차, 수레 거 : 車 : 수레, 차
사귈 교 : 交 : 사귀다

차(車)가 서로 이웃해서 사귈(交) 때에는 두 차의 크기나 모양 등을 견주게(較) 된다. (형성)

※ 絞 : 목맬 교 : 絞首
狡 : 간교할 교 : 狡猾(교활)

比較[비교] 둘을 서로 견주어 봄.
較量[교량] 비교하여 헤아려 봄.

矯

矢 12 17 高

바로잡을 교, 속일 교
바로잡다   속이다
correct

화살 시 :
다리 교 : 橋 → 喬 : 위 참조

다리(喬)처럼 휘어진 화살(矢)을 나무틀에 끼워서 곧게 바로잡는다(矯). (형성)

矯正[교정] 틀어지거나 굽은 것을 바로잡음.
矯角殺牛[교각살우] 矯矢[교시] 矯導[교도]

歌

欠 10 14 中

노래 가, 노래할 가
노래   노래하다
song

하품 흠 (欠) :   입을 크게 벌림
옳을 가 : 可 : 좋다. 얼씨구 절씨구.

입을 크게 벌리고(欠) 얼씨구(可) 절씨구(可) 노래한다(歌). (형성)

可 → ㉮ ← 歌

歌詞[가사] 노래의 내용이 되는 문구.
歌手[가수] 歌曲[가곡] 軍歌[군가]

郊

阝 6 9 高

들 교, 성밖 교
들,   성밖, 시골
suburbs

고을 읍 : (阝) :
고을(阝)과 인접하여 사귀고(交) 있는 들(郊)이란 뜻임. (형성)

交 → ㉯ ← 郊

郊外[교외] 시가(市街) 밖. 성문(城門) 밖.
郊里[교리] 마을, 촌락(村落).
近郊[근교] 遠郊[원교] 農郊[농교]

軟

車 4 11 高

부드러울 연, 약할 연
부드럽다   약하다
soft

수레(車)바퀴의 바람빠진 튜브에 입을 크게 벌리고(欠) 바람을 넣으니 승차감이 부드럽다(軟). (형성)

軟禁[연금] 정도가 너그러운 감금. 신체적 자유는 구속하지 않고 다만 외부와의 접촉을 허락하지 않고 어느 종류의 제한 또는 감시를 하는 일.
柔軟[유연] 부드럽고 연함.
軟弱[연약] 연하고 약함.

疲

扌 5 10 高

고달플 **피**, 느른할 **피**
고달프다, 느른하다
tired

| 疒 | 疒 | 疒 | 疒 | 疲 | 疲 |

가죽 피 :  → 犮 → 皮 : 털이 있는 가죽
(皮)
손(又)으로 털이 있는 가죽(屮)을 베
낀다는 데서 가죽(皮)의 뜻임.
뼈와 가죽(皮)이 붙어 병(疒)이 날
정도로 고달프고·느른하다(疲)의 뜻임.
(형성)

疲勞[피로] 지침. 고단함.
疲困[피곤] 몸이 지쳐 고달픔.

彼

彳 5 8 中

저 **피**, 그 **피**
저, 저쪽, 그, 그 사람
that, he

| 彳 | 彳 | 彳 | 彳 | 彼 | 彼 |

다닐 행.  → 彳 → 行 : 네거리
(行)
가죽(皮) 상점이 길(彳) 건너 저(彼)
쪽에 있다. (형성)

彼岸[피안] 현세의 번뇌를 해탈하여 열반
의 세계에 도달하는 일. 또는 그 경
지. 물 저쪽의 언덕.
彼我[피아] 그와 나. 피차(彼此).

被

衤 5 10 高

입을 **피**, 이불 **피**
입다 이불
wear

| 衤 | 衤 | 衤 | 衤 | 被 | 被 |

옷 의 : 衣 → 衤
가죽 피 : 皮 : 털이 붙은 가죽
사람이 몸에 옷(衤)이나 가죽(皮)을
걸친다는 데서 입다·덮다(被)의 뜻임.
(형성)   皮 → 四 ← 彼, 疲, 被

被衾[피금] 이불. 이부자리.
被服[피복] 의복(衣服).
外被[외피]   被害[피해]   被殺[피살]
被襲[피습]   被侵[피침]   被選[피선]

破

石 5 10 中

깨뜨릴 **파**, 깨질 **파**
깨뜨리다 깨지다
break

| 石 | 石 | 矿 | 矿 | 破 | 破 |

돌 석 : 石 : 돌도끼
가죽 피 : 皮 : 무두질 않은 가죽
돌(石)도끼로 가죽(皮)을 찢는다는
데서 깨뜨리다(破)의 뜻임. (형성)
皮 → 四 四 ← 破

破壞[파괴] 때려 부수거나 헐어 버림.
破局[파국] 판국(版局)이 결단남. 또 그
판국.
破鏡[파경] 擊破[격파] 破廉恥[파렴치]

波

氵 5 8 中

물결 **파**, 움직일 **파**
물결   움직이다
wave

| 氵 | 氵 | 氵 | 氵 | 波 | 波 |

삼수변 : 氵 : 물
가죽 피 : 皮 : 가죽, 겉, 표면
물(氵)의 가죽(皮), 곧 물의 표면의
움직임이 물결(波)이다. (형성)

波紋, 波文[파문] 수면에 이는 잔 물결.
波濤[파도] 큰 물결.
波動[파동] 어떤 행동이나 감정이 물결처
럼 움직여 퍼짐.
電波[전파] 風波[풍파] 超音波[초음파]

頗

頁 5 14 高

치우칠 **파**, 자못 **파**
치우치다   자못
partial

| 疒 | 皮 | 皮 | 頗 | 頗 | 頗 |

대머리의 머리(頁) 가죽(皮)에 머리
카락이 한쪽으로 치우쳐서(頗) 나 있다
는 뜻임. (형성)   四 ← 破, 波, 頗

偏頗[편파] 한쪽으로 치우쳐서 공평하지
못함. 예 그는 ~적(的)이므로 사람
들은 그를 존경하지 않았다.
頗僻[파벽] 한쪽으로 치우침.
頗多[파다] 아주 많음. 예 所聞(소문)이 ~
하다.

革 09 高
가죽 혁, 고칠 혁
가죽　　　고치다
leather

一 卄 廿 莒 革 革

이십(20): 卄 → 廿, 손: 屮 → 十
짐승의 가죽: 🐾 → 口

손(十)으로 짐승의 가죽(口)을 스무번(卄) 다듬고 무두질하여 모양이나 성질을 고친・가죽(革)을 만든다. (회의)

皮革[피혁] 가죽을 통틀어 일컬음.
革新[혁신] 묵은 조직을 바꿔 새롭게 함.
革帶[혁대]　革命[혁명]　改革[개혁]

落 ⁺⁺ 9 13 中
떨어질 락, 마을 락
떨어지다　마을
drop, let fall

一 卄 艹 氵 氵 茨 落

풀 초: 艹 : 풀, 나뭇잎
물 수: 氵 : 물, 물방울

풀(艹)・나뭇잎의 물방울(氵)이 각각(各) 땅에 떨어진다(落). 도시에서 떨어진 시골 마을・부락(落)의 뜻도 있다. (형성), (전주)

落款[낙관] 서화(書畫)에 작자의 이름을 쓰고 도장을 찍음.
落下[낙하]　墜落[추락]　村落[촌락]

洛 氵 6 9 高
물이름 락, 서울이름 락
물이름　　서울이름
name of a river

氵 氵 氵 氵 洛 洛

삼수변: 氵 : 여기서는 빗물의 뜻
각각 각: 各 : 천천히 걸으면서(夂) 돌(石 → 口) 계단을 각각(各) 밟는다.

빗물(氵)이 각각(各) 모여서 큰 물(洛)이 된다. (형성)　氵　各 → 洛
　　　　　　　　　　　　물　각 → 락

洛東江[낙동강] 태백산 북쪽의 함백산에서 발원하여 남해로 들어가는 강.
洛水[낙수] 중국 섬서성에 흐르는 강.

絡 糸 6 12 高
이을 락, 줄 락
잇다　　줄
join, piece

幺 幺 牟 糸 紋 絡

실 사: 糸
각각 각: 各 } → 絡

각각(各) 떨어져 있는 실(糸)을 이어(絡) 줄(絡)을 만든다. (형성)
洛, 落, 絡 → 락

連絡・聯絡[연락] 서로 관계를 가짐.
脈絡[맥락] 혈맥의 연락. 얼기설기한 내용. 몰래 기맥을 서로 통하는 일.
籠絡[농락] 교묘한 꾀로 남을 놀림.

路 足 6 13 中
길 로
길
road, street

口 口 足 足 跻 路

발 족:
(足 → 𤴓) : 👣 → 𤴓 → 足 : 발의 옆모양

발(𤴓)로 저마다 각각(各) 걸어다닌다는 데서 길(路)을 뜻한다. (회의)

路費[노비] 노자(路資). 여행에 드는 돈.
路毒[노독] 여행에 시달려서 생긴 병.
道路[도로]　街路樹[가로수]　路邊[노변]
旅路[여로]　歸路[귀로]　要路[요로]

略 田 6 11 高
꾀 략, 간략할 략
꾀　　간략하다
manage, plan

田 町 𤱁 略 略 略

각기(各) 밭(田)을 경영하기 위하여 꾀(略)를 세운다. 계략은 대충 간략하게 세운다는 데서 간략(略)의 뜻도 있음. 각(各) 나라가 서로 남의 나라의 밭・국토(田)를 침략한다(略)는 뜻도 있다. (형성)

計略[계략] 계책(計策)과 모략(謀略).
略圖[약도] 간략히 대충 그린 도면(圖面).
簡略[간략]　智略[지략]　侵略[침략]

閣

門 6 14 高

다락집 **각**, 내각 **각** ㉠閣
다락집   내각
two-storied house

| 一 | 冂 | 冂 | 門 | 閁 | 閣 |

문 문 : **門** : 문, 집
각각 각 : **各** : 제각기

여러 사람이 각각(各) 찾아드는 문(門)이 달린 다락집(閣)이란 뜻임. (형성)

各 → ㉮ ← 閣

高樓巨閣[고루거각] 높고 큰 다락집.
閣僚[각료] 내각(內閣)을 조직하는 장관.
閣議[각의] 내각의 회의(會議).
樓閣[누각] 높은 다락집.

悽

忄 8 11 高

슬퍼할 **처**
슬퍼하다
grieve, sad

| 丶 | 丶 | 忄 | 忄 | 忄 | 悽 |

아내 처 : **妻** : 손(ヨ)으로 열(十) 가지 집안 살림을 하는 여자(女)이니 아내(妻)이다.

남편을 잃은 아내(妻)의 마음(忄)이 몹시 슬프다(悽)는 뜻임. (형성)

妻 → ㉛ ← 悽

悽絶[처절] 참혹(慘酷)하리만큼 구슬픔.
悽慘[처참] 슬프고 참혹함.
慘酷[참혹] 비참(悲慘)하고 끔찍함.

格

木 6 10 高

격식 **격**, 격자 **격**
격식,   격자,   법
lattice

| 一 | 十 | 木 | 朩 | 杦 | 格 |

나무 목 : **木**
각각 각 : **各**

나무(木)를 각각(各) 격식(格)에 맞게 이어 격자(格)를 만든다. (형성)

各 → ㉤㉢ ← 格

格子[격자] 나무오리나 대오리 따위로 정간(井間)을 맞추어 짠 물건.
格式[격식] 격에 맞는 법식(法式).
性格[성격]   資格[자격]   合格[합격]

從

彳 8 11 中

따를 **종**, 좇을 **종**
따르다   좇다
follow, obey

| 彳 | 彳 | 彳 | 彳 | 徔 | 從 |

다닐 행 : **行** → 彳
두 사람 : **人人** ⎫
발 족 : **足** → 龰 ⎭ → 從

앞서 걸어가는(彳) 두 사람(从)의 뒤를 발(龰)로 걸어 따라간다(從)의 뜻임. (회의)

從事[종사] 일에 마음과 힘을 다함.
服從[복종]   順從[순종]   從業員[종업원]

妻

女 5 8 中

아내 **처**
아내
wife

| 一 | 一 | 三 | 圭 | 妻 | 妻 |

열 십 : **十** : 열 가지
손   : **ヨ** : 손

손(ヨ)으로 열 가지(十) 일을 하며 집안의 살림을 맡아서 하는 여자(女)이니 아내(妻)이다. (회의)

妻德[처덕] 아내의 덕행(德行).
妻子[처자] 아내와 자식(子息).
妻家[처가] 아내의 본가(本家). ㉔ ~살이
妻弟[처제]   良妻[양처]   恐妻家[공처가]

縱

糸 11 17 高

세로 **종**, 늘어질 **종**
세로   늘어지다
vertical

| 糹 | 絲 | 絎 | 絆 | 縱 | 縱 |

따를 종 : **從** : 위 '從'란 참조

실(糸)이 앞의 실을 따라(從) 길게 아래로 늘어진다는 데서 세로(縱)를 뜻한다. (형성)

從 → ㉡ ← 縱

縱隊[종대] 세로 줄을 지어 늘어선 대형.
縱斷[종단] 세로 끊거나 길이로 가름.
縱橫[종횡] 가로와 세로. 여기와 저기.
縱列[종렬] 세로로 늘어섬. 또는 그 줄.

語

言 7 14 中

말할 어, 말 어
말하다, 말, 이야기
speak, talk

言 言 訂 語 語 語

말씀 언: 言
나 오: 吾 : 다섯(五) 식구(口)인 우리 가족이란 데서 우리・나(吾)의 뜻.
우리들(吾)의 말씀(言)이란 데서 말하다・말씀(語)의 뜻임. (형성)
言 → ㉠ ㉡ ← 語
語句[어구] 말과 구(句). 말.
語源・語原[어원] 단어가 성립된 근원.
國語[국어] 俗語[속어] 外來語[외래어]

窮

穴 10 15 高

궁할 궁, 궁구할 궁
궁하다, 궁구하다, 다하다
poor, destitute

穴 宀 宕 窄 窮 窮

구멍 혈: 穴   몸 신: 身
활 궁: 弓
굴(穴) 속으로 몸(身)을 활(弓)처럼 구부리고 피신한다는 데서 궁하다・다하다・궁구하다(窮)의 뜻임. (형성)
弓 → ㉠ ← 窮
窮究[궁구] 사리를 깊이 궁리함.
窮狀[궁상] 곤궁(困窮)한 상태(狀態).
窮乏[궁핍]   窮理[궁리]   窮地[궁지]

梧

木 7 11 高

오동나무 오
오동나무
paulownia

木 杧 柄 柘 梧 梧

나무 목: 木 ⎫
우리 오: 吾 ⎬ → 梧
우리(吾)가 악기나 가구 등의 재목으로 쓰는 나무(木)이니 오동나무(梧)이다. (형성)
※ 悟: 깨달을 오: 覺悟(각오), 悔悟(회오).
梧桐[오동] 오동나무.
梧桐秋夜[오동추야] 오동 잎이 지는 가을 밤. 곧 음력 7월의 밤.

到

刂 6 8 中

이를 도, 도착할 도
이르다, 도착하다
reach, arrive

一 工 五 至 至 到

㉠ → 至 → 至 : 새가 땅에 이르다

무사(武士)가 칼(刂)을 가지고 소집 장소에 이른다(至)는 데서 도착하다(到)의 뜻. (형성) 刀 → ㉠ ← 到
到達[도달] 목적한 데에 미침.
到着[도착] 목적지에 다다름.
到處[도처]   到底[도저]   來到[내도]

強

弓 8 11 中

강할 강, 힘쓸 강
강하다, 힘쓰다, 억지로
strong

弓 弘 弨 強 強 強

㉠ → 虽 → 虽 : 등딱지가 딱딱한 투구벌레

활(弓)이나 투구벌레(虽)는 강하다(強). (형성) 弓: 활 궁 → ㉠ ← 強
強硬[강경] 굳세게 버티어 굽히지 않음.
強制[강제] 억지를 써서 남의 자유 의사를 억누름.
強要[강요] 강제(強制)로 요구(要求)함.

倒

亻 8 10 高

넘어질 도, 거꾸로 될 도
넘어지다   거꾸로 되다
knock down

亻 仁 仵 仵 侄 倒

도착할 도: 到: 무사(武士)가 칼(刂)을 가지고 소집 장소에 이른다(至)는 데서 도착하다(到)의 뜻.
사람(亻)의 머리가 땅에 도착하다(到). 곧, 넘어지다(倒)의 뜻. (형성)
刀, 到 → ㉠ ← 倒
倒立[도립] 물구나무를 섬.
倒壞[도괴] 무너짐. 무너뜨림.
倒産[도산]   卒倒[졸도]   打倒[타도]

栽 심을 재

木 6 10 中

심다

grow, plant

열 십 : 十 : 열 번, 여러 번
창 과 : 戈 : 여기서는 삽, 괭이
나무 목 : 木 : 나무

열 번(十) 삽질(戈)하여 나무(木)를 심는다(栽). (형성)

栽培[재배] 식물을 심어서 기름.
栽植[재식] 초목이나 농작물을 심음.
盆栽[분재] 화초 등을 화분에 심어 가꿈. 또는 그 일.

哉 어조사 재, 비로소 재

口 6 9 中

어조사   비로소

마를 재 : 裁→㦰 : 왼쪽의 '裁'란의 풀이 참조
입 구 : 口 : 입에서 나오는 말

마름질(裁→㦰)할 때 가위로 천을 끊듯이 입(口)에서 나오는 말이 끊어질 때 쓰는 어조사(哉)임. (형성)

快哉[쾌재] 마음먹은 대로 잘 되어 만족스럽게 여김. 예 ~로다. ~를 부르다.
善哉[선재] 착하도다.

裁 마를 재, 헤아릴 재

衣 6 12 高

마름질하다 헤아리다

cut

창 과 : 戈 : 여기서는 칼·가위
옷 의 : 衣 : 옷감, 천

열 번(十) 가위질(戈)하여 옷감(衣)을 마름질한다(裁). 마름질을 하려면 잘 헤아린(裁) 후에 가위질을 해야 한다. (형성), (전주)

裁斷[재단] 마름질.
裁判[재판] 옳고 그름을 살피어 판단함.
裁縫[재봉] 裁量[재량] 裁可[재가]

贊 도울 찬, 기릴 찬

貝 12 19 高

돕다, 기리다, 칭찬하다

assist, support

앞설 선 : 先 : 여러 사람(𠆢)이 걸을(儿) 때 위(上) 사람(𠆢)이 앞서(先) 나간다.

어떤 일에 앞을 다투어(先先) 재물(貝)을 내서 돕는다(贊). (형성)

贊助[찬조] 찬성(贊成)하여 도움.
贊成[찬성] 동의함. 도와서 성취시킴.
贊否[찬부] 協贊[협찬] 稱贊[칭찬]

載 실을 재

車 6 13 高

싣다, 적다

carry, load

창 과 : 戈 : 창, 무기, 도구 등
수레 차(거) : 車 : 수레

열(十) 개의 창(戈)을 수레(車)에 싣는다(載). (형성)   ㉔ ← 栽, 裁, 載, 哉

載送[재송] 물건을 실어 보냄.
積載[적재] 물건·짐을 쌓아 실음.
連載[연재] 신문 따위에 긴 원고를 몇 토막으로 나누어 계속하여 싣는 일.
船載[선재] 記載[기재] 揭載[게재]

讚 기릴 찬, 도울 찬

言 19 26 高

기리다 돕다(贊과 통용)

praise

도울 찬 : 贊 : 앞을 다투어(先先) 재물(貝)을 내어 돕는다(贊).

말(言)로 칭찬하며 재물로도 도와(贊) 기린다(讚). (형성)

賞讚[상찬] 기리어 칭찬(稱讚)함.
讚揚[찬양] 칭찬하여 드러냄.
讚頌[찬송] 덕을 칭송함.
讚辭[찬사] 讚歌[찬가] 絶讚[절찬]

揚

扌 9 12 中

오를 양, 나타낼 양
오르다   나타내다
go up, rise

扌 扌 押 押 揭 揚

아침 단: ☀→▭→旦 : 해 뜨는 아침
(旦)

말 물
(勿) : ▯→⿹→勿 : 기(旗)의 모양

아침(旦)에 기(勿)를 손(扌)으로 올린다(揚). (형성)

揭揚[게양] 높이 걺. ⑳ 國旗(국기)~
揚水[양수] 물을 끌어 올림. ⑳ ~機(기)
揚名[양명] 宣揚[선양] 讚揚[찬양]

場

土 9 12 中

마당 장, 때 장
마당, 장소, 때, 시기
ground, place

土 圹 坦 坍 場 場

☀→土 → 場 → 場

해가 뜨고(旦) 깃발(勿)이 휘날리는 땅(土)이니 마당(場)이다. (형성)

場所[장소] 처소(處所). 자리.
市場[시장] 競技場[경기장] 劇場[극장]
牧場[목장] 場打鈴[장타령] 場內[장내]
場面[장면] 運動場[운동장] 工場[공장]

陽

阝 9 12 中

해 양, 양지 양, 양기 양
해, 양지, 양기
sun

阝 阝 阝 陽 陽 陽

☀→阝 → 陽 → 陽

언덕(阝) 위로 해가 뜨고(旦) 깃발(勿)이 휘날린다는 데서 해·양지(陽)의 뜻임. (형성)

陽光[양광] 태양(太陽)의 빛.
陽刻[양각] 철형(凸形)으로 새김.
陽性[양성] 적극적으로 나아가는 성질.
陽曆[양력] 陽氣[양기] 夕陽[석양]

傷

亻 11 13 中

다칠 상, 근심할 상
다치다   근심하다
wound

亻 伫 伫 傷 傷 傷

마당 장: 場 → 昜

두 사람(亻)이 마당(昜)에서 말다툼 끝에 싸우다가 부상을 당했다는 데서 다치다·상하다(傷)의 뜻임. (형성)

場 → ㉧㉠ ← 傷

傷害[상해] 남의 몸에 상처를 내어 해롭게 함.
傷處[상처] 부상을 입은 자리.
負傷[부상] 火傷[화상] 傷心[상심]

楊

木 9 13 高

버드나무 양
버드나무
willow

十 木 杞 杞 楊 楊

오를 양: 揚 → 昜: 오르다.

나무(木) 가지가 위로 향하여 구불구불 올라가는(昜) 나무란 데서 버드나무(楊)의 뜻임. 昜은 陽을 나타냄. (형성)

※ 나무가지가 늘어지는 버드나무는 柳(107)라 함.

㉧ ← 揚, 陽, 楊

楊柳[양류] 버드나무.
白楊[백양] 버들과의 낙엽 활엽 교목.

暢

日 10 14 高

화창할 창, 통할 창
화창하다   잘 통하다
bright, balmy

申 甲 甲 甲 暢 暢

납 신, 이야기할 신, 펼 신: 申: 햇살이 퍼지다, 펼쳐지다

볕 양: 陽 → 昜: 햇볕

햇볕(昜)이 넓게 퍼져(申) 날씨가 화창하다(暢)의 뜻임. (형성)

場 → ㉧㉠ ← 暢

和暢[화창] 날씨가 부드럽고 맑음.
流暢[유창] 말이 줄줄 나와 거침이 없음.
暢達[창달] 뻗어 자람. ⑳ 言論(언론)~

腸

月 9 13 高

창자 **장**, 마음 **장**
창자   마음

intestine

丿 月 肝 胛 腸 腸

말 물 : (勿) 🚩 → 彡 → 勿

깃발이 구불구불 펄럭이는 모양

몸(月)의 일부로서 해가 뜨면(旦) 음식이 구불구불(勿) 내려가는 곳이니 창자(腸)이다. (형성)   場 → 장 ← 腸

斷腸[단장] 슬퍼서 창자가 끊어질 듯 함.
小腸[소장]   大腸[대장]   盲腸[맹장]

婚

女 8 11 中

혼인할 **혼**
혼인하다

marry

女 女 女 妒 娇 婚

저녁 혼 : 昏 : 해(日)가 나무 뿌리(氏) 아래로 지니 저녁(昏)이다.

옛날에는 저녁(昏)에 신부(女)를 맞이하여 혼인(婚)식을 하였다. (형성)

※ 결혼식장에 촛불을 밝히는 일은 옛 풍습에서 비롯됨.

婚姻[혼인] 남녀가 부부가 되는 일.
婚約[혼약] 혼인을 맺을 언약. 약혼.
婚期[혼기]   婚談[혼담]   婚需[혼수]

湯

氵 9 12 高

끓일 **탕**, 끓인 물 **탕**
끓이다   끓인 물

hot water

氵 沪 沪 浔 湯 湯

양기 양, 해 양 : 陽 → 昜 : 볕이 쬐어 뜨겁다의 뜻. 여기서는 데우다의 뜻으로 쓰임.

물(氵)을 데워서(昜) 끓인다(湯). (형성)

湯藥[탕약] 달여 먹는 약. 탕제(湯劑).
湯液[탕액] 한약을 달이어 짠 물.
熱湯[열탕] 끓는 국이나 물.
浴湯[욕탕]   溫湯[온탕]   冷湯[냉탕]

底

广 5 8 高

밑 **저**, 바닥 **저**
밑   밑바닥

bottom

广 广 广 庐 底 底

씨 씨 : 氏 : 나무 뿌리 : 왼쪽의 '紙'란의 그림 참조

집(广) 밑의 나무 뿌리(氏)가 있는 바닥(一)이란 데서 밑(底)을 의미한다. (형성)

底力[저력] 속에 간직한 끈기 있는 힘.
底邊[저변] 밑변.
海底[해저]   基底[기저]   徹底[철저]

紙

糸 4 10 中

종이 **지**
종이

paper

幺 糸 糸' 紅 紅 紙

⚘ → 𠂉 → 氏 : 나무의 뿌리, 근원, 원료

섬유질(糸)을 근원·원료(氏)로 하여 종이(紙)를 생산한다. (형성)

氏 → 𠂉 지 ← 紙

紙物[지물] 종이의 총칭. 예 ~商(상).
紙質[지질] 종이의 품질(品質).
新聞紙[신문지]   便紙·片紙[편지]

抵

扌 5 8 高

겨룰 **저**
겨루다, 거스르다, 무릇

encounter, face

扌 扌 扌 扺 抵 抵

밑 저, 바닥 저 : 底 → 氐 : 낮은 곳

성벽으로 기어오르는 적을 손(扌)에 든 무기를 써서 낮은(氐) 곳으로 퇴각시킨다는 데서 겨루다·거스르다(抵)의 뜻임. (형성)

抵抗[저항] 대항(對抗). 반항(反抗).
抵觸[저촉] 서로 부딪침. 서로 모순됨.
抵當[저당] 맞당겨서 능히 배겨남.

標

木 11 / 15 / 高

표할 **표**, 나타날 **표**
표하다   나타나다

mark

| 栖 | 栖 | 栖 | 標 | 標 | 標 |

종요로울 요, 요할 요 : **要** → **襾** : 장에 가는 여자(女)에게는 바구니(襾)가 무엇보다 **중요하다·필요하다(要)**.

중요한(襾) 내용을 **나무판(木)**에 적어 **보인다(示)**는 데서 **표하다·나타나다(標)**의 뜻임. (형성)

標識[표지] 사물을 표하기 위한 기록.
標語[표어]   標的[표적]   標本[표본]
標準[표준]   目標[목표]   里程標[이정표]

拳

手 6 / 10 / 高

주먹 **권**
주먹

fist

| ハ | 스 | 半 | 失 | 参 | 拳 |

불 화 : **火**
두 이 : **二** → **失**
손 수 : **手**

불(火)같이 강한 힘을 갖는 두(二) 손(手)이니 두 **주먹(拳)**이다. (형성)

拳鬪[권투] 주먹으로 싸우는 운동 경기.
拳銃[권총] 짧고 작은 호신용 총. 피스톨.
赤手空拳[적수공권] 맨손과 맨주먹.

票

示 6 / 11 / 高

쪽지 **표**
쪽지

tag, bill

| 一 | 襾 | 襾 | 覀 | 票 | 票 |

종요로울 요, 요할 요 : **要** → **襾** : 중요하다
보일 시 : **示** : 표시(表示)하다

중요한(襾) 내용을 **표시한(示)** 쪽지 **표·수표·전표(票)** 등을 뜻한다. (회의)

票決[표결] 투표(投票)로 결정(決定)함.
計票[계표] 표를 정리하여 수를 헤아림.
手票[수표]   傳票[전표]   通知票[통지표]
賣票[매표]   記票[기표]   座席票[좌석표]

卷

卩 6 / 8 / 中

두루마리 **권**, 말 **권**, 책 **권**
두루마리   말다   책

roll of paper

| ハ | 스 | 半 | 失 | 关 | 卷 |

주먹 권 : **拳** → **关** : 주먹, 손

⦿ → ⦿ → 卩 : 두루마리, 책

두루마리(卩) 종이에 손(关)으로 문서를 적은 데서 **두루마리·말다·책(卷)**의 뜻임. (형성)

卷煙[권연] 궐련. 종이로 말아 놓은 담배.
席卷[석권] 자리를 말듯이 쉽게 공략함.
上卷[상권]   下卷[하권]   卷頭[권두]

漂

氵 11 / 14 / 高

떠다닐 **표**, 바랠 **표**
떠다니다   바래다

drift

| 氵 | 浉 | 湮 | 漂 | 漂 | 漂 |

쪽지 표 : **票** : 중요한(要 → 襾) 내용을 표시한(示) 쪽지(票)

쪽지(票)가 물(氵)에 **떠다녀** 색이 바래다(漂). (형성), (전주)

票 → 田 ← 漂, 標

漂流[표류] 물에 떠서 흘러감. 정처 없이 떠돌아 다님.
漂着[표착] 표류하여 어떤 곳에 닿음.
漂白[표백] 바래거나 약품을 써서 희게 함.

券

刀 6 / 8 / 高

문서 **권**, 언약할 **권**
문서   약속하다

bill

| ハ | 스 | 半 | 失 | 关 | 券 |

주먹 권 : **拳** : 위 '拳'란 참조

주먹(拳 → 关)에 칼(刀)을 쥐어 대쪽이나 나무쪽에 **문서(券)**를 새겨 주고 **약속한다(券)**. (형성)

株券[주권] 주식의 소유권을 증명하는 증권(證券).
銀行券[은행권]   證券[증권]   債券[채권]
入場券[입장권]   食券[식권]   旅券[여권]

广 8 11 高	庶	많을 서, 여러 서, 서자 서 많다 여럿 서자 many

| 一 | 广 | 广 | 庐 | 庐 | 庶 |

스물 : ⧻ : ⿱ : 20명, 여럿
불 화 : 火 → ⺣ : 불을 밝히다

집(广) 안에 불(⺣)을 밝히고 20명(⿱)이 모여 있다는 데서 많다·여럿(庶)의 뜻임. (회의)

庶人[서인] 벼슬하지 않은 일반 백성. 서민(庶民). 평민.
庶出[서출] 첩(妾)의 소생(所生).

氵 9 12 高	渡	건널 도, 나루 도 건너다 나루 go across

| 氵 | 沪 | 沪 | 沪 | 渡 | 渡 |

자 도 : 度 : 여기서는 재다의 뜻

물(氵)의 깊이를 재면서(度) 강을 건넌다(渡). (형성)

渡河[도하] 강을 건넘. 도강(渡江).
  예 ~작전(作戰)
賣渡[매도] 팔아 넘김.
渡船場[도선장] 渡航[도항] 渡來[도래]
工場渡[공장도] 讓渡[양도] 渡美[도미]

巾 7 10 中	席	자리 석, 베풀 석 자리 베풀다 seat

| 广 | 广 | 庐 | 庐 | 席 | 席 |

돌집 엄 : 广
이십 : ⧻ → ⧻ → ⿱ : 이십, 여럿
수건 건 : 巾 : 천으로 만든 방석

집(广)에 스무(⿱) 명이 앉을 방석(巾)을 깔아 자리(席)를 베푼다(席). (형성)

席卷[석권] 자리를 말듯 쉽게 공략함.
座席[좌석] 出席[출석] 着席[착석]

子 5 8 高	孟	맏 맹, 우두머리 맹, 첫 맹 맏 우두머리 첫 chief, first

| 子 | 子 | 弘 | 孟 | 孟 | 孟 |

아들 자 : 子
피 혈 : 血 → 皿 : 혈연

혈연(血→皿)을 잇는 자식(子) 가운데의 맏(孟)아들이란 데서 맏·우두머리·첫째(孟)의 뜻임. (형성)
    皿 → 囧 囧 ← 孟

孟冬[맹동] 초겨울. 음력 10월.
孟月[맹월] 음력 1·4·7·10월.
孟浪[맹랑] 孟母三遷之敎[맹모삼천지교]

广 6 9 中	度	자 도, 법도 도, 헤아릴 탁 자 법도 헤아리다 measuring rule

| 广 | 广 | 庐 | 庐 | 庐 | 度 |

여러 서 : 庶 → 庐
손 : 又

길이·각도·온도 등 여러 가지(庐)를 손(又)을 써서 잰다는 데서 자(度)의 뜻이다. (형성)

度量[도량] 길이와 들이. 너그러운 마음.
尺度[척도] 法度[법도] 制度[제도]
密度[밀도] 速度[속도] 度地[탁지]

犭 8 11 高	猛	사나울 맹, 날랠 맹 사납다 날래다 fierce

| 犭 | 犭 | 犳 | 猛 | 猛 | 猛 |

개사슴록변 : 犭 : 개, 사슴, 짐승
우두머리 맹, 맏 맹 : 孟 : 여기서는 우두머리의 뜻

우두머리(孟) 되는 짐승(犭)이니 호랑이처럼 사납고·날래다(猛). (형성)
         孟 → 囧 ← 猛

猛獸[맹수] 사나운 짐승.
猛烈[맹렬] 기세(氣勢)가 사납고 세참.
猛虎[맹호] 猛將[맹장] 勇猛[용맹]

偉

亻 9
11
中

클 위, 뛰어날 위
크다, 뛰어나다, 위대하다
great

| 亻 | 亻 | 俨 | 侉 | 偉 | 偉 |

왼 발: 🖐 → 力 → ヰ
둘 레: ○ → 口 → 口
오른발: 👣 → 屮 → ヰ

韋: 둘레에 왼발, 오른 발로 모여 든다.

사람(亻)들이 둘레에 모여드니(韋) 뛰어난(偉) 사람이다. (형성)

偉人[위인] 위대한 사람. 뛰어난 인물.
偉大[위대] 국량(局量)이 매우 큼.

韓

韋 8
17
中

나라이름 한, 성 한
나라이름 성
korea

| 古 | 卓 | 韩 | 韩 | 韓 | 韓 |

아침 조: 朝→卓: 해가 돋는다
클 위: 偉→韋: 크다, 위대하다

해가 돋는(卓) 동방의 위대한(韋) 나라인 한국(韓)을 뜻한다. (형성)

韓國[한국] 대한민국(大韓民國).
韓服[한복] 우리 나라 고래(古來)의 의복 (衣服).
韓方醫[한방의] 三韓[삼한] 馬韓[마한]
韓石峰[한석봉] 辰韓[진한] 弁韓[변한]

違

辶 9
13
高

어길 위, 다를 위
어기다 다르다
differ

| 井 | 告 | 岦 | 韋 | 韋 | 違 |

왼 발: ㅗ
오른발: 屮

성 · 울타리 : 口

성 둘레(口)를 왼발(ㅗ) 오른발(屮)로 걸으면(辶) 돌 때마다 발자국이 서로 다르다는 데서 어기다·다르다(違) 의 뜻임. (형성)

相違[상위] 서로 어긋남. 서로 틀림.
違反[위반] 약속한 바를 어김.
違法[위법] 非違[비위] 違憲[위헌]

緯

糹 9
15
高

씨 위, 씨줄 위
씨, 씨줄, 가로줄
latitude

| 糹 | 紀 | 紀 | 緯 | 緯 | 緯 |

韋: 울타리(口)를 왼발(ㅗ) 오른발 (屮)로 걷는다.

울타리나 건물의 둘레(口)를 왼발 (ㅗ) 오른발(屮)로 돌아다니듯 북실 (糹)이 좌우로 왔다 갔다 한다는 데서 씨줄(緯)을 뜻한다. (형성)

經緯[경위] 직물의 날과 씨.
緯度[위도] 지구의 가로 좌표.
北緯38度[북위 38도]   緯線[위선]

衛

行 10
16
高

막을 위, 지킬 위
막다 지키다
defend

| 彳 | 彳 | 衞 | 衛 | 衛 | 衛 |

군사가 성의 둘레(口)를 왼발(ㅗ) 오른발(屮→帀)로 걸어 다니면서(行) 적을 막아·지킨다(衛). (회의)

偉, 違, 緯, 圍 →

護衛[호위] 보호(保護)하여 지킴.
防衛[방위] 막아서 지킴. ㉠~産業(산업)
衛生[위생] 질병의 예방·치유에 힘쓰는 일.
衛兵[위병] 호위(護衛)하는 군졸(軍卒).
衛星[위성] 守衛[수위] 衛戍[위수]

圍

口 9
12
高

둘레 위, 에울 위 ㉮囲
둘레   에우다
encircle

| 冂 | 門 | 周 | 官 | 圍 | 圍 |

울타리를 왼발, 오른발(韋)로 돈다는 데에 다시 큰 울타리(口)를 더하여 둘레·에우다(圍)의 뜻을 나타냈다. (형성)

圍立[위립] 빙 둘러싸고 섬.
圍繞[위요] 에워쌈. 싸고 돎.
周圍[주위] 어떤 곳의 바깥 둘레.
範圍[범위] 한정된 구역의 언저리.
包圍[포위] 빙 둘러 에워쌈.

傑

亻
10
12
高

뛰어날 **걸**, 준걸 **걸** ㉚ 杰
뛰어나다 준걸
eminent, hero

| 亻 | 亻 | 亻 | 伊 | 伊 | 傑 | 傑 |

왼발:  → 夂 → 夕
오른발: ✋ → 丮 → 牛

사람(亻)이 왼발(夕) 오른발(牛)로 높은 나무(木)에 오른다는 데서 뛰어나다 · 준걸(傑)이란 뜻임. (형성)

俊傑[준걸] 재주와 슬기가 뛰어난 사람.
豪傑[호걸] 지용이 뛰어나고 기개와 풍모가 있는 사람.

舞

舛
8
14
中

춤출 **무**
춤추다
dance

| 二 | 無 | 無 | 無 | 舞 | 舞 |

없을 무: 🧍🧍🧍🧍 → 無
(無→舞)

여러 사람이 손을 잡고 춤을 추는 모양을 본떴다.

여럿이 손을 잡고(無) 왼발(夕) 오른발(牛)을 움직여 춤을 춘다(舞). (형성)

無 → 舛 ← 舞

舞踊[무용] 무도(舞蹈). 춤. 댄스.
舞臺[무대] 舞姬[무희] 歌舞[가무]

隣

阝
12
15
高

이웃 **린**, 이웃할 **린** ㉚ 鄰
이웃   이웃하다
neighbors

| 阝 | 阝 | 阡 | 阡 | 隣 | 隣 |

언덕 부: 阝 : 언덕 밑의 논 · 밭
왼발: 夕   오른발: 牛

언덕(阝) 밑에서 왼발(夕) 오른발(牛)로 걸어다니면서 쌀(米) 농사를 지으며 살고있는 이웃(隣)이란 뜻임. (형성)
※ 麟: 기린 린 : 麒麟(기린)

隣家[인가] 이웃집.
隣邦[인방] 이웃 나라.
隣近[인근] 隣接國[인접국] 善隣[선린]

瞬

目
12
17
高

눈깜짝할 **순**
눈을 깜짝하다, 잠깐
blink

| 目 | 目 | 眕 | 睁 | 瞬 | 瞬 |

준걸 걸, 뛰어날 걸: 傑→舛
무궁화 순, 순임금 순: 舜 : 손(爫)과 머리(冖)와 덕망이 뛰어난(舛) 순임금(舜). 뛰어나게(舛) 아름다운 무궁화(舜)의 뜻.

눈(目)을 뛰어나게(舜) 빠른 속도로 깜짝거린다(瞬)의 뜻임. 舜은 音符임.

瞬間[순간] 잠깐 동안. 삽시간.
瞬時[순시] 一瞬[일순] 瞬息間[순식간]

憐

忄
12
15
高

불쌍히여길 **련**
불쌍히 여기다
pity

| 忄 | 忄 | 㤝 | 怜 | 憐 | 憐 |

이웃 린: 隣 →  : 이웃. '어려운 처지에 있는 이웃'의 뜻.

어려운 처지에 있는 이웃(粦)을 마음(忄) 속으로 불쌍히 여긴다(憐)의 뜻임. (형성)

憐憫[연민] 불쌍하고 가련함.
可憐[가련] 신세가 딱하고 가엾다.
同病相憐[동병상련] 처지가 서로 비슷한 사람끼리 서로 동정한다는 뜻.

降

阝
6
9
中

내릴 **강**, 항복할 **항**
내리다   항복하다
descend

| 阝 | 阝 | 阝 | 阼 | 陉 | 降 |

언덕(阝)길을 왼발(夕) 오른발(牛)로 천천히 걸어(夂) 내린다(降). (형성)
언덕에 진을 쳤던 적이 내려온다는 데서 항복하다(降)의 뜻도 있음. (전주)

降神[강신] 신이 내림.
降伏 · 降服[항복] 힘이 다하여 적에게 굴복함.
降雨[강우] 비가 내림. 또는 내린 비.
降將[항장] 下降[하강] 昇降[승강]

逃

辶 6 / 10 高

달아날 도, 피할 도
달아나다 피하다
run away

丿 丬 兆 北 兆 逃

조짐 조 :  → 兆 → 兆 → 兆
(兆)

거북의 등껍데기를 태워서 점(兆)을 칠 때의 그 갈라진 무늬 모양으로 어떤 조짐(兆)이 있다는 뜻.

망할 조짐(兆)이 있는 사람이 길(辶)을 따라 달아난다(逃). (형성)

逃亡[도망] 피해 달아남. 逃走(도주)
逃避[도피] 도망하여 몸을 피함.

挑

扌 6 / 9 高

돋울 도
돋우다, 꾀다, 유인하다
provoke

扌 扌 扒 扐 挑 挑

조짐 조:兆:거북의 등껍데기를 태워서 점을 칠 때의 그 무늬 모양으로, 어떤 조짐이 보인다는 뜻.

손(扌)으로 집적거림으로써 어떤 조짐(兆)을 보여 상대방의 화를 돋운다(挑). (형성)

挑發[도발] 자극하거나 집적거려 일이 일어나도록 하는 일.
挑戰[도전] 싸움을 걸거나 돋움.

跳

足 6 / 13 高

뛸 도, 솟구칠 도
뛰다 솟구치다
jump

𧾷 𧾷 跙 跙 跳 跳

일조 조:兆:일조. 여기서는 수가 매우 많음을 뜻함.

발 족:足 → 𧾷

몸 속의 많은(兆) 힘을 발(𧾷)로 모아서 뛴다(跳). (형성)

　　　兆 → 㐃 　逃, 挑, 跳, 桃

跳躍[도약] 뛰어오름. 뜀.
跳梁[도량] 뛰어 돌아다님. 함부로 날뜀.
高跳[고도] 높이 뜀.

桃

木 6 / 10 高

복숭아나무 도, 복숭아 도
복숭아나무 복숭아
peach tree

朾 杁 材 杙 桃 桃

조짐 조 : 兆 → 兆 → 兆 → 兆
(兆)

복숭아 씨의 모양을 본뜬 글자임.

복숭아씨(兆)가 자라서 된 나무(木)이니 복숭아나무(桃)이다. (형성)

桃花[도화] 복숭아꽃.
桃李[도리] 복숭아와 오얏.
櫻桃[앵도]　紅桃[홍도]　胡桃[호도]

豐

豆 11 / 18 中

풍성할 풍, 풍년들 풍
풍성하다 풍년들다
abundant

丨 𧰨 𧰼 𧰼 𧰼 豐

두 손 : 手手 → 丰丰
제 기 : 豆

제기(豆) 위에 제물을 두 손(丰丰)으로 산(山)같이 올려 놓는다는 데서 풍성하다(豐)의 뜻임. (상형)

豐滿[풍만] 몸집이 큼. 물건이 넉넉함.
豐盛[풍성] 넉넉하고 많음.
豐作[풍작]　豐富[풍부]　豐饒[풍요]

禮

示 13 / 18 中

예 례, 예물 례　약 礼
예, 예절, 예물
ceremony

礻 禮 禮 禮 禮 禮

보일 시:示:제단, 조상신, 천신

제단(示)에 제물을 풍성하게(豐) 차려 놓고 제사 지내는 것이 예(禮)의 근본이다. (회의)

禮節[예절] 예의(禮儀)와 범절(凡節).
禮遇[예우] 예를 갖추어 대우(待遇)함.
答禮[답례] 남에게 받은 예(禮)에 대해서 이편에서 도로 갚는 일.
祭禮[제례]　婚禮[혼례]　敬禮[경례]

詩

言 6 13 中

시 **시**, 시경 **시**
시 시경
poetry

言 計 討 詰 詩 詩

관청 시, 절 사 : 寺 (p. 85 참조)

옛날에 관청(寺)에서 벼슬하기 위하여 배우는 언어(言)·문학 중에 시(詩)가 있었다. (형성)

詩歌[시가] 시(詩). 시와 노래.
詩句[시구] 시의 구절(句節).
詩壇[시단] 시인들의 사회.
敍事詩[서사시] 抒情詩[서정시] 詩材[시재]

待

亻 6 9 中

기다릴 **대**, 대접할 **대**
기다리다 대접하다
wait, treat

亻 彳 彳 彳 待 待

관청 시 : 寺
다닐 행 : 行 → 亻 : 행동. 여기서는 '서성대는 행동'의 뜻.

관청(寺)에서 서성대며(亻) 차례를 기다린다(待)는 뜻임. (회의)

待機[대기] 기회를 기다림. 명령을 기다림.
待遇[대우] 예의를 갖추어 대함.
待望[대망] 待令[대령] 接待[접대]

侍

亻 6 8 高

모실 **시**
모시다, 시중 들다
serve

亻 亻 仟 侍 侍 侍

관청 시, 절 사 : 寺

사람(亻)이 관청(寺)에서 상관을 모신다(侍). (형성)

※ 時 : 때 시 : 時間(시간), 時代(시대)

侍臣[시신] 임금을 가까이 모시는 신하.
侍婢[시비] 곁에서 시중 드는 계집종.
侍下[시하] 부모 또는 조부모가 생존하여 모시고 있는 사람.

等

竹 6 12 中

같을 **등**, 등급 **등**
같다, 등급, 따위
same, equal

⺮ ⺮ 竺 竺 等 等

대 죽 : 竹 : 죽간(竹簡), 문서

관청(寺)에서 죽간(竹)에 쓴 문서를 같은(等) 것끼리 분류하고 등급(等)을 정하는 따위(等)의 일을 한다. (회의), (전주)

等級[등급] 높고 낮음을 분별한 층수.
等邊[등변] 길이가 같은 변.
同等[동등] 平等[평등] 優等生[우등생]
等外[등외] 等數[등수] 劣等感[열등감]

持

扌 6 9 中

가질 **지**, 지닐 **지**
가지다 지니다
hold

扌 扌 扌 扙 持 持

관청 시, 절 사 : 寺
손 수 : 手 → 扌 → 扌

관청(寺)에서 내보낸 공문서를 손(扌)에 소중히 가지고(持) 있다. (형성)

寺 →  ← 持

所持[소지] 가지고 있음. 지니고 있음.
持久[지구] 오래도록 버티어 감.
堅持[견지] 굳게 지님. 굳게 지지함.
持續[지속] 支持[지지] 維持[유지]

特

牛 6 10 中

유다를 **특**, 특별할 **특**
유다르다 특별하다
special

牜 牜 牪 牪 特 特

소 우 : 牛 → 牜 : 소
관청 시 : 寺 : 관청

관청(寺)에서 유다른 일이 있으면 소(牜)를 잡아 제사를 지낸 데서 유다르다·특별하다(特)의 뜻임. (회의)

特別[특별] 보통보다 다름.
特技者[특기자] 特殊[특수] 英特[영특]
特例法[특례법] 特急[특급] 特命[특명]
特選作[특선작] 特使[특사] 特權[특권]

產

生 6 / 11획 / 中

낳을 산, 산물 산 ⑧產
낳다 산물
bear

| 一 | 丶 | 产 | 产 | 产 | 產 |

선비 언:彦:머리(彡)를 곱게 빗고 옷(衣→厂)을 단정히 하여 글(文)공부를 하는 선비(彦→产).

착한 선비(产)가 태어난다(生)는 데서 낳다·산물(產)의 뜻임. 彦 生 → 產
(형성) 언 생 → 산

產母[산모] 아기를 낳은 어머니.
產業[산업] 생산(生產)을 하는 사업.
產物[산물] 國產品[국산품] 畜產[축산]

課

言 8 / 15획 / 高

매길 과, 시험할 과
매기다 시험하다
levy, examine

| 言 | 訁 | 訁 | 訁 | 評 | 課 |

과일 과:果:농사의 결과(結果), 공부한 결과.

농사의 결과(果)를 말(言)로 물어 세금을 매긴다(課). 공부한 결과(果)를 언어(言)로 물어 시험한다(課). (형성)
果 → 과 ← 課

課業[과업] 맡긴 업무 또는 학과.
課試[과시] 일정한 때에 보이는 시험.
課程[과정] 賦課[부과] 學課[학과]

謀

言 9 / 16획 / 高

꾀할 모, 도모할 모
꾀하다 도모하다
plan, plot

| 言 | 訁 | 訁 | 謀 | 謀 | 謀 |

아무개 모:某:단(甘) 열매가 달리는 나무(木)를 아무개(某)가 가지고 있다.

아무개(某)에게만 소근소근 말(言)을 하여 어떤 일을 꾀한다(謀). (형성)
某 → 모 ← 謀

陰謀[음모] 일을 비밀로 꾸밈.
謀議[모의] 어떤 일을 꾀하고 의논함.
圖謀[도모] 參謀[참모] 謀士[모사]

誇

言 6 / 13획 / 高

자랑할 과
자랑하다
brag

| 言 | 訁 | 訁 | 詩 | 誇 | 誇 |

잘난체할 과:夸:어떤 일을 크게(大), 사실(=)과는 달리 구부려(丂) 말한다는 데서 잘난체하다(夸)의 뜻.

말(言)로써 자기의 재주가 비상하다고 잘난체한다(夸)는 데서 자랑하다(誇)의 뜻이 됨.

誇張[과장] 실지보다 지나치게 나타냄.
誇示[과시] 자랑하여 보임.
誇大[과대] 작은 것을 큰 것처럼 과장함.

媒

女 9 / 12획 / 高

중매 매, 매개 매
중매 매개
matchmaking

| 女 | 女 | 妣 | 妣 | 媒 | 媒 |

계집 녀:女:여자, 아가씨

여자(女)를 아무개(某) 사내에게 중매한다(媒). (형성) 某 → 媒
아무개 → 매

媒煙[매연] 그을음 섞인 연기.
仲媒[중매] 혼인을 어울리게 하는 일.
媒婆[매파] 혼인 중매에 나선 여자.
媒介[매개] 사이에 서서 양편의 관계를 맺어 줌.

諾

言 9 / 16획 / 高

승낙할 낙, 대답할 낙
승낙하다 대답하다
consent

| 言 | 言 | 訁 | 詐 | 諾 | 諾 |

젊을 약:若:오른(右)손으로 캐내는 채소(艹)가 싱싱하다는 데서 젊다(若)의 뜻. 여기서는 젊은이의 뜻.

젊은이(若)가 부탁하는 말(言)을 승낙한다(諾). (형성)

承諾[승낙] 청(請)하는 바를 들어 줌.
許諾[허락] 청하는 바를 들어 줌. 승낙함.
受諾[수락] 快諾[쾌낙→쾌락] 諾否[낙부]

普

日 8 / 12 / 高

넓을 **보**, 두루 **보**
넓다   두루
universal

나란히 설 병, 아우를 병 : 竝=並
날 일 : 日 : 해

해(日)가 동·남·서로 계속 서서(並)
두루·넓게(普) 비친다. (회의)
竝=並 → 뵹 보 ← 普

普及[보급] 세상에 널리 퍼지게 함.
普通[보통] 널리 일반에게 통함.
普遍[보편] 두루 널리 미침. 대상 전체에 공통으로 적용됨.

詐

言 5 / 12 / 高

속일 **사**, 거짓 **사**
속이다 거짓
lie

지을 작 : 🏠 → 乍 : 여기서는
(作→乍)   집의 뜻

사람(亻)이 집(乍)을 짓는다(作).
거짓으로 말(言)을 지어(乍) 남을 속인다(詐). (형성) 作 → 짝 사 ← 詐

詐欺[사기] 꾀로 남을 속임.
詐取[사취] 금품을 속여 빼앗음.
詐稱[사칭] 직함 등을 속여서 일컬음.

譜

言 12 / 19 / 高

적을 **보**, 계보 **보**, 악보 **보**
적다   족보   악보
record

넓을 보 : 普 : 위 참조

혈연을 넓게(普) 찾아서 자세히 말(言)할 수 있게 적은(譜) 것이 계보·족보(譜)이다. (형성) 普 → 보 ← 譜

譜表[보표] 음악을 악보로 표시하기 위한 오선(五線)의 체계.
系譜[계보] 집안의 계보·혈통을 적은 책.
族譜[족보] 年譜[연보] 樂譜[악보]

渴

氵 9 / 12 / 中

목마를 **갈**, 마를 **갈** ㉮渴
목마르다 마르다
thirsty

날 일 : 日 → 日, 쌀 포 : 包 → 勹
도망가는 사람 : 亾 → 亡

햇(日)볕에 싸여서(勹) 도망가는 사람(亾)이 물(氵)을 마시고 싶어 한다는 데서 목마르다(渴)의 뜻임. (형성)

※ 喝 : 큰소리 갈, 꾸짖을 갈 : 恐喝(공갈)

渴症[갈증] 물이 마시고 싶은 느낌.
渴望[갈망] 간절(懇切)히 바람.
枯渴[고갈] 물이 말라 없어짐.

詞

言 5 / 12 / 高

말씀 **사**, 글 **사**
말씀   글
word(s)

맡을 사 : 司 : 사람(人 → 入 → ㄱ → ㅋ)이 입(口)을 움직여 일을 맡는다(司).

맡은(司) 일에 대하여 의견을 말한다(言)는 데서 말씀(詞)이란 뜻. (형성)
司 → 사 ← 詞

歌詞[가사] 노래의 내용이 되는 문구.
詞客[사객] 시문(詩文)을 잘 짓는 사람.
弔詞·弔辭[조사] 名詞[명사] 動詞[동사]

謁

言 9 / 16 / 高

뵐 **알**, 아뢸 **알** ㉮謁
뵙다   아뢰다
audience

말씀 왈 : 曰,   쌀 포 : 包 → 勹
사람 인 : 人,   건물 : 匚

건물(匚)과 사람(人)으로 둘러싸여(勹) 있는 지체 높은 사람을 만나 말씀(曰)을 듣고 자기 의견을 말한다(言)는 데서 뵙다·아뢰다(謁)의 뜻임. (형성)

謁聖[알성] 문묘의 공자 신위에 참배함.
謁見[알현] 지체 높은 사람을 찾아뵘.
拜謁[배알] 높은 어른께 뵘. ㉮천자를 ~

謂

言 9 16 高

이를 위, 이름 위
이르다, 일컫다, 이르는 바
call, name

言 訂 訶 謂 謂 謂

밥통 위 : 胃 : 몸(月)의 일부로서 밭(田)에서 나는 곡식, 야채 등이 들어가는 곳이니 밥통(胃)이다.

위(胃)가 아프다고 말(言)로써 이르다(謂). 胃는 음을 나타낸다. (형성)

所謂[소위] 이른 바. ⑩ ~ 배웠다는 사람의 행실이 그럴 수가 있나!
可謂[가위] 가히 이르자면. 과연. 참.

調

言 8 15 中

고를 조
고르다, 잘 어울리다
harmonize

言 訂 訂 訂 調 調

두루 주 : 周 : 보기에 좋도록 (吉→咅) 둘레(冂)를 두른다(周).

편협되지 않게 두루(周) 살펴 말(言)을 고르게(調) 한다. (형성)

周 → ㉠ ㉡ ← 調

曲調[곡조] 음악이나 가사의 가락.
音調[음조] 음의 고저·강약·지속의 정도.
協調[협조] 고르게 하여 알맞게 맞춤.
調和[조화]   調節[조절]   調査[조사]

認

言 7 14 中

인정할 인, 알 인
인정하다 알다
recognize

言 訂 訶 認 認 認

참을 인 : 忍 : 칼날(刃)과 같이 굳고 단단한 마음(心)으로 참는다(忍).

남의 말(言)을 듣고 그 내용이 어느 정도 참을(忍) 만한 것이면 그대로 인정한다(認). (형성)

認定[인정] 옳다고 믿고 정하는 일.
認可[인가] 인정하여 허락함.
否認[부인] 그렇지 않다고 보거나 주장함.
認知[인지]   公認[공인]   確認[확인]

訂

言 2 9 高

바로잡을 정, 맺을 정
바로잡다   약속을 맺다
correct

言 訂 訂 訂 訂 訂

고무래 정 : 丁 : 고무래, 못

못(丁)을 쳐서 비뚤어진 것을 바로잡듯이 말(言)을 바로잡는다(訂). 못(丁)을 쳐서 고정시키듯이 말(言)로써 약속을 맺는다(訂). (형성)

訂正[정정] 잘못을 고쳐 바로잡음.
校訂[교정] 잘못된 글자를 바로잡음.
改訂[개정]   增訂[증정]   訂約[정약]

周

口 5 8 高

두루 주, 주나라 주
두루   주나라
round

丿 冂 冃 用 周

口→吉→冂 : 울타리, 둘레
길할 길 : 吉 : 좋다

둘레(冂)를 보기에 좋게 (吉→咅) 두른다(周). (회의)

周圍[주위] 어떤 곳의 바깥 둘레.
周邊[주변] 주위의 가장자리.
一周[일주] 한 바퀴를 돎. ⑩ 세계~.
周知[주지]   周密[주밀]   周遊[주유]

訴

言 5 12 高

하소연할 소, 송사할 소
하소연하다   송사하다
suit, sue

言 訂 訢 訢 訴 訴

물리칠 척 : 斥 : 도끼(斤)로 찍어서 (丶) 물리친다(斥).

억울한 일을 물리치기(斥) 위하여 관청에 그 사정을 말(言)로써 하소연·송사(訴)한다. (형성)

呼訴[호소] 제 사정을 남에게 하소연함.
訴訟[소송] 재판을 겲. 송사(訟事).
訴狀[소장] 소송을 제기하는 서류.
訴請[소청]   告訴[고소]   起訴[기소]

設 세울 설, 설령 설
세우다, 설령, 가령
build

言 4 11 中

| 言 | 言 | 言 | 訒 | 訍 | 設 |

창:  → 几 : 공구·연장

말하는(言) 대로 손(又)에 연장(几)을 들어 일을 하여 집 등을 세운다(設). (회의)

設計[설계] 계획을 세움.
設立[설립] 만들어 세움. ㉑ ~者(자).
建設[건설] 設令[설령] 設置[설치]

短 짧을 단, 흉 단
짧다, 흉, 허물
short

矢 7 12 中

| 上 | 矢 | 矢 | 短 | 短 | 短 |

화살 시 (矢) :
콩 두 (豆) :

화살(矢)은 활보다 짧고, 콩(豆)은 감자나 오이보다 짧다(短). (형성)

豆 → 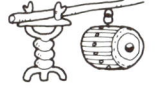 ← 短

短髮[단발] 짧은 머리털.
短點[단점] 낮고 모자라는 점. 결점.

克 이길 극, 능할 극
이기다, 능하다
overcome

几 5 7 高

| 一 | 十 | 十 | 古 | 古 | 克 |

투구 : 十
머리 : 口
사람 : 儿

사람(儿)이 머리(口)에 쓰는 투구(十)의 무게를 능히·이겨낸다(克). (회의), (전주)

克己[극기] 자기의 욕망을 눌러 이김.
克明[극명] 똑똑히 밝힘.
克服[극복] 곤란을 이겨냄.

業 일 업, 공 업
일, 업, 직업, 공적
work

木 9 13 中

| 业 | 业 | 业 | 丵 | 丵 | 業 |

북을 올려 놓는 받침대를 본떴는데, 받침대를 조각하는 것을 일삼는다 하여 일(業)의 뜻임. (상형)

業績[업적] 일의 공적. 업무의 성적.
業務[업무] 생업(生業)의 일.
業報[업보] 업인(業因)의 응보(應報).
職業[직업] 大企業[대기업] 授業[수업]

孤 외로울 고, 홀로 고
외롭다 홀로
lonely

子 5 8 高

| 孑 | 孑 | 孑 | 孤 | 孤 | 孤 |

오이 과 (瓜):  → 瓜

오이가 덩굴에 달린 모양을 본뜸.

오이(瓜)가 덩굴에 열매만 있고 덩굴은 시들어 버리듯 자식(子)만 있고 부모가 없다는 데서 외롭다(孤)의 뜻임. (형성)

孤兒[고아] 부모를 여의어 외로운 아이.
孤島[고도] 孤獨[고독] 孤寂[고적]

對 마주 볼 대, 짝 대 ㉑对
마주 보다 짝
face to

寸 11 14 中

| 业 | 业 | 业 | 丵 | 丵 | 對 |

업 업: 業·丵: 작업, 일
마디 촌: 寸: 손, 손과 도구

작업하는 일(丵)과 손(寸)이 서로 마주 대한다(對)는 뜻임. (회의)

對談[대담] 마주 대해 말함. ㉞ 對話(대화)
對策[대책] 어떤 일에 대한 방책(方策).
反對[반대] 사물이 아주 맞서서 다름.
對陣[대진] 對抗[대항] 相對[상대]

卑

낮을 비, 천할 비
낮다   천하다
humble

`  ㄣ 白 甶 卑 卑`

술 푸는 그릇: 🥄 → 甶 → 甶
손: 🖐 → ヰ → 十

손(十)에 술바가지(甶)를 들어 술을 퍼내는 사람은 신분이 낮다는 데서 낮다·천하다(卑)의 뜻임. (회의)

卑賤[비천] 지위·신분이 낮고 천함.
卑屈[비굴] 용기가 없고 마음이 비겁함.

婢

계집종 비, 소첩 비
계집종   소첩
maid servant

`女 奵 妁 妒 婢 婢`

낮을 비: 卑: 술바가지(甶: 위 참조)를 손(十)에 들고 일한다는 데서 낮다·천하다(卑)의 뜻임.

신분이 낮은(卑) 여자(女)이니 계집종(婢)이다. (형성)

婢僕[비복] 계집종과 사내종.
婢妾[비첩] 종으로 첩이 된 여자.
官婢[관비] 奴婢[노비] 侍婢[시비]

碑

비석 비, 석주 비
비석   석주(石柱)
stone tablet

`石 石´ 矴 硍 碑 碑`

하여금 비: 卑: 신분이 낮다
신분이 낮은 사람으로 하여금(卑) 일을 하게 한다는 데서 하여금의 뜻.

돌(石)로 하여금(卑) 성명·업적 등을 후세에까지 알리게 한다는 데서 비석(碑)의 뜻임. (형성)

碑石[비석] 빗돌. 석조로 된 비.
碑銘[비명] 비에 새긴 글.
碑文[비문] 碑閣[비각] 記念碑[기념비]

鼻

코 비, 시초 비
코   시초
nose

`自 自 咱 咱 鼻 鼻`

스스로 자: 自
낮을 비: 卑 → 畀

自만으로도 코의 뜻이 있으나 「自」가 자기, 스스로, 자연의 뜻으로 쓰이게 되자 自에 음을 나타내는 畀를 더하여 코(鼻)의 뜻을 나타냈다. (형성)

卑 → 비 ← 鼻

鼻音[비음] 콧소리.
鼻祖[비조] 시조(始祖). 창시자(創始者).

臭

냄새 취, 맡을 후 ⓒ 嗅
냄새   냄새 맡다
smell

`自 自 自 臭 臭 臭`

스스로 자 🐰 → 自 → 自 코의 모양을 본뜸
(自)

중국 사람은 자기를 가리킬 때 코에 손을 대는 습관이 있다.

개(犬)의 코(自)는 냄새(臭)를 잘 맡는다. (회의)

香臭[향취] 향냄새.
乳臭[유취] 體臭[체취] 악취[惡臭]

獸

짐승 수
짐승
beast, brute

`吅 咡 嘼 嘼 獸 獸`

吅: 소리 내며 물고 싸우는 일
田: 들과 산
犬: 개·가축
口: 먹는 것이 제일이라는 뜻

먹는 일을 제일(口)로 삼고 들(田)과 산에서 소리내며 싸우는(吅) 들짐승과 개(犬)·가축 등을 통틀어 짐승(獸)이라 한다. (회의)

獸肉[수육] 猛獸[맹수] 野獸[야수]

弗

弓 2 5 高

아닐 **불**, 달러 **불**
아니다 달러($)
not

一 ㄱ ㄹ 弓 弗

활 궁 : 弓 ｝→ 弗
칼 도 : ⺉ → 刂

활(弓)과 칼(刂)로 대항하고 반대한 다는 데서 아군이 **아니다**(弗)의 뜻임. **달러**의 기호($)와 비슷하여 **달러**의 뜻으로도 쓰인다. (회의), (가차)

弗乎[불호] '아니다'의 뜻. 부정하는 말.
弗素[불소] 연두색의 기체 원소의 이름.
弗貨[불화] 달러를 본위로 한 화폐.

費

貝 5 12 高

쓸 **비**, 소비할 **비**
쓰다, 소모하다, 비용
consume

一 ㄱ ㄹ 弗 曹 費

弗 : 아니다, 貝 : 재물

돈이나 **재물**(貝)을 다 써 버리고 **아니**(弗) 남았으니 **소비하다**(費)의 뜻임. (형성)

弗 貝 → 費
불 패 → 비

消耗[소모] 써서 없어짐. ⓔ ~품(品).
浪費[낭비] 헛되이 함부로 씀.
學費[학비] 過消費[과소비] 旅費[여비]
經費[경비] 工事費[공사비] 國費[국비]

拂

扌 5 8 高

털 **불**, 씻어버릴 **불** ⑩ 払
털다 씻어버리다
shake off

扌 扌 扩 护 拃 拂 拂

아닐 불 : 弗 : 위 참조

자기에게 해당 **안되는**(弗) 것을 **손**(扌)으로 **털어**(拂) 버린다. (형성)

支拂[지불] 값을 내어 줌. 돈을 치러 줌.
拂拭[불식] 털고 훔침. 말끔히 씻어 없앰.
ⓔ 불만을 ~하다
拂入[불입] 돈을 치러 넣음. ⑥ 納入(납입).
拂入金[불입금] 불입하는 돈.

粉

米 4 10 高

가루 **분**, 분 **분**
가루 분
powder

丶 丷 半 米 粉 粉 粉

쌀 미 : 米 : 벼이삭의 모양을 본뜸
나눌 분 : 分 : 나누다

쌀(米)을 **나누고**(分) 또 나누면 **가루**(粉)가 된다. (형성)   分 → ⓑ ← 粉

粉壁[분벽] 하얗게 꾸민 벽.
粉碎[분쇄] 가루처럼 잘게 부스러뜨림.
粉末[분말] 가루.
花粉[화분] 꽃가루.
粉食[분식] 粉筆[분필] 粉化粧[분화장]

佛

亻 5 7 中

부처 **불**
부처ㆍ석가모니
Buddha

亻 亻 佀 俤 佛 佛

아닐 불 : 弗 : 위 참조

보통 **사람**(亻)이 아니고(弗) 도를 깨우치신 **부처님**(佛)이시다. (형성)

弗 → ⓑ ← 佛, 拂

佛陀[불타] 범어(梵語) Buddha의 음역.
     부처. 석가모니(釋迦牟尼).
佛道[불도] 부처의 가르침.
佛敎[불교] 佛堂[불당] 念佛[염불]

紛

糸 4 10 高

어지러울 **분**, 엉클어질 **분**
어지럽다 엉클어지다
be in disorder

く ㄠ 糸 糸丶 紛 紛

나눌 분 : 分 : 나누다, 나뉘다

실(糸)이 여러 갈래로 **나눠져**(分) 뒤 엉켜 있어서ㆍ**어지럽고**(紛) 번잡하다. (형성)   分 → ⓑ ← 紛

紛爭[분쟁] 말썽을 일으켜 시끄럽게 다툼.
紛失[분실] 어수선한 사이에 잃어버림.
紛糾[분규] 일이 뒤얽혀서 말썽이 많고 시끄러움.
紛紛[분분] 사물이 흩어져 어수선한 모양.

監 볼 감, 살필 감 ㉭監
보다, 살피다, 감옥, 벼슬
see, look

皿 9 / 14 高

厂 臣 臣ト 臣ト 臣 監 監

신하 신 : 👁 → 𠂆 → 臣 → 臣
(臣)

임금 앞에 고개를 숙인 신하의 눈을 본떴음. '눈'을 뜻한다.

사람(亻)이 눈(臣)으로 그릇(皿)에 담긴 물(一)을 내려다 보면서 자기의 얼굴을 살핀다(監). (회의)

監督[감독] 보살펴 단속함.
監査[감사] 監房[감방] 大監[대감]

藍 쪽 람 ㉭藍
쪽
indigo plant

艹 14 / 18 高

艹 𦲳 𦲳 𦲳 藍 藍 藍

살필 감 : 監: 살피다의 뜻

야산에서 여러 가지 풀(艹)들을 살펴서(監) 쪽(藍)을 찾는다. (형성)

濫, 藍, 覽 → ㉭

藍色[남색] 쪽빛. 빨·주·노·파·청·남·보의 남색.
藍縷[남루] 누더기 옷. 해진 옷.
藍靑[남청] 짙은 검푸른 빛.
伽藍[가람] 승려가 살면서 불도를 닦는 집.

鑑 거울 감, 볼 감 ㉭鑑
거울, 보다, 본보기
mirror

金 14 / 22 高

金 鈩 鈩 鉐 鑑 鑑 鑑

쇠 금 : 金 : 쇠, 구리(銅→金)

쇠(金)를 갈고 닦아서 자기 모습을 살펴볼(監) 수 있는 거울(鑑)을 만든다. 거울을 들여다본다는 데서 보다·본보기(鑑)의 뜻도 있다. (형성), (전주)

鑑賞[감상] 예술 작품을 이해하고 음미함.
鑑定[감정] 사물의 선악(善惡)·우열(優劣)을 분별하여 정함.
鑑別[감별] 鑑識[감식] 龜鑑[귀감]

覽 볼 람 ㉭覽
보다, 생각하여 보다
see

見 14 / 21 高

臣 臣𠂆 臣𠂆 臣𠂆 覧 覧 覽

살필 감 : 監: 살피다
볼 견 : 見 : 보다

살피며(監) 본다(見)는 데서 두루 보다(覽)의 뜻임. (형성)

觀覽[관람] 연극·영화·경기 따위를 구경함.
遊覽[유람] 놀면서 봄. 구경하고 다님.
閱覽[열람] 죽 훑어서 봄.
展覽會[전람회] 便覽[편람] 回覽[회람]

濫 넘칠 람, 함부로 람 ㉭濫
넘치다 함부로 하다
overflow

氵 14 / 17 高

氵 氵⺀ 氵⺀ 濫 濫 濫

살필 감 : 監: 살펴보다의 뜻

장마가 진 후 냇물(氵)을 살펴보니(監) 홍수가 나서 냇물이 넘친다(濫). 넘친 물이 아무데나 함부로 들이닥친다는 데서 함부로(濫)의 뜻도 있다. (형성), (전주)

氾濫[범람] 물이 넘쳐 흐름. 범일(氾溢).
濫發[남발] 마구 발행함.
濫用[남용] 濫獲[남획] 濫伐[남벌]

臥 누울 와, 쉴 와 ㉭臥
눕다, 쉬다, 잠자다
lie down

臣 2 / 8 中

丨 𠂆 𠂆 𠂆 臣 臥

신하 신 : 👁 → 𠂆 → 臣 → 臣
(臣)

임금 앞에 고개를 숙인 신하의 눈을 본떴음. '눈'을 뜻한다.

사람(人)이 눈(臣)을 감고 누워서·쉰다(臥). (회의)

臥病[와병] 병으로 자리에 누움.
臥席[와석] 병석(病席)에 누움.
臥床[와상] 침상(寢床).

賢

貝 8 15 中

어질 **현**, 어진이 **현**
어질다   어진이

wise

| 厂 | 臣 | 臣 | 臤 | 賢 | 賢 |

신하 신 : 臣
손 : 又
조개 패 : 貝 : 돈, 재물

임금이 신하(臣)의 손(又)에 재물(貝)을 내려 어진(賢) 것을 포상한다. (형성)

賢明[현명] 사리에 밝음.
賢君[현군] 덕행(德行)이 있는 어진 임금.
賢母[현모] 賢婦[현부] 聖賢[성현]

臨

臣 11 17 高

임할 **림**, 다다를 **림** ㉰ 临
임하다   다다르다

arrive

| 臣 | 臣 | 臣′ | 臣占 | 臨 | 臨 |

신하 신 : 臣 : 신하의 눈
물품 품 : 品 : 물건

사람(一)의 눈(臣)이 물건(品) 가까이에 임하다(臨). (형성)

臨迫[임박] 어떤 시기가 가까이 닥쳐 옴.
臨機[임기] 일정한 기회나 고비에 다다름.
臨席[임석] 자리에 나아감.
臨時[임시]   來臨[내림]   君臨[군림]

緊

糸 8 14 高

급할 **긴**, 팽팽할 **긴**
급하다 팽팽하다

urgent

| 厂 | 臣 | 臤 | 堅 | 緊 | 緊 |

신하 신 : 臣 : 신하의 눈 : p.216의 '監'란 참조

산에서 호랑이를 눈(臣)으로 보며 활시위 줄(糸)을 당기는 손(又)이 팽팽하고·급하다(緊). (형성), (전주)

緊急[긴급] 일이 긴요(緊要)하고도 급함.
緊密[긴밀] 매우 밀접(密接)함.
要緊[요긴] 중요하고도 긴함.
緊張[긴장]   緊迫[긴박]   緊縮[긴축]

熙

灬 9 13 高

빛날 **희**, 화락할 **희**
빛나다, 화락하다, 기뻐하다

bright

| 厂 | 臣 | 臣 | 臣ᄂ | 熙 | 熙 |

몸 기 : 己 → 巳
불 화 : 灬

불(灬)을 환하게 켜고 춤을 추는 몸(己→巳)들을 눈(臣)으로 보며 즐긴다는 데서 빛나다·화락하다·기뻐하다(熙)의 뜻임. (형성)

熙熙[희희] 화락한 모양. 넓은 모양.
熙笑[희소] 기뻐하여 웃음.

堅

土 8 11 中

굳을 **견**
굳다

hard

| 丨 | 厂 | 臣 | 臤 | 堅 | 堅 |

신하 신 :  → 臣 → 臣 : 눈의 모양을 본뜸
(臣)

눈(臣)으로 흙(土)을 내려다보며 손(又)으로 집의 기초를 굳게(堅) 다진다. (형성)   堅 → ㉠㉣ ← 賢

堅固[견고] 굳고 튼튼함.
堅忍[견인] 굳게 참고 견딤.
堅實[견실] 튼튼하고 충실(充實)함.
堅持[견지] 굳게 지님. ㉰ 전통을 ~ 하다.

鹽

鹵 13 24 高

소금 **염**, 절일 **염** ㉰ 塩
소금   절이다

salt

| 臣⁻ | 臣厂 | 臣鹵 | 臨 | 臨 | 鹽 |

살필 감 : 監 → 監
〈소금밭 로〉

鹵 …바닷물이 들어오는 취수구
…바닷물이 말라 소금이 되는 모양
…소금밭(염전)의 울타리

소금밭(鹵)을 잘 살펴(監→監) 소금(鹽)을 많이 생산한다.

鹽田[염전] 바닷물에서 식염을 채취하는 밭.
鹽分[염분]   鹽酸[염산]   鹽藏[염장]

幾

幺 9
12
中

몇 **기**, 얼마 **기**, 빌미 **기**
몇　얼마　빌미
how many

幺 么 幺 丝 丝 丝 幾 幾 幾

실 사 : 絲→丝 : 가늘고 약한 실
사람 인 : 人 : 군인, 군사

창(戈)을 가진 군사(人)가 너무 멀리 있어서 가는 실(丝)처럼 가물가물하여 몇(幾) 명인지 잘 모르겠다는 뜻임. (회의)

幾何[기하] 얼마. 기하학(幾何學).
幾微·機微[기미] 낌새.
幾至死境[기지사경] 거의 죽게 됨.

畿

田 10
15
高

경기 **기**
경기
royal domains

幺 幺 丝 畿 畿 畿

작을 요, 어릴 요 : 幺→丝 : 가는 실(糸→幺)이란 데서 어리다의 뜻
밭 전 : 田 : 밭, 국토

어린 사람들(丝)까지도 창(戈)을 들고 밭(田)·국토를 지켜야 하는 땅이니 경기(畿)이다. (형성)

京畿[경기] 왕도(王都) 주위 500리 이내의 땅. 천자(天子) 직할의 지역.
畿湖[기호] 경기도와 충청도.

機

木 12
16
高

베틀 **기**, 틀 **기**, 때 **기**
베틀　기계　때
loom, machine

木 木 桦 桦 機 機 機

나무(木)를 몇(幾) 개 어찌어찌 짜서 베틀(機)을 만든다. 베틀에서 널리 기계의 뜻이, 기계(자동차 등)는 때에 맞춰서 재치있게 움직여야 한다는 데서 때·재치의 뜻도 생겼다. (형성), (전주)

機械[기계] 동력을 이용하여 제조·생산하는 장치.
機智[기지] 재치있게 움직이는 슬기.
時機[시기]　機關[기관]　機能[기능]

敏

攵 7
11
高

민첩할 **민**, 총명할 **민**
민첩하다　총명하다
quick, sharp

攵 勹 勺 每 每 敏

매양 매 : 每 : 매사(每事)의 뜻
칠 복 : 攵 : 손(乂)에 채찍(ㄱ)을 들고 친다.

손에 채찍을 들어(攵) 매사(每)에 민첩하도록(敏) 훈련한다. 훈련한 결과 총명해졌다(敏). (형성), (전주)

敏捷[민첩] 활동하는 힘이 빠르고 능란함.
敏感[민감] 감각이 예민(銳敏)함.
機敏[기민]　明敏[명민]　不敏[불민]

械

木 7
11
高

형틀 **계**, 기계 **계**
형틀　기계
implement, machine

木 札 枊 械 械 械

경계할 계 : 戒 : 두 손(廾)에 창(戈)을 들고 죄인들을 경계한다(戒). 여기서는 '벌 주다'의 뜻.

죄인을 벌 줄(戒) 때 쓰는 나무(木)이니 형틀(械)이다. 나아가 모든 틀·기계(械)를 의미한다. (형성), (전주)

械具[계구] 신체를 구속하는 기구(수갑·족쇄 등).
械器[계기] 기계(機械)나 기구(器具).

繁

糸 11
17
高

번거로울 **번**, 많을 **번**
번거롭다　많다
troublesome

每 每 敏 敏 繁 繁

每 : 매양
攵 : 바디(ㄱ)를 손(乂)에 들다.
※ 바디 : 베틀에 딸린 기구의 하나.

바디를 손에 들고(攵) 실(糸)로 옷감을 짜는 일은 매양(每) 번거롭다(繁). (형성)

繁雜[번잡] 번거롭고 뒤섞여 어수선함.
繁忙[번망] 번거롭고 다망(多忙)함.
繁榮[번영]　繁昌[번창]　繁華[번화]

接

扌 8 11 中

대접할 **접**, 이을 **접**
대접하다 잇다
entertain

| 扌 | 扩 | 拧 | 护 | 接 | 接 |

손 수 : 扌, 설 립 : 立, 계집 녀 : 女

식당에 가면 여자(女) 종업원이 서서(立) 손(扌)으로 일을 하며 손님을 접대하는(接)것을 볼 수 있다. (형성)

시비 첩, 첩 첩 : 妾 → 접 접 ← 接

接見[접견] 신분이 높은 사람이 공식적으로 손님을 만남.
接境[접경] 경계가 맞닿음.
接骨[접골] 接着劑[접착제] 接待[접대]

抑

扌 4 7 高

누를 **억**, 굽힐 **억**
누르다 굽히다
press

| 一 | 丅 | 扌 | 扣 | 扣 | 抑 |

손 수 : 扌
도장 인 : 印 → 卬

손(扌)으로 도장(印 → 卬)을 찍듯이 누른다(抑). (회의)

抑壓[억압] 힘으로 억누름.
抑鬱[억울] 억제를 당하여 답답함. 잘못이 없이 누명을 쓰는 일.
抑制[억제] 억눌러서 제어함.
抑留[억류] 억지로 머무르게 함.

托

扌 3 6 高

맡길 **탁**, 받칠 **탁**
맡기다 받쳐 들다
entrust

| 一 | 十 | 扌 | 扞 | 扞 | 托 |

손 수 : 扌
맡길 임 : 任 → 壬 → 乇 : 맡다

손(扌)으로 맡아서(乇) 할 일거리를 맡긴다(托). (형성)

※ 託 : 부탁할 탁 : 付託(부탁), 請託(청탁)

依托・依託[의탁] 남에게 의뢰함.
托鉢僧[탁발승] 동냥 다니는 중.
托盤[탁반] 잔을 받치는 그릇.
托處[탁처] 몸을 남에게 의지함.

提

扌 9 12 高

들 **제**, 끌 **제**
들다   손으로 끌다
hold, take

| 扌 | 押 | 捍 | 捍 | 捍 | 提 |

바를 시 : 是 : 해(日)의 운행이 바르다(正 → 疋)는 데서 바르다(是)의 뜻. 바른 것은 이것이냐 저것이냐 하는 데서 이것(是)이란 뜻도 있다.

손(扌)으로 이것(是)을 바르게(是) 들고(提) 있어라 ! (형성)

提出[제출] 의견・물건 등을 내어 놓음.
提示[제시] 어떤 의사를 드러내어 보임.

捨

扌 8 11 高

버릴 **사**, 베풀 **사**
버리다 베풀다
throw away

| 扌 | 扒 | 扲 | 拎 | 捨 | 捨 |

집 사 : 舍 : 열(十) 식구(口)가 모여(亼) 사는 집(舍)

집(舍)에서 필요 없는 쓰레기 등을 손(扌)으로 내다 버린다(捨). 집(舍)에 있는 재물의 일부를 손(扌)으로 준다는 데서 베풀다(捨)의 뜻도 있다. (형성)

捨小取大[사소취대] 작은 것을 버리고 큰 것을 취함.
喜捨[희사] 즐겨 재물을 연보(捐補)함.

拙

扌 5 8 高

졸할 **졸**, 못날 **졸**
졸하다, 서투르다, 옹졸하다
clumsy

| 扌 | 扌 | 扌丨 | 扚 | 拙 | 拙 |

날 출 : 出 : 만들어 내다

손(扌)으로 만들어 낸(出) 작품이 실물보다 졸하다(拙)는 뜻임. (형성)

出 → 出 出 ← 拙

拙作[졸작] 신통하지 않은 작품. 자기 작품의 겸칭.
拙劣[졸렬] 서투르고 모자람.
拙速[졸속] 서투르기는 하여도 빠름.
拙筆[졸필] 拙稿[졸고] 拙丈夫[졸장부]

延

끌 연, 늘일 연
끌다 늘리다
extent

丶 亻 下 正 延 延

길게 걸을 인 : 廴 : 멀리 가다
일어날 기 : 起 → 丿 : 일으켜 세우다
멈출 지 : 止 : 멈추다

멈춘(止) 것을 일으켜 세워서(丿) 멀리 가게 한다(廴)는 데서 끌다·늘리다(延)의 뜻임. (회의)

延長[연장] 길게 늘임. 늘어남.
延期[연기] 정한 기한을 물림.
延着[연착] 정한 일시보다 늦게 도착함.

廷

조정 정, 법정 정
조정   법정
court

二 千 壬 壬 廷 廷

맡을 임 : 任 → 壬 : 일을 맡다
길게 걸을 인 : 廴 : 발을 넓게 떼어 천천히 걷는다는 뜻

일을 맡은(壬) 사람들이, 천천히 걷듯이(廴) 심사숙고하여 일을 처리하는 조정·법정(廷)을 뜻한다. (형성)

廷臣[정신] 조정에서 벼슬하는 신하.
廷論[정론] 조정에서 의논함.
朝廷[조정]   法廷[법정]   入廷[입정]

庭

뜰 정
뜰
garden, yard

广 庁 庄 庄 庭 庭

북방 임 : 壬 : 서 있는 사람

집(广)에서 사람이 서서(壬) 천천히 걸을(廴) 수 있는 뜰(庭)을 의미한다. (형성)

廷 → 정 ← 庭

庭球[정구] 테니스. 연식정구의 일컬음.
庭園[정원] 집 안의 뜰.
家庭[가정]   校庭[교정]   庭球場[정구장]

篇

책 편, 편 편
책   서책의 부류
book

竺 竺 竺 篇 篇 篇

죽간을 엮은 모양 : ▯▯▯ → 冊 → 冊 → 冊

대쪽(竹)에 쓴 글을 집(戶)에서 엮어서(冊) 책(篇)을 짓는다. (형성)

※ 105년 蔡倫(채륜)이 제지법을 발명함. 그 이전에는 종이가 없었다.

玉篇[옥편] 자전. 한자를 모아 뜻을 풀어 놓은 책.
長篇[장편]   前篇[전편]   詩篇[시편]

編

엮을 편, 얽을 편
엮다 얽다, 매다, 땋다
edit, knit

糸 糺 紵 絹 絹 編

실 사 : 糸,
책 책 : 冊 → 冊
집 호 : 戶

집(戶)에서 책(冊)을 실(糸)로 엮는다(編). (형성)

※ 扁 : 작을 편, 현판 편: 扁舟, 扁額
偏 : 치우칠 편: 偏見(편견), 偏重(편중)

編輯[편집] 자료를 수집하여 책을 엮음.
編物[편물] 실을 짜서 옷을 만듦.
編曲[편곡]   編綴[편철]   編著者[편저자]

遍

두루 편, 번 편
두루   번, 횟수
all over, all around

厂 户 扃 扁 扁 遍

책받침 : 辶 : 길을 걸어다니다
집 호 : 戶 : 집, 이 집 저 집

이 집 저 집(戶)을 찾아다니며(辶) 책(冊 → 冊)을 두루(遍) 본다. (형성)

遍歷[편력] 편답(遍踏). 널리 돌아다님.
遍散[편산] 곳곳에 널리 흩어져 있음.
普遍[보편] 두루 널리 미침.
遍在[편재] 두루 퍼져 있음.

象

豕 5 / 12 高

코끼리 **상**, 모양 **상**, 본뜰 **상**
코끼리   모양   본뜨다
elephant

서 있는 코끼리(象)의 모양(象)을 본
떴다(象). (상형), (전주)

象牙[상아] 코끼리의 입 밖으로 나온 앞니.
象徵[상징] 어떤 개념을 구체적인 것에 의
하여 나타냄. 또 그 대상들.
巨象[거상]   印象[인상]   對象[대상]

豫

豕 9 / 16 高

미리 **예**, 머뭇거릴 **예**
미리   머뭇거리다   ⊕予
beforehand

사슬을 끌어
당기는 모양

사슬을 끌어당기듯 앞일을 끌어당긴다는
데서 미리의 뜻.
코끼리(象)가 죽기 전에 미리(予) 정해
진 곳에 가서 죽음을 기다린다는 데서 미
리(豫)의 뜻임. (형성)

豫約[예약] 豫定價[예정가] 豫告[예고]
豫算[예산] 豫備軍[예비군] 猶豫[유예]

像

亻 12 / 14 高

형상 **상**
형상, 꼴, 모습
figure

코끼리 상 : 象 : 모양, 본뜨다

1. 사람(亻)이 코끼리(象)의 형상(像)
을 그린다.
2. 사람(亻)이 어떤 모양을 본떠서
(象) 만든 형상(像). (형성)

銅像[동상] 구리로 만든 사람의 형상(形像).
像形[상형] 물건의 모양을 본떠서 만듦.
彫像[조상] 조각한 상.
肖像[초상] 偶像[우상] 佛像[불상]

序

广 4 / 7 中

차례 **서**, 실마리 **서**
차례, 순서, 실마리
order

돌집 엄 : 广 : 관청, 집
미리 예 : 豫 → 予 : 미리

집이나 관청(广)에서 하는 사업을 미
리(予) 정해 놓은 차례(序)라는 뜻임.
(형성)

順序[순서] 정해 놓은 차례.
序列[서열] 순서를 쫓아 늘어섬. 순서.
序頭[서두]   序文[서문]   序論[서론]

予

亅 3 / 4 高

줄 **여**, 나 **여**, 미리 **예**
주다,   나,   미리
I, give

줄 여 : (予) 사슬을 끌
어 당김

사슬을 끌어당기는 모양으로 ↑쪽은
주다(予)의 뜻. ↓쪽은 미리(予)의 뜻.
나(予)는 어떤 일에 미리미리 대비한
다. 豫의 속자(俗字)로 쓰임. (상형)

予奪[여탈] 주는 일과 빼앗는 일. 여탈(與
奪).
予一人[여일인] 천자(天子)의 자칭(自稱).

野

里 4 / 11 中

들 **야**
들
field, plain

: 사슬을 끌어
당기는 모양

끌어당긴다는 데서 연장의 뜻.
마을(里)에 이어져 연장된(予) 부분
이니 들(野)이다. (형성), (전주)
予 → ㉥ ㉨ ← 野

野菜[야채] 식용 초본(草本).
野營[야영] 천막 따위를 치고 들에서 잠.
平野[평야]   在野[재야]   野蠻[야만]

丿 4 5 中	**乎**	그런가 **호**, 어조사 **호** 그런가 어조사 丿 ノ 丆 亚 乎

평평할 평 : 平 : 평평하다
평평한가(乎), 그런가(乎) 아닌가 할 때의 그런가(乎)의 뜻을 갖는다. 감탄사로도 쓰인다. (지사)

不亦君子乎[불역군자호] 또한 군자가 아닌가.
不亦樂乎[불역낙호] 또한 즐겁지 아니한가.
斷乎[단호] 과단성 있게 처리하는 모양.
於乎[어호] 감탄하는 소리.

口 1 7 2 0 中	**嚴**	엄할 **엄**, 굳셀 **엄** ⓐ严, 厳 엄하다 굳세다 strict 严 严 严 厣 厣 嚴

吅 : 큰 소리로 외치다, 부르짖다
厂 : 벼랑, 높은 산
敢 : 굳셀 감 : 손에 칼을 들고(攵) 적군의 귀(耳)를 베니(工) 굳세다(敢).
벼랑(厂)에 서서 굳세게(敢) 외치는 (吅) 모습에 위엄(嚴)이 있다. (형성)

嚴肅[엄숙] 장엄(莊嚴)하고 정숙(靜肅)함.
嚴罰[엄벌] 엄하게 벌을 내림.
嚴禁[엄금]   戒嚴[계엄]   尊嚴[존엄]

口 5 8 中	**呼**	부를 **호**, 숨 내쉴 **호** 부르다 숨을 내쉬다 call 口 口 叮 吁 吁 呼

호흡 다할 호 : 乎 : 야—호 하고 부르짖다. 감탄사로도 쓰임.
입(口)으로 야—호—(乎) 하고 부른다(呼). 부르짖으려면 숨을 내쉬어야 한다(呼). (형성), (전주)

呼應[호응] 부름에 따라 응답(應答)함.
呼吸[호흡] 숨을 내쉼과 들이마심.
歡呼聲[환호성]   呼稱[호칭]   點呼[점호]

山 2 0 2 3 中	**巖**	바위 **암** ⓐ岩 바위 rock 屵 岸 岸 峇 巖 巖

엄할 엄, 굳셀 엄 : 嚴
산(山) 위에 있는 굳세고·엄한(嚴) 바위(巖)의 뜻 임. (형성)

山   嚴
산   엄 → ⓐ ← 巖, 岩

巖居[암거] 석굴에 삶.
巖窟[암굴] 바위에 뚫린 굴. 석굴(石窟).
巖盤[암반] 바위로 된 바닥.
巖泉[암천] 바위 틈에서 솟아나오는 샘.

攵 8 1 2 中	**敢**	굳셀 **감**, 감히 **감** 굳세다 감히 brave ⼯ 千 王 百 取 敢

손에 칼을 들다 : 攵
만들 공 : 工 : 공작하다, 베다
손에 칼을 들고(攵) 가서 적의 귀(耳)를 베니(工) 굳세다(敢). (형성)
※ 取 : 취할 취 : 爭取[쟁취], 奪取[탈취]
勇敢[용감] 용기(勇氣) 있고 과감(果敢)함.
敢行[감행] 과감하게 행함.
焉敢生心[언감생심] 감히 그런 마음을 먹을 수도 없음.

大 5 8 高	**奈**	어찌 **나**, 어찌 **내** 어찌 여하(如何) how 大 太 査 李 奈 奈

큰 대 : 大 ⎫
보일 시 : 示 ⎬ → 奈
크게(大) 보이려면(示) 어찌(奈) 할까? (형성)

奈落[나락] 지옥. 밑 닿는 데 없는 구렁.
奈何[내하] 어떤가. 어찌하여.
奈勿王[내물왕] 신라 17대 왕. 이 왕 때에 처음으로 우리 나라에서 한자를 썼음.

驛

馬 13 23 高

정거장 **역**, 역마 **역** ㉯駅
정거장 역마
station

| 馬 | 馬 | 馬 | 馹 | 驛 | 驛 |

말 마 : **馬** : 말, 역마(驛馬)
엿볼 역 : **睪** : 그물(罒)에 요행(幸)이
걸리는지 엿본다(睪).

옛날에 역마(馬)가 엿보고(睪) 들어가
쉬었다 가던 정거장(驛)의 뜻. (형성)

驛馬[역마] 각 역참에 갖추어 두던 말.
驛舍[역사] 역으로 쓰는 건물.
驛傳競走[역전경주]　終着驛[종착역]

擇

扌 13 16 高

가릴 **택**, 고를 **택** ㉯択
가리다 고르다
select

| 扌 | 扌 | 押 | 押 | 擇 | 擇 |

엿볼 역 : **睪** : 그물(罒)을 치고 요행
(幸)이 걸리는지 엿본다(睪).
좋은 물건인가 엿보고(睪) 손(扌)으
로 가려내고 고른다(擇). (형성)
※ 鐸 : 방울 탁 : 木鐸(목탁)

選擇[선택] 골라 가림.
採擇[채택] 골라서 냄. 가려서 택함.
擇一[택일] 하나를 고름. ㉠兩者(양자) ~
擇日[택일] 좋은 날짜를 고름.

譯

言 13 20 高

번역할 **역**, 풀이할 **역**
번역하다 풀이하다 ㉯訳
translate

| 言 | 言 | 言 | 詽 | 譯 | 譯 |

엿볼 역 : **睪** : 그물(罒)에 요행(幸)이
걸리는지 엿본다(睪).
다른 나라 말(言)을 엿볼(睪) 수 있
게 번역한다(譯)는 뜻임. (형성)

　　　　　　　　　驛 → 역 ← 譯

飜譯[번역] 문장의 내용을 다른 나라 말로 옮김.
譯解[역해] 번역하여 풀이함.
譯述[역술]　通譯官[통역관]　國譯[국역]

釋

釆 13 20 高

풀 **석**, 풀릴 **석** ㉯釈
풀다 풀리다 석가
interpret

| 釆 | 釈 | 釋 | 釋 | 釋 | 釋 |

손톱 조 : 爫 ┐
벼 화 : 禾 ┘→釆 : 손과 벼
엿볼 역 : **睪** : 자세히 살펴보다
손(爫)으로 벼(禾) 속의 돌피를 가려
내듯 사물을 자세히 살펴보고(睪) 풀이
한다(釋). (형성)

解釋[해석] 이해한 것을 설명함.
釋明[석명] 똑똑히 풀어 밝힘.
釋放[석방]　保釋金[보석금]　釋迦[석가]

澤

氵 13 16 高

못 **택**, 윤 **택** ㉯沢
못 윤
pond

| 氵 | 汜 | 浑 | 澤 | 澤 | 澤 |

엿볼 역 : **睪** : 바구니(罒) 속에 좋은
(幸) 물건이 있는지 엿본다(睪).
물(氵)이 엿보고(睪) 오래도록 머무
르니 못(澤)이다. (형성) 못의 물이 햇
빛에 반짝인다는 데서 윤(澤)의 뜻도
생겼다. (전주)

　　　　　　　　　澤 → 택 ← 擇

潤澤[윤택] 윤기 있는 광택. 물건의 풍부함.
澤畔[택반] 못의 가.
惠澤[혜택]　德澤[덕택]　光澤[광택]

兮

八 2 4 高

어조사 **혜**
어조사

| ノ | 八 | 公 | 兮 | | |

합할 합 : 合→亼 : 합하다, 모이다
시작하다 : 丂 : 시작의 뜻
말이 모였다가(亼) 다시 시작할(丂)
때 쓰는 어조사(兮)이다. (회의)

大風起兮雲飛揚[대풍기혜운비양] 대풍이
일어나더니 구름이 날아 오르다.
風蕭蕭兮易水寒[풍소소혜역수한] 바람이
시끄럽게 불더니 물이 차게 바뀌다.

欲

欠 7 11 中

하고자 할 욕, 바랄 욕
하고자 하다 바라다
want, desire

| 公 | 谷 | 谷 | 谷 | 谷 | 欲 |

골 곡 : 谷 : 골짜기, 위·뱃속
하품 흠 : 欠 : 입을 크게 벌리다

뱃속이 골(谷)처럼 비어 입을 크게 벌리고(欠) 먹고 싶어한다는 데서 하고자 하다·바라다(欲)의 뜻임. 주로 동사(動詞)로 쓰인다. (형성)

欲望[욕망] 누리고자 탐함. 또 그 마음.
欲求[욕구] 바라서 구함.
欲速不達[욕속부달] 欲心·慾心[욕심]

慾

心 11 15 高

탐낼 욕, 욕심 욕
탐내다 욕심
desire

| 谷 | 谷 | 欲 | 欲 | 欲 | 慾 |

하고자 할 욕, 바랄 욕 : 欲 : 뱃속이 골(谷)처럼 비어 입을 크게 벌리고(欠) 먹고자 한다(欲).

하고자 하는(欲) 마음(心)이니 탐내는·욕심(慾)의 뜻임. 주로 명사로 쓰인다. (형성)

慾望[욕망] 누리고자 탐함. 또 그 마음.
食慾[식욕] 음식을 먹고 싶어 하는 욕망.
貪慾[탐욕] 多慾[다욕] 無慾[무욕]

引

弓 1 4 中

당길 인, 끌 인
당기다 끌다
pull, draw

| ㄱ | ㄲ | 弓 | 引 |

활 궁 :

활(弓)을 쏘려고 활시위(丨)를 당긴다(引)는 데서 당기다·끌다의 뜻임. (회의)

引上[인상] 물가·봉급 등을 끌어 올림.
引導[인도] 引率者[인솔자] 引渡[인도]
引責[인책] 誘引策[유인책] 牽引[견인]

弘

弓 2 5 高

넓을 홍
넓다, 넓히다
wide, broad

| ㄱ | ㄲ | 弓 | 弘 | 弘 |

넓게 펼친
팔의 모양 :

활(弓)을 쏘기 위하여 팔(ㄙ)을 넓게(弘) 펼친다는 뜻임. (형성)

弓 → 궁(훈) ← 弘

弘益人間[홍익인간] 널리 인간 세상을 이롭게 함. 우리 나라의 건국이념.
弘大[홍대] 범위가 넓고 큼.
弘報[홍보] 공공적인 일을 널리 알림.

弔

弓 1 4 高

조상할 조 (속) 吊
조의를 표하다
condole

| ㄱ | ㄱ | 弓 | 弔 |

활 궁 : 弓
칼 도 : 刂 → 丨 : 칼, 몽둥이 등

옛날 사람들은 초상집에 갈 때 산짐승을 막기 위해 활(弓)이나 칼(丨) 따위를 가지고 가서 조상하였다(弔)는 뜻임. (형성)

弔喪[조상] 남의 죽음에 조의를 표함.
弔意金[조의금] 弔旗[조기] 弔歌[조가]
弔問客[조문객] 慶弔[경조] 謹弔[근조]

夷

大 3 6 高

오랑캐 이
오랑캐
barbarian

| 一 | 二 | 三 | 亐 | 夷 | 夷 |

큰 대 : 大 → 大
활 궁 :   弓   → 夷

큰(大) 활(弓)을 가지고 다니는 오랑캐(夷)란 뜻임. (회의)

東夷[동이] 동쪽 오랑캐.
傷夷[상이] 전투 또는 군사적 공무를 치르다가 몸을 다침.
征夷[정이] 오랑캐를 정벌(征伐)함.

繼

糸 14 / 20 / 高

이을 **계**, 맬 **계**   ㈱継
잇다   매다
join, lnk

선반: 上
실: 絲→糸→幺
선반 위의 많은 실: 䌛

선반 위의 많은 실들(䌛)을 꺼내 앞의 실(糸)에 잇는다(繼). (회의)

系 → 계 ← 繼

繼承[계승] 뒤를 이어받음. 승계(承繼).
繼續[계속] 끊이지 않고 잇대어 나아감.
中繼[중계]   後繼者[후계자]   繼母[계모]

棄

木 8 / 12 / 高

버릴 **기**
버리다
throw away

쓰레받기:

나무(木)로 만든 쓰레받기(丗)에 담아 쓰레기통에 간다(去→㐬)는 데서 버리다(棄)의 뜻임. (회의) 去 → ㉡㉠ ← 棄

棄權[기권] 권리를 버림.
抛棄[포기] 내어 던짐. 자기의 자격·권리를 쓰지 않음.

斷

斤 14 / 18 / 高

끊을 **단**, 끊어질 **단**   ㈱断
끊다   끊어지다
cut

선반: 上
선반 위의 많은 실: 䌛

선반 위의 실들(䌛)을 도끼(斤)로 끊는다(斷). (형성)

斷絕[단절] 관계를 끊음.
斷念[단념] 생각을 끊어 버림.
斷定[단정] 딱 잘라 결정(決定)함.
斷食中[단식중]   斷交[단교]   斷乎[단호]

驅

馬 11 / 21 / 高

몰 **구**, 달릴 **구**   ㈱駆
몰다   달리다
drive

구역 구: 區 ←건물
(區)   구역→ 區 ←도로

말(馬)을 일정한 구역(區)에서 몰다(驅). (형성)
※ 歐: 토할 구(=嘔), 구라파 구: 歐美(구미), 歐羅巴(구라파)

驅馳[구치] 말이나 수레를 몰아 달림.
驅步[구보] 달음질. 뛰어 감.
驅使[구사]   驅逐[구축]   先驅者[선구자]

蓋

艹 10 / 14 / 高

덮을 **개**, 대개 **개**   ㈱盖
덮다,   뚜껑, 덮개
cover

풀 초: 艹: 풀잎, 나뭇잎
갈 거: 去: 가다, 사라지다
그릇 명: 皿: 그릇, 그릇 속 물건

그릇(皿) 속의 물건이 사라지지(去) 않도록 풀잎(艹)으로 덮는다(蓋). (회의)

蓋瓦[개와] 지붕에 기와를 임. 기와.
蓋草[개초] 이엉. 이엉으로 지붕을 임.
覆蓋[복개]   無蓋車[무개차]   蓋然[개연]

鷗

鳥 11 / 22 / 高

갈매기 **구**   ㈱鴎
갈매기
sea gull

구역 구: 區: 구역
새 조: 鳥: 새

일정한 구역(區), 즉 해변에서만 사는 새(鳥)라 하여 갈매기(鷗)를 나타냈다. (형성)
※ 嘔: 토할 구: 嘔吐(구토)

白鷗[백구] 흰 갈매기.
鷗鷺[구로] 갈매기와 백로.
鷗洲[구주] 갈매기가 있는 사주(砂洲).

露

雨 12 20 中

이슬 **로**, 드러날 **로**
이슬 　 드러나다
　　　　　　　dew

길 로 : 路 : 발(足→﹅)로 각각(各) 걸어다니는 길(路)이란 뜻.

길(路)가의 풀잎 위에 비(雨)처럼 내린 이슬(露). 이슬은 눈에 잘 띈다 하여 드러나다(露)의 뜻도 생겼다. (형성), (전주)

草露[초로] 풀 위의 이슬.
朝露[조로]　露店商[노점상]　露出[노출]
露宿[노숙]　露骨的[노골적]　暴露[폭로]

零

雨 5 13 高

떨어질 **령**, 비 올 **령**, 영 **령**
떨어지다　비오다　　영(0)
　　　　　　　　　drop, fall

비 우 : 雨 → ⻗ : 비
명령할 령 : 令 : 명령

명령(令)이 위에서 아래로 내려지듯이 빗(雨)방울이 위에서 아래로 떨어진다(零). (형성)　令→⟨령⟩←零

零落[영락] 초목의 잎이 시들어 떨어짐.
零細[영세] 작고 가늘어 변변하지 못함.
零下[영하] 빙점(氷點) 이하.
零點[영점]　零度[영도]　零時[영시]

靈

雨 16 24 高

신령 **령**, 영혼 **령** ⟨약⟩靈
신령　　영혼
　　　　　　spirits, soul

물품 품 : 品 → ㅁㅁㅁ : 식품, 제물
무당 무 : 巫 : 사람들(从) 사이에서 생겨난(工) 것이 무당(巫)이다.

무당(巫)이 제물(ㅁㅁㅁ)을 차려놓고 비(雨)를 주십사고 신령(靈)께 빈다. (형성)

神靈[신령] 풍습으로 섬기는 모든 신.
靈長[영장]　靈物[영물]　靈魂[영혼]

鎭

金 10 18 高

누를 **진**, 수자리 **진** ⟨약⟩鎮
누르다,　고을
　　　　　press, suppress

참 진 : 眞 : 비수(匕)로 재산(貝)의 일부를 베어내어 (乚) 학비·연구비로 씀으로써 진리·참(眞)을 구한다.

쇠(金)덩어리같이 참으로(眞) 무거운 것으로써 누른다(鎭). (형성)

　　　　　　　眞 → ⟨진⟩ ← 鎭

鎭壓[진압] 진정(鎭定)시켜 억누름.
鎭靜[진정] 가라앉아 조용해짐.
鎭痛[진통]　鎭火[진화]　釜山鎭[부산진]

銃

金 6 14 高

총 **총**
총
　　　　　　gun, rifle

찰 충 : 充 : 세월이 가면서(去→㐬) 사람(儿)이 충실하게(充) 자란다.
알차다, 채우다(充)의 뜻.

쇠(金)파이프에 총알을 채워서(充) 쏜다는 데서 총(銃)의 뜻임. (형성)
　　　　　　　金 充 → 銃
　　　　　　　쇠 충 → 총

銃擊[총격] 총으로 사격(射擊)함.
銃傷[총상] 총에 맞아 다친 상처.
拳銃[권총]　銃砲[총포]　小銃[소총]

統

糸 6 12 中

거느릴 **통**, 합칠 **통**, 계통 **통**
거느리다　합치다　줄기
　　　　　　　　　lead

찰 충 : 充 : 세월이 가면서(去→㐬) 사람(儿)이 알차게(充) 자란다.

실(糸)을 알차게(充) 모아서 동아줄을 꼬듯이 힘을 모은다는 데서 거느리다·합치다(統)의 뜻임. (형성)
　　　　　　　銃 → ⟨충⟩⟨통⟩ ← 統

統率[통솔] 온통 몰아서 거느림.
統制[통제] 한 원리로 통합 제어하는 일.
統一[통일]　系統[계통]　血統[혈통]

壹

士 9 12 中

한 일, 오로지 일 ㉿壹
하나　오로지
one

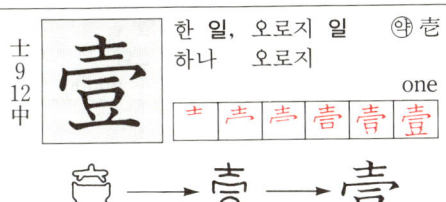

술단지의 모양을 본떴으며 오로지 좋은 술만을 담는다는 데서 오로지·하나(壹)의 뜻으로 쓰인다. '豆' 부분의 '一'에서 一의 「갖은자」로 쓰인다. (회의)

壹意[일의] 한 가지 일에 뜻을 오로지 함.
壹是[일시] 죄다. 한결같이.

貳

貝 5 12 中

두 이, 두 마음 이 ㉿貳
둘　두 마음
two

양날 창 :

두 이 : 二 ⎫
　　　　 ⎬→貝 : 두 개의 조개·돈
조개 패 : 貝 ⎭

양날 창(弋)과 두 개의 돈(貝)을 합하여 둘(貳)의 뜻을 나타냈다. '貳'의 二에 의해 二의 「갖은자」로 쓰임. (형성)

貳車[이거] 버금으로 따르는 수레.
貳心[이심] 두 가지 마음. 배반하는 마음.

參

厶 9 11 中

참여할 참, 석 삼 ㉿参
참여하다　셋
participate

厽 : 구슬 셋이 달린 비녀
人 : 사람 인,　彡 : 머리털

사람(人)이 머리를 곱게 빗고(彡) 구슬 셋이 달린 비녀(厽)를 꽂고 잔치에 간다는 데서 끼어들다·참여하다(參)의 뜻. '彡'에 의해 三의 「갖은자」로 쓰임. (형성)

參與[참여] 참가(參加)하여 관계(關係)함.
參拾[삼십] 설흔.
參席[참석]　參觀[참관]　參戰[참전]

慘

忄 11 14 高

아플 참, 혹독할 참 ㉿惨
아프다　혹독하다
sorrowful, pain

참여할 참, 셋 삼 : 參 : 끼어들다, 참여하다
마음 심 : 忄(心) : 심장

심장(忄)이 세(參) 갈래로 찢어지는 듯이 아프다(慘). (형성)

慘酷[참혹] 비참(悲慘)하고 끔찍함.
悽慘[처참] 슬프고 참혹함.
慘憺[참담] 참혹하고 암담한 모양.
慘死[참사]　慘景[참경]　慘狀[참상]

萬

艹 9 13 中

일만 만 ㉿万
일만
ten thousand

1. 벌의 모양을 본뜬 상형문자로, 그 수가 많다는 데서 만(萬)의 뜻을 나타냈음.
2. 풀밭(艹)의 풀을 뽑아다가(↑→芇) 한데 모아(冂→萬) 세어(一→萬) 보면 (丶→萬) 만(萬) 개나 된다.
※ 卍 : 만(萬)자 만 : 卍字(만자)

萬卷[만권] 책 만 권.
萬古不變[만고불변] 영원히 변하지 아니함.
萬全[만전]　萬歲[만세]　萬事亨通[만사형통]

勵

力 15 17 高

힘쓸 려, 권면할 려 ㉿励
힘쓰다　권면하다
incite, endeavo(u)r

벼랑 : 厂 : 벼랑, 산, 언덕
힘 력 : 力 : 힘, 힘들이다

벼랑(厂) 밑의 논·밭에서 만 가지로(萬) 힘(力)을 들여 힘써(勵) 일하라고 권면한다(勵). (형성), (전주)

勵行[여행] 힘써 행함. 행하기를 독려함.
奬勵[장려] 권하여 북돋아 줌.
激勵[격려] 마음이나 기운을 북돋우어 힘쓰도록 함.

噫

口 13 16 高

탄식할 **희**, 한숨쉴 **희**
탄식하다 한숨쉬다
sigh

口 吖 咿 噎 噫 噫

입 구 : 口
뜻 의 : 意 : 마음(心)에서 우러나오는 소리(音)가 뜻(意)이다.

일이 뜻(意)대로 되지 않아서 입(口)으로 길게 탄식한다(噫). (회의)

意 → 의 희 ← 噫

噫鳴[희오] 탄식하는 모양.
噫呼[희호] 찬미하거나 탄식 또는 애통해 하는 소리.

諒

言 8 15 高

살펴알 **량**, 믿을 **량**, 참 **량**
살펴알다 믿다   참
understand

言 訁 訐 詝 諒 諒

클 경 : 京 : 왕궁이 크다는 데서 크다 의 뜻

생각이 크고(京) 깊은 사람이 말(言)을 할 때는 사전에 충분히 살펴 알아서, 듣는 사람으로 하여금 믿음이 가게 참된(諒) 이야기를 한다는 뜻임. (형성)

諒解[양해] 사정을 참작하여 잘 이해함.
諒知[양지] 살피어 앎. 찰지(察知)
諒察[양찰] 생각하여 미루어 살핌.

憶

忄 13 16 中

기억할 **억**, 생각할 **억**
기억하다 생각하다
remember

忄 忄 忄 憶 憶 憶

마음 심 : 心 → 忄
뜻 의 : 意

}→憶

마음(忄)속에 뜻(意)을 새겨 기억한다(憶). (형성)

億 → 억 ← 憶

記憶[기억] 지난 일을 잊지 아니함.
追憶[추억] 지난 일이나 가버린 사람을 돌이켜 생각함. 또는 그 생각.
憶念[억념] 단단히 기억하여 잊지 않음. 또 그 기억.

涼

氵 8 11 中

서늘할 **량**, 슬퍼할 **량**
서늘하다 슬퍼하다
cool

氵 氵 沪 泸 涼 涼

서울 경, 언덕 경 : 京 : 왕궁이 있는 서울(京). 약간(小) 높은(高→亠) 언덕(京).

강(氵)가의 언덕(京)이 세게 부는 강바람에 의해서 서늘하다(涼). (형성)

納涼[납량] 더운 여름에 서늘한 바람을 쐼.
凄涼[처량] 초라하고 구슬픔.
涼風[양풍]   寒涼[한량]   荒涼[황량]

億

亻 13 15 中

억 **억**, 헤아릴 **억**
억(만의 만) 헤아리다
hundred million

亻 亻 俨 倍 億 億

뜻 의 : 意 : 뜻, 생각

1. 사람(亻)들이 가진 뜻(意)을 분류하면 많고 많아서 억(億) 가지나 된다. (회의)

2. 옛날 사람(亻)들이 생각할(意) 수 있는 가장 큰 수가 억(億)이다. (회의)

億萬[억만] 억(億). 아주 많은 수.
億劫[억겁] 무한히 긴 오랜 시간.
億兆蒼生[억조창생] 수많은 백성.

掠

扌 8 11 高

노략질할 **략**, 볼기칠 **략**
노략질하다   매질하다
plunder

扌 扩 扩 挌 掠 掠

서울 경, 언덕 경 : 京 : 약간(小) 높은(高→亠) 언덕. 여기서는 언덕, 곧 산에 숨어 있는 '산적'을 뜻함.

높은 언덕(京), 곧 산에 사는 산적이 손(扌)으로 노략질한다(掠). 산적을 잡으면 볼기를 친다(掠). (형성), (전주)

掠奪[약탈] 폭력을 써서 재물을 빼앗음.
擄掠[노략] 떼지어 다니면서 사람이나 재물을 강제로 빼앗음.

搖

扌 10 13 高

흔들 요, 움직일 요 ㉤搖
흔들다 움직이다
shake, wave

扌 扩 扩 挳 捽 搖

오지그릇 부 (缶) : 질그릇 술독

손(扌)에 고기(夕)와 술그릇(缶)·술병을 들어서 흔든다(搖). (형성)

謠 →  ← 搖, 遙

搖動[요동] 흔들림. 흔들어 움직임. ㉤動搖(동요).
搖籃[요람] 유아를 누이어 흔드는 채롱.
搖亂·擾亂[요란] 搖之不動[요지부동]

謠

言 10 17 高

노래할 요, 노래 요
노래하다 노래
sing, song

言 訪 誶 諌 諲 謠

말씀 언 : 言
육달 월 : 月 → 夕 : 고기, 몸
장군 부 : 缶 : 항아리, 술독

고기(夕)와 술독(缶)을 앞에 놓고 곡을 붙여 말한다(言)는 데서 노래하다(謠)의 뜻임. (형성)

歌謠[가요] 악가(樂歌)와 속요(俗謠). 민요·동요·속요·유행가 등의 속칭.
民謠[민요] 童謠[동요] 俗謠[속요]

遙

辶 10 14 高

멀 요, 거닐 요 ㉤遥
멀다 거닐다
distant, far

⺈ 乒 丢 䍃 遙

육달 월 : 月 → 夕 : 고기, 몸
오지그릇 부 : 缶 : 질그릇, 술독
길 : 辶

고기(夕)와 술독(缶)을 지고서 길(辶)을 따라 멀리·걷는다(遙). (형성)

遙遠[요원] 아득히 멂. 요원(遼遠).
消遙[소요] 슬슬 거닐어 돌아다님.
遙拜[요배] 먼곳에서 바라보며 절함.

腰

月 9 13 高

허리 요, 찰 요
허리 허리에 차다
waist

月 肝 脝 䐄 腰 腰

종요로울 요 : 要 : 중요하다, 필요하다, 요긴하다

몸(月)을 구부렸다 폈다 하는데 요긴한(要) 부분이니 허리(腰)이다. (형성)

要 →  ← 腰

腰痛[요통] 허리 아픈 병.
腰帶[요대] 허리띠.
腰折[요절] 우스워서 허리가 부러질 듯함.
細腰[세요] 伸腰[신요]

粟

米 6 12 高

조 속
조, 좁쌀, 곡식
millet

一 兩 西 西 覀 粟 粟

종요로울 요 : 要 → 覀 ⎬ → 粟
쌀 미 : 米

쌀(米) 다음으로 중요한(覀) 곡식이란 데서 좁쌀(粟)의 뜻임. (회의)

粟米[속미] 조와 쌀. 좁쌀. 껍질을 쓿지 않은 벼.
粟粒[속립] 조의 낟알. 극히 작은 물건.
粟帛[속백] 곡식과 비단.
粟豆[속두] 조와 콩.

價

亻 13 15 中

값 가   ㉤価
값, 값어치
price

亻 伫 価 僧 價

바구니 : 🧺 → 西 → 覀

사람(亻)이 바구니(覀)나 상점에 재물(貝)을 보관하고, 값(價)을 정하여 판다. (형성)

價格[가격] 금. 값. 금새.
廉價[염가] 싼 값. 값이 쌈.
價値[가치] 값어치, 보람, 효용(效用).
評價[평가] 物價[물가] 代價[대가]

流 흐를 류
흐르다, 퍼지다
flow
氵 7 / 10 中

물 수: 氵, 　내 천: 川 → 巛
갈 거: 去 → 厺 : 가다

냇(巛) 물(氵)이 간다(厺)는 데서 흐르다(流)의 뜻임. (형성)

流水[유수] 흐르는 물.
流行[유행] 의복·화장 등의 양식이 일시적으로 널리 퍼지는 현상. 예 ~歌(가)
流布[유포] 멀리 퍼짐. 멀리 퍼뜨림.
流配地[유배지]　海流[해류]　交流[교류]

沒 빠질 몰, 죽을 몰
빠지다, 숨다, 죽다
sink
氵 4 / 7 高

삼수변: 氵, 　사람 인: 人 → 𠆢
손: 又: 손의 모양

물(氵) 속으로 사람(𠆢)의 손(又)이 빠져(沒) 들어간다. 물에 빠지면 죽게 되므로 죽는다(沒)는 뜻도 생김. (형성)

沒入[몰입] 어떤 데에 빠짐. 또는 빠뜨림.
沒頭[몰두] 어떤 일에 정신을 다 기울임.
日沒[일몰]　埋沒[매몰]　沒死[몰사]

疏 트일 소, 성길 소　동 疎
트이다　성기다
make way
疋 7 / 12 高

발 족: 足 → 疋
흐를 류: 流 → 㐬

물이 흐르듯(㐬) 발(疋)로 걸으니 길이 트인다(疏). 발걸음 사이가 성기다는 데서 멀리하다의 뜻도 있음. (형성), (전주)

疏通[소통] 막히지 않고 서로 통함.
上疏[상소] 임금에게 글을 올림. 또 그 글.
疏外[소외]　疏遠[소원]　疏略[소략]

洗 씻을 세
씻다, 깨끗하게 하다
wash
氵 6 / 9 中

먼저 선: 先: 여러 사람(儿)이 걸을(儿) 때 윗(上)사람이 앞서(先) 나간다. 걸을 때 먼저 나가는 것은 발이란 데서 발을 뜻하기도 함.

물(氵)에 발(先)을 씻는다(洗). (형성)
先 → 선 洒 ← 洗

洗手[세수] 낯을 씻음. 세면(洗面)
洗淨[세정] 깨끗하게 씻음.
洗濯[세탁]　洗劑[세제]　洗滌[세척]

蔬 푸성귀 소, 채소 소
푸성귀　채소
vegetables
艹 11 / 15 高

트일 소, 성길 소: 疏: 위 참조

배추나 무우처럼 사이가 성기게(疏) 가꾸는 풀(艹)이니 푸성귀(蔬)이다. (형성)

蔬果[소과] 채소와 과일.
蔬食[소사·소식] 채소로 만든 음식. 변변하지 못한 음식.
蔬菜[소채] 채소류의 나물. 채소(菜蔬).

淡 싱거울 담, 엷을 담
싱겁다　엷다, 담박하다
insipid
氵 8 / 11 高

불꽃 염: 炎: 불(火)이 활활 타오르니(火) 불꽃(炎)이 생긴다. 불꽃은 밝고·맑다.

밝고 맑은(炎) 물(氵)이란 데서 싱겁다·엷다·담박하다(淡)의 뜻임. (형성)
談(101) → 담 ← 淡

淡水[담수] 짠 맛이 없는 맑은 물.
淡黃[담황] 엷은 황색(黃色).
淡泊[담박] 맛이나 빛이 산뜻함.

梁 다리 량, 들보 량

木 7 11 高

다리 들보   bridge

氵氵氵氻梁梁

삼수변: 氵: 물
칼날 인: 刃: 칼
나무 목: 木: 나무

물(氵) 위에 칼(刃)로 잘 다듬은(丶)
나무(木)로 다리(梁)를 놓는다. (회의)

橋梁[교량] 다리.
棟梁[동량] 마룻대와 대들보.
梁上君子[양상군자] 도둑의 딴 이름.

脈 맥 맥, 혈관 맥

月 6 10 高

맥 혈관   pulse

月肌肌肌肌脈

물갈래의 모양: 巛 → 爪 → 𠂢

몸(月) 속의 피가 길게길게 갈래(𠂢)
져서 흐르는 맥·혈관(脈)을 뜻한다.
(회의)

脈絡[맥락] 혈맥(血脈)의 연락(連絡).
診脈[진맥] 맥박(脈搏)을 진찰(診察)함.
脈搏[맥박]   動脈[동맥]   靜脈[정맥]
山脈[산맥]   鑛脈[광맥]   水脈[수맥]

漏 샐 루, 빠뜨릴 루

氵 11 14 高

새다 빠뜨리다   leak

氵氵沪沪漏漏漏

집 옥: 屋→尸: 몸(尸)이 이르는(至)
곳이니 집(屋)이다

집(尸)에 빗(雨) 물(氵)이 샌다(漏).
(형성)   雨 → ㊀ ㊁ ← 漏

漏水[누수] 새어 나오는 물.
漏濕[누습] 습기가 새어 나옴.
漏電[누전] 전기가 새어 나감.
漏斗[누두] 깔대기.
漏水器[누수기] 漏落[누락] 漏泄[누설]

濕 젖을 습, 축축할 습

氵 14 17 高

적시다 축축하다   make wet   약 湿

氵氵氵湿湿濕

가마솥: 🝌 → 日 → 日

가마(日)에 물(氵)을 붓고 누에고치
(糸)를 넣은 후 불(灬)을 때서 누에고
치를 적신(濕) 다음 명주 실을 뽑는다
는 뜻임. (형성)

濕度[습도] 공기 중의 습기와 정도(程度).
乾濕[건습] 건조와 습기.
濕氣[습기] 축축한 기운.

派 물갈래 파, 갈라질 파

氵 6 9 高

물갈래 갈라지다   branch

氵氵沪泝派派

물이 갈라지는 모양: 巛 → 爪 → 𠂢

물(氵)이 여러 갈래(𠂢)로 나누어져
흐른다는 데서 물갈래(派)의 뜻임. (형
성)

派生[파생] 주체로부터 갈려 나와 생김.
派閥[파벌] 한 파에서 갈린 가벌(家閥)이
나 지벌(地閥).
分派[분파] 宗派[종파] 派遣[파견]

顯 나타날 현, 밝을 현

頁 14 23 高

나타나다 밝다   appear   약 顕

㬎㬎㬎㬎顯顯

불 화: 火 → 灬: 찌다
가마솥: 日: 위 '습(濕)'란 참조

누에 머리(頁)에서 나온 고치를 솥
(日)에 넣어서 찐(灬) 후에 실(糸)을
뽑으면 명주실이 나타난다(顯). (형성)

顯著[현저] 뚜렷이 드러남.
顯考[현고] 돌아가신 아버지의 신주 첫머
리에 쓰는 말.
顯微鏡[현미경] 顯忠日[현충일] 顯達[현달]

漁

氵 11 / 14 / 中

고기 잡을 어
고기 잡다

fishing

| 氵 | 氵 | 汋 | 泑 | 渔 | 漁 |

물고기 어: 🐟 → 🐠 → 魚
(魚)

물(氵)속의 고기(魚)를 잡는다는 데서 **고기를 잡는다**(漁)는 뜻임. (형성)

魚 → 어 ← 漁

漁夫[어부] 물고기잡이를 업으로 하는 사람. 고기잡이. ⚠ ~之利(지리)
漁獲[어획] 수산물을 잡거나 뜯음.
漁船[어선]　漁網[어망]　漁業[어업]

溫

氵 10 / 13 / 中

따뜻할 **온**, 부드러울 **온**
따뜻하다　부드럽다

warm

| 氵 | 氵 | 汩 | 沼 | 湯 | 溫 |

날 일: 日 → 日 → 囚: 죄수 수
그릇 명: 皿　　　　　　　 ⓓ 温

물(氵) 그릇(皿)을 햇볕(日)에 놓으면 물이 **따뜻해진다**(溫→溫). 죄수(囚)에게 물(氵)을 한 그릇(皿) 주는 것은 **따뜻한**(溫) 일이다.

溫度[온도] 덥고 찬 정도. 온도계의 도수
溫順[온순] 온화(溫和)하고 순함.
溫水[온수]　溫泉[온천]　溫故知新[온고지신]

鮮

魚 6 / 17 / 中

생선 **선**, 고울 **선**, 적을 **선**
생선　　　곱다　　　적다

fish

| ⺈ | 备 | 魚 | 魚⺈ | 鮮⺈ | 鮮 |

물고기 어: 魚: 위 '어(漁)'란 참조
염소 양, 양 양: 羊: 염소, 양

양(羊)고기처럼 맛있는 **물고기**(魚)이니 **생선**(鮮)이다. 맛있는 생선은 **곱고·적고·싱싱하다**(鮮). (형성), (전주)

生鮮[생선] 말리거나 절이지 아니한 물고기.
鮮少[선소] 얼마 되지 않음. 적음.
鮮明[선명] 산뜻하고 밝음.
新鮮味[신선미]　朝鮮[조선]　鮮血[선혈]

混

氵 8 / 11 / 中

섞일 **혼**, 흐릴 **혼**
섞이다　　흐리다

mix

| 氵 | 沪 | 沪 | 泥 | 浑 | 混 |

견줄 비: 从 → 比 → 比
(比)

두 사람이 나란히 서서 키를 견준다. 여기서는 **여러 사람**의 뜻.

해(日→日)가 쨍쨍 비추는 더운 날 바다(氵)에 **여러 사람**(比)이 **섞여서**(混) 수영을 한다. (형성)

混亂[혼란] 뒤섞여서 어지러움.
混雜[혼잡]　混合[혼합]　混濁[혼탁]

淚

氵 8 / 11 / 高

눈물 **루**
눈물

tear

| 氵 | 沪 | 沪 | 沪 | 淚 | 淚 |

허물 려: 戾: 집(戶)에서 기르는 개(犬)가 허물(戾)을 저지른다.

氵 戾 → 淚
수 려 → 루

허물(戾)을 뉘우치며 눈에서 흐르는 **물**(氵)이니 **눈물**(淚)이다. (형성)

落淚[낙루] 눈물을 떨어뜨림. 또 그 눈물.
淚眼[누안] 눈물이 글썽글썽한 눈.
淚痕[누흔] 눈물 자국. 눈물 흔적.
感淚[감루]　悲淚[비루]　血淚[혈루]

汚

氵 3 / 6 / 高

더러울 **오**
더럽다

dirty, impure

| 氵 | 氵 | 氵 | 汇 | 汙 | 汚 |

상류: 上 →
하류: 下 → ⼆ → 汚
물의 흐름:

냇물(氵)은 위에서 아래로(⼆) 흘러(丂) 갈수록 **더러워진다**(汚). (형성)

汚染[오염] 더러움에 물듦.
汚物[오물] 더러운 물건. ⚠ ~收去(수거)
汚名[오명] 억울하게 뒤집어쓴 불명예.
汚吏[오리]　汚辱[오욕]　汚點[오점]

滿 찰 만
가득 차다
fill up
氵 11 / 14 / 中

氵汁汁汁満満満

스물(20) : 廾 : 스물, 이십
두 량 : 兩 : 둘

이십(廾) 명이 두(兩) 손으로 물(氵)을 길어다 부으니 독 속에 물이 가득 찬다(滿). (형성)

滿期[만기] 정해 놓은 기한이 다 참.
滿發[만발] 많은 꽃이 활짝 다 핌.
肥滿[비만] 살쪄 뚱뚱함.
超滿員[초만원]   滿載[만재]   滿足[만족]

滅 멸망할 멸, 불 꺼질 멸
멸망하다   불이 꺼지다
fall, ruin
氵 10 / 13 / 高

氵汀汀汇浃滅滅

도끼 월 (鉞→戌) : 도끼 갈고리

물(氵)과 도끼(鉞→戌)로 불(火)을 끈다(滅). 불이 꺼지듯이 멸망한다(滅)는 뜻도 있음. (형성)

滅亡[멸망] 망하여 없어짐.
滅門[멸문] 집안이 망함.
滅裂[멸렬] 찢기고 흩어져 없어짐.
滅種[멸종]   破滅[파멸]   擊滅[격멸]

濯 씻을 탁, 빨래할 탁
씻다   빨래하다
wash
氵 14 / 17 / 高

浐淠淠濯濯濯濯

삼수변 : 氵 : 물
깃 우 : 羽 : 새의 깃, 날개 (翼→羽).

새(隹)가 깃·날개(羽)를 물(氵)에서 씻는다는 데서 씻다·빨래하다(濯)의 뜻임. (형성)

※ 擢 : 뽑을 탁, 曜 : 비칠 요

洗濯[세탁] 빨래. 예 ~所(소), ~機(기)
濯足[탁족] 흐르는 물에 발을 씻음.
濯枝雨[탁지우] 음력 6월의 큰 비.

況 상황 황, 하물며 황 ㉿況
상황   하물며
conditions
氵 5 / 8 / 高

氵氵汀汩沪況

맏 형, 클 형 : 兄 : 형은 아우보다 크다는 데서 크다의 뜻도 있다. 여기서는 불어나다의 뜻.

물(氵)이 불어나고(兄) 줄어드는 상황(況)을 알아본다는 뜻임. (형성)

兄 → ㉿㉿ ← 況

況且[황차] 하물며.
狀況[상황] 일이 되어 가는 형편이나 모양.
情況[정황]   近況[근황]   戰況[전황]

準 평평할 준, 수준기 준
평평하다   수준기, 법도
flat, level
氵 10 / 13 / 高

氵汁汁汗潅準準

삼수변 : 氵 : 물, 강(江), 바다(海).
새 추 : 隹,   열 십 : 十

강이나 바다(氵) 위를 꼬리 짧은 새(隹) 열(十) 마리가 평평하게(準) 날아간다. (형성)

平準[평준] 수준기를 써서 재목·위치 등을 수평(水平)으로 하는 일.
準備[준비] 필요한 것을 미리 갖춤.
水準器[수준기]   基準[기준]   標準[표준]

涯 물가 애, 끝 애
물가   끝
shore
氵 8 / 11 / 高

氵氵汒沪洭涯

바닷(氵)가의 높이 쌓인 흙(圭) 위의 벼랑(厂)이란 데서 물가(涯)의 뜻. 바다의 끝이란 데서 끝(涯)의 뜻도 있다. (형성), (전주)

涯岸[애안] 물가. 끝.
生涯[생애] 세상을 살아 가는 동안.
天涯[천애] 하늘 끝. 아득히 떨어진 타향.

潔

깨끗할 **결**
깨끗하다
pure, clean

氵12
15
中

손 수 : 手 → 龶 : 손
칼 도 : 刀 : 칼, 도끼, 창 등의 도구
실 사 : 糸 : 실, 옷감, 옷

손(龶)이나 칼(刀)이나 옷(糸)을 물(氵)에 씻으니 깨끗하다(潔). (형성)

潔癖[결벽] 남달리 깨끗함을 좋아하는 성질. ㉮ ~性(성)
簡潔[간결] 간단하고 요령 있음.
潔白[결백]　淸潔[청결]　純潔[순결]

演

펼 **연**, 행할 **연**, 흐를 **연**
펼치다 행하다 흐르다
spread

氵11
14
高

호랑이 인 : 寅 : 사람(人)이 두 손(臼)으로, 화살(矢→⺈→宀)을 당겨서 호랑이(寅)를 쏜다.

물(氵) 위로 호랑이(寅)가 몸을 펼치고 헤엄쳐 간다는 데서 펼치다·행하다(演)의 뜻임. (형성)

演奏[연주] 여러 사람 앞에서 기악(器樂)을 들려줌.
演劇[연극]　演壇[연단]　講演[강연]

契

맺을 **계**, 새길 **계**
맺다   새기다
contract

大
6 9
高

손 수 : 手 → 龶
칼 도 : 刀　　}→契
큰 대 : 大

손(龶)에 칼(刀)을 들고 크게(大) 새겨서(契) 계약을 맺는다(契). (형성), (전주)

契約[계약] 약속(約束). 약정(約定).
契員[계원] 계에 든 사람. ㉯ 계주(契主)
默契[묵계] 말없는 가운데 뜻이 통함.

潭

못 **담**, 깊을 **담**
못,   깊다, 물가
pool, deep

氵12
15
高

바구니 : 🝆 → 襾 → 西
이를 조 : ☀ → ⊖ → 早   이르다
　　　(早)   일찍부터

물(氵)이 바구니(西) 모양으로 둥글게 일찍부터(早) 고여 있는 못(潭)이란 뜻임. (형성)

潭水[담수] 깊은 못이나 늪의 물.
白鹿潭[백녹담]　綠潭[녹담]　淸潭[청담]

泥

진흙 **니**, 진창 **니**
진흙,   진창, 흙탕물
mud, clay

氵5
8
高

여승 니 : 尼 : 여승. 여기서는 몸(尸)이 나란히(比→匕) 있다는 데서 가까이하다. 붙는다(尼)의 뜻. (318)

수분(氵)이 많아서 철덕철덕 달라붙는(尼) 진흙(泥)의 뜻임. (형성)

泥濘[이녕] 진수렁.　　　　尼→㉰←泥
泥溝[이구] 진수렁인 도랑.
泥水[이수] 진흙이 섞여 흐르는 물.
泥土[이토] 진흙.

漆

옻칠할 **칠**   검을 **칠**
옻칠, 옻나무, 검다
lacquer

氵11
14
高

기름 유 : 油 → 氵 : 열매(由)에서 짠 액체(氵)이니 기름(油)이다.

옻나무(木)에서 사람(人)이 진액(氺)을 뽑아서 기름(油)과 배합하여 옻칠을 한다(漆). (형성)

※ 膝 : 무릎 슬 : 膝下(슬하)

漆板[칠판] 흑판(黑板).
漆器[칠기] 옻칠한 그릇.
漆細工[칠세공]　漆黑[칠흑]　漆夜[칠야]

盜

皿 7 12 高

훔칠 **도**, 도둑 **도** ⑨盗
훔치다 도둑
steal

氵 氵 汋 汐 盗 盜

삼수변 : 氵 : 물. 여기서는 군침.
하품 흠 : 欠 : 입을 크게 벌리다
그릇 명 : 皿 : 그릇 속의 음식

그릇(皿) 속의 음식을 보고 군침(氵)을 흘리다가 입을 크게 벌리고(欠) 훔쳐(盜) 먹는다는 뜻임. (회의)

盜賊[도적] 도둑.
盜難[도난] 도둑을 맞는 재난(災難).
盜犯[도범] 竊盜[절도] 强盜[강도]

所

戶 4 8 中

바 **소**, 곳 **소**
…하는 바, 곳, 장소
place

厂 戶 戶 所 所 所

집 호 : 戶 : 집
도끼 근 : 斤 : 끌, 톱 등의 도구

도끼(斤)로 집(戶)을 지은 바(所) 어떤 곳·장소(所)가 되었다는 뜻임. (형성), (전주)

戶 → ㉠㉡ ← 所

所謂[소위] 이른바.
急所[급소] 사물의 가장 중요한 곳.
所見[소견] 所有[소유] 所信[소신]
所望[소망] 住所[주소] 便所[변소]

恣

心 6 10 高

방자할 **자**, 제멋대로 할 **자**
방자하다 방종하다
impudent

氵 冫 次 次 恣 恣

버금 차 : 次 : 너무 피곤하여 하품(欠)을 하며 첫째를 포기하고 둘째(二→冫)가 된다는 데서 '버금(次)'의 뜻. '첫째, 둘째…' 하는 데서 '차례(次)'의 뜻도 생김.

마음(心)에 내키는 대로 차례차례(次) 제멋대로 행한다는 데서 방자하다(恣)의 뜻임. (형성)

恣意[자의] 방자한 마음.
恣行[자행] 방자하게 제멋대로 행함.

歷

止 12 16 中

지낼 **력**, 다닐 **력**
지내다, 겪다, 다니다
spend

厂 厂 厈 厤 厤 歷

벼랑 : 厂 : 벼랑, 언덕 밑의 논 밭.
벼 화(2개) : 禾禾 : 벼농사
발 족 : 足→止→止 : 걸어다님 ⑨厂

벼랑(厂) 밑에서 벼 농사(禾禾)를 짓느라고 발(止)로 걸어 다니며 하루하루를 바쁘게 지낸다(歷). (형성)

歷年[역년] 해를 지냄. 지나온 여러 해.
歷任[역임] 차례로 여러 벼슬을 지냄.
歷史[역사] 經歷[경력] 遍歷[편력]

深

氵 8 11 中

깊을 **심**, 깊이 **심**
깊음 깊이
depth, deep

氵 氵 汃 浔 深 深

찾을 탐 : 探 : 옛날에는 불씨를 아궁이 안의 재 속에 보관하였다. 손(扌)으로 아궁이(冖) 속의 불씨가 있는 나무(木)를 더듬어·찾는다(探)는 뜻임.

물(氵) 속을 더듬고(探→罙) 살피어 깊이(深)를 알아본다는 뜻임. (형성)

深刻[심각] 깊이 새김. 아주 깊고 절실함.
深遠[심원] 깊숙하고 멂.
深海[심해] 深夜[심야] 水深[수심]

曆

日 12 16 高

책력 **력**
책력
calendar

厂 厂 厈 厤 厤 曆

날 일 : 日 → 日 : 하루하루

벼랑(厂) 밑에서 벼 농사(禾禾)를 지으며 하루하루(日)를 지낸다는 데서 책력(曆)의 뜻임. (형성) 歷 → ㉮ ← 曆

月曆[월력] 달력. 캘린더.
曆書[역서] 책력. 역학(曆學)에 관한 서적(書籍).
曆數[역수] 해·달과 더위·추위가 철 따라 돌아가는 순서.

淑

氵 8 11 中

맑을 **숙**, 착할 **숙**
맑다　　착하다
　　　　　clear, clean

| 氵 | 汁 | 汁 | 沫 | 淑 | 淑 |

아재비 숙 : 叔 : 손(又) 위(上) 작은 (小) 아버지이니 **아재비**(叔)이다.
아재비(叔)네 동네 앞 시냇**물**(氵)이 **맑다**(淑). (형성)　　叔 → 숙 ← 淑

淑女[숙녀] 교양·예의·품격을 갖춘 여자.
淑德[숙덕] 숙녀의 덕행(德行).
私淑[사숙] 제자는 아니나 어떤 사람의 덕이나 학문을 사모하고 본받음.
貞淑[정숙]　賢淑[현숙]　淑淸[숙청]

督

目 8 13 高

감독할 **독**, 재촉할 **독**
감독하다　재촉하다
　　　　　direct

| 上 | 누 | 叔 | 叔 | 督 |

아재비 숙 : 叔 : 위 참조
눈 목 : 目 : 눈을 부릅뜨다
아재비(叔)가 **눈**(目)을 부릅뜨고 일꾼들을 **감독한다**(督). (형성)
目 → 목 독 ← 督

督勵[독려] 감독(監督)하고 장려(獎勵)함.
督促[독촉] 독려하여 재촉함.
督戰[독전] 전투를 독려함.
總督[총독]　提督[제독]　都督[도독]

寂

宀 8 11 高

고요할 **적**
고요하다, 열반에 들다
　　　　　quiet, still

| 宀 | 宀 | 宀 | 宋 | 宋 | 寂 | 寂 |

아재비 숙 : 叔 : 위 참조
갓머리 : 宀 : 움집
산골에 사는 **아재비**(叔)네 **집**(宀)이 **고요하다**(寂). (형성)

寂寞[적막] 쓸쓸하고 고요함.
寂滅[적멸] 사라져 없어짐. 죽음.
入寂[입적] 출가(出家)하여 수도(修道)하는 사람의 죽음. 입멸(入滅).
靜寂[정적]　閑寂[한적]　寂寂[적적]

戚

戈 7 11 高

겨레 **척**, 슬퍼할 **척**
겨레　　슬퍼하다
　　　　　relative

| 厂 | 厂 | 戊 | 戚 | 戚 | 戚 |

무성할 무 : 茂 → 戊
콩 숙 : 尗 → 朩 : 줄기 위(上)의 작은 (小) 열매, 곧 **콩**(朩)이란 뜻.
콩(朩)이 **무성하게**(戊) 열매를 맺듯이 자손이 번져서 **겨레**(戚)가 된다. (형성)

姻戚[인척] 외가와 처가에 딸린 겨레붙이. 혼척(婚戚).
親戚[친척]　外戚[외척]　戚臣[척신]

逆

辶 6 10 中

거스를 **역**, 거꾸로 **역**
거스르다　거꾸로 되다
　　　　　oppose

| 丷 | 丷 | 屰 | 屰 | 逆 |

거꾸로 된 아이 : 屰 → 굿 → 屰
거꾸로(屰) **간다**(辶)는 데서 **거스르다**(逆)의 뜻임. (형성)

逆流[역류] 물을 거슬러 올라감.
拒逆[거역] 윗사람의 뜻이나 명령에 항거하여 거스름. 예 부모에게 ~하다.
逆行[역행]　叛逆者[반역자]　逆謀[역모]

朔

月 6 10 高

초하루 **삭**, 북녘 **삭**
초하루　　북녘
　　　first day of the month

| 丷 | 宀 | 屰 | 朔 | 朔 |

달(月)이 음력 15일 후면 점점 줄어서 30일이면 아주 안 보이다가 초하루가 되면 **거꾸로**(屰) 커진다는 데서 **초하루**(朔)를 뜻한다. 초하루에서 **처음**(朔)의 뜻. 또, 방위(方向)의 시초(始初)인 **북녘**(朔)의 뜻도 있음. (형성)

朔望[삭망] 음력 초하룻날과 보름날.
朔風[삭풍] 겨울철의 북풍.

弦

弓 5 8 高

시위 **현**, 초승달 **현**
활시위　초승달
bowstring

| フ | 弓 | 弙 | 弦 | 弦 | 弦 |

활 궁:
(弓)　🌙 → 弓 → 弓

활(弓) 시위에 손때가 묻어서 검게(玄) 된다는 데서 시위(弦)의 뜻이 생김. (형성)

弓弦[궁현] 활시위. 곧게 뻗어나간 길.
弦琴[현금] 여러 줄로 만든 악기의 총칭.
弦月[현월] 초승달.

絃

糸 5 11 高

줄 **현**, 탈 **현**
현악기의 줄　타다
string, chord

| 糸 | 糸 | 紆 | 絃 | 絃 | 絃 |

검을 현:玄:검다·현묘(玄妙)하다

현묘한(玄) 소리를 내는 실(糸)이니 현악기의 줄(絃)이다. (형성)

玄, 弦 → 현 ← 絃

玄妙[현묘] 유현(幽玄)하고 미묘(微妙)함.
絃樂[현악] 현악기를 타는 음악.
絃琴[현금] 거문고. 현금(玄琴).
管絃樂[관현악] 관악기·현악기·타악기의 합주(合奏). 일명 오케스트라.

幽

幺 6 9 高

그윽할 **유**, 어두울 **유**
그윽하다　어둡다
hidden

| 丨 | 幺 | 幺幺 | 丝丝 | 幽 | 幽 |

메 산:山
검을 현:玄 → 幺:검다, 어둡다.

산(山) 속의 어둡고(幺) 검은(幺) 골짜기가 그윽하다(幽)의 뜻임. (형성)

幽谷[유곡] 깊은 산골. ㉮深山(심산)~
幽靈[유령] 죽은 사람의 혼령(魂靈).
幽明[유명] 어둠과 밝음. 저승과 이승.
幽玄[유현] 이치가 그윽하여 알기 어려움.

蓄

艹 10 14 高

쌓을 **축**, 모을 **축**
쌓다　모으다
accumulate

| 艹 | 艹 | 艹 | 苎 | 荳 | 蓄 |

가축 축:畜:가축을 기르면 바닥의 흙이나 밭(田)이 검어진다(玄)는 데서 가축(畜)을 뜻한다.

가축(畜)의 먹이로 풀(艹)을 베어다 쌓는다(蓄). (형성)　畜 → 축 ← 蓄

蓄積[축적] 많이 모아서 쌓음.
蓄財[축재] 돈이나 재물을 모아 쌓음. 또는 그 재물.
貯蓄[저축]　蓄電池[축전지]　含蓄[함축]

暴

日 11 15 中

사나울 **폭·포**, 쬘 **폭**
사납다　쬐다
violent

| 旦 | 豆 | 異 | 㬥 | 暴 | 暴 |

날 일:日 → 曰:해, 가뭄
한가지 공:共:둘 다, 한가지로
물 수:水 → 氺:물, 홍수

해(日)는 가뭄을, 홍수(氺)는 수재를 가져오니 해와 물은 한가지로(共) 사납다(暴). (회의)

暴惡[포악] 사납고 악함.
暴擧[폭거] 난폭한 행동.
橫暴[횡포]　暴政[폭정]　暴風[폭풍]

爆

火 15 19 高

폭발할 **폭**, 터질 **폭**
폭발하다　터지다
explode

| 炉 | 焊 | 煤 | 煤 | 爆 | 爆 |

사나울 폭:暴:위 참조

불(火)이 사납게(暴) 타니 폭발한다(爆)는 뜻임. (형성)　暴 → 폭 ← 爆

爆發[폭발] 불이 일어나며 갑작스럽게 터짐.
爆破[폭파] 폭발시켜 파괴(破壞)함.
猛爆[맹폭] 맹렬하고 심한 폭격.
爆彈[폭탄] 폭발성 약품을 장치한 탄약.
爆擊[폭격]　爆音[폭음]　原爆[원폭]

綠

糸 8 / 14 中

푸를 **록**, 초록빛 **록**   ㉐綠
푸르다   초록빛
green

紅 紂 紉 紵 紵 綠

나무의 껍질을 벗긴다 → ㅇ → ㅇ → 됴

나무의 껍질을 벗기면(됴) 물기(氺) 머금은 연한 초록빛(彔)이 난다.

초록색(彔) 물에 실(糸)을 물들이니 푸르다(綠)는 뜻임. (형성)

綠 → 록 ← 錄, 祿

綠葉[녹엽] 무성한 푸른 잎.
綠地[녹지]   綠陰[녹음]   草綠[초록]

錄

金 8 / 16 高

적을 **록**   ㉐錄
적다, 기재하다
record

釒 鈩 鈩 鈩 鉣 錄

구리 동: 銅→金: 구리·청동(靑銅)
초록 록: 綠→彔: 초록색

초록색(彔) 청동(金)판에 글씨를 적는다(錄). (형성)

記錄[기록] 사실을 적음. 또 그 서류.
錄音[녹음] 음향·음악 등을 레코드 등에 기록하여 넣는 일.
登錄[등록] 문서에 적어 올림.
附錄[부록]   收錄[수록]   目錄[목록]

祿

示 8 / 13 高

복 **록**, 녹봉 **록**
복,   녹봉, 봉급
blessing, salary

礻 礽 礽 祼 祼 祿

초록 록: 綠→彔: 초록색 식물인 채소와 곡식을 뜻함
귀신 신: 神→示: 신·하늘

하늘(示)이 주는 곡식(彔)이란 데서 복·녹(祿)의 뜻임. (형성)

福祿[복록] 복과 녹.
祿俸[녹봉] 관원에게 주는 봉급(俸給).
國祿[국록]   俸祿[봉록]   食祿[식록]

侵

亻 7 / 9 高

침범할 **침**, 침노할 **침**
침범하다   침노하다
invade

亻 亻 侓 侵 侵 侵

비: 🖌 → → ⇒ → ⇒

사람(亻)이 집(冖)에서 손(又)에 비(彐)를 들고 점차 쓸어 나가는 데서 침노하다(侵)의 뜻이 됨. (형성)

侵擄[침노] 조금씩 개개어서 빼앗다.
侵犯[침범] 침노하여 건드림.
不可侵[불가침] 침범할 수 없음.
侵略[침략]   侵蝕[침식]   侵攻[침공]

浸

氵 7 / 10 高

적실 **침**, 잠글 **침**
적시다, 잠그다, 잠기다
make wet

氵 氵 氵 浐 浸 浸

손: 彐: 손, 비
민갓머리: 冖: 갓, 수건, 집 등

물(氵)이 침범하여(侵→㴑) 스며들어 적신다·잠긴다(浸)의 뜻. (형성)

浸水[침수] 물에 젖거나 잠김.
浸濕[침습] 물이 스며들어 젖음.
浸蝕[침식] 물이 점점 스며들어 바위 등을 허물어뜨림.
浸染[침염] 차차 물듦.

寢

宀 11 / 14 高

잘 **침**   ㉐寢
자다
sleep

宀 宀 宁 宇 寑 寢

조각널 장: 𠂉 : 𣎴 → 丬 → 爿 : 나무침대

수건 건: 巾 → 冂 → 冖 : 천, 이불

집(宀)의 침상(爿) 위에서 두 손(彐)으로 이불(冖)을 덮고 잔다(寢). (형성)

寢具[침구] 잠자는 데 쓰는 제구(諸具).
寢床[침상] 누워 잘 수 있게 만든 평상.
寢食[침식]   寢室[침실]   就寢[취침]

復 다시 부, 되풀이할 복
다시 되풀이하다
again, repeat

彳 彳 彳 径 復 復

계단:

계단(旨)을 천천히(夂) 오르고 내리는(彳) 일을 다시·되풀이한다(復)는 뜻임. (형성), (전주)

復活[부활] 죽었다가 다시 되살아남.
復舊[복구] 그 전의 상태로 회복(回復)함.
復興[부흥] 反復[반복] 復習[복습]

複 겹칠 복, 겹옷 복
겹치다 겹옷
overlap

衤 衤 衤 衤 衤 複

다시 부, 되풀이할 복: 復 → 复: 위의 '復'란 참조

옷(衤)을 되풀이하여(复) 껴입었다는 데서 겹치다(複)의 뜻임. (형성)

複雜[복잡] 사물의 갈피가 뒤섞이어 어수선함. ⑩ ~多端(다단).
重複[중복] 거듭함. 겹침.
複寫[복사] 複式[복식] 複合[복합]

腹 배 복
배
stomach

月 月´ 腹 腹 腹 腹

다시 부, 되풀이할 복: 復 → 复

몸(月)의 일부로서 되풀이하여(复) 음식이 들어오고 나가고 하는 곳이니 배(腹)이다. (형성)

腹背[복배] 배와 등. 앞면과 뒷면.
腹案[복안] 마음 속에 품고 있는 생각.
異腹兄弟[이복형제] 배 다른 형제.
腹痛[복통] 腹腔[복강] 心腹[심복]

履 신 리, 밟을 리
신 밟다
shoes

尸 尸 屄 屄 屄 履

몸 시: 尸: 몸
되풀이할 복: 復: 되풀이하다

몸(尸)이 되풀이하여(復) 걸으려면 신(履)을 신고 가급적 평평한 길을 밟아(履) 나가야 한다. (회의)

履歷[이력] 지금까지의 학업이나 직업 따위의 경력(經歷).
草履[초리] 짚신.
履行[이행] 실제로 행함. 말과 같이 함.

聯 이을 련
잇다
join, connect

耳 耳 耳 斯 聯 聯

귀 이: 耳: 바늘의 귀
실 사: 絲 → 絲 → 𢇲: 실로 꿰맴

바늘 귀(耳)에 실을 꿰어 꿰매서(𢇲) 잇는다(聯)는 뜻임. (회의)

聯合·連合[연합] 둘 이상의 것이 합동함.
聯盟[연맹] 공동 목적을 위하여 동일한 행동을 취할 것을 맹약하여 이룬 단체.
聯絡·連絡[연락] 關聯[관련] 聯想[연상]

關 문빗장 관, 관계할 관
문빗장 관계하다
crossbar

尸 門 閂 閂 關 關

실 사: 絲 → 絲 → 𢇲: 실, 동아줄, 실처럼 복잡하게 얽히고 섥힘

동아줄(𢇲)로 동여매듯이 문(門)에 빗장(關)을 지른다. 문(門)을 통해 얽히고 섥힌(𢇲) 관계(關)를 맺는다.

關門[관문] 국경이나 요새의 성문.
關連[관련] 관계를 맺음. 걸리어 얽힘.
難關[난관] 稅關[세관] 大關嶺[대관령]

愛

心 9 13 中

사랑 애, 사모할 애
사랑하다 사모하다
love

| 爫 | 爫 | 罙 | 愛 | 愛 | 愛 |

천천히 걸을 쇠: 夂 : 천천히
쌀 포: 包→ㄅ→ㄇ : 안다

어머니가 손(爫)으로 아기를 안고 (冖) 귀여워하는 마음(心)으로 천천히 (夂) 젖을 먹인다는 데서 사랑한다(愛) 는 뜻임. (회의), (형성)

愛情[애정] 사랑하는 마음.
愛國[애국] 나라를 사랑함.
愛憎[애증]　親愛[친애]　戀愛[연애]

慶

心 11 15 中

경사 경, 하례할 경
경사　축하하다
congratulation

| 广 | 庐 | 庐 | 庐 | 慶 | 慶 |

사슴 록: 鹿 → 严
사랑 애: 愛 → 夊 }→ 慶

남의 경사에 사슴(严)의 가죽을 가지고 가서 사랑하는(愛) 마음으로 드린다는 데서 경사・하례(慶)의 뜻임. (회의)

慶賀[경하] 경사스러운 일을 치하(致賀)함.
慶祝[경축] 경사스러운 일을 축하함.
慶弔[경조] 경사스런 일과 궂은 일.
慶事[경사]　大慶[대경]　慶節[경절]

鹿

鹿 0 11 高

사슴 록
사슴
deer

| 广 | 庐 | 庐 | 庐 | 庐 | 鹿 |

→ 몸 ··· 鹿 ··· 뿔과 머리 / 무늬 / 네 발

사슴(鹿)의 모양을 본떴다. (상형)

鹿茸[녹용] 사슴의 새로 돋은 연한 뿔.
鹿皮[녹비←녹피] 사슴의 가죽.
鹿角[녹각] 사슴의 뿔.
鹿苑[녹원] 사슴을 기르는 동산.

薦

艹 13 17 高

천거할 천, 드릴 천
천거하다　드리다
recommend

| 芦 | 芦 | 薦 | 薦 | 薦 | 薦 |

풀 초: 艹 : 풀, 인삼(人蔘), 약초
사슴 록: 鹿 → 严 : 사슴, 녹용
새 조: 鳥 → 爲 : 닭, 꿩 등

약초(艹)나 녹용(严)이나 새(爲)를 드리며・천거한다(薦). (회의)

薦擧[천거] 인재를 들어 추천함.
薦新[천신] 새로 나는 곡식이나 과일을 신에게 먼저 올림.
推薦[추천]　自薦[자천]　他薦[타천]

麗

鹿 8 19 高

고울 려,　맑을 려
곱다, 아름답다, 맑다
pretty, beautiful

| 严 | 严 | 麗 | 麗 | 麗 | 麗 |

짝 려 (丽) :  : 짝지어 다니다

사슴(鹿)들이 나란히 짝을 짓고(丽) 무리지어 다니는 모습이 곱고・아름답다(麗)는 뜻임. (형성)

華麗[화려] 번화(繁華)하고 고움.
麗句[여구] 아름답게 표현된 문구. 예 美辭(미사)~

龜

龜 0 16 高

거북 귀, 나라이름 구, 틀 균
거북　땅이름　트다
tortoise, turtle

| 宀 | 屯 | 屯 | 龜 | 龜 | 龜 |

거북의 모양을 본떴다. 거북의 등이 갈라져 있다는 데서 트다・갈라지다의 뜻도 있음. (상형), (전주). ㉾ 亀

龜鑑[귀감] 사물의 거울. 모범.
龜裂[균열] 거북등 모양으로 갈라져서 터짐.
龜船[귀선]　龜州[구주]　龜浦[구포]

獨燭濁屬觸奚　241

犭 13 16 中	獨	홀로 독 홀로	獨 single

犭 犭 犭 獨 獨 獨

그 물 :  → 罒
쌀 포 : 包 → 勹 : 그물에 걸리다

그물(罒)에 걸린(勹) 벌레(虫)나 짐승(犭)이 단 한 마리란 데서 홀로(獨)의 뜻이다. (형성)

獨立[독립] 남에게 의지하지 않고 따로 섬.
獨學[독학]　獨創[독창]　獨身[독신]
孤獨[고독]　單獨[단독]　唯獨[유독]

| 尸 18 21 高 | 屬 | 무리 속, 붙을 속 무리　　　붙다 | 属 group |

尸 戶 屚 屚 屬 屬

꼬리 미 : 尾 → 𡰣 → 𡰣 : 짐승의 꼬리
홀로 독 : 獨 → 蜀 : 한 마리의 벌레

꼬리(𡰣)에 한(蜀) 마리의 벌레가 붙었다(屬)는 뜻임. 어떤 것에 붙는·소속되는 무리(屬)의 뜻도 있음. (형성), (전주)

附屬[부속] 주되는 일에 딸려서 붙음.
屬望[촉망] 잘 되기를 바라고 기대함.
所屬[소속]　金屬[금속]　屬性[속성]

| 火 13 17 高 | 燭 | 촛불 촉 촛불 | condlelight |

火 火 灯 焆 燭 燭

불 화 : 火 : 불, 촛불
홀로 독 : 獨 → 蜀 : 홀로

불(火)이 하나씩 하나씩 홀로(蜀) 타고 있으니 촛불(燭)이다. (형성)

獨 →  ← 燭

燭臺[촉대] 촛대. ⓒ촉가(燭架).
燭光[촉광] 촛불의 빛. 광도(光度)의 단위.
燭心[촉심] 초의 심지.
燭淚[촉루]　燈燭[등촉]　華燭[화촉]

| 角 13 20 高 | 觸 | 닿을 촉, 범할 촉 닿다　　　범하다 | 触 touch |

角 角 觕 觸 觸 觸

뿔 각 : 角
나비애벌레 촉 : 蜀

그물(罒)에 걸리는(勹) 벌레(虫)이니 곤충·벌레(蜀)이다.
곤충(蜀)의 뿔(角), 즉 촉각이 무엇을 살피느라고 물건에 닿는다(觸). (형성)

觸角[촉각] 곤충 등의 두부에 있는 감각기.
抵觸[저촉] 서로 부딪침. 서로 모순됨.
觸感[촉감]　觸覺[촉각]　接觸[접촉]

| 氵 13 16 高 | 濁 | 흐릴 탁, 흐리게할 탁 흐리다　　흐리게 하다 | make muddy |

氵 氵 氵 濁 濁 濁

삼수변 : 氵 : 물, 도랑물
홀로 독 : 獨 → 蜀 : 홀로, 하나, 한

미꾸라지 한(蜀) 마리가 온 도랑물(氵)을 흐린다(濁). (형성)

濁流[탁류] 흘러가는 흐린 물.
混濁[혼탁] 맑지 못하고 매우 흐림.
淸濁[청탁] 맑음과 흐림. 옳음과 그름.
濁水[탁수]　濁酒[탁주]　濁音[탁음]

| 大 7 10 高 | 奚 | 종 해, 어찌 해 종　　　어찌 | servant |

손(爪)으로 머리털을 실타래(幺)처럼 크게(大) 땋는 풍속이 있는 종족(奚)을 뜻하며, 그 종족을 잡아다가 종(奚)으로 쓴 데서 종의 뜻이니, 그 종족을 어느 곳에서 어찌 잡아 올 수 있겠는가의 뜻도 있다. (형성), (전주)

奚奴[해노] 종.
奚童[해동] 아이 종.
奚琴[해금] 깡깡이. 악기의 한 종류.

幣 비단 폐, 돈 폐
巾 12 15 高 비단, 폐백, 돈   silk

巾 帛 ↗ 敝 幣 幣

작고 작은(小) 데까지 자세히 살피며 (巾) 손(又)으로 베틀(丷)을 써서 짠 천(巾)이니 비단(幣)이다. 옛날에는 비단을 돈 대신으로 사용한 데서 화폐(幣)의 뜻도 생겼다. (형성)

幣貢[폐공] 공물(貢物). 궁중이나 나라에 바치는 물건.
幣帛[폐백] 선물하는 물품.
造幣[조폐] 貨幣[화폐] 紙幣[지폐]

弊 해질 폐, 곤할 폐
廾 12 15 高 해지다 곤하다   get worn out

巾 帛 ↗ 敝 敝 弊

비단 폐: 幣 → 敝

비단(敝) 옷이 해져서 두 손(廾)으로 꿰매야 한다는 데서 해지다·곤하다·폐단(弊)의 뜻임. (형성), (전주)

幣 → 巾 ← 弊, 蔽

弊端[폐단] 괴롭고 번거로운 일. 귀찮고 해로운 일.
弊履[폐리] 헌신. 해진 신.
弊害[폐해] 弊習[폐습] 疲弊[피폐]

蔽 가릴 폐, 덮을 폐
艹 12 16 高 가리다 덮다   cover, hide

艹 芇 芇 苪 蔽 蔽

비단 폐: 幣 → 敝: 위 '幣'란의 풀이 참조

비단(敝)이 해져서 나뭇잎(艹)으로 가린다(蔽)는 뜻임. (형성)

隱蔽[은폐] 가리어 숨김. 덮어 감춤.
掩蔽[엄폐] 보이지 않도록 가리어 숨김.
蔽匿[폐닉] 숨김. 가리어 감춤.
蔽塞[폐색] 가리어 막힘. 닫아 막음.

抱 안을 포, 품을 포
扌 5 8 中 안다 품다   hold

扌 扌 扌 扚 扚 抱

쌀 포 (包): 呂 → 包 → 包 : 물건을 싸다

손(扌)으로 물건을 싸서(包) 가슴에 안는다(抱). (형성)   包 → 巴 ← 抱

抱負[포부] 마음 속에 지닌 생각·계획·희망이나 자신(自信).
抱圍[포위] 안아서 쌈. 에워쌈.
抱腹[포복] 抱擁[포옹] 懷抱[회포]

飽 배부를 포, 만족할 포
食 5 14 高 배부르다 만족하다   full

今 舍 食 飠 飠 飽

밥 식: 食 → 飠
쌀 포: 包   } → 飽

뱃속에 음식(飠)을 가득 싸고(包) 있어서 배가 부르다(飽). (형성)

包, 抱 → 巴 ← 飽, 胞

飽食[포식] 배부르게 먹음. 함유할 수 있는 최대 한도까지 채우는 일.
飽滿[포만] 무엇이나 그 용량에 충분히 참.
飽和[포화] 한도의 극에 이른 상태.

胞 태의 포, 세포 포
月 5 9 高 태의, 세포   placenta

月 月 肒 朐 胞 胞

육달월: 月,   쌀 포: 包

태아의 몸(月)을 싸고(包) 있는 태의(胎衣)를 뜻한다. 후에 생물체(月)의 핵을 싸고(包) 있는 세포(胞)의 뜻으로도 쓰이게 되었다. (형성)

胞衣[포의] 태막(胎膜)과 태반(胎盤).
同胞[동포] 형제 자매. 같은 겨레.
胞子[포자] 僑胞[교포] 細胞[세포]

般

舟 4 / 10 高

일반 **반**, 옮길 **반**, 돌 **반**
일반　옮기다　돌다
general, remove

배(舟)에 짐을 싣고 손(又)으로 노(几)를 저어 옮긴다(般). 옮길 수 있는 물건은 일반(般)적인 것이다. 후에 '옮기다'의 뜻으로는 搬이 쓰이고 般은 '일반'의 뜻으로만 쓰임. (회의)

※ 搬 : 운반할 반 : 運搬(운반), 搬出(반출)

運搬[운반] 사람이나 화물을 옮겨 나름.
諸般[제반] 여러 가지 모든 것.
一般[일반]　全般[전반]　今般[금반]

盤

皿 10 / 15 高

소반 **반**
소반, 쟁반, 받침
round plate

옮길 반, 일반 반 : 般 : 위 '般'란의 풀이 참조

그릇(皿)에 담아 옮긴다(般)는 데서 소반·쟁반(盤)을 뜻한다. (형성)

般 → 반 ← 盤

錚盤[쟁반] 운두가 얕고 동글납작한 그릇.
盤石[반석] 넓고 평평한 큰 돌.
岩盤[암반] 바위로 이루어진 땅바닥.
羅針盤[나침반]　音盤[음반]　地盤[지반]

發

癶 7 / 12 中

쏠 **발**, 떠날 **발**, 필 **발**
쏘다, 떠나다, 피다　발
shoot, depart

두 손 : 𠬞 → 癶, 창 : 殳
활 궁 : 弓, 손 : 又

활(弓)이나 손에 든 창(殳)을 두 손(癶)으로 쏜다(發). 쏘면 떨어져 나간다는 데서 떠난다(發)는 뜻도 생겼다. (형성)

發射[발사] 총포·활 등을 쏨.
發達[발달]　發表[발표]　發見[발견]
發火[발화]　開發[개발]　出發[출발]

廢

广 12 / 15 高

폐할 **폐**, 못쓰게 될 **폐**
폐하다　못 쓰게 되다
shut down
廃

쏠 발, 떠날 발 : 發 : 왼쪽의 '發'란의 풀이 참조

집(广)에 살던 사람이 모두 떠나가(發) 없다는 데서 폐하다(廢)의 뜻임. (형성)

廢墟[폐허] 건물, 성곽 등이 파괴를 당하여 못쓰게 된 터.
廢業[폐업] 직업이나 영업을 그만둠.
廢止[폐지]　廢人[폐인]　全廢[전폐]

喪

口 9 / 12 中

복 입을 **상**, 잃을 **상**
복을 입다　잃다
mourning

잃을 망 : 亡 → 十 : 도망가다, 죽다
울 곡 : 哭 → 吅 : 소리내어 울다
어른 장 : 長 → 𧘇 : 어른, 어버이

어른(𧘇)이 죽어(十) 울며(吅) 슬퍼한다는 데서 복을 입다·잃다(喪)의 뜻임. (회의) 　長 → 상 ← 喪

喪家[상가] 초상난 집. 상제(喪制)의 집.
喪失[상실] 잃어버림. 예 資格(자격)~
喪服[상복]　喪輿[상여]　問喪[문상]

畏

田 4 / 9 高

두려워할 **외**, 두려움 **외**
두려워하다　두려움
afraid, in awe of

귀신 신 : 神 → 申 → 田 : 귀신, 하늘
길 장, 어른 장 : 長 → 𧘇 : 가장, 교장, 장관, 사장 등 우두머리

귀신(田)이나 우두머리·어른(𧘇)을 두려워한다(畏). (회의)

畏敬[외경] 경외(敬畏). 공경하고 두려워함.
畏怖[외포] 매우 두려워함.
畏友[외우] 아끼고 존경하는 벗.

暖

日 9 / 13 / 中

따뜻할 **난**
따뜻하다

warm

손톱 조: 爫
물건, 일 ⼯→⼑→⼢ →爰:로 물건
손 : 又   을 당김

두 손으로 물건을 당기듯이(爰) 햇빛(日)을 당긴다는 데서 따뜻하다(暖)의 뜻임.

暖爐[난로] 화로(火爐). 스토브(stove).
暖房[난방] 방을 덥게 함.
暖流[난류] 온도가 높은 해류.

援

扌 9 / 12 / 高

구원할 **원**, 당길 **원**
구원하다 당기다

relieve

손 수: 扌: 손
느즈러질 원, 당길 원: 爰: 당기다

함정에 빠진 사람에게 손(扌)을 내밀어 두 손으로 당겨서(爰) 구원한다(援). (형성)

救援[구원] 도와서 건져 줌. 예 ~兵(병)
援護[원호] 도와서 보호(保護)함.
後援[후원] 뒤에서 도와줌.
援助[원조] 聲援[성원] 應援[응원]

緩

糸 9 / 15 / 高

느릴 **완**, 느슨할 **완**
느리다 느슨하다

loosen

실(糸)을 팽팽하지 않고 느슨하게 당긴다(爰)는 데서 늘어지다·느리다·느슨하다(緩)의 뜻임.

緩急[완급] 늦음과 빠름.
緩步[완보] 느리게 걸음. 또, 느린 걸음.
緩衝[완충] 둘 사이의 불화·충돌을 완화시킴.
弛緩[이완] 느즈러짐. 풀려 늦춰짐.
緩慢[완만] 緩急[완급] 緩步[완보]

蘭

艹 17 / 21 / 高

난초 **란**, 목련화 **란**
난초 목련화

orchid

가릴 간: 柬: 묶여 있는 것(束) 가운데 점찍힌(丷) 것을 가려낸다(柬).

문(門) 안에 가려서(柬) 심는 화초(艹)이니 난초(蘭)이다. (형성)

蘭草[난초] 난초과에 딸린 다년생 풀로 꽃향기가 좋음.
蘭交[난교] 뜻이 맞는 친구간의 사귐.
木蘭[목란] 목련과의 낙엽 교목.
香蘭[향란] 野蘭[야란] 紫蘭[자란]

欄

木 17 / 21 / 高

난간 **란**, 난 **란**
난간 테두리

rail

가릴 간: 柬: 가리다

문(門) 둘레에 나무(木)로 경계를 가리는(柬) 난간·테두리(欄)란 뜻이다. (형성)

欄干[난간] 충계나 다리 등의 가장자리에 나무·쇠 따위로 종횡으로 막아놓은 것.
欄外[난외] 난간의 바깥. 서적의 가장자리에 있는 줄의 바깥.
讀者欄[독자란] 空欄[공란]

爛

火 17 / 21 / 高

빛날 **란**, 문드러질 **란**
빛나다 문드러지다

shine, glitter

1. 불(火)길이 난간(蘭)의 기둥 줄기처럼 피어 오르며 빛난다(爛). (형성)
2. 난간(蘭) 불길(火)에 화상을 입어 살갗이 문드러진다(爛). (형성), (전주)

爛漫[난만] 화려한 광채가 넘쳐 흐르는 모양. 꽃이 만발하여 화려함.
潰爛[궤란] 썩어 문드러짐.
絢爛[현란] 눈부심. 눈부시게 빛남.
燦爛[찬란] 爛熟[난숙] 爛發[난발]

燒

火 12 16 高

불사를 소, 탈 소 ㉱燒
불사르다 불타다
burn

火 灶 灶 燒 燒 燒

흙 토(3개) : 土 : 넓은 땅, 높은 땅
으뜸 원 : 兒→元→兀 : 사람의 머리
높을 요 : 堯 : 사람의 머리(兀) 위의 땅(垚)이니 높다(堯)의 뜻.

불(火)길이 높게(堯) 올라가며 불탄다(燒). (형성)

燒却[소각] 불에 태워 없애 버림.
燒失[소실] 燒滅[소멸] 全燒[전소]

裏

衣 7 13 高

안 리, 속 리 ㉱裡
안, 속, 내부
interior

亠 宙 重 更 裏 裏

옷 의 : 衣→衣
마을 리 : 里 : 논두렁·밭두렁이 있는 마을. 여기서는 옷 안쪽의, 두렁진 여러 갈래의 이음매를 뜻함.

옷(衣) 안쪽의 두렁진 이음매(里)가 있는 안·속(裏)을 뜻한다. (형성)

裏面·裡面[이면] 속, 안, 내면.
裏書[이서] 종이 뒤에 적은 글.
表裏[표리] 腦裏[뇌리] 裏窓[이창]

曉

日 12 16 高

새벽 효, 밝을 효 ㉱暁
새벽 밝다, 깨닫다
daybreak

旷 旷 㬢 㬢 曉 曉

날 일 : 日
높을 요 : 堯 }→曉

해(日)가 높은(堯) 산이나 언덕 위로 떠오르려는 밝을 녘·새벽(曉)을 뜻한다. (형성)

曉星[효성] 샛별.
通曉[통효] 환하게 깨달아서 앎.
曉諭[효유] 타일러서 가르침. 또 깨우치도록 일러줌.

環

王 13 17 高

고리 환, 두를 환
고리 두르다
ring

玗 環 環 環 環 環

구슬 옥 : 玉→王
눈 목 : 目→罒 : 눈동자
입 구 : 口 : 고리의 구멍
겉 표 : 表→衣 : 겉, 외부

구슬(王)을 눈동자(罒)처럼 둥글게 깎고 안에는 구멍(口)을 파서 몸의 겉(衣)에 거니 고리(環)이다. (형성)

指環[지환] 반지, 가락지 ㉮玉(옥)~
環狀[환상] 環形[환형] 花環[화환]

表

衣 3 8 中

겉 표, 나타낼 표
겉·거죽 나타내다
surface

十 圭 丰 耒 表 表

털 모 : 毛→土
옷 의 : 衣 }→表

털(毛→土)옷(衣)은 겉(表)에 입어 밖으로 나타난다(表). (회의), (전주)

表皮[표피] 겉껍질.
表裏[표리] 겉과 속. 표면과 내심.
表示[표시] 表現[표현] 表情[표정]
表記[표기] 表具[표구] 統計表[통계표]

還

辶 13 17 高

돌아올 환
돌아오다, 돌려 주다
return

罒 罒 罒 睘 睘 還

길 : 辶 : 길, 가다
고리 환 : 環→睘

고리(睘)를 따라 길(辶)을 가면 먼저 있던 자리로 돌아온다(還). (형성)

環 → ㊋ ← 還

還送[환송] 도로 돌려 보냄.
還元[환원] 근본으로 되돌아 감.
還給[환급] 물건을 도로 돌려줌.
歸還[귀환] 錦衣還鄕[금의환향]

裕 넉넉할 유, 너그러울 유
넉넉하다 너그럽다
enough

옷 의 (衣→衤)
골 곡 (谷)

한복 옷(衤)의 소매가 골짜기(谷)처럼 넓다는 데서 넉넉하다(裕)의 뜻임. (형성)

富裕[부유] 재물이 넉넉함.
裕福[유복] 餘裕[여유] 寬裕[관유]

衰 쇠할 쇠, 쇠잔할 쇠
쇠하다 약하여지다
weaken

도롱이 :

우장(雨裝)의 하나(볏짚 따위로 엮어, 흔히 농부가 어깨에 걸쳐 두름).

비가 올 때 옷(衣) 위에 도롱이(㠯)를 걸친 농부의 모습이 초라하게 보인다는 데서 쇠하다(衰)의 뜻임. (상형)

衰弱[쇠약] 쇠하여 약하여짐.
盛衰[성쇠] 성(盛)함과 쇠퇴(衰退)함.

睡 잠잘 수, 졸 수
자다 졸다
sleep

늘어질 수: 垂 : 서 있는 사람(亻)이 도롱이(㠯)를 걸쳐 늘어뜨린다(垂).

눈(目) 꺼풀을 아래로 늘어뜨리고(垂) 잔다(睡). (형성)

睡眠[수면] 졸음이나 잠.
熟睡[숙수] 잘 잠. 깊이 든 잠.
昏睡[혼수] 정신 없이 혼혼(昏昏)하여 잠이 듦. 의식이 없어짐. ⓔ~상태

郵 우편 우, 역말 우
우편   역말
mail

드리울 수: 垂 : 사람(亻)이 도롱이(㠯)를 걸쳐 늘어뜨린다. 여기서는 '내려지다'의 뜻.

중앙의 공문이 고을(阝)로 내려진다(垂)는 데서 우편(郵)이란 뜻이 되었다. (회의)   垂→㊤㊦←郵

郵便[우편] 편지나 소포 등을 보내는 사업.
郵送[우송] 우편으로 보냄.
郵遞局[우체국] 郵票[우표] 郵驛[우역]

華 빛날 화, 꽃 화
빛나다 꽃
bright, flower

꽃 화: 花→艹
늘어질 수: 垂→垂→華

등나무 등의 꽃(艹)이 아름답게 늘어져서(垂) 빛난다(華)는 뜻임. (형성)

華麗[화려] 번화하고 고움.
華燭[화촉] 빛깔 들인 밀초. 호화로운 등화(燈火). 결혼의 예식.
繁華[번화] 榮華[영화] 豪華[호화]

畢 마칠 필, 다할 필, 그물 필
미치다 다하다 그물
finish

: 허수아비

논에 허수아비(畢)를 세우는 때는 벼농사를 마칠 무렵이다. (상형)

畢竟[필경] 마침내. 결국.
畢生[필생] 일생. 평생. ⓔ~의 대사업.
畢納[필납] 납세와 납품을 끝냄.
畢役[필역] 畢杯[필배] 畢業[필업]

張

弓 8 11 高

당길 **장**, 벌릴 **장**, 베풀 **장**
당기다 벌리다 베풀다
pull, draw

｜ㄱ｜弓｜引｜弔｜張｜張｜

활 궁 : 弓 : 활, 활시위
길 장 : 長 : 길다

활(弓)시위를 길게(長) 당긴다(張)는 데서 벌리다·베풀다(張)의 뜻도 생겼다. (형성), (전주)   長 → 張 ← 張, 帳

緊張[긴장] 팽팽하게 켕김.
張本[장본] 일의 발단이 되는 근원.
誇張[과장] 실지보다 지나치게 나타냄.
主張[주장]   出張[출장]   擴張[확장]

獎

大 11 14 高

권면할 **장**, 도울 **장** ㉭獎
권면하다 돕다
encourage

｜ㅣ｜ㅔ｜將｜將｜獎｜獎｜

장수 장, 장차 장 : 將 : 왼쪽의 '將'란의 풀이 참조

장차(將) 크게(大) 되라고 권면한다(獎). (형성)

勸勉[권면] 알아 듣도록 타일러 힘쓰게 함.
獎勵[장려] 권하여 북돋아 줌.
推獎[추장] 여럿 중 추려 올려 장려함.
勸獎[권장]   獎學[장학]   獎學金[장학금]

帳

巾 8 11 高

휘장 **장**, 장부 **장**
휘장, 장막, 장부
curtain

｜ㅣ｜巾｜帳｜帳｜帳｜帳｜

수건 건 : 巾 ⎱
길 장 : 長 ⎰→帳

천(巾)을 길게(長) 늘어뜨려 휘장·장막(帳)을 만든다. 길게 늘어뜨린다는 데서 길게 펼쳐 쓰는 장부(帳)의 뜻도 생겼다. (형성), (전주)

帳幕[장막] 볕 또는 비를 막고 사람이 들어가 있도록 둘러치는 막.
帳簿[장부]   通帳[통장]   記帳[기장]

純

糸 4 10 中

순수할 **순**
순수하다
pure

｜幺｜糸｜糸｜紅｜紅｜純｜

진칠 둔 : ⎧새싹
(屯) ⎩언덕

새싹이 돋아나는 언덕에 의지하여 진을 친다는 데서 언덕·진치다의 뜻.

실(糸)같이 가늘게 돋아나는 새싹(屯)이 순수하다(純)는 뜻임. (형성)

純粹[순수] 다른 것이 섞이지 않음.
純眞[순진]   純益[순익]   淸純[청순]

將

寸 8 11 中

장수 **장**, 장차 **장** ㉭将
장수 장차
generalissimo

｜ㅣ｜ㅐ｜ㅐ｜ㅔ｜將｜將｜

조각 장 : 爿 : 나무 조각. 나무로 만든 제사상의 뜻. (252)

제사상(爿)에 고기(夕)를 손(寸)으로 올려 놓고 제사를 지내는 부족장(部族長)은 장차(將) 전쟁이 났을 때 장수(將)가 된다. (형성), (전주)

將帥[장수] 군사를 거느리는 우두머리.
將軍[장군]   猛將[맹장]   將來[장래]

鈍

金 4 12 高

무딜 **둔**, 우둔할 **둔**
무디다 우둔하다
dull

｜ㅅ｜金｜金｜金｜鈍｜鈍｜

진칠 둔 : 屯 : 위 참조

새싹(屯)처럼 부드러운 쇠(金)란 데서, 굳세거나 날카롭지 못하고 무디고·우둔하다(鈍)는 뜻임. (형성)
屯 → 鈍 ← 鈍

鈍才[둔재] 어리석고 둔함.
鈍馬[둔마] 굼뜬 말.
鈍角[둔각]   鈍器[둔기]   愚鈍[우둔]

硯 벼루 연

石 7 12 中
벼루 연
벼루
inkstone

石 石' 硎 硎 硯 硯

돌 석: 石: 돌, 벼룻돌
볼 견: 見: 먹을 갈 때 벼룻돌을 '내려다보면서' 간다는 뜻

먹을 갈 때 벼룻돌(石)을 내려다 보면서(見) 간다는 데서 벼루(硯)를 뜻한다. (형성)

見 → ㉠ 연 ← 硯

硯滴[연적] 벼룻물을 담는 그릇.
硯池[연지] 벼루 앞쪽의 오목한 곳.
硯蓋[연개] 벼루의 뚜껑.

研 갈 연, 궁구할 연 ㉰ 硏

石 6 11 中
갈다 연구하다
grind, study

石 石' 石开 研 研 研

▭ → 幵 → 开 : 반듯하고 단정한 모양

돌(石)을 네모 반듯하게(开) 간다(研). 돌의 면을 갈고 닦듯이 학문을 깊이 연구한다·궁구한다(研)는 뜻임. (형성), (전주)

硯 → ㉠ ← 研

研磨·練磨[연마] 갈고 닦음.
研修[연수] 학업을 연구하여 닦음.
研究[연구] 研鑽[연찬] 研武[연무]

形 형상 형, 꼴 이룰 형

彡 4 7 中
형상, 모양, 꼴을 이루다
shape

一 二 于 开 形 形

직육면체: 开: 위 참조
터럭 삼: 彡: 머리를 빗고 멋을 낸다

반듯하고 단정한 바탕(开)에 머리를 빗고(彡) 치장한다는 데서 형상·모양(形)을 뜻한다. (형성)

※ 刑: 형벌 형, 型: 거푸집 형

形成[형성] 어떤 모양을 이룸.
人形[인형] 사람의 모양으로 만든 장난감.
形象·形相·形狀[형상] 外形[외형]

侯 제후 후, 후작 후, 과녁 후

亻 7 9 高
제후 후작 과녁
feudal lords

亻 亻' 亻乍 亻圭 侯 侯

화살의 과녁 : ◉ → ◎ → 그

옛날에 화살(矢)을 쏘아 과녁(그)에 맞추는 사람(亻)을 제후(侯)에 봉한 데서 나온 글자임. (회의)

諸侯[제후] 봉건 시대에 영토를 가지고 그 영내의 백성을 다스리던 사람.
侯爵[후작] 오등작의 둘째.

喉 목구멍 후, 목 후

口 9 12 高
목구멍 목
throat

口 口' 口丆 口丆 口侯 喉

제후 후: 侯: 화살(矢)을 과녁(그)에 맞추는 사람(亻)을 제후(侯)로 봉하였던 데서 '제후·과녁'의 뜻.

입(口)을 통하여 음식이 과녁(侯→밥통)으로 들어가는 길인 목구멍(喉)을 뜻한다. (형성)

喉頭[후두] 기관(氣管)의 앞끝의 부분.
咽喉[인후] 목구멍.
喉舌[후설] 목구멍과 혀.

候 염탐할 후, 기후 후

亻 8 10 高
염탐하다, 기후, 철
spy upon

亻 亻' 亻' 亻圭 亻圭 候

제후 후, 과녁 후 : 侯→俟 : 과녁

사람(亻)이 활을 쏠 때 과녁(俟)을 살펴 본다는 데서 염탐하다(候)의 뜻임. 날씨도 살펴보아야 한다는 데서 기후(候)의 뜻도 있다. (형성), (전주)

侯 → ㉠ ← 候, 喉

斥候[척후] 적정·지형 등을 정찰·염탐함.
候鳥[후조] 철새.
氣候[기후] 測候所[측후소] 候補[후보]

距

足 5 12 高

떨어질 **거**, 어길 **거**
떨어지다　어기다
be distant from

| 口 | 口 | 足 | 距 | 距 | 距 |

클 거 (巨) : 巨 → 巨 : 손잡이가 달린 큰 (巨) 자의 모양

발(足→足)로 크게(巨) 걸어서 떨어져(距) 나간다. (형성)　巨 → ㉓ ← 距

距離[거리] 두 점 사이의 떨어진 길이.
距躍[거약] 뛰어오르거나 뛰어내림.
相距[상거] 서로 떨어진 거리.
距今[거금] 지금부터 어느 때까지의 상거.

脚

月 7 11 中

다리 **각**
다리, 하지(下肢), 몸둘 곳
leg

| 月 | 肝 | 肚 | 肤 | 脚 | 脚 |

육달월 : 月 : 몸, 고기
갈 거 : 去 : 가다, 걷다
마디 절 : 節 → 卩 : 마디

몸(月)의 일부로서 물러나고(却) 나가고 할 때 쓰는 다리(脚)의 뜻임. (형성)　却 → ㉔ ← 脚

健脚[건각] 튼튼한 다리.
脚本[각본] 연극의 대사 따위를 적은 글.
脚註[각주]　橋脚[교각]　失脚[실각]

踏

足 8 15 高

밟을 **답**
밟다, 걷다
tread

| 足 | 趵 | 跄 | 跕 | 踏 | 踏 |

발 족 : 足 → 足
논 답 : 畓 → 畓 : 밭(田) 위에 물(水)이 있으니 논(畓)이다.

모를 내려면 논(畓→畓)에 들어가 발(足)로 논바닥을 밟게(踏) 된다는 뜻임. (형성)

踏査[답사] 그 곳에 실지로 가서 조사함.
踏襲[답습] 선인(先人)의 행적을 따름.
踏步[답보] 제자리걸음.

得

彳 8 11 中

얻을 **득**, 깨달을 **득**
얻다　　깨닫다
gain

| 彳 | 彳 | 得 | 得 | 得 | 得 |

조개 패 : 貝 → 貝 → 旦 : 재물
마디 촌 : 寸 : 손(寸)과 물건(丶)

길(彳)에서 재물(旦)을 손(寸)으로 주워서 얻다(得). 힘써 일을 하여(彳) 재물(旦)을 손(寸)에 넣는다는 데서 얻는다(得)는 뜻임. (회의)

拾得[습득] 주워서 얻음. ⓔ분실(紛失).
得意[득의] 뜻대로 되어 뽐냄.
得道[득도]　利得[이득]　所得[소득]

却

卩 5 7 高

물러날 **각**, 물리칠 **각**
물러나다　물리치다
withdraw

| 十 | 土 | 去 | 去 | 却 | 却 |

병부절 (卩) :  → 巳 → 卩 : 몸을 움츠린 모양

몸을 움츠리고(卩) 간다(去)는 데서 물러나다·물리치다(却)의 뜻임. (형성)

退却[퇴각] 물러감. 패하여 후퇴함.
却說[각설] 화제를 돌림.
燒却[소각] 불에 태워 없애 버림.
忘却[망각]　賣却[매각]　棄却[기각]

徒

彳 7 10 中

걸어다닐 **도**, 무리 **도**
걸어다니다, 무리, 맨손
crowd

| 彳 | 彳 | 徃 | 徒 | 徒 | 徒 |

다닐 행 : 行 → 彳 : 도로, 한길

한길(彳)의 흙(土) 위를 발(止)로 걸어다니는 무리(徒)란 뜻. 거마(車馬)가 없다는 데서 맨손(徒)의 뜻도 나왔음. (형성), (전주)　土 → ㉝㉞ ← 徒

徒食[도식] 하는 일 없이 거저 먹기만 함.
徒步[도보] 타지 않고 걸어감.
徒黨[도당] 떼를 지은 무리.
徒手體操[도수체조]　學徒[학도]

乾

乙 10 11 中

하늘 건, 마를 건
하늘 마르다

heaven

一十古古卓乾乾

나무 사이로 해가 뜨고(軺) 깃발(𠂉)이 휘날리며 싹(乚→乙)이 나오는 방향이니 하늘(乾)이다. 하늘에 해가 뜨면 빨래가 마른다(乾). (형성), (전주)

乾坤[건곤] 하늘과 땅. 음양(陰陽).
乾燥[건조] 습기·물기가 없어짐.
乾魚[건어] 乾畓[건답] 乾杯[건배]

幹

干 10 13 高

줄기 간, 몸 간
줄기 몸

trunk

十古卓卓幹幹幹

하늘 건: 乾→軺→𠦝
나무 목: 木→木→干: 방패 간

하늘(𠦝)을 향해 자라는 나무(木→干)의 줄기(幹)를 뜻한다. 木이 干으로 되어 글씨의 모양을 좋게 하였고 동시에 음을 나타내었다. (형성)

根幹[근간] 뿌리와 줄기. 근본.
幹部[간부] 단체의 수뇌부의 임원.
骨幹[골간] 主幹[주간] 幹事[간사]

旱

日 3 7 高

가물 한
가물다

drought

丨冂日日旦旱

날 일: 日→日
방패 간, 막을 간: 干 } →旱

해(日)의 기운이 비를 막고(干) 있다는 데서 가물다(旱)의 뜻임. 日 干→旱
해 간→한

旱災[한재] 가물음으로 인하여 곡식에 미치는 재앙(災殃). 한해(旱害).
旱天[한천] 가문 하늘.
旱魃[한발] 가뭄. 가뭄을 맡은 신.

軒

車 3 10 高

처마 헌, 집 헌
처마 집

eaves

一厂𠃍百車車軒軒

수레 차(거): 車: 수레나 가마
막을 간: 干: 수레·가마를 막다

수레나 가마(車)를 타고 가는 사람을 막는(干) 곳이니 처마·집(軒)이다. (형성)

軒燈[헌등] 집의 처마에 다는 등.
軒軒丈夫[헌헌장부] 외모가 준수하고 헌거로운 사내.
東軒[동헌] 春軒[춘헌] 軒號[헌호]

岸

山 5 8 高

언덕 안, 낭떠러지 안
언덕 낭떠러지

seashore

山屵屵屵岸岸

메 산: 山
벼랑: 厂
방패 간: 干

산(山)의 벼랑(厂)이 파이고 깎이며 바닷물을 막고(干) 있는 언덕·낭떠러지(岸)를 뜻한다. (형성)

岸壁[안벽] 물가의 낭떠러지.
海岸[해안] 바닷가의 언덕. 바닷가.
沿岸[연안] 對岸[대안] 彼岸[피안]

乃

丿 1 2 中

이에 내, 접때 내
이에 이전에

hereupon

丿乃

사람 인: 人→𠂉→丿

사람(丿)이 말을 멈췄다가 다시 시작(𠃌)하는 데서 이에, 이리하여, 그리고, 이전에(乃)를 뜻한다. (상형)

乃至[내지] 무엇부터 무엇에 이르기까지라는 뜻으로 중간을 생략할 때 쓰는 말.
…乃負兒[내부아] 이에 아이를 업고.
乃父[내부] 그이의 아버지.
人乃天[인내천] 사람이 곧 하늘이다.

甚尋案眼眠眉

甚 (심할 심)
甘 4 9 中
심하다, 대단히
severe

一 十 甘 其 其 甚

달 감 (甘) : 🐏 → 廿 → 甘 : 혀 위에 사탕이 놓인 모양

부부의 짝(匹)의 달콤(甘)한 사랑이 심히(甚) 좋다는 뜻임. (형성)

配匹[배필] 부부의 짝. 배우(配偶).
甚大[심대] 매우 큼. 대단히 큼.
甚惡[심악] 성정이 매우 악함.
尤甚[우심] 極甚[극심] 甚至於[심지어]

眼 (눈 안, 볼 안)
目 6 11 中
눈   보다
eye

目 目 目 目 眼 眼 眼

그칠 간 (艮)

빈 밥그릇과 숟가락, 젓가락의 모양으로 식사가 '끝나다'의 뜻.
눈(目)으로 끝까지(艮) 살펴본다는 데서 눈(眼)의 뜻이다. (형성)

艮 → 간 안 ← 眼

眼光[안광] 눈의 정기. 안채(眼彩).
眼疾[안질] 眼鏡[안경] 主眼點[주안점]

尋 (찾을 심, 물을 심, 보통 심)
寸 9 12 高
찾다   질문하다   보통
search

ㅋ ㅋ 큼 큐 尋 尋

손 : 🖐 → 𠂇 → ㅋ
왼 좌 : 左 → 工
오른 우 : 右 → 口
→ 큼 : 좌우 양손

좌우 양손(큼)을 법도(寸)에 맞게 움직이는 방법을 찾는다(尋). 좌우 양손을 펼쳐서 길이를 재는 일은 보통(尋) 쓰는 방법이다. (회의)

尋訪[심방] 방문(訪問)해 찾아봄.
尋常[심상] 대수롭지 않고 예사로움.

眠 (잘 면, 잠 면)
目 5 10 中
자다   잠
sleep

目 目 目 目 眠 眠

백성 민 : 民 : 여자(女→𠂉→口)를 뿌리(氏→氏)로 하여 많은 백성(民)이 태어난다는 데서 백성의 뜻.

백성(民)들이 눈(目)을 감고 잔다(眠). (형성)

民 → 민 면 ← 眠

睡眠[수면] 졸음이나 잠. ⑩ ~不足(부족).
眠食[면식] 자고 먹는 일. 침식(寢食).
熟眠[숙면] 잠이 깊이 듦. 또는 그 잠.
安眠[안면] 永眠[영면] 眠期[면기]

案 (책상 안, 생각할 안)
木 6 10 中
책상   생각하다
desk, think

宀 宂 安 安 案 案

편안할 안 : 安 : 여자(女)가 살림을 잘하면 집(宀)안이 편안하다(安).

편안히(安) 앉아서 공부할 수 있도록 나무(木)로 만든 책상(案). 책상에 앉아서 뭔가를 골똘히 생각한다(案)는 뜻도 있음. (형성), (전주)

書案[서안] 책을 얹는 책상. 문서의 초안.
案件[안건] 토의하거나 조사해야 할 사실.
答案[답안] 考案[고안] 案內[안내]

眉 (눈썹 미)
目 4 9 高
눈썹
eyebrows

一 フ コ 尸 𡰣 眉

👁 → 👁 → 眉 → 眉

눈(目) 위의 눈썹(𠂆)의 모양으로 눈썹(眉)을 뜻한다. (상형)

眉間[미간] 눈썹과 눈썹의 사이. 양미간(兩眉間).
眉目[미목] 눈썹과 눈. 얼굴 모양.
蛾眉[아미] 미인의 눈썹.

壯

士 / 4 / 7 / 中

씩씩할 **장**, 장할 **장** ⑨ 壮
씩씩하다   웅장하다
vigorous, brave

| 1 | 4 | 月 | 뉘 | 壯 | 壯 |

조각 장 (爿) : 朱 → 티 → 爿 → 爿

나무를 토막내서 조각(爿)을 만듦.

나무를 조각(爿)낼 수 있는 무사(士)
이니 씩씩하고·장하다(壯). (형성)

壯士[장사] 기개와 체력이 썩 굳센 사람.
壯烈[장렬] 씩씩하고도 열렬함.
壯丁[장정]   壯觀[장관]   健壯[건장]

裝

衣 / 7 / 13 / 高

꾸밀 **장**, 차릴 **장** ⑨ 装
꾸미다   차리다
decorate

| 뉘 | 壯 | 壯 | 裝 | 裝 | 裝 |

장할 장 : 壯 : 장하다, 웅장하다
옷 의 : 衣 : 옷

옛날 무사(武士)·장군(將軍)의 복
장에 연유한 글자. 옷(衣)을 웅장하게
(壯) 꾸며(裝) 입는다는 뜻임. (형성)

裝身具[장신구] 몸을 단장하는 데 쓰는 물
裝飾[장식] 꾸밈. 치장(治粧).   「건.
裝備[장비] 꾸미어 갖춤.
服裝[복장]   旅裝[여장]   包裝[포장]

莊

艹 / 7 / 11 / 高

장엄할 **장**, 별장 **장** ⑨ 荘
장엄하다   별장
solemn

| 丬 | 艹 | 艹 | 莊 | 莊 | 莊 |

초목(艹)이 씩씩하게(壯) 자라서 숲
이 장엄하다(莊)의 뜻임.
숲 속에 지은 별장(莊)이란 뜻도 있
음. (형성), (전주)

爿 → ㉘ ← 將(247). 壯, 裝, 莊, 牆

莊嚴[장엄] 규모가 크고 엄숙(嚴肅)함.
莊重[장중] 장엄하고 무게가 있음.
莊田[장전] 옛날 귀족의 사유지(私有地).
別莊[별장]   山莊[산장]   莊園[장원]

狀

犬 / 4 / 8 / 高

모양 **상**, 문서 **장**
모양, 꼴, 문서
figure

| 1 | 4 | 爿 | 爿 | 狀 | 狀 |

조각널 장 : 爿 : 널빤지
개 견 : 犬 : 개

개(犬)가 널빤지(爿)에 오줌을 싼 모
양(狀)에서 형상·문서의 뜻도 생겼다.
(형성), (전주)

狀態[상태] 사물의 형편이나 모양.
狀況[상황] 일이 되어 가는 형편이나 모양.
情狀[정상]   賞狀[상장]   卒業狀[졸업장]

牆

爿 / 13 / 17 / 高

담 **장**, 경계 **장** ⑤ 墙
담   경계
wall, fence

| 爿 | 爿 | 爿 | 爿 | 牆 | 牆 |

조각 장 : 爿 : 나무 판자
사람과 사람 : 从
돌 회 : 回 : 둘레를 두른다

나무 판자(爿)나 흙(土)으로 집 둘레
를 둘러서(回) 사람과 사람(从)을 격리
시키는 담장(牆)을 뜻한다. (형성)

牆壁[장벽] 담과 벽.
障壁[장벽] 밖을 가려 막은 벽.
牆角[장각] 담 모퉁이.

粧

米 / 6 / 12 / 高

단장할 **장**
단장하다
toilet, dressing

| ' | 丬 | 米 | 米 | 粧 | 粧 |

가루 분 : 粉 → 米 : 쌀(米)을 곱게 나
누면 (分) 가루 (粉)가 된다.
돌집 엄 : 广   흙 토 : 土

돌집(广) 벽에 흙(土)을 바르고 고운
분(米)을 덧입혀서 단장한다(粧). (형
성)

化粧[화장] 연지·분 등을 바르고 매만져
           얼굴을 곱게 꾸밈.
美粧[미장] 얼굴 등을 아름답게 화장함.

田 6 11 中		다를 **이**, 괴이할 **이** 다르다 괴이하다 different

| | ㄇ | 田 | 甼 | 粤 | 男 | 異 |

밭 전 : 田
한가지 공 : 共 → 異

모든 밭(田)이 한가지(共) 곡식을 심는 것은 아니고 다른(異) 작물을 심기도 한다. (회의)

異蹟[이적] 불가사의한 일. 기적(奇蹟).
怪異[괴이] 이상 야릇함.
異變[이변] 이상한 변고. 보통과 다른 일.
異常[이상] 異性[이성] 奇異[기이]

己 0 3 中	已	이미 **이**, 말 **이** 이미, 벌써 말다, 그치다 already

| | ㄱ | ㄱ | 己 |

뱀(巳)을 칼로 이미(已) 베어 끊었다는 데서 그치다·끝나다(已)의 뜻도 있음. (상형), (전주)

已往之事[이왕지사] 이미 지나간 일.
不得已[부득이] 마지 못해. 하는 수 없이.
已甚[이심] 지나치게 심하게 굴다.

羽 11 17 高	翼	날개 **익**, 도울 **익** 날개 돕다 wings

| | 羿 | 羿 | 翬 | 翼 | 翼 | 翼 |

깃 우 : 羽 : 새의 깃

서로 다른(異) 깃(羽)들이 모여 날개(翼)가 되고, 왼쪽 오른쪽 날개가 서로 도와서(翼) 날아 다닌다. (형성), (전주)

異 → 이익 ← 翼

鳥翼[조익] 새의 날개.
羽翼[우익] 날개. 보좌하는 일. 또 그 사람.
翼輔[익보] 보좌(輔佐). 보익(輔翼).
左翼[좌익] 右翼[우익] 銀翼[은익]

示 3 8 高	祀	제사 **사**, 제사 지낼 **사** 제사 제사지내다 religious service

| | 一 | 一 | 示 | 示 | 祀 | 祀 |

뱀 사 (巳) : → 巳 : 절을 하는 모양을 본뜬 글자.

제단(示)에 절을 하며(巳) 제사(祀)를 지낸다. (형성)   巳 → 祀 ← 祀

從祀[종사] 문묘·종묘에 학덕 있는 사람과 공신을 부제(祔祭)함.
祭祀[제사] 신령에게 음식을 바쳐 정성을 표하는 예절.

己 0 3 中	巳	여섯째 지지 **사**, 뱀 **사** 여섯째 지지 뱀 snake

| | ㄱ | ㄱ | 巳 |

뱀(巳)의 모양을 본떴다. 방위로는 동남(東南), 시각으로는 오전 9시부터 11시 사이. 따로는 뱀이다. (상형), (전주)

巳時[사시] 오전 9시부터 11시 사이.
巳年[사년] 태세(太歲)의 지지(地支)가 사(巳)자로 된 해. 뱀 해.
巳日[사일] 뱀 날. 곧, 지지가 사(巳)인 날.

虫 5 11 高	蛇	뱀 **사** 뱀 snake

| | 虫 | 虫 | 虫' | 虵 | 蛇 | 蛇 |

벌레 충 : 虫 : 벌레
변화 화 : 化 → 匕 : 구불구불 모양을 바꾼다

머리(宀)를 들고 구불구불 모양을 바꾸며(匕) 가는 벌레(虫)란 데서 뱀(蛇)의 뜻임. (회의), (형성)

蛇行[사행] 뱀처럼 구불구불 휘어서 기어감.
蛇足[사족] 소용없는 일을 함의 비유.
大蛇[대사] 毒蛇[독사] 殺母蛇[살모사]

師

巾 7 / 10 / 中

스승 사, 군사 사
스승, 군사, 전문가
teacher

户 自 自 自 𠂤 師 師

베포, 펼포: 布→巿 또는 巾: 布木
(포목). 여기서는 기(旗)의 뜻. (67)

언덕(阝→𠂤) 위의 기(巿) 밑에 모여
든 군사(師). 군사를 훈련시키는 교관
이란 뜻에서 스승(師)의 뜻도 생겼다.
(회의), (전주)

師道[사도] 남의 스승이 되는 길.
教師[교사]   牧師[목사]   師團[사단]

輸

車 9 / 16 / 高

보낼 수, 짐 수
보내다 짐
transport

亘 車 車 輸 輸 輸

수레 차, 수레 거: 車: 수레
응답할 유: 兪: 응답하다

요구에 응답하여(兪) 수레(車)로 사
람이나 짐을 실어 보낸다(輸). (형성)

※ 癒: 나을 유, 喩: 비유할 유

輸送[수송] 사람, 물건을 실어 보냄.
運輸[운수] 여객이나 화물을 옮기는 일.
輸入[수입] 외국의 산물을 실어드림.
輸出[수출]   輸血[수혈]   空輸[공수]

帥

巾 6 / 9 / 高

장수 수, 거느릴 솔
장수   거느리다
general

𠂉 𠂉 自 𠂤 帥 帥

언덕(阝→𠂤) 위의 기(巿→巾) 밑에
서 장수(帥)가 작전을 지휘한다. (형성)

將帥[장수] 군사를 거느리는 우두머리.
都元帥[도원수] 고려 이래 전쟁이 있을 적
          에 군무를 통괄하던 장수.
統帥[통수] 통령(統領). 통할하여 거느림.

隨

阝 13 / 16 / 高

따를 수
따르다
follow

阝 阡 阽 隋 隋 隨 隨

언덕(阝) 길(辶)을 웃어른의 몸(月)
의 왼편(左)에 서서 따라간다(隨). (형
성)

※ 愉: 기뻐할 유, 諭: 깨우칠 유

隨行[수행] 따라 감. 따라 행함.
隨意[수의] 자기 의사대로 좇아 함.
追隨[추수] 뒤쫓아 따름.
夫唱婦隨[부창부수] 남편이 주장하고 아내
           가 이에 잘 따르는 것.

愈

心 9 / 13 / 高

나을 유, 더욱 유
낫다   더욱
get well

入 스 俞 俞 愈 愈

응답할 유: 兪: 사람들이 모여서(合→
亼) 고기(月)·술 등을 나누어(分→刀→刂
→巜) 먹으며 담소하고 노래하고 더욱 즐
긴다는 데서 '응답하다·화락하다·더욱(兪)'
의 뜻.

마음(心)이 화락하여(兪) 병이 낫
는다(愈). (형성)

快癒·快癒[쾌유] 병이 완전히 나음.
愈愚[유우] 어리석은 마음을 고침.

墮

土 12 / 15 / 高

떨어질 타, 떨어뜨릴 타
떨어지다   떨어뜨리다
fall, drop

阝 阡 阽 隋 隋 墮

언덕(阝) 왼편으로
(左) 몸(月)이 굴러
흙(土) 위에 떨어지다
(墮). (형성)

　　　　　　　土 左 → 墮
　　　　　　　토 좌 → 타

墮落[타락] 품행이 좋지 못하여 못된 구렁
        에 빠짐.
墮淚[타루] 눈물을 떨어뜨림. 낙루(落淚).

沈

가라앉을 **침**, 성(姓) **심**
가라앉다, 빠지다, 심씨
sink

사람이 물에 잠기는 모양

물(氵) 속으로 사람이 잠기는 모양(冘)을 나타내어 잠기다·가라앉다(沈)의 뜻임. (형성)

沈沒[침몰] 물 속에 가라앉음.
沈默[침묵] 말없이 잠잠히 있음.
沈着[침착] 행동이 들뜨지 않고 착실함.

枕

베개 **침**
베개
pillow

…베개 또는 양팔
…누워 있는 사람

사람이 누울 때(冘) 쓰는 나무(木)로 만든 베개(枕). (형성) 沈 → 침 ← 枕

木枕[목침] 나무 베개.
枕頭[침두] 벼갯머리.
枕席[침석] 베개와 자리. 자는 자리.
枕木[침목] 물건 밑을 괴어 놓는 나무 토막.

爲

할 **위**, 위할 **위** ㋕ 为
하다, 위하다, 만들다
do, for

손톱 조 : 爫 : 손
몸 시 : 尸 : 몸 } → 爲
새 조 : 鳥 → 爲

손(爫)과 몸(尸)을 새(爲)처럼 움직여 누구를 위하여(爲) 어떤 일을 한다(爲). (회의), (전주)

爲始[위시] 비롯함. 시작함.
爲政[위정] 정치를 함. ㋖ ~者(자)
行爲[행위] 作爲[작위] 無爲[무위]

僞

거짓 **위** ㋕ 伪
거짓
false

할 위, 위할 위 : 爲 : 왼쪽의 '爲'란의 풀이 참조

자연의 법칙에는 거짓이 없으나 사람(亻)이 하는(爲) 일에는 거짓(僞)이 있다. (형성) 爲 → 위 ← 僞

僞計[위계] 거짓 계획. 허위의 계책.
僞善[위선] 겉으로만 하는 착한 일.
僞造[위조] 진짜와 비슷하게 물건을 만듦.
僞證[위증] 眞僞[진위] 虛僞[허위]

閏

윤달 **윤**
윤달
leap month

문 문 : 門
임금 왕 : 王 } → 閏

윤달(閏)에는 임금(王)이 대궐의 문(門)밖 출입을 하지 않았던 고대의 풍습에서 윤달(閏)이란 뜻임. (회의)

閏年[윤년] 윤달이 든 해.
閏朔[윤삭] 음력(陰曆)의 윤달.
閏位[윤위] 정통이 아닌 임금의 자리.
閏日[윤일] 양력 2월 29일.

潤

젖을 **윤**, 윤택할 **윤** ㋕ 润
적시다 윤택하다
make wet

임금 왕 : 王 : 임금, 크다. 여기서는 크다의 뜻. ㋖ 왕대포, 왕눈

저수지의 큰(王) 수문(門)에서 물(氵)이 나와 논을 적시어(潤) 풍년이 들고, 생활이 윤택해진다(潤). (형성), (전주)

閏 → 윤 ← 潤

潤澤[윤택] 윤기 있는 광택. 물건이 풍부함.
潤氣[윤기] 윤택한 기운.
潤滑油[윤활유] 利潤[이윤] 浸潤[침윤]

債 빗 채
빚, 꾸어 쓴 돈
debt

亻 11 13 高

亻 亻＋ 亻世 亻丰 債 債

맡을 책, 책임 책 : 責 : 주인(主→キ)
이 돈(貝)을 주어 일을 맡기고(責) 책임(責) 지운다.
사람(亻)은 책임(責) 지고 빚(債)을 갚아야 한다. (형성) 責 → ㉽채 ← 債

債務[채무] 빚을 갚아야 할 의무 등.
債權[채권] 빚을 준 자가 얻은 자에 대해 채무의 청산을 요구하는 권리.
負債[부채]   私債[사채]   債券[채권]

跡 자취 적
발자취, 흔적, 행적
㊌ 蹟, 迹
track

足 6 13 高

⻊ ⻊＋ ⻊⺀ ⻊亠 跡 跡

또 역 : 亦 : 사람의 왼쪽에 겨드랑이가 있고 또(亦) 오른쪽에도 겨드랑이가 있다.
발(⻊)로 걷고 또(亦) 걸은 발자취(跡)란 뜻임. (형성)

行跡[행적] 행위의 실적. 평생에 한 일.
筆跡[필적] 글씨의 형적(形跡). 글씨 솜씨.

績 자을 적, 공 적
잣다, 실을 뽑다, 공(功)
spin

糸 11 17 高

糸 糸＋ 紝 絝 績 績

맡을 책 : 責 : 맡다
섬유를 맡아서(責) 실(糸)을 뽑는다·잣는다(績). 실을 잣느라고 수고가 많다는 데서 공적(績)의 뜻도 나왔음. (형성), (전주)

紡績[방적] 섬유를 가공하여 실을 뽑는 일.
紡織[방직] 실을 뽑아서 피륙을 짜는 일.
功績[공적] 공로의 실적(實績). 애쓴 보람.
成績[성적]   業績[업적]   行績[행적]

積 쌓을 적, 넓이 적, 부피 적
쌓다   넓이   부피
store up

禾 11 16 高

禾 禾＋ 秬 秸 積 積

벼(禾) 가마니를 맡아서(責) 쌓는다(積). 물건을 쌓는 데는 바닥의 넓이(積)가 필요하고, 쌓으면 부피(積)도 생긴다. (형성), (전주) 責 → ㉽적 ← 積

積立[적립] 모아서 쌓아 둠. ㉨ ~金(금)
累積[누적] 포개져서 쌓임. 포개어 쌓음.
積善[적선]   積雪[적설]   積載[적재]
蓄積[축적]   面積[면적]   容積[용적]

蹟 자취 적
자취
track

足 11 18 高

⻊ ⻊＋ 趶 跬 蹟 蹟

발 족 : 足 → ⻊ : 발
맡을 책 : 責 : 맡다
맡은(責) 바 일을 해 내려온 발(足) 자취(蹟)란 뜻임. (형성)
積 → ㉽적 ← 績, 蹟, 跡

筆蹟·筆跡[필적] 글씨의 형적. 글씨 솜씨.
奇蹟[기적] 사람의 머리로는 생각할 수 없는 기이한 사실.
古蹟[고적] 남아 있는 옛적 물건.

鎖 쇠사슬 쇄, 자물쇠 쇄
쇠사슬   자물쇠
chain

金 10 18 高

亽 金 金' 釒⺍ 鎖 鎖

쇠 철 : 鐵 → 金
쇠(金)를 작은(小) 조개(貝) 껍질처럼 둥글게 만들어 이은 쇠사슬(鎖)의 뜻임. 쇠(金)로 작은(小) 조개(貝) 껍질처럼 만든 자물쇠(鎖)의 뜻도 있다. (형성), (전주)

鐵鎖[철쇄] 쇠사슬.
連鎖[연쇄] 양편을 연결하는 사슬.
封鎖[봉쇄]   閉鎖[폐쇄]   鎖國[쇄국]

賊

貝 6 13 高

도둑 **적**, 역적 **적**
도둑   역적
thief

| 貝 | 貝 | 貯 | 賊 | 賊 | 賊 |

병장기 융 : **戎** : 창(戈)과 갑옷(甲→十)에서 널리 **병장기**(戎)의 뜻
병장기(戎)를 들고 남의 **재물**(貝)을 훔치는 **도둑**(賊)이라는 뜻임. (형성)
※ 戒 : 경계할 계 : 警戒(경계)

賊反荷杖[적반하장] 굴복하여야 할 사람이 도리어 남에게 떳떳한 체하는 일.
山賊[산적] 逆賊[역적] 國賊[국적]

叛

又 7 9 高

배반할 **반**
배반하다, 모반하다
rebel

| 二 | 半 | 扩 | 扩 | 叛 | 叛 |

절반 반 : **半** : 소(牛)는 나누어(分→八) **절반**(半)이 되어도 크다
거스를 반 : **反** : 반대하다, 거역하다
절반(半)씩 나누어져 서로 **반대하고**(反) 싸운다는 데서 **배반하다**(叛)의 뜻임. (형성)

背叛[배반] 믿음과 의리를 버리고 돌아 섬.
反逆・叛逆[반역] 배반하여 모역(謀逆)함.
叛旗[반기] 叛徒[반도] 叛骨[반골]

販

貝 4 11 高

팔 **판**, 장사 **판**
팔다   장사
sell, offer

| 目 | 貝 | 貯 | 販 | 販 | 販 |

조개 패 : **貝** : 조개, 돈, 재물
돌이킬 반 : **反** : 거스르다, 반대로
돈(貝)을 받고 **반대로**(反) 물건을 준다는 데서 **판다**(販)는 뜻임. (형성)

貝 反 → 販
패 반 → 판

販賣[판매] 상품(商品)을 팖.
販路[판로] 상품이 팔리는 방면이나 길.
販促[판촉] 市販[시판] 自販機[자판기]

俱

亻 8 10 高

다 **구**, 함께 **구**, 동반할 **구**
다   함께   동반하다
together

| 亻 | 亻 | 仴 | 伹 | 俱 | 俱 |

갖출 구 : **具** : 돈(貝→目)을 양쪽 손(卝→ハ)에 가지고 있으니 필요한 것을 **갖출**(具) 수 있다.
사람(亻)이 **갖춰야**(具) 할 것을 **모두・다**(俱) 가지고 있다. (형성)

俱存[구존] 양친이 다 살아 계심.
俱沒[구몰] 부모가 모두 돌아감.
俱全[구전] 모두 다 온전함.
俱發[구발] 함께 발생(發生)함.

版

片 4 8 高

널 **판**, 판목 **판**
널   판목
board

| 广 | 片 | 片 | 扩 | 版 | 版 |

조각 편 : **片** : 나무 조각
돌이킬 반 : **反** : 돌이키다, 뒤집다
뒤집을(反) 수 있는 **나무 조각**(片)이니 **널**(版)이다. 널에 글자를 새겨서 **판목**(版)을 만든다. (형성)

版木[판목] 인쇄하기 위하여 글자나 그림을 새긴 나무.
出版社[출판사] 版畫[판화] 版圖[판도]

賜

貝 8 15 高

줄 **사**, 사여 **사**
주다   사여
give

| 目 | 貝 | 貯 | 貯 | 賜 | 賜 |

바꿀 역 : **易** : 카멜레온의 모양을 본뜬 글자로, 카멜레온이 햇빛에 따라 체색을 쉽게 **바꾼다**는 뜻.
상대편의 마음을 자기에게 유리하게 **바꾸기**(易) 위하여 **재물**(貝)을 **준다**(賜)는 뜻. (형성)

膳賜[선사] 남에게 선물(膳物)을 줌.
賜與[사여] 나라나 관부에서 내려줌.
御賜花[어사화] 恩賜[은사] 賜藥[사약]

賴

貝 9 / 16 / 高

의뢰할 뢰, 힘입을 뢰
의뢰하다 힘입다
request

묶을 속 : 束 : 묶다
칼 도 : 刀 : 칼, 도구, 연장

칼(刀)과 돈(貝)을 묶어(束) 가져다 주면서 어떤 일을 부탁하고 의뢰한다(賴). (형성)

依賴[의뢰] 남에게 의지함. 남에게 부탁함.
信賴[신뢰] 믿고 의지함.
無賴漢[무뢰한] 일정한 직업이 없이 돌아다니는 불량한 사람.

卯

卩 3 / 5 / 中

넷째 지지 묘, 토끼 묘
넷째 지지   토끼
rabbit

대문을 활짝
연 모양

아침 일찍 대문을 연다는 데서 오전 5시~7시. 달로는 음력 2월. 띠로는 「토끼 토(兎)」와 글자가 비슷하여(兎→兄→卯) 토끼로 배정. (상형)

卯飯[묘반] 아침밥.
卯睡[묘수] 아침잠.
卯正[묘정] 묘시의 한 가운데. 오전 6시.

務

力 9 / 11 / 中

힘쓸 무, 일 무
힘쓰다 일
endeavour

창 모 : 矛 : 창, 붓, 도구
칠 복 : 攵 : 손에 도구를 들다

창(矛)이나 도구를 손에 들어(攵) 힘(力)써 일한다(務)는 데서 힘쓰다·일·직책(務)을 뜻한다. (형성), (전주)

業務[업무] 맡아서 하는 일.
務望[무망] 힘써서 바람.
務本[무본] 힘씀을 근본으로 함.
職務[직무] 勤務[근무] 義務[의무]

貿

貝 5 / 12 / 高

장사할 무, 바꿀 무
장사하다 바꾸다
trade

토끼 묘 (卯) : 대문을 연 모양

활짝 열린(卯) 대문으로 재물(貝)이 드나드니 장사한다(貿)는 뜻임. (형성)
卯 → 貝 ← 貿

貿易[무역] 물품을 서로 교환·거래하는 일. 외국과 장사 거래를 함.
貿穀[무곡] 장사하려고 많은 곡식을 사들임. 또, 그 곡식. 무미(貿米).

霧

雨 11 / 19 / 高

안개 무
안개
mist, fog

힘쓸 무 : 務 : 위 참조

여름철에 비(雨)가 힘써(務) 내리면 안개(霧)도 자욱하여진다. (형성)

霧消[무소] 안개처럼 덧없이 사라짐.
濃霧[농무] 짙은 안개.
霧散[무산] 안개가 흩어짐. 안개 개듯 자취없이 흩어짐.
雲霧[운무] 구름과 안개.

卿

卩 10 / 12 / 高

벼슬 경
벼슬
high officer

토끼 묘 : 卯 : 대문을 활짝 연 모양으로, 출입하는 사람이 많다는 뜻.
밥 식 : 食 → 良 → 皀 : 식록(食祿)

출입하는 사람이 많고(卯) 식록(食→良→皀)이 많다는 데서 지금의 장관에 해당하는 벼슬(卿)의 뜻임.

三公六卿[삼공육경] 三公:領議政·左議政·右議政. 六卿:吏曹·戶曹·禮曹·兵曹·刑曹·工曹判書

事

丿 7 8 中

일 **사**, 섬길 **사**
일   섬기다
work

一 ㄱ ㄲ 亘 亘 事

一 : 한결같이, ⇒ : 손
가운데 중 : 中 : 중정(中正)을 기함

한결같이(一) 중정(中)을 기해서 손(⇒)으로 일한다(事). 윗사람을 위해서 일한다는 데서 섬기다(事)의 뜻도 생겼다. (형성), (전주)

事業[사업] 일. 계획적인 경제 활동.
事親[사친] 어버이를 섬김.
事務[사무] 事件[사건] 農事[농사]

擊

手 13 17 高

칠 **격**, 마주칠 **격**   ⑬ 撃
치다 마주치다
attack

亘 車 軎 軗 嫛 擊

군사 군 : 軍 → 車('軍'을 거꾸로 한 모양) : 자기한테 다가오는 적군
손에 든 창 : 殳, 손 수 : 手 : 맨손

손에 창(殳)을 들거나 혹은 맨손(手)으로 적군(車)을 친다(擊). (형성)

擊破[격파] 쳐부숨. 예 적을 ~하다.
衝擊[충격] 서로 맞부딪쳐서 몹시 침.
擊退[격퇴] 적을 쳐서 물리침.
攻擊[공격] 射擊[사격] 襲擊[습격]

肅

聿 7 13 高

엄숙할 **숙**, 삼갈 **숙**   ⑬ 粛
엄숙하다 삼가다
solemn

⺝ 肀 肀 肀 肅 肅

못 연 : 淵 → 㸚
못, 우물의 뜻.

손에 도구(肀)를 들고 못이나 우물(㸚) 속에 들어가 일을 할 때는 조심하여야 한다는 데서 엄숙하다·삼가다(肅)의 뜻임. (회의)

肅然[숙연] 삼가고 두려워하는 모양.
嚴肅[엄숙] 장엄(莊嚴)하고 정숙(靜肅)함.
肅拜[숙배] 肅淸[숙청] 敬肅[경숙]

毁

殳 9 13 高

헐 **훼**, 무너질 **훼**
헐다 무너뜨리다
damage, injure

⺊ 白 白 皇 剄 毁

절구 구 : 臼
절구 공이 : 几

땅(土) 위에 절구(臼)를 놓고 공이(几)를 손(又)에 들어 빻아서 헐고·무너뜨린다(毁). (형성)

毁損[훼손] 헐거나 깨뜨려 못쓰게 함. 체면을 손상함.
毁謗[훼방] 남의 일을 방해(妨害)함. 남을 헐뜯고 비방함.

聲

耳 11 17 中

소리 **성**   ⑬ 声
소리, 말하다, 소문, 명예
sound, voice

声 殸 殸 磬 聲 聲

석판을 매단 모양 : 𠱠 → 声

종(鐘)을 만드는 기술이 보급되기 전에는 석판을 매달고(声) 손에 방망이를 들어(殳) 두드리고 귀(耳)로 들었다는 데서 소리(聲)를 뜻한다. (형성)

聲援[성원] 옆에서 소리쳐 사기를 북돋워 줌.
聲明[성명] 말하여 밝힘. 말을 냄.
聲量[성량] 音聲[음성] 聲優[성우]

穀

禾 10 15 中

곡식 **곡**   ⑬ 穀
곡식
corn, grain

士 壴 毄 毄 穀

길할 길 : 吉 → 士
쌀 포 : 包 → 勹 → 冖
손에 낫을 든다 : 殳

손에 낫을 들어(殳) 벼(禾)를 베어 말린 후 길하게(士) 싸서(冖) 곡식(穀)으로 한다. (형성)

穀倉[곡창] 곡식이 많이 나는 지방.
米穀[미곡] 쌀. 쌀 등의 곡식.
穀食[곡식] 糧穀[양곡] 雜穀[잡곡]

淺

얕을 **천**, 엷을 **천** 약浅
얕다 엷다
shallow

氵8
11
中

삼수변: 氵: 물
창 과: 戈: 창, 창의 자루, 지팡이

물(氵) 속의 창(戈)·지팡이(戈)들이 보일 정도로 물이 얕다(淺). (형성)

淺見[천견] 얕은 견문. 천박한 소견.
淺綠[천록] 엷은 녹색.
淺學[천학] 학식(學識)이 얕음.
淺薄[천박] 학문이나 생각이 얕음.
淺水[천수] 淺海[천해] 深淺[심천]

賤

천할 **천**, 값쌀 **천** 약賎
천하다
humble

貝8
15
高

조개 패: 貝: 돈, 재산
창 과: 戈: 창, 칼

재산(貝)을 칼과 창(戔)으로 짓밟니 가난하고 천하여(賤)진다. (형성)

賤視[천시] 천하게 여김.
賤待[천대] 업신여겨 푸대접함. 낮게 보아 예로써 대우하지 않음.
賤業[천업] 낮은 직업이나 천한 영업.
貴賤[귀천] 卑賤[비천] 貧賤[빈천]

踐

밟을 **천**, 행할 **천** 약践
밟다, 이행하다
tread

足8
15
高

창 과: 戔: 창과 창, 농기구나 공구.

창과 창(戔), 농기구나 공구 등을 들고 발(足)로 걸어다니면서 싸움이나 농사를 한다는 데서 밟는다·행한다(踐)의 뜻임. (형성) 淺→ 천 ←賤, 踐

實踐[실천] 실지(實地)로 이행(履行)함.
踐約[천약] 약속(約束)을 실천함.
踐踏[천답] 짓밟음.
踐歷[천력] 지내 온 경력(經歷).

錢

돈 **전** 약銭
돈·화폐
money

金8
16
中

얕을 천, 엷을 천: 淺 → 戔: 엷다의 뜻.

구리·놋쇠·금·은(金) 등으로 엷게 (戔) 만든 돈(錢)의 뜻임. (형성)

※ 殘: 남을 잔   盞: 술잔 잔

金錢[금전] 쇠붙이로 만든 돈. 돈. 화폐.
錢穀[전곡] 돈과 곡식(穀食). 재정(財政).
口錢[구전] 銅錢[동전] 本錢[본전]

操

부릴 **조**
부리다, 지조, 절개
drive

扌13
16
高

새 떼지어 울 조: 喿→ 喿: 나무(木)에 앉아서 세 마리의 새가 주둥이(品)로 떼지어 운다(喿).

새가 떼지어 울고 있는(喿) 것을 손(扌)으로 이리저리 몬다는 데서 부리다·조종하다(操)의 뜻임. (형성)

操縱[조종] 늦췄다 당겼다 하여 움직임.
操作[조작] 취급하여 처리함.
操柁[조타] 操業[조업] 志操[지조]

燥

마를 **조**, 말릴 **조**
마르다 말리다
dry

火13
17
高

부릴 조: 操: 나무(木) 위의 세 마리 (品)의 새를 손(扌)으로 이리저리 몬다는 데서 부리다, 조종하다(操)의 뜻.

불(火)을 조종해서(喿) 물건을 말린다(燥). (형성)

乾燥[건조] 습기·물기가 없어짐.
燥渴[조갈] 목이 마름. 예 ~症(증)
燥急[조급] 애타게 급함.
焦燥[초조] 애를 태워서 마음을 졸임.

愚

心 9 13 高

어리석을 **우**
어리석다

foolish, stupid

| 曰 | 昌 | 禺 | 禺 | 愚 | 愚 |

원숭이 우 :  → 禺 : 원숭이의 모양
(禺)

원숭이(禺)의 마음(心)이 어리석다(愚)는 뜻임. 동음(同音)인 優(191)의 뜻이 숨어 있음.
愚弄[우롱] 어리석다고 깔보아 놀림.
愚直[우직] 어리석고 고지식함.
愚鈍[우둔] 어리석고 둔함.
愚見[우견] 자기 생각의 낮춤말.

遇

辶 9 13 中

만날 **우**, 대접할 **우**
만나다   대접하다

meet

| 昌 | 禺 | 禺 | 遇 | 遇 | 遇 |

원숭이 우 : 禺 : 위 참조

원숭이(禺)가 이리저리 다니다가(辶) 서로 만난다(遇)는 뜻. 만나면 대접도 하게 된다는 데서 대접하다(遇)의 뜻도 생겼다. (형성), (전주)

遭遇[조우] 우연히 만남.
不遇[불우] 좋은 때를 못 만남.
待遇[대우] 禮遇[예우] 千載一遇[천재일우]

偶

亻 9 11 高

우연히 **우**, 짝 **우**
우연히, 짝, 허수아비

fortuitous

| 伯 | 伺 | 偶 | 偶 | 偶 | 偶 |

1. 사람(亻)이 원숭이(禺)를 닮은 것은 우연(偶)인가? (형성)
2. 사람(亻)이 서로 만나서(遇→禺) 함께 사는 짝(偶)의 뜻.
3. 사람(亻)이나 원숭이(禺) 모양으로 만든 허수아비(偶). (형성), (전주)

偶然[우연] 뜻밖에 그러함.
配偶[배우] 배필(配匹). 부부의 짝.
偶像[우상] 목석·금속 따위로 만든 상(像).

招

扌 5 8 中

불러올 **초**
불러오다, 청하다

invite

| 扌 | 扌 | 打 | 扣 | 招 | 招 |

손 수 : 扌
부를 소 : 召 : 칼(刀)의 위엄을 지니고 입(口)으로 부른다(召).

상대방에게 손(扌)을 다정하게 내밀어 부른다(召)는 데서 불러 오다·초대·초청(招)의 뜻임. (형성)

招待[초대] 사람을 불러서 대접(待接)함.
招聘[초빙] 예를 갖춰 불러 맞아 들임.
招請[초청] 招人鐘[초인종] 招來[초래]

超

走 5 12 高

뛰어넘을 **초**, 뛰어날 **초**
뛰어넘다   뛰어나다

exceed

| 土 | 耂 | 走 | 起 | 起 | 超 |

달릴 주 : 走 : 달리다
부를 소 : 召 : 부르다

임금의 부름(召)에 응하기 위해 평지는 달리고(走) 시냇물은 뛰어넘는다(超).

召 →  ← 招, 超

超越[초월] 어떤 한계나 표준을 넘음.
超過[초과] 일정한 정도를 지나침.
超脫[초탈] 超然[초연] 超人[초인]

越

走 5 12 高

넘을 **월**, 건널 **월**
넘다   건너다

go over

| 走 | 走 | 赴 | 越 | 越 | 越 |

도끼 월 : 𢆉 → 戉 → 戉 : 여기서는 큰 도끼
(戉)

도끼(戉)를 들고 달리어(走) 냇물·담장을 넘는다(越). 戉 → 월 ← 越, 鉞

越境[월경] 국경(國境) 등의 경계선을 넘음.
越江[월강] 강을 건넘.
優越感[우월감] 자기가 다른 사람보다 뛰어났다는 감정.
越冬[월동] 越權[월권] 追越線[추월선]

制

刂 6 8 高

지을 제, 금할 제
짓다, 만들다, 억제하다.
make

| 𠂉 | 𠂇 | 𠂇 | 制 | 制 | 制 |

사람 인: 人→𠂉 : 사람
나무 목: 木→市 : 나무

사람(𠂉)이 나무(市)를 칼(刂)로 베어 쐐기(나무못)를 만든다는 데서 짓다·금하다·억제하다(制)의 뜻임.

制定[제정] 제도 따위를 만들어서 정함.
制裁[제재] 잘못한 일에 대해 가하는 벌.
制止[제지] 하려는 일을 말려 못하게 함.
制度[제도] 制憲[제헌] 制限[제한]

製

衣 8 14 中

지을 제, 만들 제
짓다 만들다
make

| 𠂇 | 制 | 制 | 制 | 製 | 製 |

지을 제 : 制 : 사람(𠂉)이 나무(市)를 칼(刂)로 잘라 쐐기를 만든다는 데서 만들다·짓다(制)의 뜻.

옷(衣)을 짓는다(制)는 데서 짓다·만들다(製)의 뜻임. (형성)

製作[제작] 재료를 가지고 물건을 만듦.
製本[제본] 책을 만듦. 만든 물건의 본보기.
製菓[제과] 製鐵[제철] 製藥[제약]

御

 8 11 高

모실 어, 어거할 어
모시다, 드리다, 어거하다
drive, manages

| 彳 | 彳 | 彳 | 徉 | 徉 | 御 |

신하가 임금께 무릎을 꿇고(卩) 술잔(缶)을 올리는 행동(彳)이란 데서 임금에 대한 경칭·모시다·드리다(御)의 뜻. 또, 임금이 신하를 어거한다(御)의 뜻임. (회의)

制御[제어] 통제하여 상대를 눌러 자기 의 사대로 움직이게 함. ⓔ 자동~장치
御命[어명] 임금의 명령.
御賜花[어사화] 御使[어사] 御前[어전]

殊

歹 6 10 高

다를 수, 벨 수
다르다, 뛰어나다, 베다
special

| 歹 | 歹 | 歹 | 殊 | 殊 | 殊 |

죽을 사: 死→歹 : 죽이다
붉을 주: 朱 : 붉다

죄인을 칼로 목을 베어 죽이니(歹) 붉은(朱) 피가 나온다. 그러나 보통 사람과 다르다는 데서 다르다·뛰어나다(殊)의 뜻이 생겼음. (형성)

特殊[특수] 특별히 다름. ⓔ ~兒童(아동)
殊常[수상] 보통과 달라 이상함.
殊勳[수훈] 뛰어난 공훈.

殉

歹 6 10 高

따라 죽을 순, 바칠 순
따라 죽다, 목숨을 바치다
immolate

| 歹 | 歹 | 歹 | 殉 | 殉 | 殉 |

열흘 순: 旬 : 열흘(十日→日)씩 묶는다(包→勹)는 데서 열흘(旬)의 뜻.

죽은(死→歹) 사람의 뒤를 이어 열흘(旬) 안에 따라 죽는다(殉). (형성)

殉死[순사] 왕이나 남편을 따라 자살함.
殉國[순국] 나라를 위하여 목숨을 바침.
殉敎[순교] 자기가 믿는 종교를 위하여 목숨을 바침. ⓔ ~자(者)

葬

艹 9 13 高

장사지낼 장, 장사 장
장사지내다 장사
bury

| 艹 | 艹 | 茻 | 苑 | 葬 | 葬 |

풀 초: 艹 : 풀, 볏짚
두 손: 廾 : 두 손 또는 풀, 볏짚

옛날에는 사람이 죽으면(死) 볏짚으로 아래·위(茻)를 싸서 장사를 지냈다(葬). (회의)

葬事[장사] 시체를 묻거나 화장하는 일
葬禮[장례] 장사 지내는 예절. ⓔ ~式(식)
埋葬[매장] 죽은 사람을 땅속에 묻음.
葬儀[장의] 葬送曲[장송곡] 葬地[장지]

悅

忄 7 10 中

기뻐할 열, 기쁨 열
기뻐하다 기쁨
be pleased

丶 忄 忄 忄 悄 悅

마음 심 : 心 → 忄 → 忄 : 마음
기뻐할 태 : 兌 : 사람(儿)의 입(口)이 벌어진다(分 → 八)는 데서 기뻐한다(兌)의 뜻임.

마음(忄)이 기쁘다(兌)는 데서 기쁘다·즐겁다(悅)의 뜻임. (형성)

喜悅[희열] 희락(喜樂). 기쁘고 즐겁다.
法悅[법열] 설법(說法)을 듣고 마음 속에 일어나는 기쁨.

說

言 7 14 中

말씀 설, 달랠 세
말씀   달래다
explain

言 言 言 言 說 說

기꺼울 태 : 兌 : 사람(儿)의 입(口)이 벌어지며(分 → 八) 기꺼워한다(兌).

사람들이 이해하고 기꺼워(兌) 하도록 말씀한다(言)는 데서 말씀·설명하다·달래다(說)의 뜻임. (형성), (전주)

說明[설명] 풀어서 밝힘.
說得[설득] 여러 가지로 설명하여 납득시킴.
說敎[설교] 종교의 교리를 설명하는 일.
遊說[유세] 學說[학설] 異說[이설]

銳

金 7 15 高

날카로울 예, 날랠 예
날카롭다   날래다
sharp

쇠 금 : 金
기뻐할 태 : 兌 : 기뻐하다

검객은 자기 칼의 쇠(金)가 날카롭게 빛을 발해야 기뻐한다(兌)는 데서 날카롭다(銳)의 뜻임. (형성)

銳利[예리] 연장·두뇌·판단력이 날카로움.
銳敏[예민] 재지(才智)·감각 등이 날카롭고 민첩함.
銳角[예각] 尖銳[첨예] 精銳[정예]

脫

月 7 11

벗을 탈, 벗어날 탈
벗다   벗어나다
take off

月 月 月 肸 脫 脫

육달월 : 月 : 몸

남자들이 입을 벌리고 기뻐하도록(兌), 젊은 여자가 몸(月)에 걸쳤던 옷을 벗는다(脫)는 뜻임. (형성)   月 兌 → 脫
                                        월 태 → 탈

脫衣[탈의] 옷을 벗음. ㉺ 着衣(착의)
脫盡[탈진] 기운이 빠져 없어짐.
脫毛[탈모] 脫帽[탈모] 脫穀[탈곡]
脫色[탈색] 脫皮[탈피] 離脫[이탈]

稅

禾 7 12 中

세금 세, 거둘 세
세금, 구실, 거두다
tax

二 千 禾 禾 稅 稅

禾 : 벼
兌 : 위 '悅'란의 풀이 참조

벼(禾)로 세금(稅)을 거두어 드리는 사람이 좋아서 입이 벌어진다(兌)는 데서 세금(稅)이란 뜻임. (형성)

稅金[세금] 조세(租稅)로 바치는 돈.
稅關[세관] 수출입세의 징수를 맡은 기관.
稅務[세무] 課稅[과세] 附加稅[부가세]

壽

士 11 14 中

수 수, 장수할 수 ㉺ 寿
수   장수하다
long life

壽 壽 壽 壽 壽 壽

선비(士)가 공부와 생산(工)에 힘쓰며 한결같이(一) 마음을 가다듬고 입과 손(寸)을 법도에 맞게 행하는 등 좋은 조건을 두루 포용하면(包 → 勹 →) 수(壽)를 누린다. (형성) 士 口 → 壽
                                                                 사 구 → 수

壽命[수명] 타고난 목숨. 물품의 사용 기간.
壽宴[수연] 장수(長壽)를 축하하는 잔치.
壽福[수복] 天壽[천수] 米壽[미수]

鳳

鳥 3 14 高

鳳

봉새 **봉**
봉황의 수컷
Chinese phoenix

几 几 凡 凰 鳳 鳳

무릇 범, 범상할 범 : 凡 : 무릇, 모든
새 조 : 鳥 : 새

무릇 모든(凡) 새(鳥) 중의 으뜸가는
새가 봉새(鳳)이다. (형성) 凡 鳥→鳳
　　　　　　　　　　　범상 조→봉

鳳凰[봉황] 봉황새. 상상의 상서로운 새.
　　　鳳은 수컷, 凰은 암컷.
鳳德[봉덕] 성인(聖人) 군자(君子)의 덕.
鳳仙花[봉선화] 봉숭아.

汎

氵 3 6 高

汎

넓을 **범**, 뜰 **범**
넓다　　뜨다
afloat

丶 亠 氵 氿 汎 汎

무릇 범 : 凡→凡 : 二와 八을 합한 글
자인 十은 보통, 모두, 대강의 뜻임.

홍수가 나서 물(氵)에 모든(凡) 것이
잠겨 있다는 데서 넓다(汎)의 뜻. 물
위에 뜨다(汎)의 뜻도 있음. (형성)

汎濫・氾濫[범람] 물이 넘쳐 흐름.
汎舟[범주] 배를 띄움. 또는 그 배.
汎稱[범칭] 넓은 범위로 쓰는 명칭(名稱)
　　　널리 일컬음.

風

風 0 9 中

바람 **풍**
바람,　바람이 불다
wind, breeze

几 几 凤 凨 風 風

무릇 범 : 凡→凡 : 二와 八을 합한 글
자인 十은 보통, 모두, 대강의 뜻임.

보통(凡) 벌레(虫)들은 봄바람(風)에
의해서 태어난다는 뜻임. (형성)

風速[풍속] 바람이 부는 속도.
風浪[풍랑] 바람과 물결.
風景[풍경]　　風聞[풍문]　　風俗[풍속]
暴風[폭풍]　　家風[가풍]　　風潮[풍조]

恐

心 6 10 高

恐

두려워할 **공**, 으를 **공**
두려워하다　　으르다
fear

工 巩 巩 巩 恐 恐

만들 공 : 工 : 만들다, 공사, 공작
무릇 범 : 凡 : 범상하다, 무릇, 모두

모든(凡) 공사(工)에는 마음(心) 속
에 안전 사고와 실수를 염려하는 두려
움(恐)이 따른다. (형성)

恐怖[공포] 무서움과 두려움.
恐懼[공구] 몹시 두려워함.
恐喝[공갈] 을러서 무섭게 함. ㉾거짓말
恐慌[공황] 놀랍고 두려워 어찌할 바를 모름.

楓

木 9 13 中

楓

단풍나무 **풍**
단풍나무
maple

木 朾 朾 楓 楓 楓

바람(風)에 잎이 잘 흔들리는 나무
(木)라는 데서 단풍나무(楓)의 뜻임.
(형성)　　　　　蟲 → ㉿ ㉿ ← 風, 楓

楓菊[풍국] 단풍과 국화.
楓葉[풍엽] 단풍나무 잎사귀.
丹楓[단풍] 단풍나무. 늦가을에 붉고 곱게
　　　변한 나뭇잎.
楓嶽[풍악] 풍악산. 가을 금강산의 딴 이름.
楓林[풍림] 단풍 든 숲.

築

竹 10 16 高

築

지을 **축**, 쌓을 **축**
짓다,　 다지다, 쌓다
build

⺮ 笁 筑 筑 筑 築

대나무(竹)와 나무(木)로 여러 가지
(凡) 공사(工)를 한다는 데서 짓다・쌓
다(築)의 뜻임.　　　　竹 → ㉿ ㉿ ← 築

築造[축조] 쌓아서 만듦. 축구(築構).
築港[축항] 항구를 구축(構築)함.
改築[개축] 다시 고쳐 짓거나 쌓음.
築堤[축제] 둑・제방을 쌓음.
築臺[축대] 높게 쌓아 올린 대.
築城[축성]　　建築[건축]　　新築[신축]

射

寸 7 / 10 中

쏠 사, 벼슬 이름 야
쏘다　벼슬 이름
shoot

丿 丬 身 身 射 射

몸 신：身：p. 51 참조
치 촌：寸：'치'는 길이를 헤아린다는 데서 법도의 뜻도 있음.

몸(身)을 법도(寸)에 맞게 움직여 활 등을 쏜다(射). (회의)

射擊[사격] 활·총 등을 쏘아 목적물을 맞히거나 공격하는 일.
射程[사정] 총포의 탄환이 가 닿는 거리.
發射[발사]　噴射[분사]　注射[주사]

鉛

金 5 / 13 高

납 연, 분 연
납　　분
lead

亽 牟 金 金 釒 鉛

쇠붙이(金)를 녹여 거푸집 속으로 물길 따라 내려가게(㕣) 한다는 데서 납(鉛)의 뜻임. 㕣은 음부(音符)임. (형성)

　　　　　　　　㕣 → ㈜ ← 沿, 鉛

鉛管[연관] 납으로 만든 관.
鉛毒[연독] 납에 함유된 독.
鉛鑛[연광] 주로 납을 파내는 광산.
鉛華[연화] 백분(白粉). ⑩ ～粉(분)
鉛筆[연필]　蒼鉛[창연]　黑鉛[흑연]

謝

言 10 / 17 中

사례할 사, 끊을 사
사례하다, 끊다, 거절하다
give thanks

訁 訓 詶 詶 謝 謝

말(言)로는 고맙다 하고, 몸(身)으로는 법도(寸)에 맞게 깍듯이 절을 하며 사례한다(謝)는 뜻.
화살을 쏘듯이(射) 분명한 말(言)로써 끊다·거절한다(謝)는 뜻임. (형성), (전주)

謝禮[사례] 상대방에게 고마움을 나타냄.
謝絕[사절] 사양하고 받지 아니함. 거절함.
謝過[사과]　感謝[감사]　代謝[대사]

船

舟 5 / 11 中

배 선
배
ship

丿 丬 舟 舮 船 船

배 주：舟
골 곡：谷 → 㕣 → 㕣：골짜기의 물이 흐르듯이 물길 따라 내려간다는 뜻임.

물길 따라(㕣) 배(舟)가 다닌다는 데서 배(船)를 의미함. (형성)

船舶[선박] 배.
船腹[선복] 배의 중간 허리.
船積[선적] 배에 물건을 싣는 일.
破船[파선]　造船[조선]　客船[객선]

沿

氵 5 / 8 高

물 따라 내려갈 연
수류를 따라 내려가다
go along

氵 氵 沕 沿 沿 沿

골 곡：谷 → 㕣 → 㕣：골짜기의 물이 흐르듯 물길 따라 내려간다는 뜻.

산 속의 물(氵)이 골짜기를 따라(㕣) 흘러 내려간다(沿). (형성)

沿岸[연안] 강물이나 바닷가를 따라서 연접하여 있는 일대의 지역.
沿道[연도] 큰 길을 낀 곳. 한길 가.
沿海[연해] 연해변. 육지 가까이 있는 얕은 바다. 바닷가 근처 일대의 땅.

荷

艹 7 / 11 高

짐 하, 멜 하
짐,　메다, 짊어지다
load, burden

一 十 廾 芢 荷 荷

어찌 하：何：무엇

요사이는 짐을 박스에 넣는 것이 보통이나, 옛날에는 짐(荷)은 무엇(何)이건 볏짚(艹)으로 싼 데서 생긴 글자이다. 또, 짐을 메다·짊어지다·떠맡다(荷)의 뜻임. (형성)

荷役[하역] 짐을 싣고 내리는 일.
荷主[하주] 짐 임자.
出荷[출하]　荷重[하중]　負荷[부하]

壇

土 13 / 16 高

제단 **단**, 단 **단**
제단, 단, 특수 사회
altar

| 圹 | 圹 | 垧 | 坭 | 壇 | 壇 |

土 : 장소
㇀ : 돼지, 제물
回 : 제삿상
且 : 계단

흙(土) 위에 계단(且)과 제삿상(回)을 쌓고 돼지(㇀) 등의 제물을 올려놓는 제단(壇)을 뜻한다. (형성)

壇所[단소] 제단(祭壇)이 있는 장소(場所).
講壇[강단]   教壇[교단]   文壇[문단]

惱

忄 9 / 12 高

괴로워할 **뇌**
괴로워하다
agonize

| 忄 | 忄⺍ | 忾 | 悩 | 悩 | 惱 |

머리 뇌 머릿골 뇌 : 腦 : 왼쪽 '腦'란의 풀이 참조

마음(忄)과 머리(䐉)로 괴로워하고·번뇌한다(惱).   腦 → 䐉 ← 惱

煩惱[번뇌] 마음이 시달려서 괴로움.
苦惱[고뇌] 괴로워하고 번뇌함.
惱殺[뇌쇄] 애가 타도록 몹시 괴롭힘. 특히 여자가 남자를 매혹하는 일.

檀

木 13 / 17 高

박달나무 **단**, 단향목 **단**
박달나무, 단향목
birch

| 木 | 朾 | 柠 | 栖 | 栖 | 檀 |

제단 단 : 壇 → 亶

단군 임금이 박달 나무(木) 밑에 제단(亶)을 쌓으시고 제사를 지내셨다는 데서 박달나무(檀)의 뜻임. (형성)

檀君[단군] 우리 민족의 시조(始祖).
檀君紀元[단군기원] 서력 기원전 2333년을 원년으로 치는 우리 나라의 기원.
檀弓[단궁] 박달나무로 메운 활.
檀香木[단향목] 紫檀木[자단목] 檀木[단목]

懇

心 13 / 17 高

간절할 **간**, 정성 **간**
간절하다 정성
earnest

손톱 조 : ⺤
손 수 : 手 → 㐅 } → 豸 : 두 손
그칠 간 : 艮 : 끝까지 다하다

두 손(豸)과 마음(心)을 다하여(艮) 간절히(懇) 기도하고 정성(懇)을 쏟는다. (형성)

懇切[간절] 지성스럽고 절실(切實)함.
懇談[간담] 정답게 얘기함. ㉮ ~ 會(회)
懇求[간구]   懇請[간청]   懇望[간망]

腦

月 9 / 13 高

머릿골 **뇌**, 머리 **뇌**
머릿골 머리
brain

| 月 | 月⺍ | 月⺍ | 胀 | 胀 | 腦 |

머리털 : 巛
글월 문 : 文 } → 囟 : 글 상자
상자 : 凵

몸(月)의 일부로서 위에는 머리털(巛)이 있고 아래에는 글 상자(囟)가 있으니 뇌(腦)이다. (형성)

腦裏[뇌리] 머리 속.
大腦[대뇌] 小腦[소뇌] 電子腦[전자뇌]
頭腦[두뇌] 腦震盪[뇌진탕] 腦病院[뇌병원]

貌

豸 7 / 14 高

모양 **모**
모양, 자태
appearance

| 丶 | ㇒ | 爫 | 豸 | 豹 | 貌 |

손톱 조 : ⺤
손 수 : 手 → 㐅 } → 豸 : 두 손
흰 백 : 白 : 얼굴
다리 : 儿

두 손(豸)과 얼굴(白)과 다리(儿)를 합하여 모양(貌)을 나타냈다. (형성)

容貌[용모] 얼굴 모습.
貌樣[모양] 꼴. 모습. 상태.
面貌[면모] 美貌[미모] 外貌[외모]

需

雨 6 14 高

구할 **수**, 쓸 **수**
구하다, 쓰다, 수요
need

비 우: 雨
그러나 이: 而 } → 需

비(雨)가 와서 논·밭 일은 못한다. 그러나(而) 곡식의 수요(需)는 줄지 않는다. (형성)   雨→㋒㋓←需

需要[수요] 필요해서 구하고자 함.
必需[필수] 반드시. ㉠ ~品[품].
祭需[제수] 제사에 쓰이는 음식과 물건.
需給[수급] 軍需[군수] 婚需[혼수]

就

尢 9 12 中

나아갈 **취**, 이룰 **취**
나아가다   이루다
go forth

더욱 우: 尤
서울 경: 京 } → 就

더욱(尤) 공부를 열심히 하여 서울(京)의 벼슬 길에 나아가는 소원을 이룬다(就). (형성)

就任[취임] 맡은 자리에 나아가 임무를 봄.
就寢[취침] 잠을 잠. ㉾ 起寢
就職[취직] 就學[취학] 成就[성취]

儒

亻 14 16 高

유교 **유**, 선비 **유**
유교   선비
confucianism

구할 수: 需: 소용되다, 요구되다

사람(亻)들에게 요구되는(需) 학문 중에 유교(儒)가 있다. (형성)
    雨→(wu), 需→(su), 儒→(yu)

儒教[유교] 공자를 원조로 하는 교학(教學).
儒道[유도] 유교의 도. 유교와 도교(道教).
儒學[유학] 중국 고래의 전통적인 정교일치(政教一致)의 학문.
儒林[유림] 儒生[유생] 名儒[명유]

懷

忄 16 19 高

품을 **회**, 생각할 **회**
품다   생각하다
cherish

옷 의: 衣
호주머니: ▭
거울: ▭ } → 褱

호주머니 속에 거울을 넣듯이(褱) 마음(忄)에 간직한다는 데서 품다·생각하다(懷)의 뜻임. (형성)

懷疑[회의] 의심(疑心)을 품음.
懷抱[회포] 마음 속에 품은 생각.
懷古[회고] 心懷[심회] 感懷[감회]

尤

尢 1 4 中

더욱 **우**, 허물 **우**, 탓할 **우**
더욱   허물   탓하다
more

절름발이 왕: (尢)

절름발이(尢)가 짐(丶)을 졌으니 더욱(尤) 힘이 들겠고, 보기에 딱하다는 데서 허물(尤)이란 뜻도 생겼으며, 또 허물을 탓한다(尤)는 뜻도 있음.

尤甚[우심] 더욱 심하다.
尤悔[우회] 잘못과 뉘우침. 허물과 후회.

壞

土 16 19 高

무너질 **괴**, 앓을 **회**
무너지다   앓다
be destroyed

흙 토: 土: 흙, 땅

호주머니 속의 거울(褱)이 땅(土)에 떨어져서 깨진다는 데서 무너지다·파괴되다·앓다(壞)의 뜻임. (형성), (전주)
    褱→㋭㋙←壞

壞亂[괴란] 무너져 어지러움.
壞死[괴사] 조직이 국부적으로 죽는 일.
壞滅[괴멸] 파괴되어 멸망함.
破壞[파괴] 倒壞[도괴] 壞損[괴손]

頃 잠깐 경, 백이랑 경
頁 2 11 高

잠깐, 쯤, 백이랑

moment

ノ 匕 比 此 頃 頃

될 화 : 化 → 匕 : 되다, 변하다, 바꾸다
머리(頁)의 방향을 바꿔서(匕) 잠깐(頃) 뒤를 돌아본다의 뜻. 잠깐 동안에 눈에 띄는 밭 백이랑(頃)의 뜻도 있음. (회의)

頃刻[경각] 극히 짧은 시간. 삽시간.
頃田[경전] 백 이랑의 밭.
食頃[식경] 한 끼의 밥을 먹을 만한 시간.
正午頃[정오경]　萬頃蒼波[만경창파]

港 항구 항
氵 9 12 高

항구

harbour

氵 氵 洪 洪 港 港

거리 항, 마을 항 : 巷 : 왼쪽 '巷'란의 풀이 참조
바다(氵)에 연해 있는 거리(巷)이니 항구(港)이다. (형성)

港口[항구] 바닷가에 배를 대게 설비한 곳.
空港[공항] 항공의 여러 설비를 갖춘 곳으로서 항공기가 뜨고 나는 곳.
港都[항도]　港灣[항만]　外港[외항]

傾 기울 경, 기울어질 경
亻 11 13 高

기울다, 기울어지다

incline

亻 亻 化 化 傾 傾

비수 비 : 匕
머리 혈 : 頁 (49 夏. 116 順 참조)
사람(亻)의 머리(頁)에 비수(匕)를 대니 고개가 기울어진다(傾). (형성)

傾斜[경사] 비스듬히 기울어짐. 또 그 정도.
傾注[경주] 기울여 쏟음.
傾國[경국] 나라의 힘을 다 기울임.
傾聽[경청]　傾向[경향]　左傾[좌경]

航 건널 항, 날 항
舟 4 10 高

건너다, 날다

navigate

力 月 舟 舟 舟 航

모 방 : 方 → 亠 : 방향
물보라 : 🚿 → 八 → 几
배(舟)가 방향(亠)을 잡고 물보라(几)를 내뿜으며 바다를 건넌다(航)는 뜻. (형성)

航進[항진] 배나 비행기를 타고 나아감.
航海[항해]　航空[항공]　航行[항행]
航路[항로]　寄航[기항]　渡航[도항]

巷 거리 항, 마을 항
己 6 9 高

거리, 마을

street

一 卝 丼 共 恭 巷

함께 공 : 共 : 스무(卝) 명이 두 손(六)으로 함께(共) 일을 한다.
고을 읍 : 邑 → 巴 → 巳 : 고을 사람
고을(巳) 사람들이 함께(共) 사는 곳이니 거리·마을(巷)임. (회의)

巷間[항간] 서민(庶民)들 사이. 촌간(村間).
陋巷[누항] 자기가 사는 곳의 낮춤말.
巷談[항담] 세상의 풍설. 항설(巷說).

抗 겨룰 항, 막을 항
扌 4 7 高

겨루다, 대항하다, 막다

oppose

一 丁 扌 扩 扩 抗

솥 뚜껑(亠)의 무게와 끓는 힘(几)이 서로 겨룬다(亢).
손(扌)으로 적과 겨루어(亢) 대항하고·막는다(抗). (형성)

對抗[대항] 서로 상대(相對)하여 겨룸.
抗拒[항거] 맞서서 겨루어 반항함. 대항함.
抗議[항의] 반대의 의견을 주장함. 반대라는 의사를 상대에게 통고함.
反抗[반항]　抵抗[저항]　抗戰[항전]

補 기울 보, 고칠 보, 도울 보
기울다 고치다 돕다
patch, mend

衤 7 12 高

ネ 衤 衤 袒 補 補

옷 의 : 衤, 쓸 용 : 用
바늘 침 : 針→十 바늘과 실 : 十

옷(衤)을 쓸(用) 수 있도록 바늘(十)에 실(丶)을 꿰어 깁는다(補). 깁는다는 데서 옷을 고치다, 입을 수 있게 돕다의 뜻도 생겼다. (형성), (전주)

補修[보수] 낡은 것을 보충하여 수선함.
補佐[보좌] 지위가 높은 사람을 도움.
補充[보충] 補完[보완] 補助[보조]

捕 잡을 포
잡다 체포하다
catch, get

扌 7 10 高

扌 扌 折 捐 捕 捕

물가 포 : 浦 → 甫 : 물가, 포구

포구(浦→甫)에 드나드는 배가 손(扌)으로 물고기를 잡는다(捕). (형성)

※ 葡 : 포도나무 포 : 葡萄(포도)
  鋪 : 펼 포 : 鋪裝(포장)

捕獲[포획] 물고기나 짐승을 잡음.
捕虜[포로] 사로잡은 적의 군사.
捕縛[포박] 잡아서 묶음.
逮捕[체포] 죄인을 쫓아 가서 잡음.

博 넓을 박, 노름 박
넓다 노름
broad, wide

十 10 12 高

十 恒 悔 博 博 博

열 십 : 十 : 더하다 · 덧셈
기울 보 : 補→甫→甫 : 보충하다

법도(寸)에 맞게 보충하고(甫) 더해서(十) 크게 하니 넓다(博)의 뜻임. (형성)

該博[해박] 학문이 넓음. 사물에 관하여 널리 앎.
博覽[박람] 사물을 널리 봄.
博識[박식] 博愛[박애] 賭博[도박]

簿 장부 부
장부, 치부책
account book

竹 13 19 高

氵 箔 箔 簿 簿 簿

대나무 죽 : 竹 : 죽간, 문서
물가 포 : 浦→浦
마디 촌 : 寸 : 손과 붓

조수가 드나드는 포구(浦)처럼 물건이 들어오고 나가는 내용을 손(寸)으로 죽간(竹)에 적는 장부(簿). (형성)

置簿[치부] 금전 · 물품의 출납(出納)을 기록함. 마음 속에 새겨둠.
簿記[부기] 帳簿[장부] 出席簿[출석부]

浦 개 포, 물가 포
개 물가
inlet, port

氵 7 10 高

도울 보 : 補 → 甫 : 돕는다.
삼수변 : 氵 : 물가

물가(氵)에 배를 대는 일을 돕는(甫) 곳이니 개(浦)이다. (형성)

浦口[포구] 배가 드나드는 개의 어귀.
浦村[포촌] 갯가나 냇가에 있는 고기잡이 하는 마을.
永登浦[영등포] 麻浦[마포] 木浦[목포]

薄 엷을 박, 적을 박
엷다, 얇다, 적다
thin

艹 13 17 高

마디 촌 : 寸 : 마디, 법도, 손, 조금

포구(浦)에 사는 사람이 생선을 잡아 생선이 마르지 않게 풀(艹)을 조금(寸) 덮어 가지고 다니며 판다는 데서 엷다 · 얇다(薄)의 뜻임. (형성)

薄利多賣[박리다매] 이익을 적게 보고 많이 팖.
薄氷[박빙] 엷게 언 어름.
薄俸[박봉] 薄弱[박약] 淺薄[천박]

護 보호할 호, 지킬 호

言 14 21 高

보호하다 지키다
protect

言 言⁺ 訁⁺ 訁⁺ 謹 護

초목(艹) 사이에 있는 새(隹 : 앵무새, 구관조)를 손(又)으로 잡아다가 말(言)을 가르치고 길들여 보호하고·지켜서·돕는다(護). (형성)

護國[호국] 나라를 수호(守護)함.
護身[호신] 몸을 보호함.
護衛[호위] 보호(保護)하여 지킴.
辯護[변호] 남에게 이롭도록 변명함.
護送[호송] 愛護[애호] 看護[간호]

獲 얻을 획

犭 14 17 高

얻다, 잡다
capture, seize

犭 犭⁺ 犭⁺ 獲 獲 獲

풀 초 : 艹 : 풀, 수풀, 초목

사냥개(犭)를 수풀(艹) 속에 데리고 가서 꼬리 짧은 새(隹)를 손(又)으로 잡아·얻는다(獲)는 뜻임. (형성)

獲得[획득] 손에 넣음. 얻음.
獲利[획리] 이익(利益)을 얻음. 자기에게 유리한 처지를 얻는 일.
捕獲[포획] 漁獲[어획] 鹵獲[노획]

穫 거둘 확

禾 14 19 高

거두다
harvest, reap

禾 禾⁺ 秆 穫 穫 穫

얻을 획 : 獲 : 위 참조

벼(禾)를 얻고자(獲) 베어 거둔다(穫). (형성)   獲 → 획⁺ 확 ← 穫

收穫[수확] 농작물을 거두어 들임.
收穫高[수확고] 수확한 분량.
收穫期[수확기] 곡식을 거둘 시기.
不耕而穫[불경이확] 밭을 갈지 않고 거둬 들인다. 불로소득[不勞所得].

微 작을 미, 천할 미

彳 10 13 高

작다, 천하다, 은밀하다
slight, tiny

彳 彳⁺ 彳⁺ 徉 微 微

산 밑(屮)에 사는 사람(儿)이 손에 호미(攵)를 들어 약초를 캐는 행동(彳)이니, 수입이 적고(작고) (微) 신분이 천하다(微)의 뜻임. (형성), (전주)

微物[미물] 변변하지 못하고 작은 물건. 썩 자질구레한 벌레.
輕微[경미] 가볍고도 아주 작음.
微力[미력] 微賤[미천] 微妙[미묘]
微笑[미소] 衰微[쇠미] 機微[기미]

徵 부를 징, 거둘 징

彳 12 15 高

부르다 거두다
levy, collect

彳 彳⁺ 彳⁺ 徨 徨 徵

작을 미 : 微 → 徵
맡을 임 : 任 → 壬 : 맡다, 맡기다

작은(微) 존재로 숨어 있어도 임무를 맡기기(壬) 위하여 부른다(徵). (회의)

徵兵[징병] 국가가 법령으로써 소요 인원을 일정 기간 병역에 복무시키는 일.
徵稅[징세] 조세(租稅)로 징수함.
特徵[특징] 특별히 눈에 띄는 표적.
徵收[징수] 徵兆[징조] 象徵[상징]

懲 징계할 징

心 15 19 高

징계하다
discipline

彳⁺ 徨 徨 徵 懲 懲

부를 징 : 徵 : 위 참조

죄인을 불러(徵) 마음(心)을 뉘우치도록 벌을 준다는 데서 징계하다(懲)의 뜻임. (형성)   徵 → 징⁺ ← 懲

懲戒[징계] 허물을 뉘우치도록 경계(警戒)함.
膺懲[응징] 잘못을 뉘우치도록 징계함.
懲役[징역] 교도소에서 죄인에게 노동을 치루게 하는 형(刑).

裳

衣 8 / 14 / 高

치마 **상**, 아래옷 **상**
치마　치마·바지 따위
　　　skirt, trousers

尚 堂 堂 堂 裳 裳

높일 상 :  → 尚 : 창문에서 김이
(尙)　　　　　　'위'로 올라가
　　　　　　　　는 모양으로 '높이다'의 뜻. 여
　　　　　　　　기서는 '위'의 뜻.

옷(衣) 옷 아래에 입는 옷(衣)이니 아래옷(裳)이다. (형성)　尙 → 상 ← 裳

衣裳[의상] 겉에 입는 저고리와 치마. 옷.
綠衣紅裳[녹의홍상] 초록색 저고리와 붉은 색 치마. 젊은 여자의 곱게 차린 옷.

黨

黑 8 / 20 / 高

무리 **당**, 마을 **당**　약 党
무리　　향리
　　　　　party, group

尙 尙 尙 堂 堂 黨

검을 흑 : 黑 : 검다, 어둡다

1. 어두운(黑) 현실을 개척하려고 높은(尙) 뜻을 가지고 모인 무리(黨).
2. 흑심(黑)을 숭상하는(尙) 무리(黨). (형성)

徒黨[도당] 떼를 지은 무리.
不汗黨[불한당] 떼를 지어 돌아다니는 강도.
政黨[정당]　與黨[여당]　野黨[야당]

嘗

口 11 / 14 / 高

맛볼 **상**, 시험할 **상**
맛보다　시험하다
　　　　　　taste

丷 严 尙 尙 営 嘗

숭상할 상 : 尙→尙 : 숭상하다
맛 지 : 旨 : 숟가락(ヒ)으로 음식(一)을 입(口)에 넣어 맛(旨)을 본다.

음식의 맛(旨)을 숭상한다(尙)는 데서 맛을 본다(嘗)는 뜻임. (형성)

嘗膽[상담] 쓸개를 맛봄. 복수하려고 모든 고난을 참음. 예 臥薪(와신)~
嘗味[상미] 맛을 봄.

唐

口 7 / 10 / 高

당나라 **당**, 황당할 **당**
당나라　　황당하다
　　　　　　absurd

广 广 庐 庐 唐 唐

굳셀 경 : 庚 : 집(广)이나 나라를 위하여 사람(人)이 손(크)으로 굳세게(庚) 일한다.

굳센(庚) 국민(口)이 세운 당나라(唐)의 뜻. 입(口)으로 굳센(庚) 척 큰 소리를 하는 사람이 오히려 황당할(唐) 수도 있다.

唐太宗[당태종]　唐根[당근]　唐突[당돌]
唐慌[당황]　荒唐無稽[황당무계]

掌

手 8 / 12 / 高

손바닥 **장**, 맡을 **장**
손바닥,　맡다, 주관하다
　　　　　　　palm

丶 丷 严 尙 堂 掌

높일 상 : 尙 : 연기나 김이 올라간다. 위로 펼쳐지다. 평평하게 펼쳐지다.

평평하게 펼친(尙) 손(手)이란 데서 손바닥(掌)의 뜻. 또, 손을 써서 일을 맡다·주관하다(掌)의 뜻도 있음. (형성), (전주)

掌握[장악] 권세 등을 손아귀에 넣음.
掌紋[장문] 손바닥의 무늬.
掌理[장리] 일을 맡아서 처리(處理)함.

糖

米 10 / 16 / 高

엿 **당**, 사탕 **당**
엿　　설탕
　　　　sugar, candy

米 籵 籵 糖 糖 糖

쌀 미 : 米
당나라 당 : 唐 } → 糖

당나라(唐)에서 쌀(米)로 만든 것이 엿(糖)이다. 唐은 音을 나타냄. (형성)

雪糖[설탕] 가루 사탕(砂糖).
糖分[당분] 설탕의 성분(成分).
糖尿[당뇨] 당분이 많이 섞인 오줌.
糖乳[당유]　糖類[당류]　製糖[제당]

假

イ 9 11 中

거짓 가, 빌릴 가 ⓐ仮
거짓   빌리다
false

빌릴 가:假→叚:빈 손(킃)과 입으로 만 짓는다(口+作→𠂢)는 데서 **빌리다**(叚).

자연은 거짓이 없으나, 사람(イ)은 잔꾀를 빌려서(叚) 거짓(假)을 꾸민다. (형성)

假想[가상] 가정하여 생각함.
假面[가면]   假名[가명]   假飾[가식]
假裝[가장]   假定[가정]   假健物[가건물]

紀

糸 3 9 高

벼리 기, 적을 기, 해 기
벼리, 법, 적다, 해, 연대
guide ropes

그물 망:網→糸, 몸 기:己→己.

그물(糸)이 헝클어지지 않도록 일정한 몸(己) 구실을 하게 하는 **벼리**란 데서 **기강·법**(紀)의 뜻이, 법을 적는다는 데서 **적다**의 뜻이 생겼다. (형성)

紀綱[기강] 기율과 법강(法綱).
紀行[기행] 여행하는 동안에 보고 듣고 느낀 것을 적음.

暇

日 9 13 高

겨를 가, 한가할 가
겨를   한가하다
leisure

날 일:日
빌리다:假→叚

날·시간(時間)(日)을 빌려서(叚) 겨를(暇)을 얻는다. (형성)

休暇[휴가] 일정 기간의 쉬는 겨를. 말미.
餘暇[여가] 겨를. 틈. ⓐ~善用(선용).
閑暇[한가] 별로 할 일이 없어 틈이 있음.
病暇[병가]   寸暇[촌가]   公暇[공가]

習

羽 5 11 中

익힐 습, 버릇 습
익히다   버릇
practice

깃 우:羽:새의 깃
날개 익:翼→羽:날개   →習
스스로 자:自→白

새끼 새가 날개(羽)를 스스로(自→白) 움직여서 나는 일을 익힌다(習)는 뜻임. (회의)

習字[습자] 글씨 쓰기를 익힘.
學習[학습]   豫習[예습]   復習[복습]
講習[강습]   習慣[습관]   習性[습성]

忌

心 3 7 高

미워할 기, 꺼릴 기, 기일 기
미워하다 꺼리다   기일
hate, dislike

몸 기:己:나, 자기(自己)

내(己)가 마음(心)으로 미워한다·꺼린다(忌). 부모 또는 조상이 돌아가신 날을 내(己)가 마음(心)에 새겼다가 제사를 지낸다는 데서 **기일·기제**(忌)의 뜻도 있음. (형성), (전주)

猜忌[시기] 샘하여 미워함. ⓐ—嫉妬(질투)
忌避[기피] 꺼리어 피함.
嫌忌[혐기]   忌憚[기탄]   忌祭[기제]

翁

羽 4 10 高

늙은이 옹
늙은이, 아버지, 장인
old man

깃 우:(羽)→羽→羽:새의 깃털

어른(公)의 턱 수염이 새의 깃털(羽)처럼 늘어져 있다는 데서 **늙은이·어른**(翁)의 뜻임. (형성)

公 羽→翁
공 우→옹

翁壻[옹서] 장인(丈人)과 사위.
翁主[옹주] 임금의 후궁에서 난 왕녀.
塞翁之馬[새옹지마]   翁姑[옹고]

奇

기이할 **기**, 기수 **기**
기이하다 기수
strange

큰 대 : **大** : 크다
옳을 가 : **可** : 장정(丁)이 입(口)으로 박력 있게 옳다·좋다(可)라고 한다.
크게(大) 좋은(可) 일은 드물게 나타나는 기이한(奇) 일이다. (형성)

奇異[기이] 기괴(奇怪)하고 이상(異常)함.
奇蹟[기적] 사람이 생각할 수 없는 아주 신기한 일.
奇數[기수] 홀수. ㉫우수(偶數)

似

같을 **사**, 비슷할 **사**
같다 비슷하다
resemble

써 이, 쓸 이 : **以** : 사람(人)이 호리·보습(㠯)을 써서(以) 밭을 간다.
사람(亻)이 공구를 써서(以) 만든 제품이 서로 비슷하다(似)는 뜻임. (형성)

相似[상사] 모양이 서로 비슷함.
似而非[사이비] 겉은 제법 비슷하나 속은 다름. 가짜. ㉠~애국자.
近似[근사] 類似[유사] 恰似[흡사]

寄

붙어 있을 **기**, 부칠 **기**
붙어 있다 부치다
lodge

기이할 기 : **奇** : 크게(大) 좋은(可) 일이 생긴다는 것은 기이한(奇) 일이다. 여기서는 '크게 좋다'의 뜻.
어떤 집(宀)이 크게 좋아서(奇) 붙어 있다(寄). 붙어 있다에서 부치다(寄)의 뜻도 나왔음. (형성) 奇→㉮←寄

寄生[기생] 남의 힘을 빌어 생활하는 일.
寄宿[기숙] 남의 집에 몸을 붙여 기거함.
寄贈[기증] 寄與[기여] 寄港[기항]

俊

준걸 **준**, 클 **준**
준걸, 재주가 뛰어난 사람
eminet

팔 : ㄥ→ㄥ→厶
사람 인 : 人→ハ →夋 : 사람의 팔·다리의 놀림이 뛰어나다
발 : 夊

사람(亻)의 재주가 뛰어나다(夋)는 데서 준걸·크다(俊)의 뜻임. (형성)

俊傑[준걸] 재주와 슬기가 뛰어난 사람.
俊才[준재] 뛰어난 재주. 또 그 사람. ㉰영재(英才).

騎

말 탈 **기**, 기병 **기**
말을 타다 말 탄 군사
ride a horse

말 마 : **馬**
기이할 기, 홀수 기 : **奇** : 크게(大) 좋은(可) 일은 흔하지 않다는 데서 '홀로·홀수(奇)'의 뜻이 있음.
말(馬)은 원래 홀로(奇) 타는(騎) 법이다. (형성)

騎馬[기마] 말을 탐. 또 그 말.
騎兵[기병] 말을 타고 전투를 하는 군사.
騎手[기수] 말을 타는 사람.

酸

실 **산**, 산소 **산**
시다 산소
sour, acid

술 주 : 酒 → 酉
夋 : 사람(儿)이 팔(厶)·다리(夊)의 놀림을 오랜 시간 계속한다는 데서 '오래다'의 뜻.
막걸리 술(酉)이 오래 되어(夋) 상하면 시어진다(酸)는 뜻임. (형성)

酸性[산성] 신맛이 있는 물질의 성질.
酸化[산화] 물질이 산소와 화합하는 일.
酸素[산소] 黃酸[황산] 鹽酸[염산]

麻

麻 0 11 高

삼 마, 참깨 마 ⓢ 麻
삼   참깨
hemp

亠 广 庁 庍 府 麻

돌집 엄 : 广
수풀 림 : 林 → 朩 : 가지런히 세우다 의 뜻.

삼, 참깨를 베어 집(广) 담장에 가지런히 기대어 세워서(朩) 말린다는 데서 삼·참깨(麻)의 뜻임.

胡麻[호마] 참깨와 검은깨의 총칭.
麻衣[마의] 삼베 옷.
大麻[대마]   麻絲[마사]   麻醉·痲醉[마취]

磨

石 11 16 高

갈 마, 닳을 마
갈다   닳다
grind

广 庁 庍 麻 磨 磨

거칠거칠한 삼(麻)에 연마제를 묻혀서 돌(石)을 문지르고 간다(磨). 갈면 닳는다는 데서 닳다(磨)의 뜻도 생겼음. (형성), (전주)

※ 魔 : 마귀 마 : 魔鬼(마귀), 魔術(마술)
　 摩 : 문지를 마 : 摩擦(마찰), 按摩(안마)

硏磨·練磨[연마] 갈고 닦음. 노력을 거듭하여 학예를 깊이 연구함.
磨滅[마멸]   磨耗[마모]   琢磨[탁마]

煩

火 9 13 高

번열증날 번, 번거로울 번
번열증이 나다, 번거롭다
fever

丶 丷 火 灯 煩 煩

머리 혈 : (頁) 🙂 → 頁 → 頁 : 머리

머리(頁)가 불(火)처럼 뜨겁고 열이 난다는 데서 번열증나다(煩)의 뜻.

煩悶[번민] 마음이 번거롭고 답답하여 몹시 괴로워함.
煩惱[번뇌] 시달림을 받아 괴로움.
煩雜[번잡] 번거롭고 복잡함.

頻

頁 7 16 高

자주 빈
자주, 여러 번
frequently

止 냐 步 步 頻 頻

걸음 보 : 步 : 걷다
머리 혈 : 頁 : 머리를 굴리다

걷는(步) 일이라든가 머리(頁)를 굴리고 쓰는 일은 자주(頻) 있는 일이다. (회의)

頻度[빈도] 반복되는 도수(度數). 잦은 도수.
頻蹙[빈축] 얼굴을 찡그림.
頻發[빈발] 자주 발생(發生)함.
頻繁[빈번] 매우 잦음.

顧

頁 12 21 高

돌아볼 고, 돌볼 고
돌아보다   돌보다
look back

戸 戸 雇 雇 顧 顧

집 호 : 門 → 冃 → 戸 → 戸 : 집

집(戸)에서 기르는 새(隹)가 주인이 다가가자 머리(頁)를 돌려보며(顧) 반갑다고 지저귄다의 뜻임. (형성)

戸 → 🙂 ㈀ ← 顧

顧客[고객] 단골 손님. ㈐ ~이 늘다.
顧慮[고려] 다시 돌이켜 헤아림. 앞에 이루어질 일을 잘 헤아림.
顧問[고문]   一顧[일고]   回顧[회고]

寡

宀 11 14 高

과부 과, 적을 과
과부   적다
widow

宀 宀 宙 寊 寡 寡

갓머리 (宀) : 🏠 → 宀 → 宀 : 집

집(宀)의 머리(頁)가 되는 남편과 나뉘어져서(分) 혼자 사는 과부(寡). 과부는 재산이 적다(寡). (회의), (전주)

寡婦[과부] 홀어미. 과수(寡守).
寡聞[과문] 견문이 적음. ㈐ ~淺識(천식)
寡默[과묵]   衆寡[중과]   多寡[다과]

錦

金 8 16 高

비단 **금**, 비단옷 **금**
비단   비단옷
silk fabric

쇠 금 : **金** : 금, 보화
흰 백 : **白** : 희다
수건 건 : **巾** : 수건, 천, 피륙

금(金)처럼 아름답게 빛나는 흰(白) 천(巾)이니 비단(錦)이다. (형성)

金 → 금 ← 錦

錦繡[금수] 비단과 수를 놓은 직물(織物).
錦繡江山[금수강산] 錦上添花[금상첨화]
錦衣還鄕[금의환향] 錦衣玉食[금의옥식]

府

广 5 8 高

관청 **부**, 고을 **부**, 곳집 **부**
관청   고을   곳집
government office

돌집 엄 : **广** : 집
줄 부 : **付** : 사람(亻)이 손(寸)으로 물건(丶)을 준다(付).

백성의 일을 처리하여 주는(付) 집(广)인 관청(府)과 그 관청이 있는 고을(府)을 뜻한다. (형성)

政府[정부] 국가의 통치권을 행사하는 국가 기관. 행정부(行政府).
冥府[명부] 염라대왕이 있는 저승.

綿

糸 8 14 高

솜 **면**, 자세할 **면**, 연이을 **면**
솜   자세하다   연잇다
cotton

실(糸)로 뽑아 흰(白) 천(巾)을 짤 수 있는 솜(綿). 솜의 섬유가 가늘다 하여 자세하다(綿)의 뜻도 있음. 실이 끊이지 않고 계속된다는 데서 연잇다(綿)의 뜻도 생겼다. (회의), (전주)

綿布[면포] 무명. 솜과 피륙.
綿綿[면면] 잇달아 끊어지지 않은 모양. 세밀한 모양.
綿密[면밀] 자세하고 빈틈이 없음.

符

竹 5 11 高

부신 **부**,   부적 **부**
부신, 증거, 도장, 부적
identification tag

대나무 죽 : **竹**→⺮ : 죽간, 대쪽
줄 부 : **付** : 사람(亻)이 손(寸)으로 물건(丶)을 준다(付).

대쪽(⺮)에 글씨를 써 주어(付) 부신(符)으로 삼았다. (형성)

符信[부신] 대쪽·종이에 글씨를 쓰고 두 조각으로 갈라서, 후일에 맞추어 보는 증거물.
符合[부합] 符號[부호] 符籍[부적]

帶

巾 8 11 高

띠 **대**, 거느릴 **대**   약 帯
띠   거느리다
belt

巾/巾 → 帀 : 천을 겹쳐 만들다

천을 겹치고(帀) 장식을 붙여(卅) 만든 허리띠(帶)를 뜻한다. (상형)

帶劍[대검] 칼을 참. 소총 끝에 꽂는 칼.
帶同[대동] 함께 데리고 감.
玉帶[옥대] 地帶[지대] 熱帶[열대]

腐

肉 8 14 高

썩을 **부**
썩다, 썩히다
rot

관청 부, 곳집 부 : **府** : 물건을 보관하였다가 주는(付) 집(广)이니 곳집(府)이다.

곳집(府)의 고기(肉)가 오래 묵어서 썩는다(腐)는 뜻임. (형성)

付, 府 → 부 ← 腐

腐敗[부패] 썩어서 못 쓰게 됨.
腐心[부심] 근심으로 마음을 썩임.
陳腐[진부] 낡아서 새롭지 못함.

審

宀 12 15 高

살필 **심**
살피다
examine

갓머리 : 宀 : 집
번 번 : 番 : 순서, 차례

집(宀)에서 작품을 차례로(番) 살피어(審) 등수를 정한다는 뜻임. (회의)

審査[심사] 자세히 조사함. 심의해서 사정함.
審判[심판] 사건을 심리해 판단함.
審問[심문] 자세히 따져 물음.
審美[심미] 審理[심리] 審議[심의]

翻

羽 12 18 高

날 **번**, 뒤집을 **번**, 번역할 **번**
날다   뒤집다   번역하다
fly, translate

차례 번 : 番
날개 익 : 翼→羽 } →翻   ⓢ 飜

차례로(番) 날개(羽)를 움직여 난다(翻). 두 나라 말 사이를 차례로(番) 날아 다니며(飛) 번역한다(飜).

翻覆[번복] 이리저리 뒤쳐서 고침. 뒤엎음.
翻案[번안] 원래의 구조를 조금 고쳐 만듦.
翻譯[번역] 한 나라의 말로 된 글의 내용을 다른 나라 말로 옮김.

播

扌 12 15 高

뿌릴 **파**, 퍼뜨릴 **파**
씨를 뿌림   퍼뜨리다
sow

차례 번 : 番 : 손(爫)으로 벼(禾)를 논(畓→田)에 차례차례(番) 심는다는 데서 차례의 뜻.

손(扌)으로 차례차례(番) 씨를 뿌린다(播). (형성)

播種[파종] 논밭에 곡식의 씨앗을 뿌려 심음. 파식(播植).
傳播[전파] 전하여 널리 퍼뜨림.
播遷[파천] 임금이 도성을 떠나 피난함.

辨

辛 9 16 高

분별할 **변**
분별하다
discriminate

쓸 신 : 辛 : 십자가(十)에 매달아 세운(立) 죄인의 고통이 쓰고·맵다(辛). 여기서는 '죄인'의 뜻.

죄인 들(辡)의 죄의 경중을 분명(分明→分→刀→刂)히 한다는 데서 분별한다(辨)의 뜻임.

辨別[변별] 시비·선악을 분별(分別)함.
辨論[변론] 시비를 가려서 따짐.
辨證[변증] 辨明[변명] 辨償[변상]

飜

飛 12 21 高

번역할 **번**, 날 **번**, 뒤집을 **번**
번역하다   날다   뒤집다
translate

차례 번 : 番 : 차례차례로   ⓢ 翻
날 비 : 飛 : 날다

외국어와 국어 사이를 차례로(番) 날아 다니며(飛) 번역한다(飜). 이리저리 난다는 데서 펄럭이다·뒤집다(飜)의 뜻도 있음. (형성), (전주)

飜意[번의] 생각 또는 뜻을 뒤집음.
飜覆[번복] 이리저리 뒤쳐서 고침. 뒤엎음.
飜譯[번역]   飛飜[비번]   飜案[번안]

辯

辛 14 21 高

다툴 **변**, 말잘할 **변**
다투다   말을 잘하다
argue

쓸 신 : 辛 : 위 '辨'란 참조

두 죄인(辡)이 서로 자기에게 유리하게 말한다(言)는 데서 말다툼하다·말을 잘하다(辯)의 뜻임. (형성)

※ 辦 : 힘쓸 판 : 辦公費(판공비)

辯論[변론] 사리를 밝혀 옳고 그름을 말함.
辯護[변호] 남의 이익을 위하여 변명하거나 비호함.
雄辯[웅변]   能辯[능변]   辯士[변사]

墳憤排輩備置

墳
土 12 15 高
무덤 분
무덤
grave, tomb

균 균 埣 埻 墳 墳

클 분 : 賁 : 재물(貝)을 열(十) 번, 스무(卄) 번 모아서 크게(賁) 늘린다.

흙(土)을 모아 크고(賁) 둥글게 만든 것이 무덤(墳)이다. (형성)

墳墓[분묘] 무덤. 구묘(丘墓).
古墳[고분] 고대(古代)의 무덤.
封墳[봉분] 흙을 올려 덮어서 봉우리처럼 볼록하게 무덤을 만듦.
孤墳[고분] 荒墳[황분] 封墳祭[봉분제]

憤
忄 12 15 高
성낼 분, 분할 분
성내다 분노하다
get angry

忄 忄 忄 忭 憤 憤

클 분 : 賁 : 위 참조

마음(忄) 속으로 크게(賁) 못마땅하여 성을 낸다(憤). (형성)

※噴 : 뿜을 분 : 噴水(분수), 噴火口(분화구)

憤怒[분노] 분하여 몹시 성냄.
憤慨[분개] 격분(激憤·激忿)하여 개탄(慨嘆)함.
憤敗[분패] 憤痛[분통] 鬱憤[울분]

排
扌 8 11 高
물리칠 배
물리치다
reject

扌 扌 打 排 排 排

아닐 비 :  → ⧸⧹ → 非
(非)

새의 양날개가 서로 다르다는 데서 아니다(非) 의 뜻.

해당하지 않은(非) 것을 손(扌)으로 물리친다(排). (형성) 非 → 배 배 ← 排

排除[배제] 물리쳐서 치워 냄.
排斥[배척] 물리쳐서 내뜨림.

輩
車 8 15 高
무리 배, 순서 배
무리   순서
group, crowd

l ㅋ ㅋl ㅋl 荤 輩

아닐 비 : → ⧸⧹ → ㅋ卜
(非)

새의 양 날개·깃털을 본뜸.

새의 깃(非)처럼 수레(車)가 줄지어 있다는 데서 무리(輩)를 뜻함. (형성)

輩出[배출] 인재(人材)가 계속하여 나옴.
年輩[연배] 서로 비슷한 나이.
先輩[선배] 不良輩[불량배] 後輩[후배]

備
亻 10 12 中
갖출 비, 방비할 비
갖추다   방비하다
prepare

亻 亻 俨 俤 俤 備

사람 인 : 亻
함께 공 : 共 → 卝 } → 備
쓸 용 :   用

여러 사람(亻)이 함께(卝) 쓰는(用) 기구를 갖춘다(備). (회의)

備置[비치] 갖추어서 둠.
備品[비품] 비치하여 두는 물품(物品).
防備[방비] 미리 막아서 지킴.
備考[비고] 備忘錄[비망록] 準備[준비]

置
罒 8 13 高
둘 치,   바로 치
두다, 놓다, 바로
put

罒 罒 罘 罝 罝 置

그물 망 : ⊞ → ⊞ → 罒 : 그물
(罒)

곧을 직 : 直 : 열(十) 사람의 눈(目)으로 살펴보면 굽은 구석(乚)까지도 곧고·바르게·살필 수(直) 있다. (95)

그물(罒)을 곧게(直) 쳐 둔다(置).

措置[조치] 일을 잘 살펴서 처리함.
置簿[치부] 금전·물품의 출납을 기록함.

漫 부질없을 만, 흩어질 만
부질없다 흩어지다
vain, futile

氵11 14 高

汨 洞 渭 漫 漫 漫

가로되 왈 : 입(口)으로 음식(一)을 먹
(曰) · 는다(曰).
그릇 명 : 皿→皿 : 그릇

바다(氵)에서 손(又)으로 그릇(皿)
속의 음식을 먹으며(曰) 뱃놀이한다는
데서 부질없다(漫)의 뜻. (형성)

漫畫[만화] 붓 가는 대로 그린 그림.
漫然[만연] 이유 없이 흩어진 모양.
漫談[만담] 漫遊[만유] 散漫[산만]

熟 익을 숙, 익힐 숙
익다, 익히다, 숙달하다
cook, boil

灬 11 15 高

亨 享 孰 孰 熟

누구 숙 : 孰 : '누구든지, 어떤 것이
든지'의 뜻.

어떤(孰) 음식이든지 불(火→灬)로
익힌다(熟)는 데서 널리 익히다·숙달
하다(熟)의 뜻임. (형성)

熟達[숙달] 익숙하여 통달함.
熟議[숙의] 충분히 의논함.
半熟[반숙] 成熟[성숙] 圓熟[원숙]
熟鍊[숙련] 熟考[숙고] 熟知[숙지]

慢 거만할 만, 게으를 만
거만하다 게으르다
lazy, haughty

忄 11 14 高

忄 忄 㥯 慢 慢 慢

曰, 皿 : 위 '漫'란 참조

예컨대 '춘향전'에 나오는 변학도의
생일 잔치에서처럼, 손(又)으로 그릇
(皿) 속의 음식을 먹을(曰) 때의 마음
(忄)이 거만하고·게으르고·느리다(慢)
는 뜻임. (형성)

自慢[자만] 스스로 자랑하여 거만하게 굶.
驕慢[교만] 잘난 체하고 뽐내며 방자함.
傲慢[오만] 怠慢[태만] 緩慢[완만]

敦 도타울 돈
도탑다
sincere

攵 8 12 高

亠 市 亨 享 郭 敦

누릴 향 : 享 : 높게(高→亠) 되면 자
식(子)도 영화를 누린다.

즐거움을 함께 누리고(享) 때로는 치
고(攵) 받고 싸움도 하는 가운데 우정
이 도타워(敦)진다. (형성)

敦厚[돈후] 인정이 두터움. 敦篤[돈독].
敦化[돈화] 두터운 교화(敎化).
敦迫[돈박] 자주 재촉함.
敦睦[돈목] 사이가 두텁고 화목함.

孰 누구 숙, 어느 숙
누구 어느
who

子 8 11 高

亠 市 亨 享 孰 孰

누릴 향 : 享 : 높게(高→亠) 되면 자
식(子)도 영화를 누린다.

둥글 환·환약 환 : 丸 : 약제(丶)를 아
홉 번(九) 굴려서 환약(丸)을 만듦.

좋은 환약(丸)을 잡수실(享 : 누릴)
분이 누구(孰)인가의 뜻임. (회의)

孰是孰非[숙시숙비] 누가 옳고 누가 그른
가. 시비가 분명하지 않음.
孰誰[숙수] 누구. 어떤 사람.

郭 외성 곽, 둘레 곽
바깥성 둘레
outer wall

阝 8 11 高

亠 亨 享 享 郭 郭

누릴 향 : 享 : 위 참조

고을 읍 :
(邑→阝) : 🏘 → 阝 → 阝

고을(阝)의 평안을 누리기(享) 위하
여 쌓은 외성(郭)을 뜻한다.

城郭[성곽] 내성(內城)과 외성(外城).
外郭[외곽] 성곽의 밖. 곽외(郭外).
郭內[곽내] 郭再祐[곽재우] 輪郭[윤곽]

武

止 4 8 中

무사 **무**, 굳셀 **무**
무사　　굳세다
warrior, soldier

一　　丁　　千　　迁　　武　　武

창 과 : 戈 → 弋 : 창, 무기
발 족 : 足 → ⻌ → 止 : 발. 여기서는 걷다의 뜻

창(弋)을 들고 걸어다니는(止) 무사(武)는 굳세다(武). (회의), (전주)

武力[무력] 군사상의 힘. 병력(兵力).
武器[무기] 전쟁에 쓰이는 온갖 기구.
武勇[무용] 무예와 용맹.
武官[무관]　武裝[무장]　武功[무공]

述

⻌ 5 9 高

지을 **술**, 말할 **술**
짓다　　말하다
describe

十　　木　　朮　　沭　　述　　述

구할 구 : 求 → 朮

책 만들기를 구하는(朮) 길(⻌)이니 짓다(述)의 뜻. 책의 내용 또는 자기의 의사를 말한다(述)는 뜻도 있음. (형성), (전주)

著述[저술] 글을 지어 책을 만듦.
述懷[술회] 마음 속의 생각을 말함.
論述[논술] 의견을 진술함.
記述[기술]　敍述[서술]　口述[구술]

賦

貝 8 15 高

매길 **부**, 줄 **부**, 글 **부**
매기다　주다　시
levy

貝　　貯　　貯　　賍　　賦　　賦

군사 무 : 武 : 위 '武'란 참조

군사(武) 비용을 조달하기 위하여 재물(貝)을 거둔다는 데서 세금을 매긴다(賦). 또 거둔 세금을 필요한 곳에 준다는 데서 주다(賦)의 뜻도 생겼다. (형성), (전주)　　武 → 母 母 ← 賦

賦課[부과] 세금 및 부담 의무를 지움.
賦與[부여] 나눠 줌. 빌려 줌.
賦役[부역]　月賦[월부]　割賦[할부]

威

女 6 9 中

위엄 **위**, 세력 **위**, 으를 **위**
위엄　　세력　　으르다
dignity

厂　　厃　　反　　咸　　威　　威

개 술 (戌) : ⋯ 쐐기
⋯ 붉은 장식 → 戌 : 도끼
농기구
도끼의 모양을 본뜬 글자임.

도끼(戌)를 든 듯이 무서운 시어머니(女)란 데서 위엄(威)을 뜻함. (회의)

威嚴[위엄] 의젓하고 엄숙함.
威脅[위협] 으르고 협박(脅迫)함.
國威[국위] 나라의 위엄.
威力[위력]　威信[위신]　威壓[위압]

術

行 5 11 高

재주 **술**, 기술 **술**
재주　　기술
art, technic

彳　　彴　　休　　術　　術　　術

행할 행 : 行 → 彳 : 행동
구할 구 : 求 → 朮 : 구하다

항공기나 우주선을 구하는(朮) 행동(行)에는 고도의 재주·기술(術)이 따라야 한다. (형성)

術數[술수] 음양·복서(卜筮) 등의 이치. 일을 도모하는 방술(方術).
技術[기술]　藝術[예술]　美術[미술]
醫術[의술]　手術[수술]　學術[학술]

歲

止 9 13 中

해 **세**, 나이 **세**　　ⓐ 才
해　　　나이
year

止　　歩　　芦　　浐　　歲　　歲

걸음 보 : 步 : 걸어다니다
개 술 : 戌 : 위 '威'란 참조

도끼(戌)·농기구 등을 들고 걸어(步) 다니면서 싸움·일·농사를 하며 해·세월(歲)을 보낸다는 뜻임. (형성)

歲月[세월] 흘러가는 시간. 광음(光陰).
歲末[세말] 섣달 그믐께. 세밑. 세모.
歲歲年年[세세연년]　年歲[연세]　萬歲[만세]

昭

日 5 9 高

밝을 소, 밝힐 소
밝다   밝히다
bright

| ｜ | 日 | 日丁 | 日刀 | 昭 | 昭 |

부를 소 : 召 : 칼(刀)의 위엄을 지니고 입(口)으로 부른다(召).

하나님께서 해(日)를 부르시니(召) 온 세상이 순식간에 환해졌다는 데서 밝다(昭)의 뜻. (형성) 刀 → ㉢㉠ ← 召, 昭

昭詳[소상] 밝고 자세함. ㉠ ~하게 밝힌다
昭示[소시] 명백(明白)히 나타냄.
昭明[소명] 어린이의 속이 밝고 똑똑함.
昭代[소대] 밝게 다스려지는 세상.

照

灬 9 13 高

비출 조, 대조할 조
비추다   대조하다
illuminate

| ｜ | 日 | 日丁 | 日刀 | 昭 | 照 |

부를 소 : 召 : 칼(刀)의 위엄을 지니고 입(口)으로 부른다(召).

불(灬)을 밝혀(昭) 비춘다(照)의 뜻. 또, 불을 비추어 대조한다(照)의 뜻임. 召,昭 → ㉠㉢ ← 照

照明[조명] 밝게 비춤. ㉠ ~燈(등)
照準[조준] 목표에 명중하도록 겨냥하는 일.
落照[낙조] 서쪽에 넘어가는 해. 석양.
照會[조회] 對照[대조] 參照[참조]

着

目 7 12 中

붙을 착, 입을 착, 이를 착
붙다   입다   이르다
put on

| 丷 | 丷 | 羊 | 产 | 养 | 着 |

양 양 : 羊 → 丷
털 모 : 毛 → 一 → ノ

양(羊)의 털(ノ)이 눈(目)을 덮어 씌운다는 데서 붙다・입다・이르다(着)의 뜻임. (회의)

着服[착복] 착의(着衣). 금품을 부당하게 자기 것으로 함.
着席[착석] 着手[착수] 着眼[착안]
到着[도착] 先着[선착] 密着[밀착]

飢

食 2 11 高

굶주릴 기, 흉년들 기
굶주리다 흉년들다
starve

| 亽 | 亽 | 仐 | 亽 | 仺 | 飢 |

밥 식 : 食 → 飠 : 먹다
책상 궤 : ㄇ → 几 → 几 : 책상,밥상

밥상(几)만 있고 먹을(飠) 것이 없어서 굶주린다(飢)는 뜻임. (형성) 几 食 → 飢 궤 식 → 기

飢渴[기갈] 배가 고프고 목이 마름.
飢饉・饑饉[기근] 흉년이 들어 굶주림.
飢餓・饑餓[기아] 굶주림.

差

工 7 10 高

틀릴 차, 들쭉날쭉할 차
틀리다   들쭉날쭉하다
differ

| ヽ | 丷 | 羊 | 羊 | 差 |

양 양 : 羊 → 丷
왼쪽 좌 : 左 → 𠂇 } → 差

왼편(𠂇)에 늘어서 있는 양(羊)들의 크기가 들쭉날쭉하다는 데서 크기에 차(差)가 있다는 뜻임. 左 → ㉤㉣ ← 差

差異[차이] 서로 차가 있게 다름.
誤差[오차] 참값과 근사값과의 차이.
差度[차도] 병(病)이 조금씩 나아감.
差別[차별] 差額[차액] 落差[낙차]

餓

食 7 16 高

굶주릴 아, 굶길 아
굶주리다 굶기다
starve

| 亼 | 飠 | 飣 | 飮 | 餓 | 餓 |

나 아 : 我 : 손(手)에 창(戈)・도구를 들고 일하는 나(我).

먹을(飠) 것이 없어서 내(我)가 굶주린다(餓)의 뜻임. (형성) 我 → ㉠ ← 餓

飢餓・饑餓[기아] 굶주림.
凍餓[동아] 헐벗고 굶주림.
餓鬼[아귀] 늘 굶주린다고 하는 귀신.
餓死[아사] 굶어서 죽음.
餓殺[아살] 굶기어 죽임.

簡 편지 간, 간략할 간
竹 12 18 高
편지, 대쪽, 간단히 하다
letter

대 죽: 竹
사이 간: 間 } → 簡

대쪽(竹) 사이(間)에 간략하게·편지(簡)를 쓴다. (형성)   間 →  ← 簡

書簡[서간] 편지. 예 ~文(문), ~文學(문학)
簡略[간략] 간단하고 소략함.
簡單[간단] 간략함. 간편하고 단출함.
簡易[간이] 간단하고 쉬움.
簡素[간소] 간략하고 수수함.

節 마디 절, 절개 절
竹 9 15 中
마디   절개
joint

병부 절: 𠂆 → 㔾 → 卩 : 무릎을 꿇은 모양

참대(竹)에는 마디가 있고, 밥(食→皀)은 규칙적으로 먹어야 하며, 몸(卩)에는 예절이 있어야 한다는 데서 마디·절개·예절(節)을 뜻함. (형성), (전주)

節度[절도] 일이나 행동을 끊어 맺는 마디.
關節[관절] 音節[음절] 節槪[절개]
節約[절약] 調節[조절] 光復節[광복절]

箇 낱 개, 개수 개 ⓢ 個
竹 8 14 高
낱   개수
piece

굳을 고: 固: 거푸집(囗)에 쇳물을 부은 것이 오래(古) 되면 틀이 잡혀 굳어진다(固).

대나무(竹)나 굳은(固) 물건은 낱개(箇)로 셀 수 있다. (형성)

古, 固 → ㉠ ㉮ ← 箇, 個

箇箇[개개] 낱낱. 각각.
箇中[개중] 여럿이 있는 그 가운데.
箇數[개수] 한 개 두 개로 세는 물건의 수효.

範 법 범, 한계 범
竹 9 15 高
법, 본보기, 한계
rule, pattern

대나무(竹)에는 마디가 있고 수레(車)에는 축이 있고 몸(己→巳)에는 예절·절도가 있다는 데서 법·법식(範)을 뜻한다. (형성)

模範[모범] 본받아 배울 만함.
範例[범례] 본보기.
範圍[범위] 일정한 한계. 한계를 그음. 일정한 형식에 넣어 에워쌈.
規範[규범] 垂範[수범] 示範[시범]

第 차례 제, 과거 제, 집 제
竹 5 11 中
차례 과거 집
order

아우 제: 弟: 쌍날 창(丫)의 자루에 가죽을 감아 나가는데(弓) ノ쪽이 아래라는 데서 아우(弟)를 뜻함. 아우가 태어나는 '차례'의 뜻도 있다.

대쪽(竹)에 글을 써서 차례(弟)로 엮는다는 데서 차례·시험·과거(第)의 뜻임. (형성)

及第[급제] 과거에 합격함. 시험에 합격됨.
第一[제일] 落第[낙제] 私第[사제]

策 채찍 책, 꾀 책
竹 6 12 高
채찍 꾀
strategy, whip

가시가 있는 나무 : 朿 → 朿 → 束 : 가시

대나무(竹)나 가시나무(朿)로 만든 채찍(策). 채찍질은 꾀(策)를 써야 한다. (형성), (전주)

策略[책략] 모책(謀策)과 방략(方略).
對策[대책] 상대방에 응하는 방책.
計策[계책] 政策[정책] 上策[상책]

算

竹 8 / 14 中

산가지 **산**, 셈할 **산**
산가지 셈하다
count, calculate

  ⺮ 竹 筲 笪 筲 算

수판이 나오기 전의 일임. 대나무(⺮)로 만든 산가지를 눈(目)으로 내려다 보면서 두 손(廾)으로 옮겨가며 셈한다(算)의 뜻임.

※ 산가지 : 대나 뼈로 성냥개비와 같이 만들어 셈하는 데 쓰는 기구.

計算[계산] 셈을 헤아림.
推算[추산] 짐작으로 미루어서 셈함.
算數[산수]　珠算[주산]　暗算[암산]

惜

忄 8 / 11 中

아낄 **석**, 아까워할 **석**
아끼다 아까워하다
pity

忄 忙 忙 怙 惜 惜

마음 심 : 忄 : 마음
옛 석 : 昔 : 옛 일. '오래도록'의 뜻

마음(忄) 속으로 오래도록(昔) 아끼고(惜), 소중히 여긴다는 뜻임. (형성)

    昔 → 석 ← 惜

惜別[석별] 이별하기를 애틋하게 여김.
惜敗[석패] 경기 등에서 약간의 점수차로 아깝게 짐.
賣惜[매석] 팔기를 꺼리는 일.

借

亻 8 / 10 中

빌릴 **차**, 가령 **차**
빌리다 가령
borrow

亻 仁 件 佯 佯 借 借

옛 석 : 昔 : 날(日)이 겹치겹치(卄) 쌓이고 쌓여서 옛날(昔)이 된다.

옛날에는 임금이 나라의 주인이고 백성(亻)은 임금의 땅을 옛날(昔)부터 빌려서(借) 농사를 짓는다고 생각했었다. (형성)

借地[차지] 남의 땅을 빌려 가짐. 또 그 땅.
借入[차입] 돈이나 물건을 꾸어 들임.
借用[차용]　貸借[대차]　賃借料[임차료]

耕

耒 4 / 10 中

밭갈 **경**, 쟁기질할 **경**
밭을 갈다 쟁기질하다
plough

三 丰 耒 耒 耕 耕

쟁기 뢰 :  …쟁기의 날
(耒) : …나무 손잡이 → 耒

쟁기(耒)로 네모진(井) 논·밭을 간다(耕). (회의)

耕田[경전] 밭갈이.
耕作[경작] 밭을 갈아 농사를 지음.
農耕[농경] 논·밭을 경작하는 일.
耕耘機[경운기]　晝耕夜讀[주경야독]

錯

金 8 / 16 高

그르칠 **착**, 섞일 **착**
그르치다 섞이다
misjudge

金 金 鉆 鉆 錯 錯

昔 : 위 '借' 란 참조

옛날(昔)에 쇠붙이(金)에 새긴 글씨가 녹이 나서 읽는 데 그르치기(錯) 쉽다는 뜻임. (형성)

    鐵 昔 → 錯
    철 석 → 착

錯視[착시] 착각으로 무엇을 잘못 봄.
錯誤[착오] 착각에 의한 잘못.
錯雜[착잡] 뒤섞여 복잡(複雜)함.
錯覺[착각]　錯亂[착란]　交錯[교착]

籍

⺮ 14 / 20 高

문서 **적**, 호적 **적**
문서, 호적, 서적
books, register

⺮ 笁 笁 笁 籍 籍

쟁기 뢰 : 耒 : 나무(木) 자루가 있고 끝이 뾰죽한(오→千) 쟁기(耒). 여기서는 '경작하다'의 뜻.

옛(昔)부터 경작하는(耒) 땅의 소유자를 죽간(竹)에 적은 문서(籍)란 데서 호적·서적의 뜻도 생겼다. (형성)

    昔 → 석적 ← 籍

戶籍[호적] 호수와 식구별로 기록한 장부.
國籍[국적]　學籍[학적]　兵籍[병적]

暫 잠깐 잠
잠깐, 잠시

moment

| 亘 | 車 | 斬 | 斬 | 斬 | 暫 |

벨 참: 斬: 수레(車)에 싣고 온 죄인
의 목을 도끼(斤: 칼)로 벤다(斬).
때 시: 時→日→日: 시간

죄인을 베는(斬) 데 걸리는 시간(日)
은 잠깐(暫)이면 된다는 뜻. (형성)

暫時[잠시] 오래지 않은 동안. 잠깐.
暫定[잠정] 잠깐 임시로 정함.
暫逢[잠봉] 잠깐 만남.

率 거느릴 솔, 경솔할 솔, 비율 률
거느리다 경솔하다 비율

command, ratio

| 亠 | 玄 | 玄 | 玄 | 玄 | 率 |

손: 屮→屮→屮, 실 사: 糸→幺
실을 꼬다: ꞉꞉, 손: 屮→屮→十

두 손(十)으로 실(幺)을 꼬아(꞉꞉) 동
아줄을 만들듯이 여럿의 힘을 모은다는
데서 거느리다(率)의 뜻임. 비율(率)의
뜻도 있음. (회의), (전주)

統率[통솔] 온통 몰아서 거느림.
率先[솔선] 남보다 앞서 함.
引率[인솔] 輕率[경솔] 比率[비율]

慙 부끄러울 참
부끄럽다

⑤ 慚

shame

| 亘 | 車 | 斬 | 斬 | 慙 | 慙 |

벨 참: 斬: 위 참조

죄인이 여러 사람 앞에서 목이 베일
(斬) 때 마음(心)이 부끄럽다(慙)는 뜻
임. (형성)

慙悔[참회] 부끄러워서 뉘우침.
慙愧[참괴] 부끄러워함.
無慙[무참] 말할 수 없이 부끄러움.
慙汗[참한] 부끄러워서 흘리는 땀.

索 동아줄 삭, 찾을 색
동아줄 찾다

rope, search

| 亠 | 亠 | 壺 | 壺 | 索 | 索 |

덮을 멱: ⌒→⌒→⌒ 동아줄을 꼬
(冖):   는 모양

열(十) 손가락으로 실(糸)을 꼬아
(一) 동아줄(索)을 만든다. 도둑을 잡
으면 오라줄을 찾아서(索) 묶는다. (회
의), (전주)

索道[삭도] 케이블카가 다니는 철삭(鐵索)
  으로 된 길.
索引[색인] 搜索[수색] 思索[사색]

漸 차차 점, 나아갈 점, 젖을 점
차차 나아가다 젖다

gradually

| 氵 | 氵 | 漸 | 漸 | 漸 | 漸 |

벨 참: 斬: 베다. 여기서는 땅을 파
서(베서) 수로(水路)를 낸다는 뜻임.

물(氵)을 대기 위하여 논밭을 베서
(斬) (파서) 관개를 하면 논·밭에 물이
차차(斬) 흘러나다가(漸) 논·밭을 적신
다(漸)의 뜻임. (형성) 斬→慙→漸

漸漸[점점] 조금씩 더하거나 덜해지는 꼴.
漸減[점감] 차차 줄어듦.
漸次[점차] 漸入佳境[점입가경] 漸進[점진]

絶 끊을 절, 뛰어날 절
끊다 뛰어나다

cut

| 糸 | 紆 | 紹 | 紹 | 紹 | 絶 |

실의 매듭: ⌒→⌒→巴

실(糸)의 매듭(巴)을 칼(刀)로 끊는
다(絶). 이삿짐이 도착하면 매듭(巴)을
풀기가 귀찮아서 칼(刀)로 끈(糸)을 베
어 끊는다(絶)는 뜻임. (형성)

斷絶[단절] 관계를 끊음.
絶對[절대] 상대하여 비교될 만한 것이 없음.
絶交[절교] 絶命[절명] 絶妙[절묘]

糸 9 15 高		가장자리 **연**, 인연 **연** 가장자리 인연 ㉑ 緣 edge

끊을 단 : 彖 : 돼지(豕)가 주둥이(⼐→彑)로 먹이를 끊어(彖) 먹는다.

천을 끊었을(彖) 때 천의 가장자리가 풀리지 않도록 실(糸)로 감친다는 데서 **가장자리·잇다·인연**(緣)의 뜻으로 쓰인다. (형성), (전주)

緣分[연분] 하늘에서 베푼 인연(因緣).
緣由[연유] 일의 까닭.
天生緣分[천생연분]   緣故地[연고지]

月 7 11 中		바랄 **망**, 보름 **망** 바라다 보름 hope, want

도망할 망 : 亡 : 객지에 나가다.
천간 임 (壬) : 𠂉 → 壬 : 사람이 땅 위에 선 모양

달(夕)을 쳐다보고 서서(壬) 객지에 나간(亡) 임이 돌아오길 **바란다**(望)는 뜻임. (형성)

觀望[관망] 형세를 돌아봄.
希望[희망] 어떤 일을 이루기를 바람.
所望[소망]   展望[전망]   朔望[삭망]

糸 10 16 高		고을 **현**, 매달 **현** 고을 매달다 hang

눈 목 : 目,   실 사 : 糸 → 系
모서리, 벽 : ⌐,   나무 목 : 木 → 小

눈(目)에 잘 띄게 벽(⌐)이나 나무(小)에 실(系)로 **매단다**(縣). 현(縣)은 도(道)나 군(郡)에 매여 있는 **고을**이다. (회의), (전주)

縣鼓[현고] 걸어 놓은 북.
縣賞[현상] 상품을 걺.
郡縣[군현]   縣監[현감]   縣令[현령]

网 3 8 高		그물 **망**, 없을 **망**, 속일 **망** 그물 끝이 없다 속이다 net

그 물 : ▦ → 冊 → 罒

고기가 도망(亡)가지 못하도록 엮은 그물(罒)이란 데서 **그물**(罔)의 뜻. 그물질하는 데는 한계가 없다는 데서 **없다**(罔)의 뜻. 또, 고기를 속인다는 데서 **속이다**(罔)의 뜻임. (형성), (전주)

罔極[망극] 어버이의 은혜가 끝이 없음.
欺罔[기망] 남을 그럴 듯하게 속임.

心 16 20 高		매달 **현**, 현격할 **현** 매달다 현격하다 hang

마음(心)에 간직할 수 있도록 **매단다**(縣)는 데서 **매달다**(懸)의 뜻. 매달면 땅바닥에서 동떨어진다는 데서 **현격하다**(懸)의 뜻이 나왔음. (형성)

縣 → 현 ← 懸

懸隔[현격] 썩 동떨어짐.
懸賞[현상] 모집 등에서 상을 걺.
懸案[현안] 아직 해결짓지 못한 안건.
懸板[현판]   懸垂幕[현수막]   懸章[현장]

艹 6 10 高	茫	아득할 **망** 아득하다, 망망하다 vast

풀 초 : 艹 : 초원(草原)
물 수 : 氵 : 바다

초원(艹)이나 바다(氵)가 끝이 없다(罔→亡)는 데서 **아득하다**(茫)의 뜻임. (형성)

※ 妄 : 허망할 망 : 妄言(망언)

茫茫大海[망망대해] 한없이 넓고 큰 바다.
茫然[망연] 넓고 멀어서 아득한 모양.
茫漠[망막] 넓고 멂. ㉑ ~한 平原(평원)

總

糸 11 17 高

합할 총, 모두 총, 거느릴 총
합하다   모두   거느리다
　　　　　　　　　all, lead

| 糸 | 約 | 紉 | 紉 | 總 | 總 |

바쁠 총 : 悤 : 나무꾼이 저녁(夕)이 가까워지면 나뭇짐을 묶어(囗) 집으로 돌아오는 마음(心)이니 바쁘다(悤).

실(糸)을 모아서 바쁘게(悤) 베·비단을 짠다는 데서 합하다·모으다·모두·거느리다(總)의 뜻임. (형성)

總理[총리] 전체를 모두 관리함. ⑳ 國務~
總力[총력] 모든 힘. 전부의 힘.
總合[총합]   總計[총계]   總括[총괄]

賓

貝 7 14 高

손 빈
손
　　　　　　guest

| 宀 | 宀 | 宁 | 宑 | 宿 | 賓 |

집 : 宀,
적을 소 : 少→少
조개 패 : 貝 : 돈, 비용

올 래 : 來→一

손님(賓)이 집(宀)에 찾아오면(一) 적으나마(少) 비용(貝)을 들여 대접하여야 한다는 뜻임. (형성)

賓客[빈객] 점잖은 손님.
迎賓[영빈] 손님을 맞음.
來賓[내빈]   主賓[주빈]   國賓[국빈]

聰

耳 11 17 高

귀밝을 총, 총명할 총
귀가 밝다   총명하다
　　　　　　clever, wise

| 耳 | 耵 | 聊 | 聊 | 聰 | 聰 |

귀 이 : 耳 　　　　} → 聰
바쁠 총 : 悤

귀(耳)로 상대방의 말을 재빨리(悤) 알아 들으니 귀가 밝고·총명하다(聰)의 뜻임. (형성)

聰明[총명] 영리하고 기억력이 좋음.
聰氣[총기] 총명한 기운. 기억력(記憶力).
聰慧[총혜] 총명한 지혜.
聰敏[총민] 총명하고 민첩(敏捷)함.

憲

心 12 16 高

법 헌, 상관 헌
법　　상관
　　　　　　law

| 宀 | 宀 | 宇 | 宙 | 憲 | 憲 |

움집 면 : 宀 : 집, 국가
손 수 : 手→丯 : 손
넷 사 : 四→罒 : 매우 많은 숫자

집(宀)에서 손(丯) 넷(罒)이 마음(心)을 같이하여 일하려면 법(憲)에 따라야 한다. (형성)

憲法[헌법] 근본이 되는 법규.
國憲[국헌]   憲兵[헌병]   官憲[관헌]

寧

宀 11 14 高

편안할 녕, 차라리 녕
편안하다, 차라리, 어찌
　　　　　　peaceful

| 宀 | 宀 | 宇 | 宙 | 宙 | 寧 |

그릇 명 : 皿 : 음식을 담은 그릇
고무래 정 : 丁 : 밥상(一)과 상다리(亅)

집(宀)에서 밥상(丁) 위에 음식 그릇(皿)을 놓았을 때 마음(心)이 편안하다(寧)의 뜻임. (형성)

安寧[안녕] 탈없이 무사함. 평안(平安).
寧靜[영정] 평안(平安)하고 고요함.
康寧[강녕] 몸이 건강하고 마음이 편함.

寫

宀 12 15 高

베낄 사, 그릴 사　㉓写
베끼다, 그리다, 본뜨다
　　　　　　copy

| 宀 | 宀 | 宇 | 官 | 寫 | 寫 |

까치의 주둥이 : 臼 　　　　} → 舃 : 까치
새 조 : 鳥 → 舃

까치(舃)가 자리를 잘 옮기듯이 집(宀)에서 글이나 그림을 다른 종이에 옮긴다는 데서 베끼다·그리다(寫)의 뜻임. (형성)

寫本[사본] 옮기어 베낌. 또 베낀 책·서류.
寫生[사생] 실물이나 실경을 그대로 그림.
寫眞[사진]   複寫[복사]   描寫[묘사]

寬

너그러울 관, 용서할 관
너그럽다   용서하다
generous

宀 12 / 15 高

움집 면 : 宀 : 집
꽃 화 : 花 → 艹
마음 심 : 心 → 心 → 丶

집(宀)에서 화초(艹)를 보는(見) 마음(丶)이란 데서 너그럽다·용서하다(寬)의 뜻임. (형성)

寬大[관대] 마음이 너그럽고 큼.
寬容[관용] 너그럽게 용서하고 용납함.
寬仁[관인]   寬厚[관후]   寬待[관대]

冠

갓 관,   어른 관
갓, 관, 닭의 볏, 어른
hat

冖 7 / 9 高

민갓머리 : 冖 : 덮다, 쓰다.
으뜸 원 : 元 : 으뜸, 머리.
마디 촌 : 寸 : 법도(法度)

법도(寸)·신분에 따라 머리(元)에 쓰는(冖) 갓·관(冠)을 뜻한다. (형성)

冠婚喪祭[관혼상제] 관례·혼례·상례·제례
弱冠[약관] 남자 나이 20세의 일컬음. 약년.
衣冠[의관]   王冠[왕관]   金冠[금관]

冥

어두울 명, 저승 명
어둡다   저승
dark

冖 8 / 10 高

덮을 멱 : 冖 : 구름이 덮이다
날 일 : 日 → 日

음력으로 16(六) 일(日)이 지나면 달이 점점 이지러지는데 구름마저 덮이니(冖) 어둡다(冥)의 뜻. 또, 어두운 곳인 저승(冥)의 뜻임. (형성)

冥想·瞑想[명상] 눈을 감고 고요히 생각함.
冥福[명복] 죽은 뒤에 저승에서 받는 행복.
冥府[명부] 저승. 명토(冥土). 황천.

厚

두터울 후, 두께 후
두텁다   두께
thick

厂 7 / 9 中

날 일 : 日 → 日 : 햇볕
아들 자 : 子 : 아이들

햇볕(日) 아래서 아이(子)들이 많이 모여 놀듯이 벼랑(厂) 아래에 바위가 겹겹이 쌓였다는 데서 두텁다(厚)의 뜻임. (형성)

厚誼[후의] 두터운 정의(情誼).
濃厚[농후] 빛깔이 매우 짙음.
厚德[후덕]   厚福[후복]   厚顔無恥[후안무치]

壓

누를 압
누르다
press

㊀ 圧

土 14 / 17 高

싫어할 염 : 厭 : 벼랑(厂) 밑에는 햇빛(日)·달빛(月)이 비치지 않고, 먹을 것이 없어서 개(犬)도 지나가지 않는다는 데서 싫어하다(厭)의 뜻임.

땅(土)이 꺼질까봐 싫어할(厭) 정도로 세게 누른다(壓)는 뜻임. (형성)

壓迫[압박] 내리 누름.
抑壓[억압] 남의 자유를 힘으로 억누름.
壓力[압력]   壓倒[압도]   彈壓[탄압]

厥

파낼 궐, 숙일 궐, 그 궐
파다   숙이다   그(其)
dig

厂 10 / 12 高

거스를 역 :  : 사람이 거꾸로 된 모양

벼랑(厂) 밑에서 고개를 숙이고 숨이 차게(欠) 돌을 파낸다(厥). 돌 파던 그 사람이 어디에 있느냐는 데서 그(厥)의 뜻도 있음. (형성)

厥女[궐녀] 그 여자.
厥角[궐각] 고개를 숙여 절을 함.

房

戶 4 8 中

방 **방**, 집 **방**
방, 곁방, 집
room

厂 戶 戶 戶 房 房

집 호(戶) : 門 → 目 → 戶 → 戶
대문에 들어서면 집(戶)이 나온다.
모 방 : 方 : 여기서는 '네모'의 뜻.
집(戶)에 들어가면 네모진(方) 방(房)이 있다. (형성)

溫突房[온돌방] 온돌을 놓은 방.
廚房[주방] 음식을 만드는 방.
茶房[다방] 冷房[냉방] 煖·暖房[난방]

激

氵 13 16 고

부딪칠 **격**, 과격할 **격**
부딪치다 과격하다
violent

汩 汨 泊 泊 澂 激

놓아줄 방, 내칠 방 : 放 → 放, 방사(放射) (105)
폭풍시의 바다의 흰 물(泊)이 해안의 바위에 부딪쳐 방사(放)하는 일이란 데서 부딪치다·과격하다(激)의 뜻임. (형성)

激奮[격분] 몹시 흥분(興奮)함.
過激[과격] 지나치게 격렬함.
激流[격류] 急激[급격] 感激[감격]

傍

亻 10 12 고

곁 **방**
곁
side

疒 疒 俜 俜 傍 傍

사람 인 : 亻, 좌우 양쪽 : 一
설 립 : 立 → 立, 방향 방 : 方
사람(亻)이 서(立) 있는 좌우(一) 쌍방(方)이니 곁(傍)이다. (형성)
方 → 방 ← 房, 傍, 倣, 放

路傍[노방] 길가. 길의 양쪽 가.
傍若無人[방약무인] 좌우에 사람이 없는 것같이 언어나 행동이 기탄 없음.
傍觀[방관] 傍證[방증] 傍系[방계]

傲

亻 11 13 고

거만할 **오**, 업신여길 **오**
거만하다 업신여기다
haughty

亻 佯 佯 佯 俸 傲

칠 복 : 攵 : '손(又)에 권력(一)을 쥐다'의 뜻 ⑧慠
사람(亻)이 자기 소유 토지(土)의 사방(方)을 다니며 손에 권력을 쥐고(攵) 거만하게(傲) 굴다. (형성)

傲慢[오만] 잘난 체하여 방자함.
倨慢[거만] 겸손하지 않고 뽐냄.
傲霜[오상] 모진 서리에도 굽히지 않음.

倣

亻 8 10 고

본받을 **방**
본받다
imitate

亻 仃 仿 仿 仿 倣

놓아 줄 방 : 放 : 손(又)에 채찍(一)을 들고 양떼를 사방(方)으로 흩어지게 놓아준다(放). 여기서는 '방랑(放浪)'의 뜻임.
사람(亻)이 방랑하다(放) 보면 본받을(倣) 일을 많이 보게 된다. (형성)

模倣[모방] 본떠서 함. 흉내를 냄.
倣刻[방각] 모방하여 새김.
倣似[방사] 아주 비슷함.

蠶

虫 18 24 고

누에 **잠**
누에, 누에를 치다
silkworm ⑨蚕

厂 旡 旡旡 旡旡 蓇 蠶

朁…입을 크게 벌린 모양.
蟲…먹는 일. 실을 뽑는 일.
蟲…누에가 모여 있음을 나타냄.

⑨蚕 : 하늘(天)이 준 벌레(虫)라 쓰고, 누에(蚕)를 나타냈다. (형성)

蠶室[잠실] 누에를 치는 방.
蠶農[잠농] 누에를 치는 일.
蠶食[잠식] 누에가 뽕을 먹듯이 한쪽에서 점점 먹어 들어감.

致

至 4 / 10 中

이룰 **치**, 이를 **치**
이루다, 이르다
reach

一 ㄱ 云 至 至 至 致

이를 지: 🖐 → 至 → 至
(至)

새가 땅에 내려와 이르다·다다르다

손에 도구를 들고(攵) 열심히 일하여 어떤 일의 끝까지 다다라(至) 이룬다(致). (형성)

至 → 지 치 ← 致

致富[치부] 재물을 모아 부자가 됨.
致賀[치하] 致死[치사] 致命傷[치명상]

樓

木 11 / 15 高

다락 **루**
다락
upper storey

木 木 杧 柈 樓 樓

셈할 수: 數→婁 : 물품(品→呂)과 여자(女)가 많이 모여(十) 있을 때 손에 붓(攵)을 들어 수를 셈한다(數). 많은 수, 여럿을 뜻함.

나무(木)를 여러(婁) 개 이어서 지은 다락(樓)이다. (형성) 數→수 루←樓

望樓[망루] 망대(望臺).
樓閣[누각] 높이 지은 다락집.
城樓[성루] 蜃氣樓[신기루] 摩天樓[마천루]

姪

女 6 / 9 高

조카 **질**, 조카딸 **질**
조카   조카딸
nephew

女 女 妷 妷 妷 姪

계집 녀: **女** : 형수
이를 지: **至** : 이르다, 태어나다

형수(女)의 몸에서 태어나 세상에 이른(至) 조카·조카딸(姪)을 뜻함. (형성)
至 → 지 질 ← 姪

甥姪[생질] 누이의 아들.
甥姪女[생질녀] 누이의 딸.
堂姪[당질] 사촌 형제의 아들.
姪壻[질서]   叔姪[숙질]   姨姪[이질]

屢

尸 11 / 14 高

여러 **루**, 자주 **루**
여러   자주
frequently

尸 尸 尸 屌 屢 屢

집 옥: **屋→尸**
셈 수: **數→婁** : 많은 수

집(尸)에 많은 수(婁)의 사람들이 여러 번·자주(屢) 드나든다. (형성)
樓 → 루 ← 屢

屢次[누차] 여러 차례. 가끔. 때때로.
屢屢[누누] 여러 번. 자꾸.
屢代[누대] 여러 대.
屢年[누년] 여러 해.

數

攵 11 / 15 中

셈 **수**, 자주 **삭** 數
셈, 수량, 자주, 여러번
count

口 旦 畀 婁 婁 數

물품 품: **品→呂** : 물건, 물품.
열 십: **十** : 덧셈(+) 표시, 모여 있음.
계집 녀: **女** : 여자

모여 있는(十) 물품(呂)이나 여자(女)들을 손을 써서(攵) 셈한다(數)의 뜻임. (형성)

數量[수량] 수효(數爻)와 분량(分量).
數次[수차] 여러 차례. 數回[수회] (數回).
數學[수학] 算數[산수] 頻數[빈삭]

累

糸 5 / 11 高

여러 **루**, 포갤 **루**
여러   포개다
pile up

田 田 罒 罢 累 累

밭 전: **田** }→累
실 사: **糸**

밭(田) 사이에 실(糸)처럼 가늘게 나 있는 밭두렁이 여러 개·포개어(累) 보인다. (형성)

累計[누계] 쌓아 온 그 전 것까지 몰아서 계산함.
連累[연루] 남의 범죄에 관련(關連)됨.
累卵[누란] 累績[누적] 累進[누진]

藏 臟 散 肯 肥 膚

藏
艹 14 18 高
감출 **장**, 곳집 **장**   ㉿ 蔵
감추다   곳집
hide, conceal

조각널 장(爿) : 木→爿→爿 : 널판자
신하 신 : 臣 : p.46 '臣'란 참조

사람의 눈(臣)에 띄지 않게 창(戈)을 판자(爿)나 풀(艹)로 덮어 감춘다(藏).

藏書[장서] 책을 간직하여 둠. 또 그 책.
藏中[장중] 곳집 속. 광 속.
所藏[소장] 貯藏[저장] 無盡藏[무진장]

臟
月 18 22 高
오장 **장**   ㉿ 臓
오장
vital organs

육달월 : 月 : 몸
감출 장 : 藏 : 위 '藏'란 참조

몸(月) 속에 감추어진(藏) 오장(臟)을 뜻한다. (형성)   爿, 藏→臟←臟

臟器[장기] 내장(內臟)의 기관(器官).
臟腑[장부] 내장의 총칭.
五臟[오장] 폐(肺)·심(心)·간(肝)·비(脾)·신(腎)장.
內臟[내장] 몸 속의 여러 기관.

散
攵 8 12 中
흩어질 **산**, 가루약 **산**
흩어지다, 헤치다, 가루약
scatter

 → 丑 : 모이고 쌓인 모양, 무리
육달월 : 月 : 고기. 사람이나 짐승.

여럿이 모여 있는(丑) 사람이나 짐승(月)을 손(攵)에 채찍(卜)을 들어 흩어지게(散) 한다. (형성)

解散[해산] 모인 사람이 헤어져 흩어짐.
散髮[산발] 머리를 풀어 헤침. 또 그 머리.
散步[산보] 離散[이산] 分散[분산]

肯
月 4 8 高
즐길 **긍**, 수긍할 **긍**
즐기다   수긍하다
assent, consent

멈출 지 : 止 : 멈추다
육달월 : 月 : 살

뼈에 멈춰(止) 있는 살(月)이란 뜻으로, 뼈와 살이 행동을 같이 한다는 데서 즐기다·수긍하다(肯)의 뜻. (회의)

肯從[긍종] 즐겨 따름.
首肯[수긍] 그렇다고 고개를 끄덕임.
肯定[긍정] 그러하다고 인정 또는 승인함.
肯諾[긍낙] 수긍해 허락(許諾)함.

肥
月 4 8 高
살찔 **비**, 거름 **비**
살찌다   비료
stout

뱀 파(巴) : 🐍→巴→巴

뱀(巴)이 몸(月)에 보약이 되어 살찐다(肥)는 뜻임. (회의)

肥大[비대] 살쪄서 몸집이 뚱뚱함.
肥沃[비옥] 땅이 걸고 기름짐.
堆肥[퇴비] 풀·짚을 썩혀서 만든 거름.
肥肉牛[비육우] 肥滿[비만] 肥料[비료]

膚
月 11 15 高
살갗 **부**, 겉껍질 **부**
살갗   겉껍질
skin

범 호 : 虍→虎 : 호랑이
밥통 위 : 胃 : 밥통

몸 속에는 밥통(胃)이 있고 겉에는 호랑이(虍) 가죽 같은 살갗(膚)이 있다는 뜻임. (형성)

皮膚[피부] 살갗. 동물의 몸의 겉을 싸고 있는 겉껍질.
雪膚[설부] 눈처럼 흰 살갗.
身體髮膚[신체발부] 몸과 머리털과 피부.

胸 (가슴 흉) — breast, bust
月 6 / 10 中
가슴

月 肌 肌 朐 胸 胸

쌀 포 : 包→勹→勹 : 감싸다
심장 심 : 心→爫→X
허파 폐 : 肺→冖→凵 } →凶

몸(月) 중에서 심장과 폐장(凶)을 감싸고(勹) 있는 부분이니 가슴(胸)이다. (형성)

凶 → ㉾ ← 胸

胸襟[흉금] 가슴 속에 품은 생각.
胸廓[흉곽] 가슴 둘레의 골격 구간.
胸中[흉중] 가슴 속. 마음. 생각.

體 (몸 체, 바탕 체) — body
骨 13 / 23 中
㉞ 躰, 体
몸 바탕

骨 骨冖 骨冖 骨豊 骨豊 體

풍성할 풍 : (豊) 🫖 → 豊
제기에 담은 풍성한 음식

뼈(骨)를 중심으로 내장과 살이 풍성히(豊) 붙어서 된 것이 몸(體)이다. (형성)

體軀[체구] 몸뚱이.
身體[신체]   體格[체격]   體力[체력]
肉體[육체]   體能[체능]   液體[액체]

背 (등 배, 뒤 배) — back
月 5 / 9 高
등, 뒤, 등지다

十 키 爿 北 背 背

북녘 북 : (北) 北 → 北

두 사람이 서로 등지고 있는 모양으로 집은 대개 북(北)을 등지고 짓는다.

몸(月)의 일부로서 가슴·배와 등지고(北) 있는 등(背)을 뜻한다. (형성)

腹背[복배] 배와 등.
背叛[배반]   背後[배후]   背景[배경]
背恩[배은]   違背[위배]   背水陣[배수진]

胡 (오랑캐 호) — barbarian
月 5 / 9 高
오랑캐

十 十 古 古 胡 胡

육달월 : 月 : 고기, 몸, 종족

옛(古)부터 북쪽에 사는 종족(月)을 오랑캐(胡)라 하였다. (형성)

※ 湖 : 호수 호 : 湖水(호수) 湖畔(호반)
   糊 : 풀 호 : 糊口(호구)

胡國[호국] 북쪽 오랑캐의 나라.
胡地[호지] 중국의 북부 지방.
胡馬[호마]   胡亂[호란]   胡笛[호적]

脣 (입술 순) — lips
月 7 / 11 高
입술

厂 丆 辰 辰 脣 脣

진동할 진 : 振→辰 : 별(辰)의 운동처럼 손(扌)을 움직인다는 데서 '흔들다·진동하다(振)'의 뜻.

몸(月)의 일부로서 말할 때 진동하는(辰) 부분이니 입술(脣)이다. (형성)

脣亡齒寒[순망치한] 입술이 없으면 이가 시림. 곧, 한 사람이 망하면 다른 사람도 그 영향을 받음을 가리킴.
脣舌[순설] 입술과 혀. 수다스러움.

競 (다툴 경, 겨룰 경) — compete
立 15 / 20 中
다투다 겨루다

音 音 竞 竞 竞竞 競

입 구(2개) : 口口
사람 인(2개) : 儿儿 : 여러 사람

여러 사람(儿儿)이 차례로 서서(立立) 입(口口)으로 노래나 코미디를 서로 잘 하려고 다툰다(競). (회의)

競演[경연] 연극·음악·시문(詩文) 등의 재주를 비교하기 위해 실연(實演)함.
㉠ ~大會(대회)
競爭[경쟁]   競技[경기]   競走[경주]

愁

心 9 / 13 中

근심할 **수**, 근심 **수**
근심하다 근심
anxiety, grief

千 禾 利 秋 愁 愁

가을 추 : 秋 : 벼(禾)를 거두어 들이고 방에 불(火)을 넣게 되는 계절이 가을(秋)이다.

가을(秋)에 온갖 초목이 시들듯이 마음(心)이 시든다는 데서 근심하다(愁)의 뜻임. (형성)

愁心[수심] 근심하는 마음. 근심함.
鄕愁[향수] 고향이 그리워 느끼는 슬픔.
旅愁[여수] 哀愁[애수] 憂愁[우수]

稻

禾 10 / 15 高

벼 **도**
벼
㋽稻
rice plant

禾 利 和 秒 稻 稻

절구 구 (臼) : 🪣→U→⊔→臼

벼(禾)를 절구(臼)에 넣어 손(爫)으로 찧어 쌀을 만든다는 데서 벼(稻)의 뜻임. (형성)

稻蟲[도충] 벼를 해치는 벌레의 총칭.
稻熱病[도열병] 벼 잎에 암갈색 반점이 생겨 썩는 병.

乘

丿 9 / 10 中

탈 **승**, 곱할 **승**
타다 곱하다
㋽乘
ride

千 千 千 乖 乘 乘

→乘→乘

1. 사람이 나무에 올라 타는(乘) 모양을 본뜸. (상형)
2. 북(北)쪽의 벼(禾)를 베어 실은 후 달구지를 타고(乘) 오느라. (회의)

乘客[승객] 배나 차 따위를 타는 손님.
乘車[승차] 乘馬[승마] 乘算[승산]

稱

禾 9 / 14 高

일컬을 **칭**, 저울질할 **칭**
일컫다 저울질하다
call

禾 禾 秒 秤 稱 稱

바구니 : 🧺→冊→冉 : 바구니
                              가마니

벼(禾) 바구니(冉)를 손(爫)으로 들어 저울질(稱)하고 그 무게를 일컫는다(稱)는 뜻임. (형성), (전주)

稱號[칭호] 어떠한 뜻으로 일컫는 이름.
假稱[가칭] 임시로 일컬음.
名稱[명칭] 尊稱[존칭] 稱讚[칭찬]

程

禾 7 / 12 高

헤아릴 **정**, 법 **정**
헤아리다 법
measure

禾 利 和 程 程 程

벼 화 : 禾 : 벼

드릴 정 : 呈 : 입(口)이 모든 것을 맡아서(任→壬) 말씀을 드린다(呈).

벼(禾)를 누구한테 드리기(呈) 위하여 정확하게 양을 헤아린다(程)는 뜻임. (형성)

程度[정도] 얼마의 분량, 어떠한 한도.
里程[이정] 길의 이수(里數).
旅程[여정] 課程[과정] 規程[규정]

蘇

艹 16 / 20 高

깨어날 **소**, 차조기 **소**
깨어나다 차조기
revive

艹 苗 苗 蘇 蘇 蘇

1. 겨울에 얼어 붙었던 풀(艹)과 물고기(魚)와 벼(禾)가 봄에는 다시 깨어난다(蘇)는 뜻임. (형성)
2. 환자가 약초(艹)와 물고기(魚)와 곡식(禾)을 먹고 기운을 차려 깨어난다(蘇)는 뜻임.

蘇生[소생] 다시 살아남. ㋽蘇活(소활).
蘇子[소자] 차조기의 씨.
蘇鐵[소철] 소철과의 상록(常綠) 교목(喬木).

報 알릴 보, 갚을 보
알리다 갚다
inform

土 9 12 中

埗 幸 幸 幹 幹 報 報

병부 절: 🙇 → 卩 → 卩 : 몸
(卩)   신분

다행한(幸) 소식을 재빨리 몸(卩)과 손(又→又)을 써서 알린다(報). 고마운 소식을 듣고 은혜를 갚을(報) 마음을 먹는다. (회의), (전주)

報告[보고] 알리어 고함.
報償[보상] 남에게 진 것을 갚아줌.
報恩[보은] 은혜를 갚음.

辭 말 사, 사퇴할 사 ⓨ 辞
말, 글, 사퇴하다
talk, speech

辛 12 19 高

孚 孚 孚 舜 辭 辭

매울 신 : 辛 : 맵다, 죄인 (75)

실패(丙)의 실을 두 손(爫)으로 풀듯 이 죄인(辛)이 자기 행위를 변명하여 죄를 물리친다는 데서 말씀·글·사양 하다·사퇴하다(辭)의 뜻임. (형성)

不辭[불사] 사양하지 않음.
祝辭[축사] 축하(祝賀)하는 뜻의 글·말.
辭退[사퇴] 사절하여 물리침.
言辭[언사] 辭典[사전] 辭職[사직]

服 옷 복, 복종할 복, 먹을 복
옷   복종하다   먹다
clothes

月 4 8 中

几 月 月 服 服 服

병부 절 : 卩 : 위 참조

몸(月)의 신분(卩)에 알맞도록 손(又→又)으로 골라서 입는 옷(服)을 뜻한 다. 옷은 직책(服)을 나타내고 하관은 상관에게 복종하여야(服) 한다. (형성)

服裝[복장] 신분·직업에 좇아서 입는 옷.
服用[복용] 약을 먹음. 옷을 입음.
服從[복종] 軍服[군복] 征服[정복]

龍 용 룡 ⓨ 竜
용
dragon

龍 0 16 高

产 咅 咅 育 育 龍 龍

서(立) 있는 몸(月)으로 위(上→匕) 를 향하여 크게 꿈틀거리며(己) 하늘 (天→三)로 올라가는 동물이니 용(龍) 이다. (상형), (회의)

龍宮[용궁] 바다 속에 있다는 용왕의 궁전.
龍顏[용안] 임금의 얼굴.
龍床[용상] 임금의 평상.
龍紋[용문] 용을 그린 오색의 무늬.
龍馬[용마] 龍虎相搏[용호상박]

亂 어지러울 란 ⓨ 乱
어지럽다
disorder

乙 12 13 高

孚 孚 孚 舜 亂

손톱 조 : 爫 : 손
실패 : 丙, 손 : 又 → 又
새 을 : 乙 → 乚 : 구불구불한 모양

실패(丙)의 실을 두 손(爫)으로 늘어 뜨리면 실이 구불구불(乚) 엉킨다는 데 서 어지럽다(亂)의 뜻임. (회의)

亂髮[난발] 헝클어진 머리털.
亂射[난사] 亂動[난동] 亂離[난리]
亂暴[난폭] 叛亂[반란] 混亂[혼란]

襲 엄습할 습, 물려받을 습
엄습하다   물려받다
surprise attack

衣 16 22 高

育 龍 龍 龍 龍 襲

용 룡 : 龍 : 위 참조

옷(衣)이 안 보일 정도로 용(龍)처럼 날래게 엄습한다(襲). (형성)

掩襲[엄습] 뜻밖에 습격함. 엄격(掩擊).
襲擊[습격] 갑자기 적을 덮쳐 공격(攻擊)함.
來襲[내습] 습격하여 옴.
空襲[공습] 항공기로 공중에서 습격함.
急襲[급습] 逆襲[역습] 世襲[세습]

柔 부드러울 유
부드럽다
soft
木 59 中

창 모 (矛) : 창의 모양을 본뜸

창(矛)의 자루로 쓰는 나무(木)가 탄력이 있고 부드럽다(柔). (형성)

柔軟[유연] 부드럽고 연함.
柔順[유순] 성질이 부드럽고 온순함.
溫柔[온유] 온화하고 부드러움.
外柔內剛[외유내강] 柔道[유도]

樣 모양 양, 본 양
모양, 본, 본보기
shape, form
木 11 15 高

나무(木)나 양(羊→羊)이 길게(永) 늘어서 있는 모양(樣)이란 뜻. (형성)

羊 → 양 ← 樣

模樣[모양] 사람이나 물건의 겉에 나타난 꼴. 됨됨이. 생김새.
樣式[양식] 일정한 형식. 모양.
樣相[양상] 생김새. 모습.
多樣[다양] 여러 가지 모양.
各樣[각양] 여러 가지 모양.

桮 술잔 배
술잔
동 杯
속 盃
wine cup
木 7 11 高

잔 배 : 杯 : 나무(木)가 아니고(不) 나무를 깎아서 표주박같이 만든 술잔(杯)이란 뜻.
잔(杯)을 입(口)에 대고 마신다는 데서 술잔(桮)을 뜻한다. (형성)

不, 否 → 부 ← 杯, 桮

桮杓[배작] 술잔과 술을 뜨는 구기. 전하여 음주(飮酒)의 뜻도 있음. 동 배작(桮勺)
桮捲[배권] 나무를 구부려 만든 술잔.

麥 보리 맥
보리
약 麦
barley
麥 0 11 中

1. 보리(麥)의 모양을 본뜸. (상형)
2. 저녁(夕)에 올(來) 때 보리(麥)를 가져 오너라. (회의)

麥飯[맥반] 보리밥.
麥芽[맥아] 보리싹. 엿기름.
麥酒[맥주] 麥粉[맥분] 大麥[대맥]

桑 뽕나무 상
뽕나무
mulberry tree
木 6 10 高

손 (又) :

뽕잎을 손으로 따고 따고 또 따서 (叒) 누에를 치는 나무(木)란 데서 뽕나무(桑)를 뜻함. (회의)

桑田碧海[상전벽해] 시세(時勢)의 변천이 심함을 이름.
桑實[상실] 桑婦[상부] 桑葉[상엽]

荒 거칠 황, 흉년 들 황
거칠다 흉년 들다
rough
艹 6 10 高

풀 초 : 艹 : 풀, 농작물.
망할 망 : 亡 : 말라죽다
내 천 : 川 → 巜 : 냇물

냇(巜)물이 마르고 풀(艹)·농작물이 말라 죽어서(亡) 들이 거칠어지며·흉년이 든다(荒)는 뜻임. (형성)

荒蕪地[황무지] 거칠어진 땅.
救荒[구황] 기근 때의 빈민(貧民)을 구조함.
荒漠[황막] 거칠고 한없이 넓음.

批

扌 4 7 高

칠 **비**, 비평할 **비**, 비답 **비**
치다   비평하다   비답
criticize

손 수 : 手 → 扌 : 손
견줄 비 : 比 : 견주다

옳고 그름을 견주어(比) 잘못된 것을 손(扌)으로 친다(批)는 뜻임. 남의 잘못을 친다는 데서 비평하다(批)의 뜻도 나왔음. (형성), (전주)

批評[비평] 사물의 선악·시비·우열을 평가(評價)하여 논하는 일.
批判[비판] 비평하여 판단(判斷)함.

抽

扌 5 8 高

빼낼 **추**, 뽑을 **추**
빼내다   뽑다
pull up

말미암을 유 : ◯ → ⊞ → 由 : 사과 과일
(由)

손(扌)으로 과일(由)을 따듯이 어떤 물건을 빼낸다·뽑는다(抽). (형성)

抽出[추출] 뺌. 뽑아 냄.
抽籤[추첨] 제비를 뽑음.
抽象[추상] 공통점을 뽑아 종합시키는 일.
抽讀[추독] 어떤 부분만을 빼내어 읽음.

換

扌 9 12 高

바꿀 **환**, 갈 **환**
바꾸다   갈다
(ex)change

클 환 : 奐 : 사람(⺍)이 그릇(皿→四) 속에 있는 물건 중에서 큰(大) 것을 고른다는 데서 크다(奐)의 뜻.

크게(奐) 필요한 것을 손(扌)에 넣으려고 다른 물건과 바꾼다(換). (형성)

※ 喚: 부를 환, 煥: 빛날 환

交換[교환] 이것과 저것을 서로 바꿈.
換節期[환절기] 절기(節氣)가 바뀌는 시기.
換氣[환기]   換言[환언]   轉換[전환]

拔

扌 5 8 高

뺄 **발**, 빼어날 **발**
빼다, 뽑다, 빼어나다
take out

개 견 : 犬
달아나다 : ノ → 犮 : 개가 달아나다.

개가 달아날(犮) 때처럼 재빨리 손(扌)으로 물건을 빼다·뽑다(拔)의 뜻임. (형성)

拔本[발본] 근본 원인을 뽑아 버림.
拔擢[발탁] 사람을 추려 올려서 씀.
拔齒[발치] 이를 뽑아냄.
奇拔[기발]   拔群[발군]   選拔[선발]

髮

髟 5 15 高

머리털 **발**
머리털
hair

길 장 : 長 → 镸, 터럭 삼 : 彡
개 달아날 발 : 犮 : 개(犬)가 달아난다(ノ). 여기서는 개(犬)의 꼬리(ノ).

긴(镸) 터럭(彡)이 개꼬리(犮)처럼 늘어진다는 데서 머리털(髮)의 뜻임.

頭髮[두발] 머리털.
髮膚[발부] 머리털과 피부. ⑳身體(신체)~
金髮[금발]   斷髮[단발]   理髮[이발]

鬪

鬥 10 20 高

싸울 **투**, 다툴 **투**
싸우다   다투다
fight

두 사람 두 손 : 𢪋 → 𠃓 → 鬥
제기 우승컵 : 壴 → 효 → 豆

두 사람(鬥)이 우승컵(豆)을 놓고 경기 규칙(寸)에 따라 싸운다(鬪). (형성)

鬪志[투지] 싸우고자 하는 의지. 투쟁심.
鬪士[투사]   拳鬪[권투]   戰鬪[전투]

街

行 6 12 中

거리 **가**
거리, 네거리, 한길
street

｜ 彳 ｜ 彳 ｜ 疒 ｜ 佳 ｜ 徍 ｜ 街 ｜

쌍토 규 : 圭 : 흙을 도톰하
(圭)   게 돋운 모양

많은 사람이 다닐(行) 수 있게 흙을
돋운(圭) 거리(街)를 뜻한다. (형성)

街頭[가두] 시가지의 길거리.
街路燈[가로등] 길거리에 달아 놓은 등.
街道[가도] 큰 길거리. 도시를 잇는 큰 길.
市街[시가] 商街[상가] 街路樹[가로수]

掛

扌 8 11 高

걸 **괘**
걸다
hang, put up

｜ 扌 ｜ 扩 ｜ 扩 ｜ 扩 ｜ 挂 ｜ 掛 ｜

점괘 괘 : 卦 : 서옥(圭)을 주고 점
(卜)을 쳐서 점괘(卦)가 나온다.

점괘(卦)를 누구나 다 볼 수 있도록
손(扌)으로 벽에 걸어(掛) 놓는다. (형성)

掛圖[괘도] 벽에 걸어 놓고 보는 학습용의
          그림·지도.
掛意[괘의] 마음에 두고 잊지 아니함.
掛念[괘념]   掛鍾[괘종]   掛燈[괘등]

桂

木 6 10 高

계수나무 **계**
계수나무
cinnamon

｜ 一 ｜ 十 ｜ 才 ｜ 木 ｜ 柱 ｜ 桂 ｜

서옥 규 : 圭 : 흙 속을 파고 또 파서
(圭) 캐내는 서옥(圭)이란 뜻.

서옥(圭)같이 아름다운 나무(木)라는
데서 계수나무(桂)의 뜻임. (형성)

圭 → ㈎ ← 桂

桂皮[계피] 계수나무 껍질. 한약재. 땀이
          나게 하고 허한(虛寒)을 거둠.
桂月[계월] 달의 이칭(異稱).
桂秋[계추] 계수나무 꽃이 피는 계절.

封

寸 6 9 高

봉할 **봉**, 쌓을 **봉**
제후로 봉하다 흙을 쌓다
enfeoff

｜ 土 ｜ 士 ｜ 丰 ｜ 圭 ｜ 封 ｜ 封 ｜

쌍토 규 : 圭 : 땅과 땅. 국토의 일부.
마디 촌 : 寸 : 칫수, 법도

국토의 일부인 넓은 땅(圭)을 법도
(寸)에 따라 다스리게 한다는 데서 제
후(諸侯)로 봉한다(封)는 뜻임. (회의)

封墳[봉분] 흙을 쌓아 올려 무덤을 만듦.
封鎖[봉쇄] 봉하여 잠금.
封書[봉서] 封套[봉투] 封印[봉인]
封建制度[봉건제도]   封侯[봉후]

閨

門 6 14 高

안방 **규**, 협문 **규**
안방   협문
small door

｜ 冂 ｜ 冂 ｜ 門 ｜ 門 ｜ 閏 ｜ 閨 ｜

문 문 : 門
서옥 규 : 圭 } → 閨

문(門) 안의 서옥(圭) 같은 규수가
거처하는 안방(閨)을 뜻한다. (형성)

圭 → ㈎ ← 閨

閨房[규방] 안방. 내실(內室). 도장방.
閨秀[규수] 남의 집 처녀를 점잖게 이르는
          말. 학예에 뛰어난 여자.
閨中[규중] 부녀가 거처하는 안방.

球

玉 7 11 高

옥 **구**, 둥근 물체 **구**
옥   공
round gem

｜ 一 ｜ 王 ｜ 刊 ｜ 圤 ｜ 球 ｜ 球 ｜

구할 구 : 求 : 첫째(一) 물(氷)과 컵
(丶)을 구한다(求).

구슬(玉)을 구하여(求) 아름답고 둥
글게 갈아서 옥(球)을 만든다. (형성)

求 → ㈎ ← 球

球技[구기] 공을 사용하는 운동 경기(競技)
球根[구근] 둥글게 되어 있는 식물의 뿌리.
蹴球[축구] 野球[야구] 籠球[농구]
撞球[당구] 地球[지구] 氣球[기구]

石
9
14
高

푸를 **벽**, 옥돌 **벽**
푸르다 옥돌
blue

| 丁 | 王 | 珀 | 珀 | 碧 | 碧 |

구슬 옥 : 玉 → 王 : 옥

옥(王) 돌(石)이 희면서도(白) 푸른
(碧) 기가 있다는 데서 푸르다(碧)의
뜻임. (형성)   白 → 甁 볃 ← 碧

碧玉[벽옥] 푸른 빛의 고운 옥.
碧溪[벽계] 물빛이 푸른 시내.
碧眼[벽안] 서양 사람의 비유로 쓰는 말.
碧海[벽해] 碧空[벽공] 碧巖[벽암]

玉
5
9
高

진기할 **진**, 보배 **진**
진기하다 보배
treasure

| 一 | 丁 | 干 | 王 | 玠 | 珍 |

구슬 옥 : 玉 → 王 : 구슬
검은 머리 진 : 彡 : 사람(人)의 머리
털(彡)의 결

사람의 머릿결(彡) 같이 고운 무늬가
있는 구슬(王)은 진기한·보배(珍)라는
뜻임. (형성)

珍貴[진귀] 보배롭고 귀중(貴重)함.
珍奇[진기] 보배롭고 기이(奇異)함.
珍味[진미] 珍妙[진묘] 珍問[진문]

玉
6
10
高

나눌 **반**
나누다
divide

| 丁 | 王 | 珂 | 珒 | 班 | 班 |

구슬 옥 : 玉→王,   玨 : 많은 구슬
나눌 분 : 分→刀→刂 : 刂 : 나누다

여러 개의 구슬(玨)을 나눈다(刂)는
데서 나누어(班) 구분한다는 뜻. (회의)
分 → 昐 반 ← 班

班列[반열] 신분, 등급의 차례.
班常[반상] 양반과 상사람.
學年班番號[학년반번호] 洞統班[동통반]
文班[문반] 武班[무반] 兩班[양반]

玉
8
12
高

쪼을 **탁**, 닦을 **탁**
쪼다 닦다
chisel

| 王 | 玎 | 玒 | 玬 | 琢 | 琢 |

쪼을 탁 : 啄→豖 : 돼지(豕)가 주둥이
(口)로 먹이(丶)를 쪼아(啄) 먹는다.

옥(王)을 끌로 쪼아(豖) 다듬는다는
데서 쪼다·닦다(琢)의 뜻임. (형성)

切磋[절차] 구슬·뼈 등을 깎고 닦음.
琢磨[탁마] 옥석(玉石)을 쪼고 갊. 학문이
나 덕행을 닦음.
琢玉[탁옥] 옥을 쪼아 모양을 냄.

二
1
3
中

于

갈 **우**,   어조사 **우**
가다, 행하다 어조사

| 一 | 二 | 于 |

위 : 丁
아래 : 丅 } → 于

위에서 아래로 간다(于)의 뜻. 또, 오
다·행하다(于)의 뜻임. (지사)

※ 干 : 방패 간 : 干戈(간과), 干涉(간섭)

于今[우금] 지금까지.
于先[우선] 먼저. 아쉬운 대로. 그럭저럭.
飛于千里[비우천리] 천리를 날아가다.

夢 꿈 몽

夕 / 11 / 14 / 高

꿈 몽
꿈
dream

一 艹 苗 夢 夢 夢

덮을 멱 : 冖 : 집, 머리. 여기서는 이불을 덮다의 뜻.
눈 목 : 目 → 罒,   스물(20) : 廾

저녁(夕)에 이불을 덮고(冖) 잘 때 눈(罒)에 나타나는 스무(廾) 개의 환상이 꿈(夢)이다. (형성)

夢寐[몽매] 잠을 자며 꿈을 꿈.
夢想[몽상] 꿈속의 생각. 헛된 생각.
吉夢[길몽] 凶夢[흉몽] 一場春夢[일장춘몽]

段 층계 단

殳 / 5 / 9 / 高

층계 단, 수단 단
층계   수단
stair(s)

丨 丆 丰 𠂤 𠃜 段 段

층계 : 𠂤 → 𠃜 → 丰 → 𠂤

손(又)에 도구(殳)를 들어 계단(𠂤)을 쌓는다는 데서 층계·계단(段)의 뜻임. (형성)

段階[단계] 일이 나아가는 과정. 순서.
階段[계단] 층층대(層層臺). 단계(段階).
手段[수단] 初段[초단] 九段[구단]

蒙 입을 몽

艹 / 10 / 14 / 高

입을 몽, 덮을 몽
입다   덮다
cover

艹 莎 夢 夢 蒙 蒙

돼지 시 : 豕,   돼지의 머리 위 : 冡

돼지의 머리 위(冡)에 지붕(冖)을 하고 이엉(艹)을 덮는다는 데서 입다·덮다(蒙)의 뜻. 햇빛을 가린다는 데서 어둡다의 뜻도 있다. (형성), (전주)

蒙利[몽리] 이익을 얻음.
蒙昧[몽매] 사리에 어리석고 어두움.
蒙塵[몽진] 먼지를 뒤집어 씀. 임금의 피난.
啓蒙[계몽] 무식한 이를 깨우쳐 줌.

犯 범할 범

犭 / 2 / 5 / 高

범할 범, 범죄 범
범하다   범죄
commit

丿 犭 犭 犯 犯

병부 절 (㔾) :  → 㔾 : 무릎을 꿇은 사람의 모양

짐승(犭)이 사람의 몸(㔾)에 덤벼든다는 데서 범하다(犯)의 뜻임. (형성)

犯人[범인] 죄를 범한 사람.
犯法[범법] 법에 어그러지는 짓을 함.
犯罪[범죄] 죄를 범함.
犯行[범행] 侵犯[침범] 共犯[공범]

殺 죽일 살

殳 / 7 / 11 / 中

죽일 살, 덜 쇄
죽이다   덜다
kill, slay

乂 朮 杀 殺 殺 殺

낫 : 刈 → 乂 → 乂   창 : 殳 → 几 → 殳

낫(乂)으로 나무(木)를 베듯이(ᛉ) 창(殳)을 손(又)에 들어 동물을 죽인다(殺). 동물을 죽여 숫자를 던다(殺). (형성), (전주)

殺菌[살균] 병균(病菌)을 죽임.
殺到[쇄도] 세차게 몰려듦.
殺害[살해] 銃殺[총살] 相殺[상쇄]

獄 감옥 옥

犭 / 10 / 14 / 高

감옥 옥, 송사 옥
감옥   송사
prison, jail

犭 犭 犾 獄 獄 獄

개사슴록변 : 犬 → 犭 : 개 및 동물
개 견 : 犬

개와 개(犭, 犬)가 싸우듯이 원고와 피고가 서로 말다툼(言)하는 것을 재판하여 벌을 주는 감옥(獄). (회의)

監獄[감옥] 교도소의 옛 이름. 옥(獄).
獄事[옥사] 반역·살인 등의 중대한 범죄를 다스리는 일.
獄死[옥사] 獄吏[옥리] 脫獄[탈옥]

刷

닦을 **쇄**, 씻을 **쇄**, 인쇄할 **쇄**
닦다   씻다   인쇄하다
clean, print

フ 尸 尸 吊 刷 刷

몸 시 : 尸, 수건 건 : 巾, 칼 도 : 刂
몸(尸)이나 천(巾)이나 칼(刂)을 닦고·씻는다(刷). 몸(尸)이나 천(巾)에 바늘(刂)로 수를 놓는다는 데서 인쇄하다(刷)의 뜻도 생겼다. (형성)

刷子[쇄자] 모자나 옷을 터는 솔.
刷新[쇄신] 나쁜 폐단을 없애고 새롭게 함.
印刷[인쇄] 글이나 그림을 종이·천 따위에 박아내는 일.

壁

벽 **벽**,   낭떠러지 **벽**
벽, 바람벽, 낭떠러지
wall

尸 尸 辟 辟 辟 壁

몸 시 : 尸,   매울 신 : 辛
돌 석 : 石→口,   흙 토 : 土
몸(尸)에 돌(口)을 지고 매운(辛) 고생을 하며 져 날라 흙(土) 위에 벽(壁)을 쌓는다. (형성)
※ 僻 : 후미질 벽 : 僻地(벽지)

城壁[성벽] 성곽의 벽.
壁畵[벽화] 벽에 그린 그림.
壁報[벽보] 壁紙[벽지] 絶壁[절벽]

刺

찌를 **자**, 바늘 **자**
찌르다, 바늘, 가시
pierce, prick

一 二 市 束 刺 刺

가시가 있는 나무 : 朿 → 朿 → 朿

가시가 있는 나무(朿)나 칼(刂)로 찌른다(刺). (형성)

刺繡[자수] 수를 놓음. 또 그 수.
刺客[자객] 몰래 찔러 죽이는 사람.
刺戟[자극] 감각을 격동시켜 작용을 일으킴. 흥분시키는 일.

避

피할 **피**
피하다, 벗어나다
avoid

尸 尸 辟 辟 避 避

몸 시 : 尸
돌 석 : 石→口 : 돌, 바위
쓸 신 : 辛 : 죄인, 강도 등
길(辶)을 가는 몸(尸)이 돌(口)이나 죄인(辛)을 피한다(避)는 뜻임. (형성)

忌避[기피] 꺼리어 피함.
避難[피난] 재난을 피함.
避暑[피서] 避身[피신] 避雷針[피뢰침]

解

풀 **해**, 흩어질 **해**
풀다   흩어지다
disjoint

勹 角 角 解 解 解

뿔 각 (角) :  → 角 → 角

소(牛) 뿔(角)을 칼(刀)로 발라낸다는 데서 풀다(解)의 뜻임. (회의)

分解[분해] 한 덩이의 사물을 따로따로 나눠 헤침. 또는 나누어 헤침.
解釋[해석] 알기 쉽게 설명함.
解放[해방] 解散[해산] 解決[해결]

屛

병풍 **병**, 울 **병**   ㉮ 屏
병풍,   울, 담
screen

尸 尸 尸 尸 屛 屛

나란히설 병 : 竝→竝→並→幷 : 병풍의 다리가 나란히 서 있음을 뜻함.
몸(尸)을 보호하기 위하여 다리를 나란히 세워(幷) 두르는 병풍(屛)의 뜻임. (형성)
※ 倂=幷 : 나란할 병   甁=瓶 : 술병 병

屛風[병풍] 바람을 막거나 무엇을 가리거나 장식으로 치는 제구.
畵屛[화병] 그림을 그린 병풍.

窓應怪憫齊濟 299

窓 창문 창 / 창 (window)
穴 6 / 11 中

구멍 혈 : 穴→宀
창 : ㄙ

벽에 창(ㄙ)으로 구멍(宀)을 뚫어 마음(心)이 시원하고 밝도록 창문(窓)을 만든다. (형성)

窓口[창구] 사무실에서 바깥 손님을 상대하기 위해 만든 작은 문.
車窓[차창] 學窓時節[학창시절] 同窓[동창]

憫 불쌍히 여길 민, 근심할 민 / 불쌍히 여기다 근심하다 (pity)
忄 12 / 15 高

힘쓸 민 : 閔 : 글(文) 공부에 힘쓰는 가문(門)이란 데서 힘쓰다(閔)의 뜻. 반대로 글(文)을 못 배우고 가난한 사람을 문중(門)에서 민망하게(閔) 생각한다의 뜻임.

마음(忄) 속으로 민망하여(閔) 불쌍히 여긴다(憫)는 뜻임. (형성)

憫憫[민망] 답답하고 딱해서 걱정스러움.
憐憫・憐愍[연민] 불쌍하고 가련함.

應 응할 응, 응당 응 / 응하다 응당 (respond) 약 応
心 13 / 17 中

매 응 : 鷹→雁 : 집(广)에서 사람(亻)이 길러 사냥에 쓰는 꼬리 짧은(隹) 새(鳥)가 곧 매(鷹)이다.

매(雁)가 주인의 보살핌에 꿩 등을 사냥하여 바치는 마음(心)이란 데서 응하다・응당(應)의 뜻임. (형성)

應援[응원] 곁들어 도와 줌. 뒤에서 성원함.
應當[응당] 꼭. 반드시. 으레.
呼應[호응] 서로 기맥이 통함.

齊 가지런할 제 / 가지런하다 (arrange) 약 斉
齊 0 / 14 高

사방(亠)을 칼(刀)로써 네모 반듯하게(丬) 다듬어서 가지런히 한다(齊). (상형)

齊家[제가] 집안을 바로 다스림. 예 修身~
齊均[제균] 한결같이 가지런함.
齊唱[제창] 같은 가락을 여러 사람이 일제(一齊)히 노래함.

怪 괴이할 괴, 의심할 괴 / 괴이하다 의심하다 (strange)
忄 5 / 8 高

손 : 又,   흙 토 : 土

흙(土)을 재료로 하여 손(又)으로 늘 보는 사람의 모양을 만들려고 해도 마음(忄)대로 되지 않으니 괴이한(怪) 일이다. (형성)

怪異[괴이] 이상 야릇함. 알 수 없음.
怪物[괴물] 괴상한 물체. 괴상한 사람.
怪疾[괴질] 원인을 알 수 없는 병.
怪常[괴상] 怪奇[괴기] 怪癖[괴벽]

濟 건널 제, 구제할 제 / 건너다 구제하다 (go across) 약 済
氵 14 / 17 高

물 수, 삼수변 : 氵
가지런할 제 : 齊 : 일제(一齊)히

수많은 사람들이 강물(氵)을 일제히(齊) 건넌다(濟). (형성)

※劑 : 약 지을 제 : 藥劑(약제), 調劑(조제)

濟世[제세] 세상을 잘 다스려서 백성을 구제(救濟)함.
濟河[제하] 濟衆[제중] 經濟[경제]
共濟[공제] 決濟[결제] 未濟[미제]

執	土 8 11 中	잡을 집, 가질 집 잡다 갖다 hold, take

土 耂 幸 幸丸 執 執

다 행 행 : **幸** : 토지(土)와 양(羊→羊)·가축이 많으면 다행하다(幸).

손 : 㞢→九,   물건을 쥐다 : 丶

다행(幸)을 손(九)에 쥔다(丶)는 데서 잡다·가지다(執)의 뜻임. (형성)

執務[집무] 사무를 잡아서 함.
執着[집착] 마음에 새겨 두고 잊지 않음.
執權[집권]   執行[집행]   執筆[집필]

貢	貝 3 10 高	공물 공, 바칠 공 공물 바치다 tribute

一 T 干 干 貢 貢

만들 공 : **工** ｝→貢
조개 패 : **貝**

백성들이 땀 흘려 생산한(工) 재물(貝)을 나라에 공물로 바친다(貢). (형성)

貢物[공물] 백성이 나라에 바치는 물건.
貢獻[공헌] 공물을 바침. 사회에 이바지함.
朝貢[조공] 작은 나라가 큰 나라에 물건을 바치는 일.

承	手 4 8 中	받들 승, 이을 승 받들다 잇다 succeed

了 了 手 戸 承 承

아들 자 : **子**
쌍 쌍 : **双**→ 𠀒 →八
손 수 : **手**→㐰

아들(子)이 두(八) 손(㐰)으로 어버이의 하던 일을 받들어·잇는다(承). (회의)

奉承[봉승] 웃어른의 뜻을 이어 받음.
承統[승통] 종가(宗家)의 계통을 이음.
承諾[승낙]   承服[승복]   繼承[계승]

圓	口 10 13 中	둥글 원, 원만할 원 ㉣円 둥글다 원만하다 round, circle

门 同 回 圎 圓 圓

원 : ○ → 口 : 한자(漢字)에서는 ○을 口으로 쓴다.

관원 원 : **員** : 입(口)으로 돈(貝)을 세는 은행원, 관원(員)의 뜻. 여기서는 음(音)을 나타낸다. (형성)

圓滿[원만] 충분히 가득참. 감정이 급하거나 거칠지 않음. ㉣~한 성격(性格).
圓熟[원숙] 충분히 손에 익어 숙련됨.
圓周[원주]   圓柱[원주]   圓滑[원활]

慧	心 11 15 高	슬기로울 혜, 슬기 혜 슬기롭다 슬기 intelligent

𡗗 𡗜 彗 彗 慧 慧

두 손 : **手手** → 𡗗

비 : 🖐 → ⊐ → ⼹

두 손(𡗗)에 비(⼹)를 들어 깨끗이 청소하듯이 마음(心)에 잡념이 없어야 슬기로워진다(慧). (형성)

慧眼[혜안] 사물을 밝게 살피는 눈.
智慧[지혜] 슬기. (불) 미혹(迷惑)을 절멸하고 보리(菩提)를 성취하는 힘.

韻	音 10 19 高	울림 운, 운 운, 운치 운 울림 운 운치 rhyme, rhythm

音 音 音 韻 韻 韻

관원 원 : **員** : 입(口)으로 돈(貝)을 세는 '은행원', '관원(員)'의 뜻.

관원(員)이 소리(音)를 하는데 분위기에 잘 어울린다는 데서 울림·운·운치(韻)의 뜻임. (형성)

韻律[운율] 시문의 음성(音聲)적인 형식.
韻文[운문] 시(詩)의 형식을 갖춘 글.
音韻[음운]   餘韻[여운]   韻致[운치]

疑礎菊茂菌蒸　301

疋 9 14 高  의심할 **의** 의심하다 doubt 匕 兵 윷 윷 윷 疑	艹 5 9 中  우거질 **무** 우거지다, 무성하다 grow thick 一 艹 艹 艻 茂 茂
비수 비 : **匕**, 창 모 : **矛**→**⺊** 화살 시 : **矢**, 발 족 : **足**→**疋** **비수(匕)**나 **화살(矢)**이나 **창(⺊)**이 날아오지나 않을까 염려가 되어 **발(疋)** 걸음이 무겁다는 데서 **의심하다(疑)**의 뜻임. (형성) 疑心[의심] 믿지 못해 이상히 여기는 마음. 疑懼[의구] 의심하고 두려워함. 疑問[의문] 半信半疑[반신반의] 疑訝[의아]	풀 초 : **艹** : 초목(草木) 다섯째 천간 무 : **戊** : 사람(人→丿)이 창(戈)·도구를 **힘차게(戊)** 움직인다. **초목(艹)**이 **힘차게(戊)** 가지 쳐서 자 라 **우거진다·무성하다(茂)**. (형성) 茂盛[무성] 나무가 잘 자람. 초목이 번성함. 茂才[무재] 재주가 뛰어남. 수재(秀才). 茂林[무림] 나무가 무성한 수풀. 茂學[무학] 학문에 힘씀.
石 13 18 高  주춧돌 **초** 주춧돌 foundation stone 石 矴 矴 磑 磑 礎	艹 8 12 高  버섯 **균**, 곰팡이 **균**, 세균 **균** 버섯　　곰팡이　　세균 mushroom 艹 艹 苎 南 菌 菌
가시나무 초, 아플 초 : **楚** : 숲(林) 속을 맨발(足→疋)로 걸으면 가시나무 (楚)에 찔려 **아프다(楚)**. 기둥의 무게를 견디려고 **아픈(楚)** 고 생을 하는 **돌(石)**이니 **주춧돌(礎)**이다. (형성)　　　　　楚 → 疋 ← 礎 柱礎[주초] 주추. 礎石[초석] 주춧돌. 基礎[기초] 定礎[정초] 國礎[국초]	풀 초 : **艹** : 초목(草木) 　　　　　**囗** : 가두다, 싸두다의 뜻. 메주나 누룩 등을 **초목(艹)**이나 볏짚 (禾)으로 **싸 두면(囗) 버섯·곰팡이· 세균(菌)**이 생긴다. (형성) 菌類[균류] 버섯·곰팡이붙이의 총칭. 菌傘[균산] 버섯 머리의 우산 같은 부분. 滅菌[멸균] 세균을 죽여 없앰. 細菌[세균]　病菌[병균]　殺菌[살균]
艹 8 12 高  국화 **국** 국화 chrysanthemum 艹 芍 芍 芍 菊 菊	艹 10 14 高 찔 **증**, 많을 **증** 찌다　　많다 steam 艹 芇 芕 茨 蒸 蒸
꽃 화 : 花→**艹** : 풀(艹)이 자라서 된 (化) 것이 **꽃(花)**이다. 국화의 모양 생긴 모양이 ❀(匊)인 **꽃(艹)**이 **국화 (菊)**이다. (형성) 菊花[국화] 엉거시과 국화속의 풀의 총칭. 秋菊[추국]　黃菊[황국]　菊版[국판]	끝날 료 : **了** : 사람(マ→ㄱ)이 갈고리 (亅)를 써서 일을 **끝낸다(了)**. **솥(一)**에 **물(水)**과 감자 등을 넣는 일 을 **끝내고(了)** 뚜껑을 **덮은(艹)** 후 **불 (灬)**을 때어 **찐다(蒸)**. (형성) 蒸發[증발] 액체나 고체가 기체인 증기로 　　　　변하는 현상. 蒸氣[증기] 액체가 증발하여 생긴 기체. 蒸溜水[증류수] 蒸氣機關車[증기기관차]

規

見 4
11
高

법 **규**, 그림쇠 **규**
법, 컴퍼스, 자

regulation

二 夫 刞 刬 規 規

사내 부: **夫**: 장부(丈夫)
볼 견: **見**: 보다

장부(**夫**)가 사물을 보는(**見**) 데는 법 규(**規**)에 합당한가를 본다. (회의)

規範[규범] 본보기.
規定[규정] 규칙을 정함.
法規[법규] 법률의 규정(規程).
規則[규칙] 規約[규약] 規格[규격]

端

立 9
14
中

끝 **단**, 바를 **단**
끝 바르다

tip

立 立 立 端 端 端

수건 건: **巾** → **屮** → **山**: 수건, 천
그러나 이: **而**: 여기서는 수염 (80)

수건·천(**巾**→**山**)을 수염(**而**)처럼 늘어 세우면(**立**) 구기거나 흐트러지지 않고 바르게 늘어진다는 데서 바르다(**端**)의 뜻. 또, 수건·천의 끝(**端**)의 뜻임.

端緒[단서] 일의 실마리. 일의 처음.
兩端[양단] 末端[말단] 極端[극단]
發端[발단] 尖端[첨단] 端正[단정]

塔

土 10
13
高

탑 **탑**
탑

tower

土 圵 圹 圷 塔 塔

흙 토: **土**
합할 합: **合**: 돌을 모아 쌓다
지붕: 🛕 → 🛕 → 🛕

흙(**土**) 위에 돌을 모아 합한(**合**) 후 지붕(**艹**)을 올린 탑(**塔**). (형성)

斜塔[사탑] 비스듬하게 기울어진 탑.
佛塔[불탑] 절에 세운 탑.
塔尖[탑첨] 寺塔[사탑] 送電塔[송전탑]

耐

而 3
9
高

견딜 **내**, 참을 **내**
견디다 참다

endure

一 丆 而 而 耐 耐

말이을 이: **而**: 수염의 모양, 그러나.
마디 촌: **寸**: 첫수, 법도, 조금.

1. 참기 어려울 것이다. 그러나(**而**) 조금(**寸**)만 더 견뎌라(**耐**). (형성)
2. 죄를 지은 사람이 법도(**寸**)에 의해 수염(**而**) 깎이는 일을 참는다(**耐**). (회의)

忍耐[인내] 참고 견딤. ㉑ ~力(력), ~心(심)
耐久[내구] 耐火[내화] 耐寒[내한]

循

彳 9
12
高

돌 **순**, 좇을 **순**
돌다 좇다

circulate

彳 彴 彴 循 循 循

방패 순: **盾**: 도끼(斤→厈)로부터 머리(首→目)를 보호하는 방패(**盾**).

방패(**盾**)를 들고 성곽 둘레를 다닌다(**彳**)는 데서 돌다(**循**)의 뜻임. (형성)

斤 首 → 盾, 循
斤 首 → 순

循環[순환] 쉬지 않고 자꾸 돎. ㉑ 혈액~ 돈 따위를 내돌림.
循行[순행] 여러 곳으로 돌아다님. ⓢ 巡行
循俗[순속] 풍속(風俗)을 좇음.

豈

豆 3
10
高

어찌 **기**, 개가 **개**
어찌 개가(凱歌)

how

一 屮 쯔 쁘 쁘 豈

콩 두: (**豆**) 🫘 → 🫘 → 🫘 → 豆

콩(**豆**) 위에 산(**山**)을 올려 놓는 것이 어찌(**豈**) 가능하겠는가? (회의)

豈能獨樂哉[기능독락재] 어찌 홀로 즐길 수 있으리오.
豈樂[개락] 기뻐 즐김.
豈有此理[기유차리] 어찌 그럴리가 있으랴.

迫

辶 5 9 高

닥칠 **박**, 핍박할 **박**
닥치다 핍박(逼迫)하다
impend

| 勹 | 白 | 白 | 白 | 迫 | 迫 |

책받침 : 辶 : 길
흰 백 : 白 : 명백(明白)하다
길(辶)을 따라 명백하게(白) 닥쳐온다(迫). (형성)

※ 泊 : 배댈 박 : 碇泊(정박), 宿泊(숙박)
　拍 : 박자 박 : 拍子(박자), 拍手(박수)

迫頭[박두] 절박(切迫)하게 닥쳐옴.
切迫[절박] 매우 가까이 닥침.
急迫[급박]　壓迫[압박]　脅迫[협박]

遲

辶 12 16 高

더딜 **지**, 굼뜰 **지**
더디다, 굼뜨다, 늦다
slow

| 尸 | 尸 | 屈 | 屋 | 犀 | 遲 |

무소 서, 코뿔소 서 : 犀 : 물(氺)에서 사는 소(牛)의 몸(尸)이니 코뿔소(犀)이다.
코뿔소(犀)가 천천히 걸어간다(辶)는 데서 더디다・굼뜨다・늦다(遲)의 뜻임. (형성), (전주)

遲刻[지각] 정한 시간에 늦음. 지참(遲參).
遲滯[지체] 지정거려서 늦어짐.
遲延[지연] 더디게 끌거나 끌리어 나감.

遷

辶 12 16 高

옮길 **천**, 바꿀 **천**
옮기다　바꾸다
carry, transfer

| 襾 | 襾 | 枈 | 要 | 㸑 | 遷 |

바구니 : 🧺 → 襾 → 襾 : 짐
병부절 : 🧎 → 卩 : 몸・사람
사람(卩)이 큰(大) 바구니(襾)를 지고 길(辶)을 가니 짐을 옮긴다(遷)는 뜻임. (형성)

遷善[천선] 나쁜 짓을 고쳐 착하게 됨.
遷都[천도] 도읍을 옮김.
遷客[천객]　變遷[변천]　左遷[좌천]

燕

灬 12 16 高

제비 **연**, 연나라 **연**
제비　　연나라
swallow

| 廿 | 芦 | 莎 | 苫 | 燕 | 燕 |

벌린 부리(廿), 몸통(口), 좌우 날개(北), 갈라진 꼬리(灬)로써 제비(燕)를 나타냈다. (상형)

燕雀[연작] 제비와 참새.
燕京[연경] 연나라의 서울. 北京의 별칭.
燕麥[연맥] 귀리.

邊

辶 15 19 高

가 **변**, 변방 **변**　㊤ 辺
가, 변방, 변두리
edge

| 自 | 𦥯 | 臱 | 㠯 | 邊 |

모 방 : 方 : 사방(四方), 팔방(八方)의 뜻.
자기(自) 집(家→宀)에서 떨어져 四方・八方(方)에 흩어져 있는 논・밭에 가서(辶) 농사지을 때의 활동 범위로 가・변두리(邊)의 뜻임. (형성)　㊤ 辺

邊境[변경] 나라의 경계가 되는 변두리 땅.
邊利[변리] 변돈에서 느는 이자(利子).
海邊[해변]　身邊[신변]　四邊形[사변형]

齒

齒 0 15 中

이 **치**, 나이 **치**　㊤ 歯
이　　나이
tooth

| 止 | 止 | 㐫 | 齿 | 齒 | 齒 |

그칠 지 : 止 : 단(히)다
웃니 : 从 → 从
아랫니 : 从 → 从　　입 구 : 口 → 凵

입(凵) 속의 위 아래 이(从)가 가지런히(一) 닫혀(止) 있는 모양을 본떴다. (상형), (형성)　止 → ㊗㊜ ← 齒

齒車[치차] 톱니바퀴.
齒痛[치통] 이가 아픈 증세.
齒牙[치아]　義齒[의치]　年齒[연치]

耳 7 13 高	聘	부를 **빙**, 장가들 **빙** 부르다 장가 들다 invite 耳 耳 耵 聃 聘 聘	刂 6 8 高	刻	새길 **각**, 시각 **각**, 각박할 **각** 새기다 시각 각박하다 carve 亠 亥 亥 亥 亥 刻

말미암을 유 : **由** : 이유(理由)
교묘할 교 : **巧** → **丂** : 교묘하다
귀(**耳**)에 교묘하고(**丂**) 매력 있는 이유(**由**)를 들려주어 상대방을 부른다(**聘**). 또는 상대방을 설득시켜서 장가 든다(**聘**). (형성)
招聘[초빙] 예를 갖춰 불러 맞아 들임.
聘母[빙모] 장모(丈母).
聘丈[빙장] 악장(岳丈). 장인의 경칭.

돼지 해 : (**亥**) : 🐖 → 亥 → 亥
수퇘지(**亥**)의 부랄을 칼(**刂**)로 베어 깐다는 데서 각박하다(**刻**), 물시계의 시각을 칼로 새긴다는 데서 시각·새기다(**刻**)의 뜻. (형성), (전주)
刻薄[각박] 모나고 인정이 없음.
刻印[각인] 도장을 새김.

欠 8 12 高	欺	속일 **기**, 거짓 **기** 속이다 거짓 lie, deceive 甘 甘 其 其 欺 欺	言 6 13 高	該	그 **해**, 갖출 **해**, 넓을 **해** 그 갖추다 넓다 that, equip 言 言 訁 訁 該 該

그 기 : **其** : 그것
하품 흠, 모자랄 흠 : **欠** : 입을 크게 벌리고(欠) 산소가 모자라서·하품한다(欠).
좀 모자라는(**欠**) 사람이 이것을 그것(**其**)이라고 속인다(**欺**)는 뜻임. (형성)
欺瞞[기만] 남을 속임. 기망(欺罔).
詐欺[사기] 꾀로 남을 속임.
欺世[기세] 세상을 속임.

말씀 언 : **言** : 말하다
돼지 해 : **亥** : 돼지
바로 그 돼지(**亥**)를 잡아 먹자고 말한다(**言**)는 데서 바로 그것(**該**)의 뜻임. (형성)   亥 → 해 ← 該
該博[해박] 사물에 관하여 널리 통함. 학문이 넓음. ㉠ ~한 학식(學識).
該當[해당] 무엇에 관계되는 바로 그것.
該地[해지] 그 땅. 그 곳.

斤 8 12 高	斯	이 **사**, 어조사 **사** 이 어조사 this 甘 甘 其 斯 斯 斯	木 6 10 高	核	씨 **핵**, 핵심 **핵** 씨 핵심 seed, core 木 木 朽 核 核 核

그 기 : **其**
도끼 근 : **斤** } → 斯
그(**其**) 도끼(**斤**)로 이(**斯**) 나무를 베라. (형성)
斯界[사계] 그 방면의 사회. 그 전문 방면. ㉠ 그 사람은 ~의 권위자이다.
斯文[사문] (유교에서) 유교의 문화를 이르는 말.
斯學[사학] 이 학문. 그 학문.

아이 해 : **孩** → **亥** : 열매
나무(**木**)에 달린 열매(**亥**)의 씨(**核**)를 말하며, 물건의 중심이 되는 핵심·알맹이(**核**)란 뜻도 있다. (형성)
核果[핵과] 씨가 단단한 핵으로 싸여 있는 열매(복숭아·살구 등).
核心[핵심] 사물의 중심이 되는 요긴한 부분. 곧 물건이나 일의 알속.

讓 겸손할 양, 사양할 양
겸손하다 사양하다
modest

言17 24中

도울 양: 襄: 옷(衣)과 물품(品→皿)을 많이(廾) 주어 **돕다**(襄).
도와(襄) 주겠다는 것을 말(言)로써 **겸손하게·사양한다**(讓). (형성)

※ 孃: 어미 양, 계집 양 釀: 빚을 양

謙讓[겸양] 겸손한 태도로 사양(辭讓)함.
讓步[양보] 사양하여 남에게 미루어 줌.
互讓[호양] 서로 사양하고 양보함.
讓渡[양도] 讓位[양위] 禪讓[선양]

測 잴 측, 헤아릴 측
재다 헤아리다
measure

氵9 12高

법칙 칙, 곧 즉: 則: 왼쪽의 '側'란 참조

물(氵)의 깊이를 일정한 법칙(則: 여기서는 자)에 의하여 **잰다**(測). (형성)

則 → 츼 ≒ 測, 側

測候[측후] 천문·기상을 관측함.
測量[측량] 기구를 써서 물건의 길이·높이·깊이·넓이 등을 재어 헤아림.
測定[측정] 測雨器[측우기] 推測[추측]

 고운 흙 양, 땅 양
고운 흙 땅
soil

土17 20高

도울 양: 襄: 위 참조

옷(衣)이나 식품(皿)을 많이(廾) 생산하여 생계를 **돕는**(襄) 흙(土)이니 **고운 흙**(壤)이다. (형성)

土壤[토양] 흙. 곡물이 성장할 수 있는 흙.
天壤[천양] 하늘과 땅.
擊壤歌[격양가] 풍년이 들어 농부가 흙덩이를 치며 태평한 세월을 기리는 노래.

伸 펼 신, 펴질 신
펴다 펴지다
extend, spread

亻5 7高

아뢸 신, 이야기할 신: 申: 입(口)을 열(十) 번 열어 **이야기한다**(申).
사람(亻)이 이야기(申)를 길게 펼친다(伸). (형성) 申 → 신 ← 伸

伸長[신장] 길게 늘임. 길게 뻗어남.
伸縮[신축] 펴짐과 오므라짐.
伸張[신장] 늘여 넓게 폄. 예 國力(국력)~
伸縮性[신축성] 屈伸[굴신] 延伸[연신]

側 곁 측, 옆 측
곁 옆
side

亻9 11高

곧 즉, 법칙 칙: 則: 재물(貝)을 칼(刂)로 나누듯이 분배하는 데는 일정한 **법칙**(則)이 있어야 한다.
사람(亻)은 법칙(則)을 곁(側)에 두고 살아야 한다. (형성)

側近[측근] 곁의 가까운 곳. 예 ~者(자)
側面[측면] 물체의 좌우면.
側門[측문] 側柏[측백] 左側通行[좌측통행]

智 지혜 지, 슬기 지
지혜 슬기
wisdom

日8 12高

알 지: 知: 묻는 말에 답이 입(口)에서 화살(矢)같이 나오니 잘 '**알고**(知) 있다'의 뜻.
해(日)와 같이 밝게 **안다**(知)는 데서 **지혜·슬기**(智)의 뜻임. (형성)
知 → 지 ← 智

智慧[지혜] 슬기. 지혜(知慧).
智謀[지모] 슬기로운 계책. 지술(智術).
才智[재지] 智者[지자] 智力[지력]

替

日 8 / 12 高

바꿀 **체**, 갈마들 **체**
바꾸다   갈마들다
change

二 夫 扶 扶 替 替

지아비 부
사내 부

두 사내(夫夫)가 마주앉아 말(日)을 하는데 서로 번갈아(替) 가면서 말한다는 뜻임. (회의)

交替[교체] 교대(交代). ⓔ 選手(선수)~
代替[대체] 다른 것으로 바꿈.
對替[대체] 어떤 계산 자리의 금액을 다른 계산 자리에 옮겨 적는 일.

哭

口 7 / 10 高

울 **곡**,   곡할 **곡**
소리내어 울다 곡하다
cry

口 吅 吅 哭 哭 哭

입 구 2개 : 吅 : 크게 소리내다
개 견 : 犬

개(犬)처럼 크게 소리 내어(吅) 울다(哭)의 뜻임. (회의)

口 犬 → 哭
구 견 → 곡

哭聲[곡성] 우는 소리.
號哭[호곡] 소리를 내어 우는 울음.
痛哭[통곡] 소리를 높여 슬피 욺.
哭泣[곡읍] 소리를 내어 섧게 욺.

潛

氵 12 / 15 高

무자맥질할 **잠**, 잠길 **잠**
무자맥질하다 잠기다
ⓔ 潜 dive

氵 氵 氵 潜 潜 潛

: 입을 크게 벌린 모양

물(氵)에서 자맥질하는 사람이 물 속에서 나오자 입을 크게 벌리고(旡旡) 입김을 내뿜어(日) 몇 차례 호흡한 후 다시 물에 잠긴다는 데서 무자맥질하다·잠기다·숨다(潛)의 뜻임. (형성)

潛水[잠수] 물 속에 잠김.
潛在[잠재] 속에 잠겨 숨어 있음.

整

攵 12 / 16 高

가지런히할 **정**
가지런히하다
arrange

束 束 敕 敕 整 整

묶을 속 : 束 : 나뭇짐(木)을 새끼로 (口) 묶는다(束).
칠 복 : 攵 : 손에 낫을 들어 친다

흩어진 것을 다발로 묶고(束) 앞뒤를 쳐서(攵) 단정하고(正) 가지런히 하다(整)의 뜻임. (형성) 正 → 정 ← 整

整理[정리] 가지런히 바로잡음.
整地[정지] 땅을 고르게 만듦.
整列[정렬] 整備[정비] 調整[조정]

淫

氵 8 / 11 高

음란할 **음**
음란하다
lewd

氵 氵 氵 淫 淫 淫

삼수변 : 氵
손톱 조 : 爫 ┐→ 淫
아홉째 천간 임 : 壬 ┘

음란하다(淫)의 뜻임. (형성)
壬 → 임 음 ← 淫

淫亂[음란] 음탕(淫蕩)하고 난잡(亂雜)함.
淫慾[음욕] 음탕한 욕심.
淫談[음담] 음탕한 이야기.
姦淫[간음] 荒淫無道[황음무도]

六十甲子

甲子	甲戌	甲申	甲午	甲寅
乙丑	乙亥	乙酉	乙未	乙巳	乙卯
丙寅	丙子	丙戌	丙申	丙午	丙辰
丁卯	丁丑	丁亥	丁酉	丁未	丁巳
戊辰	戊寅	戊子	戊戌	戊申	戊午
己巳	己卯	己丑	己亥	己酉	己未
庚午	庚辰	庚寅	庚子	庚戌	庚申
辛未	辛巳	辛卯	辛丑	辛亥	辛酉
壬申	壬午	壬辰	壬寅	壬子	壬戌
癸酉	癸未	癸巳	癸卯	癸丑	癸亥

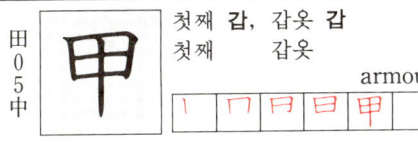
첫째 **갑**, 갑옷 **갑**
첫째   갑옷
armour

田 05 中

복숭아, 호도 등의 씨앗의 모양으로 씨앗이 단단하다는 데서 **갑옷**의 뜻이 있다. 봄에 씨앗을 뿌려 농사를 시작하는 것이 제일이라는 데서 **첫째**의 뜻도 있다. (상형)

甲富[갑부] 첫째가는 부자(富者).
甲板[갑판] 큰 배 위의 편편한 곳.

넷째 천간 **정**, 장정 **정**
넷째 천간   장정
young man

丁 12 中

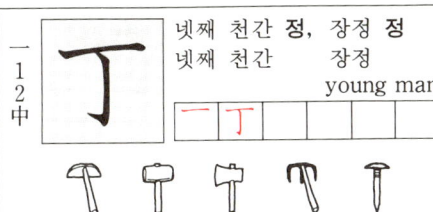

고무래, 망치, 도끼, 쇠스랑, 못 등의 모양으로 밥을 해 먹고 나서 고무래로 아궁이의 재를 쳐내고 농기구·무기·학습 도구를 준비하여 **장정(丁)**이 논·밭·학교·일터에 나간다는 뜻임. (상형)

壯丁[장정] 혈기 왕성한 남자.
丁年[정년] 남자의 20세.

둘째 천간 **을**, 새 **을**
천간의 둘째   새

乙 01 中

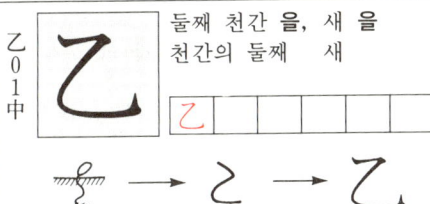

뿌린 씨앗에서 **새싹(乙)**이 나오는 모양이다. 새의 모양과 비슷하다는 데서 **새 을(乙)**이라고도 한다. (상형)

乙夜[을야] 하룻밤을 甲·乙·丙·丁·戊 다섯으로 나눌 때 그 둘째. 오후 9시부터 11시까지.

다섯째 천간 **무**
다섯째 천간

戊 15 中

사람 인 : 人 → 丿
창 과 : 戈 : 창, 농기구, 도구 등

사람(丿)이 **창(戈)**·도구를 들어 열심히 일을 한다는 뜻이다. 밥을 먹고 나면 열심히 공부하고 일을 하여야 한다는 뜻임. (회의)

戊夜[무야] 오경(五更). 오전 3시부터 5시까지.
戊辰[무진] 60갑자 중 다섯 번째.

남녘 **병**, 불 **병**
남녘   불(오행으로)
south

丙 45 中

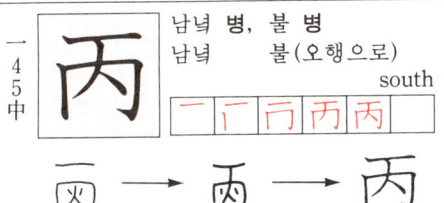

아궁이(冂)에 **불(火→人)**을 때는 모양으로 밥을 해 먹는 것이 인생의 기본이란 뜻임. **불(丙)**을 때므로 **밝다**의 뜻도 있다. (상형)

丙夜[병야] 삼경(三更). 오후 11시부터 다음날 오전 1시까지.
丙種[병종] 등급으로 셋째 가는 것.

몸 **기**, 여섯째 천간 **기**
자기   여섯째 천간
body

己 03 中

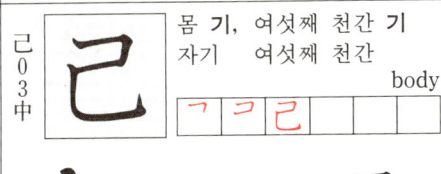

무릎을 꿇은 사람의 **몸(己)**의 모양이다. 10개의 천간 중 세상사의 주체가 사람의 **몸(己)**이라는 뜻. (상형)

克己[극기] 자기의 사욕을 이지(理智)로써 눌러 이김. 자제(自制)함.
自己[자기] 知己[지기] 知彼知己[지피지기]

广58中	庚	일곱째 천간 **경**, 굳셀 **경** 일곱째 천간 굳세다 strong
		广 庐 庐 庐 庚 庚

손 :  : 손, 비
돌집 엄 : 广 : 집

사람(人)이 손(ヨ)으로 집(广)과 국가를 위하여 굳세게(庚) 일하니 건강하고 편안하다는 뜻임. (회의)

庚帖[경첩] 혼인을 약속한 남녀 양가가 서로 교환하는 경력 문서.
庚熱[경열] 불꽃과 같은 삼복 더위.

辛07中	辛	매울 **신**, 괴로울 **신** 맵다 괴롭다 pungent
		` 亠 亠 立 쿧 辛

설 립 : 立 : 세우다, 계획을 세우다
열 십 : 十 : 열 가지 일, 사업

열(十) 가지 일의 계획을 세워(立) 추진하다 보면 잘 되는 일도 있고, 때로는 실수도 있어서 매운 괴로움(辛)도 따르는 법이란 뜻임. (지사)

辛苦[신고] 수고롭게 애씀. 또 그 고생.
香辛料[향신료] 맵거나 향기로운 맛을 음식에 더하는 조미료.

士14中	壬	아홉째 천간 **임**, 북방 **임** 아홉째 천간 북방 north
		ノ 二 千 壬

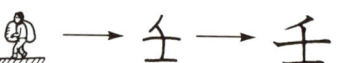

사람(工)이 벼를 베어 앞뒤(一)로 안고 진 것을 본뜬 글자로 추수하는(壬) 모양을 나타냈다. (지사)

壬辰[임진] 육십갑자(甲子)의 29번째.
壬辰倭亂[임진왜란] 임진년에 왜군이 우리 나라를 침략해 온 난리(亂離).
壬方[임방] 서쪽과 북쪽의 간방(間方).

癸49中	癸	열째 천간 **계**, 북방 **계** 열째 천간 북방
		㇅ ㇅ 癶 癶 癶 癸

오를 등 : 登 → 癶 ┐
하늘 천 :   天 ┘ → 癸

추수가 끝난 후 영고(迎鼓)·무천(舞天)·동맹(東盟)처럼 천신(天)과 조상신에 제사를 올리고(癶) 하늘에 감사하며(癸) 먹고 마시고 노래하며 춤추며 즐긴다는 뜻이다. (상형)

癸未[계미] 육십갑자의 20번째.
癸方[계방] 동쪽과 북쪽의 간방(間方).

p. 307, 308에서 天干(천간)의 뜻을 풀이하였다.

p. 309, 310에서는 地支(지지)의 뜻을 생각하여 보기로 한다. 옛날에 부처님이 돌아가셨을 때 각종 동물도 문상을 갔다고 한다. 빈소까지의 거리가 수백 리라 쥐가 소의 등에 업혀서 갔다고 한다. 대문에 들어서자 쥐가 소의 등에서 깡충 뛰어 내려 소보다 먼저 문상을 했다고 한다. 그리하여 地支(지지)에서 '子丑…'의 순으로 쥐가 소보다 앞 자리를 차지하게 되었다고 한다.

가축(?)으로는 子·丑. 가축 다음에는 산으로 가자. 산에서는 호랑이(寅)가 왕이다. 호랑이 없는 곳에서는 토끼(卯)가 왕이다. 곰·여우·늑대는 축에 끼이지 않는다. 뛰는 호랑이와 토끼 다음에는 날고 기는 용(辰)과 뱀(巳)이다. …子·丑·寅·卯·辰·巳… '역마직성'이란 말이 있다. 사방을 돌아다니고 전쟁 터에도 나가는 말(午)이 그 다음이다. 풀밭에서 착하고 의로운 양(未)이 짝지어져 있다. …午未 다음은 산에도 있고 집에서도 기르는 원숭이(申), 나무에서 나는 원숭이 다음으로는 집에서 날기도 하고 걷기도 하는 닭(酉)이 짝이다. …申酉. 午未申酉…끝으로 제일 천한 것이 개(戌)·돼지(亥)이다. …午未申酉戌亥.

子丑寅卯辰巳　309

子 (아들 자, 종자 자, 쥐 자)

子03中 — rat
아들, 종자, 쥐
필순: ㄱ 了 子

子(아들 자)↔兒(아이 아)↔鼠(쥐 서)

방위: 정북(正北)
시각: 오후 11~1시
띠: 쥐

兒와 鼠가 비슷하여 子를 띠로는 쥐에 배정하였다.

子孫[자손] 아들과 손자. 후손(後孫).
種子[종자] 씨.
女子[여자]　子女[자녀]　菓子[과자]

卯 (토끼 묘)

卩35中 — rabbit
토끼
필순: ノ ㄷ ㅂ 卯 卯

兔↔卯

방위: 동(東)
시각: 오전 5~7시
띠: 토끼

兔와 모양이 비슷하므로 卯를 띠로는 토끼에 배정하였다. (상형)

卯金刀[묘금도] 劉(유) 자(字)를 풀어 이르는 말.
卯飯[묘반] 조반(朝飯).

丑 (소 축)

一34中 — ox, cow
소
필순: ㄱ ㄲ 丑 丑

牛↔丑

방위: 북동(北東)
시각: 오전 1~3시
띠: 소

손(⺕)으로 소의 코뚜레(丨)를 쥐는 모양을 본떴음. 소(丑)는 농사와 재산 증식에 중요한 동물이다. (상형)

丑月[축월] 월건(月建)이 축(丑)으로 되는 달. 음력 섣달.
丑時[축시] 오전 1시부터 3시까지의 시각.

辰 (별 진(신), 날 신)

辰07中 — dragon
별, 하루
필순: 厂 厂 厂 辰 辰 辰

하늘 천: 天→厂
길 장: 長→𧘇

방위: 동남(東南)
시각: 오전 7~9시
띠: 용

하늘(厂)에서 긴(𧘇) 빛을 발하는 별(辰). 하늘을 향하여 긴 여행으로 올라가는 용(辰)이란 데서 띠로는 용에 배정하였다. (형성)

日月星辰[일월성신] 해와 달과 별.
生辰[생신] 생일(生日).

寅 (범 인, 동방 인)

宀811中 — tiger
범(虎), 동방
필순: 宀 宀 宙 宙 宙 寅

寅 → 寅

방위: 동북간
시각: 오전 3~5시
띠: 범

화살(矢→寅)을 양 손(白)으로 쏘아 범(寅)을 잡는다. (회의)

寅正[인정] 오전 4시 정각.
寅月[인월] 음력(陰曆) 정월(正月)의 별칭.
寅方[인방] 정동에서 약간 북쪽.

巳 (뱀 사)

己03中 — snake
뱀
필순: ㄱ ㄱ 巳

 → 巳

방위: 동남(東南)
시각: 오전 9~11시
띠: 뱀

똬리를 튼 뱀(巳)의 모양을 본떴다. (상형)

巳年[사년] 태세(太歲)의 지지(地支)가 사(巳)자로 된 해. 뱀의 해.
巳時[사시] 오전 9시부터 11시까지의 시각.

午

十 2 4 中

낮 오, 말 오
낮   말(馬)

horse

`ノ 𠂉 𣥂 午`

馬 ↔ 午

방위 : 정남(正南)
시각 : 오전 11시~
       오후 1시
띠 : 말

馬와 글씨 모양이 비슷하여 午를 띠로는 말에 배정하였다. (상형)

午正[오정] 낮 12시. 정오(正午).
午餐[오찬] 잘 차린 점심.
午睡[오수] 낮잠.

酉

酉 0 7 中

닭 유
닭

cock, hen

`一 丆 丙 襾 酉 酉`

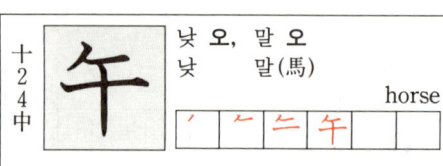

방위 : 서(西)
시각 : 오후 5~7시
띠 : 닭

술(酒→酉) 병의 모양으로 술은 닭이 홰 위에 오른 저녁에 마신다는 데서 띠로는 닭에 배정하였다. (상형)

酉月[유월] 月建의 地支가 酉로 된 달. 곧 음력 8월.
酉年[유년] 太歲의 地支가 酉로 된 해.

未

木 1 5 中

아닐 미
아니다

sheep

`一 二 丰 未 未`

羊 ↔ 未

방위 : 서남방
시각 : 오후 1~3시
띠 : 양

羊과 모양이 비슷하여 띠로는 양에 배정하였다. (지사)

未來[미래] 아직 오지 않은 때. 장래(將來).
未知[미지] 알지 못함.
未明[미명] 날이 아직 밝기 전(前). 날샐 녘.

戌

戈 2 6 中

개 술
개

dog

`ノ 厂 丆 戊 戌 戌`

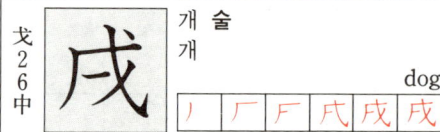

戌 : 열한째 지지 술
戌 : 지킬 수

방위 : 서북방
시각 : 오후 7~9시
띠 : 개

개가 집을 지킨다는 데서, 戌이 戍(지킬 수)와 비슷하여 戌을 띠로는 개에 배정하였다. (회의)

戌日[술일] 日辰의 地支가 戌로 된 날.
戌時[술시] 오후 7시부터 9시까지의 시각.

申

田 0 5 中

아뢸 신, 납 신
아뢰다 납(원숭이)

monkey

`丨 冂 日 目 申`

禺 ↔ 申
(원숭이)

방위 : 서남서
시각 : 오후 3~5시
띠 : 원숭이

입(口)을 열(十) 번 움직여 아뢴다(申). 禺와 글자 모양이 비슷하여 申을 띠로는 원숭이에 배정하였다. (상형)

申告[신고] 관청·상사에 보고(報告)함.
申請[신청] 신고하여 청구(請求)함.

亥

亠 4 6 中

돼지 해
돼지

pig

`亠 二 𠂉 亥 亥 亥`

豕 ↔ 亥
(돼지)

방위 : 서북북
시각 : 오후 9~11시
띠 : 돼지

돼지 시(豕)와 글자 모양이 비슷하므로 亥를 띠로는 돼지에 배당하였다. (상형)

亥初[해초] 하오 9시가 지난 시각.
亥年[해년] 太歲가 亥로 된 해.

曜躍僚療　311

> 7面부터 310面까지에 걸쳐서 1972년 8월 16일 文敎部가 制定한 敎育漢字 1800字를 收錄하였다.
>
> 1800字만으로는 漢文敎育用으로나 日常生活用으로 未洽(미흡)하다 여겨 1990년 11월 24일 韓國語文敎育硏究會・韓國國語敎育硏究會・韓國國語敎育學會・韓國漢文敎育硏究會가 共同으로 1800字에 200字를 補充하여 常用漢字(案) 2000字를 制定하였다. 그리하여 311面부터 344面까지에 걸쳐서 그 補充된 200字를 收錄한다.

日 14 18 　曜

빛날 **요**, 요일 **요**
빛나다　曜日
sunshine

새(隹)가 깃(羽)으로 나는 높은 하늘 위에서 해(日)가 빛난다(曜)는 뜻. 日・月과 木・火・土・金・水의 五星을 七曜라 하는 데서 요일(曜)의 뜻도 나왔음. (會形), (轉注)

 ← 曜, 燿, 耀

曜靈[요령] 해・太陽의 別稱(별칭).
曜魄[요백] 北斗七星의 別稱.
曜曜[요요] 빛남. 光輝(광휘)를 發함.

亻 12 14 　僚

동료 **료**, 관리 **료**
동료, 벗, 관리(官吏)
companion

서울 경, 언덕 경 : 京 → 小 : 언덕
밝을 료 : 尞 : 큰 불(火)이나 언덕 위의 해(京)란 데서 밝다(尞)의 뜻.
밝은(尞) 마음으로 함께 어울려 사는 사람(亻)이란 데서 동료・벗・관리(僚)의 뜻임. (형성)

同僚[동료] 같은 기관이나 부문에서 함께 일하는 사람.
僚友[요우]　僚官[요관]　官僚[관료]

足 14 21 　躍

뛸 **약**, 빨리 달릴 **적**
뛰다　빨리 달리다
jump

새가 깃(翟)으로 높이 날듯이 발(足)에 힘을 모아 높이 뛴다(躍)는 뜻임. (會形)

躍進[약진] 앞으로 뛰어 나감. 빠르게 진보함.
躍動[약동] 생기 있게 움직임.
飛躍[비약]　跳躍競技[도약경기]
雀躍[작약]　鳶飛魚躍[연비어약]

疒 12 17 　療

병 고칠 **료**, 병 나을 **료**
병을 고치다, 止病
cure

병들 병 : 病 → 疒 : 병을 앓다
맑고 밝은(尞) 심신이 되도록 병(疒)을 고친다(療)는 뜻임. (형성)

※ 燎 : 횃불 료 : 燎火, 燎原
　 遼 : 멀 료 : 遼原, 遼東

治療[치료] 병을 다스려 낫게 함.
療飢[요기] 시장기를 면할 만큼 조금 먹음.
療養[요양]　療法[요법]　醫療院[의료원]

旨

日 2 6

맛 **지**, 뜻 **지**
맛이 있다, 뜻, 생각
tasty, purpose

`一 ト ヒ 上 날 旨`

숟가락: ✎ → ㇱ → 匕
입과 음식: ◇ → 日

숟가락(匕)으로 음식을 입(日)에 넣어 맛을 본다는 데서 맛(旨)의 뜻. 어떤 음식을 먹을 의향이냐는 데서 뜻·의향의 뜻도 나옴. (會意), (轉注)

甘旨[감지] 좋은 맛. 또, 맛 있는 음식.
聖旨[성지] 임금의 뜻.
趣旨[취지] 要旨[요지] 本旨[본지]

匪

匚 8 10

도둑 **비**, 나눌 **분**
도둑, 나누다, 아니다
bandits

`一 匚 厂 戶 匪 匪`

튼입구몸, 상자 방 : 匚 : 상자, 구역
일정한 구역(匚)에 근거를 두고 비행(非行→非)을 일삼는 도둑(匪)의 뜻임. 상자(匚) 속의 물건을 좌우(非)에 있는 사람에게 나누어준다(匪)는 뜻도 있음. (會形)

匪賊[비적] 떼를 지어 다니는 도둑.
匪徒[비도] 도둑의 무리
匪頒[분반] 신하에게 하사물을 나누어 줌.

脂

月(肉) 6 10

비계 **지**, 진 **지**, 연지 **지**
비계 樹脂 연지
fat

`丿 刀 月 肝 脂 脂`

맛 지, 뜻 지 : 旨 : 여기서는 맛
고기(月)가 맛(旨)이 있으려면 비계가 적당히 들어 있어야 한다는 데서 비계(脂)의 뜻임. (會形)
※ 指 : 손가락 지, 가리킬 지 : 指紋, 指導

脂肪[지방] 굳기름. 물에 풀어지지 않고 불에 타는 성질을 가진 물질.
樹脂[수지] 脂粉[지분] 臙脂[연지]

掘

扌 8 11

팔 **굴**, 뚫을 **굴**
파다 뚫다
dig

`一 扌 扩 护 抈 掘`

굽을 굴, 다할 굴, 강할 굴 : 屈 : 굴 속에서 몸(尸)이 빠져 나가기(出) 위해 허리를 굽힌다(屈).
손(扌)에 도구를 들고 허리를 구부려(屈) 판다·뚫는다(掘). (會形)

掘鑿[굴착] 파서 구멍을 뚫음.
發掘[발굴] 묻힌 물건을 파냄. ㉠新人~
採掘[채굴] 광석 따위를 캐어 냄.

俳

亻 8 11

광대 **배**, 익살 **배**, 노닐 **배**
광대 익살 俳
actor

`亻 亻 伊 俳 俳 俳`

아닐 비 : 非 : 새가 양날개를 펼친 모양으로 좌우가 같지 않다(非)의 뜻.
실제의 인물(亻)은 아니고(非) 연기자란 데서 광대·배우(俳)의 뜻임. (會形), (假借) 排, 輩 → ㈜ ← 俳, 徘

俳優[배우] 연극이나 영화에서 연기(演技)를 하는 사람.
俳諧[배해] 우스갯 소리. 戲言.
俳徊[배회] 徘徊. 천천히 거닒.

窟

穴 8 13

굴 **굴**, 움 **굴**
굴 움
cave, hole

`宀 穴 尹 窋 窟 窟`

굴(穴) 속으로 허리를 구부리고(屈) 들어간다는 데서 굴·움(窟)의 뜻임. (會形) 屈 → ㈜ ← 掘, 窟

窟穴[굴혈] 굴 속. 도둑·악한들의 根據地(근거지). 소굴(巢窟).
洞窟[동굴] 깊고 넓은 굴. 洞穴(동혈).
窟居[굴거] 동굴에서 삶. 또 그 굴.
土窟[토굴] 흙을 파낸 큰 구덩이.
石窟[석굴] 바위에 뚫린 굴, 암굴(巖窟).

搜

扌 10 13

찾을 수
찾다

search

`一 十 才 扌 打 抖 搜`

절구: 臼, 또 우: 又: 손
절구공이: Ⅰ: 공이

손에 절구공이를 들어 절구질(叟)을 하면서 절구 속의 불순물을 손(扌)으로 골라 낸다는 데서 찾다(搜)의 뜻임. (會形)

搜査[수사] 찾아 다니며 조사함.
搜所聞[수소문] 떠도는 풍설을 더듬어 살핌.
搜索[수색] 더듬어 찾음.

隔

阝 10 13

막힐 격, 사이뜰 격 （본）隔
막히다 사이가 뜨다

blocked, separate

`⁻ ⁷ ⻖ 阿 隔 隔 隔`

나무를 해 오는 언덕(阝)과 집에 있는 솥·아궁이(鬲) 사이에는 거리가 있다는 데서 사이가 뜨다·막히다(隔)의 뜻임. (會意)

間隔[간격] 물건 사이의 거리. 시간과 시간과의 동안. 틈.
隔離[격리] 사이를 떼어 놓음.
隔日[격일] 하루씩 거름.
隔年[격년] 隔世[격세] 隔阻[격조]

插

扌 9 12

꽂을 삽, 끼울 삽 （약）挿
꽂다 끼우다

insert

`一 十 才 扩 扩 抜 插`

벼 화: 禾 → 千

절구질을 할 때 손(扌)에 든 공이를 벼가 들어 있는 절구(臿) 속으로 꽂는다·끼운다(插)는 뜻임. (會形)

插入[삽입] 사이에 끼어 넣음. 꽂음.
插畫[삽화] 서적 등에 끼워 넣은 그림.
插話[삽화] 끼워 넣는 다른 이야기.

妊

女 4 7

아이 밸 임 （동）姙
아이를 배다

pregnant

`⁻ 𰕢 女 奴 奴 妊`

맡길 임, 맡을 임: 任 → 壬: 맡다

여자(女)가 뱃속에서 태아(胎兒)를 맡아(壬) 기른다는 데서 아이를 배다(妊)의 뜻임. (會形)   壬,任 → 임 ← 妊,姙

妊娠[임신] 아이를 뱀.
妊婦[임부] 아이 밴 婦女.
妊産[임산] 아이를 배거나 낳음.
避妊[피임] 인위적으로 임신을 피함.

融

虫 10 16

녹을 융, 화합할 융, 통할 융
녹다 화합하다 통하다

melt

`⁻ 丂 亐 鬲 鬲 融`

뱀 사: 蛇 → 虫

솥(鬲)에 뱀(虫)을 넣고 끓이면 기름·살·뼈가 국물 속으로 녹아들어 간다는 데서 녹다·화합하다·통하다(融)의 뜻임. (形聲)

─ 솥뚜껑
口 ─ 솥
鬲 ─ 아궁이
   ─ 나무

融解[융해] 녹음. 고체가 액체로 됨.
融通[융통] 녹아 통함. 막힘 없이 통함.
融資[융자] 融合[융합] 金融[금융]

娩

女 7 10

해산할 만, 수다분할 만(문)
해산하다 수다분하다
to give birth to a child

`⁻ 𰕢 女 奶 妁 娩`

면할 면, 허가할 면: 免＝免: 면하다

여자(女)가 뱃속에서 태아를 맡아서 기르던 일을 면한다(免)는 데서 해산하다(娩)의 뜻임. (會形)

晩 → 만 ← 娩, 挽, 輓

分娩[분만] 아이를 낳음. 解産.
娩痛[만통] 분만할 때의 陣痛(진통).

卓

十 6 8

높을 **탁**, 탁자 **탁**
높다, 뛰어나다, 卓子
lofty, high

卜 占 占 占 卓 卓

이를 조: **早**: 지평선 위로 해가 뜨는 이른 아침이란 데서 이르다(早)의 뜻.

이른 아침(早)에 해가 떠서 하늘 위(上)로 높이 오른다는 데서 높다·뛰어나다(卓)의 뜻. 바닥보다 높이 만든 탁자(卓)의 뜻도 있음. (會意), (轉注)

卓越[탁월] 월등하게 뛰어남.
卓見[탁견] 뛰어난 識見(식견).
卓子[탁자] 食卓[식탁] 卓球[탁구]

奏

大 6 9

아뢸 **주**, 연주할 **주**, 천거할 **주**
아뢰다 연주하다 드리다
report

一 三 夫 夫 奏 奏

석 삼: 三 ⎫
사람 인: 人 ⎭ → 夫

세 사람(夫)이 예쁘게(天) 아뢰다·연주하다·드리다(奏). (會意)

上奏[상주] 임금에게 아룀.
奏效[주효] 효력이 나타남.
演奏[연주] 악기로 음악을 들려 줌.
奏疏[주소] 奏請[주청] 奏樂[주악]

悼

忄 8 11

슬퍼할 **도**
슬퍼하다
mourn

丨 忄 忄 恒 悍 悼

높을 탁, 뛰어날 탁: **卓**: 높다, 뛰어나다. 여기서는 크게, 몹시의 뜻.

마음(忄) 속으로 몹시(卓) 슬퍼한다(悼)는 뜻임. (形聲)

哀悼[애도] 사람의 죽음을 슬퍼함.
追悼[추도] 죽은 사람을 그리워하며 슬퍼함. ㉔ ~式.
悼惜[도석] 사람의 죽음을 몹시 슬퍼함.

鋪

金 7 15

문고리 **포**, 가게 **포**, 펼 **포**
문고리 가게 펴다
door fastener, store

ㅅ ㅅ 金 釬 鋪 鋪

도울 보: **補** → **甫**: 도움의 뜻.

문을 열고 닫는데 도움(甫)을 주는 쇠(金)로 만든 문고리(鋪). 문고리를 잡아 다니며 드나드는 가게(鋪), 가게에서 상품을 펼쳐 놓는다는 데서 펴다(鋪)의 뜻도 나왔음. (會形), (轉注)

店鋪[점포] 가게. 상점.
鋪裝[포장] 길에 아스팔트 등을 깖.
鋪道[포도] 포장한 도로.

妖

女 4 7

요망할 **요**, 요염할 **요**
요망하다 요염하다
bewitching

ㄴ 夕 女 圠 圠 妖

예쁠 요, 일찍 죽을 요: **夭**: 여자가 고개를 갸우뚱하고 아양을 부리는 모양으로 예쁘다(夭)의 뜻.

여자(女)가 지나치게 예쁘다(夭)는 데서 요망하다·요염하다(妖)의 뜻으로 쓰임. (會形)

妖妄[요망] 요사스럽고 망녕됨.
妖艶[요염] 사람이 홀릴 만큼 아리따움.
妖怪[요괴] 妖婦[요부] 妖精[요정]

敷

攵 11 15

펼 **부**, 두루 **부**
펴다, 베풀다, 두루, 널리
spread over

一 亐 甫 專 尃 敷

넓을 박: **博** → **甫**: 넓다(269).

넓게(甫) 개방(開放 → 放)하여 두루·널리·펼치다·베풀다(敷)의 뜻임.

敷設[부설] 철도·교량 등을 설치함.
敷衍[부연] 널리 퍼지게 함. 알기 쉽게 자세히 설명함.
敷地[부지] 어떠한 용도로 쓰는 땅.

艦

舟 14 20

싸움배 함, 군함 함
싸움배   군함
warship

丿 舟 舨 舺 艦 艦

볼 감, 살필 감 : 監 : 보다, 살피다

적군을 살피며(監) 싸우는 배(舟)란 데서 싸움배·군함(艦)의 뜻임. (會形)

※ 艦 : 죄인을 태우는 수레 함 : 艦車(함거)

軍艦[군함] 전함·순양함·항공모함 등의 총칭으로 전투력을 가진 함정.
艦船[함선] 군함과 선박.
艦隊[함대]   艦砲[함포]   旗艦[기함]

艇

舟 7 12

거룻배 정, 작은 배 정
거룻, 거룻배, 작은 배
narrow boat

丿 舟 舡 舡 艇 艇

조정 정, 법정 정 : 廷 : 조정, 법정
朝廷·法廷에서 사리 판단을 곧게 한다는 데서 곧다, 직진(直進)의 뜻.

돛 없는 작은 배(舟)로 직진(直進)하는(廷) 거룻배(艇)란 데서 작은 배(艇)의 뜻으로도 쓰임. (會形), (轉注)

漕艇[조정] 보트를 저음. ㉠ ~競技(경기).
小艇[소정]   舟艇[주정]   艦艇[함정]
飛行艇[비행정]   掃海艇[소해정]

舶

舟 6 11

큰 배 박
큰 배
ocean-going ship

丿 舟 舟 舢 舶 舶

배 댈 박 : 泊 → 白 : 碇泊(정박)

작은 선착장이나 부두(埠頭)에서는 정박(白)할 수 없는 배(舟)란 데서 큰 배(舶)의 뜻임. (形聲) 泊, 迫→㊀←拍, 舶

※ 拍 : 손뼉칠 박 : 拍手

舶來品[박래품] 외국으로부터 배에 실려 건너온 물건. 輸入品(수입품).
船舶[선박] 배의 總稱(총칭).

週

辶 8 12

돌 주,   주일 주
돌다, 둘레, 주일
cycle, week

冂 冃 周 周 週 週

두루 주, 둘레 주 : 周 : 길하게(吉) 둘레(冂)를 두른다(周)는 뜻. 周圍(주위). 周邊(주변).

둘레(周)를 한 바퀴 걷는다(辶)는 데서 돌다·둘레·주일(週)의 뜻임. (形聲)

週期[주기] 한 바퀴 도는 시기. ㉠ ~的, ~性, ~運動, ~律.
一週[일주] 한 바퀴 돎. 一周, 一週日.
每週[매주]   週刊[주간]   週年[주년]

彫

彡 8 11

새길 조, 시들 조
새기다 시들다(凋)
carve

冂 冃 月 周 彫 彫

터럭 삼, 삐친 석 삼 : 彡 : 터럭, 붓

두루(周) 살펴서 붓(彡)으로 그린 듯이 새긴다(彫)는 뜻임. (會形)

調 → ㊀ ← 彫

木彫[목조] 목재를 대상으로 하여 조각하는 일. 또, 그 작품(作品).
彫刻[조각] 글씨·그림·형상을 새김.
彫塑[조소] 彫刻과 소상(塑像). 「어짐.
彫落[조락] 凋落. 草木의 잎이 시들어 떨

彰

彡 11 14

밝을 창, 드러낼 창, 나타날 창
밝다   드러내다 나타나다
evident

亠 音 音 章 章 彰

글 장, 장 장, 밝을 장 : 章 : 글, 문장, 도장

붓(彡)으로 글(章)을 써서 그 내용을 밝게 드러낸다는 데서 밝다·나타나다·드러내다(彰)의 뜻임.

章, 障 → ㊀ ㊁ ← 彰

表彰[표창] 공적을 드러내 밝힘. 「힘.
彰德[창덕] 선행·미덕 등을 드러내어 밝
彰顯[창현] 남이 알도록 밝게 나타냄.

軸

車5
12

軸

굴대 **축**, 두루마리 **축**
굴대 　　두루마리
axis

一 亓 亘 車 軒 軸

말미암을 유 : 由 : 말미암다

수레(車)가 굴대에 말미암아(由) 구르다는 데서 굴대(軸)의 뜻임. 굴대처럼 구르는 두루마리(軸)의 뜻도 있음. (會形), (轉注)

車軸[차축] 수레바퀴의 굴대.
地軸[지축] 지구가 자전할 때의 회전축.
樞軸[추축] 문지도리와 굴대. 사물의 가장
　　중요한 부분의 비유(比喩·譬喩).

斬

斤7
11

斬

벨 **참**, 상복 **참**, 매우 **참**
베다, 상복의 한 가지, 매우
cut, kill

亘 車 車' 斬 斬 斬

함거(檻車→車)에 실어 온 죄인을 도끼(斤)·칼로 베서·끊는다(斬)는 뜻임. 베서·끊는 일은 매우 참혹(慘酷)한 일이란 데서 매우(斬)의 뜻도 나왔음.

※ 慙 : 부끄러워 할 참
　　巉 : 산 높고 험할 참

斬首[참수] 목을 벰.
斬新[참신] 매우 새로움. 嶄新(참신).

軌

車2
9

軌

바퀴자국 **궤**, 굴대 **궤**, 법 **궤**
바퀴자국　굴대　법
track

一 亓 亘 車 軌 軌

수레(車)의 바퀴가 아홉번(九) 굴렀을 때의 바퀴자국(軌)의 뜻임. 바퀴 자국이 일정하다는 데서 법·본보기(軌)의 뜻도 있음. (會形), (轉注)

軌道[궤도] 수레가 지나간 바퀴 자국이 난 길. 汽車(기차)·電車 따위의 길.
軌跡[궤적] 수레바퀴가 지나간 자국.
軌範[궤범] 法度(법도). 본보기.

攝

扌18
21

攝

끌어 잡을 **섭**, 가질 **섭**
끌어 잡다　　가지다
take in

扌 扌ー 扌一 扌下 攝 攝

취할 취, 가질 취 : 取

取·取·取를 한 字로 써서 攝이 되었다. 여러 가지를 흐트러뜨리지 않고 질서있게 취한다는 데서 끌어 잡다·가지다(攝)의 뜻임. (會形)

攝理[섭리] 처리하고 다스림.
攝生[섭생] 건강을 유지하도록 꾀함.
攝取[섭취] 영양을 고루 빨아 들임.
攝政[섭정] 임금을 대신하여 정치를 함.

輛

車8
15

輛

수레 **량**, 수레 세는 말 **량**
수레　수레를 세는 數詞
vehicles

亘 車 斬 輛 輛 輛

두 량, 냥 냥 : 兩 : 둘의 뜻

수레(車)에는 바퀴가 둘(兩)씩 짝지어 있다는 데서 수레(輛)의 뜻임. 수레의 箇數(갯수)를 세는 單位의 뜻으로도 쓰임. (會形), (轉注)

車輛[차량] 여러 가지 수레의 총칭. 연결된 열차의 한 칸.

輯

車9
16

輯

모을 **집**, 화목할 **집**
모으다　　화목하다
collect

亓 亘 車 斬 輯 輯

입 구 : 口 : 物品 → 口

수레(車)에 싣기 위하여 물품(口)을 取해서(耳) 모은다(輯)는 뜻. 친척이나 동창들이 모여 친목을 도모한다는 데서 화목하다(輯)의 뜻도 나왔음. (會形), (轉注)

編輯[편집] 재료를 모아서 신문이나 책 따위를 엮음.
輯錄[집록]　輯成[집성]　輯睦[집목]

姬

女 9 / 6

계집 희, 아씨 희 ㊟ 姬
계집, 아씨, 왕녀, 궁녀
charming girl

ㄑ 女 女 奵 姫 姬

신하 신 : 臣 : 여기서는 눈의 뜻

눈(臣)이 아름다운 여자(女)라 쓰고 왕녀·궁녀·아씨(姬) 등의 뜻을 나타냈다.

舞姬[무희] 춤을 잘 추거나, 춤을 업으로 하는 여자.
姬姜[희강] 姬는 周나라의 姓, 姜은 齊나라의 姓. 큰 나라의 공주. 궁녀.
叔姬[숙희]   美姬[미희]   姬妾[희첩]

颱

風 5 / 14

거센 바람 태, 태풍 태
거센 바람   태풍
typhoon

几 凡 風 風 颱 颱

별 태, 기쁠 이 : 台 : 기쁨의 뜻

기쁨(台)과는 거리가 먼 거센 바람(風)이니 태풍(颱)이다. (形聲)

台, 怠, 殆 →  ← 胎, 颱

颱風[태풍] 남양 열대에서 발생하여 아시아 대륙 동부에 불어오는 맹렬한 바람. typhoon. ㉠ ~의 눈. ~主意報 ~警報.

腎

月 8 / 12

콩팥 신, 자지 신
콩팥,   자지, 불알
kidneys

ㄱ ㄹ ㅌ 臤 腎 腎

굳을 견 : 堅 → 臤 : 굳어지다

몸(月)의 일부로 성이 나면 단단하게 굳어지는(臤) 자지(腎)의 뜻. 자지에서 불알(腎)의 뜻도 나왔음. 자지와 연결된 오장의 하나인 콩팥(腎)의 뜻도 나왔음. (會形), (轉注)   臣 →  ← 腎

腎莖[신경] 자지.
腎囊[신낭] 불알.
腎臟[신장]   腎氣[신기]   海狗腎[해구신]

虐

虍 3 / 9

사나울 학, 혹독할 학
사납다   혹독하다
cruel

丶 ㄏ 广 虍 虐 虐

범 호 : 虎 → 虍 : 범, 호랑이
손 : ㅌ → ㅌ : 앞발의 발톱

범(虎)이 앞발의 발톱(ㅌ)으로 할퀸다는 데서 사납다·혹독하다(虐)의 뜻임. (會意)

虐殺[학살] 慘酷(참혹)하게 무찔러 죽임.
虐政[학정] 포학(暴虐)한 정치.
虐待[학대] 가혹(苛酷)하게 대함.
虐民[학민]   虐使[학사]   殘虐[잔학]

胎

月 5 / 9

아이 밸 태, 태아 태, 처음 태
아이를 배다, 胎兒, 처음
fetus

ㄐ ㄇ 月 肜 胎 胎

비로소 시 : 始 → 台 : 시작의 뜻

아이의 몸(月)이 자라기 시작했다(台)는 데서 아이를 배다·태아(胎)의 뜻. 생명의 始作이란 데서 처음·시초(胎)의 뜻도 나왔음. (會形), (轉注)

孕胎[잉태] 아이를 뱀. 姙娠, 懷胎.
胎夢[태몽]   胎敎[태교]   胎中[태중]
胎動[태동]   胎兒[태아]   胎衣[태의]

遞

辶 10 / 14

갈마들 체,   역말 체
차례로 바꾸다   역말
transmit

ㄏ 产 疒 虎 虎 遞

바람 풍 : 風 → 厂 : 바람을 일으키다

범(虎)처럼 바람(厂)을 일으키며 길(辶)을 달리는 일을 릴레이식으로 한다는 데서 갈마들다·역말(遞)의 뜻임. (會形)

交遞[교체] 서로 갈마듦.
遞信[체신] 우편·전신·전화 등 통신을 중계하여 보냄.
郵遞[우체]   遞送[체송]   遞減[체감]

尼

尸 / 5
총 5획

여승 **니**, 화할 **니**, 그칠 **닐**
女僧　　화하다　　止
　　　　　　　　　　nun

| ㄱ | ㄲ | 尸 | 尸 | 尼 |

견줄 비, 무리 비 : 比 → 匕 : 나란하다. (52)
　남자의 몸(尸)과 나란히(匕) 자지 않는다는 데서 여승(尼)의 뜻. 몸(尸)이 다정하게 나란히(匕) 있다는 데서 화하다(尼)의 뜻도 있음. (會意)

比丘尼[비구니] 여자 중. ㉾ 比丘.
尼院[이원] 여승이 있는 절. 尼寺.

殖

歹 / 8
총 12획

번식할 **식**, 불릴 **식**
번식하다　　불리다
　　　　　　　　prosper

| 歹 | 歹 | 歹⸍ | 殑 | 殖 | 殖 |

뼈 골 : 骨 → 冎 → 歹 : 동물의 근본.
나아가서 동식물의 근본. 씨.
심을 식 : 植 → 直 : 심다.
　뼈(歹)를 심어(直) 자손을 불린다는 데서 나아가 동식물·재산 등을 불린다(殖)는 뜻으로 쓰인다. (會形)

繁殖[번식] 붇고 늘어서 많이 퍼짐.
殖産[식산]　殖財[식재]　增殖[증식]

尿

尸 / 4
총 7획

오줌 **뇨**
소변
　　　　　　　urine

| ㄱ | 尸 | 尸 | 尿 | 尿 | 尿 |

꼬리 미 : 尾 → 尸 : 꽁무니.
　꽁무니(尸) 부근에서 나오는 물(水)이니 오줌(尿)이다. (會意)

尿道[요도] 오줌길. 尿管(요관).
排尿[배뇨] 오줌을 눔.
糞尿[분뇨] 똥과 오줌.
泌尿器[비뇨기] 오줌의 분비와 배설(排泄)을 맡은 器官(기관).

摩

手 / 11
총 15획

문지를 **마**, 가까이할 **마**
비비다　　　 가까이하다
　　　　　　　　　chafe

| 亠 | 广 | 庐 | 麻 | 麈 | 摩 |

삼 마 : 麻 : 거칠거칠한 삼.
　거칠거칠한 삼(麻)을 손(手)에 쥐고 문지른다·비빈다(摩)는 뜻. 문지르려면 가까이 가야 한다는 데서 가까이하다(摩)의 뜻도 나왔음. (會形), (轉注)

摩擦[마찰] 서로 닿아서 비빔.
按摩[안마]　摩天[마천]　摩耶[마야]
摩滅[마멸]　摩耗·磨耗[마모]

屍

尸 / 6
총 9획

주검 **시**
주검
　　　　　　　corpse

| 尸 | 尸 | 屌 | 层 | 屍 | 屍 |

죽을 사 : 死 : 죽다·죽음의 뜻.
　죽어(死) 있는 몸(尸)이란 데서 주검(屍)의 뜻임. (會形)　尸 → ㉾ ← 屍
※ 尸 : 주검 시, 몸 시

屍山血海[시산혈해] 주검이 산같이 쌓이고 피가 바다처럼 흐름.
屍體[시체] 죽은 사람의 몸뚱이. 시신(屍身). 송장. 주검.

痲

疒 / 8
총 13획

저릴 **마**, 뻣뻣할 **마**, 홍역 **마**
저리다　　뻣뻣하다　　홍역
　　　　　　　　　paralysis

| 亠 | 广 | 疒 | 疒 | 痳 | 痲 |

삼 마 : 麻 : 大麻草 : 환각제(幻覺劑)로 쓰이는 대마의 이삭이나 잎. 신경 또는 감각이 제 기능을 잃는다는 뜻.
　신경 또는 감각이 제 기능을 잃는(麻) 병(疒)이란 데서 저리다·뻣뻣하다·홍역(痲) 등의 뜻임. (會形)

痲痺[마비] 신체의 일부분 또는 전체의 감각이 없어짐.
痲藥·痳藥[마약]　痲醉[마취]　痲疹[마진]

魔魅傀箱筋籠　319

鬼
11
21
魔

마귀 마, 마 마, 마술 마
마귀　　해살　　마술
devil

广 麻 麻 磨 魔 魔

삼 마, 저릴 마 : 麻 : 麻藥(마약), 麻
　　　　　　　　　　醉(마취)
　1. 사람을 마취시키는(麻) 귀신(鬼)이
란 데서 마귀·마술(魔)의 뜻임. (會形)
　2. 梵語(범어, 산스크리트)의 Mara(魔
羅)의 音譯으로 마귀(魔)의 뜻임. (會形)
魔鬼[마귀] 요사(妖邪)스럽고 못된 짓을
　하는 귀신.
魔窟[마굴]　魔手[마수]　魔術[마술]

竹
9
15
箱

상자 상, 곳집 상, 결채 상
상자　　곳집　　결채(廂)
box, chest

⺮ ⺮ ⺮ ⺮ 箝 箱

서로 상, 모습 상 : 相 : 모습, 모양
대나무(竹)나 나무로 보기 좋은 모양
(相)으로 만든 상자(箱)의 뜻임. (會形)
　　　　　　　相, 想 → 상 ← 箱
箱子[상자] 나무·대·종이 등으로 만든 손
　그릇.
箱笥[상거] 상자. 상협(箱篋).
書箱[서상]　車箱[거상]　倉箱[창상]

鬼
5
15
魅

도깨비 매, 호릴 매
도깨비　　홀리다
mischievous spirit

귀신 귀 : 鬼 : 귀신, 도깨비
아닐 미 : 未 : 아니다
도깨비(鬼)에 홀리어 제 정신이 아
니라(未)는 데서 도깨비·홀리다(魅)의
뜻임. (會形)　　　　　魔 未 → 魅
　　　　　　　　　　　마 미 → 매
魅力[매력] 마음을 호리어 끄는 힘.
魅了[매료] 완전하게 호림.　　　「함.
魅惑[매혹] 남을 호리어 현혹(眩惑)하게

竹
6
12
筋

힘줄 근, 힘 근
힘줄　　힘
muscles

⺮ ⺮ ⺮ 笳 筋 筋

몸(月)에 대나무(竹)와 같은 탄력(彈
力 → 力)을 준다는 데서 힘줄(筋)을 뜻
함. (會意)
筋肉[근육] 힘줄과 살. 힘살.
筋力[근력] 근육의 힘. 일을 감당(堪當)해
　내는 힘. 기력.
筋骨[근골] 힘줄과 뼈. 근육과 골격.
鐵筋[철근] 콘크리트 속에 든 鐵桿.

亻
10
12
傀

꼭두각시 괴, 괴이할 괴, 클 괴
허수아비　　기이하다　크다
puppet

사람(亻)이나 귀신·도깨비(鬼) 모양
의 꼭두각시·허수아비(傀)의 뜻임. 절
의 사천왕처럼 괴이하고 큰 꼭두각시도
있다는 데서 괴이하다·크다(傀)의 뜻
도 있음. (會形)
　※ 塊 : 덩어리 괴, 愧 : 부끄러워할 괴
傀儡[괴뢰] 꼭두각시. 허수아비.
傀奇[괴기] 크고 기이함. 偉異.
傀然[괴연] 거대한 모양.

竹
16
22
籠

대그릇 롱, 새장 롱
대그릇　　새장
cage, basket

⺮ ⺮ 笊 箺 篝 籠

용 룡 : 龍 : 둥글고 길다
대나무(竹)로 용(龍)처럼 둥글고 길
게 만든 대그릇(籠)의 뜻임. (形聲)
　　　龍 → 룡 롱 ← 籠, 聾, 朧
籠鳥[농조] 새장에 갇힌 새.
籠城[농성] 성문을 굳게 닫고 성을 지킴.
籠絡[농락] 남을 교묘하게 속여 제 마음대
　로 놀림.
籠括[농괄] 포괄(包括)함.

坪

土 5 8

땅 평평할 평, 평 평
평탄한 땅   넓이의 단위
level piece of ground

| 一 | 十 | 土 | 坏 | 垃 | 坪 |

1. 땅(土)이 평평하다(平)는 데서 평 탄한 땅(坪)의 뜻임. (會形)
2. 땅(土)의 수평면적(平)의 단위인 평(坪)의 뜻임. (轉注)

※ 1坪＝6尺×6尺＝3.305㎡

坪當[평당] 한 평에 대한 比率(비율).
建坪[건평] 건물이 차지한 바닥의 평수. 건물 바닥 면적의 합계 평수.

垈

土 5 8

터 대
집터
site

| 亻 | 代 | 代 | 代 | 代 | 垈 |

농사를 짓는 대신(代) 집이 들어설 수 있는 토지(土)라는 데서 터・집터 (垈)의 뜻임. (會形)

代, 貸 → 대 ← 垈, 袋

垈地[대지] 집터로서의 땅.
家垈[가대] 집터.
垈田[대전] 텃밭. 터와 밭. 텃마당.

坑

土 4 7

구덩이 갱
구덩이
tunnel

| 一 | 十 | 土 | 圹 | 坊 | 坑 |

대항할 항 : 抗→亢 : 대항(對抗)하다, 저항(抵抗)하다의 뜻.

흙(土)의 저항(亢)을 무릅쓰고 땅을 파서 만든 구덩이(坑)의 뜻임. (會形)

坑道[갱도] 광산 따위의 갱내의 통로.
坑口[갱구] 굴의 어귀. 갱도의 들머리.
坑木[갱목] 갱내에 버티어 대는 데 쓰이는 통나무.

塗

土 10 13

바를 도, 진흙 도, 길 도
바르다 진흙   길(途)
daub

| 氵 | 氵 | 汁 | 涂 | 涂 | 塗 |

남을 여 : 餘 → 余 : 여유(餘裕) 있게

벽(壁) 속에 댓가지・수숫대・싸리・ 잡목 등으로 가로 세로로 엮은 후 흙(土) 에 물(氵)을 여유(余) 있게 섞어서 갠 다 음 벽을 바른다(塗)는 뜻. 또 바르는 진 흙(塗)의 뜻임. (會形)

塗料[도료] 塗裝[도장] 塗褙[도배]
糊塗[호도] 塗炭[도탄] 塗路[도로]

塵

土 11 14

티끌 진, 먼지 진
티끌   먼지
dust

| 广 | 产 | 庐 | 庐 | 鹿 | 塵 |

사슴 록 : 鹿 : 사슴, 사슴의 떼

사슴(鹿) 떼가 달릴 때 흙(土)이 패 어서 일어나는 티끌・먼지(塵)의 뜻임. (會意)

塵芥[진개] 먼지와 쓰레기.
塵煙[진연] 연기처럼 일어나는 먼지.
塵世[진세] 티끌이 있는 세상. 俗界(속계), 곧 이 세상.
塵土[진토] 먼지와 흙.

苑

艹 5 9

동산 원, 동아리 원
동산   동아리
garden, park

| 艹 | 艹 | 苎 | 芗 | 芀 | 苑 |

원망할 원, 원수 원 : 怨 → 夗 : 怨望, 怨恨, 怨讎(원수)의 뜻 (104)

원망・원한(夗)이나 근심, 걱정을 잊 고 草木(艹)이 있는 동산(苑)에서 쉬고 논다는 데서 동산・동아리(苑)의 뜻임. (會形), (轉注)

苑囿[원유] 새와 짐승을 놓아 기르는 동산.
苑池[원지] 鹿苑[녹원] 祕苑[비원]
文苑[문원] 藝苑[예원] 女苑[여원]

峽

山 7 / 10

골짜기 **협**
골짜기

valley, dale

丨 山 山 岍 峽 峽

낄 협 : 夾 : 큰(大) 물체의 사이에 두 사람(从)이 끼다(夾)의 뜻

산(山)과 산 사이에 끼어(夾) 있는 골짜기(峽)의 뜻임. (會形)

夾 → 협 ← 峽, 挾

峽谷[협곡] 험(險)하고 좁은 산골짜기.
山峽[산협] 산 속의 골짜기.
海峽[해협] 육지 또는 섬 사이의 좁고 긴 바다.

岩

山 5 / 8

바위 **암**
바위

巖

rock

丨 山 屵 屵 岩 岩

산(山)에 있는 큰 돌(石)이란 데서 바위(岩)의 뜻임. (會意) p.222의 '巖'의 속자임.

岩石[암석] 바윗돌. 巖石.
岩盤[암반] 바위로 된 바닥.
岩窟[암굴] 바위에 뚫린 굴(窟). 石窟.
岩鹽[암염] 바윗돌 모양으로 나오는 염소(鹽素)와 소다의 화합물로서 식염의 원료.

癌

疒 12 / 17

암 **암**
암

cancer

亠 广 广 疒 癌 癌

물건 품 : 品 : 혹처럼 되어 있는 여러 개의 덩어리의 뜻

혹처럼 되어 있는 여러 개의 덩어리(品)가 산(山)처럼 계속 쌓이는 병(疒)이니 암(癌)이다. (會形)

岩 → 암 ← 癌

癌腫[암종] 굳은 덩어리가 지는 악성 종양 (腫瘍).
胃癌[위암] 肝癌[간암] 皮膚癌[피부암]

繕

糸 12 / 18

기울 **선**, 다스릴 **선**
깁다 다스리다

mend, repair

纟 糹 糽 繕 繕 繕

착할 선, 좋을 선 : 善 : 좋다

옷이 해지거나 터졌을 때, 옷을 보기 좋게(善) 하기 위하여 실(糸)로 옷을 깁는다(繕)는 뜻임. (會形)

善 → 선 ← 繕, 膳

修繕[수선] 낡은 것을 손보아 고침.
營繕[영선] 건축물의 營造와 修繕.
繕寫[선사] 부족한 것을 보충하여 정서함. 문서를 수집하여 기록함.

縫

糸 11 / 17

꿰맬 **봉**, 혼솔 **봉**
꿰매다 혼솔

sew

纟 糹 終 縫 縫 縫

만날 봉 : 逢 : 길을 천천히 가다가(辶) 사람을 만나서 악수(丰)를 한다는 데서 만나다(逢)의 뜻 (147)

천과 천이 만나도록(逢) 실(糸)로 꿰맨다(縫)는 뜻. 꿰맬 때 생기는 혼솔·솔기(縫)의 뜻도 있음. (會形)

彌縫[미봉] 빈 구석이나 잘못된 것을 임시 변통으로 꾸며 댐.
縫合[봉합] 裁縫[재봉] 縫織[봉직]

紡

糸 4 / 10

자을 **방**, 실 뽑을 **방**
잣다 실을 뽑다

reel, spin

纟 糹 糸' 纩 紡 紡

네 모(方) 반듯한 피륙을 짜기 위하여 물레를 돌려 실(糸)을 뽑는다는 데서 잣다(紡)의 뜻임. (會形)

方, 妨, 防, 房, 芳 → 방 ← 訪, 放, 倣, 彷, 紡, 坊

紡績[방적] 동·식물 따위의 섬유를 가공하여 실을 뽑는 일.
紡織[방직] 방적과 피륙을 짜는 일.
紡錘[방추] 물레의 가락. 실톳을 올리는 것. 북.

絞

糸 6 / 12

목맬 교, 묶을 교, 초록빛 효
목을 매다, 묶다, 초록빛
hang

실 사 : 糸 : 실로 짠 천, 동아줄
사귈 교 : 交 : 사귀다. 엇걸리다.

천·동아줄(糸)과 사람의 목·물건이 사귀고·엇걸린다는(交) 데서 목을 매다·묶다(絞)의 뜻임. (會形)

絞首[교수] 목을 매어 죽임. 예~臺(대)
絞殺[교살] 목졸라 죽임.
絞布[교포] 염습(殮襲)한 뒤에 묶는 麻布.

紏

糸 2 / 8

얽힐 규, 모을 규, 살필 규
얽히다, 모으다, 규명하다
band together

실(糸)을 세로·가로·세로(丩)로 모아 동아줄을 꼰다는 데서 얽히다·모으다(紏)의 뜻임. 얽혀 모인 것의 내용을 살핀다·규명한다(紏)는 뜻도 있음. (會形), (轉注)

※ 叫 : 부르짖을 규 : 絶叫, 叫喚(규환)

紛紏[분규] 일이 뒤얽혀 말썽이 많음.
紏合[규합] 흩어진 사람을 한데 모음.
紏明[규명] 紏彈[규탄] 紏察[규찰]

紊

糸 4 / 10

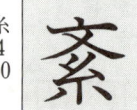

어지러울 문, 얽힐 문
어지럽다 얽히다
confused

여러 가지 색·무늬(文)가 있는 실(糸)·천들이 엉켜 있다는 데서 어지럽다·얽히다(紊)의 뜻임. (會形)

紋(무늬 문)은 좋은 의미를 갖는데 대하여 紊은 좋지 않은 뜻으로 쓰인다.

紊亂[문란] 도덕·질서·규칙 등이 어지러움. 예風紀~
紊墜[문추] 문란하고 퇴폐(頹廢)함.

網

糸 8 / 14

그물 망
그물
net

그물 망 : 网 → 冂 → 冊 → 罒 : 그물

실(糸)로 엮어서 물고기 등이 도망가지(亡) 못하도록 한 그물(罔)이란 데서 그물(網)의 뜻임. (會形)

亡, 妄, 忙, 忘 → 罔 ← 望, 网, 網

網羅[망라] 網은 물고기 그물. 羅는 새 그물. 빠짐 없이 모음. 예總~
魚網[어망] 防蟲網[방충망] 網紗[망사]

纖

糸 17 / 23

가늘 섬, 자세할 섬
가늘다 자세하다
tiny, minute

기계 계 : 械 → 戈 : 베틀
바디 : 韭 : 바디. 베틀에서 실이 들어가는 뜻. 머리빗처럼 생겼음.

베틀(戈)의 작고 작은(小小→人人) 바디(韭)의 칸살 사이에 들어가는 실(糸)이 가늘다(纖)는 뜻임. (會形)

纖維[섬유] 가늘고 긴 실 같은 물질.
纖細[섬세] 가늚. 작음. 微細(미세)함.
纖毛[섬모] 가는 털.

紳

糸 5 / 11

큰 띠 신, 벼슬아치 신
큰 띠, 벼슬아치, 신사
girdle

펼 신 : 伸 → 申 : 펴 늘이다 : 伸長

실(糸)·천으로 펴 늘여서(申) 만든 큰 띠(紳)의 뜻. 큰 띠를 매는 벼슬아치, 또 벼슬아치에서 퇴임한 사람이란 데서 신사(紳)의 뜻도 있음. (會形), (轉注)

紳士[신사] 벼슬아치. 교양과 예의를 갖춘 남자. 예淑女
紳帶[신대] 큰 띠. 문관이 띰.

綜

糸 8 14

모을 **종**, 잉아 **종**
모으다   잉아
gather

幺 糸 紌 紌 綷 綜

종묘 종: 宗: 제사(示)를 지내기 위하여 종묘(宀)에 사람들이 모인다는 뜻.

바디에 꿰넣을 실(糸)을 모은다(宗)는 데서 모으다(綜)의 뜻. 바디 속의 실을 올렸다 내렸다 하는 잉아(綜)의 뜻도 있음. (會形)

綜合[종합] 모두 합침. 총합함.
綜絖[종광] 종선을 올렸다 내렸다 하는 잉아.
綜理[종리] 전체를 모두 다스림. 총리함.

紹

糸 5 11

이을 **소**, 소개할 **소**
잇다   소개하다
connect

幺 糸 糸 紹 紹 紹

실사: 糸: 실로 연결시키다
부를소: 召: 부르다

불러들여(召) 실로 연결시킨다(糸)는 데서 잇다·소개하다(紹)의 뜻임. (會形)

召, 昭 → 소 ← 紹, 沼

紹介[소개] 모르는 사이를 서로 알게 함.
紹繼[소계] 앞의 일을 이어 받음.
紹絶[소절] 끊어진 것을 이음.

締

糸 9 15

맺을 **체**
맺다
join

幺 糸 糸 締 締 締

임금 제: 帝: 임금. 임금이 국가의 통치권을 한 곳에 모은다는 데서 모으다의 뜻.

흩어진 것을 모아(帝) 결합시킨다(結→糸)는 데서 맺다(締)의 뜻임.

帝 → 제 ← 締, 諦

締結[체결] 얽어서 맺음. 조약·계약 등을 맺음.
締交[체교]   締約[체약]   締盟[체맹]

牽

牛 7 11

끌 **견**, 거리낄 **견**
끌다   거리끼다
drag, pull

一 亠 玄 牽 牽 牽

동아줄 삭: 索 → 玄: 동아줄

소(牛)에 동아줄(玄)을 매서 끈다(牽)는 뜻임. 소의 자유를 구속한다는 데서 거리끼다(牽)의 뜻도 나왔음. (會形)

玄, 絃, 弦 → 현견 ← 牽

牽引[견인] 줄을 매어 끎.
牽制[견제] 끌어당기어 자유롭지 못하게 함.
牽連[견련]   牽牛織女[견우직녀]

繫

糸 13 19

맬 **계**, 매달 **계**
매다   매달다(懸)
connect, link

車 車 軐 毄 墼 繫

칠 격: 擊 → 毄: 攻擊
이을 계: 系 → 糸: 잇다·동아줄

공격하는 데(毄) 쓰는 말을 동아줄(糸)로 마구간에 맨다(繫)는 뜻임. (形聲)

擊 → 격계 ← 繫

繫馬[계마] 말을 붙들어 맴.
繫累[계루] 얽매어 關聯됨. 係累[계루].
繫索[계삭]   繫留[계류]   繫囚[계수]

幻

幺 1 4

허깨비 **환**, 미혹할 **환**, 변할 **환**
허깨비   미혹하다   변하다
illusion

丨 幻 幻 幻

가물가물 흔들리는 모양 : ∫ → ς → コ

가는 실(糸→幺)처럼 힘없이 가물가물 흔들린다(コ)는 데서 허깨비·미혹하다·변하다(幻)의 뜻임. (會意)

幻想[환상]   幻覺[환각]   幻影[환영]
幻滅[환멸]   幻惑[환혹]   幻術[환술]

葛

艹 9 13

칡 **갈**, 갈포 **갈**
칡 갈포
pueraria

一 艹 芑 莒 葛 葛

목마를 갈: 渴→曷: 햇볕(日→曰)에 싸여서(勹) 도망치는 사람(匕)이 물(氵)을 원한다는 데서 **목마르다(渴)**의 뜻. 여기서는 **水分이 없다, 적다**의 뜻.

수분이 없는·적은(曷) 초목(艹)이라 쓰고 **칡(葛)**을 나타냈음. 曷은 音符임.

葛根[갈근] 칡뿌리.
葛布[갈포] 칡의 섬유(纖維)로 짠 베.
葛藤[갈등] 서로 뒤얽힘. 칡과 등.

隻

隹 2 10

외짝 **척**, 척 **척**
외짝 배를 세는 單位
single, alone

亻 亻 什 隹 隻 隻

꼬리짧은 새(隹) 한 마리를 **손(又)**에 가지고 있다는 데서 **외짝(隻)**의 뜻임. 배를 세는 單位인 **척(隻)**의 뜻으로도 쓰임. 雙(한 쌍 쌍)의 한쪽의 뜻임. (會意), (轉注)

隻手[척수] 한 쪽 손. ⑱雙手.
隻眼[척안] 애꾸눈. ⑱雙眼.
隻言[척언] 한 마디 말. 간단한 말.
一隻船[일척선] 배 한 척(隻).

揭

扌 9 12

높이 들 **게**, 걸 **게**
높이 들다 걸다(揭示)
lift up

十 扌 押 揭 揭 揭

손(扌)으로 기(旗)를 높이 들어 걸면 기가 **마른다(渴→曷)**는 데서 **높이 들다·걸다(揭)**의 뜻임.

揭榜[게방] 방문을 내어 붙임.
揭揚[게양] 높이 달아 올려서 걺. 옌 國旗~. ~탑(塔).
揭示[게시] 붙이거나 걸어 두어 보게 함.
揭載[게재] 新聞·雜誌에 실림.

雇

隹 4 12

새 이름 **호**, 품 살 **고**, 머슴 **고**
새 이름 품을 사다 머슴
employ

一 厂 戶 戶 戶 雇

1. 새장에 넣어 **집(戶)**에서 기르는 **새(隹)**에 **새 이름(雇)**을 지어준다. (會形)
2. 집에서 새를 가두어 기르듯 머슴을 집에 가두고 일을 시킨다는 데서 **품을 사다, 머슴(雇)**의 뜻임. (轉注)

顧 → 㕦 ← 雇

雇用·雇傭[고용] 삯을 주고 사람을 부림. 삯을 받고 일을 함.
雇主[고주] 雇兵[고병] 解雇[해고]

焦

灬 8 12

그슬릴 **초**, 볶을 **초**, 탈 **초**
그슬리다 볶다 타다
scorch

丿 亻 仁 住 隹 焦

꼬리 짧은 새 추: 隹: 꼬리 짧은 새

꼬리 짧은 새(隹)를 **불(灬)**로 바베큐(barbecue) 한다는 데서 **그슬리다·볶다·타다(焦)**의 뜻. (會形) 隹 灬 → 焦 추 화 → 초

焦土[초토] 불 타서 없어진 자리.
焦點[초점] 렌즈를 通하여 光線이 모이는 點. 사물이 집중하는 곳. 목표. 목적.
勞心焦思[노심초사] 焦燥[초조]

擁

扌 13 16

안을 **옹**, 도울 **옹**, 가질 **옹**
안다, 옹위하다, 가지다
hug, embrace

扌 扩 捡 捲 擁

독 옹, 항아리 옹: 甕→雍: 진흙(瓦)으로 새(隹)의 둥지처럼 둥글고 검게(玄) 구워서 만든 **독·항아리(甕)**의 뜻.

두 **손(扌)**으로 **술독(雍)**을 들어 안는다는 데서 **안다·옹위하다·갖다(擁)**의 뜻임. (會形), (轉注)

抱擁[포옹] 품에 껴안음.
擁衛[옹위] 부축하여 護衛함.
擁立[옹립] 擁護[옹호] 擁書[옹서]

抛

扌 4 / 7

던질 **포**, 버릴 **포**　㊁抛
던지다　　버리다
throw

| 扌 | 扌 | 扩 | 执 | 抛 | 抛 |

더욱 우: 尤 → 尢 : 더욱

손(扌)에 더욱(九) 많은 힘(力)을 모아 던진다·버린다(抛). 손(扌)에 아홉(九)의 힘(力)을 모아 던진다·버린다(抛). (會意)

抛物線[포물선] 物件을 던질 때 생기는 曲線(곡선).
抛棄[포기]　抛擲[포척]　抛撒[포살]

把

扌 4 / 7

잡을 **파**, 자루 **파**, 지킬 **파**
잡다　　　손잡이　　지키다
hold, handle

| 扌 | 扌 | 扌 | 扣 | 扣 | 把 |

뱀(巴)이 나무 가지 등을 친친 감듯이 손(扌)으로 물건을 꽉 쥔다는 데서 잡다·자루·지키다(把)의 뜻임. (會形), (轉注)

※ 肥: 살찔 비, 芭: 파초 파

把握[파악] 꽉 잡아 쥠. 確實히 理解함.
把守[파수] 警戒하여 지킴. ㉔~兵.
把持[파지] 꽉 움키어 쥠. 쥐고 있음.

搬

扌 10 / 13

운반할 **반**, 옮길 **반**
운반하다　옮기다
transport

| 扌 | 扌 | 扣 | 扣 | 掤 | 搬 |

옮길 반, 일반반 : 般 : 손으로 노를 저어(殳) 배(舟)의 짐을 옮긴다(般). 옮길 수 있는 물건은 일반적(般)인 것이다.

손(扌)을 써서 일반적으로 옮길(般) 수 있는 物件을 운반한다·옮긴다(搬)는 뜻임.

※ 盤: 쟁반 반, 磐: 너럭바위 반

運搬[운반] 물건을 나름.
搬出[반출] 運搬하여 냄. ㉔搬入.

撤

扌 12 / 15

거둘 **철**, 치울 **철**
거두다　　치우다
withdraw

| 扌 | 扩 | 护 | 措 | 措 | 撤 |

뚫을 철, 통할 철 : 徹 → 攴 : 손에 채찍(攵)을 들고 교육(育)하는 행동(彳)은 사물의 이치를 꿰뚫도록(徹) 철저를 기하여야 한다는 뜻.

손(扌)으로 철저하게(攴) 거두고·치우다(撤)의 뜻임. (會形)

徹 → ㉕ ← 撤, 澈, 轍

撤去[철거] 걷어 치워 버림.
撤收[철수] 거두어 감. 물러감.

措

扌 8 / 11

둘 **조**,　　베풀 **조**
두다, 놓다, 베풀다
place, arrange

| 扌 | 扌 | 扩 | 拱 | 措 | 措 |

옛 석 : 昔 : 하루 하루(日)가 가로 세로로 포개져서 (㞢) 된 옛날(昔)의 뜻.

옛날(昔)에는 여인들이 손(扌)으로 술을 빚어 땅 속에 묻어 두고(措) 잔치를 베풀었다(措).

措處[조처] 일을 잘 정돈하여 處理함.
擧措[거조] 말이나 행동을 하는 態度. 擧動과 措處.

握

扌 9 / 12

쥘 **악**, 잡을 **악**
쥐다　　잡다
hold, grasp

| 扌 | 扩 | 护 | 挃 | 捱 | 握 |

집 옥, 덮개 옥 : 屋 : 집, 덮개

손(扌)으로 물건을 덮어 씌워서(屋) 쥔다(握). 쥔다는 데서 잡다(握)의 뜻도 나옴. (會形)　握 → ㉕ ← 渥

掌握[장악] 손 안에 잡아서 쥠. ㉔政權~.
把握[파악] 잡아 쥠. ㉔內容~.
握手[악수] 서양식 예법의 한 가지로서 서로 손을 잡음.
握力[악력] 손아귀로 물건을 쥐는 힘.

拉

扌 5 8

끌고 갈 **랍**, 꺾을 **랍**
끌고 가다 꺾다(折)
pull, drag

一 十 扌 扩 拉 拉

1. 서(立) 있는 사람을 손(扌)으로 붙잡아 強制로 끌고 간다(拉).
2. 서(立) 있는 나무를 손(扌)으로 꺾는다(拉). (會形)   立→⑳ ㉑←拉

拉致[납치] 억지로 끌고 감.
拉枯[납고] 枯木을 꺾음. 곧 매우 쉬운 경우를 비유하여 쓰는 말.
拉殺[납살] 뼈를 부러뜨려 죽임.

押

扌 5 8

누를 **압**, 찍을 **압**, 수결 **압**
누르다 찍다 수결
press

一 十 扌 扣 扣 押

갑옷 갑 : 甲 : 갑옷. 갑옷이 몸을 덮는다는 데서 덮다의 뜻.

손(扌)으로 물건을 덮으며(甲) 누른다(押)는 뜻임. (會形)

押送[압송] 罪人을 護送함.
押收[압수] 법원이 법관의 영장에 의하여 證據物 等을 强制로 빼앗는 일.
押留[압류]   押釘[압정]   押韻[압운]

誓

言 7 14

맹세할 **서**, 경계할 **서**
맹세하다 경계(戒)
pledge

扌 扌 折 折 折 誓 誓

꺾을 절 : 折 : 꺾다·딱부러지다

어떤 일에 對하여 딱부러지게(折) 말(言)로써 맹세한다(誓)는 뜻임. (會形)

盟誓[맹서→맹세] 神佛 앞에서 約束함.
誓文[서문] 맹세하는 글.
誓約[서약] 盟誓. 굳은 約束. 契約. 盟約.
宣誓[선서] 誠實할 것을 盟誓함.
誓言[서언] 맹세의 말.

圈

囗 8 11

우리 **권**, 둘레 **권**
우리 둘레
encircle

冂 冂 冃 罨 圈 圈

큰 입구 몸 : 囗 : 에운 담, 울타리
두루마리 권, 책 권, 말 권 : 卷 : 둥글게 만든 두루마리·책의 뜻.

둥글게(卷) 울타리(囗)를 두른 우리·둘레(圈)의 뜻임. (會形)
             拳, 券, 卷→㉗←圈, 捲, 倦

圈牢[권뢰] 짐승을 가두는 우리.
生活圈[생활권]   勢力圈[세력권]
當選圈[당선권]   成層圈[성층권]

菓

艹 8 12

과실 **과**, 과자 **과**
과실(果) 과자
fruits, nuts

一 艹 艹 节 苗 草 菓

과실 과, 결과 과 : 果 : 과실, 열매
초두 밑 : 艹 : 풀, 草木

초목(艹)에 달리는 열매(果)란 데서 과실(菓)의 뜻임. 과일이나 밀가루·설탕 등을 써서 만든 과자(菓)의 뜻도 있음. (會形)

菓品[과품] 과자 또는 과일의 總稱.
菓子[과자]   茶菓[다과]   乳菓[유과]
銘菓[명과]   氷菓[빙과]   製菓[제과]

裸

衤 8 13

벌거숭이 **라**, 벌거벗을 **라**
벌거숭이 벌거벗다
bare, nude

⼀ 衤 衤 袒 裡 裸

1. 과일(果)의 껍질을 벗기듯 옷(衤)을 벗긴다는 데서 벌거숭이(裸)의 뜻임. (會形)
2. 옷(衤)을 벗어서 과일(果)처럼 둥글둥글한 어깨·젖·엉덩이가 보인다는 데서 벌거숭이(裸)의 뜻임. (會形)

裸體[나체] 벌거숭이.
赤裸裸[적나라] 벌거벗은 狀態.
全裸[전라]   裸馬[나마]   裸麥[나맥]

鍾

金 9 17

술병 **종**, 모을 **종**, 쇠북 **종**
술병, 술잔, 모으다, 鐘
a kind of wine container

| 소 | 술 | 金 | 鉅 | 鍾 | 鍾 |

쇠붙이(金)로 무게(重) 있게 만든 술병·술잔(鍾)·쇠북의 뜻임. 술병 둘레에 사람들이 모인다는 데서 모으다·모이다(鍾)의 뜻도 있음.

種 → 종 ← 鍾, 腫, 踵

鍾鉢[종발] 작은 보시기.
鍾愛[종애] 매우 귀여워함.
鍾乳洞[종유동] 石灰岩地가 빗물·地下水에 의해 용해되어 생성된 동굴.

鍛

金 9 17

단련할 **단**, 두드릴 **단**
단련하다 쇠를 불리다
forge

| 소 | 金 | 鉅 | 鈩 | 鍜 | 鍛 |

층계 단, 차례 단 : 段 : 층계, 차례 차례의 뜻.

쇠붙이(金)를 불에 달구어 위에서부터 아래로 차례 차례(段) 두드려·단련한다(鍛)는 뜻임. (會形)

段 → 단 ← 鍛, 緞

鍛工[단공] 쇠붙이를 불리는 사람. 대장장이. 대장간에서 일을 하는 사람.
鍛鍊[단련] 鍛鐵[단철] 鍛冶[단야]

鑄

金 14 22

부어만들 **주**   ㉠鑄
부어 만들다
cast metal

| 金 | 金 | 銤 | 鋳 | 鍗 | 鑄 |

목숨 수 : 壽 : 목숨·장수하다·오래 쓰다

오래(壽) 쓸 수 있도록 쇠붙이(金)를 녹여 틀에 부어 만든다(鑄)는 뜻임. (形聲)

壽 → 수/주 ← 鑄, 躊, 疇

鑄造[주조] 쇠붙이를 녹여 틀에 부어서 物件을 만듦.
鑄貨[주화] 주조하여 만든 貨幣(화폐).
鑄型[주형] 鑄物[주물] 鑄工[주공]

釣

金 3 11

낚시 **조**, 낚을 **조**
낚시 낚다
fishhook

| ノ | 소 | 金 | 金 | 釣 | 釣 |

낚시 바늘과 미끼 : 𠃌 → ⼓ → 勹

쇠(金)로 만든 낚시 바늘과 미끼(勹)란 데서 낚시·낚다·취하다(釣)의 뜻임. (會形)

的 金 → 釣
적 쇠 → 조

釣魚[조어] 물고기를 낚음. 낚시질.
釣竿[조간] 낚시대.
釣舟[조주] 釣臺[조대] 釣遊[조유]

殿

殳 9 13

대궐 **전**, 큰집 **전**, 후군 **전**
대궐 큰 집 후군
palace

| 一 | 尸 | 屈 | 展 | 殿 | 殿 |

펼 전 : 展 → 𡱂 : 펼치다 (184)

손에 도구(殳)를 들어 광대하게 펼쳐서(𡱂) 지은 대궐·큰 집(殿)의 뜻임. 대궐이 도심의 뒷쪽에 있다는 데서 後軍(殿)의 뜻도 나왔음. (會形), (轉注)

宮殿[궁전] 대궐(大闕).
殿軍[전군] 後軍.
殿閣[전각] 殿下[전하] 大雄殿[대웅전]

屯

屮 1 4

어려울 **준**, 모일 **둔**, 언덕 **둔**
어렵다 모이다 언덕
difficult

| 一 | 匚 | 口 | 屯 |

땅 : 一
새 싹 : ⌇

땅을 뚫고 새 싹(屯)이 힘겹게 무리져서 나오는 언덕이란 데서 어렵다·모이다·언덕(屯)의 뜻임. (會意)

屯險[준험] 세상을 살아가는 어려움.
屯營[둔영] 진, 진영, 병영, 군영.
駐屯[주둔] 군대가 일정 지역에 머무름.

砲

石 5 / 10

돌쇠뇌 **포**, 대포 **포**
돌 쇠뇌　　대포(大砲)
　　　　　　　artillery

一 厂 石 矿 砲 砲

고대 무기의 하나로서 작은 돌(石)을 여러 개 싸서(包) 한꺼번에 발사하게 하였던 돌쇠뇌(砲)의 뜻이다. 그 후 화약이 나오자 대포(砲)의 뜻으로도 쓰이게 되었음. (會形), (轉注)
　　　包, 抱, 飽 → 포 ← 砲, 泡, 胞

砲手[포수] 사냥꾼. 대포를 쏘는 군인.
砲彈[포탄]　砲火[포화]　砲臺[포대]
砲兵[포병]　砲門[포문]　發砲[발포]

硫

石 7 / 12

유황 **류**
유황
　　　　　　　sulpur

厂 石 石' 硫 硫 硫

흐를 류：流 → 㐬：흐르다
돌 석：石：광석(鑛石)

화산의 噴火口(분화구)에서 흘러나와(㐬) 생긴 광석(石)인 유황(硫)의 뜻임. (會形)

硫黃[유황] 黃色의 鑛物. 불에 잘 타는데 불꽃은 파랗고 惡臭가 남.
硫酸[유산] 黃酸(황산).
硫化[유화] 유황과 다른 물질이 화합함.

碍

石 8 / 13

막을 애, 거리낄 애 속 礙
막다　　　거리끼다
　　　　　　　obstruct

厂 石 石' 碍 碍 碍

得 → 㝵：얻다·求하다·나가다

돌·바위(石)에 막혀 얻거나(㝵)·求하거나·나가거나 하는 일에 방해가 된다는 데서 막히다·막다·거리끼다(碍)의 뜻임. (會意)

碍子[애자] 사기로 만든 전류 절연체.
碍産[애산] 아기의 목이 걸려 몹시 힘드는 해산(解産). 난산(難産).
障碍[장애]　拘碍[구애]　滯碍[체애]

碩

石 9 / 14

클 **석**
크다(大)
　　　　　great, eminet

厂 石 石' 碩' 碩 碩

머리 혈：頁：머리

머리(頁)가 돌이나 바위(石)처럼 속이 비어 있지 않고 알차다는 데서 충실하다·크다(碩)의 뜻임. (會形)
　　　　　　石 → 석 ← 碩

碩學[석학] 대학자.
碩老[석노] 德이 높은 노인.
碩德[석덕] 높은 덕. 덕망이 높은 사람.
碩果[석과]　碩士[석사]　碩儒[석유]

預

頁 4 / 13

미리 **예**, 참여할 **예**, 맡길 **예**
미리　　참여하다(與), 맡기다
　　　　　　　beforehand

⼘ 予 予 予' 預 預

미리 예, 참여할 예：豫 → 予：미리

머리(頁) 속으로 앞으로 닥쳐올 일을 미리(予) 생각하고 對備한다는 데서 미리·참여하다·맡기다(預)의 뜻임. (會形), (轉注)
　　　予, 與 → 예 ← 豫, 預

預言[예언] 豫言(예언). 사전에 추측하여 하는 말.
預度[예탁] 미리 짐작함. 예측, 예과.
預金[예금]　預入[예입]　預置金[예치금]

磁

石 10 / 15

자석 **자**,　　자기 **자** 속 磁
자석, 지남철　자기
　　　　　　　magnet

厂 石 石' 磁 磁 磁

검을 현, 이에 자：兹 또는 玆：풀·나뭇잎이 푸르면서도 검고 검은(兹→玆) 기운을 띄고 무성하다는 데서 불어나다의 뜻.

쇠를 끌어당겨 부피가 불어나는(玆) 광석(石)이란 데서 자석(磁)의 뜻임. (會形)
　　　　玆, 慈 → 자 ← 磁, 滋

磁器·瓷器[자기] 사기 그릇.
磁石[자석]　磁針[자침]　磁氣[자기]

棟

木 8 / 12

마룻대 **동**, 용마루 **동**
마룻대   용마루, 집
main-beam

十 才 朽 柿 棟 棟

지붕의 능선을 東西(東)로 가로지르는 나무(木)인 마룻대·용마루(棟)의 뜻임. 마룻대 밑에 집이 있다는 데서 집(棟)의 뜻이 있고 집에서 중요한 곳이란 데서 중요한 인물(棟)의 뜻도 있음. (會形), (轉注)

棟梁·棟樑[동량] 마룻대와 들보. 중임을 맡은 사람.
棟宇[동우] 病棟[병동] 汗牛充棟[한우충동]

棋

木 8 / 12

바둑 **기**
바둑, 장기
chess

十 才 朾 柑 棋 棋

그 기 : 其 : 키의 모양을 본떴음. 키가 네모졌다는 데서 네모의 뜻.
키(箕→其)와 같이 네모진 나무(木)판으로 바둑판을 만든다는 데서 바둑(棋)의 뜻임. 棊·碁로도 쓴다. (會形)

其, 基, 期, 旗 → ㉮ ← 箕, 棋, 碁, 棊

圍棋[위기] 바둑. 바둑을 둠.
將棋[장기] 장기.
棋譜[기보]   棋士[기사]   棋局[기국]

枚

木 4 / 8

낱 **매**, 채찍 **매**, 하무 **매**
낱   채찍   함매
piece

一 十 才 术 朾 枚

나무(木)로 된 막대기·채찍·板子 등을 손으로 센다(攵)는 데서 낱·채찍·하무(枚) 等의 뜻임. (會意)

枚舉[매거] 낱낱이 들어서 말함.
枚數[매수] 몇 장이라 세는 물건의 數爻(수효).
銜枚[함매] 군인이 떠들지 못하도록 입에 물리는 나무 막대기. ＝하무.

汽

氵 4 / 7

김 **기**, 증기 **기**
김   증기
steam, vapor

丶 氵 汁 汽 汽 汽

기운 기, 기체 기, 기상 기 : 氣→气 : 쌀(米)로 밥을 지을 때 나오는 김(气)의 모양으로 기운·기체·기상(氣)의 뜻.

물(氵)을 끓일 때 나오는 기체(气)라는 데서 김·증기(汽)의 뜻임. (會形)

汽罐[기관] 蒸氣를 일으키는 쇠통 가마.
汽車[기차] 기차.   「동.
汽笛[기적] 증기의 힘으로 울리게 하는 고

札

木 1 / 5

패 **찰**, 편지 **찰**, 화폐 **찰**
패   편지   돈
wooden tablet

一 十 才 木 札

구멍 공 : 孔 → ㄴ : 구멍을 뚫다

나무(木) 조각에 글을 쓴 후 구멍(ㄴ)을 뚫어 매다는 패(札)의 뜻임. 글을 쓴다는 데서 편지(札)의 뜻도 있음. 글씨를 써서 돈의 액수를 나타나게 한 화폐(札)의 뜻도 있음. (會意), (轉注)

名札[명찰] 명패(名牌).
書札[서찰]   標札[표찰]   現札[현찰]
鑑札[감찰]   改札[개찰]   出札口[출찰구]

溺

氵 10 / 13

빠질 **닉**, 오줌 **뇨**
빠지다   오줌(尿)
drown

氵 氵 沕 沕 溺 溺

약할 약 : 弱 : 새끼 새가 날개를 펼친 모양으로 힘이 약하다는 뜻.

1. 물(氵)에 견디는 힘이 약해서(弱) 빠진다(溺)는 뜻임. (會形)
2. 약한(弱) 물(氵)줄기로 나오는 오줌(溺)의 뜻도 있음. (會意)

溺死[익사] 물에 빠져 죽음.
溺愛[익애] 사랑에 빠짐. 몹시 사랑함.
耽溺[탐닉] 어떤 일에 즐겨 빠짐.

液

즙 액, 진 액, 결 액
즙(汁) 진(津) 결(液)
liquid

밤 야 : 夜 : 밤, 어둡다, 검다, 거무스름하다의 뜻.

옷 나무 진, 한약, 참기름처럼 거무스름한(夜) 물(氵)이란 데서 즙·진(液)의 뜻임. (會形)

夜 → 야 역 ← 亦 액 ← 液, 掖, 腋

液體[액체] 부피는 있으나 流動하는 物體.
血液[혈액] 胃液[위액] 溶液[용액]
汁液[즙액] 津液[진액] 液化[액화]

滑

미끄러울 활, 교활할 활
미끄럽다   교활
slip, slide

뼈(骨)의 關節에 물과 기름(油→氵)이 있어서 뼈가 미끄럽게 움직인다는 데서 미끄럽다(滑)의 뜻임. 미끄럽게 빠져 나간다는 데서 교활하다(滑)의 뜻도 있음. 교활하게 끼어든다는 데서 혼란(滑)의 뜻도 있음. (會形), (轉注)

滑走路[활주로] 滑氷[활빙] 滑車[활차]
潤滑油[윤활유] 圓滑[원활] 滑降[활강]
狡猾·狡滑[교활] 滑稽[골계]

沮

막을 저, 그칠 저, 꺾일 저
막다   그치다   꺾이다
stop

또 차 : 且 : 가마니·박스 등을 쌓고 또 쌓는다(且)는 뜻.

냇물·강물(氵)에 둑, 堤防을 쌓아서(且) 물길을 막고(沮) 흐름을 그치게 한다(沮)는 뜻임. (會形)
※ 阻 : 험할 조, 막힐 조 : 隔阻, 積阻

沮止[저지] 막아서 못하게 함. 防止.
沮害[저해] 妨害하여 害침.
沮喪[저상] 氣가 꺾임. ㉠意氣~

津

나루 진, 진액 진, 넘칠 진
나루   진액   넘치다
ferry

1. 손으로 노를 저어(聿) 바다(氵)를 건너다니는 船着場인 나루터·나루(津)의 뜻.
2. 붓(聿)에서 먹물(氵)이 나오듯 생물체 내에서 생겨나는 액체인 진액(津)의 뜻.
3. 붓으로 쓰는 문장이 끝이 없다는 데서 넘치다(津)의 뜻. (會形), (轉注)

盡 → 진 ← 津

鷺梁津[노량진]   正東津[정동진]
津液[진액]   興味津津[흥미진진]

滯

막힐 체, 쌓일 체, 머무를 체
막히다   쌓이다   머무르다
standstill

띠 대 : 帶 : 띠. 바지가 흘러 내리지 못하게 띠를 두른다.

냇물·강물(氵)에 띠(帶)를 두르듯 둑·堤防을 쌓아 물길을 막으니(滯) 물이 쌓이고·머무른다(滯)는 뜻임. (會形)

滯症[체증] 체하여 消化가 잘 안되는 病.
停滯[정체]   沈滯[침체]   滯留[체류]
滯納[체납]   滯拂[체불]   延滯[연체]
積滯[적체]   滯在[체재]   遲滯[지체]

濠

해자 호, 물이름 호, 호주 호
해자(≒壕), 川名, 濠洲
moat

호걸 호, 성할 호 : 豪 : 豪傑, 豪雨, 豪奢 : 크다의 뜻

성 둘레를 크게(豪) 파서 물(氵)을 가둔 못인 해자(濠)의 뜻임. 川名·地名의 뜻도 있음. (會形)
※ 壕 : 해자 호 : 防空壕, 塹壕[참호]

濠橋[호교] 해자에 놓은 다리.
濠水[호수] 안휘성(安徽省)에 있는 川名.
濠洲[호주] 濠太剌利(호태랄리). Australia

灣

氵 22 25

물굽이 **만** ㉠湾
물굽이

bay

| 氵 | 氵 | 浐 | 漕 | 潯 | 灣 |

변할 변 : 變 → 䜌 : 변하다
굽을 만 : 彎 : 활등(弓)처럼 변한다
(䜌)는 데서 굽다(彎)의 뜻.

바다(氵)가 활처럼 굽어(彎) 陸地로
들어간 물굽이(灣)의 뜻임. (會形)

䜌 → 만 ← 彎, 灣

港灣[항만] 港口와 海灣. 바닷가가 굽어
　　　　 들어가서 港口 설치에 알맞은 곳.
海灣[해만] 바다와 灣.

炊

火 4 8

불땔 **취**, 밥지을 **취**
불을 때다, 밥을 짓다

cook

| 丶 | 火 | 火 | 灯 | 炉 | 炊 |

불 취 : 吹 → 欠 : 입으로 바람을 내어
분다는 뜻 : 吹奏樂, 鼓吹(고취)

불씨(火)에 불쏘시개를 놓고 불을 일
으키기 위하여 입으로 바람을 훅훅 **분
다**(欠)는 데서 **불을 때서·밥을 짓다**
(炊)의 뜻임.

炊事[취사] 밥짓는 일. ㉠ ~場
炊煙[취연] 밥짓는 煙氣.
自炊[자취] 손수 밥을 지어 먹음. ㉠ ~生

熔

火 10 14

녹일 **용**, 거푸집 **용** ㉠鎔
녹이다　거푸집

smelt

| 丶 | 火 | 炉 | 炉 | 烨 | 熔 |

넣을 용, 담을 용 : 容 : 넣다, 담다

鑛石·쇠붙이(金)를 불(火)에 녹여 거
푸집에 넣는다(容)는 데서 녹이다·녹
다·거푸집(鎔=熔)의 뜻임.

容 → 용 ← 鎔, 熔, 溶, 蓉

熔鑛爐[용광로] 鑛石을 녹이는 가마.
鎔解[용해] 쇠붙이를 녹임. ㉠ ~爐
熔接[용접]　熔鑄[용주]　熔融[용융]

勳

力 14 16

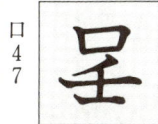

공 **훈**, 공훈 **훈**　㉠勛
공　　　공훈

merit

| 二 | 千 | 重 | 熏 | 勳 | 勳 |

불길 훈 : 熏 : 검은(黑) 연기가 천길
(千)까지 올라가면서 불길(熏)이 솟는
다는 뜻.

불길(熏)과 같은 강력한 힘(力)으로
힘써 노력하여 공훈(勳)을 세운다. (會
形)　　　　熏 → 훈 ← 勳, 薰, 壎, 燻

功勳[공훈] 나라를 爲하여 세운 功勞.
武勳[무훈]　殊勳[수훈]　樹勳[수훈]
勳臣[훈신]　勳階[훈계]　勳章[훈장]

煉

火 9 13

쇠 불릴 **련**, 달일 **련**
쇠를불리다, 달이다, 이기다

refine

| 火 | 炉 | 炉 | 焖 | 煉 | 煉 |

분별할 간, 가릴 간 : 柬 : 불순물을
가려낸다

불(火)로 녹임으로써 불순물을 가려
내서(柬) 좋은 제품을 생산한다는 데서
쇠를 불리다(煉=鍊)·달이다·이기다
(煉)의 뜻임. (會形) 練, 鍊 → 련 ← 煉

煉獄[연옥] 지옥과 천당 사이에 있는 곳.
煉乳[연유]　煉炭[연탄]　煉丹[연단]
鍛鍊=鍛煉　修鍊=修煉　精鍊=精煉

呈

口 4 7

드릴 **정**, 드러낼 **정**, 보일 **정**
드리다　　드러내다　　보이다

submit

| ㇒ | 口 | 口 | 豆 | 呈 | 呈 |

맡을 임, 맡길 임 : 任 → 壬 : 맡다

입(口)이 맡아서(壬) 말씀을 드려, 自
己의 意見을 드러내·보인다(呈)는 뜻
임. (會形), (轉注)　程 → 정 ← 呈, 逞

贈呈[증정] 남에게 물건을 드림.
露呈[노정] 노출시켜 드러내 보임.
呈示[정시] 나타내어 보임.
呈納[정납] 물건을 바침. 呈上.

膠

月 11 15

붙을 교, 아교 교, 굳을 교
붙다 갖풀 굳다
glue

月 月' 月" 肦 胗 膠

사람의 머리털(彡)이나 새의 깃(羽)이 머리나 몸(月)에 붙어있다는 데서 붙는다. 또 접착제인 아교(膠)의 뜻임. 아교로 붙여서 고정시킨다는 데서 굳다(膠)의 뜻도 있음. (會形)   翏 → 昷⺼ ← 膠

膠着[교착] 아주 단단히 달라붙음.
膠接[교접] 굳게 꼭 붙음.
阿膠[아교] 갖풀. 나무의 접착제의 일종.

瑞

王 9 13

상서로울 서, 홀 서
상서롭다 홀(圭)
fortunate

二 千 廾 廾 瑞 瑞

단정할 단: 耑 → 耑: 端正하다
천자가 제후를 대할 때 신표로서 주던 단정하게(耑) 만든 옥(王)이란 데서 홀(瑞)의 뜻. 홀을 받는 것은 복되고 길한 일이란 데서 상서롭다(瑞)의 뜻도 나왔음. (會形)

祥瑞[상서] 福되고 吉한 일이 일어날 徵兆 (징조).
瑞光[서광]   瑞氣[서기]   瑞雪[서설]

謬

言 11 18

그릇될 류, 속일 류
그릇되다 속이다
incorrect

三 言 訁 訁 謬 謬

날 료: 翏: 사람의 머리털(彡)이나 새의 깃털(羽)이 바람에 날린다(翏)는 뜻.
말하는(言) 바가 조리에 어긋나서 날리는(翏) 깃털처럼 이랬다 저랬다 하며 그릇된(謬) 말로 속인다(謬)는 뜻임. (會形)   翏 → 昷⺼ ← 謬

誤謬[오류] 그릇되어 理致에 어긋남.
謬計[유계] 그릇된 計策(계책).
謬見[유견]   謬想[유상]   謬解[유해]

孃

女 17 20

어머니 양, 계집애 양
어머니   소녀(娘)
mother

女 女' 女" 妒 婭 孃

도울 양: 襄: 옷(衣)과 물품(口口)을 많이 (卄)주어 돕다(襄).
아버지를 돕는(襄) 여자(女)란 데서 어머니(孃)의 뜻임. 또 未來에 어머니가 될 아가씨(孃)의 뜻으로도 쓰임. (會形)   襄 → 양 ← 孃, 壤, 釀

耶孃[야양] 아버지와 어머니.
令孃[영양] 남의 딸에 對한 尊稱.
貴孃[귀양] 未婚 處女에 對한 尊稱.

珠

王 6 10

구슬 주, 진주 주
구슬   진주
bead, pearl

二 千 王 玒 珠 珠

붉을 주: 朱: 붉다의 뜻
붉은(朱) 구슬(王)이란 데서 붉은 구슬(珠)의 뜻. 붉은 구슬에서 뜻을 넓혀 眞珠(珠)와 둥근 구슬(珠)의 뜻을 갖게 되었다. (會形), (轉注)
朱 → 주 ← 珠, 硃, 誅

珠簾[주렴] 구슬을 꿰어 만든 발.
珠玉[주옥] 구슬과 옥.
眞珠[진주]   念珠[염주]   珠算[주산]

嫌

女 10 13

싫어할 혐, 의심할 혐
싫어하다   의심하다
dislike

女 女' 女" 娃 媡 嫌

부인되는 여자가 자기 남편이 자기 외의 다른 여자(女)도 겸하여(兼) 사랑하는 것을 싫어하고·미워한다(嫌)는 뜻임. 또 다른 여자(女)를 겸하여(兼) 사랑하고는 있지 않은가 의심한다(嫌)는 뜻임. (會形), (轉注)

嫌惡[혐오] 싫어하고 미워함.
嫌怨[혐원] 嫌惡하고 怨望함.
嫌忌[혐기]   嫌怒[혐노]   嫌疑[혐의]

診

言5/12

진찰할 **진**, 볼 진, 점칠 **진**
진찰하다 보다 점치다
examine

사람의 머리털：**㐱**：사람의 머리털이 곱고 자세하다는 데서 자세하다의 뜻.
患者의 病의 症狀을 말(言)로 듣고 자세히(㐱) 調査하고 觀察한다는 데서 진찰하다·보다(診)의 뜻임. 未來의 吉凶을 자세히(㐱) 말한다(言)는 데서 점치다(診)의 뜻도 있음. (會形) 㐱, 珍 → 진 ← 診, 疹

診察[진찰] 診斷[진단] 診脈[진맥]
檢診[검진] 往診[왕진] 診夢[진몽]

託

言3/10

부탁할 **탁**, 핑계할 **탁**
부탁하다 핑계하다
entrust

맡길 탁, 의지할 탁：托 → 托：맡기다·의지하다의 뜻. (219)
어떤 일을 말(言)로 하여 맡긴다(乇)는 데서 부탁한다(託)의 뜻임. (會形)

※ 托：托鉢(탁발), 受托, 依托

付託[부탁] 信託[신탁] 受託[수탁]
依託[의탁] 委託[위탁] 請託[청탁]
託送[탁송] 稱託[칭탁] 託兒所[탁아소]

誕

言7/14

태어날 **탄**, 거짓말 **탄**
태어나다 거짓말
birth

끌 연, 이을 연, 늘일 연：延：延長, 잇다, 늘이다의 뜻
胎兒(태아)가 배 밖에 나와 이어져(延) 자라게 되었다고 말한다(言)는 데서 태어나다(誕)의 뜻임. 말(言)을 크게 늘여(延) 虛風을 떤다는 데서 거짓말(誕)의 뜻도 있음. (會形)

誕生[탄생] 誕辰[탄신] 誕降[탄강]
聖誕[성탄] 虛誕[허탄] 放誕[방탄]

諮

言9/16

물을 **자**, 꾀할 **자**   동 咨
묻다 꾀하다(諮)
inquire

어떤 안건을 처리하기 위하여, 여러 사람을 모아놓고, 차례로(次) 입(口)을 열어 의견을 말하게(言) 한다는 데서 묻다·꾀하다(諮)의 뜻임. (會形)

次 → 차 자 ← 姿, 恣, 瓷, 資, 諮, 咨

諮問[자문] 남에게 의견을 물음. 전문가에게 의견을 물음. 예 ~機關
諮議[자의] 諮問에 응하여 일의 옳고 그름을 評議함.

諜

言9/16

염탐할 **첩**, 문서 **첩**
염탐하다 문서(牒)
spying

나비 접：蝶 → 枼：나비
나비(枼)처럼 날아서 적의 형편을 정찰하여 말씀(言)으로써 보고한다는 데서 염탐하다(諜)의 뜻임.

諜報[첩보] 적의 정세 등을 탐지하여 보고함. 또는 그 보고.
諜者[첩자] 간자(間者). 밀정(密偵).
間諜[간첩] 적의 영역 안에 들어가 비밀히 정보를 수집하는 자. 첩자.

歪

止5/9

비뚤 **왜·외·의**
비뚤다
askew

모양이 바르지(正) 않게(不) 비뚤어지다·비틀려지다(歪)의 뜻임. (會意)

歪曲[왜·외·의곡] 비틀어 구부러짐. 사실과 맞지 않게 그릇되게 다룸. 예 ~報道.
歪斜[의사] 옳지 못함. 바르지 못함.
歪詩[왜·외·의시] 격식에 안 맞는 시. 拙劣(졸렬)한 詩.

179 侮 (亻9)

업신여길 **모**
업신여기다
insult

丿 亻 亻⼧ 伬 佞 侮 侮

매양 매, 마다 매 : 每 : 매양

다른 사람(亻)을 매양(每) 尊重할 줄 모르고 깔보아 업신여긴다(侮)는 뜻임. (形聲)

每 → 모 ← 侮

侮辱[모욕] 깔보고 辱보임.
侮蔑[모멸] 侮辱하고 蔑視(멸시)함.
侮罵[모매] 업신여기어 꾸짖음. 侮辱罵倒.
受侮[수모] 남에서 侮辱을 받음.

180 俸 (亻10)

봉급 **봉**, 녹 **봉**
봉급   祿
emolument

丿 亻 仁 伡 伡 侠 倭 俸

받들 봉 : 奉 : 받들다, 奉仕하다.

사람(亻)이 봉사한(奉) 代價로 받는 봉급(俸)의 뜻임. (會形)

奉 → 봉 ← 俸, 棒, 捧, 琫

俸給[봉급] 職務에 對한 보수(報酬)로 주는 給料.
俸祿[봉록] 관리에 대한 報酬. 祿俸.
本俸[본봉]   年俸[연봉]   月俸[월봉]

157 伴 (亻7)

짝 **반**, 의지할 **반**, 따를 **반**
짝, 동무, 의지하다, 따르다
companion

丿 亻 亻' 亻⼧ 伴 伴

부부되는 사람(亻)을 반씩(半) 나누면 남편과 아내가 된다는 데서 짝(伴)의 뜻임. 짝은 서로 벗이 되고 依支한다는 데서 동무·친구·의지하다·따라가다(伴)의 뜻도 나왔음. (會形), (轉注)

半 → 반 ← 伴, 畔, 絆

伴侶[반려] 짝이 되는 친구.
伴奏[반주] 보조적으로 연주하는 일.
伴行[반행] 同伴者[동반자] 隨伴[수반]

181 僻 (亻13,15)

후미질 **벽**, 치우칠 **벽**
궁벽하다   치우치다
secluded

丿 亻 亻' 亻⼧ 侣 僻 僻

바람벽 벽 : 壁 → 辟 : 벽의 뜻

都市의 사람들(亻)과 벽(辟)을 쌓은 듯이 往來가 드물다는 데서 후미지다·궁벽하다(僻)의 뜻. 都心에서 멀리 떨어져 있다는 데서 치우치다(僻)의 뜻도 있음. (會形), (轉注)

窮僻[궁벽] 都會地에서 멀리 떨어져서 후미지고 으슥함.
僻地[벽지]   僻村[벽촌]   偏僻[편벽]

168 倂 (亻8)

아우를 **병**, 나란할 **병**
아우르다   나란하다   倂
unite

丿 亻 亻' 亻⼧ 伡 倂

아우를 병, 나란할 병 : 竝 → 並 → 幷 → 并 : 나란히 서다

나란히 서(幷) 있는 사람(亻)을 한 덩어리가 되게 합친다는 데서 아우르다(倂), 나란하다(倂)의 뜻이 있음. (會形)

倂呑[병탄] 아울러 삼킴. 자기에게 강제로 통합시킴.
倂用[병용]   倂進[병진]   合倂[합병]

182 傭 (亻11,13)

품살 **용**,   품팔이할 **용**
품을 사다   품팔이 하다
hire

丿 亻 亻⼧ 亻⼧ 俑 俑 傭

쓸 용 : 庸 : 사람을 쓰다 : 登庸

어떤 일에 投入하기 爲하여 사람(亻)을 쓴다(庸)는 데서 품을 사다·품팔이하다(傭)의 뜻임. (會形)

用, 勇, 庸, 踊 → 용 ← 傭, 蛹, 涌, 湧

傭人[용인] 삯을 받고 일을 하는 사람. 고용인(雇傭人).
傭工[용공]   傭兵[용병]   傭賃[용임]

偵

亻 9
11

정탐할 **정**, 염탐할 **정**
정탐하다 廉探하다
detect, spy

亻 亻̇ 亻̈ 偵 偵 偵

곧을 정, 바를 정 : 貞 : 곧다, 바르다
사람(亻)이 어떤 사정을 비밀히 곧고
· 바르게(貞) 살피고 조사한다는 데서 정
탐하다 · 염탐하다(偵)의 뜻임. (會形)

貞 → 정 ← 偵, 幀, 禎

偵客[정객] 정탐꾼.
偵探[정탐] 몰래 형편을 알아 봄.
偵察[정찰] 적의 형편을 몰래 살핌.
探偵[탐정] 密偵[밀정] 偵諜[정첩]

乞

乙 2
3

구걸할 **걸**, 줄 **걸**
구걸하다, 빌리다, 주다
beg

丿 ⺈ 乞

사람 인 : 人 → ⺈ : 사람
새 을 : 乙 : 허리를 구부린 모양
사람(⺈)이 허리를 구부리고(乙) 구
걸한다(乞)는 뜻임. (會形)

乙 → 을 걸 ← 乞

求乞[구걸] 남에게 돈·곡식 등을 달라고
청함.
乞人[걸인] 乞食[걸식] 乞鬼[걸귀]
哀乞[애걸] 伏乞[복걸] 乞神[걸신]

偏

亻 9
11

치우칠 **편**, 기울 **편**
치우치다 기울다
biased

亻 亻̇ 伊 俱 偏 偏

옛날의 일로 양반(亻)의 집(戶)에는
책(冊→冊)이 많이 있었고 서민(庶民)
의 집에는 책이 거의 없었다는 데서 치
우치다 · 기울다(偏)의 뜻임. (會形)

編, 篇, 遍 → 편 ← 偏, 扁

偏見[편견] 한 쪽으로 치우친 견해.
偏僻[편벽] 한쪽으로 기울어짐.
偏食[편식] 偏愛[편애] 偏頭痛[편두통]
偏頗[편파] 偏在[편재] 偏母[편모]

秒

禾 4
9

까끄라기 **초**, 세미할 **초**·**묘**
까끄라기   세미하다
beard of grain, second

⺀ 千 禾 利 秒 秒

벼(禾) 보리 등의 수염 부분인 적고
(少) 가는 까끄라기(秒)의 뜻임. 적고
가늘다는 데서 細微하다(秒)의 뜻도 있
음. 시간·각도의 세미한 단위인 초(秒)
의 뜻도 있음. (會形), (轉注)

小, 少 → 소 초 ← 抄, 秒, 肖, 硝

秒忽[초홀·묘홀] 썩 적은 것. 초는 까끄
라기, 홀은 거미줄.
分秒[분초] 秒速[초속] 秒針[초침]

僑

객지에 살 **교**
객지에서 살다
sojourn

亻 亻̇ 亻̈ 俈 僑 僑

향리에 있는 다리(橋→喬)를 건너 객
지에 나간 사람(亻)이란 데서 객지에서
살다(僑)의 뜻임. 지구 위를 높이(喬)
날아서 타국에서 사는 사람(亻)이란 데
서 객지에서 살다(僑)의 뜻임. (會形)

橋, 矯 → 교 ← 僑, 嬌, 喬, 轎, 驕

僑居[교거] 임시로 묵고 있음.
僑胞[교포] 외국에 나가 사는 동포.
華僑[화교] 외국에 사는 중국인.

穩

禾 14
19

편안할 **온**, 안온할 **온**
편안하다   안온
stable

禾 禾̇ 禾̈ 穋 穩 穩

숨을 은, 숨길 은 : 隱 → 㥯 : 숨기다
많은 벼(禾)를 거두어 창고에 가득 쌓
아 숨기니(㥯) 식량 걱정이 없어 마음이
부드럽고 편안하다(穩)
는 뜻임. (會形)

隱 禾 → 穩
은 화 → 온

穩和[온화] 조용하고 부드러움. 「음.
穩當[온당] 사리에 어그러지지 않고 알맞
平穩[평온] 安穩[안온] 穩健[온건]

惹 (心 9/13) 이끌 야, 어지러울 야
끌어 당김, 혼란
provoke

같을 약:若:어리다, 젊다
어떤 좋지 않은 일에 이성이 약하고 감수성이 예민한 젊은(若) 사람의 마음(心)을 이끌어·어지럽게(惹) 한다는 뜻임. (會形), (轉注)   若→←惹

惹起[야기] 어떤 사건을 끌어 일으킴.
惹鬧[야료] 까닭 없이 트집을 부리고 마구 떠들어 대는 짓. 惹起鬧端의 준말.

購 (貝 10/17) 살 구, 걸 구
사다   懸賞
buy

두번 재, 거듭 재, 다시 재:再:거듭, 다시
물건을 가로 세로로 쌓은 모양:井
財物(貝)을 거듭(再) 사서 쌓는다(井)는 데서 사다(購)의 뜻임.
冓→㋚←購, 溝

購入[구입] 물건을 사들임.
購賞[구상] 상금을 걸고 구함.
購買[구매]   購讀[구독]   購得[구득]

怖 (心 5/8) 두려워할 포, 으를 포
두려워하다   으르다
terrified

베 포, 펼 포:布:펼치다
마음(忄) 속에 두려움이 펼쳐진다(布)는 데서 두려워하다(怖)의 뜻임. 마음(忄) 속에 두려움이 펼쳐지도록(布) 으른다(怖)는 뜻도 있음. (形聲)

恐怖[공포] 무서움과 두려움. ㉠~症.
畏怖[외포] 두려워함.
怖懼[포구] 두려워함.

賠 (貝 8/15) 배상할 배, 물어줄 배
배상하다   물어주다
compensate

곱 배, 더할 배:倍→音:더하다, 더 많이의 뜻:倍前
남에게 끼친 손해보다 더 많은(音) 액수의 財物(貝)로 배상한다·물어준다(賠)는 뜻임. (形聲)
倍, 培→㋛←賠, 陪

賠償[배상] 끼친 손해에 대하여 물어 줌.
賠款[배관] 손해를 배상하는 약속의 조목 (條目).

憾 (心 13/16) 한할 감, 섭섭해할 감
한하다   섭섭해하다
regret, chagrin

느낄 감:感:느끼다, 감동하다
뜻 정, 사랑 정:情→忄:뜻, 사랑
좋아하거나 사랑하는 감정이 아니고, 원한이나 섭섭해 하는 감정이란 데서 恨하다·섭섭해하다(憾)의 뜻임. (會形)
感, 減→←憾

憾悔[감회] 恨하고 후회함.
遺憾[유감] 恨과 섭섭함이 남아 있음(遺).
憾怨[감원] 怨恨(원한)을 품음.

貰 (貝 5/12) 세 낼 세
빌리다
lend

인간 세, 세대 세:世:인간, 사람
사람(世)이 財物(貝)을 빌려 쓴 댓가로 세를 낸다(貰)는 뜻임.
傳貰[전세] 일정한 돈을 맡기고 어느 기간까지 집·물건을 빌려 씀.
貰馬[세마] 세를 받고 빌려 주는 말.
貰物[세물] 세놓는 물건.
貰家[세가] 貰馬[세마] 貰物[세물]
傳貰[전세] 貰器[세기] 朔月貰[삭월세]

哨

口 / 7 / 10

보초설 **초**, 뾰족할 **초**
보초, 파수, 뾰족하다
sentinel

口 口' 口'' 마 哨 哨

닮을 초, 작을 초 : 肖 : 작다의 뜻
입(口)을 꼭 다물고 작은(肖) 물체까지도 놓치지 않고 경계하는 보초·파수(哨)의 뜻임. (會形)

哨所[초소] 보초가 서 있는 장소.
哨戒[초계] 적군의 습격에 대비하여 戰備를 갖추어 감시함.
步哨[보초] 부대의 경계·감시의 임무를 맡은 병사.

獵

犭 / 15 / 18

사냥할 **렵**, 찾을 **렵**
사냥하다 찾다
hunt

犭 犭'' 犭'' 犭'' 獵 獵

머리골 뇌 : 腦 → 巤 : 짐승의 머리
네 발 : 比,   꼬리 : し
짐승의 머리·발·꼬리 : 巤 : 짐승
사냥개(犭)를 데리고 가서 짐승(巤)을 사냥한다(獵)는 뜻임. (會形)

獵奇[엽기] 기이한 사물을 즐겨 찾고 구함.
涉獵[섭렵] 온갖 冊을 널리 읽음.
獵犬[엽견]   狩獵[수렵]   獵銃[엽총]
獵師[엽사]   禁獵[금렵]   獵官[엽관]

唆

口 / 7 / 10

부추길 **사**, 넌지시 알릴 **사**
부추기다 넌지시 알리다
instigate

口 口' 呔 哆 哆 唆

뛰어날 준 : 俊 → 夋 : 뛰어나다
뛰어나게(夋) 매력적인 말(言 → 口)로 부추긴다(唆)는 뜻임. 입으로 넌지시 알린다(唆)는 뜻도 있음. (會形), (轉注)

㊙ ← 唆, 梭
※ 酸 : 신맛 산, 竣 : 마칠 준

教唆[교사] 못된 짓을 하도록 부추김.
唆嗾[사주] 남을 부추겨 시킴. 唆囑(사촉).
示唆[시사] 미리 암시하여 알려줌.

遮

辶 / 11 / 15

막을 **차**, 가릴 **차**
막다   가리다
intercept

亠 广 庐 庶 遮 遮

여러 서, 무리 서 : 庶 : 여럿, 무리
여럿(庶)이 다니는 길(辶)을 막는다(遮)는 뜻임. 햇볕이 들어 오는 것을 막는다는 데서 가리다(遮)의 뜻도 있음. (會形), (轉注)

遮斷[차단] 막아서 끊음. 遮絕(차절).
遮陽[차양] 볕을 막는 조각. 運動帽(운동모) 앞에 비죽이 내민 부분.
遮日[차일]   遮止[차지]   遮蔽[차폐]

狂

犭 / 4 / 7

미칠 **광**, 거셀 **광**
미치다, 거세다, 세차다
crazy

丿 犭 犭 犭二 犭 狂

임금 왕 : 王 : 임금, 크다의 뜻 : 왕눈, 왕대포, 왕사발
미친 개(犭)가 크게(王) 날뛴다는 데서 미치다·거세다(狂)의 뜻임. (會形)

犭 王 → 狂
개 왕 → 광

狂犬[광견]   狂人[광인]   狂信[광신]
狂風[광풍]   狂症[광증]   狂奔[광분]
發狂[발광]   熱狂[열광]   野球狂[야구광]

逮

辶 / 8 / 12

잡을 **체**, 미칠 **체**
잡다   미치다(及)
arrest

コ ヨ 圭 肀 隶 逮

편안할 강 : 康 → 隶 : 편안하다
죄인의 편안함(隶)을 박탈해서 감옥으로 가게(辶) 한다는 데서 잡다(逮)의 뜻임. 죄인을 잡으려면 손이 죄인에 미쳐야 한다는 데서 미치다(逮)의 뜻도 있음. (會形), (轉注)

逮捕[체포] 죄를 범하였거나 혐의가 있는 사람을 잡음. ㉠犯人~
逮夜[체야] 밤이 됨. 기일의 전날 밤.

膜

月(肉) 11 / 15

꺼풀 **막**, 큰 절할 **막·모**
홀떼기   큰 절
membrane

月 月⺼ 胪 胪 胪 膜 膜

동물(月)의 제기관을 감싸서 밖에서 볼 수 없게(莫) 하는 꺼풀·홀떼기·막(膜)의 뜻임. 상대편을 볼 수 없게(莫) 몸(月)을 크게 구부린다는 데서 큰절을 하다(膜)의 뜻도 있음. (會形)

莫, 幕, 漠 → 막 ← 膜, 寞

鼓膜[고막] 귀청.
皮膜[피막] 眼膜[안막] 腹膜[복막]
膜拜[막배·모배] 땅에 엎드려 절함.

藤

艹 15 / 19

등나무 **등**
등나무
rattan

艹 艹 艹 艹 艹 艹 艹 藤 藤

클 태 : 泰 → 𡗜 : 크게 뻗어나다

나무의 줄기·몸(月)과 잎(艹)이 크게(泰) 뻗어나고 茂盛(무성)한 등나무(藤)의 뜻임. (會形)

藤架[등가] 藤의 덩굴을 올리는 시렁.
藤紙[등지] 종이의 一種.
葛藤[갈등] 일이 뒤얽힘.

謄

言 10 / 17

베낄 **등**, 등사할 **등**
베끼다   등사하다
copy

月 月` 月⺼ 朕 謄 謄 謄

이길 승, 나을 승, 훌륭할 승 : 勝 → 朕 : 몸에 불같은 힘이 둘(勝)이라는 데서 '힘들여서'의 뜻.

힘들여서(朕) 언어(言)로 된 문서를 베낀다·등사한다(謄)는 뜻임. (會形)

勝 → 승 등 ← 謄, 騰, 藤

謄本[등본] 원본의 사본. 예 戶籍~
謄寫[등사] 베껴 씀. 등사판으로 박음.
謄抄[등초] 謄寫機[등사기] 謄出[등출]

膽

月 13 / 17

쓸개 **담**, 담력 **담**   예 胆
쓸개   담력
gall, courage

月 月⺼ 胪 胪 胪 膽 膽

멜 담 : 擔 → 詹 : 담당하다

몸(月)의 내장의 하나로 간과 더불어 인체의 소화·안정·기력을 擔當(담)하는 쓸개(膽)의 뜻임. 안정과 기력이란 데서 담력(膽)의 뜻도 나왔음. (形聲), (轉注)

膽囊[담낭] 膽汁을 저장하는 주머니.
膽力[담력] 肝膽[간담] 大膽[대담]
落膽[낙담] 膽小[담소] 膽氣[담기]

騰

馬 10 / 20

오를 **등**, 날 **등**, 탈 **등**
오르다, 뛰다, 날다, 타다
prance, jump

月⺼ 朕 朕 謄 騰 騰

이길 승 : 勝 → 朕 : 뛰어난 힘의 뜻

뛰어난 힘(朕)으로 말(馬)이 뛰어오른다(騰)는 뜻임. 뛰어난 힘으로 달리는 말을 탄다(騰)는 뜻도 있음. (會形), (轉注)

騰貴[등귀] 물건 값이 오름.
騰落[등락] 값의 오름과 내림.
沸騰[비등] 액체가 끓어 오름. 예 ~點
暴騰[폭등] 물가 등이 갑자기 크게 오름.

尉

寸 8 / 11

벼슬 이름 **위**, 편안히 할 **위**
尉官   늦慰
company officers

ㄱ 尸 尸 尽 尉 尉

몸(尸)과 손을 법도(寸)에 맞게 움직여 부하에게 指示(지시)·命令하는 위관(尉)의 뜻임. 慰의 뜻으로 쓰는 일도 있음. (會形), (假借)

※ 慰 : 위로할 위 : 慰勞, 慰問, 慰安

大尉[대위]   中尉[중위]   小尉[소위]
尉官[위관]   准尉[준위]   校尉[교위]
都尉[도위]   廷尉[정위]   衛尉[위위]

閥 門 6 14

문벌 **벌**, 지체 **벌**, 공로 **벌**
문벌 지체 공로
powerful family

ㅣ 門 門 門 閥 閥

문 문 : 門 : 문, 가문의 뜻
칠 벌, 공 벌, 자랑할 벌 : 伐 : 적을 정벌하고 그 공을 자랑한다(伐)는 뜻
가문(門)의 명예를 자랑한다(伐)는 데서 문벌(閥)의 뜻임. (會形)
　　　　　　　伐 → 𠂤 ← 閥, 筏
門閥[문벌] 대대로 내려오는 가문의 지체.
族閥[족벌]　學閥[학벌]　派閥[파벌]
軍閥[군벌]　財閥[재벌]　閥閱[벌열]

閱 門 7 15

볼 **열**, 겪을 **열**, 지체 **열**
살펴보다, 겪다, 지내다, 가문
inspect

ㅣ 門 門 門 閱 閱

날카로울 예 : 銳 : 날카롭다·예리하다
문(門) 안의 사람이나 사물을 銳利하게(銳→兌) 하나 하나 살펴본다(閱)는 뜻임. 하나 하나 살펴 보며 세월을 보낸다는 데서 겪다·지내다(閱)의 뜻도 있음. (會形), (轉注)
檢閱[검열] 검사함.
閱歷[열력] 겪은 일. 지금까지 해 온 일.
閱覽[열람]　閱兵[열병]　査閱[사열]

闕 門 10 18

대궐 **궐**, 빠질 **궐**, 이지러질 **궐**
대궐 빠지다 이지러지다
palace, lack

門 門 門 闕 闕 闕

그 궐, 숙일 궐, 팔 궐 : 厥 → 欮(286)
문(門) 안의 신하들이 임금 앞에서 고개를 숙이(欮)는 곳이라는 데서 대궐(闕)의 뜻임. 대궐문이 ∩字形으로 굴처럼 비어있다는 데서 빠지다·이지러지다(闕)의 뜻도 나왔음.
闕席[궐석]　缺席(결석).
大闕[대궐]　宮闕[궁궐]　闕內[궐내]

廻 辶 6 9

돌 **회**, 피할 **회**
돌다 피하다
round

冂 冂 回 冋 廻 廻

민책받침 : 辶 : 순서·절차를 밟다
돌 회 : 回 : 回轉, 回顧, 回避
순서를 밟으며(辶) 돈다(回)는 데서 돌다(廻)의 뜻임. 정면으로 나가지 않으며 멀리 돌아서·피한다(廻)는 뜻도 있음. (會形), (轉注)
廻轉[회전]　旋廻[선회]　廻廊[회랑]
巡廻[순회]　上廻[상회]　廻避[회피]

歐 欠 11 15

토할 **구**, 칠 **구**, 구라파 **구**
吐 때리다 유럽
vomit, beat

宀 兯 品 區 區 歐 歐

구역 구 : 區 : 구역, 밥통(匸) 속의 식품(品)의 뜻　　　㉮ 欧
밥통 속의 식품(區)을 입을 크게 벌리고(欠) 토한다(歐)는 뜻임. 치다·때리다(歐)의 뜻으로도 쓰인다. 歐羅巴(歐)의 뜻으로 假借하여 쓰인다. (會形), (假借)
歐美[구미] 구라파와 미주. 서양 여러 나라.
歐吐[구토]　歐逆[구역]　歐打[구타]

款 欠 8 12

정성 **관**, 조문 **관**, 새길 **관**
정성 조목 새기다
sincerity, article

土 耂 耂 耒 款 款

선비가 제단(耒) 앞에서 입을 크게 벌려(欠) 자기의 소원을 정성을 다하여 조목 조목·새기듯이(款) 기원한다는 뜻임. (會意)
款待[관대] 정성껏 대우함. 歡待(환대).
款項目[관항목] 大別·中別과 細別.
定款[정관] 규정해 놓은 文件과 조목.
落款[낙관] 이름을 쓰고 도장을 찍음.
款識[관지]　約款[약관]　借款[차관]

覆

西 12 18

엎어질 복, 덮을 복(부)
엎어지다 덮다
overturn, cover

서녘 서: 西→襾 : 서녘, 바구니

1. 바구니(襾)가 다시(復) 뒤집혀·엎어진다(覆). 2. 물건 위에 바구니(襾)나 방석 等을 다시(復) 덮는다(覆)는 뜻임. (會形)   復,複,腹 → 복 ← 覆

顚覆[전복] 뒤집혀 엎어짐. ⓔ車輛~
覆蓋[복개] 뚜껑. 덮개를 덮음.
覆面[복면] 反覆[반복] 覆審[복심]

霸

雨 13 21

우두머리 패, 으뜸 패
제후지장   으뜸 ⓢ 覇
chief

비 우: 雨→帝 또는 襾: 비, 天下를 덮는다는 뜻
천하를 덮는(雨 또는 襾) 革命(革)의 歲月(月)을 이룩했다는 데서 무력으로 천하를 차지한 제후의 長 나아가서 우두머리·으뜸(霸 또는 覇)의 뜻임. (會意)

霸者[패자] 제후의 우두머리. 우승자.
霸王[패왕] 霸者와 왕자.
霸權[패권] 霸氣[패기] 制霸[제패]

蹴

足 12 19

찰 축, 삼갈 축
차다   근심하는 모양
kick

나아갈 취: 就: 앞으로 나아가다 (267)
발(足)이 힘차게 나아가며(就) 찬다(蹴)는 뜻임. (會形)   就足 → 蹴
                                                취족 → 축

蹴球[축구] 11 명이 한 팀이 되어 혁제(革製)의 볼을 차서 골 속에 넣어 승부를 다투는 경기.
蹴球[축구] 공을 참. 球技의 하나.
一蹴[일축] 한 번 참. 단번에 물리침.

趨

走 10 17

달릴 추,   재촉할 추
달리다(趣) 재촉하다(促)
go quickly

꼴 추: 芻: 풀(卄→屮→屮)을 묶는다(包→勹→勹)는 데서 꼴(芻)의 뜻. 초식 동물의 먹이의 뜻.
짐승이 꼴(芻)을 보고 달린다(走)는 데서 빨리 걷다·달리다(趨)의 뜻임. (會形), (轉注)

趨勢[추세] 세상이 되어 가는 형편.
歸趨[귀추] 귀착하는 바, 또는 그 곳.

飼

食 5 14

먹일 사, 기를 사, 칠 사
먹이다 기르다 치다
feed

맡을 사, 벼슬 사: 司: 맡다
동물을 맡아서(司) 먹이(飠)를 주어 기른다는 데서 먹이다·기르다·치다(飼)의 뜻임. (形聲)   司, 詞 → 사 ← 飼, 祠

飼料[사료] 먹이.
飼育[사육] 짐승을 기름.
放飼[방사] 가축을 놓아 먹임.
飼牛[사우] 소를 기름. 또는 기르는 소.

餐

食 7 16

먹을 찬, 음식 찬
먹다   飮食
eat, meal

공이 찬: 卜: 절구 공이
공이와 손의 모양
손에 공이를 들어 저녁거리(夕) 쌀을 찧어 밥(食)을 해 먹는다는 데서 먹다·음식(餐)의 뜻임. (會形)

※ 燦: 빛날 찬, 粲: 흰쌀 찬

餐食[찬식] 음식을 먹음.
餐車[찬차] 식당차.
素餐[소찬] 晩餐[만찬] 佳餐[가찬]

宰窒竊劑蔑帽　341

宰
穴 7 / 10

재상 **재**, 주장할 **재**, 잡을 **재**
재상, 主張, 主掌, 잡다
prime minister

宀 宇 宇 宰 宰 宰

집 가 : 家 → 宀 : 집, 國家의 뜻

國家(宀)를 위하여 열 가지(十) 사업 계획을 세우고(立) 일을 추진하는 재상(宰)의 뜻임. 재상은 국사를 주재한다는 데서 주장하다(宰)의 뜻도 있음. (會意), (轉注)

宰相[재상] 政務를 總理하는 대신.
主宰[주재] 책임을 지고 처리함.
宰殺[재살] 짐승을 잡아 죽임. 도살(屠殺).

劑
刂 14 / 16

약 지을 **제**, 자를 **제**
약을 짓다　자르다　⑲ 剤
dose

亠 亠 亣 亦 齊 劑

가지런할 제 : 齊 : 가지런하다. (299)

漢藥·韓藥의 약재를 칼(刂)로 가지런히(齊) 썰어서 약을 짓는다(劑)는 뜻임. (會形)

※ 濟 : 건널 제, 구제할 제 : 救濟, 經濟

調劑[조제] 약재를 조합하여 약을 지음.
藥劑[약제] 조제한 약. ⑲ ~師
睡眠劑[수면제] 淸涼劑[청량제] 錠劑[정제]

窒
穴 6 / 11

막을 **질**, 질소 **질**
막다　질소
block, obstruct

宀 宂 空 空 窒 窒

굴 혈, 구멍 혈 : 穴 → 宀 : 굴, 굴의 끝
이를 지 : 至 : 이르다·다다르다

굴(穴) 끝에 이르러(至) 더 나가지 못하게 길이 막혔다는 데서 막다(窒)의 뜻임. (會形)
至 穴 → 窒
지 혈 → 질

窒息[질식] 숨이 막힘.
窒塞[질색] 숨이 막히거나 속이 터질 지경.
窒素[질소] 원소의 하나.

蔑
艹 11 / 15

업신여길 **멸**, 없을 **멸**
업신여기다　없다
disdain

艹 艹 芦 芦 蔑 蔑

도끼 월 : 鉞 → 戊 → 戌 : 개 술 : 여기서는 도끼의 뜻임. (261)

도끼(戌)를 든 사람의 눈(目→罒)에 풀(艹) 따위는 안중에도 없다는 데서 업신여기다·없다(蔑)의 뜻임. (會意)

※ 滅 : 불꺼질 멸, 威 : 위엄 위, 越 : 넘을 월

蔑視[멸시] 업신여김. 낮추 봄. 輕視.
輕蔑[경멸]　侮蔑[모멸]　凌蔑[능멸]

竊
穴 17 / 22

도둑질 **절**, 몰래 **절**　⑲ 窃
도둑　몰래
steal, thief

穴 穴 窈 窃 竊 竊

굴을 파고 通過하여(离) 사람이 손으로(厶) 벼를 차례로(釆) 훔친다는 데서 도둑질(竊)의 뜻임. 도둑질은 몰래 한다는 데서 몰래(竊)의 뜻도 나왔음. 굴(穴)을 파고 들어가 재물의 일부를 切取(切)한다는 데서 도둑(竊)의 뜻임. (會形), (轉注)

竊盜[절도] 남의 물건을 몰래 훔침.
竊取[절취] 몰래 훔쳐 가짐.

帽
巾 9 / 12

모자 **모**, 사모 **모**
모자　사모
hat, cap

冂 巾 帄 帄 帽 帽

가릴 모, 쓸 모 : 冒 : 머리·이마·눈
(首→目)을 덮는다(冂)는 데서 가리다·쓰다(冒)의 뜻.

천(巾)으로 만들어 머리·이마에 쓰는(冒) 모자(帽)의 뜻임. (會形)

帽子[모자] 머리에 쓰는 물건의 총칭.
紗帽[사모] 관복을 입을 때 쓰는 것으로서 사(紗)로 짠 모자.
制帽[제모]　運動帽[운동모]　登山帽[등산모]

戴

戈 14 18

일 대, 받들 대
이다 받들다
wear on the head

| 一 | 土 | 吉 | 壹 | 責 | 戴 |

실을 재, 해 재: 載 → 戈: 싣다
다를 이: 異: 다르다

수레에 싣는(戈) 것과는 달리(異) 머리에 인다(戴)는 뜻임. 머리에 인다는 데서 머리 위로 받든다(戴)는 뜻도 나왔음. (形聲), (轉注)

戴冠[대관] 관을 씀.
推戴[추대] 웃사람으로서 올려 떠받듦.
男負女戴[남부여대] 不俱戴天[불구대천]

凝

冫 14 16

엉길 응, 모을 응, 막힐 응
엉기다 모으다 막히다
coagulate

| 冫 | 冴 | 浐 | 涔 | 凝 | 凝 |

얼음 빙: 氷 또는 冰 → 冫: 얼다
의심할 의: 疑: 의심하다

얼어붙은(冫) 것이 아닌가 의심할(疑) 정도로 덩어리가 되어 엉기고・모이다(凝)의 뜻임. 엉기어서 흐름이 막히다(凝)의 뜻도 있음. (會形)

凝結[응결] 한데 엉기어 뭉침.
凝固[응고] 엉키어 뭉쳐 굳어짐.
凝血[응혈] 凝縮[응축] 凝視[응시]

赦

赤 4 11

용서할 사, 죄 사할 사
용서 죄를 사하다.
pardon, forgive

| 一 | 土 | 寺 | 赤 | 赦 | 赦 |

붉을 적: 赤: 붉다. 죄를 붉은 불로 태운다는 뜻. 기독교에서는 붉은 피로 속죄한다는 뜻.

죄를 붉은(赤) 불로 태우듯이 용서하여 놓아준다(放→攵)는 데서 용서하다・죄를 사하다(赦)의 뜻임. (形聲)

赦免[사면] 죄를 용서하여 죄를 면제함.
容赦[용사] 용서하여 놓아줌.
赦罪[사죄] 大赦[대사] 特赦[특사]

准

冫 8 10

승인할 준, 견줄 준
승인 비기다
approve, permit

| 冫 | 亻 | 亻 | 汢 | 准 | 准 |

평평할 준, 법도 준, 비길 준: 準 → 准: 基準, 標準, 準則, 準據, 準備

어떤 基準・標準과 견주어 합당하면 승인한다는 데서 견주다・승인하다(准)의 뜻임. (會形)

准將[준장] 소장 다음 가는 군의 계급.
批准[비준] 조약을 국가 원수가 승인하는 일.
認准[인준] 입법부의 승인.

傘

人 10 12

우산 산, 일산 산
우산   일산
umbrella

| 人 | 人 | 仐 | 仐 | 傘 | 傘 |

우산・일산(傘)의 모양을 본떴음. (象形) 비치 파라솔 속에 네 사람이 들어가 있는 것을 상상하면 된다.
山 → 傘 ← 傘

傘下[산하] 우산의 밑. 어떤 기구의 관할(管轄) 아래. 예 ~團體
雨傘[우산]   日傘[일산]   陽傘[양산]

駐

馬 5 15

머무를 주
머무르다
halt, station

| 厂 | 厂 | 丆 | 馬 | 馬 | 駐 |

말 마: 馬: 말, 병마, 군마
살 주: 住 → 主: 살다

兵馬(馬)와 함께 군사가 사는(主) 곳을 정한다는 데서 머무르다(駐)의 뜻임. (會形) 主, 住, 注, 柱 → 駐 ← 駐, 註

駐屯[주둔] 군대가 한 곳에 머무름.
駐車[주차] 자동차 따위를 세워 둠.
常駐[상주] 언제나 주둔・주재함.

震

雨 7 15

천둥 **진**, 진동할 **진**, 위엄 **진**
천둥 진동하다 위엄
thunders, shake

亠 丙 禹 震 震 震

별 진(신) : 辰 → 長 : 길다

비(雨)가 올 때 하늘에서 긴(辰) 빛을 발하고 천둥(震) 소리가 요란하면서 천지를 진동시킨다(震)는 뜻임. (會形)

震天動地[진천동지] 하늘이 진동하고 땅이 움직임.
地震[지진] 땅이 진동함.
震怒[진노] 임금의 노여움.

翰

羽 10 16

깃 **한**, 붓 **한**, 글 **한**
羽 筆 文
feather

十 古 卓 龺 翰 翰

줄기 간 : 幹→龺 : 줄기, 몸뚱이, 등뼈

줄기(龺)가 튼튼한 깃(羽)이란 데서 깃(翰)의 뜻. 또 그 깃으로 높이 난다(翰)는 뜻. 깃으로 만든 붓(翰). 붓으로 글을 쓴다는 데서 글·편지·문인·학자(翰)의 뜻도 있음. (會形), (轉注)

幹 → 간 헌 ← 翰, 瀚

翰飛[한비] 높이 낢. 高飛.
書翰[서한] 便紙, 書簡, 翰札(한찰).

刹

刂 7 9

절 **찰**, 탑 **찰**, 짧은 시간 **찰**
절 탑 짧은 시간
temple

亠 ㅗ 乄 杀 杀 刹

낫과 칼(刂)로 나무를 베어(木)다가 절(刹)을 짓는다는 뜻임. 梵語(범어)의 ksetra, citi의 음역에서 나온 글자임. 낫이나 칼을 한 번 휘두르는 짧은 시간(刹)의 뜻도 있음. (會形)

刹那[찰나] 순간(瞬間).
刹鬼[찰귀] 惡鬼羅刹. 惡魔.
寺刹[사찰] 古刹[고찰] 名刹[명찰]

酷

酉 7 14

혹독할 **혹**, 심할 **혹**
혹독하다 심하다
cruel

一 丆 酉 酉 酷 酷

알릴 고 : 告 : 고하다. 告祀(고사).
술 주 : 酒 → 酉 : 소주, 고량주.

告祀(告)를 지낼 때 쓰는 소주·高粱酒(酉)가 독하다는 데서 혹독하다·심하다(酷)의 뜻임. (會形)

告, 梏 → 곡 혹 ← 酷

苛酷[가혹] 까다롭고 혹독(酷毒)함.
酷寒[혹한] 酷使[혹사] 酷評[혹평]

衷

衣 4 10

정성 **충**, 속옷 **충**
정성 속옷
sincerity

一 亠 古 吏 吏 衷

가운데 중 : 中 : 속의 뜻.

옷(衣) 속(中)에 입는 속옷(衷)의 뜻임. 옷(衣) 속(中)의 심장이란 데서 참마음·정성(衷)의 뜻임. (會形)

衷心[충심] 속에서 우러나오는 마음. 충정.
苦衷[고충] 괴로운 마음 속.
折衷[절충] 알맞은 것을 얻음.
衷懇[충간] 眞情으로 간청함.

靴

革 4 13

신 **화**, 구두 **화**
신 구두
shoes

卝 卝 芇 革 靴 靴

가죽 혁, 고칠 혁 : 革 : 가죽
변화할 화 : 化 : 변화하다·변화시키다

가죽(革)을 변화시켜(化) 만든 것이 신·구두(靴)이다. (形聲)

化, 花, 貨 → 화 ← 靴

靴工[화공] 구두를 짓는 직공.
軍靴[군화] 洋靴[양화] 登山靴[등산화]
短靴[단화] 長靴[장화] 運動靴[운동화]

厭 싫어할 염

厂 12 14

싫어하다
dislike

厂 厂 厓 厓 厭 厭

벼랑(厂) 밑에는 햇빛·달빛(日/月)이 비치지 않고 개(犬)도 먹을 것이 없어서 지나가지 않는다는 데서 싫어하다(厭)의 뜻임. (會意)

※ 壓: 누를 압: 壓力, 壓倒, 壓迫 (286)

厭世[염세] 세상을 귀찮게 여기고 싫어함.
厭惡[염오] 싫어서 미워함.
厭忌[염기]　厭棄[염기]　厭飽[염포]
厭勝[염승] 주술(呪術)을 써서 사람을 누름.

衡 저울 형, 평평할 형, 가로 형

行 10 16

저울　평평하다　橫
balance

彳 彳 徫 徫 徫 衡

길을 다니는(行) 소가 큰 뿔(大角→)로 사람을 받지 못하도록 두 뿔을 가로(衡)로 맨 나무의 뜻에서 저울대·비녀·난간·평평하다(衡)의 뜻임. (會形)

行 → 행 형 ← 衡

度量衡[도량형] 길이·분량·무게, 또 이것을 재는 자·되·저울 따위.
銓衡[전형] 시험하고 저울질하여 뽑음.
均衡[균형]　平衡[평형]　衡平[형평]

鬱 답답할 울, 우거질 울

鬯 19 29

답답하다　무성하다　㊂欝
pent-up

木 枊 榔 欟 鬱 鬱

숲(林)속의 나무, 독(缶)속의 고추장·된장, 그릇 속의 쌀(㐭), 칼집의 비수(匕), 머리털(彡) 등이 촘촘하다는 데서 답답하다·무성하다·막히다(鬱)의 뜻임. (會形)

憂鬱[우울]　沈鬱[침울]　陰鬱[음울]
鬱積[울적]　鬱寂[울적]　鬱火[울화]
鬱蒼[울창]　鬱憤[울분]　鬱陶[울도]

蔘 인삼 삼, 늘어질 삼

艹 11 15

인삼, 삼, 늘어지다
ginseng

艹 𦬼 𦰌 蒸 葵 蔘

艹 … 풀
厸 … 인삼의 눈
人 … 인삼의 모양
彡 … 잔 뿌리, 毛根

인삼(蔘)의 모양을 본떴다. (形聲)

參, 慘 → 참 삼 ← 參, 蔘, 滲

蔘圃[삼포] 인삼을 재배하는 밭.
蔘茸[삼용] 인삼과 鹿茸(녹용).
蔘農[삼농]　水蔘[수삼]　紅蔘[홍삼]

型 거푸집 형, 법 형

土 6 9

거푸집　법, 본보기
mould

一 二 开 刑 型 型

네모(开) 반듯하게 칼(刂)로 흙(土)을 깎아서 만든 거푸집(型)의 뜻임. 거푸집을 써서 일정한 물건을 만든다는 데서 본보기·법(型)의 뜻도 있음. (會形), (轉注)

刑, 形 → 형 ← 型

鑄型[주형] 鑄物(주물)을 만드는 거푸집.
模型[모형]　典型[전형]　木型[목형]
紙型[지형]　金型[금형]　類型[유형]

垂 드리울 수, 거의 수, 변방 수

土 5 8

드리우다　거의　변방
hang down

一 二 三 垂 垂 垂

땅 위에 사람이 선 모양: 쇼
도롱이(짚으로 만든 우의): 쯮
사람이 도롱이를 걸쳐 드리우다(垂)
중앙의 公文이 변방까지 드리워진다는 데서 변방·변경(垂)의 뜻도 있음. 변방까지 오면 거의(垂) 국경에 이르렀다는 뜻도 있음. (會意) (246)

垂成[수성] 어떤 일이 거의 이루어짐.
垂直[수직]　垂範[수범]　懸垂幕[현수막]

부 록

- 한자가 만들어진 과정
- 한자의 기원
- 한자의 필순
- 한자의 부수, 자전 이용법
- 인명용 한자
- 자음 색인

한자가 만들어진 과정(六書)

한자는 약 3,300년의 역사를 가지고 있다. 처음부터 일시에 모든 문자를 전부 다 만들지는 못했으나 그 당시의 사회상이나 문화에 해당하는 말이나 언어는 있었다. 그 때의 사람들도 해·달·사람·얼굴·손·물고기·짐승 등의 그림을 그렸으며 그리하여 그림 문자가 나오기 시작했다. 그림 문자가 발달하여 물건의 형상을 본뜬 상형(象形) 문자가 만들어졌고 상형 문자 다음으로는 선이나 점 또는 상형 문자에 어떤 기호를 더한 지사(指事) 문자가 만들어졌다.

우리는 현재의 문화와 사회상을 기초로 하여 한자를 이해해서는 안된다. 언제나 옛날을 생각하면서 한자를 이해하고 공부하도록 유의하여야 한다.

1. 상형 문자(象形文字)

눈으로 볼 수 있는 사물의 모양〔形〕을 본떠서〔象〕 만든 문자가 상형 문자이다.

- ☼ → 日 → 日
- ⚊ → 山 → 山
- 人 → 亻 → 人
- ⚋ → 月 → 月
- 川 → 川 → 川
- 米 → 木 → 木

상형 문자는 한자의 기본이 되는 문자로 그 갯수는 약 600자이다.

2. 지사 문자(指事文字)

추상적인 것을 선이나 점 또는 상형 문자에 어떤 부호를 더하여 사물〔事〕을 가리킨〔指〕 것이 지사 문자이다. 그 보기를 들면 다음과 같다.

- 二 → 上 → 上
- 二 → 下 → 下
- ⊙ → 中 → 中
- 末 → 末 → 末
- 亦 → 亦 → 亦

지사 문자는 약 130자가 있다.

3. 회의 문자(會意文字)

상형 문자나 지사 문자만으로는 우리의 말이나 생각 등을 모두 나타낼 수 없다. 그리하여 상형 문자나 지사 문자를 두 개 이상 결합하여 새로운 뜻을 나타낸 것이 회의 문자이다.

- 休:人+木:사람이 나무 그늘에서 쉰다.
- 明:日+月:해와 달은 밝다.
- 林:木+木:나무가 여럿 있으니 숲이다.

4. 형성 문자(形聲文字)

상형 문자, 지사 문자, 회의 문자만으로는 모든 뜻과 생각을 나타낼 수 없다. 그리하여 글자의 일부는 뜻을, 일부는 음(음 또는 음에 가까운 음)을 나타내는 형성 문자가 만들어졌다.

- 問(물을 문):門(음:문)+口(뜻:입)
- 頭(머리 두):豆(음:두)+頁(뜻:머리)
- 住(살 주):亻(뜻:사람)+主(음:주)
- 江(물 강):氵(뜻:물)+工(음:공→강)

형성 문자를 만들 때도 되도록이면 회의 문자의 뜻을 존중하면서 만들었다. 이렇게 만들어진 글자를 회의겸 형성(會意 兼 形聲) 문자 또는 회의 형성(會意 形聲) 문자라 한다.

한자의 수가 늘어남에 따라서 형성 문자의 비율도 점점 증가해서, 현재 사용되는 모든 한자의 약 90%는 형성 문자로 되어 있다.

5. 전주 문자(轉注文字)

위와 같이 만들어진 한자만으로는 무수히 늘어나는 사물 등의 뜻을 다 나타낼 수 없기 때문에 이미 만든 문자를 유사한 뜻으로 전용·확장하기에 이르렀다. 이와 같은 한자의 운용(運用)을 전주(轉注)라 한다. 따라서 전주는 새로운 글자를 만드는 것은 아니고, 한자의 뜻을 확대시켜서 사용하는 원리를 말한다.

▶ 轉 : 구를 전, 옮길 전 : 굴러서 다른 뜻으로 옮긴다.
▶ 注 : 물댈 주 : 물을 대서 흘러 옮긴다는 뜻.

■ 전주의 보기를 들면 다음과 같다.
- 日 : 해 일 (해의 모양을 본떴다) → 해가 뜨면 날이 새며, 해는 날마다 뜬다 → 날 일

  해가 뜨면 낮이다 → 낮 일
- 長 : 긴 장 → 긴 세월을 산 어른 → 어른 장 (家長, 校長, 長官)

  긴 시간 연습을 하면 익숙해서 잘 한다 → 잘할 장 (長技, 長點)
- 命 : 명령할 명 → 목숨은 하늘의 명령이다 → 목숨 명 (人命, 生命)

  하늘의 명령도 본인의 노력에 따라 운전되고 옮겨진다 → 운수 명 (運數, 運命)
- 更 : 다시 갱 → 하루 하루 일을 다시 하면서 부족한 것을 고쳐 나간다 → 고칠 경
- 樂 : 풍류 악 → 즐길 락 → 좋아할 요

한 글자에 여러 가지 훈(訓 : 뜻)이 있는 것은 대부분 전주(轉注)에서 나온 것이다.

6. 가차 문자(假借文字)

도끼의 부품 수는 2개에서 10개 미만이다. 달구지의 부품 수는 수십 개이고, 베틀의 부품 수는 수백 개이다. 자전거의 부품 수는 천여 개이고, 자동차의 부품 수는 약 20,000개이다. 전투 폭격기의 부품 수는 10만이 넘는다.

이와 같이 문화가 발전함에 따라 단어·어휘도 무한히 늘고 있다. 새로운 뜻이 나타났는데 그것을 적을 마땅한 문자(文字)가 없을 때 음(音) 등을 빌려서 적는 방식을 가차(假借)라고 한다. 보기를 들면 다음과 같다.

- 아시아(Asia)   → 亞細亞(아세아)
- 로마(Rome)   → 羅馬(라마)
- 프랑스(France) → 佛蘭西(불란서)
- 승려(Bhiksu)   → 比丘(비구)
- 달러($)   → 弗(아닐 불)

7. 육 서(六書)

후한(後漢) 때의 학자 허신(許愼 ; 30?~124?)은 당시에 사용되던 9,300여 글자의 구성 원칙을 설문해자(說文解字)에서 象形·指事·會意·形聲·轉注·假借로 설명하였는데 이 여섯 가지의 원리를 육서(六書)라 한다. 육서를 도표로 정리하면 다음과 같다.

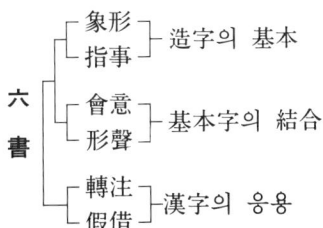

한자(漢字)의 기원

1. 한자(漢字) 기원의 전설
수천년 전 복희(伏羲)라는 임금이 천지 자연을 상징화시켜 팔괘(八卦)를 만들었다고 전한다. 신농씨(神農氏)는 노끈을 매듭지어 결승(結繩) 문자와 비슷한 부호를 사용했다는 전설도 있다.
그 후 황제(黃帝)라는 임금 때 창힐(蒼頡)이라는 사람이 새와 짐승의 발자국을 본떠서 한자를 만들었다는 이야기도 전해지고 있다.

2. 은(殷) 나라의 갑골문자(甲骨文字)
지금부터 약 3,300년 전 은(殷) 나라는 큰 행사가 있을 때마다 귀갑(龜甲)이나 짐승의 뼈로 점을 쳤는데 그 결과를 거북의 등딱지(龜甲)나 짐승의 뼈(骨)에 새기어 두었다고 하는데 그 문자가 약 3000자 전해지고 있으나 해득할 수 있는 수는 약 1,500자라고 한다.

3. 주(周) 나라의 금문(金文) 또는 금석 문자
지금부터 약 2,500년 전 중국은 은(殷) 나라에 이어 주(周) 나라의 시대가 되었다. 주(周) 시대의 문자(文字)는 청동기(靑銅器)나 비석(碑石)에 새겨진 것이 지금 약 2,600자 전해지고 있는데 그 중 약 1,900자는 해득이 가능하다고 한다. 금문(金文)은 갑골 문자(甲骨文字)에 비하여 글씨체(體)가 둥글고 자연스런 모양을 갖추고 있다.

4. 진(秦) 나라의 전서(篆書)
지금부터 약 2,200년 전 진(秦) 나라가 중국 대륙을 통합하자 이사(李斯)를 시켜 그 당시까지 전해 내려오던 모든 자체(字體)를 종합하고 통일시킨 전서(篆書)를 만들었다.

5. 한(漢) 나라의 예서(隷書)
한(漢) 나라가 세워진 후 전서를 개량한 예서가 실용문자로 사용하게 되었으며 경서(經書) 등도 예서(隷書)로 기록했다고 한다.

6. 한(漢) 나라 중엽 이후의 해서(楷書)
한의 중엽부터 예서(隷書)를 더욱 쓰기에 편리하도록 개량한 해서(楷書)가 행하여졌으며 현재에도 사용되고 있다.

7. 행서(行書)와 초서(草書)
해서(楷書)의 자획을 생략하고 흘려 쓴 행서(行書)는 후한(後漢) 때, 초서(草書)는 진(晉) 시대에 만들어져서 현재에 이르고 있다.

8. 한자의 수(數)
논어(論語)의 총자수는 약 10,000자인데 글자의 종류〔字種〕의 수는 약 1,500자이다.
3,000년 전의 한자의 수〔字種〕는 약 3,500자였으며
2,000년 전의 한자(漢字)의 수는 약 10,000자로 늘어났다.
1,300년 전에는 약 26,000자가 사용되었으며,
오늘날의 큰 자전(字典)에는 약 60,000자가 수록되고 있으며, 현재도 자수(字數)는 계속 늘어나고 있다.

한자(漢字)의 필순(筆順)

한자의 필순은 원칙적으로 글자마다 일정한 순서로 정해져 있으나, 예외적인 필순도 일반적으로 인정되는 경우가 있다. 여기서는 필순의 일반적인 대요를 설명한다.

1. 위로부터 아래로 써 내려간다.
言…一 二 言   三…一 二 三
工…一 丁 工   客…宀 宂 客

2. 왼쪽에서 오른쪽으로 써 나간다.
川…丿 川 川   休…亻 什 休

3. 가로획을 먼저 세로획을 나중에 쓴다.
十…一 十   寸…一 寸 寸
用…丿 冂 用   無…一 仁 無

4. 세로획을 먼저, 가로획을 나중에 쓴다.
田…冂 田 田   曲…冂 曲 曲
王…一 丁 王   生…一 牛 生

5. 가운데를 먼저 쓴다.
小…亅 小 小   水…亅 沙 水
⟨주의⟩ 火…丶 火 火
業…丷 并 业 業

6. 바깥쪽을 먼저 쓴다.
同…丨 冂 同   國…冂 國 國
⟨주의⟩ 區…一 品 區
匹…一 丁 兀 匹

7. 왼쪽 삐침을 먼저, 파임을 나중에 쓴다.
文…亠 ナ 文   大…一 ナ 大
夫…二 丰 夫   處…虍 广 處

8. 가로획과 왼쪽 삐침
㉮ 가로획이 길고 왼쪽 삐침이 짧은 글자는 왼쪽 삐침을 먼저 쓴다.

右…丿 ナ 右   有…丿 ナ 有
友…丿 ナ 友
㉯ 가로획이 짧고 왼쪽 삐침이 긴 글자는 가로획을 먼저 쓴다.
左…一 ナ 左   存…一 ナ 存

9. 좌우로 꿰뚫는 획(畫)은 맨 나중에 쓴다.
女…⼃ 女 女   母…⺆ 母 母

10. 위 아래로 꿰뚫린 획은 맨 나중에 쓴다.
中…丨 口 中   車…亘 車 車
手…二 三 手   平…一 二 平
○ 아래가 막힌 세로획은 먼저 쓴다.
生…⺊ 牛 生   虫…口 中 虫

11. 오른쪽 어깨의 「丶」은 맨 마지막에 쓴다.
犬…一 大 犬   伐…亻 伐 伐

12. 走, 攵, 免, 是는 맨 먼저 쓴다.
起…土 走 起   勉…⺈ 免 勉

13. 辶, 廴, 乚은 맨 나중에 쓴다.
近…厂 斤 近   直…⼀ 直 直

14. 특히 주의해야 할 필순(筆順)
足…口 口 足
耳…一 丅 耳 또는 一 丆 耳
進…亻 忄 隹 進
止…丨 十 止 또는 一 十 止
必…丶 丿 必 必
花…一 艹 艹 花 花

15. 특수한 자형(字形)의 필순의 보기
凸…丨 一 凸 凸(5획)
亞…一 丅 西 帀 亞(8획)

한자의 부수(部首) 및 자전 이용법

한자를 자형(字形)에 따라 분류하는 방법이 있는데, 그 분류된 무리들을 각각 부(部)라 하며, 그 대표 문자를 부수(部首)라고 한다. 현재 사용되는 대표적인 분류법으로는 214개의 부수가 있다.

1. 변(邊) : 부수가 글자의 왼쪽에 있다.
仙, 江, 姉, 談, 根, 味, 燒

2. 방(傍) : 부수가 글자의 오른쪽에 있다.
和, 相, 助, 形, 歌, 放

3. 머리(頭, 冠) : 부수가 글자의 위에 있다.
花, 安, 京, 筆, 霜, 登, 星

4. 엄·안·밑(垂) : 부수가 글자의 위에서 왼쪽으로 덮여 있다.
居, 房, 原, 店, 病, 厚, 處

5. 받침 : 부수가 왼쪽에서 밑으로 깔려 있다.
近, 返, 延, 建, 起, 勉

6. 발·다리(脚) : 부수가 글자의 밑에 있다.
兄, 惡, 弄, 熱, 盟, 吾, 製

7. 몸·에운담 : 부수가 글자를 에워싸고 있다.
匹, 區, 匠
問, 開, 鬪, 關
街, 衛, 術, 衝
國, 園, 圍, 囚, 回, 固

※ 혼동하기 쉬운 부수의 보기를 들면 다음과 같다. ( ) 안은 부수를 나타낸다.

巨(工)　　乾(乙)　　穀(禾)
空(穴)　　九(乙)　　久(丿)
歸(止)　　及(又)　　南(十)
年(干)　　來(人)　　望(月)
牛(十)　　商(口)　　世(一)
承(手)　　甚(甘)　　也(乙)
酒(酉)　　勝(力)　　業(木)

자전(字典) 이용법

자전이란 한자를 부수(部首)에 따라 분류한 후 획수의 차례대로 배열하여 훈(訓)과 음(音)을 설명한 책으로서 옥편(玉篇)이라고도 한다. 자전을 이용하여 한자를 찾는 방법에는 다음 세가지가 있다.

1. 부수 색인 이용법
부수 색인에서 해당 부수의 면수(面數)를 찾은 후, 부수를 뺀 나머지 획수를 가지고 글자를 찾는다.

2. 총획수 색인 이용법
한자의 부수를 잘 모를 경우, 찾고자 하는 한자의 총획을 세어서 글자를 찾는 방법이다.

3. 자음(字音) 색인 이용법
찾고자 하는 한자의 음(音)을 알고 있을 때「가, 나, 다, …」순으로 배열된 자음 색인을 보고 글자를 찾을 수도 있다.

大法院 選定

人名用 漢字(2,962字)

　1994年 9月 1日 大法院에서 人名用 漢字로 2,962字를 選定 公布하였다. 그 중 常用漢字 2,000字에 없는 人名用 漢字의 訓과 音을 소개해 보면 다음과 같다.

賈	값(價) 가, 성(姓) 가, 장사 고	堈	언덕 강, 독(항아리) 강
嘉	아름다울 가, 기뻐할 가	慷	강개할 강　　悲憤慷慨(비분강개)
駕	수레 가, 넘을 가	杠	다리(橋) 강, 깃대 강
嫁	시집갈 가, 떠넘길 가	价	클 개, 착할 개
稼	농사 가, 일할 가	凱	개선할 개, 즐길 개　凱旋(개선)
伽	절 가, 중 가　　伽倻琴(가야금)	愷	즐거울 개
珏	쌍옥(雙玉) 각	漑	물댈 개　　　　　　灌漑(관개)
恪	삼갈 각	渠	도랑 거, 클 거, 우두머리 거
殼	껍질 각　　　　　卵殼(난각)	遽	갑자기 거, 당황할 거, 역말 거
竿	장대 간, 낚싯대 간	鉅	클 거, 강할 거
玕	옥돌(玉石) 간	鍵	열쇠 건　　　　　關鍵(관건)
杆	방패 간, 몽둥이 간, 지레 간	楗	문빗장 건, 방죽 건
艮	그칠 간, 괘(卦)이름 간	巾	수건 건, 건 건　　頭巾(두건)
揀	가릴 간　　　　　揀擇(간택)	虔	삼갈 건　　　　　敬虔(경건)
諫	간할 간, 충고할 간　忠諫(충간)	杰	뛰어날 걸, 준걸(俊傑) 걸
墾	개간할 간　　　　開墾(개간)	檄	격문 격, 격서 격　　檄文(격문)
侃	강직(剛直)할 간	鵑	두견 견　　　　　杜鵑(두견)
瞰	내려다볼 감　　　鳥瞰圖(조감도)	訣	이별할 결, 비결 결　訣別(결별)
勘	헤아릴 감, 조사할 감　勘案(감안)	鎌	낫 겸　　　　　　鎌刃(겸인)
堪	견딜 감, 맡을 감, 하늘 감	憼	경계할 경, 警과 同
鑒	거울 감, 볼 감, 鑑의 俗字	擎	들 경　　　　　　擎劍(경검)
鉀	갑옷 갑　　　　　鉀冑(갑주)	橄	등경걸이 경, 도지개 경
姜	성(姓) 강　　　　姜邯贊(강감찬)	莖	줄기 경　　　　　地下莖(지하경)
彊	굳셀 강　　　　　自彊不息(자강부식)	徑	지름길 경, 지름 경, 徑과 同
橿	감탕나무 강, 굳셀 강	逕	소로 경, 지름길 경
岡	산등성이 강, 언덕 강	涇	통할 경 곧을 경
崗	산등성이 강, 언덕 강, 岡과 同	勁	굳셀 경　　　　　勁健(경건)

倞	굳셀 경, 밝을 량		桄	광랑나무 광	
鯨	고래 경	捕鯨船(포경선)	侊	盛한모양 광, 큰모양 광	
曔	밝을 경		洸	용솟음쳐빛날 광, 깊을 황	
憬	동경할 경, 멀 경	憧憬(동경)	宏	클 굉, 넓을 굉	宏壯(굉장)
璟	옥빛 경		喬	높을 교	喬木(교목)
炅	빛날 경, 열기(熱氣) 경		嬌	아리따울 교, 계집애 교	愛嬌(애교)
耿	빛날 경, 굳을(硬, 梗) 경		邱	언덕 구, 땅이름 구	大邱(대구)
熲	빛날 경, 불빛 경		坵	언덕 구, 클 구, 丘의 俗字	
梗	대개 경, 굳셀 경, 가시나무 경		玖	옥돌 구, 아홉(九) 구	
坰	들(野外, 郊外) 경		鳩	비둘기 구, 모일 구	
瓊	옥 경	瓊玉(경옥)	軀	몸 구, 허위대 구	體軀(체구)
冏	빛날 경		溝	도랑 구, 해자(垓字) 구	溝渠(구거)
誡	경계할 계	十誡命(십계명)	銶	끌 구	
烓	화덕 계, 밝을 계		矩	곡척(曲尺) 구, 법 구	
皐	높을 고, 언덕 고		耇	늙을 구, 耉와 同	
敲	두드릴 고, 매 고	推敲(퇴고)	鞠	공 국, 기를 국, 굽힐 국, 성(姓) 국	
叩	두드릴 고, 꾸벅거릴 고 叩門(고문)		躬	몸 궁, 몸소 궁	實踐躬行(실천궁행)
昆	형 곤, 많을 곤, 벌레 곤		眷	돌아볼 권, 친족 권	眷屬(권속)
崑	산이름 곤	崑崙山(곤륜산)	圭	서옥 규	
琨	패옥이름 곤, 옥돌 곤		珪	서옥(瑞玉) 규	
錕	붉은쇠 곤, 산이름 곤		奎	별이름 규, 별 규	奎章閣(규장각)
控	당길 공, 던질 공, 고할 공		揆	헤아릴 규, 법도 규	
珙	큰옥 공	珙璧(공벽)	窺	엿볼 규	窺見(규견)
廓	둘레 곽, 클 확	輪廓(윤곽)	逵	큰길 규	逵路(규로)
灌	물댈 관, 떨기나무 관	灌漑(관개)	葵	해바라기 규, 접시꽃 규	
瓘	옥이름 관, 서옥 관		畇	밭일굴 균	
舘	객사 관, 館의 俗字		鈞	서른근(三十斤) 균, 녹로(轆轤) 균	
錧	비녀장 관, 輨과 同		橘	귤 귤, 귤나무 귤	柑橘(감귤)
琯	옥피리 관	玉琯(옥관)	剋	이길(克) 극	相剋(상극)
梡	도마(칼板) 관, 땔나무 관		隙	틈 극	間隙(간극)
括	쌀 괄, 묶을 괄	括弧(괄호)	槿	무궁화나무 근	槿域(근역)
曠	밝을 광, 빌 광	曠野(광야)	瑾	아름다운옥 근	
匡	바를 광, 바로잡을 광	匡正(광정)	嬤	고울 근	
珖	옥피리 광, 옥이름 광		漌	맑을 근	

人名用 漢字 353

墐	매흙질할 근	驥	천리마(千里馬) 기
劤	힘셀 근	伎	재주 기　　伎倆(기량)
衾	이불 금　　鴛鴦衾枕(원앙금침)	佶	건장할 길, 바를 길
襟	옷깃 금, 가슴 금　　胸襟(흉금)	桔	도라지 길　　桔梗(길경)
汲	물길을 급, 바쁠 급　　汲汲(급급)	姞	성(姓) 길, 이름 길
兢	굳셀 긍, 조심할 긍, 두려워할 긍		
亙	건널 긍, 뻗칠 긍, 本 亘	奈	어찌(奈) 나　　奈何(나하, 내하)
矜	자랑할 긍, 불쌍히여길 긍　　矜持(긍지)	娜	아리따울 나
		拏	잡을 나　　漢拏山(한라산)
箕	키 기, 삼태기 기	煖	따뜻할 난, 暖과 同
琪	옥이름 기　　琪花瑤草(기화요초)	捺	손으로누를 날　　捺印(날인)
淇	물이름 기	枏	녹나무(樟) 남, 樟과 같은 나무
騏	검푸른말 기, 준마(駿馬) 기	湳	물이름 남
麒	기린 기　　麒麟(기린)	柰	능금나무 내　　柰園(내원)
祺	복 기, 편안할 기　　祺福(기복)	秊	해 년, 나이 년, 年과 同
錤	호미 기	稔	곡식여물 임·념, 쌓일 임·념
璂	피변(皮弁)꾸미개 기	紐	끈 뉴, 맬 뉴　　紐帶(뉴대)
琦	옥이름 기	鈕	손잡이 뉴, 꼭지 뉴
綺	비단 기, 고을 기　　綺羅星(기라성)		
崎	산길험할 기, 갑(岬) 기	緞	비단 단　　緋緞(비단)
埼	갑(岬) 기, 곶(串) 기	譚	이야기 담, 깊을 담 菜根譚(채근담)
錡	세발솥 기, 톱 의	澹	조양할 담, 담박할 담
璣	구슬 기, 선기 기, 별이름 기	覃	넓을 담, 깊을 담
磯	여울돌 기, 물가 기	塘	못 당　　池塘(지당)
畿	살필 기, 나무랄 기	鐺	종고(鐘鼓)소리 당, 쇠사슬 당
玘	패옥(佩玉) 기, 노리개 기	袋	자루 대　　纏袋(전대)
杞	구기자 기　　枸杞子(구기자)	玳	대모(바다거북의 一種) 대
圻	경기(京畿) 기, 지경 기	擡	들 대　　擡頭(대두)
沂	물이름 기, 지경 기	悳	덕 덕, 복 덕, 德과 同
岐	갈림길 기　　岐路(기로)	禱	빌 도　　祈禱(기도)
颱	별기운 기	濤	큰물결 도　　波濤(파도)
耆	늙을 기, 힘셀 기　　耆老(기로)	燾	비출(照) 도, 덮을 도
嗜	즐길 기　　嗜好品(기호품)	鍍	도금할 도　　金鍍金(금도금)
冀	바랄 기, 기주 기　　冀望(기망)	堵	담 도, 집 도　　堵列(도열)

堵	담 도, 집 도	堵列(도열)		黎	검을 려, 무리 려	黎明(여명)
蹈	밟을 도	舞蹈(무도)		璉	호련(祭器 이름) 련	瑚璉(호련)
棹	노 도	棹聲(도성)		簾	발 렴	垂簾聽政(수렴청정)
墩	돈대 돈	墩臺(돈대)		濂	시내이름(川名) 렴	
暾	아침해 돈			斂	거둘 렴, 모을 렴	收斂(수렴)
燉	불빛 돈, 불이글이글할 돈			玲	옥소리 령, 고울 령	玲瓏(영롱)
惇	도타울 돈, 敦과 同			鈴	방울 령	電鈴(전령)
頓	머무를 돈, 갑자기 돈	整頓(정돈)		昤	날빛영롱할 령	
乭	돌(石) 돌	甲乭(갑돌)		伶	영리할 령, 악공(樂工) 령	
洞	물이름(江名) 동			姈	계집영리할 령	
董	바로잡을 동			齡	나이 령	年齡(연령)
峒	항아리 동, 동막이 동			怜	영리할 령	怜悧(영리)
瞳	눈동자 동	瞳子(동자)		盧	밥그릇 로, 검을 로, 성(姓) 로	
杜	팔배나무 두, 막을 두			鷺	백로 로	白鷺(백로)
		杜門不出(두문불출)		魯	미련할 로, 노나라 로	
枓	두공 두, 국기(국자) 주			彔	나무깎을 록, 나무새길 록	
遁	달아날 둔, 숨을 둔	遁走(둔주)		瓏	옥소리 롱, 환할 롱	玲瓏(영롱)
鄧	나라이름 등	鄧小平(등소평)		瀧	비올 롱, 여울 롱	
				劉	성(姓) 류, 묘금도 류	劉備(유비)
螺	소라 라	螺旋(나선)		琉	유리 류	琉璃(유리)
珞	구슬목걸이 락			侖	뭉치 륜, 생각할 륜	
酪	타락(牛乳) 락	酪農(낙농)		崙	산이름 륜	崑崙山(곤륜산)
瓓	옥광채 란			綸	인(印)끈 륜, 다스릴 륜	經綸(경륜)
瀾	물결 란	波瀾萬丈(파란만장)		凜	찰 름, 늠름할 름	凜凜(늠름)
琅	옥이름 랑, 금옥소리 랑			菱	마름 릉	菱形(능형)
瑯	옥이름 랑, 琅의 俗字			綾	비단 릉	綾羅(능라)
萊	명아주 래	蓬萊山(봉래산)		俚	속(俗)될 리	俚諺(이언)
崍	산이름 래			裡	속 리, 裏의 俗字	裡里(이리)
樑	들보 량	棟樑(동량)		莉	말리 리	茉莉(말리)
俩	재주 량, 솜씨 량	技俩(기량)		璃	유리 리	瑠璃(유리)
亮	밝을 량, 참으로 량	諸葛亮(제갈량)		离	산신(山神) 리, 떠날 리(離)	
呂	등뼈 려, 음률(陰의 音律) 려			麟	기린 린, 암기린 린	麒麟(기린)
侶	짝 려, 벗 려	伴侶(반려)		璘	옥무늬 린, 옥빛 린	
閭	마을문 려, 마을 려	閭閻(여염)		燐	돌샘 린, 맑을 린	

琳	푸른옥 림, 옥이름 림			彌	두루 미, 오랠 미	
霖	장마 림	霖雨(임우)				彌勒菩薩(미륵보살)
淋	물방울떨어질 림, 장마 림			嵄	깊은산 미	
笠	삿갓 립	草笠童(초립동)		忞	힘쓸 민	閔泳煥(민영환)
粒	쌀알 립, 낟알 립	粒子(입자)		玟	옥돌 민	
				旻	가을하늘 민	
瑪	마노 마	瑪瑙(마노)		旼	하늘 민, 온화할 민	
蔓	덩굴 만, 퍼질 만	蔓延(만연)		珉	옥돌 민	
曼	길 만, 끌 만, 아름다울 만			岷	산이름 민	
鏋	황금 만, 금정기 만			忞	힘쓸 민	
万	일만 만, 萬의 俗字			敃	힘쓸 민, 강할 민	
茉	말리 말	茉莉(말리)		慜	총명할 민	
枚	낱 매	枚擧(매거)				
萌	싹틀 맹, 백성 맹	萌芽(맹아)		珀	호박 박	琥珀(호박)
冕	면류관 면	冕旒冠(면류관)		璞	옥돌 박	璞玉(박옥)
棉	목화(木花) 면	棉花(면화)		撲	두드릴 박, 칠 박	打撲傷(타박상)
溟	바다 명, 어두울 명	東溟(동명)		鉑	박 박	銀鉑(箔)紙(은박지)
冒	가릴 모, 무릅쓸 모	冒險(모험)		潘	강이름 반, 성(姓) 반	
摸	더듬을 모, 본뜰 모	摸索(모색)		畔	두둑 반, 물가 반	湖畔(호반)
牟	소우는소리 모	釋迦牟尼(석가모니)		磐	너럭바위 반, 넓을 반	磐石(반석)
謨	꾀(大計) 모	謨士(모사)		頒	반포할 반	頒布(반포)
穆	화목할 목			渤	바다이름 발	渤海(발해)
描	그릴 묘	描寫(묘사)		鉢	바리때 발	托鉢僧(탁발승)
錨	닻 묘	投錨(투묘)		潑	물뿌릴 발, 솟아날 발	活潑(활발)
畝	이랑 묘, 면적단위 묘			坊	동네 방	坊坊曲曲(방방곡곡)
撫	어루만질 무	愛撫(애무)		彷	방황할 방	彷徨(방황)
珷	옥돌 무, 碔와 同			昉	밝을 방, 비로소 방	
拇	엄지손가락 무	拇印(무인)		尨	클 방	
懋	힘쓸 무, 성대할 무			裵	옷치렁치렁할 배, 성(姓) 배	
汶	물이름 문, 더럽힐 문	汶山(문산)		陪	도울 배	陪席(배석)
紋	무늬 문	紋織(문직)		湃	물결칠 배	澎湃(팽배)
炆	연기날 문, 따뜻할 문			佰	백사람 백	佰夫長(백부장)
薇	장미 미, 고비 미	薔薇(장미)		帛	비단 백	幣帛(폐백)
渼	물이름 미, 파문 미			蕃	무성할 번, 울타리 번	

氾	넘칠 범, 넓을 범		氾濫(범람)	盆	동이 분	花盆(화분)
范	풀이름 범, 성(姓) 범			汾	물이름(江名) 분	
帆	돛 범		帆船(범선)	賁	클 분	
机	나무이름 범			鵬	붕새 붕	鵬程萬理(붕정만리)
璧	둥근옥 벽, 옥 벽		雙璧(쌍벽)	扉	문짝 비	門扉(문비)
闢	열 벽		開闢(개벽)	庇	덮을 비, 감쌀 비	庇護(비호)
卞	법(法) 변, 고깔 변			琵	비파 비	琵琶(비파)
炳	밝을 병			枇	비파나무 비, 참빗 비	
昞	밝을 병			譬	비유할 비	譬喩(비유)
昺	밝을 병			彬	빛날 빈, 斌과 同	
柄	자루 병, 권세 병		身柄(신병)	斌	빛날 빈, 彬과 同	
幷	아우를 병, 并과 同			嬪	아내 빈, 궁녀 빈	嬪宮(빈궁)
甁	병 병, 항아리 병		空甁(공병)	濱	물가 빈, 가까울 빈	海濱(해빈)
輧	수레 병			憑	의지할 빙, 증거 빙	證憑(증빙)
鉼	판금(板金) 병, 가마솥 병					
秉	잡을 병		秉權(병권)	泗	물이름 사	泗沘水(사자수)
棅	자루 병, 근본 병			砂	모래 사, 沙와 同	砂金(사금)
甫	클(博) 보, 도울(補) 보			紗	깁 사	紗帽(사모)
輔	도울 보		輔弼(보필)	娑	춤출 사	娑婆(사바)
堡	작은성 보, 보루 보		堡壘(보루)	系	실(絲) 사, 가는실 멱, 絲의 略字	
菩	보리수 보, 보살 보			奢	사치 사	奢侈(사치)
馥	향기 복		馥郁(복욱)	徙	옮길 사	移徙(이사)
鍑	가마솥 복			嗣	이을 사	後嗣(후사)
捧	받을 봉		捧納(봉납)	珊	산호 산	珊瑚(산호)
棒	몽둥이 봉, 칠 봉		棍棒(곤봉)	薩	보살 살	菩薩(보살)
琫	칼집장식 봉			杉	삼나무 삼	
烽	봉화 봉		烽火(봉화)	庠	학교 상	庠校(상교)
鋒	칼날 봉		先鋒(선봉)	翔	날 상, 돌 상	飛翔(비상)
蓬	쑥 봉		蓬萊山(봉래산)	湘	강이름 상, 땅이름 상	
芙	연꽃 부, 부용 부		芙蓉(부용)	爽	시원할 상, 밝을 상	爽快(상쾌)
孚	기를 부, 미쁠 부		孚育(부육)	牀	평상 상, 마루 상, 床과 同	
傅	스승 부, 도울 부		師傅(사부)	塽	땅높고밝은곳 상	
溥	넓을 부, 두루미칠 부		溥大(부대)	嗇	인색할 색, 아껴쓸 색	吝嗇(인색)
芬	향기 분		芬皇寺(분황사)	穡	곡식거둘 색	

人名用 漢字　357

舒	펼 서	舒卷(서권)		晟	밝을 성, 성할(旺盛) 성	
曙	새벽 서	曙光(서광)		珹	옥이름 성	
棲	깃들일 서, 살 서	棲息(서식)		娍	아름다울 성	
栖	깃들일 서, 살 서, 棲와 同			瑆	옥빛 성	
壻	사위 서, 남편 서, 婿와 同			惺	깨달을 성, 영리할 성	
婿	사위 서, 남편 서, 壻와 同			醒	술깰 성, 깨달을 성	
奭	클 석, 쌍백(雙百) 석			沼	늪 소	沼澤(소택)
錫	주석 석, 줄 석	朱錫(주석)		邵	고을이름 소, 성(姓) 소	
柘	무게이름 석, 돌 석			炤	밝을 소, 비출(照) 소	
鉐	놋쇠 석	鍮鉐(유석)		韶	풍류이름 소, 아름다울 소	
汐	저녁조수 석	潮汐(조석)		巢	새집 소	巢窟(소굴)
晳	밝을 석, 晣과 同	明晳(명석)		遡	거슬러올라갈 소	遡及(소급)
淅	일 석	淅米(석미)		招	나무흔들릴 소, 과녁 소	
璇	아름다운옥 선			玿	옥이름 소	
琁	아름다운옥 선, 璇과 同			遜	겸손할 손	謙遜(겸손)
璿	아름다운옥 선			巽	패이름 손	
	璿璣(璇)玉衡(선기옥형)			率	거느릴 솔, 비율 률	統率(통솔)
瑄	도리옥 선			淞	강이름 송	
扇	부채 선	扇風機(선풍기)		釗	쇠 쇠, 힘쓸(勉) 소	乭釗(돌쇠)
渲	물적실 선			洙	물이름 수, 물가 수	
愃	쾌(快)할 선			銖	무게의단위 수	
銑	무쇠 선, 금(金) 선			隋	수나라 수	
珗	옥이름 선			髓	골수 수	骨髓(골수)
膳	반찬 선, 선물 선	膳物(선물)		珠	옥돌 수	
墡	백토(白土) 선			粹	순수할 수	純粹(순수)
嬋	고울 선			繡	수놓을 수	刺繡(자수)
羨	부러워할 선, 넉넉할 선	羨望(선망)		穗	이삭 수	發穗(발수)
卨	사람이름 설, 同 契·禼			帥	장수 수, 거느릴 솔	
薛	사철쑥 설, 나라이름 설	薛聰(설총)		塾	글방 숙	義塾(의숙)
楔	기둥 설, 문설주 설			琡	옥이름 숙	
蟾	두꺼비 섬	蟾津江(섬진강)		璹	옥그릇 숙	
暹	햇살오를 섬			橚	길고꼿꼿할 숙	
燮	화할(和) 섭, 불꽃 섭			荀	풀이름 순	
葉	성(姓) 섭, 잎 엽			珣	옥이름 순, 옥그릇 순	

筍	죽순 순	竹筍(죽순)		堊	백토 악	白堊(백악)
洵	진실로 순, 믿을 순			嶽	큰산 악, 岳과 同	
淳	순박할 순, 맑을 순	淳朴(순박)		按	어루만질 안, 살필 안	按舞(안무)
醇	진할 순, 도타울 순	醇酒(순주)		晏	늦을 안, 편안할 안	
焞	밝을 순			庵	초막 암, 암자 암	庵子(암자)
諄	타이를 순, 지극할 순			菴	우거질 암, 암자 암	
錞	악기이름 순			鴨	오리 압	鴨綠江(압록강)
舜	순임금 순	堯舜(요순)		鴦	원앙 앙	鴛鴦(원앙)
嵩	높을 숭, 산이름 숭			昂	높을 앙, 오를 앙	昂揚(앙양)
瑟	큰거문고 슬	琴瑟(금슬)		崖	낭떠러지 애, 厓와 同	
膝	무릎 슬	膝下(슬하)		厓	언덕 애, 물가(涯) 애	
璱	푸른구슬 슬			艾	쑥 애, 예쁠 애	
繩	노끈 승	捕繩(포승)		鶯	꾀꼬리 앵	
丞	도울 승, 정승 승	政丞(정승)		冶	쇠불릴 야	冶金(야금)
陞	오를 승, 升・昇과 同			襄	도울 양	襄陽(양양)
柴	섶 시	柴炭(시탄)		漾	출렁거릴 양, 뜰 양	
恃	믿을 시			檍	참죽나무 억, 박달나무 억	
軾	수레가로나무 식	金富軾(김부식)		彦	선비 언	諸彦(제언)
栻	나무이름 식, 점치는판 식			諺	속담 언	俚諺(이언)
埴	찰흙 식・치			奄	덮을 엄	
湜	물맑을 식			掩	가릴 엄	掩護(엄호)
寔	진실로 식, 이 식			俺	나 엄	
迅	빠를 신	迅速(신속)		業	산높을 업	
訊	물을 신	訊問(신문)		晹	볕 역, 해반짝할 역	
薪	섶나무 신	薪炭(신탄)		淵	못 연	深淵(심연)
莘	세신(藥草名) 신	細莘(세신)		妍	고을 연	
悉	다 실, 갖출 실	知悉(지실)		衍	퍼질 연, 넓을 연	敷衍(부연)
沁	스며들 심, 강이름 심			筵	대자리 연	經筵(경연)
沈	성(姓) 심, 잠길 침			烟	연기 연, 煙과 同	
什	열사람 십, 세간 집	什長(십장)		娟	예쁠 연, 姢과 同	
				涓	시내 연	
娥	예쁠 아			沇	흐를 연・윤, 물이를 연	
峨	산높을 아, 산이름 아			瑌	옥돌 연, 礝과 同	
衙	마을(官廳) 아, 대궐 아			琰	비취옥 염, 아름다운옥 염	

艶	고울 염		妖艶(요염)	莞	골풀 완, 왕골 완	莞島(완도)
燁	빛날 엽		燁燁(엽엽)	婠	몸맵시예쁠 완	
曄	빛날 엽		曄曄(엽엽)	琬	서옥 완, 아름다운옥 완	
暎	비칠 영, 映과 同			婉	순할 완, 아름다울 완	
煐	빛날 영			旺	왕성할 왕	旺盛(왕성)
瑛	옥광채날 영			汪	넓을 왕	
渶	물맑을 영			枉	굽을 왕	枉臨(왕림)
鍈	방울소리 영			堯	높을 요, 요임금 요	堯舜(요순)
瑩	옥돌 영, 밝을 영			饒	넉넉할 요	豊饒(풍요)
濚	물소리 영			耀	빛날 요	耀德(요덕)
嬰	어릴 영		嬰兒(영아)	夭	예쁠 요, 일찍죽을 요	
盈	찰 영		盈月(영월)	瑤	아름다운옥 요	瑤池鏡(요지경)
楹	기둥 영		楹柱(영주)	姚	예쁠 요, 성(姓) 요	
穎	이삭 영, 빼어날 영			溶	녹일 용	溶液(용액)
睿	밝을 예, 슬기로울 예			鎔	녹일 용	鎔(熔)接(용접)
叡	밝을 예, 슬기로울 예, 睿와 同			瑢	패옥소리 용	
芮	풀뾰족뾰족날 예, 성(姓) 예			蓉	부용 용	芙蓉(부용)
乂	풀벨 예, 다스릴 예			榕	용나무 용	榕樹(용수)
伍	다섯사람 오		隊伍(대오)	涌	물솟을 용, 湧과 同	
晤	만날 오, 밝을 오			湧	물솟을 용	湧(涌)泉(용천)
珸	옥돌 오			踊	뛸 용, 춤출 용	舞踊(무용)
吳	큰소리할 오, 오나라 오			墉	담 용, 성(城) 용	
旿	대낮 오, 밝을 오			茸	무성할 용, 녹용 용	鹿茸(녹용)
奧	속 오, 깊을 오		深奧(심오)	佑	도울 우	保佑(보우)
沃	물댈 옥, 기름질 옥		肥沃(비옥)	祐	도울 우, 복 우	天祐(천우)
鈺	보배 옥			禹	우임금 우	禹王(우국)
媼	할미 온, 토지의신 온			瑀	패옥 우	
瑥	사람이름 온			隅	모퉁이 우	一隅(일우)
雍	화락할 옹, 학교 옹			寓	붙어살 우, 붙일 우	寓話(우화)
甕	독 옹, 항아리 옹		甕器(옹기)	堣	땅이름 우, 모퉁이 우, 嵎와 同	
玩	장난할 완		玩具(완구)	迂	굽을 우	迂回(우회)
琓	옥이름 완, 서옥 완			釪	악기이름 우	
浣	씻을 완			玗	옥돌 우	
垸	바를 완			雩	물소리 우	

人名用 漢字

旭	빛날 욱, 아침해 욱		旭日(욱일)	洧	강이름 유	
昱	밝을 욱, 빛날 욱			柚	유자 유	柚子(유자)
煜	비칠 욱, 빛날 욱			濡	젖을 유, 입을 유	濡筆(유필)
郁	땅이름 욱, 성할 욱			愉	즐거울 유, 기뻐할 유	愉快(유쾌)
頊	삼갈 욱			攸	닦을(修) 유, 아득할(悠) 유	
彧	문채(文彩) 욱, 빛날 욱			秞	곡식무성할 유	
沄	돌아흐를 운, 넓을 운			堉	기름진땅 육	
澐	큰물결 운			尹	다스릴 윤, 벼슬이름 윤	判尹(판윤)
耘	김맬 운	耕耘(경운)		胤	이을 윤, 자손 윤	胤嗣(윤사)
蔚	제비쑥 울, 고을이름 울	蔚山(울산)		允	진실로 윤, 허락할 윤	允許(윤허)
熊	곰 웅	熊膽(웅담)		鈗	병기이름 윤	
媛	아름다울 원	才媛(재원)		玧	붉은옥 윤, 귀막는옥 윤	
瑗	옥 원, 고리옥 원			阭	높을 윤	
袁	옷길 원, 성(姓) 원			奫	물깊고넓을 윤	
轅	끌채(멍에채) 원			垠	끝 은, 벼랑 은	
沅	물이름 원			殷	은나라 은, 성할(盛) 은	
愿	성실할 원, 삼갈 원			誾	화기애애할 은, 향내날 은	
嫄	사람이름 원			㵤	물소리 은	
垣	담 원	垣牆(원장)		鷹	매 응	鷹岩洞(응암동)
洹	강이름 원			膺	가슴 응, 받을 응	膺懲(응징)
魏	높을 위, 위나라 위			誼	옳을 의, 의 의	友誼(우의)
渭	물이름 위			擬	헤아릴 의, 흉내낼 의	模擬(모의)
韋	에울(圍) 위, 가죽 위			毅	굳셀 의	毅然(의연)
瑋	옥 위, 진기할 위			倚	기댈 의	倚(依)託(의탁)
暐	햇빛 위, 환할 위			懿	아름다울 의	
庾	노적가리 유, 곳집 유			珥	귀고리 이	李珥(이이)
		金庾信(김유신)		怡	기뻐할 이	南怡(남이)
兪	그러할 유, 응답할 유			伊	저 이	黃眞伊(황진이)
楡	느릅나무 유			弛	활부릴 이, 늦출 이	解弛(해이)
喩	깨우칠 유, 비유할 유	比喩(비유)		爾	너 이, 그 이	爾汝(이여)
瑜	옥 유			彝	떳떳할 이, 법 이	
猷	꾀할 유, 그릴 유			頤	턱 이	
宥	용서할 유, 도울 유	宥和(유화)		謚	웃을 익	
侑	권할 유, 도울 유	侑飮(유음)		翊	도울 익, 翼과 通	

翌	이튿날 익		翌日(익일)	苧	모시풀 저	苧麻(저마)
瀷	강이름 익			楮	닥나무 저, 종이 저	
翼	이튿날 익		翌日(익일)	迪	나아갈 적	
鎰	무게의단위 일			甸	경기(畿) 전	
溢	찰 일, 넘칠 일		充溢(충일)	栓	나무못 전	水道栓(수도전)
馹	역말 일			銓	저울 전, 헤아릴 전	銓衡(저형)
佾	춤 일		佾舞(일무)	佺	이름 전, 신선이름 전	
稔	곡식여물 임·념			詮	설명할 전, 법 전	
剩	남을 잉		剩餘(잉여)	琠	옥이름 전	
				塡	메울 전, 채울 전	充塡(충전)
滋	불을 자		滋養分(자양분)	筌	통발(대오리로 만든 漁具) 전	
仔	자세할 자		仔細(자세)	奠	전올릴(祭祀) 전, 정할 전	
瓷	사기그릇 자		靑瓷(청자)	塡	메울 전, 누를(鎭) 진	
藉	깔개 자, 의뢰할 자		憑藉(빙자)	晢	밝을 절	
芍	작약 작		芍藥(작약)	楨	광나무 정	
灼	사를 작, 구울 작		灼熱(작열)	湞	물이름 정	
雀	참새 작		雀躍(작약)	幀	그림족자 정	影幀(영정)
鵲	까치 작		烏鵲橋(오작교)	禎	상서(祥瑞) 정	
箴	돌침 잠, 경계할 잠		箴石(잠석)	汀	물가 정	
璋	홀(圭) 장			町	밭두둑 정, 경계 정	町步(정보)
樟	녹나무 장		樟腦(장뇌)	玎	옥소리 정	
暲	햇발올라올 장			錠	제기이름 정, 정제 정	錠劑(정제)
漳	강이름 장			淀	얕은물 정	
庄	전장(田莊) 장, 莊의 俗字			鄭	정나라 정	鄭夢周(정몽주)
奘	클 장			晶	수정 정, 결정 정	水晶(수정)
杖	지팡이 장		短杖(단장)	鼎	솥 정	鼎立(정립)
匠	장인 장		名匠(명장)	妌	여자단정할 정	
薔	장미 장		薔薇(장미)	桯	나무바를 정	
縡	일 재			鉦	징 정	鉦鼓(정고)
梓	가래나무 재, 판목 재		上梓(상재)	晸	해뜨는모양 정	
齋	재계할 재, 집 재		齋戒(재계)	珽	옥이름 정, 옥홀(玉笏) 정	
渽	맑을 재, 강이름 재			挺	빼어날 정, 뽑을(選拔) 정	
錚	쇳소리 쟁		錚盤(쟁반)	綎	띠술 정, 인끈(印綬) 정	
邸	집 저		邸宅(저택)	鋌	쇳덩이 정, 살촉 정	

桯	탁자(卓子) 정, 기둥 정			埈	높을 준, 峻·陵과 同	
珵	패옥(佩玉) 정, 珽과 同			駿	준마 준	駿馬(준마)
靖	편안할 정, 다스릴 정	靖亂(정란)		竣	마칠 준	竣工(준공)
靚	단정할 정, 조용할(靜) 정			焌	불땔 준, 태울 준	
鋥	칼날세울 정			畯	농부 준, 권농관(勸農官) 준	
炡	빛날 정			濬	깊을 준, 濬과 同	濬哲(준철)
悌	공손할 제, 화락할 제	孝悌(효제)		雋	뛰어날 준, 새살찔 전	雋哲(준철)
梯	사닥다리 제, 의지할 제			儁	뛰어날 준, 俊과 同	李儁(이준)
瑅	옥이름 제			埻	과녁 준	
祚	복조 조	福祚(복조)		隼	새매 준	
趙	조나라 조	趙子龍(조자룡)		茁	풀싹 줄	
曺	성 조	曺晩植(조만식)		櫛	빗 즐, 늘어설 즐	櫛比(즐비)
遭	만날 조	遭遇(조우)		汁	진액 즙, 국물 즙	果汁(과즙)
詔	조서 조	詔書(조서)		烝	김오를 증, 찔 증	烝暑(증서)
晁	아침 조			甑	시루 증	
窕	정숙할 조	窈窕淑女(요조숙녀)		址	터 지	址臺(지대)
肇	시작할 조	肇國(조국)		趾	발 지, 터(址) 지	城趾(성지)
琮	옥홀(玉笏) 종			沚	물가 지	川沚(천지)
棕	종려나무 종	棕欄(종려)		祉	복 지	福祉(복지)
淙	물댈 종			芝	지초 지	靈芝(영지)
倧	신인(神人) 종	大倧教(대종교)		祇	공경할 지	祇服(지복)
悰	즐길 종			摯	잡을 지, 지극할 지	眞摯(진지)
瑽	패옥소리 종			鋕	새길(銘) 지	
疇	밭두둑 주	範疇(범주)		稙	올벼 직	
註	주낼 주	註解(주해)		稷	기장 직, 곡신(穀神) 직	사직(社稷)
炷	심지 주, 불사를 주			晉	나아갈 진, 진나라 진	
胄	맏아들 주, 자손 주			晋	晉과 同	晋州(진주)
湊	항구 주, 모일 주	湊集(주집)		瑨	옥돌 진, 瑱과 同	
遒	군셀 주			瑱	옥돌 진, 瑨과 同	
姝	예쁠 주			秦	진나라 진	秦始皇(진시황)
澍	단비 주, 적실 주	澍雨(주우)		瑱	옥이름 진, 귀막이옥 진	
峻	높을 준	峻嶺(준령)		軫	수레뒤턱나무 진	
浚	깊을 준	浚谷(준곡)		禛	복받을 진	
晙	밝을 준			縝	삼실(麻絲) 진, 촘촘할 진	

診	맥볼 진, 볼 진	診察(진찰)		轍	수레바퀴자국 철	前轍(전철)
賑	넉넉할 진			喆	밝을 철(哲과 同), 쌍길(雙吉) 철	
瓆	사람이름 질			綴	꿰맬 철	書類綴(서류철)
什	세간 집, 열사람 십	什器(집기)		瞻	볼 첨	瞻星臺(첨성대)
潗	샘솟을 집, 물끓을 집			僉	모두 첨, 여러 첨	僉意(첨의)
楫	노 집·즙, 노저을 집·즙			捷	빠를 첩, 이길 첩	大捷(대첩)
鏶	쇳조각 집			帖	문서 첩	手帖(수첩)
澄	맑을 징	淸澄(청징)		諦	살필 체	要諦(요체)
				艸	풀 초, 草의 古字	
叉	깍지낄 차, 갈래 차	音叉(음차)		樵	땔나무 초, 나무할 초	樵夫(초부)
瑳	고울 차, 웃을 차			蕉	파초 초	芭蕉(파초)
粲	정미(精米) 찬, 선명할 찬			楚	고을 초, 초나라 초	淸楚(청초)
燦	빛날 찬	燦爛(찬란)		叢	모을 총, 떨기 총	叢書(총서)
璨	옥 찬, 옥빛 찬			寵	사랑할 총	寵愛(총애)
澯	맑을 찬, 물출렁거릴 찬			崔	높을 최, 성 최	崔致遠(최치원)
瓚	옥잔 찬, ㊥ 瓉			楸	가래나무 추	
鑽	끌 찬, 뚫을 찬	硏鑽(연찬)		鄒	추나라 추	
纘	이을 찬	纘繼(찬계)		錐	송곳 추	
撰	글지을 찬	新撰(신찬)		錘	저울추 추	
纂	모을 찬, 편찬할 찬	編纂(편찬)		樞	지도리 추, 고동 추	樞機卿(추기경)
菖	창포 창	菖蒲(창포)		椿	참죽나무 춘	椿府丈(춘부장)
昶	해길 창, 화창할 창			瑃	옥이름 춘	
敞	높을 창			賰	넉넉할 춘	
廠	헛간 창, 공장 창	兵器廠(병기창)		冲	빌(虛) 충, 온화할 충, 沖이 本字	
采	캘(採) 채, 무늬(彩) 채			珫	옥이름 충, 귀엣고리 충	
埰	식읍(食邑) 채, 사패땅 채			萃	모을 췌	拔萃(발췌)
寀	동관(同官) 채			翠	푸를 취, 물총새 취	翡翠(비취)
蔡	법 채, 성(姓) 채	蔡倫(채륜)		聚	모을 취, 마을 취	聚落(취락)
綵	비단 채	綵緞(채단)		雉	꿩 치	雉岳山(치악산)
陟	오를 척	進陟(진척)		峙	우뚝솟을 치, 언덕 치	對峙(대치)
坧	기지(基地) 척			熾	불활활탈 치	熾烈(치열)
仟	천사람 천			馳	달릴 치	
阡	길 천, 千의 갖은자로 쓰임			勅	조서 칙, 敕과 同	
澈	맑을 철	鄭澈(정철)		琛	보배 침	

蟄	겨울잠잘 **칩**	驚蟄(경칩)		枰	바둑판 **평**	棋枰(기평)
秤	저울 **칭**	天平秤(천평칭)		陛	섬돌 **폐**	陛下(폐하)
				葡	포도 **포**	葡萄(포도)
夬	결단할 **쾌**, 쾌(卦) **쾌**			褒	기릴 **포**	褒賞(포상)
				杓	자루(柄) **표**, 구기 **작**	
倬	클 **탁**			豹	표범 **표**	
琸	사람이름 **탁**			彪	무늬 **표**, 범 **표**	
晫	환할 **탁**			驃	표절따 **표**, 날랠 **표**	
擢	뽑을 **탁**, 빼낼 **탁**	拔擢(발탁)		稟	여쭐 **품**, 줄 **품**	稟告(품고)
鐸	방울 **탁**	木鐸(목탁)		弼	도울 **필**	補弼(보필)
灘	여울 **탄**	玄海灘(현해탄)		泌	개천물 **필**, 샘물흐르는 모양 **비**	
呑	삼킬 **탄**	甘呑苦吐(감탄고토)		珌	칼집장식 **필**	
坦	평탄할 **탄**	平坦(평탄)		苾	향기날 **필**	
耽	즐길 **탐**, 빠질 **탐**	耽讀(탐독)		馝	향기로울 **필**	
台	별이름 **태**	三台星(삼태성)		佖	위엄(威嚴)스러운 **필**	
邰	나라이름 **태**			鉍	창자루 **필**	
兌	기뻐할 **태**, 바꿀 **태**					
汰	씻을 **태**, 일 **태**	淘汰(도태)		廈	큰집 **하**	
垞	언덕 **택**			厦	큰집 **하**, 廈의 俗字	
桶	통 **통**	水桶(수통)		霞	놀 **하**	夕霞(석하)
堆	쌓을 **퇴**	堆金積玉(퇴금적옥)		昰	夏의 古字, 是의 本字	
				澣	빨래할 **한**, 열흘 **한**	
坡	억덕 **파**	坡州(파주)		瀚	넓고클 **한**	
巴	뱀 **파**, 소용돌이 **파**	三巴戰(삼파전)		閒	한가할 **한**, 閑과 同	
芭	파초 **파**	芭蕉(파초)		轄	굴대빗장 **할**, 다슬리할	管轄(관할)
琶	비파 **파**	琵琶(비파)		函	함 **함**, ⓐ 凾	投票函(투표함)
阪	언덕 **판**, 坂·岅과 同			涵	젖을 **함**, 잠길 **함**	涵養(함양)
坂	언덕 **판**	九折坂鐉盒(구절판찬합)		亢	높을 **항**, 목 **항**	亢進(항진)
浿	강이름 **패**	浿水(패수)		沆	넓을 **항**	
牌	패 **패**	門牌(문패)		姮	항아(仙女의 이름) **항**	姮娥(항아)
佩	찰 **패**, 노리개 **패**	佩玉(패옥)		偕	함께 **해**	偕老(해로)
彭	북치는소리 **팽**			諧	화할 **해**, 어울릴 **해**	諧謔(해학)
澎	물부딪는소리 **팽**			楷	나무이름 **해**, 해서 **해**	楷書(해서)
扁	납작할 **편**	扁舟(편주)		杏	살구 **행**	銀杏(은행)

人名用 漢字

珦	옥이름 향	安珦(안향)	琥	옥그릇 호, 호박 호	琥珀(호박)
墟	터 허, 언덕 허	廢墟(폐허)	扈	따를 호, 넓을 호	
赫	빛날 혁	朴赫居世(박혁거세)	顥	클 호, 넓을 호, 빛날 호	
爀	불빛 혁, 빛날 혁		灝	넓을 호	
奕	클 혁, 아름다울 혁		頀	구호(救護)할 호, 풍류이름 호	
炫	빛날 현		壺	병 호	
玹	옥돌 현		濩	퍼질 호, 殷나라風流 호	
泫	이슬빛날 현, 눈물흘릴 현		渾	흐릴 혼, 모두 혼	渾身(혼신)
鉉	솥귀 현, 三公의 地位의 뜻		惚	황홀할 홀	恍惚(황홀)
峴	고개 현	阿峴洞(아현동)	泓	물깊을 홍, 물이름 홍	
晛	햇빛 현, 볕기운 현		烘	횃불 홍	
眩	어지러울 현		虹	무지개 홍	虹橋(홍교)
挾	낄 협, 가질 협	挾攻(협공)	鉷	소뇌고둥 홍	
俠	호협할 협	義俠心(의협심)	嬅	고울 화	
浹	두루미칠 협, 젖을 협		樺	자작나무 화	
瀅	맑을 형		奂	클 환	
馨	향기로울 형		喚	부를 환	召喚(소환)
邢	나라이름 형, 성(姓) 형		煥	빛날 환	
炯	빛날 형, 밝을 형		渙	흩어질 환	
泂	멀(迥) 형, 깊고넓을 형		桓	굳셀 환	桓雄(환웅)
珩	패옥 형, 갓끈 형		晥	환할 환, 밝을 환	
熒	등불 형, 비칠 형		鐶	고리(環) 환	指環(지환)
彗	비 혜, 살별 혜	彗星(혜성)	驩	기뻐할 환, 말의이름 환	
譓	슬기로울 혜, 살필 혜		闊	넓을 활	廣闊(광활)
蕙	혜초 혜	蕙草(혜초)	璜	패옥 황, 서옥(瑞玉) 황	
憓	사랑할 혜		煌	빛날 황	輝惶燦爛(휘황찬란)
晧	밝을 호		媓	순임금비 황	
皓	흴 호, 밝을 호		堭	정자(亭子) 황	
澔	넓을 호, 클 호, 浩와 同		凰	봉황새 황	鳳凰(봉황)
昊	하늘 호		晃	밝을 황, 빛날 황	
淏	맑을 호		滉	깊을 황	李滉(이황)
瑚	산호 호	珊瑚(산호)	榥	책상 황, 창(窓) 황	
祜	복 호	福祜(복호)	熿	불빛이글이글할 황	
鎬	빛날 호, 호경(鎬京) 호		檜	전나무 회, 노송나무 회	

繪	그림 회	繪畫(회화)		恰	흡사할 흡, 꼭 흡	恰似(흡사)
澮	봇도랑(用水路) 회, 시내 회			洽	두루미칠 흡	洽足(흡족)
晦	그믐 회, 어두울 회			翕	합할 흡, 성할 흡	
恢	넓을 회, 돌이킬 회	恢復(회복)		禧	복 희	新禧(신희)
誨	가르칠 회, 일깨울 회	誨諭(회유)		憙	기뻐할 희	
鐄	종(鐘) 횡, 종소리 횡			嬉	즐길 희, 놀 희	嬉笑(희소)
爻	육효 효	六爻(육효)		熹	밝을 희, 성할 희	朱熹(주희)
滽	강이름 효, 물가 효			熺	밝을 희, 熹와 同	
驍	날랜말 효, 날랠 효			僖	즐거울 희 기쁠 희	
敩	가르칠 효			羲	복희(皇帝의 이름) 희	伏羲(복희)
后	왕후 후, 뒤 후	王后(왕후)		曦	햇빛 희	
逅	만날 후	邂逅(해후)		爔	햇빛 희, 曦와 同	
垕	두터울 후, 厚의 古字			晞	밝을 희, 마를 희	
熏	불길 훈	熏製(훈제)		熙	화할 희	
薰	향기 훈, 온화할 훈	薰風(훈풍)		詰	힐난할 힐, 이튿날 아침 힐	
燻	연기낄 훈, 불기운 훈					
壎	질나팔 훈					
勛	공훈 훈, 勳의 古字					
塤	질나팔 훈, 壎과 同					
焄	향기 훈, 불길 훈, 薰·熏과 同					
鑂	금빛투색할 훈					
喧	시끄러울 훤	喧呼(훤호)				
暄	따뜻할 훤					
萱	원추리 훤					
暉	빛날 휘, 輝와 通					
暳	빛 휘, 빛날 휘, 輝와 通					
徽	아름다울 휘, 표기(標旗) 휘					
彙	고슴도치 휘, 모을 휘	語彙(어휘)				
烋	아름다울 휴, 화할 휴					
欣	기뻐할 흔	欣快(흔쾌)				
昕	아침 흔, 해돋을 흔					
炘	화끈거릴 흔, 이글이글할 흔					
屹	산우뚝솟을 흘	屹然獨立(흘연독립)				
欽	공경할 흠, 임금말 흠	欽定(흠정)				

자음 색인 367

자음 색인(字音索引)

가		監	216	據	177	겸		繫	323	戈	36	橋	196
加	53	鑑	216	擧	190	兼	150	고		果	59	矯	196
佳	70	敢	222	距	249	謙	150	古	43	科	77	較	196
架	74	憾	336	건		경		高	44	瓜	80	郊	196
可	83	갑		件	70	京	66	告	51	過	145	絞	322
家	98	甲	23	建	154	景	107	稿	63	課	210	膠	332
歌	196	강		健	154	竟	155	枯	74	誇	210	僑	335
價	229	江	37	乾	250	鏡	155	姑	75	寡	274	구	
假	272	康	154	걸		境	155	固	84	菓	326	九	8
暇	272	講	166	傑	207	敬	181	苦	94	곽		口	12
街	295	剛	180	乞	335	驚	181	故	105	郭	278	丘	15
각		綱	180	검		警	181	考	168	관		久	34
角	28	鋼	180	儉	187	經	182	庫	188	官	53	求	68
各	81	强	200	劍	187	徑	182	孤	213	貫	183	句	78
覺	143	降	207	檢	187	輕	182	鼓	132	慣	183	區	84
閣	199	개		게		硬	183	顧	274	管	184	具	92
却	249	開	22	憩	145	更	183	雇	324	館	184	究	99
脚	249	介	69	揭	324	慶	240	곡		觀	186	救	105
刻	304	個	88	격		頃	268	曲	18	關	239	構	166
간		改	92	格	199	傾	268	谷	24	冠	286	舊	173
間	21	槪	182	擊	259	卿	258	穀	259	寬	286	懼	173
看	40	慨	182	激	287	耕	282	哭	306	款	339	拘	185
干	52	皆	184	隔	313	競	290	곤		광		狗	185
姦	75	蓋	225	견		庚	308	困	59	光	50	苟	185
刊	90	箇	281	犬	20	계		坤	185	廣	170	鷗	225
肝	121	객		見	56	季	63	골		鑛	170	驅	225
幹	250	客	81	絹	112	戒	65	骨	122	狂	337	俱	257
懇	266	갱		肩	121	系	78	공		괘		球	295
簡	281	更	183	遣	164	計	79	工	12	掛	295	購	336
갈		坑	320	堅	217	係	88	公	35	괴		歐	339
渴	211	거		牽	323	啓	143	共	48	塊	191	국	
葛	324	車	22	결		界	159	供	59	愧	191	局	102
감		巨	42	結	112	階	184	功	86	壞	267	國	192
甘	25	去	45	決	186	溪	193	攻	92	怪	299	菊	301
感	152	拒	64	缺	186	鷄	193	空	99	傀	319	군	
減	152	居	102	潔	234	械	218	恭	104	교		君	56
										孔	125	交	27
						繼	225	恐	264	校	27		
						契	234	貢	300	教	143		
						桂	295	과		巧	168		
						癸	308						

群	138	**근**		忌	272	寧	285	擔	187	逃	208			**등**		
郡	138	斤	26	紀	272	**노**		淡	230	挑	208	登	148			
軍	163	根	41	奇	273	奴	77	潭	234	跳	208	燈	148			
굴		近	96	寄	273	怒	106	膽	338	桃	208	等	209			
屈	102	勤	129	騎	273	努	145	**답**		盜	235	謄	338			
堀	312	謹	129	飢	280	**농**		沓	50	徒	249	騰	338			
窟	312	僅	129	豈	302	農	156	答	109	稻	291	藤	338			
궁		筋	319	欺	304	濃	156	踏	249	悼	314	**라**				
弓	13	**금**		汽	329	**뇌**		**당**		塗	320	羅	174			
宮	53	金	39	棋	329	腦	266	堂	97	**독**		裸	326			
窮	200	今	57	**긴**		惱	266	當	97	毒	110	**락**				
권		禁	146	緊	217	**뇨**		唐	271	讀	118	樂	137			
勸	186	禽	174	**길**		尿	318	糖	271	篤	181	洛	198			
權	186	錦	275	吉	54	**능**		黨	271	督	236	落	198			
拳	204	琴	296	**나**		能	167	**대**		獨	241	絡	198			
券	204	**급**		那	139	**니**		大	11	**돈**		**란**				
卷	204	及	48	**낙**		泥	234	代	51	豚	178	卵	21			
圈	326	急	106	諾	210	尼	318	貸	118	敦	278	蘭	244			
궐		級	147	**난**		**닉**		臺	132	**돌**		欄	244			
厥	286	給	147	難	161	溺	329	隊	178	突	99	爛	244			
闕	339	**긍**		暖	244	**다**		待	209	**동**		亂	292			
궤		肯	289	**남**		多	40	對	213	童	33	**람**				
軌	316	**기**		男	18	茶	73	帶	275	同	35	覽	216			
귀		己	17	南	45	**단**		垈	320	東	45	藍	216			
貴	113	器	58	**납**		旦	38	戴	342	冬	49	濫	216			
歸	162	其	61	納	112	丹	38	**덕**		洞	54	**랍**				
鬼	191	期	61	**낭**		但	88	德	134	銅	66	拉	326			
龜	240	技	64	娘	76	團	130	**도**		桐	73	**랑**				
규		記	79	**내**		單	166	刀	13	凍	81	浪	62			
叫	58	企	86	內	43	短	213	途	133	動	124	朗	101			
閨	295	氣	111	乃	250	斷	225	道	134	棟	329	郎	138			
規	302	祈	114	奈	222	壇	266	導	134	**두**		廊	138			
糾	322	基	149	耐	302	檀	266	陶	142	豆	16	**래**				
균		起	151	**녀**		段	297	圖	144	斗	23	來	55			
均	185	旣	182	女	18	端	302	都	158	頭	117	**랭**				
菌	301	旗	189	**년**		鍛	327	島	193	**둔**		冷	81			
극		幾	218	年	37	**달**		到	200	鈍	247	**략**				
極	170	機	218	**념**		達	149	倒	200	屯	327	略	198			
劇	177	畿	218	念	82	**담**		度	205	**득**		掠	228			
克	213	棄	225	**녕**		談	106	渡	205	得	249	**량**				

자음 색인

良	27	靈	226	流	230	魔	319	盲	95	沒	230	**민**	
兩	91	**례**		硫	328	**막**		盟	101	**몽**		民	56
量	160	例	132	謬	332	莫	94	孟	205	夢	297	敏	218
糧	160	禮	208	**륙**		幕	169	猛	205	蒙	297	憫	299
涼	228	**로**		六	7	漠	169	**면**		**묘**		**밀**	
諒	228	勞	111	陸	142	膜	338	面	46	妙	60	密	124
梁	231	老	152	**륜**		**만**		免	72	苗	99	蜜	124
輛	316	爐	177	倫	131	晩	107	勉	107	廟	155	**박**	
려		路	198	輪	131	蠻	165	眠	251	墓	170	拍	67
慮	177	露	226	**률**		萬	227	綿	275	卯	258	朴	73
旅	189	**록**		栗	96	滿	233	**멸**		**무**		泊	87
勵	227	綠	238	律	144	漫	278	滅	233	無	39	博	269
麗	240	錄	238	率	283	慢	278	蔑	341	舞	207	薄	269
력		祿	238	**륭**		娩	313	**명**		務	258	迫	303
力	13	鹿	240	隆	142	灣	331	明	33	霧	258	舶	315
歷	235	**론**		**릉**		**말**		名	36	貿	258	**반**	
曆	235	論	131	陵	141	末	30	命	44	武	279	反	29
련		**롱**		**리**		**망**		銘	66	茂	301	半	52
連	163	弄	92	里	33	亡	23	鳴	193	戊	307	返	96
蓮	163	籠	319	李	39	妄	75	冥	286	**묵**		飯	126
戀	165	**뢰**		利	77	忘	82	**모**		墨	146	叛	257
練	176	雷	127	梨	108	忙	82	母	18	默	146	般	243
鍊	176	賴	258	理	111	望	284	毛	18	**문**		盤	243
憐	207	**료**		吏	131	罔	284	矛	52	門	17	班	296
聯	239	了	85	離	174	茫	284	某	63	問	21	搬	325
煉	331	料	160	履	239	網	322	暮	169	聞	21	伴	334
렬		僚	311	裏	245	**매**		募	169	文	30	**발**	
劣	72	療	311	**린**		每	37	慕	169	紊	332	發	243
列	90	**룡**		隣	207	埋	65	模	169	**물**		拔	294
烈	132	龍	292	**림**		妹	68	謀	210	勿	128	髮	294
裂	132	**루**		林	15	梅	73	貌	266	物	128	**방**	
렴		漏	231	臨	217	買	118	侮	334	**미**		方	19
廉	150	淚	232	**립**		賣	118	帽	341	米	13	妨	60
렵		樓	288	立	11	媒	210	**목**		未	30	訪	79
獵	337	屢	288	**마**		魅	319	木	10	美	35	芳	94
령		累	288	馬	181	枚	329	目	12	味	57	放	105
令	44	**류**		麻	274	**맥**		沐	19	迷	96	邦	136
領	116	柳	107	磨	274	脈	231	牧	128	尾	102	防	140
嶺	116	類	117	摩	318	麥	293	睦	142	眉	251	房	287
零	226	留	159	痲	318	**맹**		**몰**		微	270	傍	287

倣	287	**변**		縫	321	崩	121	邪	139	相	41	誓	326
紡	321	變	165	俸	334	**비**		死	168	床	73	瑞	332
배		辨	276	**부**		非	46	詞	211	想	82	**석**	
培	61	辯	276	父	18	比	52	詐	211	尙	97	夕	14
杯	73	邊	303	否	57	妃	76	捨	219	常	97	石	15
倍	91	**별**		付	69	悲	89	巳	253	詳	100	析	27
拜	103	別	91	夫	78	祕	114	祀	253	祥	115	昔	43
配	195	**병**		負	86	飛	192	蛇	253	賞	119	席	205
排	277	兵	51	扶	93	卑	214	師	254	償	119	釋	223
輩	277	竝	59	富	115	婢	214	賜	257	霜	127	惜	282
背	290	丙	72	副	115	碑	214	射	265	商	160	碩	328
梧	293	病	109	部	140	鼻	214	謝	265	傷	202	**선**	
俳	312	屛	298	附	140	費	215	事	259	象	221	仙	34
賠	336	倂	334	浮	125	備	277	寫	285	像	221	善	35
백		**보**		赴	151	肥	289	辭	292	喪	243	先	68
百	8	保	62	婦	162	批	294	斯	304	狀	252	宣	110
白	16	步	86	府	275	匪	312	似	273	裳	271	線	112
伯	31	寶	123	符	275	**빈**		唆	337	嘗	271	選	164
柏	96	普	211	腐	275	貧	113	飼	340	桑	293	禪	166
번		譜	211	簿	269	頻	274	赦	342	箱	319	旋	189
番	159	補	269	賦	279	賓	285	**삭**		**쌍**		鮮	232
繁	218	報	292	膚	289	**빙**		削	122	雙	173	船	265
煩	274	**복**		敷	314	氷	14	朔	236	**새**		繕	321
飜	276	伏	34	**북**		聘	304	**산**		塞	161	**설**	
翻	276	卜	43	北	45	**사**		山	9	**색**		舌	28
벌		福	115	**분**		四	7	産	210	色	138	雪	42
伐	70	復	239	分	17	士	14	酸	273	索	283	設	213
罰	149	複	239	奔	172	思	33	算	282	**생**		說	263
閥	339	腹	239	奮	172	私	35	散	289	生	28	**섬**	
범		服	292	粉	215	史	48	傘	342	**서**		纖	322
凡	60	覆	340	紛	215	絲	55	**살**		西	45	**섭**	
汎	264	**본**		墳	277	舍	78	殺	297	恕	89	涉	87
範	281	本	30	憤	277	司	58	**삼**		徐	133	攝	316
犯	297	**봉**		**불**		社	65	三	7	敍	133	**성**	
법		奉	65	不	31	仕	70	森	74	書	143	姓	35
法	71	逢	147	弗	215	沙	74	蔘	344	暑	157	省	40
벽		蜂	147	佛	215	寺	85	**삽**		署	157	星	56
碧	296	峯	147	拂	215	査	108	挿	313	緖	157	成	65
壁	298	鳳	264	**붕**		使	131	**상**		庶	205	性	82
僻	334	封	295	朋	121	斜	133	上	9	序	221	誠	106

자음 색인 371

城	146	松	37	宿	123	是	97	十	8	愛	240	言	26
盛	146	訟	100	淑	236	試	179	아		碍	328	焉	130
聖	150	頌	117	肅	259	施	189	我	51	액		엄	
聲	259	送	148	孰	278	詩	209	牙	80	厄	84	嚴	222
세		誦	158	熟	278	侍	209	兒	83	額	117	업	
世	33	쇄		순		屍	318	亞	84	液	330	業	213
細	110	鎖	256	盾	52	씨		芽	172	야		여	
勢	159	刷	298	旬	78	氏	31	阿	140	也	33	如	54
洗	230	쇠		順	116	식		雅	171	夜	95	汝	87
稅	263	衰	246	巡	164	食	27	餓	280	耶	139	余	96
歲	279	수		瞬	207	式	83	악		野	221	餘	133
貫	336	水	10	純	247	息	89	惡	89	惹	336	與	190
소		手	12	殉	262	植	108	樂	137	약		興	190
小	31	垂	344	脣	290	飾	126	岳	137	若	99	予	221
少	40	囚	46	循	302	識	165	握	325	約	147	역	
召	40	首	46	술		殖	318	안		藥	137	亦	88
素	110	收	92	術	279	신		安	50	弱	192	易	91
消	122	受	93	述	279	信	36	顔	117	躍	311	役	175
笑	148	授	103	戌	310	新	41	雁	174	양		疫	175
掃	162	誰	106	숭		臣	46	鴈	174	羊	20	域	192
騷	181	守	110	崇	137	身	51	岸	250	洋	71	驛	223
訴	212	樹	108	습		申	51	案	251	養	126	譯	223
疏	230	須	116	拾	64	辛	75	眼	251	揚	202	逆	236
蔬	230	修	135	濕	231	神	114	알		陽	202	연	
所	235	雖	171	習	272	晨	156	謁	211	楊	202	宴	110
燒	245	遂	178	襲	292	愼	179	암		樣	293	然	126
昭	280	秀	180	승		伸	305	暗	104	壤	305	燃	126
蘇	291	獸	214	升	23	腎	317	巖	222	讓	305	煙	146
紹	323	睡	246	昇	101	紳	322	岩	321	孃	332	軟	196
속		帥	254	僧	153	실		癌	321	어		延	220
束	25	輸	254	勝	179	失	67	압		魚	21	演	234
速	53	隨	254	乘	291	室	98	壓	286	於	190	硯	248
俗	69	殊	262	承	300	實	183	押	326	語	200	研	248
續	118	壽	263	시		심		앙		漁	232	沿	265
粟	229	需	267	矢	36	心	14	央	94	御	262	鉛	265
屬	241	數	288	市	50	深	235	仰	154	억		緣	284
손		愁	291	示	54	尋	251	怏	168	抑	219	燕	303
損	103	搜	313	視	64	審	251	애		億	228	열	
孫	152	숙		始	76	甚	276	哀	78	憶	228	熱	159
송		叔	93	時	85	십		涯	233	언		悅	263

閔	339	**온**		熔	331	**월**		肉	19	而	80	資	119
염		溫	232	傭	334	月	10	育	122	以	88	紫	128
炎	29	穩	335	**우**		越	261	**윤**		夷	224	者	157
染	87	**옹**		雨	14	**위**		閏	255	貳	227	雌	173
鹽	217	翁	272	牛	20	位	20	潤	255	異	253	恣	235
厭	344	擁	324	右	25	委	76	**융**		已	253	刺	298
엽		**와**		宇	26	胃	122	融	313	**익**		磁	328
葉	124	瓦	80	羽	28	慰	184	**은**		益	62	諮	333
영		臥	216	友	29	危	187	恩	89	翼	253	**작**	
永	44	**완**		又	67	偉	206	銀	127	**인**		作	34
泳	74	完	98	憂	191	違	206	隱	142	人	9	昨	101
英	94	緩	244	優	191	緯	206	**을**		仁	34	酌	195
映	94	**왈**		郵	246	衛	206	乙	23	刃	52	爵	195
詠	100	曰	24	愚	261	圍	206	**음**		姻	76	**잔**	
影	107	**왕**		遇	261	謂	212	音	26	忍	82	殘	168
榮	111	王	22	偶	261	爲	255	吟	57	因	84	**잠**	
營	111	往	81	尤	267	僞	255	飮	126	印	88	暫	283
迎	154	**왜**		于	296	威	279	陰	141	認	212	潛	306
예		歪	333	**운**		尉	338	淫	306	引	224	蠶	287
藝	159	**외**		云	24	**유**		**읍**		寅	309	**잡**	
譽	190	外	43	雲	42	由	24	泣	74	**일**		雜	173
豫	221	畏	243	運	163	有	39	邑	138	一	7	**장**	
銳	263	**요**		韻	300	油	71	**응**		日	10	丈	48
預	328	要	76	**울**		幼	72	應	299	逸	107	章	104
오		腰	229	鬱	344	乳	125	凝	342	壹	227	障	141
五	7	謠	229	**웅**		悠	135	**의**		**임**		長	151
烏	39	搖	229	雄	173	遺	164	衣	47	任	70	場	202
吾	58	遙	229	**원**		唯	171	依	47	賃	118	腸	203
午	80	曜	311	元	30	維	171	宜	98	壬	308	張	247
悟	120	妖	314	員	86	惟	171	意	104	妊	313	帳	247
誤	175	**욕**		怨	104	誘	180	矣	134	**입**		將	247
娛	175	浴	19	原	135	遊	189	義	167	入	11	獎	247
嗚	193	辱	156	源	135	酉	310	儀	167	**자**		壯	252
梧	200	欲	224	願	135	猶	194	議	167	子	11	裝	252
汚	232	慾	224	院	141	幽	237	醫	195	自	17	莊	252
傲	287	**용**		遠	194	裕	246	疑	301	字	36	粧	252
옥		用	32	園	194	愈	254	**이**		姊	68	牆	252
玉	22	容	123	援	244	儒	267	二	7	姿	77	葬	262
屋	102	勇	158	圓	300	柔	293	耳	12	玆	121	掌	271
獄	297	庸	158	苑	320	**육**		移	61	慈	121	藏	289

자음 색인 373

臟	289	前	90	庭	220	照	280	酒	71	誌	100	懲	270
재		典	92	訂	212	彫	315	株	108	指	103	**차**	
才	17	電	127	程	291	措	325	晝	144	枝	108	且	16
災	29	專	130	整	306	釣	327	周	212	紙	203	車	22
材	32	傳	130	艇	315	**족**		奏	314	持	209	次	85
在	32	轉	130	呈	331	足	12	週	315	只	129	此	128
再	80	戰	166	偵	335	族	189	鑄	327	遲	303	差	280
財	119	展	184	**제**		**존**		珠	332	智	305	借	282
栽	201	錢	260	弟	53	存	91	駐	342	旨	312	遮	337
裁	201	殿	327	帝	56	尊	195	**죽**		脂	312	**착**	
載	201	**절**		祭	114	**졸**		竹	37	**직**		捉	64
哉	201	折	27	題	117	卒	60	**준**		直	95	着	280
宰	341	切	55	際	141	拙	219	遵	195	職	165	錯	282
쟁		節	281	諸	157	**종**		準	233	織	165	**찬**	
爭	162	絶	283	除	133	種	63	俊	273	**진**		贊	201
저		竊	341	堤	61	宗	98	准	342	陣	140	讚	201
低	95	**점**		提	219	終	112	**중**		陳	141	餐	340
貯	113	占	43	制	262	鐘	127	中	9	盡	144	**찰**	
著	157	店	151	製	262	從	199	重	42	辰	156	察	114
底	203	點	151	第	281	縱	199	仲	70	振	156	札	329
抵	203	漸	283	齊	299	綜	323	衆	185	進	163	刹	343
沮	330	**접**		濟	299	鍾	327	**즉**		眞	179	**참**	
적		蝶	124	劑	341	**좌**		卽	95	鎭	226	參	227
赤	48	接	219	**조**		左	25	**증**		珍	296	慘	227
的	95	**정**		爪	28	坐	42	症	109	塵	320	慙	283
笛	109	井	13	早	38	座	44	證	148	津	330	斬	316
摘	136	正	14	鳥	39	佐	69	曾	153	診	333	**창**	
適	136	亭	66	租	63	**죄**		增	153	震	343	昌	44
滴	136	丁	72	兆	86	罪	149	憎	153	**질**		唱	58
敵	136	征	81	祖	114	**주**		贈	153	秩	63	倉	188
寂	236	定	97	組	112	舟	22	蒸	301	疾	109	創	188
積	256	政	105	條	135	宙	26	**지**		質	119	蒼	188
績	256	頂	116	助	145	主	31	之	15	姪	288	滄	188
蹟	256	停	131	朝	155	柱	41	止	28	窒	341	暢	202
跡	256	貞	151	潮	155	走	42	知	38	**집**		窓	299
賊	257	精	160	造	164	朱	49	志	38	集	40	彰	315
籍	282	情	160	調	212	州	54	至	45	執	300	**채**	
전		淨	162	弔	224	洲	62	地	47	輯	316	菜	125
田	13	靜	162	操	260	住	69	池	47	**징**		採	125
全	60	廷	220	燥	260	注	71	支	67	徵	270	彩	125

債	256	請	106	抽	294	置	277	奪	172	派	231	胞	242
책		聽	134	趨	340	致	288	脫	263	罷	167	浦	269
冊	32	廳	134	**축**		齒	303	**탐**		破	197	捕	269
責	113	**체**		丑	20	**칙**		探	103	波	197	鋪	314
策	281	替	306	畜	50	則	90	貪	119	頗	197	拋	325
처		體	290	祝	115	**친**		**탑**		把	325	砲	328
處	176	遞	317	縮	123	親	64	塔	302	**판**		怖	336
妻	199	締	323	逐	178	**칠**		**탕**		板	41	**폭**	
悽	199	滯	330	蓄	237	七	8	湯	203	判	90	幅	115
척		逮	337	築	264	漆	234	**태**		販	257	暴	237
斥	26	**초**		軸	316	**침**		太	68	版	257	爆	237
拓	93	初	68	蹴	340	針	66	怠	89	**팔**		**표**	
尺	102	抄	93	**춘**		浸	238	泰	137	八	8	票	204
戚	236	草	99	春	49	侵	238	態	167	**패**		漂	204
隻	324	肖	122	**출**		寢	238	殆	168	貝	32	標	204
천		招	261	出	11	枕	255	胎	317	敗	105	表	245
千	8	超	261	**충**		沈	255	颱	317	覇	340	**품**	
川	9	礎	301	忠	46	**칭**		**택**		**편**		品	20
天	16	焦	324	充	83	稱	291	宅	98	片	25	**풍**	
泉	37	秒	335	蟲	91	**쾌**		澤	223	便	183	豊	208
薦	240	哨	337	衝	124	快	104	擇	223	篇	220	風	264
淺	260	**촉**		衷	343	**타**		**토**		編	220	楓	264
踐	260	促	69	**취**		他	47	土	10	遍	220	**피**	
賤	260	燭	241	取	55	打	67	吐	25	偏	335	皮	93
遷	303	觸	241	吹	85	妥	75	兎	72	**평**		被	197
철		**촌**		趣	150	墮	254	討	79	平	31	彼	197
哲	58	寸	32	醉	194	**탁**		**통**		評	100	疲	197
鐵	127	村	41	臭	214	托	219	通	158	坪	320	避	298
徹	143	**총**		就	267	濯	233	痛	158	**폐**		**필**	
撤	325	銃	226	炊	331	濁	241	統	226	閉	22	匹	59
첨		總	285	**측**		琢	296	**퇴**		肺	179	必	83
尖	29	聰	285	測	305	卓	314	退	149	幣	242	筆	109
添	148	**최**		側	305	託	333	**투**		弊	242	畢	246
첩		最	150	**층**		**탄**		投	103	蔽	242	**하**	
妾	75	催	172	層	153	炭	137	透	180	廢	243	下	9
諜	333	**추**		**치**		彈	166	鬪	294	**포**		夏	49
청		秋	49	値	62	歎	161	**특**		包	59	何	55
靑	38	追	149	治	87	嘆	161	特	209	布	67	河	83
淸	54	推	172	恥	120	誕	333	**파**		抱	242	賀	113
晴	101	醜	194	稚	171	**탈**		播	276	飽	242	荷	265

자음 색인 375

학		行	15	亨	85	弘	224	**획**		熙	217		
學	143	幸	61	刑	90	**화**		劃	144	噫	228		
鶴	175	**향**		螢	111	火	10	獲	270	姬	317		
虐	317	向	19	形	248	禾	24	**횡**					
한		享	66	型	344	化	34	橫	170				
閑	21	香	77	衡	344	花	36	**효**					
汗	87	鄕	139	**혜**		和	77	效	105				
恨	120	響	139	惠	130	話	79	孝	152				
限	140	**허**		兮	223	貨	113	曉	245				
漢	161	許	100	慧	300	畫	144	**후**					
寒	161	虛	176	**호**		禍	145	後	179				
韓	206	**헌**		互	16	華	246	侯	248				
旱	250	獻	177	戶	17	靴	343	喉	248				
翰	343	軒	250	好	30	**확**		候	248				
할		憲	285	湖	47	擴	170	厚	286				
割	123	**험**		浩	164	確	175	**훈**					
함		驗	188	虎	176	穫	270	訓	79				
含	57	險	187	號	176	**환**		勳	331				
陷	142	**혁**		毫	178	丸	29	**훼**					
咸	152	革	198	豪	178	患	120	毁	259				
艦	315	**현**		乎	222	歡	186	**휘**					
합		玄	50	呼	222	環	245	揮	65				
合	16	現	60	護	270	還	245	輝	163				
항		賢	217	胡	290	換	294	**휴**					
項	116	弦	237	濠	330	幻	323	休	15				
恒	120	絃	237	**혹**		**활**		携	174				
巷	268	顯	231	或	192	活	145	**흉**					
港	268	縣	284	惑	192	滑	330	凶	23				
航	268	懸	284	酷	343	**황**		胸	290				
抗	268	**혈**		**혼**		黃	49	**흑**					
해		血	19	昏	101	皇	56	黑	48				
海	71	穴	24	魂	191	況	233	**흡**					
害	123	**혐**		婚	203	荒	293	吸	57				
奚	241	嫌	332	混	232	**회**		**흥**					
解	298	**협**		**홀**		回	11	興	190				
該	304	協	129	忽	128	灰	84	**희**					
亥	310	脅	129	**홍**		悔	120	喜	132				
핵		峽	321	紅	55	會	154	希	136				
核	304	**형**		洪	62	懷	267	稀	136				
행		兄	53	鴻	193	廻	339	戲	177				

> 著者와의 協約에 의하여 印紙 첨부를 생략함.

新紀元
2000 常用漢字

1992년 10월 25일 초판 발행
2011년 1월 5일 13쇄 인쇄
2011년 1월 15일 13쇄 발행

편저자 / 박 상 욱
발행인 / 양 철 우
발행처 (주)교학사
　　　　서울 특별시 마포구 공덕동 105-67
전　화 / 영업 (02) 7075-155
　　　　편집 (02) 7075-333
등　록 / 1962. 6. 26 (18 - 7)

이 책의 독창적인 내용의 전재 및 복사를 금합니다.

정가 8,000원

部首의 名稱

1 획

一	한일
丨	뚫을곤
丶	점
丿	삐침
乙(乚)	새을
亅	갈구리궐

2 획

二	두이
亠	돼지해머리
人(亻)	사람인변
儿	어진사람인발
入	들입
八	여덟팔
冂	멀경몸
冖	민갓머리
冫	이수변
几	안석궤
凵	위튼입구몸
刀(刂)	칼도
力	힘력
勹	쌀포몸
匕	비수비
匚	튼입구몸
匸	감출혜몸
十	열십
卜	점복
卩(㔾)	병부절
厂	민음호

厶	마늘모
又	또우

3 획

口	입구
囗	큰입구몸
土	흙토
士	선비사
夂	뒤져올치
夊	천천히걸을쇠
夕	저녁석
大	큰대
女	계집녀
子	아들자
宀	갓머리
寸	마디촌
小	작을소
尢(尣)	절름발이왕
尸	주검시엄
屮	왼손좌
山	뫼산
巛(川)	개미허리
工	장인공
己	몸기
巾	수건건
干	방패간
幺	작을요
广	엄호밑
廴	민책받침
廾	스물입발
弋	주살익

弓	활궁
彐(彑)	튼가로왈
彡	터럭삼
彳	두인변
忄(心)	심방변
扌(手)	재방변
氵(水)	삼수변
犭(犬)	개사슴록변
阝(邑)	우부방
阝(阜)	좌부방

4 획

心(忄)	마음심
戈	창과
戶	지게호
手(扌)	손수
支	지탱할지
攴(攵)	둥글월문
文	글월문
斗	말두
斤	날근
方	모방
无(旡)	이미기방
日	날일
曰	가로왈
月	달월
木	나무목
欠	하품흠
止	그칠지
歹(歺)	죽을사변
殳	갖은등글월문
毋	말무
比	견줄비
毛	터럭모
氏	각시씨

气	기운기밑
水(氵)	물수
火(灬)	불화
爪(爫)	손톱조머리
父	아비부
爻	점괘효
爿	장수장변
片	조각편
牙	어금니아
牛	소우
犬(犭)	개견
王(玉)	구슬옥
耂(老)	늙을로엄
月(肉)	육달월변
艹(艸)	초두
辶(辵)	책받침

5 획

玄	검을현
玉(王)	구슬옥
瓜	외과
瓦	기와와
甘	달감
生	날생
用	쓸용
田	밭전
疋	필필
疒	병질엄
癶	필발머리
白	흰백
皮	가죽피
皿	그릇명
目(䀹)	눈목
矛	창모
矢	화살시

石	돌석	衣(衤)	옷의		9 획	黑	검을흑
示(礻)	보일시변	襾	덮을아			黹	바느질치
内	짐승발자국유		7 획	面	낯면		13 획
禾	벼화			革	가죽혁		
穴	구멍혈	見	볼견	韋	다룬가죽위	黽	맹꽁이맹
立	설립	角	뿔각	韭	부추구	鼎	솥정
	6 획	言	말씀언	音	소리음	鼓	북고
		谷	골곡	頁	머리혈	鼠	쥐서
竹	대죽	豆	콩두	風	바람풍		14 획
米	쌀미	豕	돼지시	飛	날비		
糸	실사	豸	발없는벌레치	食(飠)	밥식	鼻	코비
缶	장군부	貝	조개패	首	머리수	齊	가지런할제
网(罒)	그물망	赤	붉을적	香	향기향		15 획
羊(⺶)	양양	走	달아날주		10 획		
羽	깃우	足	발족			齒	이치
老(耂)	늙을로	身	몸신	馬	말마		16 획
而	말이을이	車	수레거	骨	뼈골		
耒	가래뢰	辛	매울신	高	높을고	龍	용룡
耳	귀이	辰	별진	髟	터럭발밑	龜	거북귀(구)
聿	붓율	辵(辶)	책받침	鬥	싸움투		17 획
肉(月)	고기육	邑(⻏)	고을읍	鬯	술창		
臣	신하신	酉	닭유	鬲	솥력	龠	피리약
自	스스로자	釆	분별할채	鬼	귀신귀		
至	이를지	里	마을리		11 획		
臼	절구구		8 획				
舌	혀설			魚	고기어		
舛(舛)	어그러질천	金	쇠금	鳥	새조		
舟	배주	長(镸)	긴장	鹵	소금밭로		
艮	괘이름간	門	문문	鹿	사슴록		
色	빛색	阜(⻖)	언덕부	麥	보리맥		
艸(艹)	초두	隶	미칠이	麻	삼마		
虍	범호밑	隹	새추		12 획		
虫	벌레훼	雨	비우				
血	피혈	靑	푸를청	黃	누를황		
行	다닐행	非	아닐비	黍	기장서		